PASSE NA
OAB 2ª Fase
COMPLETAÇO®

PRÁTICA EMPRESARIAL

www.editorasaraiva.com.br/direito
Visite nossa página

Coordenação

MARCELO HUGO DA ROCHA

Autores

GIOVANI MAGALHÃES

Advogado. Mestre em Direito Constitucional nas Relações Privadas pela Universidade de Fortaleza – Unifor (2010). Especialista em Direito e Processo Tributário pela Fesac, em convênio com a UVA (2008), e em Direito Empresarial pela Fesac, em convênio com a UECE (2004). Bacharel em Direito pela Unifor. Professor da Unifor nas disciplinas de Direito Empresarial na graduação e na pós-graduação. Professor de Direito Empresarial da Fundação Escola Superior de Advocacia do Ceará – Fesac, em cursos de extensão e na pós-graduação em Direito Empresarial. Professor da especialização em Direito Empresarial, modalidade EaD, da Unifeob. Tem experiência na área de pesquisa em Direito, com ênfase em Análise Econômica do Direito, Direito Empresarial e Direito Tributário. Autor de diversos artigos jurídicos publicados em revistas jurídicas e *sites* especializados, bem como na preparação para exames da OAB e para concursos públicos, tanto na área jurídica quanto na área fiscal, nas disciplinas de Direito Empresarial e Direito Tributário, tanto em cursos presenciais quanto em cursos a distância. Autor de várias obras jurídicas. Palestrante.

MARCELO HUGO DA ROCHA

Advogado. Mestre em Direito (PUCRS) e especialista em Direito Empresarial (PUCRS). Especialista em Psicologia Positiva e *Coaching* (Faculdade UNYLEYA). Professor de Processo Civil na pós-graduação da PUCRS. *Coach* no curso preparatório CEISC. Coordenador, autor e coautor de mais de 60 obras para Exame da OAB e concursos públicos. Destaque para as coleções *Passe na OAB* e *Passe em Concursos Públicos*, ambas publicadas pelo selo Saraiva Jur. *Coach* (IBC) e Mentor (FGV). Palestrante motivacional. Editor do *blog* Passe na OAB.

PASSE NA OAB 2ª Fase COMPLETAÇO®

5ª edição
atualizada e ampliada

Marcelo Hugo da Rocha
Coordenação

Giovani Magalhães
Marcelo Hugo da Rocha

PRÁTICA EMPRESARIAL

teoria e modelos
+ questões e peças comentadas
+ cronograma de estudos

- *Roteiros passo a passo*
- *Modelos de peças*
- *Súmulas selecionadas*
- *Questões discursivas comentadas*
- *Peças profissionais comentadas*
- *Cronograma como guia de estudos*

saraiva jur

saraiva EDUCAÇÃO | saraiva jur

Av. Paulista, 901, 3º andar
Bela Vista – São Paulo – SP – CEP: 01311-100

SAC | sac.sets@saraivaeducacao.com.br

Direção executiva Flávia Alves Bravin
Direção editorial Ana Paula Santos Matos
Gerência editorial e de projetos Fernando Penteado

Novos projetos Dalila Costa de Oliveira

Gerência editorial Isabella Sánchez de Souza
Edição Liana Ganiko Brito

Produção editorial Daniele Debora de Souza (coord.)
Daniela Nogueira Secondo

Arte e digital Mônica Landi (coord.)
Camilla Felix Cianelli Chaves
Claudirene de Moura Santos Silva
Deborah Mattos
Guilherme H. M. Salvador
Tiago Dela Rosa

Projetos e serviços editoriais Daniela Maria Chaves Carvalho
Kelli Priscila Pinto
Marília Cordeiro
Nicoly Wasconcelos Razuk

Projeto gráfico Mônica Landi
Diagramação Nelson Mitsuhashi
Revisão Willians Calazans
Capa Tiago Dela Rosa
Produção gráfica Marli Rampim
Sergio Luiz Pereira Lopes
Impressão e acabamento Bercrom Gráfica e Editora

DADOS INTERNACIONAIS DE CATALOGAÇÃO NA PUBLICAÇÃO (CIP)
VAGNER RODOLFO DA SILVA – CRB-8/9410

M188p Magalhães, Giovani

Passe na OAB 2ª Fase – Completaço® – Prática Empresarial / Giovani Magalhães, Marcelo Hugo da Rocha ; coord. Marcelo Hugo da Rocha. – 5. ed. – São Paulo : Saraiva Educação, 2021.
472 p.

ISBN 978-65-5559-522-2 (Impresso)

1. Direito. 2. OAB. 3. Prática Empresarial. I. Rocha, Marcelo Hugo da. II. Título.

2021-480 CDD 340
CDU 34

Índices para catálogo sistemático:

1. Direito 340
2. Direito 34

Data de fechamento da edição: 22-07-2021

Dúvidas? Acesse www.editorasaraiva.com.br/direito

CL 607086 CAE 760145

À Luiza Claudia e Giovani Neto, os meus maiores amores da vida, as minhas maiores riquezas, que me fizeram renascer e me reinventar tanto como pessoa quanto como profissional, por terem me dado as duas missões mais importantes na vida de um ser humano: a de ser marido, compartilhando alegrias e responsabilidades na condução da família e do lar, e a de ser pai, o primeiro professor e grande herói que certamente todos tivemos.

Giovani Magalhães

Ao meu filho, Luigi, e à minha esposa, Tatiana, pelo apoio e compreensão do tempo que furto de estar com vocês para empenhar em projetos editoriais e aos meus estudos.

Marcelo Hugo da Rocha

Agradecimentos

A Deus, por tudo.

Aos meus pais, Giovani Magalhães Martins e Maria Frederica Barreto Martins, e às minhas irmãs, Frediane Barreto Martins e Ane Larissa Barreto Martins, que sempre me incentivaram na busca de meus objetivos.

Ao querido amigo, Professor Marcelo Hugo da Rocha, pela ousadia incomum de confiar em dividir comigo esta obra, e ao querido editor, Roberto Navarro, pela disponibilidade da pronta edição deste livro.

Aos professores que compõem a Área de Direito Empresarial da Universidade de Fortaleza, em especial à professora Magnólia Barbosa e Silva, e aos professores José Julio da Ponte Neto e Antônio Carlos Fernandes, meus primeiros professores da matéria, ainda na época da graduação, e à professora Uinie Caminha, minha última professora da matéria, da qual tive a honra de ser orientado no mestrado, por dividirem comigo a honra de conduzir, sem sombra de dúvidas, a melhor matéria que se pode estudar no bacharelado em Direito.

Ao Curso de Graduação em Direito da Universidade de Fortaleza, na pessoa da professa Katherinne de Macedo Maciel Mihaliuc, que conduz brilhantemente a diretoria do Centro de Ciências Jurídicas da nossa universidade, sempre disposta a auxiliar no que for preciso, pela confiança depositada, sempre, no nosso trabalho e na nossa atuação e dedicação.

Aos meus alunos das disciplinas de Direito Empresarial da Graduação em Direito da Universidade de Fortaleza, por me fazerem, a cada semestre, ter a esperança de estar construindo, ou pelo menos tentando construir, um mundo melhor, e por me permitirem fazer da sala de aula um verdadeiro laboratório dentro do qual eu posso testar minhas hipóteses.

Aos meus monitores de Direito Empresarial, peças fundamentais para a reviravolta que a "nossa disciplina" vem sofrendo nos últimos tempos, na Universidade, no Exame de Ordem e nos concursos públicos, pelo orgulho que me dão de ver os destaques conseguidos a cada ano, por cada um deles.

Aos alunos do Curso de Preparação para a 2ª Fase em Direito Empresarial do Exame de Ordem, gentilmente por eles apelidado de o BOPE (o Batalhão de Operações para Provas de Empresarial), por me darem a honra de a cada nova turma ser o "ZeroUm" de todos e de cada um deles e pela alegria de perceber, no final da preparação para cada temporada do Exame de Ordem, que MISSÃO DADA É MISSÃO CUMPRIDA!

Giovani Magalhães

Aos meus alunos, leitores, colegas, amigos, família e ao editorial da Saraiva: este trabalho somente existe em razão de vocês, porque fazem parte da minha teimosia de sempre representar o melhor.

Marcelo Hugo da Rocha

Sumário

Prefácio

Há um princípio assentado em boa parte do globo: o Curso de Direito forma bacharéis em Direito, não forma advogados, nem juízes, nem promotores, nem delegados, nem funcionários públicos, nem professores etc. Assim, o grau de bacharel atesta uma capacidade acadêmica; não é uma licença profissional. Para se tornar juiz, promotor, delegado, funcionário público, entre outras carreiras, é preciso fazer um concurso público e lograr aprovação. Para se tornar advogado também; e o concurso se chama Exame de Ordem.

Consequente e coerentemente, o Exame de Ordem não é uma prova de confirmação do bacharelado. Não se duvida que o bacharel tem conhecimentos jurídicos que, aliás, são atestados por seu diploma e pela instituição que o emitiu. Afere-se se ele tem conhecimentos próprios da carreira que postula: a advocacia. Essa orientação já está presente na primeira fase do exame; mas na segunda, torna-se ainda mais acentuada.

Justo por isso, é preciso uma literatura específica que auxilie o candidato a compreender como a prova funciona, qual tipo de habilidade e competência está sendo avaliada, qual a postura dele se espera. Não raro, os candidatos acabam se assustando, pois o que se pede no Exame foge daquilo que habitualmente constava das provas feitas na faculdade.

Nesse contexto, para sorte de todos os envolvidos, surge o livro dos professores Giovani Magalhães e Marcelo Hugo da Rocha: uma ferramenta preciosa para a aprovação no Exame de Ordem. Em primeiro lugar, pela história de ambos, dois educadores que se dedicam especificamente a esse momento crucial na vida do bacharel: passar no exame que lhe assegurará profissão na carreira que escolheu. Isso se reflete numa metodologia específica, na atenção aos pontos mais visados pelos examinadores. Como se não bastasse, expressa-se numa didática própria que, por si só, socorre o candidato num momento tão difícil.

Não seria sequer necessário que isso fosse dito: folheando as páginas seguintes, ficam claras a qualidade e a utilidade deste material. Resta ao leitor aproveitar o guia, dar sua mão aos mestres e aproveitar a excelente ajuda que este livro oferece. É assim que os sonhos se tornam realidade.

Parabéns, Giovani e Marcelo, pelo trabalho. E vocês, leitores e leitoras, Deus os abençoe e ilumine.

Com carinho,

Gladston Mamede

Cronograma de estudos

Cronograma de estudos – 36 dias

1º DIA	O que estudar hoje?
TEMA	**Introdução ao Direito Empresarial**
Conteúdo TEÓRICO	I. Compreender juridicamente a noção de empresário. II. Delimitar os principais aspectos referentes à capacidade para os atos da vida empresarial.
Conteúdo PRÁTICO	Realizar a resolução das questões do histórico do Exame da OAB, pertinentes aos temas indicados (Capítulo 34, item I.1).
Sugestão de FUNDAMENTAÇÃO	- art. 966, CC - art. 967, CC - art. 971, CC - arts. 972 a 980, CC - art. 982, CC - art. 984, CC
LEMBRE-SE!	Empresário é uma expressão genérica que comporta como espécies: o empresário individual, a sociedade empresária e a empresa individual de responsabilidade limitada. Sócios e administradores não são considerados empresários, sendo respectivamente investidores e mandatários. É por isso que quem é obrigado a se registrar na Junta Comercial, que poderá ser declarado falido e que poderá pedir recuperação judicial para evitar a sua falência é a sociedade e o não o sócio.
Já caiu em prova?	Questões: IV Exame; XV Exame; XIX Exame; XXV Exame.

2º DIA	O que estudar hoje?
TEMA	**Estabelecimento Empresarial**

Conteúdo TEÓRICO	I. Compreender o regime jurídico atinente ao estabelecimento empresarial. II. Conceituar o contrato de trespasse e definir os seus requisitos da validade e de eficácia. III. Definir os efeitos jurídicos decorrentes do contrato de trespasse.
Conteúdo PRÁTICO	Realizar a resolução das questões do histórico do Exame da OAB, pertinentes aos temas indicados (Capítulo 34, item I.1).
Sugestão de FUNDAMENTAÇÃO	- arts. 1.142 a 1.149, CC
LEMBRE-SE!	Não se confundem as noções de estabelecimento e de ponto empresarial. O ponto é um dos elementos componentes do estabelecimento empresarial.
Já caiu em prova?	Questões: XI Exame;XX Exame; XXIV Exame.

3º DIA	**O que estudar hoje?**
TEMA	**Introdução à Prática Empresarial**
Conteúdo TEÓRICO	Estabelecer as estruturas básicas da peça prático-profissional.
Conteúdo PRÁTICO	- Ação do Procedimento Comum (petição inicial): Capítulo 1 - Contestação: Capítulo 2 - Réplica à Contestação: Capítulo 3 - Ação de Obrigação de Fazer (ou não fazer): Capítulo 4 - Mandado de Segurança: Capítulo 5 - Ação de Responsabilidade: Capítulo 14
Sugestão de FUNDAMENTAÇÃO	- arts. 186 e 187, CC - art. 927, CC - art. 319, CPC - arts. 335 a 337, CPC - arts. 350 e 351, CPC - art. 497, CPC - art. 5º, LXIX, CF - art. 1º, Lei 12.016/2009 - Súmulas 370, 388, 475 e 476, STJ
LEMBRE-SE!	Você não precisa estudar teoria de direito processual. Você precisa estudar a elaboração de peças processuais, cabendo notar, ainda, que, em

LEMBRE-SE!	sede de contestação, a alegação de prescrição e de decadência deve ser feita no "mérito" e não na "preliminar" da contestação.
Já caiu em prova?	Peças: II Exame; V Exame; IX Exame; X Exame; XIII Exame; XXV Exame – Reaplicação; XXVI Exame; XXVIII Exame; XXIX Exame.

4º DIA	O que estudar hoje?
TEMA	**Locação Empresarial e a Ação Renovatória de Aluguel**
Conteúdo TEÓRICO	I. Conceituar o direito de inerência ao ponto. II. Verificar os requisitos para assegurar a proteção ao ponto empresarial. III. Identificar as hipóteses de exceção de retomada.
Conteúdo PRÁTICO	I. Elaborar a petição inicial da Ação Renovatória de Aluguel. II. Destacar os principais tópicos para a contestação da ação mencionada.
Sugestão de FUNDAMENTAÇÃO	– arts. 51 a 57, Lei 8.245/91 – arts. 71 a 75, Lei 8.245/91 – art. 3º, Lei 13.966/2019
LEMBRE-SE!	A ação renovatória de aluguel é o modo de se tutelar juridicamente o estabelecimento do empresário, quando constituído a partir de um contrato de locação. Porém, se o empresário constituir o seu estabelecimento a partir de um imóvel de sua propriedade, a tutela jurídica será feita mediante as ações possessória ou reivindicatória.
Já caiu em prova?	Peças: XX Exame. Questões: XVIII Exame; XXVI Exame.

5º DIA	O que estudar hoje?
TEMA	**Elementos de Identificação do Empresário**
Conteúdo TEÓRICO	I. Compreender o regime jurídico aplicável ao nome empresarial. II. Estudar o regramento legal inerente às marcas. III. Solucionar os conflitos existentes entre os elementos de identificação do empresário.
Conteúdo PRÁTICO	Realizar a resolução das questões do histórico do Exame da OAB, pertinentes aos temas indicados (Capítulo 34, item I.1 e item IV).
Sugestão de FUNDAMENTAÇÃO	– art. 980-A, CC – arts. 1.155 a 1.168, CC – arts. 122 a 129, Lei 9.279/96
LEMBRE-SE!	Não se pode confundir: firma x denominação. Firma é espécie de nome empresarial pautada por um nome civil; denominação é espécie de nome empresarial pautada por um nome abstrato.

LEMBRE-SE!	Não se pode confundir: nome empresarial x marca. Nome empresarial identifica o empresário enquanto sujeito de direitos. Marca identifica produtos ou serviços, visando distingui-los de outros, concorrentes ou não.
Já caiu em prova?	Questões: X Exame; XXIV Exame - 2 questões; XXVII Exame.

6º DIA	**O que estudar hoje?**
TEMA	**Ação de Consignação em Pagamento e Ação de Exigir Contas**
Conteúdo TEÓRICO	I. Entender as principais hipóteses de cabimento das ações judiciais a serem estudadas no dia. II. Elaborar a estrutura base para as peças prático-profissionais estudadas.
Conteúdo PRÁTICO	- Ação de Consignação em Pagamento: Capítulo 8 - Ação de Exigir Contas: Capítulo 9
Sugestão de FUNDAMENTAÇÃO	- arts. 334 e 335, CC - art. 668, CC - art. 709, CC - art. 996, CC - art. 542, CPC - arts. 550 a 552, CPC - art. 154, Lei 11.101/2005 - art. 67, Lei 8.245/91 - Súmula 259, STJ
LEMBRE-SE!	Apesar de existir rito próprio para a liquidação das sociedades em geral, a liquidação das sociedades em conta de participação será realizada mediante ação de exigir contas.
Já caiu em prova?	Peças: XV Exame.

7º DIA	**O que estudar hoje?**
TEMA	**Empresa Individual de Responsabilidade Limitada - EIRELI**
Conteúdo TEÓRICO	I. Compreender o regime jurídico estabelecido pela Lei 12.441/2011 e incorporada ao Código Civil em matéria de EIRELI. II. Diferenciar EIRELI, Empresário Individual e Sociedade Limitada Unipessoal.

Conteúdo PRÁTICO	Realizar a resolução de questões sobre o tema do dia (Capítulo 34, item I.2).
Sugestão de FUNDAMENTAÇÃO	- art. 44, VI, CC - art. 980-A, CC - art. 1.033, IV, e parágrafo único, CC - art. 3º, Lei Complementar 123/2006
LEMBRE-SE!	A EIRELI não é uma sociedade limitada com um único sócio; trata-se de uma nova modalidade de pessoa jurídica, instituída pelo legislador, destinada ao desenvolvimento de atividades econômicas.
Já caiu em prova?	Questões: IX Exame; X Exame; XIX Exame; XXVII Exame.

8º DIA	**O que estudar hoje?**
TEMA	**Regime Jurídico Empresarial: as obrigações gerais do empresário**
Conteúdo TEÓRICO	I. Identificar todas as obrigações impostas pela legislação empresarial. II. Entender o funcionamento das Juntas Comerciais, bem como o procedimento registral. III. Compreender as normas legais sobre escrituração. IV. Determinar os casos de exibição dos livros empresariais, bem como o seu valor probante.
Conteúdo PRÁTICO	I. Realizar a resolução de questões sobre o tema do dia (Capítulo 34, item I.2). II. Exibição judicial de livros empresariais e documentos societários: tutela provisória de urgência em caráter antecedente (Capítulo 27).
Sugestão de FUNDAMENTAÇÃO	- art. 45, CC - art. 226, CC - art. 985, CC - art. 1.150, CC - arts. 1.179 a 1.195, CC - arts. 416 a 421, CPC - art. 105, Lei 6.404/76 - Súmula 260, STF - Súmula 390, STF
LEMBRE-SE!	Apesar de, em geral, os empresários se submeterem a três obrigações legais: I. Registrar-se antes do início da atividade; II. Manter ordem regular e uniforme de escrituração; e III. Realizar periodicamente demonstra-

LEMBRE-SE!	ções financeiras, para o microempreendedor individual (MEI), basta o registro, estando dispensado legalmente das demais obrigações.
Já caiu em prova?	Questões: V Exame; XV Exame; XXII Exame; XXV Exame – Reaplicação. Peças: treinar as peças sugeridas no Capítulo 27, adaptadas de questões do histórico do Exame e que podem aparecer na sua prova.

9º DIA	O que estudar hoje?
TEMA	**Teoria Geral de Direito Societário e Sociedades de Tipo Menor**[1]
Conteúdo TEÓRICO	I. Compreender juridicamente a sociedade. II. Identificar os elementos do tipo societário. III. Estabelecer as principais nuances referentes à desconsideração da personalidade jurídica.
Conteúdo PRÁTICO	I. Realizar a resolução de questões sobre o tema do dia (Capítulo 34, item I.3). II. Incidente de Desconsideração da Personalidade Jurídica: Capítulo 19.
Sugestão de FUNDAMENTAÇÃO	- art. 50, CC - arts. 986 a 990, CC - arts. 991 a 996, CC - arts. 1.039 a 1.044, CC - arts. 1.045 a 1.051, CC - arts. 133 a 137, CPC
LEMBRE-SE!	A desconsideração da personalidade jurídica, mediante o seu incidente próprio, poderá ser alegada a qualquer momento da ação, ou seja, em qualquer fase do processo, até mesmo, já em caráter recursal.
Já caiu em prova?	Peças: XXV Exame. Questões: IV Exame; VI Exame; XI Exame; XII Exame; XIII Exame; XXIV Exame.

10º DIA	O que estudar hoje?
TEMA	**Sociedade Limitada x Sociedade Anônima: noções gerais**
Conteúdo TEÓRICO	- Destacar os elementos decorrentes da tipicidade societária para tais modelos societários.

[1] A nomenclatura é de Fábio Ulhoa Coelho e serve para denominar genericamente as sociedades que não têm grande incidência na prática: sociedade em nome coletivo e sociedade em comandita, por exemplo.

Conteúdo TEÓRICO	- Diferenciar o modo de constituição societária. - Distinguir sociedade simples x sociedade empresária. - Distinguir S/A aberta x S/A fechada.
Conteúdo PRÁTICO	Realizar a resolução de questões sobre o tema do dia (Capítulo 34, item I.3 e item I.4).
Sugestão de FUNDAMENTAÇÃO	- art. 45, CC - art. 982, CC - art. 984, CC - art. 985, CC - arts. 1.052 a 1.054, CC - art. 1.150, CC - arts. 80 a 99, Lei 6.404/76
LEMBRE-SE!	Apesar de, nas sociedades limitada e anônima, todos os sócios terem responsabilidade limitada, é diferente o padrão de responsabilidade limitada na LTDA e na S/A. Para a LTDA, a responsabilidade limitada depende da integralização do capital social; para a S/A, independe.
Já caiu em prova?	Questões: XIII Exame; XXI Exame.

11º DIA	**O que estudar hoje?**
TEMA	**Sociedade Limitada x Sociedade Anônima: capital social**
Conteúdo TEÓRICO	- Conceituar capital social. - Reconhecer os modos de divisão do capital social. - Apontar as principais semelhanças e diferenças entre uma quota e uma ação. - Estudar o regime jurídico das quotas e das ações.
Conteúdo PRÁTICO	Realizar a resolução de questões sobre o tema do dia (Capítulo 34, item I.3 e item I.4).
Sugestão de FUNDAMENTAÇÃO	- arts. 1.001 a 1.009, CC - arts. 1.055 a 1.059, CC - arts. 1.080 a 1.084, CC - arts. 5º a 19, Lei 6.404/76 - arts. 106 a 120, Lei 6.404/76 - arts. 166 a 172, Lei 6.404/76 - arts. 789 e 790, II, CPC

LEMBRE-SE!	Em geral, os sócios contribuem para a formação do capital social em dinheiro, bens, créditos e/ou serviços. Porém, em se tratando de sociedades limitada e anônima, é vedada a contribuição em serviços para a formação do capital social.
Já caiu em prova?	Questões: III Exame; VII Exame; XIII Exame; XVI Exame; XVIII Exame.

12º DIA	**O que estudar hoje?**
TEMA	**Sociedade Limitada x Sociedade Anônima: administração e conselho fiscal**
Conteúdo TEÓRICO	- Definir os principais aspectos da função de administrador dentro do contexto societário. - Analisar a estrutura jurídica da administração nas sociedades limitada e anônima. - Compreender as normas jurídicas atinentes ao conselho fiscal e à função de conselheiro fiscal.
Conteúdo PRÁTICO	- Realizar a resolução de questões sobre o tema do dia (Capítulo 34, item I.3 e item I.4). - Ação de Responsabilidade por atos do administrador: Capítulo 15. - Treinar a peça do capítulo indicado.
Sugestão de FUNDAMENTAÇÃO	- arts. 1.010 a 1.021, CC - arts. 1.060 a 1.070, CC - arts. 138 a 165-A, Lei 6.404/76
LEMBRE-SE!	Em uma sociedade anônima cuja administração esteja organizada em diretoria e em conselho de administração, são os diretores que terão legitimidade de representação.
Já caiu em prova?	Questões: II Exame; VI Exame; VII Exame; VIII Exame; X Exame; XI Exame; XIV Exame; XVI Exame; XVII Exame; XXIX Exame.

13º DIA	**O que estudar hoje?**
TEMA	**Sociedade Limitada x Sociedade Anônima: deliberações dos sócios**
Conteúdo TEÓRICO	- Analisar as regras legais para a convocação, instalação e deliberações sociais nas sociedades limitada e anônima. - Elaborar a estrutura base para a petição, visando a declaração de nulidade da deliberação em assembleia ou reunião.

Conteúdo PRÁTICO	- Realizar a resolução de questões sobre o tema do dia (Capítulo 34, item I.3 e item I.4). - Ação Anulatória de Deliberação em Assembleia: Capítulo 16. - Treinar a peça do capítulo indicado.
Sugestão de FUNDAMENTAÇÃO	- arts. 1.071 a 1.080, CC - arts. 121 a 137, Lei 6.404/76 - art. 286, Lei 6.404/76
LEMBRE-SE!	É possível simplificar o procedimento de deliberações sociais nas sociedades limitadas, através da definição, no Contrato Social, de as deliberações ocorrerem mediante reunião. Porém, será imperativa a realização de assembleia, sempre que a sociedade limitada estiver com mais de 10 sócios.
Já caiu em prova?	Questões: II Exame; VII Exame; IX Exame; X Exame; XVIII Exame.

14º DIA	**O que estudar hoje?**
TEMA	**Sociedade Limitada x Sociedade Anônima: dissolução parcial**
Conteúdo TEÓRICO	- Analisar as situações legalmente previstas para a resolução da sociedade em relação a um sócio. - Verificar as consequências societárias e patrimoniais da saída dos sócios. - Delimitar os contornos processuais para a saída judicial de sócios. - Elaborar a estrutura base para a petição de Ação de Dissolução Parcial.
Conteúdo PRÁTICO	- Realizar a resolução de questões sobre o tema do dia (Capítulo 34, item I.3 e item I.4). - Ação de Dissolução Parcial de Sociedades: Capítulo 17.
Sugestão de FUNDAMENTAÇÃO	- art. 1.004, CC - arts. 1.028 a 1.030, CC - art. 1.077, CC - art. 1.085, CC - arts. 136 e 137, Lei 6.404/76 - arts. 599 a 609, CPC
LEMBRE-SE!	A dissolução parcial pode ocorrer em razão da resolução da sociedade ou da exclusão de sócio. Na resolução da sociedade, o sócio (retirante) é o autor e a sociedade e os demais sócios serão réus. Na exclusão de sócio, a sociedade e os demais sócios serão autores, enquanto o sócio (a ser excluído) será o réu.

Já caiu em prova?	Peças: XXIX Exame. Questões: III Exame; XII Exame; XIV Exame; XXV Exame.

22º DIA	O que estudar hoje?
TEMA	**Cheque, Duplicata e CCB: temas específicos**
Conteúdo TEÓRICO	- Verificar as especificidades existentes para cada um dos títulos mencionados. - Conceituar as várias modalidades de cheque. - Diferenciar as possibilidades de impedimento do pagamento do cheque. - Estudar a operacionalização e a cobrança judicial de duplicatas. - Compreender os mecanismos inerentes à Cédula de Crédito Bancário (CCB).
Conteúdo PRÁTICO	- Realizar a resolução de questões sobre o tema do dia (Capítulo 34, item II).
Sugestão de FUNDAMENTAÇÃO	- arts. 2º a 12, Lei 5.474/68 - arts. 15 a 18, Lei 5.474/68 - arts. 19 a 26, Lei 5.474/68 - art. 6º e 7º, Lei 7.357/85 - art. 9º, Lei 7.357/85 - arts. 32 a 46, Lei 7.357/85 - arts. 26 a 45-A, Lei 10.931/2004
LEMBRE-SE!	- Enquanto o cheque é um título abstrato, a duplicata e a cédula de crédito bancário são títulos causais. - Para executar judicialmente uma duplicata aceita, faz-se necessário juntar cumulativamente ao título: o protesto por falta de pagamento e o comprovante de entrega e recebimento de mercadoria.
Já caiu em prova?	Questões: VI Exame; XVII Exame; XIX Exame; XXVIII Exame; XXIX Exame.

23º DIA	O que estudar hoje?
TEMA	**Ações Judiciais envolvendo Títulos de Crédito**
Conteúdo TEÓRICO	Estabelecer as estruturas básicas das peças prático-profissionais envolvendo Títulos de Crédito.
Conteúdo PRÁTICO	- Ação de Execução por Quantia Certa: Capítulo 9. - Embargos à Execução: Capítulo 10.

Conteúdo PRÁTICO	- Embargos de Terceiro: Capítulo 11. - Ação Monitória: Capítulo 12.
Sugestão de FUNDAMENTAÇÃO	- arts. 674 a 681, CPC - arts. 700 a 702, CPC - art. 771, CPC - art. 784, CPC - art. 786, CPC - art. 790, CPC - arts. 798 e 799, CPC - arts. 814 a 823, CPC - art. 829, CPC - art. 914, CPC - arts. 917 a 919, CPC - art. 919, CPC - art. 93, Lei 11.101/2005 - Súmulas 247, 282, 292, 384, 503 e 504, STJ
LEMBRE-SE!	Apesar de os embargos à execução e os embargos de terceiro serem peças de defesa, a sua estrutura básica é a de petição inicial, submetendo-se à lógica do art. 319 do CPC.
Já caiu em prova?	Peças: IV Exame; XIV Exame; XXI Exame; XXIV Exame; XXVII Exame.

24º DIA	**O que estudar hoje?**
TEMA	**Introdução ao Direito Concursal**
Conteúdo TEÓRICO	- Examinar os atos de insolvência jurídica empresarial. - Verificar quem são os destinatários da Lei 11.101/2005.
Conteúdo PRÁTICO	- Realizar a resolução de questões sobre o tema do dia (Capítulo 34, item V).
Sugestão de FUNDAMENTAÇÃO	- art. 966, CC - art. 982, CC - art. 984, CC - arts. 1º e 2º, Lei 11.101/2005 - art. 81, Lei 11.101/2005 - art. 94, Lei 11.101/2005 - art. 96, Lei 11.101/2005 - art. 125, Lei 11.101/2005 - art. 195, Lei 11.101/2005

LEMBRE-SE!	O pressuposto para a falência é a insolvência jurídica e não a insolvência econômica; portanto, o tamanho do patrimônio de um empresário jamais o tornará imune a uma falência, sendo possível a sua decretação, mesmo que o devedor tenha mais bens do que dívida.
Já caiu em prova?	Questões: XII Exame.

25º DIA	O que estudar hoje?
TEMA	A Fase Pré-Falimentar: o pedido de falência
Conteúdo TEÓRICO	- Verificar os procedimentos para o requerimento de falência. - Perceber a divergência de procedimentos em razão do autor. - Compreender os procedimentos relativos à falência transnacional.
Conteúdo PRÁTICO	- Pedido de Falência e de Autofalência: Capítulo 21. - Treinamento do modelo de peça previsto no Capítulo.
Sugestão de FUNDAMENTAÇÃO	- art. 3º, Lei 11.101/2005 - art. 75, Lei 11.101/2005 - arts. 94 a 99, Lei 11.101/2005 - arts. 105 a 107, Lei 11.101/2005 - art. 189, Lei 11.101/2005 - arts. 167-A a 167-Y, Lei 11.101/2005
LEMBRE-SE!	A Fazenda Pública não pode requerer a falência do devedor em razão da inadimplência de créditos tributários.
Já caiu em prova?	Questões: XII Exame.

26º DIA	O que estudar hoje?
TEMA	Do Conhecimento e da Realização do Ativo do Falido
Conteúdo TEÓRICO	- Identificar os procedimentos e condições atinentes à arrecadação e custódia de bens. - Compreender a ordem preferencial de realização dos ativos. - Determinar as modalidades de realização dos ativos.
Conteúdo PRÁTICO	- Realizar a resolução de questões sobre o tema do dia (Capítulo 34, item V).
Sugestão de FUNDAMENTAÇÃO	- arts. 108 a 114, Lei 11.101/2005 - arts. 139 e 148, Lei 11.101/2005

LEMBRE-SE!	Como regra geral, o administrador judicial procede à arrecadação de tudo aquilo que está com o falido, seja ou não dele, bem como tudo aquilo que é do falido, esteja ou não com ele.
Já caiu em prova?	Questões: II Exame; III Exame.

27º DIA	O que estudar hoje?
TEMA	**Ação Revocatória e Ação de Restituição**
Conteúdo TEÓRICO	- Estudar os principais aspectos referentes aos procedimentos mencionados. - Detalhar as situações de cabimento e hipóteses para o ajuizamento de cada uma das ações previstas para o dia.
Conteúdo PRÁTICO	- Ação de Restituição: Capítulo 24. - Ação Revocatória: Capítulo 25.
Sugestão de FUNDAMENTAÇÃO	- arts. 85 a 92, Lei 11.101/2005 - arts. 129 a 138, Lei 11.101/2005
LEMBRE-SE!	Quando a ineficácia for objetiva, o pedido principal da ação revocatória deve ser o de declarar a ineficácia do ato perante a massa falida. Já, em se tratando de ineficácia subjetiva, o pedido principal deverá ser o de revogar o ato.
Já caiu em prova?	Peças: X Exame; XXIII Exame. Questões: III Exame; V Exame; XI Exame; XVIII Exame; XXI Exame.

28º DIA	O que estudar hoje?
TEMA	**Procedimento de Verificação e Habilitação de Créditos e ações incidentes**
Conteúdo TEÓRICO	- Examinar os mecanismos de verificação e de habilitação de créditos. - Determinar as situações hipotéticas motivadoras do ajuizamento de ações incidentes. - Elaborar a estrutura base das peças prático-profissionais. - Compreender a ordem legal de pagamentos do processo de falência. - Diferenciar crédito concursal x crédito extraconcursal.
Conteúdo PRÁTICO	- Ação de Habilitação Retardatária (Capítulo 23 - item 23.2.1). - Ação de Impugnação de Crédito (Capítulo 23 - item 23.2.1). - Ação de Retificação do QGC (Capítulo 23 - item 23.2.2). - Ação Rescisória de Crédito (Capítulo 23 - item 23.2.3).

Sugestão de FUNDAMENTAÇÃO	- arts. 7º a 20, Lei 11.101/2005 - arts. 83 e 84, Lei 11.101/2005 - art. 86, Lei 11.101/2005 - arts. 150 e 151, Lei 11.101/2005 - arts. 193 e 194, Lei 11.101/2005
LEMBRE-SE!	A definição de um crédito como concursal ou extraconcursal independente da data de seu vencimento. Será concursal o crédito cuja origem seja anterior à decretação da falência. Por sua vez, extraconcursal será o crédito cuja origem seja posterior à decretação da falência.
Já caiu em prova?	Peças: III Exame; VIII Exame. Questões: V Exame; XVIII Exame; XIX Exame; XXIII Exame.

29º DIA	**O que estudar hoje?**
TEMA	**Encerramento do Processo e Extinção das Obrigações do Falido**
Conteúdo TEÓRICO	- Verificar as condições que precisam ser atendidas para o juiz encerrar o processo de falência. - Delimitar as hipóteses através das quais as obrigações do falido serão declaradas extintas. - Examinar os procedimentos de reabilitação do falido.
Conteúdo PRÁTICO	- Ação de Reabilitação: Capítulo 26.
Sugestão de FUNDAMENTAÇÃO	- arts. 158 a 160, Lei 11.101/2005
LEMBRE-SE!	Para os casos do art. 158, I, II e V, a extinção das obrigações do falido poderá ocorrer mediante ação própria, distribuída por dependência, ou mediante requerimento nos próprios autos da falência. Já para os casos do art. 158, VI, a extinção das obrigações do falido somente ocorrerá mediante ação própria.
Já caiu em prova?	Peças: XVII Exame.

30º DIA	**O que estudar hoje?**
TEMA	**Recuperação de Empresas**
Conteúdo TEÓRICO	- Apresentar os mecanismos de recuperação de empresas. - Evidenciar os procedimentos judiciais e extrajudiciais de recuperação de empresas. - Definir a extrajudicialidade da recuperação de empresas.

Conteúdo TEÓRICO	- Entender as situações de financiamento do devedor. - Diferenciar consolidação processual e consolidação substancial.
Conteúdo PRÁTICO	- Ação de Recuperação Judicial: Capítulo 22 (item 22.2.1). - Pedido de Homologação da Recuperação Extrajudicial: Capítulo 22 (item 22.2.2).
Sugestão de FUNDAMENTAÇÃO	- arts. 47 a 74, Lei 11.101/2005 - arts. 161 a 167, Lei 11.101/2005 - Súmulas 480 e 581, STJ
LEMBRE-SE!	Em regra, ainda que não vencidos, todos os créditos existentes na data do pedido poderão ser levados ao plano de recuperação judicial.
Já caiu em prova?	Peças: XIX Exame. Questões: III Exame; VII Exame; XV Exame; XVII Exame; XX Exame; XXI Exame; XXII Exame;XXV Exame; XXVI Exame; XXVII Exame.

31º DIA	**O que estudar hoje?**
TEMA	**Propriedade Industrial e ações incidentais**
Conteúdo TEÓRICO	- Compreender as diferenças entre os bens da propriedade industrial. - Verificar a tutela jurídica das patentes, do registro de desenho industrial e do registro de marcas. - Determinar a titularidade da propriedade industrial. - Evidenciar as hipóteses justificadoras do ajuizamento de ações relativas à propriedade industrial. - Diferenciar ação de nulidade e ação de adjudicação.
Conteúdo PRÁTICO	- Realizar a resolução das questões pertinentes ao tema do dia (Capítulo 34, item 4).
Sugestão de FUNDAMENTAÇÃO	Colocar a numeração da FUNDAMENTAÇÃO dos tribunais superiores que diz respeito ao tema.
LEMBRE-SE!	Alguma dica importante sobre o tema [no máximo 2 parágrafos].
Já caiu em prova?	Questões: VI Exame; XX Exame - Reaplicação; XXIV Exame.

32º DIA	**O que estudar hoje?**
TEMA	**Contratos de Compra e Venda Mercantil e de Colaboração**
Conteúdo TEÓRICO	- Verificar o regramento jurídico da compra e venda, a partir da perspectiva da sua empresarialidade. - Conceituar contratos de colaboração.

Conteúdo TEÓRICO	- Diferenciar colaboração por aproximação e colaboração por intermediação. - Indicar e compreender o regime jurídico de cada espécie de colaboração.
Conteúdo PRÁTICO	- Realizar a resolução das questões pertinentes ao tema do dia (Capítulo 34, item 3).
Sugestão de FUNDAMENTAÇÃO	- arts. 481 a 537, CC - arts. 653 a 733, CC - arts. 743 a 756, CC - Lei 6.729/79 - Lei 4.886/65
LEMBRE-SE!	O Contrato de Concessão Mercantil é, regra geral, contrato atípico. A exceção fica por conta da concessão de veículos automotores.
Já caiu em prova?	Questões: XVI Exame; XXVII Exame; XXVIII Exame; XXIX Exame; XXX Exame.

33º DIA	O que estudar hoje?
TEMA	**Contratos Bancários**
Conteúdo TEÓRICO	- Evidenciar os principais aspectos dos contratos que têm uma instituição financeira como parte, atuando como intermediadora de recursos financeiros.
Conteúdo PRÁTICO	- Realizar a resolução das questões pertinentes ao tema do dia (Capítulo 34, item 3).
Sugestão de FUNDAMENTAÇÃO	- arts. 586 a 592, CC - Súmulas 30, 296, 379, 380, 381, 382, 472, 479, 530, 541, 565 e 566, STJ
LEMBRE-SE!	A diferença do mútuo bancário para o mútuo civil se refere aos juros, sendo certo que, no caso do mútuo bancário, não haverá sujeição aos limites da "Lei da Usura".
Já caiu em prova?	Questões: XXV Exame.

34º DIA	O que estudar hoje?
TEMA	**Ações de Busca e Apreensão e Reintegração de Posse**
Conteúdo TEÓRICO	- Compreender o regramento jurídico da alienação fiduciária em garantia e do arrendamento mercantil.

Conteúdo TEÓRICO	- Delimitar o procedimento da ação de busca e apreensão. - Evidenciar o processamento da ação de reintegração de posse.
Conteúdo PRÁTICO	- Realizar a resolução das questões pertinentes ao tema do dia (Capítulo 34, item 3). - Ação de Busca e Apreensão: Capítulo 29. - Ação de Reintegração de Posse: Capítulo 28.
Sugestão de FUNDAMENTAÇÃO	- arts. 1.359 a 1.368-B, CC - Decreto-Lei 911/69 - arts. 554 a 566, CPC
LEMBRE-SE!	Para resgatar um bem móvel objeto de financiamento, a medida judicial variará a depender do contrato. Se for alienação fiduciária em garantia, ajuíza-se ação de busca e apreensão; porém, diante do arrendamento mercantil, deve-se manejar ação de reintegração de posse.
Já caiu em prova?	Questões: XIII Exame; XXI Exame; XXIV Exame; XXX Exame.

35º DIA	**O que estudar hoje?**
TEMA	**Agravo de Instrumento e Embargos de Declaração**
Conteúdo TEÓRICO	- Destacar os principais elementos para a elaboração das peças processuais. - Verificar as situações hipotéticas que justificam a interposição das presentes peças recursais.
Conteúdo PRÁTICO	- Agravo de Instrumento: Capítulo 31. - Embargos de Declaração: Capítulo 32.
Sugestão de FUNDAMENTAÇÃO	- arts. 994 a 1.008, CPC - arts. 1.015 a 1.020, CPC - arts. 1.022 a 1.026, CPC - art. 17, Lei 11.101/2005 - art. 58-A, Lei 11.101/2005 - art. 59, Lei 11.101/2005 - art. 100, Lei 11.101/2005 - art. 167-J, § 4º, Lei 11.101/2005 - art. 189, § 1º, II, Lei 11.101/2005 - Súmula 282, STF - Súmula 211, STJ

LEMBRE-SE!	Os embargos de declaração podem ser utilizados para realizar o prequestionamento necessário para a interposição de REsp perante o STJ e de RE perante o STF.
Já caiu em prova?	Peças: XXX Exame.

36º DIA	**O que estudar hoje?**
TEMA	**Apelação e demais recursos**
Conteúdo TEÓRICO	- Compreender as hipóteses de cabimento do Recurso de apelação, especial e extraordinário. - Elaborar a estrutura base de cada um dos recursos mencionados.
Conteúdo PRÁTICO	- Recurso de Apelação: Capítulo 33. - Recurso Especial: Capítulo 33. - Recurso Extraordinário: Capítulo 33.
Sugestão de FUNDAMENTAÇÃO	- art. 331, CPC - arts. 1.009 a 1.014, CPC - arts. 1.029 a 1.041, CPC - art. 102, CF - art. 105, CF - arts. 90, 100, 134, 154, 156, 164 e 167-J, Lei 11.101/2005
LEMBRE-SE!	Os embargos de declaração podem ser interpostos com a finalidade de criar o prequestionamento, requisito necessário para a interposição desses recursos.
Já caiu em prova?	Peças: XI Exame; XVIII Exame.

Peças profissionais: teoria e modelos

1. AÇÃO DO PROCEDIMENTO COMUM

1.1. Apresentação

Toda vez que, para o Exame de Ordem, for necessária a elaboração de uma petição inicial, regra geral tal peça prático-profissional seguirá o que aqui se apresenta. O procedimento comum está previsto no Código de Processo Civil, nos arts. 318 a 511. Pode-se falar em três possibilidades de ações, no âmbito do procedimento ordinário:

> **(i) ação declaratória** – procedimento judicial em que se busca o reconhecimento de algum fato ocorrido antes do início do processo, ou seja, é a ação em que o juiz irá declarar a existência ou a inexistência de relação jurídica;
>
> **(ii) ação constitutiva** – procedimento judicial em que se busca promover uma alteração no estado jurídico de, pelo menos, uma das partes no processo, ou seja, é a ação em que o juiz irá constituir uma nova situação jurídica para alguma das partes no processo; e
>
> **(iii) ação condenatória** – procedimento judicial em que se busca exigir uma prestação, ou seja, é a ação em que o juiz irá condenar uma das partes a fazer, deixar de fazer ou pagar algo a outra parte do processo.

Seja lá como for, a estrutura da petição inicial, do procedimento comum, serve de base tanto para a elaboração das diversas petições iniciais, cujas ações tenham regulamentação específica, quanto para ações cuja legislação não regulamente procedimento específico.

Importante destacar que, nos auspícios do CPC/73, o procedimento comum era dividido em procedimento ordinário e procedimento sumário. Tal divisão deixa de existir com o CPC atualmente em vigor – a Lei n. 13.105/2015. Nesse ínterim, é importante destacar, na forma do que determina o art. 1.049 do CPC/2015, que toda vez que a lei remeter a procedimento previsto na lei processual, sem especificá-lo, ou mesmo ao procedimento sumário, serão observadas as normas do procedimento comum. Por força deste dispositivo, é que se percebe a importância da ação do procedimento comum.

Muitas vezes, **a própria legislação ao regulamentar a ação judicial remete ao procedimento ordinário**, como é o caso, por exemplo: (i) da ação renovatória de aluguel (art. 51 da Lei n. 7.357/85); (ii) da ação revocatória (art. 134 da Lei n. 11.101/2005); e (iii) da ação rescisória de crédito (art. 19 da Lei n. 11.101/2005). Tais ações, entretanto, serão estudadas, em separado, cada uma em um capítulo específico. Porém cabe desde já destacar que são ações que seguirão as normas do procedimento comum, com as modificações trazidas em cada legislação especial.

De outra sorte, **há ações judiciais em que a legislação não apresenta o procedimento** (é o caso, por exemplo, da ação de cancelamento de protesto – nos termos do art. 26 da Lei n. 9.492/97 –, da ação declaratória de nulidade ou de anulabilidade de franquia – nos termos do art. 2º, § 2º, da Lei n. 13.966/2019 – e da ação de responsabilidade contra administrador de S/A – nos termos do art. 159 da Lei n. 6.404/76). Em tais casos, o rito também seguirá o procedimento comum, submetendo-se a petição inicial às considerações previstas neste capítulo.

Por final, **há ações judiciais em que a legislação remete ao procedimento sumário**. Como já se viu, o procedimento sumário foi extinto e tudo o que a ele se refere, no âmbito do CPC, se entende à luz do procedimento comum. Frise-se, por oportuno: **qualquer controvérsia ocorrida entre representante e representado, no âmbito do contrato de representação comercial, deveria ser resolvida, na via judicial, pelo procedimento sumário**. É o que se extrai do art. 39 da Lei n. 4.886/65. Com o CPC/2015, a ação para cobrar as remunerações a que tem direito o representante comercial deve, também, submeter-se ao procedimento comum.

1.2. Características e requisitos

Chega-se à presente peça prático-profissional, por exclusão. Vale dizer, diante do caso apresentado, que algumas reflexões precisam ser feitas. E devem sê-las em sequência. **Inicialmente**, deve-se verificar se o examinador estará exigindo que **venha a ser impugnada uma decisão judicial**. Neste caso, sabe-se que a exigência é a da elaboração de um **recurso**, cabendo apreciar, no caso concreto, qual seria o recurso cabível.

Não sendo caso de recurso, a estrutura da peça prático-profissional estará em primeira instância. Percebendo tal fato, deve-se verificar se o examinador estará exigindo que **venha a ser assegurado algum direito** ao cliente. Neste caso, sabe-se que a exigência é a da elaboração de um **pedido de tutela provisória de urgência, cautelar ou antecipada, em caráter antecedente**.

Para o pedido de tutela provisória de urgência, será dedicado o capítulo 27, em que se demostrarão os principais casos, em matéria de direito empresarial: (i) a sustação de protesto; (ii) a exibição de documentos (livros empresariais); (iii) o sequestro de bens, para a assegurar a ação revocatória; e (iv) a suspensão dos efeitos da patente ou do registro e do uso da marca, para as ações de nulidade relacionadas à propriedade industrial.

Não sendo o caso de pedido de tutela provisória, deve-se verificar se o examinador estará exigindo **a cobrança de determinada prestação**. Neste caso, em se tratando de **título executivo extrajudicial**, a petição seguirá a estrutura de **ação de execução** – a ser estudada no capítulo 9 –; caso o título em questão seja uma **sentença arbitral**, a petição seguirá a estrutura da **ação de execução de título judicial** – a ser estudada no capítulo 13.

Não se pode deixar de notar que, caso o documento **não tenha força executiva**, a petição seguirá a estrutura da **ação monitória** – a ser estudada no capítulo 12. Por sua vez, caso não haja sequer documentos, será o caso da denominada ação de cobrança, cuja estrutura é a que se estuda neste capítulo.

Por final, **não sendo o caso, também, de se cobrar alguma prestação de alguém**, o examinador só poderá exigir ação judicial que venha a declarar, a constituir ou a condenar uma das partes a algo. **Se houver lei específica** regulamentando, deve-se seguir o previsto.

1.3. Como identificar a peça

Esta peça é de fácil identificação. Com efeito, o examinando deverá fazer o exame das características e requisitos na forma anteriormente apresentada. De outro modo, o caso apresentado descreverá a situação fática, destacando o problema que servirá de base para a lide em questão.

É importante perceber que, do caso narrado, **em nenhum momento será dito que alguém teria entrado com uma ação judicial**. Vale dizer, é você, advogado do cliente do caso concreto, que **dará início a um procedimento judicial**. Se já há procedimento judicial em andamento, então será o caso de verificar o cabimento de contestação – a ser estudada no capítulo 2, ou de réplica à contestação – a ser estudada no capítulo 3.

Para esta peça processual, insista-se, por oportuno: o caso vai trazer a pretensão de alguém (o autor – o seu cliente) que está sendo resistido por outrem (o réu – contra quem você vai ajuizar a ação), sendo certo que em nenhum momento será mencionado que, para aquela lide, já há ação em andamento.

1.4. Competência

A depender do caso concreto, a competência poderá ser alterada. Genericamente falando, contudo, tem-se que a ação deverá ser endereçada à "Vara Cível da Comarca... do Estado de...". Evidentemente, se a questão for precisa quanto à Comarca ou ao Estado, a localização poderá ser informada.

Não se falará em Vara Cível, entretanto, em duas oportunidades: (i) para as ações judiciais relacionadas à Lei n. 11.101/2005 – neste caso, regra geral, o direcionamento será para a "Vara de Falências e Recuperação de Empresas da Comarca... do Estado de..."; e (ii) para as ações judiciais envolvendo propriedade industrial (nos termos da Lei n. 9.279/96) ou discussões em face da Junta Comercial (nos termos da Lei n. 8.934/94) – neste caso, regra geral o direcionamento será para a "Vara Federal da Seção Judiciária de...".

1.5. Fundamentos mais comuns

O art. 319 do CPC determina o que cabe à petição inicial indicar: (i) o juízo a que é dirigida; (ii) os nomes, prenomes, estado civil, a existência de união estável, profissão, o número de inscrição no Cadastro de Pessoas Físicas ou no Cadastro Nacional de Pessoas Jurídicas, o endereço eletrônico, o domicílio e a residência do autor e do réu; (iii) os fatos e os fundamentos jurídicos do pedido; (iv) o pedido, com suas especificações; (v) o valor da causa; (vi) as provas com que o autor pretende demonstrar a verdade dos fatos alegados; e (vii) a opção do autor pela realização ou não de audiência de conciliação ou de mediação.

Como se vê, a primeira indicação é a do **endereçamento**, vale dizer, do juízo competente. Em termos de 2ª Fase em direito empresarial, a regra é o direcionamento ao juízo da Vara Cível. Porém, cabe ressaltar a necessidade de adequação no caso concreto. Assim, se o caso concreto, por exemplo, falar em "Vara Empresarial" ou destacar que na comarca existe "Vara Única", deverá ser feita tal adaptação.

A segunda indicação seria a **qualificação das partes**, com a indicação da **ação judicial** a ser promovida, pelo seu *nomen juris*. No que pertine à qualificação das partes, remete-se o leitor para a estrutura da peça, no final deste capítulo. O *nomen juris* da ação nada mais é do que o nome previsto em lei, a denominação pela qual o provimento judicial é conhecido.

A terceira indicação se refere aos **fatos e fundamentos jurídicos do pedido**. Acerca "Dos Fatos", caberá ao examinando, apenas e tão somente, transcrever fielmente o caso apresentado. Em linguagem de informática, pode-se dizer que deverá haver um "Ctrl-c Ctrl-v" da narrativa trazida para a elaboração da peça prático-profissional. Quanto à parte "Do Direito", deve-se fazer a ligação dos fatos narrados com os dispositivos legais e entendimentos sumulados aplicáveis à espécie, sendo certo notar que a mera indicação ou transcrição dos dispositivos não pontua.

A quarta indicação é a do **pedido, com suas especificações**. Neste patamar, deve-se perceber que o pedido deve ser certo, conforme exige o art. 322 do CPC, e determinado, nos termos do art. 324 do CPC. Em essência, são os seguintes pedidos: (i) a **opção do autor pela realização ou não da audiência de conciliação ou de mediação** (caso haja a opção pela audiência de conciliação, o réu deverá ser citado com antecedência mínima de 20 dias); (ii) principal, referente à procedência do pedido no sentido de determinar a realização da pretensão assistida; (iii) de condenação às custas e honorários advocatícios, nos termos do art. 85, § 2º, do CPC; (iv) a indicação do local em que o autor deve receber as intimações do processo, nos termos do art. 106, I, do CPC.

Há, ainda, a indicação das **provas com que o autor pretende demonstrar a verdade dos fatos alegados**. Frise-se, por oportuno, que o protesto genérico por provas não pontua. Faz-se mister indicar as provas que pretende produzir, em conformidade com a lei e com a narrativa do caso concreto.

Por final, deve-se fazer a indicação do **valor da causa**. O art. 291 do CPC determina que toda causa deve ter um valor certo a ela atribuído, mesmo que não tenha conteúdo econômico imediatamente aferido. Em termos práticos, a regra é que a própria narrativa dos fatos apresentará qual o proveito econômico que a parte terá. Em caso de dúvida, pode-se fazer a seguinte menção "Dá-se à presente causa o valor de R$...".

A depender do caso concreto, há a possibilidade de se requerer a **tutela provisória de urgência, cautelar ou antecipada, em caráter incidental**, nos termos do art. 294, parágrafo único, do CPC. Para tanto, é necessário destacar, nos termos do art. 300 do CPC: (i) elementos que evidenciem a probabilidade do direito; e (ii) o perigo de dano ou o risco ao resultado útil do processo.

1.6. Estrutura da peça

1. **Endereçamento:** Excelentíssimo Senhor Doutor Juiz de Direito da... Vara Cível da Comarca de... do Estado de... Atentar para a informação constante do caso concreto que pode trazer "Vara Única" ou "Vara da Comarca da Capital" e, nestes termos, segue-se o que caso apresentar.
2. **Identificação das partes:** Se for pessoa física: Fulano de tal, Nacionalidade..., Estado civil..., Profissão..., portador do RG n. ..., e do CPF n. ..., residente e domiciliado na...

   Se for pessoa jurídica: Nome Empresarial, pessoa jurídica de direito privado, inscrita no CNPJ n. ..., estabelecida na..., neste ato se fazendo presente por seu administrador... (pode fazer a qualificação de "pessoa física").

   Se for sociedade anônima: Nome Empresarial, pessoa jurídica de direito privado, inscrita no CNPJ n. ..., estabelecida na..., neste ato se fazendo presente por seu diretor... (pode fazer a qualificação de "pessoa física")
3. **Representação judicial:** advogado(a), com mandato em anexo.
4. **Nome da ação e fundamentação legal:** ação do procedimento comum, com fundamento no art. 319 do CPC e no... [deve se indicar, também, o fundamento de direito material cabível no caso concreto]. Há medidas judiciais que, apesar de seguirem o procedimento ordinário, têm *nomen juris* específicos (*vide* exemplo: ação de cancelamento de protesto, nos termos do art. 26 da Lei n. 9.492/97); em tais casos, sugere-se fazer a indicação do *nomen juris* específico.
5. **Narrativa dos fatos ("Dos Fatos"):** a transcrição integral do caso narrado. Frise-se, por oportuno, a necessidade de se limitar à cópia do caso apresentado, não cabendo inventar ou deduzir dados, sob pena de ser atribuída NOTA ZERO à peça prático-profissional elaborada.
6. **Fundamentação ("Do Direito"):** cabe sempre ressaltar que a mera citação ou transcrição de artigos de lei e mesmo de súmulas de jurisprudência não pontua. Deve, na verdade, ser desenvolvido um raciocínio jurídico acerca do dispositivo legal ou entendimento sumulado apresentado. Assim, mais do que apenas dizer que o que se pretende está previsto no art. X, da Lei Y, é de se demonstrar o porquê da utilização de tal fundamento legal.

7. **Pedidos ("Do Pedido"):** a) a concessão de liminar/tutela antecipada no sentido de... [quando houver a necessidade.]; b) a opção do autor pela realização de audiência de conciliação ou de mediação, devendo o réu ser citado com a antecedência mínima de 20 dias [isto é a regra geral; toda vez que o caso for silente, a opção será pela realização de audiência de conciliação ou de mediação – se a opção for pela não realização de tal audiência, a questão proposta deverá ser expressa neste sentido]; c) a procedência do pedido do autor no sentido de... [descrever exatamente o que se pretende e não esquecer de confirmar o que foi pedido na liminar ou tutela antecipada com a confirmação da sentença]; d) a condenação ao pagamento das custas e dos honorários advocatícios, sendo estes últimos pleiteados no importe de 20% do valor da causa, conforme disposição do art. 85, § 2º do CPC; e) que as intimações sejam enviadas para o escritório na Rua... (art. 106, I, do CPC). Pretende-se provar o alegado por todas as provas em direito admitidas, especialmente... [o pedido genérico de provas não pontua. Desse modo, faz-se necessário você especificar as provas que pretende produzir, em conformidade com o caso apresentado no Exame; por exemplo: ... especialmente por prova testemunhal cujo rol será apresentado oportunamente].
8. **Valor da causa:** dá-se à presente causa o valor de R$...
9. **Fechamento da peça:** local, data. Advogado, OAB.

1.7. Questões da peça profissional

1. (II Exame) A sociedade limitada Som Perfeito Ltda. dedicada ao comércio de aparelhos de som tem 4 sócios, Arlindo, Ximenes, Hermano e Suzana, todos com participação idêntica no capital social e com poder de administração isolada.

A sociedade é reconhecida no mercado por sua excelência no ramo e desfruta de grande fama e prestígio em seu ramo de negócio, tendo recebido vários prêmios de revistas.

Entusiasmado com as novas tecnologias de transmissão de imagem como HDTV, "blu-ray" e outras, e entendendo haver sinergias entre esse ramo de comércio e o da sociedade, Ximenes propõe aos sócios que passem, também, a comercializar televisões, aparelhos de DVD e "telões".

Após longa discussão, os demais sócios, contra a opinião de Ximenes, decidiram não ingressar nesse novo ramo de negócio, decisão essa que não foi objeto de ata formal de reunião de sócios, mas foi testemunhada por vários empregados da sociedade e foi também objeto de troca de e-mails entre os sócios.

Um ano depois, com o mercado de equipamentos de imagem muito aquecido, à revelia dos demais sócios, a sociedade, representada por Ximenes, assina um contrato para aquisição de 200 televisões que são entregues 90 dias após. As televisões são comercializadas mas, devido a diversas condições mercadológicas e, principalmente, à inexperiência da sociedade nesse ramo de negócio, sua venda traz um prejuízo de R$ 135.000,00 para a empresa, conforme indicado por levantamento dos contadores e auditores da sociedade.

Os demais sócios, profundamente irritados com o proceder de Ximenes e com o prejuízo sofrido pela sociedade, procuram um profissional de advocacia, pretendendo alguma espécie de medida judicial contra Ximenes.

Tendo em vista a situação hipotética acima, redija, na condição de advogado(a) constituído(a) pela sociedade, a peça processual adequada para a defesa de sua constituinte, indicando, para tanto, todos os argumentos e fundamentos necessários.

2. (XXVI Exame) Em 15 de maio de 2017, Magda emprestou a seu irmão Simão Escada, empresário individual enquadrado como microempresário, a quantia de R$ 80.000,00 (oitenta mil reais) para reformar e ampliar seu estabelecimento empresarial, situado na cidade de São Paulo, lugar acordado para o pagamento.

Em razão do parentesco consanguíneo entre as partes, Magda não exigiu de Simão documento escrito que consubstanciasse promessa de pagamento em dinheiro a prazo, confissão de dívida, bem como não há contrato escrito. Entretanto, o negócio jurídico pode ser comprovado por pessoas que podem atestar em juízo o emprego dos recursos providos por Magda a Simão Escada para aplicação em sua empresa.

Em 20 de setembro de 2017, data do vencimento, Simão Escada não realizou o pagamento e persiste nessa condição, mesmo diante de todas as tentativas amigáveis da credora, inclusive a notificação extrajudicial.

Sabendo-se que na Comarca de São Paulo/SP existe mais de um Juízo Cível competente, e que a dívida com os consectários legais, até a data de propositura da ação, atinge o valor de R$ 87.300,00 (oitenta e sete mil e trezentos reais), elabore a peça processual adequada.

3. (XXIX Exame) O microempreendedor individual Teófilo Montes emitiu, em caráter *pro soluto*, no dia 11 de setembro de 2013, nota promissória à ordem, no valor de R$ 7.000,00 (sete mil reais), em favor de Andradas, Monlevade & Bocaiúva Ltda., pagável no mesmo lugar de emissão, cidade de Cláudio/MG, comarca de Vara única e sede da credora. Não há endosso na cártula, nem prestação de aval à obrigação do subscritor.

O vencimento da cártula ocorreu em 28 de fevereiro de 2014, data de apresentação a pagamento ao subscritor, que não o efetuou. Não obstante, até a presente data, não houve o ajuizamento de qualquer ação judicial para sua cobrança, permanecendo o débito em aberto. Sem embargo, a sociedade empresária beneficiária levou a nota promissória a protesto por falta de pagamento, tendo sido lavrado o ato notarial em 7 de março de 2014.

Persiste o registro do protesto da nota promissória no tabelionato e, por conseguinte, a inadimplência e o descumprimento de obrigação do subscritor.

Teófilo Montes procura você, como advogado(a), e relata que não teve condições de pagar a dívida à época do vencimento e nos anos seguintes. Contudo, também não recebeu mais nenhum contato de cobrança do credor, que permanece na posse da cártula.

A intenção do cliente é extinguir o registro do protesto e seus efeitos, diante do lapso de tempo entre o vencimento da nota promissória e seu protesto, de modo a "limpar seu nome" e eliminar as restrições que o protesto impõe à concessão de crédito.

Com base nos fatos relatados, elabore a peça processual adequada.

1.8. Modelos das peças

1. (II Exame)

Excelentíssimo Senhor Doutor Juiz de Direito da... Vara Cível da Comarca de... do Estado de...

(deixar espaço de 5 linhas)

Som Perfeito Ltda., sociedade empresária, registrada na Junta Comercial sob o n. ... e com CNPJ n. ..., estabelecida em..., neste ato representada por Arlindo (ou por Hermano, ou por Suzana), pelo seu advogado, ao final assinado, com mandato em anexo, vem, respeitosamente, à presença de Vossa Excelência, propor a presente AÇÃO DO PROCEDIMENTO COMUM, com fundamento no art. 1.013, § 2.º, do Código Civil e no art. 319 do CPC, em face de Ximenes, nacionalidade..., estado civil..., profissão..., portador do RG sob o n. ... e do CPF sob o n. ..., residente e domiciliado em..., pelos fundamentos de fato e de direito a seguir:

DOS FATOS

A sociedade limitada Som Perfeito Ltda., dedicada ao comércio de aparelhos de som, tem 4 sócios, Arlindo, Ximenes, Hermano e Suzana, todos com participação idêntica no capital social e com poder de administração isolada.

A sociedade é reconhecida no mercado por sua excelência no ramo e desfruta de grande fama e prestígio em seu ramo de negócio, tendo recebido vários prêmios de revistas.

Entusiasmado com as novas tecnologias de transmissão de imagem como HDTV, "blu-ray" e outras, e entendendo haver sinergias entre esse ramo de comércio e o da sociedade, Ximenes propõe aos sócios que passem, também, a comercializar televisões, aparelhos de DVD e "telões".

Após longa discussão, os demais sócios, contra a opinião de Ximenes, decidiram não ingressar nesse novo ramo de negócio, decisão essa que não foi objeto de ata formal de reunião de sócios, mas foi testemunhada por vários empregados da sociedade e foi também objeto de troca de e-mails entre os sócios.

Um ano depois, com o mercado de equipamentos de imagem muito aquecido, à revelia dos demais sócios, a sociedade, representada por Ximenes, assina um contrato para aquisição de 200 televisões que são entregues 90 dias após. As televisões são comercializadas, mas, em razão de diversas condições mercadológicas e, principalmente, da inexperiência da sociedade nesse ramo de negócio, sua venda traz um prejuízo de R$ 135.000,00 para a empresa, conforme indicado por levantamento dos contadores e auditores da sociedade. Os demais sócios, profundamente irritados com o proceder de Ximenes, buscam, então, a presente tutela jurisdicional, visando reparar o prejuízo causado à empresa.

DO DIREITO

A presente medida judicial tem por fundamento o art. 1.013, § 2.º, do Código Civil, que determina e responde por perdas e danos perante a sociedade o administrador que realizar operações, sabendo ou devendo saber que estava agindo em desacordo com a maioria.

É imperioso notar que os administradores responderão pelos atos praticados sempre que extrapolarem o poder gerencial, violando a lei ou os atos constitutivos, assumindo responsabilidade, ainda, quando, dentro de suas funções, por dolo ou culpa vierem a causar prejuízos.

O caso concreto demonstra que Ximenes agiu em completo desacordo com o que foi deliberado entre os sócios. Vale dizer, mesmo diante da deliberação de não ingressar nesse novo ramo de negócios, Ximenes assinou contrato que redundou em prejuízo de R$ 135.000,00 (cento e trinta e cinco mil reais).

O Código Civil, em seus arts. 186 e 187, em interpretação conjunta com o art. 927, determina que aquele que, por ato ilícito (arts. 186 e 187), causar dano a outrem fica obrigado a repará-lo. Assim, é o presente feito com o objetivo de ver os prejuízos que Ximenes causou à sociedade Som Perfeito Ltda. reparados.

DO PEDIDO

Diante do exposto, é a presente medida judicial para requerer:

a) A convocação de audiência de conciliação ou de mediação, por opção do autor, devendo o réu ser citado com antecedência mínima de 20 dias.

b) A procedência do pedido em todos os seus termos, no sentido de condenar Ximenes a pagar R$ 135.000,00 para reparar os prejuízos causados em razão do contrato firmado em desacordo com a maioria social.

c) A condenação dos réus aos ônus da sucumbência, nos termos do art. 85, § 2.º, do CPC.

d) Que as intimações posteriores do presente feito sejam feitas no seguinte endereço... (art. 106, I, do CPC).

e) A produção de todas as provas em Direito admitidas, especialmente pela juntada de documentos em anexo (troca de e-mails entre os sócios e pela ouvida de testemunhas (empregados da sociedade), e tudo o mais que se fizer necessário, desde logo já requerido.

Dá-se à causa o valor de R$ 135.000,00 (cento e trinta e cinco mil reais).

Nestes termos.
Pede deferimento.
Local. Data.
Advogado, OAB n. ...

2. (XXVI Exame)

Excelentíssimo Senhor Doutor Juiz de Direito da ... Vara Cível da Comarca da Capital do Estado de São Paulo

(deixar espaço de 5 linhas)

Magda, (qualificação), por seu advogado ao final assinado, vem respeitosamente perante Vossa Excelência promover a presente AÇÃO DE COBRANÇA PELO PROCEDIMENTO COMUM, nos termos do art. 319, do CPC, e do art. 586, do CC, em face de Simão Escada, (qualificação), pelos fatos e fundamentos a seguir expostos.

DOS FATOS

Em 15 de maio de 2017, Magda emprestou a seu irmão Simão Escada, empresário individual enquadrado como microempresário, a quantia de R$ 80.000,00 (oitenta mil reais) para reformar e ampliar seu estabelecimento empresarial, situado na cidade de São Paulo, lugar acordado para o pagamento.

Em razão do parentesco consanguíneo entre as partes, Magda não exigiu de Simão documento escrito que consubstanciasse promessa de pagamento em dinheiro a prazo, confissão de dívida, bem como não há contrato escrito. Entretanto, o negócio jurídico pode ser comprovado por pessoas que podem atestar em juízo o emprego dos recursos providos por Magda a Simão Escada para aplicação em sua empresa.

Em 20 de setembro de 2017, data do vencimento, Simão Escada não realizou o pagamento e persiste nessa condição, mesmo diante de todas as tentativas amigáveis da credora, inclusive a notificação extrajudicial.

É importante destacar que a dívida com os consectários legais, até a data de propositura da ação, atinge o valor de R$ 87.300,00 (oitenta e sete mil e trezentos reais).

DO DIREITO

Nota-se, da narrativa apresentada, a existência de um contrato de mútuo celebrado verbalmente entre a autora e o réu. Verifica-se que o vencimento da dívida ocorreu em 20 de setembro de 2017 e que deveria ter sido paga em São Paulo/SP. Entretanto, o presente contrato se encontra inadimplido.

Ademais, por se tratar de contrato de mútuo, é obrigação do mutuante Simão Escada restituir à mutuária Magda o que dela recebeu, isto é, a coisa fungível (quantia de R$ 80.000,00), de acordo com o art. 586 do Código Civil. Porém, na data aprazada, o réu não realizou o pagamento, restituindo à autora a quantia objeto do empréstimo, caracterizando-se assim a sua mora ou inadimplemento.

Deve-se notar que não há substrato contratual formalizando a presente relação jurídica. Ou seja, não há prova escrita do empréstimo. A autora é irmã de Simão, e, em razão desse parentesco, não lhe foi exigido nenhum documento escrito que consubstanciasse promessa de pagamento em dinheiro a prazo. Acaso houvesse documento escrito, poder-se-ia pensar no ajuizamento de pretensão executiva ou monitória.

Como não há documento escrito, estabelecendo, inclusive, foro de eleição, a presente cobrança, de fato, deve seguir o rito do procedimento comum, tendo por competente o Juízo Cível da cidade de São Paulo/SP, haja vista ser o local onde a obrigação deve ser satisfeita, nos termos do art. 53, III, "d", do CPC.

DOS PEDIDOS

Diante do exposto, é a presente para requerer:

a) a procedência do pedido para a condenação do réu ao pagamento da dívida, acrescida dos encargos decorrentes do inadimplemento (atualização monetária e juros de mora), atualmente no valor de R$ 87.300,00;

b) a expedição de mandado de citação do réu (art. 239 do CPC);

c) a condenação do réu ao pagamento de honorários advocatícios e de custas processuais (art. 85, § 2.º, do CPC);

d) a intimação do autor para os demais atos do processo, no seguinte endereço: ... (art. 106, I, do CPC);

e) a opção do autor pela realização de audiência de conciliação ou de mediação, devendo o réu ser citado com a antecedência mínima de 20 dias.

Protesta provar o alegado por todos os meios de prova em Direito admitidos, especialmente pelo depoimento pessoal do réu e pela produção de prova testemunhal, nos termos do art. 445 do CPC.

Dá-se à presente causa o valor de R$ 87.300,00 (valor corrigido monetariamente e acrescido dos juros de mora até a data de propositura da ação).

Nestes termos,
Pede deferimento.
Local. Data.
Advogado, OAB n. ...

3. (XXIX Exame)

Excelentíssimo Senhor Doutor da Vara Única da Comarca de Cláudio/MG

(deixar espaço de 5 linhas)

Teófilo Montes, microempreendedor individual, (qualificação), por seu advogado ao final assinado, vem respeitosamente perante Vossa Excelência promover a presente AÇÃO DE CANCELAMENTO DE PROTESTO, nos termos do art. 319, do CPC, e do art. 26, da Lei n. 9.492/97, em face de Andradas, Monlevade & Bocaiúva Ltda., representada pelo seu administrador, (qualificação), pelos fatos e fundamentos a seguir expostos.

DOS FATOS

O microempreendedor individual Teófilo Montes emitiu, em caráter "pro soluto", no dia 11 de setembro de 2013, nota promissória à ordem, no valor de R$ 7.000,00 (sete mil reais), em favor de Andradas, Monlevade & Bocaiúva Ltda., pagável no mesmo lugar de emissão, cidade de Cláudio/MG, comarca de Vara única e sede da credora. Não há endosso na cártula, nem prestação de aval à obrigação do subscritor.

O vencimento da cártula ocorreu em 28 de fevereiro de 2014, data de apresentação a pagamento ao subscritor, que não o efetuou. Não obstante, até a presente data, não houve o ajuizamento de qualquer ação judicial para sua cobrança, permanecendo o débito em aberto. Sem embargo, a sociedade empresária beneficiária levou a nota promissória a protesto por falta de pagamento, tendo sido lavrado o ato notarial em 7 de março de 2014.

Persiste o registro do protesto da nota promissória no tabelionato e, por conseguinte, a inadimplência e o descumprimento de obrigação do subscritor. Contudo, também não recebeu mais nenhum contato de cobrança do credor, que permanece na posse da cártula.

A intenção do cliente é extinguir o registro do protesto e seus efeitos, diante do lapso de tempo entre o vencimento da nota promissória e seu protesto, de modo a "limpar seu nome" e eliminar as restrições que o protesto impõe à concessão de crédito.

DO DIREITO

A pretensão do subscritor tem fundamento de direito material no art. 26, § 3.º, da Lei n. 9.492/97: "O cancelamento do registro do protesto, se fundado em outro motivo que não no pagamento do título ou documento de dívida, será efetivado por determinação judicial, pagos os emolumentos devidos ao Tabelião".

É importante observar, inicialmente, que a nota promissória foi emitida em caráter "pro soluto", com efeito de pagamento, para afastar a discussão do negócio subjacente (relação causal). Frise-se, por oportuno, a ocorrência da prescrição cambial, haja vista o decurso do prazo de mais de 3 anos, contados da data do vencimento (28/02/14), nos termos do art. 70 c/c art. 77 do Decreto n. 57.663/66.

Observe-se que, mesmo com a ocorrência do protesto por falta de pagamento, interrompendo a prescrição, não se verificou por parte do credor outro ato interruptivo, nos termos do art. 202, III, do CC. Mesmo contando de 07/03/14 até a presente data, já houve o decurso do prazo prescricional.

É importante salientar, em face da prescrição, o não ajuizamento, por parte do credor, de ação monitória, nos termos do art. 700, I, do CPC. Já houve, inclusive, a prescrição, também, em face de tal feito.

Com efeito, já decorreram mais de 5 anos, contados da data do vencimento, prazo prescricional para o ajuizamento da ação monitória mencionada, de acordo com o art. 206, § 5.º, I, do CC, em interpretação conjugada com a Súmula n. 504 do STJ.

Frise-se, por oportuno, a impossibilidade de apresentação do original do título protestado ou de declaração de anuência para obter o cancelamento do protesto diretamente no Tabelionato de Protesto de Títulos.

Desta forma, diante da ausência de pagamento do título, não resta ao autor senão requerer o cancelamento do protesto por via judicial, com amparo no art. 26, § 3.º, da Lei n. 9.492/97.

DOS PEDIDOS

Diante do exposto, é a presente para requerer:

a) a procedência do pedido para que seja determinado o cancelamento do protesto, expedindo-se mandato de cancelamento de protesto ao tabelionato, onde se lavrou o referido protesto;

b) a expedição de mandado de citação do réu (art. 239 do CPC);

c) a condenação do réu ao pagamento de honorários advocatícios e de custas processuais (art. 82, § 2.º, e art. 85, "caput", ambos do CPC);

d) a intimação do autor para os demais atos do processo, no seguinte endereço: ... (art. 106, I, do CPC);

e) a opção do autor pela realização de audiência de conciliação ou de mediação, devendo o réu ser citado com a antecedência mínima de 20 dias, de acordo com o art. 319, VII, do CPC.

Protesta provar o alegado por todos os meios de prova em Direito admitidos, nos termos do art. 319, VI, do CPC, especialmente pelo depoimento pessoal do réu e pela juntada de prova documental.

Dá-se à presente causa o valor de R$ 7.000,00 (valor corrigido monetariamente e acrescido dos juros de mora até a data de propositura da ação).

Nestes termos,
Pede deferimento.
Local. Data.
Advogado. OAB.

2. CONTESTAÇÃO

2.1. Apresentação

Dentre as respostas possíveis do réu quanto à citação está a **contestação**, prevista no art. 336 do CPC: "incumbe ao réu alegar, na contestação, toda a matéria de defesa, expondo as razões de fato e de direito, com que impugna o pedido do autor e especificando as provas que pretende produzir".

A defesa do réu pode ser *processual* (denominadas **preliminares** e previstas no art. 337) e de *mérito*. Cabe também ao réu manifestar-se precisamente sobre os fatos narrados na petição inicial, pois se presumem verdadeiros os fatos não impugnados, a não ser nos casos em que não for admissível, a seu respeito, a confissão, ou se a petição inicial não estiver acompanhada do instrumento público que a lei considerar da substância do ato e se estiver em contradição com a defesa, considerada em seu conjunto (art. 341).

Deve-se observar que, em se tratando de ação monitória, a defesa do réu é denominada embargos monitórios. Vale dizer, trata-se de uma peça prático-profissional que em tudo aproveita a estrutura da contestação. Apenas, não se diz que se oferece ou apresenta contestação, mas sim embargos monitórios (art. 702). O nome da peça muda, mas a estrutura permanece a mesma, na medida em que o § 1º do art. 702 admite, nos embargos monitórios, serem alegadas qualquer matéria possível para defesa no procedimento comum.

Já na contestação aos embargos de terceiro do credor com garantia real (art. 680), o embargado somente poderá alegar que: (i) o devedor comum é insolvente; (ii) o título é nulo ou não obriga a terceiro; e (iii) outra é a coisa dada em garantia. Para os demais credores, a contestação segue a sorte da do procedimento comum ora estudado.

Por sua vez, na ação de consignação em pagamento, o réu poderá alegar que (art. 554): (i) não houve recusa ou mora em receber a quantia ou a coisa devida; (ii) foi justa a recusa; (iii) o depósito não se efetuou no prazo ou no lugar do pagamento; (iv) o depósito não foi integral.

Por final, para a contestação em processo de falência, deve-se atentar para o que se encontra previsto no art. 96 da Lei n. 11.101/2005.

2.2. Características e requisitos

Conforme prevê o art. 336 do CPC, a **contestação** deve trazer a exposição das razões de fato e de direito, com que impugna o pedido do autor, em que o réu deve especificar as provas que pretende produzir quanto à matéria de defesa. O prazo para contestar é de 15 dias (art. 335 do CPC).

É importante destacar com o CPC o princípio da unidade de defesa. Com efeito, agora a defesa do réu deverá ser feita em peça única, cabendo notar que a alegação de incompetência relativa passa a ser matéria de preliminar, da forma como já era a alegação de incompetência absoluta (art. 337, II). A reconvenção, também, passa a ser feita no bojo da própria contestação (art. 343).

2.3. Como identificar a peça

O enunciado deverá trazer a informação de ajuizamento de uma ação baseada nos fatos da questão e a citação da parte que lhe procurará para defendê-la.

2.4. Competência

A contestação será dirigida ao juiz *da causa*, de acordo com o art. 335 do CPC. Tal é o entendimento que se extrai do fato de que, como o *nomen juris* da peça determina, a contestação é feita para contestar todos os termos da ação inicialmente ajuizada contra o réu, o seu cliente.

2.5. Fundamentos mais comuns

Antes de *atacar* o mérito da ação, em tópico inicial, o réu tem as **defesas processuais** – denominadas preliminares – indicadas no art. 337 do CPC, a saber:

I – inexistência ou nulidade da citação;

II – incompetência absoluta ou relativa;

III – incorreção do valor da causa;

IV – inépcia da petição inicial;

V – perempção;

VI – litispendência;

VII – coisa julgada;

VIII – conexão;

IX – incapacidade da parte, defeito de representação ou falta de autorização;

X – convenção de arbitragem;

XI – ausência de legitimidade ou de interesse processual;

XII – falta de caução ou de outra prestação, que a lei exige como preliminar;

XIII – indevida concessão do benefício de gratuidade de justiça.

Importa destacar, em matéria de direito empresarial, nos termos do histórico de 2ª Fase, as preliminares mais recorrentes são:

a) **Incompetência absoluta** – ação proposta em juízo absolutamente incompetente, caso, por exemplo, do pedido de falência que deve ser proposto no juízo do principal estabelecimento do devedor (art. 3º da Lei n. 11.101/2005), entendendo o STJ que a competência falimentar é absoluta em razão da matéria – a **incompetência relativa**, conforme o CPC atual, certamente, também, fará parte do presente rol;

b) **Inépcia da petição inicial** – o art. 330, § 1º, do CPC determina que se considera inepta a petição inicial quando: (i) lhe faltar o pedido ou a causa de pedir; (ii) o pedido for indeterminado, ressalvadas as hipóteses em que se permite o pedido genérico; (iii) da narração dos fatos não decorrer logicamente a conclusão; e (iv) contiver pedidos incompatíveis entre si;

c) **Defeito de representação** – o caso, por exemplo, de uma sociedade vir a ser representada por um mero gerente e não por um de seus administradores ou o caso de, na sociedade anônima, a procuração ser passada por um conselheiro de administração e não por um diretor;

d) **Convenção de arbitragem** – pactuada a realização de arbitragem como mecanismo para solução das controvérsias de determinado contrato, deve-se instaurar o procedimento arbitral, não cabendo às partes irem, pois, ao Judiciário; e

e) **Ausência de legitimidade ou de interesse processual** – imagine o caso de um sócio vir a juízo, em nome próprio, pleiteando um direito da sociedade, sem existir autorização legal para tanto.

Frise-se, por oportuno: regra geral, arguida qualquer matéria prevista como preliminar de contestação, haverá de haver, nos pedidos, o pedido de extinção do processo sem resolução de mérito, nos termos do art. 485 do CPC.

Quanto à defesa de mérito (ou *substancial*), o réu pode negar os fatos ou os efeitos que pretende o autor (denomina-se "defesa direta") ou concordar com a relação jurídica, mas apresentar fato extintivo (também fatos modificativo e impeditivo), como o pagamento ("defesa indireta"). A **prescrição** e **decadência** compõem a defesa dita *indireta*, nestes termos.

Vale a pena ressaltar que a prescrição ou a decadência **não devem ser arguidas em preliminar**. De acordo com o art. 487, II, do CPC, o acolhimento de prescrição ou de decadência são causas de resolução de mérito. Assim, não se deve alegar prescrição ou decadência como matéria de preliminar. Certamente, o examinando perderá pontos importantes caso cometa este equívoco. Devem, quando for o caso, ser apresentadas como o primeiro argumento no âmbito do mérito.

2.6. Estrutura da peça

1. **Endereçamento:** ao juízo de 1º grau (Vara Cível ou Única) em que está sendo processada a pretensão da parte autora.
2. **Identificação das partes:** parte autora (demandante): pessoa física ou pessoa jurídica, com qualificação completa; parte ré (demandada): pessoa física ou pessoa jurídica, com qualificação completa. É possível também

informar para parte autora como "devidamente qualificada nos autos *supra*", se for o caso.

3. **Representação judicial**: procurador(a) com mandato em anexo.
4. **Nome da peça e fundamento legal:** contestação sob fundamento do art. 335 e seguintes do CPC.
5. **Narrativa dos fatos ("Breve relato da Inicial"):** exposição dos fatos previstos na situação hipotética da questão. Não inventar outros fatos nem trazer detalhes ausentes no problema.
6. **Fundamentação ("Do Direito"):** atente-se que a mera citação de artigos não pontua. Dividir esse tópico em dois: Preliminares (se houver) e Mérito. No primeiro, desenvolver as hipóteses constantes do art. 337 do CPC para os fins do art. 485 e incisos. No segundo, argumentar com os fatos apresentados no enunciado da questão e fundamentar no direito material, buscando a improcedência dos pedidos do autor.
7. **Pedidos:** a) o acolhimento das preliminares (especificar quais, se houver), extinguindo-se o processo sem resolução de mérito; b) no mérito, a improcedência dos pedidos formulados pelo autor (destacar prescrição e decadência, se houver); c) a condenação nas custas processuais e pagamento de honorários advocatícios, nos termos do art. 85 do CPC; d) a produção de todos os meios de prova admitidos, especialmente... [o pedido genérico de provas não pontua]; e) que as intimações sejam encaminhadas ao endereço do escritório patrono, conforme o inciso I do art. 106 do CPC.
8. **Valor da causa:** não há.
9. **Fechamento da peça:** local, data. Advogado, OAB [não inventar dados].

2.7. Questões da peça profissional

1. (X Exame) No dia 2-1-2005, Caio Moura foi regularmente nomeado diretor financeiro da ABC S.A., sociedade anônima aberta, tendo, na mesma data, assinado o termo de sua posse no competente livro de atas. O art. 35 do estatuto social da companhia era expresso em outorgar, ao diretor financeiro, amplos poderes para movimentar o caixa da sociedade do modo como entendesse mais adequado, podendo realizar operações no mercado financeiro sem necessidade de prévia aprovação dos outros membros da administração.

No entanto, em 3-2-2006, Caio Moura efetuou operação na então Bovespa (atualmente Bm&FBovespa) que acarretou prejuízo de R$ 10.000.000,00 (dez milhões de reais) à ABC S.A. A despeito do ocorrido, Caio Moura permaneceu no cargo até a assembleia geral ordinária realizada em 3-2-2007, por meio da qual os acionistas da companhia deliberaram (i) aprovar sem reservas as demonstrações financeiras relativas ao exercício de 2006; (ii) não propor ação de responsabilidade civil contra Caio Moura; e (iii) eleger novos diretores, não tendo Caio Moura sido reeleito.

A ata dessa assembleia foi devidamente arquivada na Junta Comercial do estado do Rio Grande do Sul e publicada nos órgãos de imprensa no dia 7-2-2007. Todavia, em 15-2-2010, ainda inconformados com a deliberação societária em questão, XZ Participações Ltda. e WY Participações Ltda., acionistas que, juntos, detinham 8% do capital social da companhia, ajuizaram, em face de Caio Moura, ação de conhecimento declaratória de sua responsabilidade civil pelas referidas perdas e condenatória em reparação dos danos causados à companhia, com base nos arts. 159, § 4º, e 158, II, ambos da Lei n. 6.404/76.

Esse processo foi distribuido à 1ª Vara Cível da Comarca da Capital do estado do Rio Grande do Sul. Citado, Caio Moura, que sempre atuou com absoluta boa-fé e visando à consecução do interesse social, procura-o. Elabore a peça adequada.

2. (XIII Exame) São Domingos Livraria e Papelaria Ltda. EPP, sociedade com filial em São Cristóvão/SE, teve sua falência requerida em 22 de janeiro de 2014 pelo Banco Pinhão S/A com fundamento no art. 94, inciso I, da Lei n. 11.101/2005. O juiz da Única Vara Cível da Comarca de São Cristóvão, Estado de Sergipe, recebeu a petição e determinou a citação por mandado do representante legal da sociedade e esta foi efetivada. Rosa Elze, advogada da sociedade ré, recebe cópia da petição inicial no dia seguinte ao da juntada do mandado ao processo para tomar as providências cabíveis e faz as seguintes anotações:

a) o Banco Pinhão S/A é representado pelo Sr. Simão Dias, gerente empregado da agência do Banco em São Cristóvão;

b) a requerida tem suas atividades de maior vulto no local da sua sede, Aracaju/SE, onde estão domiciliados os administradores e é o centro das decisões;

c) o contrato social da devedora foi arquivado na Junta Comercial há vinte meses;

d) o pedido foi instruído com os seguintes documentos:

i. cheque de outra instituição financeira emitido em favor do requerente pela requerida na praça de Carira/SE, apresentado na praça de São Cristóvão/SE, no valor de R$ 1.000,00, devolvido após segunda apresentação, sem ter sido levado a qualquer protesto, com fundamento no art. 47, § 1º, da Lei n. 7.357/85;

ii. duas notas promissórias à vista, cada uma no valor de R$ 10.000,00, emitidas em 11-9-2010 e apresentadas para pagamento em 30-9-2011, figurando a requerida em ambas como endossante em branco;

iii. uma duplicata de venda no valor de R$ 25.000,00, vencida em 22-11-2013, não aceita, protestada por falta de pagamento para fins falimentares e acompanhada de comprovante de recebimento da mercadoria assinado pelo gerente da filial de São Cristóvão;

iv. contrato de prestação de serviço com instrumento de confissão de dívida no valor de R$ 8.000,00, constatando-se que não consta, no instrumento de protesto falimentar do contrato, certidão de ter sido pessoalmente intimado o representante legal da devedora no endereço conhecido, figurando assinatura de pessoa não identificada.

v. cédula de crédito comercial, no valor de R$ 20.000,00, emitida pela requerida em 10-7-2010, vencida em 10-1-2011, submetida apenas ao protesto falimentar, lavrado em 16-1-2014.

Sabendo que sua cliente não deseja efetuar pagamento via depósito em juízo para elidir o pedido, elabore a peça adequada.

3. (XXV Exame – Reaplicação) Distribuidora de Alimentos WWA S/A, João Paulo e Daniela, todos acionistas de Sociedade Anônima T. Borba Celulose, propuseram ação de responsabilidade civil, no dia 31 de maio de 2016, em face de João Silva e Antônio dos Santos, ex-administradores. O feito foi distribuído para a Primeira Vara Cível de Lages/SC.

Os autores sustentam que durante o exercício social de 2015, quando João Silva e Antônio dos Santos eram, respectivamente, diretor de operações e diretor de produção, realizaram 6 (seis) operações de compra de máquinas industriais importadas, entre os meses de junho a novembro de 2015, mas não seguiram as prescrições determinadas pela Secretaria da Receita Federal (SRF) para liberação da mercadoria e pagamento de tributos incidentes.

A Sociedade Anônima T. Borba Celulose, segundo os autores, teve manifesto prejuízo com o pagamento das multas e restrições cadastrais junto a SRF. Os ex-administradores não tomaram qualquer medida para regularizar a situação fiscal da companhia e adimplir o referido débito. Em razão destes atos dolosos, a companhia teve um prejuízo de R$ 4.400.000,00 (quatro milhões e quatrocentos mil reais), valor sem atualização e juros moratórios.

O balanço patrimonial do exercício social de 2015 foi aprovado, sem reservas, pela assembleia geral ordinária realizada em 25 de abril de 2016 e a ata publicada no órgão oficial e em jornais de grande circulação, em 29 de abril de 2016. Segundo os autores, os réus não deram nenhuma explicação pelos atos de sua responsabilidade e os acionistas que aprovaram o balanço o fizeram por desconhecimento técnico e boa-fé. Distribuído o feito, realizada a audiência de conciliação pelas partes em 27 de julho de 2016, quarta-feira, não houve autocomposição.

A advogada dos ex-administradores João Silva e Antônio dos Santos deve tomar as providências cabíveis no processo. Ao ler a petição inicial ela deve verificar a data da propositura da ação. Ao ter acesso aos documentos, como a ata da assembleia, as demonstrações financeiras e os documentos da administração, ela irá constatar que, até o presente momento, não foi ajuizada nenhuma ação para anular a deliberação que aprovou sem ressalvas as demonstrações financeiras. Além disso, os prejuízos à companhia imputados a seus clientes, na verdade, decorrem de atos ilícitos praticados por prepostos das sociedades importadoras, que deixaram de praticar os atos exigidos pela SRF para liberação da carga.

Elabore a peça processual adequada.

2.8. Modelos das peças

1. (X Exame)

Excelentíssimo Senhor Doutor Juiz de Direito da 1.ª Vara Cível da Comarca da Capital do Estado do Rio Grande do Sul.

(deixar espaço de 5 linhas)

Processo n. ...

Caio Moura, nacionalidade..., estado civil..., profissão..., RG n. ..., e CPF n. ..., residente e domiciliado na..., pelo seu procurador firmatário com mandato anexo, vem, respeitosamente, à presença de Vossa Excelência, com fundamento no art. 335 e seguintes do Código de Processo Civil – CPC, apresentar a presente CONTESTAÇÃO nos autos "supra", em ação movida por XZ Participações Ltda. e WY Participações Ltda., já qualificadas nos autos em epígrafe, pelas razões a seguir apresentadas

1. BREVE RELATO DA INICIAL

No dia 2-1-2005, Caio Moura foi regularmente nomeado diretor financeiro da ABC S.A., sociedade anônima aberta, tendo, na mesma data, assinado o termo de sua posse no competente livro de atas.

O art. 35 do estatuto social da companhia era expresso em outorgar ao diretor financeiro amplos poderes para movimentar o caixa da sociedade do modo como entendesse mais adequado, podendo realizar operações no mercado financeiro sem necessidade de prévia aprovação dos outros membros da administração.

No entanto, em 3-2-2006, Caio Moura efetuou operação na então Bovespa (atualmente BM&FBovespa) que acarretou prejuízo de R$ 10.000.000,00 (dez milhões de reais) à ABC S.A.

A despeito do ocorrido, Caio Moura permaneceu no cargo até a assembleia geral ordinária realizada em 3-2-2007, por meio da qual os acionistas da companhia deliberaram (i) aprovar sem reservas as demonstrações financeiras relativas ao exercício de 2006; (ii) não propor ação de responsabilidade civil contra Caio Moura; e (iii) eleger novos diretores, não tendo Caio Moura sido reeleito.

A ata dessa assembleia foi devidamente arquivada na Junta Comercial do Estado do Rio Grande do Sul e publicada nos órgãos de imprensa no dia 7-2-2007.

Todavia, em 15-2-2010, ainda inconformados com a deliberação societária em questão, XZ Participações Ltda. e WY Participações Ltda., acionistas que, juntos, detinham 8% do capital social da companhia, ajuizaram, em face de Caio Moura, ação de conhecimento declaratória de sua responsabilidade civil pelas referidas perdas e condenatória em reparação dos danos causados à companhia, com base nos arts. 159, § 4.º, e 158, II, ambos da Lei n. 6.404/76.

2. DO MÉRITO

Impende verificar inicialmente que qualquer medida judicial viável contra o Sr. Caio Moura está prescrita. A prescrição pode ser verificada tanto no dia 7-2-2009, caso o examinando baseie-se no art. 286 da Lei n. 6.404/76, sustentando que a anulação da deliberação da assembleia é requisito para o ajuizamento da ação de responsabilidade (prazo de dois anos para o acionista propor a ação); quanto no dia 7-2-2010, caso o examinando utilize como fundamento o art. 287, II, "b", 2, também da Lei n. 6.404/76 (prazo de três anos para o acionista propor a ação contra administradores).

Como se por si só não bastasse a prescrição, no mérito, o presente feito deve ser julgado improcedente. Com efeito, Caio não pode ser responsabilizado civilmente e, consequentemente, condenado a reparar os danos causados à companhia, uma vez que (i) não violou a lei, nem o Estatuto, conforme o disposto no art. 158 ou no art. 154, ambos da Lei n. 6.404/76 e (ii) atuou de boa-fé e visando ao interesse da companhia, de acordo com o art. 159, § 6.º, da Lei n. 6.404/76.

Não se pode deixar de notar, ainda, que a assembleia geral que aprovou as demonstrações financeiras do exercício social findo em 31-12-2006 não fez qualquer ressalva nas contas dos administradores, eximindo-os, assim, de responsabilidade, conforme art. 134, § 3.º, da Lei n. 6.404/76.

Por fim, deve-se destacar que Caio Moura sempre atuou com absoluta boa-fé e visando à consecução do interesse social.

3. DOS PEDIDOS

Ante o exposto, preenchidos os requisitos legais, requer:

3.1 que seja acolhida a prescrição do direito do autor, julgando extinto o processo com resolução de mérito de acordo com o art. 487, II, do CPC em interpretação conjugada com o art. 287, II, "b", 2, da Lei n. 6.404/76.

3.2 Caso não seja esse o vosso entendimento, sejam julgados totalmente improcedentes os pedidos do autor pelas razões aqui apresentadas, condenando-o ao pagamento das custas e despesas processuais, bem como os honorários advocatícios, nos termos do art. 85 do CPC.

3.3 A produção de todos os meios de prova admitidos, especialmente pela ouvida das autoras e tudo o mais que se fizer necessário, desde logo requerido.

3.4 Que as intimações sejam encaminhadas ao endereço do escritório patrono, conforme o inciso I do art. 106 do CPC, informado na procuração em anexo.

Nestes termos,
Pede deferimento.
Local. Data.
Advogado, OAB n. ...

2. (XIII Exame)

Excelentíssimo Senhor Doutor Juiz de Direito da Única Vara Cível da Comarca de São Cristóvão, do Estado de Sergipe

(deixar espaço de 5 linhas)

Processo n. ...

São Domingos Livraria e Papelaria Ltda. EPP, pessoa jurídica de direito privado, inscrita no CNPJ sob o n. ..., representada por sua advogada, Rosa Elze, pelo seu procurador firmatário com mandato anexo, vem, respeitosamente, à presença de Vossa Excelência, com fundamento no art. 98 da Lei n. 11.101/2005, apresentar a presente CONTESTAÇÃO nos autos "supra", em ação movida por Banco Pinhão S/A, representado pelo Sr. Simão Dias, já devidamente qualificados nos autos em epígrafe, pelas razões a seguir apresentadas.

I. BREVE RELATO DA INICIAL

São Domingos Livraria e Papelaria Ltda. EPP, sociedade com filial em São Cristóvão/SE, teve sua falência requerida em 22 de janeiro de 2014 pelo Banco Pinhão S/A com fundamento no art. 94, I, da Lei n. 11.101/2005. O juiz da Única Vara Cível da Comarca de São Cristóvão, Estado de Sergipe, recebeu a petição e determinou a citação por mandado do representante legal da sociedade e esta foi efetivada. Rosa Elze, advogada da sociedade ré, recebe cópia da petição inicial no dia seguinte ao da juntada do mandado ao processo para tomar as providências cabíveis e faz as seguintes anotações:

a) o Banco Pinhão S/A é representado pelo Sr. Simão Dias, gerente empregado da agência do Banco em São Cristóvão;

b) a requerida tem suas atividades de maior vulto no local da sua sede, Aracaju/SE, onde estão domiciliados os administradores e é o centro das decisões;

c) o contrato social da devedora foi arquivado na Junta Comercial há vinte meses;

d) o pedido foi instruído com os seguintes documentos:

i. cheque de outra instituição financeira emitido em favor do requerente pela requerida na praça de Carira/SE, apresentado na praça de São Cristóvão/SE, no valor de R$ 1.000,00, devolvido após segunda apresentação, sem ter sido levado a qualquer protesto, com fundamento no art. 47, § 1.º, da Lei n. 7.357/85;

ii. duas notas promissórias à vista, cada uma no valor de R$ 10.000,00, emitidas em 11-9-2010 e apresentadas para pagamento em 30-9-2011, figurando a requerida em ambas como endossante em branco;

iii. uma duplicata de venda no valor de R$ 25.000,00 (vinte e cinco mil reais), vencida em 22-11-2013, não aceita, protestada por falta de pagamento para fins falimentares e acompanhada de comprovante de recebimento da mercadoria assinado pelo gerente da filial de São Cristóvão;

iv. contrato de prestação de serviço com instrumento de confissão de dívida no valor de R$ 8.000,00, constatando-se que não consta, no instrumento de protesto falimentar do contrato, certidão de ter sido pessoalmente intimado o representante legal da devedora no endereço conhecido, figurando assinatura de pessoa não identificada;

v. cédula de crédito comercial, no valor de R$ 20.000,00, emitida pela requerida em 10-7-2010, vencida em 10-1-2011, submetida apenas ao protesto falimentar, lavrado em 16-1-2014.

2. PRELIMINARMENTE

Antes de examinar o mérito do presente feito, há algumas questões preliminares, de acordo com o art. 337 do CPC a serem levantadas. Senão vejamos:

2.1 DEFEITO DE REPRESENTAÇÃO DO AUTOR

O Banco Pinhão S/A não pode ser representado pelo gerente Simão Dias, porque a representação das sociedades anônimas é privativa dos seus diretores, nos termos do art. 138, § 1.º, da Lei n. 6.404/76, em interpretação conjugada com o art. 12, VI, do CPC.

2.2 INCOMPETÊNCIA ABSOLUTA DO JUÍZO

O juízo da local da filial da sociedade empresária, em São Cristóvão, é absolutamente incompetente para conhecer do pedido de falência. O juízo competente para decretar a falência é lugar do principal estabelecimento do devedor, em Aracaju, com base no art. 3.º da Lei n. 11.101/2005.

2.3 DA AUSÊNCIA DE LEGITIMIDADE E INTERESSE PROCESSUAL

Fala-se em carência de ação toda vez que se vislumbra ilegitimidade de parte e falta de interesse de agir. O presente feito é duplamente carecedor de ação. Senão vejamos:

a) Em relação à cobrança do cheque – ausência de interesse processual

A dispensa do protesto do cheque para fins de execução não pode prevalecer diante da necessidade do protesto especial ou falimentar, previsto no art. 94, § 3.º, da Lei n. 11.101/2005. Ou seja, se, para a cobrança de endossantes, há expressa dispensa de protesto na Lei n. 7.357/85, para fins falimentares, a Lei n. 11.101/2005 exige o protesto especial.

b) Em relação à cobrança das notas promissórias – ausência de legitimidade

Os títulos foram emitidos em 11-9-2010, à vista, e apresentados para pagamento em 30-9-2011, portanto além do prazo de um ano da data de emissão. Como a devedora figura em ambos os títulos como endossante (coobrigado), o credor perdeu seu direito de ação com fundamento nos arts. 77 e 53 da LUG.

c) Em relação à cobrança do crédito decorrente do contrato de prestação de serviços pela nulidade/vício do protesto falimentar – ausência de interesse processual.

O instrumento de protesto falimentar está viciado (ou é nulo) porque não consta certidão de ter sido pessoalmente intimado o representante legal da devedora no endereço conhecido, figurando assinatura de pessoa não identificada, com base no art. 96, VI, da Lei n. 11.101/2005 e Súmula 361 do STJ.

3. DO MÉRITO

Ultrapassadas as preliminares anteriormente suscitadas, não se pode, adentrando ao mérito, deixar de perceber o seguinte:

Quanto ao que se refere à execução da Cédula de Crédito Comercial, verifica-se a prescrição de tal pretensão ocorrida em 10-1-2014 (3 anos da data do vencimento), com base no art. 5.° da Lei n. 8.640/80 c/c art. 52 do Decreto-lei n. 413/69 c/c os arts. 77, 78 e 70 do Decreto n. 57.663/66 – LUG. O protesto do título de crédito foi feito após a ocorrência da prescrição (30-1-2014), portanto, não teve o condão de interrompê-la. Nunca é demais lembrar que não se pode instrumentalizar pedido de falência com base em título de crédito prescrito, na forma do que prevê o art. 96 da Lei n. 11.101/2005.

Como se isso não bastasse, frise-se por oportuno que não está caracterizada a impontualidade injustificada, prevista no art. 94, I, da Lei n. 11.101/2005. Com efeito, o valor da duplicata apresentada – R$ 25.000,00 – é inferior a 40 salários mínimos na data do pedido; portanto, resta obstaculizada a decretação de falência.

4. DOS PEDIDOS

Diante do exposto e em razão da ordem jurídica em vigor, requer:

4.1. O acolhimento das preliminares levantadas, julgando extinto o processo sem resolução de mérito, nos termos do art. 485, VI, do CPC;

4.2. Caso não sejam acolhidas as preliminares suscitadas, que sejam julgados improcedentes os pedidos formulados na Inicial, extinguindo-se o processo com resolução de mérito, nos termos do art. 487, I e II, do CPC;

4.3. A condenação do autor ao pagamento de custas processuais e honorários advocatícios, estes últimos nos termos do art. 85 do CPC;

4.4 Que as intimações sejam encaminhadas ao endereço do escritório patrono, conforme o inciso I do art. 106 do CPC, informado na procuração em anexo.

Protesta provar o alegado por todos os meios de prova em Direito admitidos, especialmente pela juntada do contrato social onde consta a sede social em Aracaju, para comprovar a incompetência absoluta do juízo e tudo o mais que se fizer necessário, desde logo já requerido.

Nestes termos,
Pede deferimento.
Local. Data.
Advogado, OAB n. ...

3. (XXV Exame – Reaplicação)

Excelentíssimo Senhor Doutor Juiz de Direito da 1.ª Vara Cível da Comarca de Lages, do Estado de Santa Catarina

(deixar espaço de 5 linhas)

Processo n. ...

João Silva, nacionalidade..., estado civil..., profissão..., residente e domiciliado na ..., e Antônio dos Santos, por seu advogado abaixo assinado, vem respeitosamente perante Vossa Excelência oferecer a presente CONTESTAÇÃO, tempestivamente, em 15 dias contados da data de audiência de conciliação, nos termos do art. 333, I, do CPC, ao processo em epígrafe, de autoria de Distribuidora de Alimentos WWA/SA, João Paulo e Daniela, já qualificados às fls., pelos fundamentos a seguir apresentados.

BREVE RELATO DA INICIAL

Distribuidora de Alimentos WWA S/A, João Paulo e Daniela, todos acionistas de Sociedade Anônima T. Borba Celulose, propuseram ação de responsabilidade civil, no dia 31 de maio de 2016, em face de João Silva e Antônio dos Santos, ex-administradores. O feito foi distribuído para a Primeira Vara Cível de Lages/SC.

Os autores sustentam que durante o exercício social de 2015, quando João Silva e Antônio dos Santos eram, respectivamente, diretor de operações e diretor de produção, realizaram 6 (seis) operações de compra de máquinas industriais importadas, entre os meses de junho a novembro de 2015, mas não seguiram as prescrições determinadas pela Secretaria da Receita Federal (SRF) para liberação da mercadoria e pagamento de tributos incidentes.

A Sociedade Anônima T. Borba Celulose, segundo os autores, teve manifesto prejuízo com o pagamento das multas e restrições cadastrais junto à SRF. Os ex-administradores não tomaram qualquer medida para regularizar a situação fiscal da companhia e adimplir o referido débito. Em razão desses atos dolosos, a companhia teve um prejuízo de R$ 4.400.000,00 (quatro milhões e quatrocentos mil reais), valor sem atualização e juros moratórios.

O balanço patrimonial do exercício social de 2015 foi aprovado, sem reservas, pela assembleia geral ordinária realizada em 25 de abril de 2016 e a ata publicada no órgão oficial e em jornais de grande circulação, em 29 de abril de 2016. Segundo os autores, os réus não deram nenhuma explicação pelos atos de sua responsabilidade e os acionistas que aprovaram o balanço o fizeram por desconhecimento técnico e boa-fé. Distribuído o feito, realizada a audiência de conciliação pelas partes em 27 de julho de 2016, quarta-feira, não houve autocomposição.

Ao ter acesso aos documentos, como a ata da assembleia, as demonstrações financeiras e os documentos da administração, constatou-se que, até o presente momento, não foi ajuizada nenhuma ação para anular a deliberação que aprovou sem ressalvas as demonstrações financeiras. Além disso, os prejuízos à companhia imputados a seus clientes, na verdade, decorrem de atos ilícitos praticados por prepostos das sociedades importadoras, que deixaram de praticar os atos exigidos pela SRF para liberação da carga.

PRELIMINARMENTE

Antes de examinar o mérito do presente feito, há algumas questões preliminares, de acordo com o art. 337 do CPC a serem levantadas. Senão vejamos:

I. Da Ilegitimidade Ativa "ad causam"

A legitimidade ativa é deferida a qualquer acionista para promover a ação de responsabilidade em face dos administradores somente quando a ação social não for proposta após o decurso do prazo de 3 (três) meses da deliberação da assembleia geral, o que não ocorreu (a deliberação ocorreu em 25-4-2016 e a ação foi proposta em 31-5-2016), com fundamento no art. 159, § 3.º, da Lei n. 6.404/76. Desse modo, o autor da presente ação, em tese, deveria ser a Sociedade Anônima T. Borba Celulose, e não os seus acionistas, autores do presente feito.

II. Da Falta de Condição de Procedibilidade

Como a aprovação das demonstrações financeiras pela AGO foi sem reserva, a ação de responsabilidade deveria, necessariamente, ser precedida da ação própria destinada a anular a deliberação, prevista no art. 286 da Lei n. 6.404/76, o que não ocorreu no caso. Assim, não foi preenchida a condição de procedibilidade para a ação de responsabilidade. Não resta dúvida, portanto, de que primeiro seria necessária ação para anular a deliberação acerca da aprovação sem reservas das demonstrações financeiras, para, só então, ir buscar a responsabilidade dos administradores.

DO MÉRITO

Ultrapassadas as preliminares anteriormente suscitadas, não se pode, adentrando ao mérito, deixar de perceber o seguinte:

A aprovação sem reservas das demonstrações financeiras pela AGO exonera de responsabilidade os administradores, ora réus, de acordo com o art. 134, § 3.º, da Lei n. 6.404/76. Desse modo, ainda que os réus do presente feito tivessem realmente causado prejuízos à companhia, a aprovação sem reservas das suas contas e das demonstrações financeiras acaba por exonerá-los de responsabilidade.

De mais a mais, não se pode deixar de notar que os prejuízos à companhia imputados aos réus, na verdade, decorrem de fato de terceiro, pois os atos ilícitos foram praticados por prepostos das sociedades importadoras, que deixaram de praticar os atos exigidos pela SRF para liberação da carga. De modo que, não praticando nenhuma espécie de ilícito, não podem os réus ser chamados a responder patrimonialmente por quaisquer prejuízos.

DOS PEDIDOS

Diante do exposto e em razão da ordem jurídica em vigor, requer:

O acolhimento das preliminares levantadas, julgando extinto o processo sem resolução de mérito, nos termos do art. 485, VI, do CPC;

Caso não sejam acolhidas as preliminares suscitadas, não sendo reconhecida a carência do direito de ação, que sejam julgados improcedentes os pedidos formulados na Inicial, extinguindo-se o processo com resolução de mérito, nos termos do art. 487, I e II, do CPC;

A condenação do autor ao pagamento de custas processuais e honorários advocatícios, estes últimos nos termos do art. 85 do CPC;

Que as intimações sejam encaminhadas ao endereço do escritório patrono, conforme o inciso I do art. 106 do CPC, informado na procuração em anexo.

Protesta provar o alegado por todos os meios de prova em Direito admitidos, especialmente pela juntada de prova documental (como a ata da AGO, as demonstrações financeiras e os documentos da administração) e tudo o mais que se fizer necessário, desde logo já requerido.

Nestes termos,
Pede deferimento.
Local. Data.
Advogado, OAB n. ...

3. RÉPLICA À CONTESTAÇÃO

3.1. Apresentação

Denomina-se **réplica à contestação** a peça processual pela qual o juiz intima o autor a se manifestar acerca da defesa apresentada pelo réu. Trata-se de peça processual que decorrer do princípio do contraditório, inerente ao processo civil brasileiro, base processual para os litígios que tenham por mérito questões empresariais.

Com efeito, o autor é obrigado a trazer junto da sua petição inicial, além dos fatos e fundamentos previstos nela, tudo o que tiver de elemento de prova a servir de base à sua pretensão, nos termos dos arts. 319, VI, e 320, ambos do CPC. Pode ser indeferida, aliás, a petição inicial que não apresenta todos os fatos e documentos necessários ao ajuizamento da ação, por força do art. 330, IV, do CPC.

Na mesma toada, nos termos do art. 336 do CPC, o réu também é obrigado a trazer toda a sua matéria de defesa, apresentando documentos e especificando as provas que pretende produzir. Note-se, porém, que o réu tem a possibilidade, na contestação, também, de se manifestar sobre os fatos narrados na petição inicial, nos termos do art. 341 do CPC.

Exatamente porque é dado ao réu se manifestar sobre os fatos e documentos apresentados pelo autor, deve ser assegurado a este o mesmo direito, qual seja, o de se manifestar sobre os fatos e documentos apresentados pelo réu. Tal possibilidade é garantida mediante a réplica à contestação.

3.2. Características e requisitos

Trata-se de petição simples que poderá ser dividida, didática e estilisticamente, em DOS FATOS, DO DIREITO e DO PEDIDO, muito semelhante ao que acontece com a estrutura para a petição inicial. Há, entretanto, algumas diferenças que merecem destaque.

Primeiro, **na réplica à contestação, não há a necessidade de se fazer o protesto por provas**. Como o processo é um todo de peças, documentação e atos processuais, não se pode deixar de notar que o autor já fez a especificação das provas que pretende produzir, com o advento da petição inicial e o réu, na sua contestação.

Segundo, **na réplica à contestação, não há valor da causa**. Note-se que a Réplica à Contestação é uma peça prático-profissional apresentada em processo judicial já em andamento. Desse modo, nunca é demais lembrar que a menção ao valor da causa já terá sido feita anteriormente, na petição inicial.

Terceiro, **na réplica à contestação, deve-se fazer um único pedido:** *o de reiterar os pedidos previstos na petição inicial, dando especial destaque ou ênfase ao pedido principal da ação.* Desse modo, não existe pedido de citação, de procedência de pedido, de condenação em custas e na sucumbência. O único pedido que pode, ainda, aparecer é, a depender sempre do caso concreto apresentado, o de indicar o endereço a partir do qual vai receber intimação, caso tenha havido mudança de endereço (art. 106, II, do CPC).

A **réplica à contestação** poderá ser apresentada *em duas situações*: (i) **se o réu opuser fato impeditivo, modificativo ou extintivo do direito do autor**; ou (ii) **se o réu alegar alguma das preliminares previstas no art. 337 do CPC**. O prazo para apresentação da réplica é de 15 dias, conforme informam os arts. 350 e 351 do CPC, podendo o juiz vir a facultar ao autor a produção de prova documental.

3.3. Como identificar a peça

A identificação da presente peça é simplória. Com efeito, o caso concreto narrará, além do litígio havido entre as partes, o fato de já ter havido o ingresso da petição inicial, a citação do réu para produzir defesa e a apresentação de sua contestação. Na narrativa do caso, haverá expressa menção de que o juiz tendo recebido a peça de defesa mandou intimar a parte autora para sobre ela se manifestar.

A lógica do andamento processual é a seguinte: (i) *na petição inicial,* o autor apresenta o caso a juízo, demonstrando seus fundamentos; (ii) *na contestação,* o réu fala sobre os fatos e fundamentos apresentados pelo autor na inicial; e (iii) **na réplica,** *o autor fala sobre os fatos e fundamentos apresentados pelo réu na contestação.*

3.4. Competência

O caso narrado para a elaboração da peça prático-profissional, como dito anteriormente, deverá indicar em que juízo está tramitando a ação judicial examinada. É exatamente neste juízo, vale dizer, é para o juízo que recebeu a petição inicial e a contestação que deve ser encaminhada a réplica.

3.5. Fundamentos mais comuns

Reitere-se, de início, na forma dos arts. 350 e 351 do CPC, que o elemento motivador para a apresentação da Réplica à Contestação é o fato de o juiz intimar o autor para se manifestar sobre documentos trazidos pelo réu, sobre um fato novo e/ou sobre as preliminares por ele alegadas na contestação. Alguns casos clássicos de Réplica à Contestação já foram festejados pelo Exame da OAB, em duas oportunidades.

No período Cespe, o Exame de 2008-3 registra caso em que fora ajuizada ação de responsabilidade contra atos do administrador. Tal administrador, tendo sido citado, argumentou na contestação: a ilegitimidade de partes, tanto autora quanto ré; a ilegalidade da conduta dos autores, em promover ação judicial em desconformidade com a lei; pedidos insertos e indeterminados. Em face de tais argumentos, o juiz determina que os autores se manifestem em dez dias. Frise-se, por oportuno, que, na época, estava em vigor o CPC/73, sendo certo notar, para aquele Código de Ritos, que o prazo de réplica era de dez dias.

No período FGV, a presente peça processual também já foi contemplada, quando do advento do Exame de Ordem 2011-2. O caso tratava de um pedido de falência que tinha por base três notas promissórias em valor de R$ 50.000,00, cada, em que apenas uma delas foi protestada para fins falimentares. Na contestação, o réu argumentou que haviam notas promissórias não protestadas e pediu o deferimento de caução real para garantir o juízo. O juízo, então, abre prazo para o credor se manifestar sobre os fundamentos da defesa. Este caso e a respectiva peça são apresentados mais à frente neste capítulo.

3.6. Estrutura da peça

1. **Endereçamento:** ao juízo de 1º grau (Vara Cível ou Única) em que está sendo processada a pretensão da parte autora. É importante fazer a indicação do juízo nos exatos moldes apresentados pelo caso prático.

   É de bom alvitre deixar um espaço de cinco linhas do endereçamento para o preâmbulo, com a indicação das partes para que, neste espaço, seja feita menção ao processo em trâmite. Caso não haja numeração, mencione-se "Processo n."
2. **Identificação das partes:** o autor da petição inicial é o autor na réplica, assim como o réu. Pelo fato de já estarem devidamente qualificados em momentos processuais anteriores (o autor, na Inicial e o réu, na contestação), não há a necessidade de se fazer a qualificação novamente, bastando informar que as partes já estão devidamente qualificadas nos autos em epígrafe.
3. **Representação judicial:** procurador(a) com mandato às fls. .... .
4. **Nome da peça e fundamento legal:** Réplica à Contestação, com fundamento nos arts. 350 e 351 do CPC.
5. **Narrativa dos fatos ("Dos Fatos"):** exposição dos fatos previstos na situação hipotética da questão. Não inventar outros fatos nem trazer detalhes ausentes no problema. É importante frisar que o edital é expresso em atribuir NOTA ZERO ao examinando que inventar dados ou que de algum outro modo pretenda se identificar.
6. **Fundamentação ("Do Direito"):** parte da peça processual em que serão apresentados os fundamentos legais e/ou entendimentos sumulados que dizem respeito à lide. Deve-se atentar, no entanto, que a mera citação ou transcrição de artigos não pontuam. Frise-se, por oportuno, a necessida-

de de se rebater todos os argumentos apresentados na contestação, neste momento.

7. **Pedidos:** trata-se, como visto, de peça com pedido único, consistente em reiterar os pedidos apresentados na petição inicial, dando especial destaque ou ênfase ao pedido principal da ação.
8. **Valor da causa:** não há.
9. **Fechamento da peça:** local, data. Advogado, OAB [não inventar dados].

3.7. Questão da peça profissional

(V Exame) A Indústria de Solventes Mundo Colorido S.A. requereu a falência da sociedade empresária Pintando o Sete Comércio de Tintas Ltda., com base em três notas promissórias, cada qual no valor de R$ 50.000,00, todas vencidas e não pagas. Das três cambiais que embasam o pedido, apenas uma delas (que primeiro venceu) foi protestada para fim falimentar. Em defesa, a devedora requerida, em síntese, sustentou que a falência não poderia ser decretada porque duas das notas promissórias que instruíram o requerimento não foram protestadas. Em defesa, requereu o deferimento de prestação de uma caução real, que garantisse o juízo falimentar da cobrança dos títulos. Recebida a defesa tempestivamente ofertada, o juiz da 4ª Vara Empresarial da Comarca da Capital do Estado do Rio de Janeiro abriu prazo para o credor se manifestar sobre os fundamentos da defesa.

Você, na qualidade de advogado(a) do credor, deve elaborar a peça em que contradite, com o apontamento dos fundamentos legais expressos e os argumentos de defesa deduzidos.

3.8. Modelo da peça

Excelentíssimo Senhor Doutor Juiz de Direito da 4.ª Vara Empresarial da Comarca da Capital do Estado do Rio de Janeiro

(deixar espaço de 5 linhas)

Processo n. ...

Indústria de Solventes Mundo Colorido S/A, já qualificada nos autos da ação de falência em epígrafe, que move contra Pintando o Sete Comércio de Tintas Ltda., por seu procurador infra-assinado, com procuração às fls. ..., vem respeitosamente perante Vossa Excelência oferecer RÉPLICA À CONTESTAÇÃO, com fundamento nos arts. 350 e 351 do CPC, pelas razões de fato ou de direito a seguir expostas:

DOS FATOS

A Indústria de Solventes Mundo Colorido S.A. requereu a falência da sociedade empresária Pintando o Sete Comércio de Tintas Ltda., com base em três notas promissórias, cada qual no valor de R$ 50.000,00, todas vencidas e não pagas. Das três cambiais que embasam o pedido, apenas uma delas (que primeiro venceu) foi protestada para fim falimentar.

Em defesa, a devedora requerida, em síntese, sustentou que a falência não poderia ser decretada porque duas das notas promissórias que instruíram o requerimento não foram protestadas. Em defesa, requereu o deferimento de prestação de uma caução real, que garantisse o juízo falimentar da cobrança dos títulos.

DO DIREITO

Como se percebe do que fora narrado, a defesa do réu se baseia em duas teses: (i) o fato de existirem notas promissórias que não estão protestadas; e (ii) o pedido de caução real para o fim de garantir o juízo. Com efeito, as duas teses apresentadas não merecem guarida.

De acordo com o art. 96, § 2.º, da Lei n. 11.101/2005, não é fator impeditivo de falência a existência de notas promissórias sem protesto se, ao final, restarem obrigações em montante superior ao previsto no art. 94, I, da mesma Lei n. 11.101/2005. Ainda que se desconsiderem as notas promissórias que não foram protestadas, bastaria uma delas para superar o valor mínimo exigido pela lei para o requerimento de falência.

Quanto ao segundo argumento apresentado, deve-se destacar que, com a atual lei de falências e recuperação de empresas, não há mais hipótese de realização de caução real para garantia do juízo. O que ainda poderia ser deferido ao devedor, acaso requerido, seria a realização de depósito elisivo que, nos termos do art. 98, parágrafo único, da Lei n. 11.101/2005, deve ser feito, sempre, em dinheiro.

DOS PEDIDOS

Diante do exposto, reiteram-se todos os pedidos feitos na Inicial, no sentido de ser declarada a falência do devedor, rejeitando todos os argumentos de defesa.

Nestes termos,
Pede deferimento.
Local. Data.
Advogado, OAB n. ...

4. AÇÃO DE OBRIGAÇÃO DE FAZER (OU NÃO FAZER)

4.1. Apresentação

Há determinadas situações em que se pretende, no Judiciário, **a condenação de alguém a praticar um ato, ou mesmo de se abster de tal prática**. Para estas situações, aquele que tem a sua pretensão resistida – o autor –, deve lançar mão da ação de obrigação de fazer. Parte da doutrina, também, fala na ação de obrigação de não fazer para tais casos.

É bom que se diga que se trata da mesma ação judicial. **O fazer ou o não fazer depende da leitura do caso pelo intérprete**. Um exemplo: há, regra geral, obrigação de o empresário alienante não concorrer com o empresário adquirente, no trespasse (mais bem explorado mais à frente). Pode-se, neste caso, falar tanto em obrigação de fazer ("não concorrer") quanto em obrigação de não fazer ("concorrer").

A ação de obrigação de fazer se encontra regulamentada no art. 497 do CPC. Várias são as situações de utilização da presente medida judicial relacionadas ao direito empresarial. Daí a importância do seu estudo e o conhecimento de sua elaboração para quem pretende se dedicar à 2ª Fase de direito empresarial.

4.2. Características e requisitos

De início, deve-se frisar que se trata de **ação judicial que segue o procedimento comum**, em essência. Assim, tudo aquilo que se constatou no estudo do capítulo 1, também vale para a presente peça processual. Evidentemente, há algumas peculiaridades trazidas pelo dispositivo legal que a regulamenta.

Nesta ação, **cabe ao juiz conceder a tutela específica da obrigação, assegurando o resultado prático equivalente ao do adimplemento, se procedente o pedido** (art. 497, *caput*). Visando efetivar a tutela específica ou o resultado prático equivalente, o juiz poderá determinar medidas como a **imposição de multa por tempo de atraso, busca e apreensão, remoção de pessoas e coisas, desfazimento de obras e impedimento de atividade nociva, se necessário com requisição de força policial** (art. 536, § 1º).

Note-se, ademais, a **possibilidade de conversão da obrigação de fazer em perdas e danos**, toda vez que for impossível a tutela específica ou a obtenção do resultado prático equivalente (art. 499). Para tanto, será necessário requerimento do autor. Trata-se, portanto, de um pedido específico e necessário para esta ação. **A conversão em perdas e danos poderá ocorrer independentemente de multa prevista no art. 287** (art. 500).

Processualmente, **o caminho para a concessão liminar da tutela específica da obrigação de fazer é a da tutela de urgência, nos termos do art. 300 do CPC.** Desse modo, para este tipo de medida judicial, deve ser aberto um tópico denominado "Da Tutela de Urgência" ou "Da Tutela Provisória", entre a parte "Do Direito" e a "Dos Pedidos". Frise-se, por oportuno, a possibilidade de ser concedida liminarmente, de acordo com o art. 300, § 2º, do CPC.

Como meio de assegurar a concessão da tutela específica liminarmente, o juiz poderá impor **multa independentemente de requerimento da parte, desde que seja suficiente e compatível com a obrigação e que se determine prazo razoável para o cumprimento do preceito** (art. 537). Apesar de a lei falar que a imposição da multa mencionada pode se dar independentemente de pedido do autor, para fins de 2ª Fase do Exame da OAB, orienta-se a apresentação de mais um pedido específico para esta peça, qual seja, o de o juiz impor multa diária pelo descumprimento de obrigação.

Por final, diante das circunstâncias do caso concreto, **será possível que o presente feito venha combinado com pedido de reparação de danos**. Para tanto, o caso deverá indicar que o possível cliente amargou prejuízos em face do ato do réu. Trata-se, é bom ressaltar, de **mera possibilidade**; portanto, **nem sempre haverá tal cumulação.**

4.3. Como identificar a peça

A narrativa apresentada para a elaboração da peça prático-profissional descreverá uma situação em que alguém teria a obrigação de praticar determinado fato ou mesmo de se abster da prática de um fato, mas que se comporta contrariamente à obrigação. É imperioso perceber que, em nenhum momento da narrativa, não há nenhuma menção quanto ao ingresso de ação judicial.

Das duas, uma. Ou a pessoa que será réu do presente feito tinha a obrigação de fazer algo e se omitiu, ou ela deveria se abster da prática de algo e agiu.

4.4. Competência

Na medida em que a União, autarquia ou empresa pública federal não tenham interesse no feito, não sendo parte da presente ação, a competência será, então, da justiça estadual. Vale dizer, o direcionamento desta medida judicial será a **Vara Cível da comarca do lugar onde a obrigação deve ser satisfeita**, na forma do art. 53, III, *d*, do CPC.

Quanto ao endereçamento, não custa nada lembrar a necessidade de se adequar às informações trazidas no caso concreto. Pode ser que seja indicado, por exemplo, que na comarca existe "Vara Única" ou "Vara Empresarial". Se for o caso, é dessa forma que deverá ser apresentado o juízo a que é dirigida.

4.5. Fundamentos mais comuns

Várias são as possibilidades de utilização da presente ação no âmbito do direito empresarial. Uma aplicação muito comum ocorre na esfera da **propriedade industrial**. Desde já, é importante destacar a *viabilidade do presente feito*, independentemente do bem da propriedade industrial, sendo possível *tanto em face de patente de invenção ou de modelo de utilidade quanto de registro de desenho industrial ou de marca*.

Portanto, caberá sempre que *o autor é titular de um direito de propriedade industrial e terceira pessoa está utilizando o referido direito, sem licença*. Vale dizer, alguém tem em seu favor uma patente de invenção ou modelo de utilidade ou um registro de desenho industrial ou marca. Porém terceira pessoa, que não é titular do bem, nem tem licença, utiliza indevidamente da invenção, do modelo de utilidade, da marca ou do desenho industrial, obtendo, desta utilização, proveito econômico, causando, portanto, prejuízo ao legitimado.

Para esta medida judicial, o fundamento mais comum se refere ao fato de terceira pessoa vir a usar direito da propriedade industrial, seja marca, seja patente de outrem, sem licença para tanto. Daí a necessidade da medida: fazer com que tal pessoa se abstenha de continuar usando indevidamente determinada marca ou patente de outrem. Frise-se, por oportuno, que a ação de obrigação de fazer no âmbito da propriedade industrial não é a única hipótese. Talvez seja a mais importante, mas não a única.

Outra hipótese tem relação no âmbito do **contrato de trespasse**. Com efeito, determina o art. 1.147 do CC, a proibição de o empresário alienante do estabelecimento comercial concorrer, por 5 anos, com o empresário adquirente, salvo disposição diversa prevista no contrato de trespasse. A situação, então, seria a do *empresário alienante continuar a exercer sua atividade ou de se restabelecer antes do prazo legal, sem previsão autorizativa no contrato*.

Importante, sobre este tema, determinar que se o contrato de trespasse for expresso quanto à proibição de concorrência e tiver assinado por duas testemunhas, aludido contrato será considerado título executivo extrajudicial. Assim, a obrigação de fazer poderá ser pretendida, na via executiva, a ser examinada no capítulo 9. Porém, caso o contrato de trepasse tenha sido assinado somente pelas partes, a pretensão relativa ao adimplemento de obrigação de fazer deverá ser pleiteada via ação monitória, nos termos do art. 700, III, do CPC, a ser estudada no capítulo 12.

Pode-se utilizar a ação de obrigação de fazer em que o objeto é o **nome empresarial**. O art. 1.165 do CC prescreve que o nome de sócio que vier a falecer, for excluído ou se retirar, não pode ser conservado na firma social. O caso concreto seria o seguinte: *determinado sócio, cujo nome civil integrava a firma social, faleceu, foi excluído ou se retirou, entretanto, os sócios remanescentes não providenciaram a alteração do nome empresarial*.

De outro lado, não custa notar que a **cessão de quotas**, nos termos do art. 1.003 do CC, não terá efeito sem a correspondente modificação no contrato social.

Vale dizer, **só após a alteração do registro na Junta é que a cessão de quotas surtirá efeitos**. Até para fins de responsabilidade, nos termos do art. 1.032 do CC, faz-se mister a alteração. Porém, *ocorrendo a cessão total de quotas, caberia aos adquirentes providenciarem o aditivo*. Omitindo-se, poderiam os alienantes promover a presente ação.

Há um caso curioso que aparece, com alguma frequência, na jurisprudência. Trata-se da situação em que a sociedade destitui determinada pessoa da função de administrador, nomeando outra pessoa para assumir o poder gerencial da sociedade. Porém, o administrador destituído não entrega a administração ao novo legitimado e, desse modo, continua a praticar indevidamente atos de administração, em nome da sociedade.

Por final, vale ressaltar, por oportuno, que **as situações aqui narradas não são taxativas**. Trata-se, apenas, das situações mais comuns de se encontrar na doutrina e na jurisprudência. Portanto, são as hipóteses mais prováveis de serem utilizadas pela banca examinadora, em termos de 2ª Fase de direito empresarial.

4.6. Estrutura da peça

1. **Endereçamento:** Excelentíssimo Senhor Doutor Juiz de Direito da... Vara Cível da comarca de... do Estado de... .

   Atentar-se aos termos dos fatos narrados que muitas vezes traz informações acerca do endereçamento, mencionando, por exemplo, que na comarca tem Vara Única. Neste caso, deve-se adequar a indicação aqui exposta ao caso narrado.
2. **Identificação das partes:** Autor – pessoa que tem direito a determinada pretensão que está sendo resistida por outrem. Réu – pessoa que deveria praticar determinado fato ou se abster de fazê-lo, mas realiza comportamento contrário. Tanto autor quanto réu podem ser pessoa física ou jurídica.
3. **Representação judicial:** advogado, com mandato em anexo.
4. **Nome da ação e fundamentação legal:** ação de obrigação de fazer, com fundamento nos arts. 319 e 497 do CPC (Adicionalmente, pode-se apontar, também, como fundamentação, o dispositivo de direito material aplicável ao caso).
5. **Narrativa dos fatos ("Dos Fatos"):** exposição dos fatos previstos na situação hipotética da questão. Não inventar outros fatos nem trazer detalhes ausentes no problema. Deve-se, portanto, literalmente, copiar, de maneira integral, a questão, conforme apresentada. A criação ou invenção de outros fatos pode ser interpretada pela banca examinadora como um mecanismo de identificação, o que anulará a peça apresentada, atribuindo-lhe NOTA ZERO.
6. **Fundamentação ("Do Direito"):** importa asseverar, sempre, que a mera citação ou transcrição de artigos de lei ou súmulas de jurisprudência não

pontua. Deverá o examinando construir a sua fundamentação, demonstrando a motivação, ou seja, qual o porquê de se utilizar determinado fundamento legal.

7. **Tutela específica ("Da Tutela Provisória" ou "Tutela de Urgência"):** em vista da possibilidade de concessão liminar da tutela específica pretendida, faz-se necessária a criação do presente tópico. Cabe trazer explicação acerca do art. 300 do Código de Processo Civil, visando demonstrar a necessidade da tutela pretendida e de sua concessão liminar.

   Será importante, diante da narrativa dos fatos, destacar a probabilidade do direito e o perigo de dano ou o risco ao resultado útil do processo.

8. **Pedidos ("Do Pedido"):** a) a concessão de tutela provisória no sentido de... [destacar a tutela específica pretendida]; b) a opção do autor pela realização de audiência de conciliação ou de mediação, devendo o réu ser citado com a antecedência mínima de 20 dias [isto é a regra geral; toda vez que o caso for silente, a opção será pela realização de audiência de conciliação ou de mediação – se a opção for pela não realização de tal audiência, a questão proposta deverá ser expressa neste sentido]; c) a procedência do pedido do autor no sentido de... [descrever exatamente o que se pretende], confirmando-se a tutela de urgência concedida mediante sentença; d) a imposição de multa pecuniária por descumprimento de obrigação, de acordo com o art. 537 do CPC; e) a condenação ao pagamento das custas e dos honorários advocatícios, sendo estes últimos, pleiteados no importe de 20% do valor da causa, conforme disposição do art. 85, § 2º, do CPC; f) que as intimações sejam enviadas para o escritório na Rua... (art. 106, I, do CPC). Pretende-se provar o alegado por todas as provas em direito admitidas, especialmente... [O pedido genérico de provas não pontua. Desse modo, faz-se necessário você especificar as provas que pretende produzir, em conformidade com o caso apresentado no Exame].
9. **Valor da causa:** dá-se à presente causa o valor de R$... .
10. **Fechamento da peça:** local, data. Advogado, OAB.

4.7. Questão da peça profissional

(XXVIII Exame) A sociedade empresária Refrigeração Canhoba S/A arrendou o imóvel onde está localizado um de seus estabelecimentos, situado em Capela/SE, para a sociedade Riachuelo, Salgado & Cia Ltda. A arrendatária atua no mesmo ramo de negócio da arrendadora.

O contrato, celebrado em 13 de janeiro de 2015, tem duração de cinco anos e estabeleceu, como foro de eleição, a cidade de Capela/SE. Não há previsão, no contrato, quanto à vedação ou à possibilidade de concorrência por parte do arrendador.

Em 22 de novembro de 2017, Tobias Barreto, administrador e representante legal da arrendatária, procura você e narra-lhe o seguinte: durante os dois primeiros anos do contrato, o arrendador absteve-se de fazer concorrência ao arrendatário em Capela e nos municípios de Aquidabã e Rosário do Catete, áreas de atuação do arrendatário e responsáveis pela totalidade do seu faturamento. No entanto, a partir de março de 2017, os sócios de Riachuelo, Salgado & Cia. Ltda. perceberam a atuação ofensiva de dois representantes comerciais, X e Y, que passaram a captar clientes desta sociedade, tendo como preponente a sociedade arrendadora. Os representantes comerciais começaram a divulgar informações falsas sobre os produtos comercializados pelo arrendatário, bem como as entregas não estavam sendo feitas, ou eram realizadas com atraso. Um dos sócios da arrendatária conseguiu obter o depoimento informal de clientes procurados por esses representantes, que agiam a mando da arrendadora, oferecendo generosas vantagens para que deixassem de negociar com ela.

Desde a atuação dos dois representantes comerciais, o faturamento da arrendatária paulatinamente passou a decrescer. O auge da crise ocorreu em junho de 2017, quando a arrendadora alugou um imóvel no centro de Capela e passou a divulgar, entre os clientes e nos anúncios em material impresso, descontos, vantagens e promoções para desviar a clientela da arrendatária. Com essas medidas, o faturamento de Riachuelo, Salgado & Cia. Ltda. despencou, sofrendo, entre julho e outubro de 2017, um prejuízo acumulado de R$ 290.000,00 (duzentos e noventa mil reais).

A intenção da arrendatária é que a arrendadora se abstenha de praticar os atos anticoncorrenciais, desfazendo as práticas narradas, sob pena de ter que desfazê-los à sua custa, ressarcindo o arrendatário dos prejuízos. Há urgência na obtenção de provimento jurisdicional para cessação das práticas desleais de concorrência.

Considerando que a comarca de Capela/SE possui três varas sem nenhuma especialização e que, conforme seu estatuto, a sociedade empresária Refrigeração Canhoba S/A é representada por seu diretor-presidente, Sr. Paulo Pastora, elabore a peça processual adequada.

4.8. Modelo da peça

Excelentíssimo Senhor Doutor Juiz de Direito da... Vara Cível... da comarca de Capela/SE.

(deixar espaço de 5 linhas)

Riachuelo, Salgado & Cia. Ltda., representada por seu administrador, Tobias Barreto, nacionalidade..., estado civil..., profissão..., portador do RG sob o n. ... e do CPF sob o n. ..., residente e domiciliado na..., por seu advogado, abaixo assinado, com mandato em anexo, vem respeitosamente perante Vossa Excelência promover a presente AÇÃO DE OBRIGAÇÃO DE FAZER COM PEDIDO DE REPARAÇÃO DE DANOS, com fundamento nos arts. 319 e 497 do CPC, no art. 195, II e III, da Lei n. 9.279/96 e no art. 1.147 do CC, em face de Refrigeração Canhoba S/A, representada por seu diretor presidente, Paulo Pastora, nacionalidade..., estado civil..., profissão..., portador do RG sob o n. ... e do CPF sob o n. ..., residente e domiciliado na..., pelos fundamentos de fato e de direito a seguir.

DOS FATOS

A sociedade empresária Refrigeração Canhoba S/A arrendou o imóvel onde está localizado um de seus estabelecimentos, situado em Capela/SE, para a sociedade Riachuelo, Salgado & Cia. Ltda. A arrendatária atua no mesmo ramo de negócio da arrendadora.

O contrato, celebrado em 13 de janeiro de 2015, tem duração de cinco anos e estabeleceu como foro de eleição a cidade de Capela/SE. Não há previsão, no contrato, quanto à vedação ou à possibilidade de concorrência por parte da arrendadora.

Em 22 de novembro de 2017, Tobias Barreto, administrador e representante legal da arrendatária, procura você e narra-lhe o seguinte: durante os dois primeiros anos do contrato, o arrendador absteve-se de fazer concorrência à arrendatária em Capela e nos municípios de Aquidabã e Rosário do Catete, áreas de atuação da arrendatária e responsáveis pela totalidade do seu faturamento. No entanto, a partir de março de 2017, os sócios de Riachuelo, Salgado & Cia. Ltda. perceberam a atuação ofensiva de dois representantes comerciais, X e Y, que passaram a captar clientes dessa sociedade, tendo como preponente a sociedade arrendadora. Os representantes comerciais começaram a divulgar informações falsas sobre os produtos comercializados pela arrendatária, bem como as entregas não estavam sendo feitas, ou eram realizadas com atraso. Um dos sócios da arrendatária conseguiu obter o depoimento informal de clientes procurados por esses representantes, que agiam a mando da arrendadora, oferecendo generosas vantagens para que deixassem de negociar com ela.

Desde a atuação dos dois representantes comerciais, o faturamento da arrendatária paulatinamente passou a decrescer. O auge da crise ocorreu em junho de 2017, quando a arrendadora alugou um imóvel no centro de Capela e passou a divulgar, entre os clientes e nos anúncios em material impresso, descontos, vantagens e promoções para desviar a clientela da arrendatária. Com essas medidas, o faturamento de Riachuelo, Salgado & Cia. Ltda. despencou, sofrendo, entre julho e outubro de 2017, um prejuízo acumulado de R$ 290.000,00 (duzentos e noventa mil reais).

A intenção da arrendatária é que a arrendadora se abstenha de praticar os atos anticoncorrenciais, desfazendo as práticas narradas, sob pena de ter que desfazê-los à sua custa, ressarcindo a arrendatária dos prejuízos. Há urgência na obtenção de provimento jurisdicional para cessação das práticas desleais de concorrência.

DO DIREITO

O art. 1.147, parágrafo único, do CC determina que, durante todo o tempo do contrato de arrendamento, é vedado o restabelecimento pelo arrendador em razão de ausência de autorização expressa no contrato. No caso concreto, nota-se o restabelecimento da arrendadora, através de seus representantes comerciais X e Y, 2 anos após a realização do arrendamento do estabelecimento.

É ato de concorrência desleal divulgar informações falsas sobre os produtos comercializados pelo concorrente (arrendatário) e que as entregas não estavam sendo feitas ou eram realizadas com atraso, com fundamento no art. 195, II, da Lei n. 9.279/96.

Da mesma forma, é também ato de concorrência desleal o emprego de meio fraudulento, para desviar, em proveito próprio ou alheio, clientela de outrem, como a conduta da arrendadora em divulgar entre os clientes e nos anúncios em material impresso com descontos, vantagens e promoções para desviar a clientela da arrendatária, de acordo com o art. 195, III, da Lei n. 9.279/96).

Diante da prática dos atos de concorrência desleal, independentemente de qualquer medida na seara criminal, poderá o prejudicado poderá intentar as ações cíveis que considerar cabíveis na forma do Código de Processo Civil, nos termos do art. 207 da Lei n. 9.279/96.

De outro lado, o art. 927 do CC determina que aquele causar dano a outrem será obrigado a reparar o prejuízo causado. Pelo fato de Refrigeração Canhoba S/A ter praticado atos de concorrência desleal, através de seus representantes comerciais, houve um desvio ilícito de clientela. Assim, a Ré deve ser chamada a responder pelos prejuízos causados à Autora, em face do desvio de clientela.

DA TUTELA PROVISÓRIA

O art. 300 do CPC prevê que é possível a concessão de tutela provisória de urgência quando houver elementos que evidenciem a probabilidade do direito e o perigo de dano ou o risco ao resultado útil do processo, destacando o art. 300, § 2.º, do CPC, a possibilidade de concessão liminar. Por sua vez, o art. 497 do CPC estabelece a possibilidade de o juiz conceder a tutela específica da obrigação. A Ré deveria não concorrer com a Autora, pelo prazo do contrato de arrendamento. Tendo se restabelecido em dois anos, e praticado contra a Autora atos de concorrência desleal, descumpriu tal obrigação.

A probabilidade do direito é feita a partir do depoimento informal de clientes que foram procurados pelos representantes comerciais, oferecendo generosas vantagens patrimoniais, caso deixassem de negociar com a arrendatária. A verossimilhança da alegação é comprovada com o contrato de arrendamento. O perigo de dano se deve ao fato de que a continuidade da empresa por Riachuelo, Salgado & Cia. pode restar inviável, haja vista o faturamento ter despencado, entre julho e outubro de 2017.

Dessa forma, há urgência na obtenção de provimento jurisdicional para cessação das práticas desleais de concorrência, tendo em vista que o faturamento de Riachuelo, Salgado & Cia. Ltda. despencou, sofrendo, entre julho e outubro de 2017, um prejuízo acumulado de R$ 290.000,00 (duzentos e noventa mil reais).

DOS PEDIDOS

Diante do exposto, é a presente para requerer:

a) a concessão liminarmente de tutela provisória de urgência, em razão da gravidade dos fatos e dos danos que vem sofrendo a Autora, para determinar a cessação imediata dos atos de concorrência desleal;

b) a convocação de audiência de conciliação ou de mediação, por opção do autor, devendo o réu ser citado com antecedência mínima de 20 dias (art. 319, VII, ou art. 334, ambos do CPC);

c) a procedência do pedido da Autora para reconhecer a ilicitude do restabelecimento e os atos de concorrência desleal praticados, com danos ao patrimônio da arrendatária, bem como para determinar a indenização pelos atos de concorrência desleal praticados e pela violação da proibição de restabelecimento, confirmando-se a tutela específica concedida liminarmente mediante sentença;

d) a imposição de multa pecuniária por descumprimento de obrigação, de acordo com o art. 537 do CPC;

e) a condenação ao pagamento das custas e dos honorários advocatícios, sendo estes últimos pleiteados no importe de 20% do valor da causa, conforme disposição do art. 85, § 2.º, do CPC;

f) que as intimações sejam enviadas para o escritório na Rua... (art. 106, I, do CPC).

Pretende-se provar o alegado por todas as provas em direito admitidas, especialmente pela juntada do contrato de arrendamento; a oitiva de testemunhas, cujo rol será apresentado oportunamente, e tudo o mais que se fizer necessário, desde logo já requerido.

Dá-se à presente causa o valor de R$ 290.000,00.

Nestes termos,
Pede deferimento.
Capela/SE. Data.
Advogado, OAB n. ...

5. MANDADO DE SEGURANÇA

5.1. Apresentação

A Constituição Federal, à luz do seu art. 5º, LXIX, dispõe que será concedido mandado de segurança para proteger o direito líquido e certo contra alguma ilegalidade ou abuso de poder praticado por autoridade pública ou agente de pessoa jurídica no exercício das atribuições do Poder Público. Com efeito, trata-se de remédio jurídico posto à disposição de qualquer pessoa, física ou jurídica, que venha a ter algum direito resistido indevidamente, a partir de ato de autoridade.

O mandado de segurança se encontra regulamentado pela Lei n. 12.016/2009. O art. 1º da mencionada legislação, inclusive, apresenta a mesma orientação do dispositivo constitucional. Na medida em que o empresário, por vezes, apresenta-se perante autoridade pública, como, por exemplo, a Junta Comercial, o INPI e, mesmo, o Judiciário, torna-se relevante o conhecimento da elaboração da presente peça.

É importante de destacar que o CPC/2015 modificou a sistemática de interposição do agravo de instrumento. Com efeito, se no âmbito do CPC/73, o agravo de instrumento poderia ser interposto contra qualquer decisão interlocutória, no âmbito do CPC, há um rol taxativo, no art. 1.015, demonstrando as hipóteses em que caberia o agravo de instrumento.

Fora dessas hipóteses, ter-se-á uma decisão judicial contra a qual não cabe recurso. Em tais casos, a solução jurídica viável seria o mandado de segurança, nos termos do art. 5º da Lei n. 12.016/2009. Desta forma, a presente medida judicial passará a ter uma maior utilização no processo empresarial, à semelhança do que já ocorre no processo trabalhista: a utilização do mandado de segurança contra decisões judiciais interlocutórias (para o processo do trabalho, qualquer decisão interlocutória; para o processo empresarial, aquelas não mencionadas no art. 1.015 do CPC.

5.2. Características e requisitos

Com efeito, trata-se de **peça processual**, cuja elaboração segue a lógica da **petição inicial** estabelecida no art. 319 do CPC, com algumas especificidades. A primeira é a de que **não se entra com um mandado de segurança em face de alguém, mas sim contra ato de autoridade coatora que viola direito líquido e certo** (art. 6º, § 3º, Lei n. 12.016/2009). A segunda é a de que **não cabe pedido de condenação aos honorários de sucumbência** – art. 25 da Lei n. 12.016/2009 – pelo fato de que não há, tecnicamente, réu, sendo certo que, como se disse, não se trata de medida judicial contra alguém, mas sim contra um ato (violador de direito líquido e certo por parte de autoridade coatora). A terceira é que **não há pedido por provas, haja vista que a prova deve ser pré-constituída**, vale dizer, dever vir anexada, desde logo, na petição do mandado de segurança (art. 6º, *caput*, da Lei n. 12.016/2009). A quarta reside na necessidade de se abrir um tópico entre a parte DO DIREITO e a DOS PEDIDOS com o nome de DO PEDIDO LIMINAR, justificando o *fumus boni juris* e o *periculum in mora*, nos termos do **art. 7º, III, da Lei n. 12.016/2009**.

Não se pode deixar de perceber que é necessária a indicação da autoridade coatora pela função que exerce e não pelo seu nome civil (caso seja mencionado na narrativa apresentada). Há, também, a necessidade de se dar ciência do feito à pessoa jurídica a qual se vincula a autoridade coatora.

5.3. Como identificar a peça

A presente peça prático-profissional é de fácil identificação. Das duas, uma: ou o caso trará uma situação em que um sócio ou empresário venha a pedir o registro ou o arquivamento de algum documento perante a Junta Comercial, ou alguém que busca o INPI para ver patenteado ou registrado, a depender do caso concreto, um bem da propriedade industrial, sendo certo notar que a pessoa atende a todos os requisitos, não incidindo em nenhuma das hipóteses de impedimentos.

Frise-se por oportuno que, com o advento do CPC, uma nova hipótese de utilização da presente peça surgiu, para fins de direito empresarial. Trata-se do caso em que será narrada uma situação de um processo judicial em andamento cujo juiz profere uma decisão interlocutória, sendo exigida a medida judicial para impugnar tal decisão judicial. Na medida em que, atualmente, o art. 1.015 do CPC já apresenta todos os casos de agravo de instrumento, contra outras decisões judiciais interlocutórias caberia o mandado de segurança.

É imperativo constatar, na situação hipotética apresentada, a informação do indeferimento do pedido apresentado perante as autoridades referentes a tais instituições.

5.4. Competência

É importante destacar as hipóteses de mandado de segurança que tenham relação com a 2ª Fase da OAB em direito empresarial: na forma do que apresenta o edital que regulamenta o Exame de Ordem, o empresário poderá vir a ter direito líquido e certo violado ou ameaçado, do ponto de vista de autoridade pública, perante a Junta Comercial ou o INPI.

Na medida em que a Junta Comercial, na forma do art. 3º da Lei n. 8.934/94, compõe o Sistema Nacional de Registro de Empresas Mercantis – Sinrem e que o

INPI é uma autarquia federal, **o mandado de segurança contra ato dos presidentes das respectivas instituições deve ser direcionado à Justiça Federal** (Excelentíssimo Senhor Doutor Juiz Federal da... Vara da Seção Judiciária de...).

Já para os casos de decisão interlocutória contra as quais não couber agravo de instrumento, **o mandado de segurança contra decisão judicial deve ser direcionado ao Tribunal de Justiça** (Excelentíssimo Senhor Doutor Desembargador Presidente do Tribunal de Justiça do Estado de...) **ou ao Tribunal Regional Federal** (Excelentíssimo Senhor Doutor Desembargador Presidente do Tribunal Regional Federal da... Região).

5.5. Fundamentos mais comuns

É importante destacar as hipóteses de mandado de segurança que tenham relação com a 2ª Fase da OAB em direito empresarial:

a) contra **ato do Presidente da Junta Comercial** (casos mais comuns: a Junta Comercial indeferir o registro: I. Do Empresário Rural; II. De Sociedade Cooperativa, ao argumento de que seria sociedade simples, na forma da lei; III. De Sociedade Limitada, ao argumento de que o contrato social deveria constituir como órgão social o conselho fiscal); e IV. De Sociedade Anônima, ao argumento de que teria sido constituída entre cônjuges casados no regime da comunhão universal ou no da separação obrigatória, ou, ainda, no caso de não constituição do conselho de administração no estatuto, em se tratando de companhia fechada; e

b) contra **ato do Presidente do Instituto Nacional da Propriedade Industrial** – o INPI (casos mais comuns: o INPI indeferir pedido de registro de marca ou desenho industrial, ou pedido de patente de invenção ou de modelo de utilidade, que estavam de acordo com a lei).

O art. 971 do Código Civil estabelece que **o exercente de atividade rural só será tratado como empresário a partir do registro dos atos constitutivos perante a Junta Comercial**. O art. 984 do mesmo Código apresenta norma de mesmo teor relativa às sociedades rurais. Percebe-se, assim, o direito líquido e certo que os profissionais rurais têm de ser compreendidos como empresário e, para tanto, será necessário o registro perante a Junta Comercial.

O art. 982, parágrafo único, do Código Civil, estabelece que **as sociedades cooperativas são sociedades simples, por força de lei**. Por sua vez, o art. 1.150 do mesmo Código determina que as sociedades simples devem arquivar seus atos constitutivos no Registro Civil de Pessoas Jurídicas. **Apesar disso, as cooperativas** – representando uma exceção ao estabelecido pelo CC – **se registram perante a Junta Comercial**, na forma do art. 18 da Lei n. 5.764/71, em interpretação conjugada com o art. 32, II, *a*, da Lei n. 8.934/94.

O art. 1.066 do Código Civil prescreve a *mera possibilidade* de ser constituído, no contrato social de *sociedade limitada*, o *conselho fiscal*. Frise-se, por oportuno: **na sociedade limitada, o conselho fiscal é órgão facultativo, de funcionamento facultativo**, ou seja, não é necessário constar do contrato social e, mesmo que conste, o seu funcionamento depende da vontade dos sócios, determinando, quando for o caso, o funcionamento anual do conselho.

O art. 977 do Código Civil determina a **impossibilidade de cônjuges constituírem sociedade**, seja somente **entre si**, seja **com terceiros**, desde que seja **sociedade contratual** e que os sócios estejam casados no **regime da comunhão universal** ou da **separação obrigatória**. Na medida em que a sociedade anônima é constituída mediante um estatuto social, não tendo por base jurídica o contrato, *não há óbice a que pessoas, mesmo casadas na comunhão universal ou na separação obrigatória, venham a constituir uma sociedade anônima.*

Frise-se, por oportuno: tal entendimento, desde sempre defendido pelo professor Giovani Magalhães, coautor desta obra, restou chancelado pela III Jornada de Direito Comercial, do Conselho da Justiça Federal, que, em 7 de junho de 2019, firmou o Enunciado n. 94, prevendo: *"A vedação da sociedade entre cônjuges contida no art. 977, do Código Civil não se aplica às sociedades anônimas, em comandita por ações e cooperativa".*

O conselho de administração é órgão, regra geral, facultativo no âmbito das sociedades anônimas. Na forma do art. 138, § 2º, e do art. 239 da Lei n. 6.404/76, só é obrigatória a constituição do conselho de administração, quando se tratar de companhia aberta, de capital autorizado ou de sociedade de economia mista. *Para uma sociedade anônima fechada, sem previsão estatutária de reforma e constituída com capital exclusivamente privado, não se faz necessária a constituição do conselho de administração.*

No capítulo 20 desta obra serão mais bem estudados os requisitos que precisam ser atendidos a fim de que alguém possa, perante o INPI, obter um registro ou patente de propriedade industrial. Remete-se, então, o leitor para o capítulo mencionado, visando um aprofundamento sobre a matéria. A título, entretanto, de exemplo, imagine-se **um *designer* que concebe um desenho industrial (uma cadeira, por exemplo), não se tratando de concepção puramente artística, nem tão pouco tem forma vulgar ou viola a ordem pública**.

Em todas as situações hipotéticas narradas acima, os interessados teriam, então, direito a ver os seus pedidos de registro (e/ou de patentes, se perante o INPI, a depender do caso concreto) deferidos. Em tais casos, portanto, o indeferimento proferido, seja pela Junta Comercial, seja pelo INPI, por ser contrário à lei, daria ensejo, em favor do interessado, à interposição de mandado de segurança contra ato dos respectivos presidentes.

Não se pode deixar de notar, como já destacado anteriormente, que novas hipóteses de mandado de segurança passam a ser consideradas, em face da mudança de tratamento na utilização do agravo de instrumento. Existe atualmente, como se sabe, um rol de hipóteses, previsto no art. 1.015 do CPC, considerado taxativo, onde se elencam as hipóteses em que é possível interpor agravo de instrumento.

Tais hipóteses serão apresentadas no capítulo 31, quando se estudará o agravo de instrumento. Qualquer decisão interlocutória fora dessas tais hipóteses, portanto, passa a ser considerada irrecorrível. É contra elas que poderá ser interposto, nos termos do art. 5º da Lei n. 12.016/2009, o mandado de segurança.

É importante destacar uma situação processual festejada pela FGV, em matéria de 2ª Fase da OAB em direito empresarial, em duas oportunidades (nos Exames 2011.2 e 2012.3): **a decisão que julga a prestação de caução real a título de depósito elisivo**. Como se sabe, o depósito elisivo é o depósito de quantia realizada pelo réu de um pedido de falência e que tem o objetivo de evitar que se a falência seja decretada, cabendo notar, na forma do art. 98, parágrafo único, da Lei n. 11.101/2005, que o depósito elisivo deve ser feito em dinheiro. Confirma tal entendimento a Súmula 29 do STJ.

O caso retratado se refere justamente à situação em que o réu é citado em processo de falência e, visando garantir o juízo para evitar o seu decreto de quebra, disponibiliza um bem para fins de prestar uma caução real. Perceba que o juiz, neste momento, não está examinando o mérito do presente feito. Apenas vai se manifestar se acolhe ou não a caução real disponibilizada pelo réu a título de depósito elisivo.

Evidentemente, a decisão do juízo deverá ser pelo não acolhimento desta pretensão do réu. Porém, acaso o juiz acate o referido pedido de receber a caução real para garantir o juízo da falência, a decisão judicial estará em desacordo com a Lei n. 11.101/2005. Como o juiz, neste momento, ainda não está examinando o mérito do pedido do autor, e a referida decisão não está encerrando um processo, a decisão do juiz que acolhe, no sentido exposto, a caução real tem natureza de decisão interlocutória.

À época de sua cobrança, admitiu-se, pela aplicação subsidiária do CPC/73, a utilização do agravo de instrumento para combater a aludida decisão. Atualmente, caso a mesma questão viesse a ser exigida, tendo em vista o que prevê o art. 1.015 do CPC e em razão de não haver regulamentação específica na Lei n. 11.101/2005, tratar-se-ia de uma decisão judicial irrecorrível. Deve-se, atualmente, utilizar a via do mandado de segurança para atacar tal decisão judicial.

5.6. Estrutura da peça

1. **Endereçamento:** Excelentíssimo Senhor Doutor Juiz Federal da... Vara da Seção Judiciária de... ou Excelentíssimo Senhor Doutor Desembargador Presidente do Tribunal de Justiça do Estado de... (ou do Tribunal Regional Federal da...Região).

   Havendo alguma informação do caso concreto alusiva ao direcionamento, dever-se-á adaptar a sugestão apresentada ao que constar da narrativa.
2. **Identificação das partes:** o autor do mandado de segurança poderá ser tanto pessoa física (empresário individual ou sócio) quanto pessoa jurídica (sociedade empresária ou Eireli), que teve o seu direito de registro violado. Não há réu; o mandado de segurança é promovido contra ato de autoridade coatora (indicada pela função e não pelo nome civil).

3. **Representação judicial:** advogado abaixo assinado, com procuração em anexo.
4. **Nome da ação e fundamentação legal:** mandado de segurança, com fundamento no art. 5º, LXIX, da Constituição Federal e no art. 1º da Lei n. 12.016/2009. [adicionalmente, pode-se fazer menção, também, ao dispositivo que fundamente o direito líquido e certo do autor]
5. **Narrativa dos Fatos ("Dos Fatos"):** a transcrição integral do caso narrado. Frise-se, por oportuno, a necessidade de se limitar à cópia do caso apresentado, não cabendo inventar ou deduzir dados, sob pena de ser atribuída NOTA ZERO à peça prático-profissional elaborada.
6. **Fundamentação ("Do Direito"):** cabe sempre ressaltar que a mera citação ou transcrição de artigos de lei e mesmo de súmulas de jurisprudência não pontua.

   É imprescindível apontar o fundamento legal, desenvolvendo justificativa que ampara o direito do autor. Assim, demonstra-se a ilegalidade do ato de indeferimento de registro ou de patente.
7. **Do Pedido Liminar:** o art. 7º, III, da Lei n. 12.016/2009 estabelece que a possibilidade de se deferir medida liminar, diante da fumaça do bom direito e do perigo da demora. É importante abrir tópico para demonstrar a presença destes requisitos.
8. **Pedidos ("Do Pedido"):** a) a concessão de medida liminar, no sentido de... [definir o que se quer com o mandado de segurança, vale dizer, descrever o direito líquido e certo que estaria sendo violado pela autoridade coatora], confirmando-a, posteriormente, mediante sentença; b) a notificação da... [identificar a autoridade coatora, pela função que exerce e não pelo nome pessoal], para prestar informações, no prazo de dez dias; c) que seja dada ciência do feito ao... [identificar o órgão de representação judicial da pessoa jurídica interessada a qual se vincula a autoridade coatora], para que, querendo, ingresse no presente feito; d) a juntada dos documentos em anexo, pré-constituindo-se a prova do ato ilegal praticado; e) que as intimações sejam enviadas para o escritório na Rua... (art. 106, I, do CPC).
9. **Valor da causa:** dá-se à presente causa o valor de R$... .
10. **Fechamento da peça:** local, data. Advogado, OAB.

5.7. Questão da peça profissional

(IX Exame) A sociedade de papel "ABC" Ltda. requereu a decretação da falência da sociedade empresária "XYZ" Ltda. Devidamente citada, a sociedade empresária "XYZ" Ltda. apresentou sua contestação e, para elidir a decretação da falência, requereu a prestação de uma caução real a fim de garantir o juízo falimentar. Tal pedido foi imediatamente deferido pelo juízo da 1ª Vara Cível da Comarca da Capital do Estado do Acre. Você, na qualidade de advogado da requerente "ABC" Ltda., deve elaborar a peça adequada com o objetivo de impugnar a decisão em questão, com a fundamentação e indicação dos dispositivos legais pertinentes. Suponha que o Tribunal de Justiça do Acre possui cinco Câmaras Cíveis, cinco Câmaras Criminais, nenhuma vice-presidência, e uma Presidência cuja competência seja distribuir quaisquer recursos para apreciação em 2º grau de jurisdição.

5.8. Modelo da peça

(IX Exame)

Excelentíssimo Senhor Doutor Desembargador Presidente do Tribunal de Justiça do Estado do Acre

(deixar espaço de 5 linhas)

ABC Ltda., sociedade empresária, inscrita no CNPJ sob o n. ..., neste ato se fazendo presente por seu administrador..., por seu advogado abaixo assinado, com mandato em anexo, vem respeitosamente perante Vossa Excelência impetrar Mandado de Segurança, com fundamento no art. 5.º, LXIX, da Constituição Federal, no art. 1.º da Lei n. 12.016/2009 e no art. 971 do Código Civil, contra decisão proferida, no processo n. ..., pelo juízo da 1.ª Vara Cível da Comarca da Capital do Estado do Acre, pelos fundamentos de fato e de direito a seguir.

DOS FATOS

A sociedade de papel "ABC" Ltda. requereu a decretação da falência da sociedade empresária "XYZ" Ltda.

Devidamente citada, a sociedade empresária "XYZ" Ltda. apresentou sua contestação e, para elidir a decretação da falência, requereu a prestação de uma caução real a fim de garantir o juízo falimentar. Tal pedido foi imediatamente deferido pelo juízo da 1.ª Vara Cível da Comarca da Capital do Estado do Acre.

DO DIREITO

É importante perceber que, com o advento da Lei n. 11.101/2005, não se admite mais a prestação de caução real. Agora, em sendo citado por um processo de falência, cabe ao réu, para fins de garantia de juízo, realizar o depósito elisivo.

Por depósito elisivo, entende-se o depósito da quantia em dinheiro, realizado pelo devedor, com o objetivo de evitar a decretação de sua falência. Na forma do que dispõe o art. 98, parágrafo único, da Lei n. 11.101/2005, para ser elisivo, deve ser depositado o valor correspondente ao total do crédito, acrescido de correção monetária, juros e honorários advocatícios.

No mesmo sentido, prevê a Súmula 29 do STJ: "No pagamento em juízo para elidir falência, são devidos correção monetária, juros e honorários de advogado". Portanto, não se trata de hipótese de caução real; somente o depósito em dinheiro da quantia reclamada é válido para elidir a decretação da falência.

Desse modo, não caberia ao juízo da 1.ª Vara Cível da Comarca da Capital do Estado do Acre deferir tal pedido. Com efeito, como se trata de decisão interlocutória cuja Lei n. 11.101/2005 não prevê expressamente o recurso cabível. Aliás, tal decisão sequer é prevista na Lei de Falências, sendo utilizado o procedimento comum, por força do art. 189 da própria legislação falimentar.

Porém, nos termos do art. 1.015 do CPC, a decisão interlocutória ora atacada não é passível de recurso de agravo de instrumento. Assim, de acordo com o art. 5.º da Lei n. 12.016/2009, caberá mandado de segurança para desafiar a presente decisão.

DO PEDIDO LIMINAR

O art. 7.º, III, da Lei n. 12.016/2009 determina a possibilidade de ser deferido pedido liminar "quando houver fundamento relevante e do ato impugnado puder resultar a ineficácia da medida, caso seja finalmente deferida". Desse modo, desde que se demonstre o "fumus boni juris" e o "periculum in mora", deve este nobre tribunal deferir liminarmente o que se pretende.

O "fumus boni juris" reside no fato de a Lei n. 11.101/2005 determinar que a garantia do juízo falimentar deve ser feita mediante a realização do depósito elisivo que deve ser feito em dinheiro. O "periculum in mora" é revelado no fato de que autor não poderá persistir no processo e tampouco requerer o levantamento do valor, haja vista não ter ocorrido efetivamente depósito de quantia em dinheiro.

DOS PEDIDOS

Diante do exposto, é a presente para requerer:

a) a concessão de medida liminar, no sentido de determinar a reforma da decisão combatida, oriunda da 1.ª Vara Cível da Comarca da Capital do Estado do Acre, dando pela improcedência do pedido de prestação de caução real para garantia do juízo falimentar, confirmando-a, posteriormente, mediante sentença;

b) a notificação do juiz da 1.ª Vara Cível da Comarca da Capital do Estado do Acre, para prestar informações, no prazo de dez dias;

c) que seja dada ciência do feito à parte ré, para que, querendo, ingresse no presente feito;

d) a juntada dos documentos em anexo (decisão judicial da 1.ª Vara Cível da Comarca da Capital do Estado do Acre que deferiu, no Processo n. ..., a prestação de caução real para garantia do juízo falimentar), pré-constituindo-se a prova do ato ilegal praticado;

e) que as intimações sejam enviadas para o escritório na Rua... (art. 106, I, do CPC).

Dá-se à presente causa o valor de R$...

Nestes termos,
Pede deferimento.
Local. Data.
Advogado, OAB n. ...

6. AÇÃO RENOVATÓRIA DE ALUGUEL

6.1. Apresentação

Muitas vezes, o *empresário-locatário*, depois de criar com dificuldade o seu *ponto comercial*, tornando, finalmente, seu negócio rentável e conhecido, depara-se com um pedido de retomada do imóvel de sua sede pelo *locador*, onde investiu tempo e dinheiro para se estabelecer.

A presente ação trata de garantir o direito do **locatário** de renovação de contrato de aluguel de locação não residencial, ou seja, de locação de imóveis destinados ao comércio, prevista na Lei n. 8.245/91. Para tanto, ele deverá observar os requisitos do art. 51 da lei, bem como não estar nas situações do art. 52.

Considera-se **locação não residencial**, segundo o art. 55, quando o locatário for *pessoa jurídica* e o imóvel destinar-se ao uso de seus titulares, diretores, sócios, gerentes, executivos ou empregados.

6.2. Características e requisitos

Segundo o art. 51 da Lei n. 8.245/91, o locatário terá direito à renovação do contrato, por igual prazo, desde que, **cumulativamente:**

I – o contrato a renovar tenha sido celebrado por **escrito** e **com prazo determinado**;

II – o prazo mínimo do contrato a renovar ou a soma dos prazos ininterruptos dos contratos escritos seja de **cinco anos**;

III – o locatário esteja explorando seu comércio, no mesmo ramo, pelo prazo mínimo e ininterrupto de **três anos**.

Esse direito pode ser exercido também:

a) pelos cessionários ou sucessores da locação;
b) pelo sublocatário no caso de sublocação total do imóvel;
c) pelo sócio sobrevivente, desde que continue no mesmo ramo quando dissolvida a sociedade comercial por morte de um dos sócios;
d) pelo locatário ou pela sociedade quando o contrato autorizar que o locatário utilize o imóvel para as atividades de sociedade de que faça parte e que a esta passe a pertencer o fundo de comércio;
e) pelas indústrias e sociedades civis com fim lucrativo, regularmente constituídas.

É importante observar que do direito a renovação *decai* aquele que não propuser a ação no interregno de **um ano, no máximo, até seis meses, no mínimo, anteriores** à data da finalização do prazo do contrato em vigor.

A ação *renovatória* de aluguel terá o **rito do procedimento comum** diferente da *ação revisional* de aluguel (art. 68).

6.3. Como identificar a peça

Situações que apontem que houve a celebração de contrato de aluguel, em consonância com os requisitos do art. 51 da Lei n. 8.245/91 (contrato por prazo determinado e respeitados os prazos legais), somadas ao desejo de não renovação por parte da locadora do imóvel, certamente, como advogado(a) da parte locatária, será exigida uma medida judicial cabível para defender o interesse dela.

6.4. Competência

É competente para conhecer e julgar tais ações o **foro do lugar da situação do imóvel**, salvo se outro houver sido eleito no contrato ("foro de eleição"), art. 58, II, da Lei n. 8.245/91. Assim, a ação será endereçada ao juízo da comarca do lugar do imóvel (vara cível ou vara única).

6.5. Fundamentos mais comuns

Além dos demais requisitos exigidos no **art. 319 do Código de Processo Civil**, nos termos do art. 71 da Lei n. 8.245/91, a petição inicial da ação renovatória deverá ser instruída com:

<table>
<tr><td rowspan="5">1</td><td rowspan="5">Prova</td><td>A</td><td>do preenchimento dos requisitos dos incisos I, II e III do art. 51;</td></tr>
<tr><td>B</td><td>do exato cumprimento do contrato em curso;</td></tr>
<tr><td>C</td><td>da quitação dos impostos e taxas que incidiram sobre o imóvel e cujo pagamento lhe incumbia;</td></tr>
<tr><td>D</td><td>de que o fiador do contrato ou o que o substituir na renovação aceita os encargos da fiança, autorizado por seu cônjuge, se casado for;</td></tr>
<tr><td>E</td><td>quando for o caso, de ser cessionário ou sucessor, em virtude de título oponível ao proprietário.</td></tr>
<tr><td rowspan="2">2</td><td rowspan="2">Indicação</td><td>F</td><td>clara e precisa das condições oferecidas para a renovação da locação;</td></tr>
<tr><td>G</td><td>do fiador quando houver no contrato a renovar e, quando não for o mesmo, com indicação do nome ou denominação completa, número de sua inscrição no Ministério da Fazenda, endereço e, tratando-se de pessoa natural, a nacionalidade, o estado civil, a profissão e o número da carteira de identidade, comprovando, desde logo, mesmo que não haja alteração do fiador, a atual idoneidade financeira.</td></tr>
</table>

Atente-se que, se proposta a ação pelo sublocatário do imóvel ou de parte dele, serão citados o sublocador e o locador, como litisconsortes, salvo se, em virtude de locação originária ou renovada, o sublocador dispuser de prazo que admita renovar a sublocação; na primeira hipótese, procedente a ação, o proprietário ficará diretamente obrigado à renovação.

Por final, com o advento da Lei n. 13.966/2019, que veio a modernizar o sistema de franquia no Brasil, a legislação passou a trazer um novo fundamento. O art. 3º da Lei n. 13.966/2019 estabelece que, nos casos em que o franqueador subloque ao franqueado o ponto comercial onde se acha instalada a franquia, **qualquer uma das partes terá legitimidade para propor a renovação do contrato de locação** do imóvel.

O valor do aluguel, nesse caso, a ser pago pelo franqueado ao franqueador, pode ser superior ao que o franqueador paga ao proprietário do imóvel, desde que: (i) essa possibilidade esteja expressa e clara na Circular de Oferta de Franquia; e (ii) o valor pago a maior não implique excessiva onerosidade ao franqueado, garantida a manutenção do equilíbrio econômico-financeiro da sublocação na vigência do contrato de franquia. Tudo de acordo com o art. 3º, parágrafo único, da Lei n. 13.966/2019.

6.6. Estrutura da peça

1. **Endereçamento:** Vara Cível ou Vara Única do lugar da situação do imóvel locado.
2. **Identificação das partes:** parte autora (locatária): firma ou denominação, pessoa jurídica, CNPJ e endereço; parte ré (locadora): idem ou, caso seja pessoa física, nome, qualificação e endereço.
3. **Representação judicial:** procurador(a) com mandato em anexo.
4. **Nome da ação e fundamento legal**: ação renovatória de aluguel, sob fundamento dos arts. 51 e 71 da Lei n. 8.245/91.
5. **Narrativa dos fatos ("Dos Fatos"):** exposição dos fatos previstos na situação hipotética da questão. Não inventar outros fatos nem trazer detalhes ausentes no problema.
6. **Fundamentação ("Do Direito"):** atente-se que a mera citação de artigos não pontua. Deve-se apontar os requisitos do art. 51 e demonstrar a partir do enunciado da questão que eles estão preenchidos, bem como identificar aqueles do art. 71 e informar que os documentos comprobatórios estão em anexo da inicial. E, por fim, que o pedido de renovação está dentro do prazo de um ano, no máximo, até seis meses, no mínimo, anteriores à data da finalização do prazo do contrato em vigor (art. 51, § 5º).
7. **Pedidos ("Dos Pedidos"):** a) procedência dos pedidos da parte autora (locatária), com ensejo de renovar compulsoriamente o contrato de locação nos termos da vigência dele; b) a opção do autor pela realização de

audiência de conciliação ou de mediação, devendo o réu ser citado com a antecedência mínima de 20 dias [isto é a regra geral; toda vez que o caso for silente, a opção será pela realização de audiência de conciliação ou de mediação – se a opção for pela não realização de tal audiência, a questão proposta deverá ser expressa neste sentido]; c) condenação da parte ré ao pagamento de custas e honorários advocatícios; d) produção de todas as provas admitidas no Direito; e) informar endereço em que receberá as intimações (art. 106, I, do CPC).

8. **Valor da causa:** dá-se à presente causa o valor de R$... [doze vezes o valor do aluguel] (art. 58, III, da Lei n. 8.245/91).
9. **Fechamento da peça:** local, data. Advogado, OAB [não inventar dados].

6.7. Questão da peça profissional

(XX Exame) Distribuidora de Medicamentos Mundo Novo Ltda. foi dissolvida em razão do falecimento do sócio Pedro Gomes, ocorrido em 2013, com fundamento no art. 1.035 do Código Civil. A sociedade foi constituída, em 1997, para atuar na comercialização de medicamentos e sempre atuou nesta atividade. Para manter a clientela do estabelecimento, mesmo após a dissolução da sociedade, Iguatemi, única sócia de Pedro Gomes, requereu seu registro como empresária individual, e, com o deferimento, prosseguiu, agora em nome próprio, a empresa antes exercida pela sociedade.

O estabelecimento onde foi instalada a sociedade está situado na cidade de Chapadão do Sul, Estado de Mato Grosso do Sul. O imóvel é alugado desde a constituição da sociedade, sendo locadora a Imobiliária Três Lagoas Ltda. A vigência inicial do contrato foi de 3 (três) anos, tendo sido celebrados contratos posteriores por igual prazo, sucessiva e ininterruptamente. Durante a vigência do último contrato, que expirou em setembro de 2015, a sociedade limitada foi dissolvida. Diante da continuidade da empresa posterior à dissolução da sociedade limitada, por Iguatemi, como empresária individual, esta procurou o locador e lhe apresentou proposta de novo aluguel, que foi rejeitada sem justificativa plausível.

Em abril de 2014, temendo o prejuízo ao estabelecimento empresarial já consolidado, a perda considerável de clientela e os efeitos nefastos da transferência para outra localidade, Iguatemi procurou sua advogada para que esta propusesse a medida judicial que assegurasse sua permanência no imóvel, informando que o valor atual do aluguel mensal é de R$ 17.000,00 (dezessete mil reais) e que contratou seguro de fiança locatícia.

Considerando que na Comarca de Chapadão do Sul/MS existem apenas duas varas (1ª e 2ª), competindo ao Juiz da 1ª Vara o julgamento de ações cíveis, elabore a peça adequada.

6.8. Modelo da peça

Excelentíssimo Senhor Doutor Juiz de Direito da 1.ª Vara da Comarca de Chapadão do Sul, do Estado de Mato Grosso do Sul

(deixar espaço de 5 linhas)

Iguatemi, empresária individual, nacionalidade..., estado civil..., com Registro na Junta Comercial sob o n. ..., estabelecida em..., por meio do seu advogado, abaixo assinado, vem, com o devido respeito e acatamento, promover a presente AÇÃO RENOVATÓRIA DE ALUGUEL, com fundamento nos arts. 51, "caput" e § 3.º, e 71 da Lei n. 8.245/91 e no art. 319 do CPC, em face de Imobiliária Três Lagoas Ltda., pelos fundamentos de fato e de direito a seguir.

DOS FATOS

Distribuidora de Medicamentos Mundo Novo Ltda. foi dissolvida em razão do falecimento do sócio Pedro Gomes, ocorrido em 2013, com fundamento no art. 1.035 do Código Civil. A sociedade foi constituída, em 1997, para atuar na comercialização de medicamentos e sempre atuou nesta atividade.

Para manter a clientela do estabelecimento, mesmo após a dissolução da sociedade, Iguatemi, única sócia de Pedro Gomes, requereu seu registro como empresária individual, e, com o deferimento, prosseguiu, agora em nome próprio, a empresa antes exercida pela sociedade.

O estabelecimento onde foi instalada a sociedade está situado na cidade de Chapadão do Sul, Estado de Mato Grosso do Sul. O imóvel é alugado desde a constituição da sociedade, sendo locadora a Imobiliária Três Lagoas Ltda. A vigência inicial do contrato foi de 3 (três) anos, tendo sido celebrados contratos posteriores por igual prazo, sucessiva e ininterruptamente. Durante a vigência do último contrato, que expirou em setembro de 2015, a sociedade limitada foi dissolvida. Diante da continuidade da empresa posterior à dissolução da sociedade limitada, por Iguatemi, como empresária individual, esta procurou o locador e lhe apresentou proposta de novo aluguel, que foi rejeitada sem justificativa plausível.

Em abril de 2014, temendo o prejuízo ao estabelecimento empresarial já consolidado, a perda considerável de clientela e os efeitos nefastos da transferência para outra localidade, Iguatemi procurou sua advogada para que esta propusesse a medida judicial que assegurasse sua permanência no imóvel, informando que o valor atual do aluguel mensal é de R$ 17.000,00 (dezessete mil reais) e que contratou seguro de fiança locatícia.

DO DIREITO

O art. 51 da Lei n. 8.245/91 estabelece os requisitos para o direito de inerência ao ponto. Desde que atendidos, o que ocorre no caso concreto, e não havendo acordo com o locador, será possível ao locatário, ou ao seu sucessor, a renovação compulsória da locação, a partir de uma decisão judicial. O requisito formal – art. 51, I – ocorre no caso concreto, na medida em que se trata de uma sequência de contratos com prazo determinado. Por sua vez, o requisito temporal – art. 51, II – ocorre no caso concreto, haja vista que se trata de relação locatícia para fins não residenciais celebrada desde 1997. Por final, o requisito material – art. 51, III – também foi respeitado, haja vista que a atividade exercida sempre foi a mesma (portanto, há mais de 3 anos é exercida a mesma atividade).

Frise-se, por oportuno, que, apesar de Iguatemi não ser a locatária originária, trata-se efetivamente de uma sucessora desta, aproveitando todos os requisitos do contrato originário. Com efeito, a sociedade Distribuidora de Medicamentos Mundo Novo Ltda., locatária originária, veio a ser dissolvida, em razão do falecimento de um dos seus sócios – Pedro Gomes. Iguatemi, a sócia sobrevivente, autora do presente feito, continuou a exercer a mesma atividade exercida antes pela sociedade, tornando-se assim parte legítima, à luz do que prescreve o art. 51, § 3.º, da Lei n. 8.245/91.

Não custa nada lembrar que o presente feito foi promovido, respeitando o prazo previsto no art. 51, § 5.º, da Lei n. 8.245/91, ou seja, no interregno de 1 (um) ano no máximo a até 6 (seis) meses no mínimo da data de finalização do contrato.

Assim, é o presente feito para promover a renovação compulsória da locação, sendo utilizado, como patamar mínimo, o valor atual do aluguel. Visando garantir a presente locação renovada, contratou-se seguro de fiança locatícia, junto à SEGURADORA, com CNPJ sob o n. ..., e estabelecida em... .

DOS PEDIDOS

Ante o exposto, preenchidos os requisitos dos arts. 51 e 71 da lei, e nos termos do art. 319 do CPC, requer:

a) procedência dos pedidos da parte autora, com ensejo de renovar compulsoriamente o contrato de locação nos termos pactuados;

b) realização de audiência de conciliação ou de mediação, por opção do autor, devendo o réu ser citado com a antecedência mínima de 20 dias;

c) condenação da parte ré ao pagamento de custas e honorários advocatícios;

d) produção de todas as provas admitidas no Direito, especialmente pela ouvida da parte ré, pela juntada dos documentos previstos no art. 71 da Lei n. 8.245/91, e tudo o mais que se fizer necessário;

e) que as intimações sejam encaminhadas ao endereço do escritório patrono, conforme o inciso I do art. 106 do CPC, informado na procuração em anexo.

Dá-se à presente causa o valor de R$ 204.000,00 (duzentos e quatro mil reais).

Nestes termos,
Pede deferimento.
Local. Data.
Advogado, OAB n. ...

Rol de documentos conforme o art. 71 da Lei n. 8.245/91:

a) contratos de locação firmados pela sociedade Distribuidora de Medicamentos Mundo Novo Ltda. para o cumprimento do art. 51, I e II, da Lei n. 8.245/91;

b) prova de que a autora, como sub-rogatária do direito à renovação, deu continuidade ao mesmo ramo de negócio da sociedade empresária (distribuição de medicamentos), perfazendo, sem interrupção, o prazo mínimo de 3 (três) anos (art. 51, III, da Lei n. 8.245/91);

c) prova do exato cumprimento do contrato em curso;

d) prova da quitação dos impostos e taxas que incidiram sobre o imóvel e cujo pagamento lhe incumbia;

e) apresentação de apólice de Seguro Fiança Locatícia contratada com a seguradora, com o valor total da apólice abrangendo todos os custos da locação até seu encerramento (a apólice substitui prova de anuência do fiador com os encargos da fiança de que trata o art. 71, VI, da Lei n. 8.245/91).

7. AÇÃO DE CONSIGNAÇÃO EM PAGAMENTO

7.1. Apresentação

O Código Civil, no seu art. 335, ilustra muito bem as principais situações cabíveis da ação de consignação em pagamento, visto que a legislação especial traz também outras hipóteses, como aquela que se refere aos aluguéis (Lei n. 8.245/91).

Assim, a consignação tem lugar:

I – se o credor não puder, ou, sem justa causa, recusar receber o pagamento, ou dar quitação na devida forma;

II – se o credor não for, nem mandar receber a coisa no lugar, tempo e condição devidos;

III – se o credor for incapaz de receber, for desconhecido, declarado ausente, ou residir em lugar incerto ou de acesso perigoso ou difícil;

IV – se ocorrer dúvida sobre quem deva legitimamente receber o objeto do pagamento;

V – se pender litígio sobre o objeto do pagamento.

Como procedimento especial de jurisdição contenciosa, a **ação de consignação em pagamento** tem características peculiares e, dependendo da situação em que tem cabimento, há diferenças a serem consideradas.

7.2. Características e requisitos

Considera-se a *consignação* legítimo pagamento, extinguindo a obrigação por meio de depósito judicial ou em estabelecimento bancário (depósito extrajudicial) da coisa devida, nos casos e forma legais, diz o art. 334 do Código Civil.

Como visto anteriormente, nem só de obrigações em dinheiro cabe a consignação, mas também na entrega de bens móveis e imóveis. E, dentre as hipóteses do art. 335, a mais comum é quando o credor recusa o pagamento (inciso I).

Ao devedor, ora consignante, se o caminho for o Judiciário, caberá depositar em estabelecimento bancário a quantia que entende devida – e, se em mora, acrescentados os encargos decorrentes – ou propor a ação consignatória nos termos do art. 542 do CPC.

Aliás, de acordo com o aludido art. 542 do CPC, na petição da ação de consignação em pagamento, o autor requererá: (i) o depósito da quantia ou da coisa devida, a ser efetivado no prazo de cinco dias, contados do deferimento, a não ser se, nos termos do art. 539, § 3º, houver a recusa manifestada por escrito ao estabelecimento bancário – caso haja a recusa, a inicial deverá ser instruída com a prova do depósito e da recusa; (ii) a citação do réu para levantar o depósito ou oferecer contestação. Frise-se, por oportuno: a não realização do depósito enseja a extinção do processo sem resolução de mérito.

Ao credor, restará contestar, alegando uma dessas fundamentações (art. 544 do CPC): I – não houve recusa ou mora em receber a quantia ou coisa devida; II – foi justa a recusa; III – o depósito não se efetuou no prazo ou no lugar do pagamento; IV – o depósito não é integral – neste caso, deverá ser indicado pelo réu o montante que entende devido.

Destaca-se que o pedido de consignação pode ser cumulado com outros, por exemplo, de cancelamento de protesto de título de crédito, com pedido indenizatório, entre outros.

Na situação da *consignação de aluguel*, devem-se observar os requisitos a partir do art. 67 da Lei n. 8.245/91, observado que o prazo para depósito **não é de cinco dias**, mas de **24 horas** (art. 67, II).

Por fim, em caso de *prestações periódicas*, uma vez consignada a primeira, pode o devedor continuar a consignar, no mesmo processo e sem mais formalidades, as que se forem vencendo, desde que os depósitos sejam efetuados até cinco dias, contados da data do vencimento (art. 541 do CPC).

7.3. Como identificar a peça

Provavelmente, a situação hipotética descrita no enunciado da questão estará dentre uma daquelas previstas nos incisos do art. 335 do Código Civil. Outra situação é a consignação de aluguel, prevista a partir do art. 67 da Lei n. 8.245/91.

Uma situação importante, em matéria de direito empresarial, para fins de 2ª Fase do Exame da OAB, ocorre no âmbito das reorganizações societárias. Com efeito, não se pode deixar de notar que, apesar de a incorporação, a fusão e a cisão poderem ser entendidas enquanto um direito da própria sociedade, tais atos não podem prejudicar terceiros. Tanto é que o credor anterior, que se sentir prejudicado, poderá, no prazo de noventa dias da publicação do ato, promover ação judicial visando a sua anulação, nos termos do art. 1.122 do Código Civil. Porém, para assegurar a validade do ato e, assim, prejudicar a anulação, é possível que a sociedade interessada (a incorporadora – na incorporação, a nova – na fusão, e as sociedades resultantes – na cisão) venha a realizar a consignação em pagamento relativa ao crédito do autor da aludida ação anulatória, nos termos do § 1º do art. 1.122 do Código Civil.

Outras situações em matéria de direito societário seriam tanto a situação de algum administrador não querer receber o pró-labore quanto o fato de um sócio não querer receber o que lhe cabe a título de dividendos, seja lá qual for os argumentos apresentados para tanto.

Independentemente do caso, o devedor se utilizará da ação de consignação para se livrar das obrigações, tanto principal (entrega do bem ou pagamento de quantia), quanto acessória (juros e riscos, por exemplo).

7.4. Competência

Se a obrigação for *portável*, ou seja, em que o devedor deverá procurar o credor para pagar, a ação deverá ser proposta no foro do lugar do pagamento (art. 540 do CPC). Se *quesível*, quando o credor busca o pagamento, a competência é do domicílio do devedor. É possível também o *foro de eleição*.

No caso da consignação em pagamento de aluguel, a competência é o foro do lugar da situação do imóvel, salvo se outro houver sido eleito no contrato (art. 58, II, da Lei do Inquilinato – Lei n. 8.245/91).

7.5. Fundamentos mais comuns

As hipóteses mais comuns de consignação estão nos incisos do art. 335 do Código Civil. Segundo o art. 542 do CPC, o autor, na petição inicial, requererá:

1. o depósito da quantia ou da coisa devida, a ser efetivado no prazo de **cinco dias** contados do deferimento, ressalvado se já realizou o depósito; nesse caso, instruirá a inicial com a prova deste.
2. a citação do réu para levantar o depósito ou oferecer resposta. Se ocorrer dúvida sobre quem deva legitimamente receber o pagamento, o autor requererá o depósito e a citação dos que o disputam para provarem o seu direito (art. 547).

E se for caso de consignação de aluguéis, segundo o art. 67 da Lei n. 8.245/91:

1. a petição inicial, além dos requisitos exigidos pelo art. 319 do Código de Processo Civil, deverá especificar os aluguéis e acessórios da locação com indicação dos respectivos valores;
2. determinada a citação do réu, o autor será intimado a, no prazo de **24 horas**, efetuar o depósito judicial da importância indicada na petição inicial, sob pena de ser extinto o processo;
3. o pedido envolverá a quitação das obrigações que vencerem durante a tramitação do feito e até ser prolatada a sentença de primeira instância, devendo o autor promover os depósitos nos respectivos vencimentos. Por final, não se pode esquecer, também, da hipótese já mencionada no art. 1.122 do Código Civil. Trata-se da hipótese de se promover a ação de consignação em pagamento como forma de prejudicar a ação em que o credor visa à anulação de um ato de incorporação, de fusão ou de cisão.

7.6. Estrutura da peça

1. **Endereçamento:** em Vara Cível ou Única nas hipóteses de competência tratadas anteriormente. Deve-se atentar para as informações trazidas de maneira expressa pela questão.

2. **Identificação das partes:** parte autora (devedora, consignante): pessoa física ou pessoa jurídica, com qualificação completa; parte ré (credora, consignada): pessoa física ou pessoa jurídica, com qualificação completa. Caso seja desconhecido o credor, por óbvio não se apresentará a qualificação. E, se houver dúvida, citar todos os possíveis credores.
3. **Representação judicial:** procurador(a) com mandato em anexo.
4. **Nome da peça e fundamento legal**: ação de consignação em pagamento, com fundamento no art. 335, ... [indicar o inciso] do Código Civil, e art. 539 do Código de Processo Civil. Na hipótese de aluguéis, o fundamento é o art. 67 da Lei n. 8.245/91.
5. **Narrativa dos fatos ("Dos Fatos"):** exposição dos fatos previstos na situação hipotética da questão. Não inventar outros fatos, nem trazer detalhes ausentes no problema.
6. **Fundamentação ("Do Direito"):** atente-se que a mera citação de artigos não pontua. Indicar a hipótese que justifica a ação consignatória dentre um dos incisos do art. 335 do Código Civil. Na hipótese de aluguéis, fundamentar pelo art. 67 da Lei de Locações, observados os três primeiros incisos. A extinção da obrigação pela consignação conforme o art. 334 do Código Civil e os requisitos preenchidos do art. 336 também.
7. **Pedidos:** a) procedência dos pedidos da parte autora; b) o depósito da quantia ou da coisa devida, a ser efetivado no prazo de cinco dias contados do deferimento [se já houve o depósito, juntá-lo à inicial] (art. 542, I, do CPC) [se for caso de aluguéis, art. 67, II, da Lei n. 8.245/91]; c) citação do réu para levantar o depósito ou oferecer resposta (art. 542, II, do CPC) [se o objeto da prestação for coisa indeterminada e a escolha couber ao credor, será este citado para exercer o direito dentro de cinco dias, segundo o art. 543 do CPC, ou a citação dos possíveis credores quando ocorrer dúvida, *vide* art. 547]; d) condenação da parte ré ao pagamento de custas e honorários advocatícios, nos termos do art. 85 do CPC; e) informar endereço em que receberá as intimações (art. 106, I, do CPC).
8. **Valor da causa:** valor do depósito ou o valor da causa corresponderá a doze meses de aluguel (art. 58, III, da Lei de Locações).
9. **Fechamento da peça:** local, data. Advogado, OAB [não inventar dados].

7.7. Questão da peça profissional

(Questão Simulada) A pessoa jurídica Penta Produções Artísticas Ltda., domiciliada em Camaquã – RS, celebrou contrato escrito de locação de imóvel não residencial com Super Locadora de Imóveis Ltda. O valor mensal da locação, recentemente atualizado, é de R$ 2.000,00 e a Penta Produções Artísticas Ltda. exerce sua atividade no respectivo ramo desde a sua constituição, há cerca de 12 anos no mesmo local e sempre pagou em dia. Ocorre que os dirigentes da empresa locadora, procurados para receber o pagamento na data do vencimento, recusaram, alegando que o valor do aluguel está defasado novamente.

Em face dessa situação hipotética, na qualidade de advogado(a) contratado(a) por Penta Produções Artísticas Ltda., redija a medida judicial cabível para a defesa dos interesses de sua cliente, abordando toda a matéria de direito material e processual aplicável à hipótese.

7.8. Modelo da peça

Excelentíssimo Senhor Doutor Juiz de Direito da... Vara Cível da Comarca de Camaquã, do Estado do Rio Grande do Sul.

(deixar espaço de 5 linhas)

Penta Produções Artísticas Ltda., pessoa jurídica, inscrita no CNPJ n. ..., com sede na rua..., n. ..., na cidade de..., neste ato se fazendo presente por seu administrador..., pelo seu advogado, com mandato anexo, vem, respeitosamente, à presença de Vossa Excelência, com fundamento nos arts. 67 da Lei n. 8.245/91 e 539 do CPC, propor a presente AÇÃO DE CONSIGNAÇÃO EM PAGAMENTO em face de Super Locadora de Imóveis Ltda., [qualificação] nas razões que seguem.

1. DOS FATOS

A pessoa jurídica Penta Produções Artísticas Ltda., domiciliada em Camaquã – RS, celebrou contrato escrito de locação de imóvel não residencial com Super Locadora de Imóveis Ltda. O valor mensal da locação, recentemente atualizado, é de R$ 2.000,00 e a Penta Produções Artísticas Ltda. exerce sua atividade no respectivo ramo desde a sua constituição, há cerca de 12 anos no mesmo local e sempre pagou em dia. Ocorre que os dirigentes da empresa locadora, procurados para receber o pagamento na data do vencimento, recusaram, alegando que o valor do aluguel está defasado novamente.

2. DO DIREITO

Segundo o art. 539 do CPC, nos casos previstos em lei, poderá o devedor ou terceiro requerer, com efeito de pagamento, a consignação da quantia ou da coisa devida.

E dentre os casos previstos em lei está a ação que objetiva o pagamento dos aluguéis e acessórios da locação mediante consignação (art. 67 da Lei n. 8.245/91), como é a presente situação descrita acima: a parte ré, ora consignada, insiste em recusar o recebimento dos aluguéis e acessórios.

Não se pode deixar de notar que o devedor terá direito à consignação em pagamento toda vez que o credor se recusar, sem justa causa, a receber o pagamento, nos termos do art. 335, I, do Código Civil. É o que se percebe do presente feito, mormente quando se sabe que o valor do aluguel foi atualizado recentemente.

Assim, não restando outro caminho a não ser a presente propositura da ação consignatória para fins de quitação, e que preenche, além dos requisitos exigidos pelo art. 319 do Código de Processo Civil, também os previstos na Lei do Inquilinato (Lei n. 8.245/91).

Em anexo, segue a especificação dos aluguéis e acessórios da locação com indicação dos respectivos valores.

3. DOS PEDIDOS

Ante o exposto, preenchidos os requisitos legais, requer:

3.1 Procedência dos pedidos da presente ação consignatória e que sejam extintas as obrigações.

3.2 Intimação do autor para que no prazo de 24 horas efetue o depósito judicial da importância indicada na petição inicial, sob pena de ser extinto o processo (art. 67, II) [destaque-se, para demais consignações, o prazo de depósito é de cinco dias – art. 542, I, do CPC].

3.3 Citação do réu para contestar nos termos do inciso V do art. 67 ou receber os valores depositados (art. 67, IV) [para as demais consignações, a referência é o art. 542, II, do CPC].

3.4 A quitação das obrigações que vencerem durante a tramitação do feito e até ser prolatada a sentença de primeira instância, devendo o autor promover os depósitos nos respectivos vencimentos.

3.5 A condenação em custas e honorários advocatícios no valor de 20%, observado o inciso IV do art. 67 da referida lei, em interpretação conjugada com o art. 85 do CPC.

3.6 Que as intimações sejam encaminhadas ao endereço do escritório patrono, conforme o inciso I do art. 106 do CPC, informado na procuração em anexo.

Dá-se à presente causa o valor de R$ 24.000,00 (vinte e quatro mil reais).

Nestes termos,
Pede deferimento.
Local. Data.
Advogado, OAB n. ...

8. AÇÃO DE EXIGIR CONTAS

8.1. Apresentação

Destaque-se, inicialmente, que no âmbito do CPC/73 havia a possibilidade das denominadas *ação de prestação de contas ativa* e *ação de prestação de contas passiva*. O CPC extinguiu o procedimento de prestação passiva de contas, rebatizando *ação de prestação de contas ativa* como **ação de exigir contas**.

A *ação de prestação de contas* é necessária, por exemplo, à liquidação da sociedade em conta de participação, segundo o art. 996 do Código Civil. Também os administradores de sociedade empresária são obrigados a prestar contas aos sócios de forma justificada de sua administração e apresentar-lhes o inventário anualmente, bem como o balanço patrimonial e o de resultado econômico – *vide* art. 1.020 do Código Civil ou art. 122, III, da Lei n. 6.404/76.

Caso não o façam ou façam de forma inadequada, caberá aos sócios prejudicados a **ação de exigir contas**. É o que diz o art. 550 do CPC: "aquele que afirmar ser titular do direito de exigir contas requererá a citação do réu para que as presta ou ofereça contestação no prazo de 15 dias".

Assim, atualmente, com a entrada em vigor da Lei n. 13.105/2015, apenas quem tem o direito de exigir a prestação de contas poderá propor a respectiva ação.

Em matéria empresarial, também cabe nas hipóteses de comissão (art. 709 do Código Civil) e mandato mercantil (art. 668 do Código Civil). Atente-se ao enunciado da Súmula 259 do STJ: "A ação de prestação de contas pode ser proposta pelo titular de conta corrente bancária".

8.2. Características e requisitos

A **ação de exigir de contas** prevista no art. 550 do CPC segue, como se sabe, um procedimento especial. Seja como for, na petição inicial, o autor especificará, detalhadamente, as razões pelas quais exige as contas, instruindo-a com os documentos comprobatórios dessa necessidade, se existirem (§ 1º). No primeiro, debater-se-á se o réu tem ou não a obrigação de prestar contas. Poderá ser simplificado, caso o réu consinta em apresentar as contas, abrindo prazo de 15 dias **para o autor** dizer sobre elas, e, havendo necessidade de produzir provas, o juiz designará audiência de instrução e julgamento; em caso contrário, proferirá desde logo a sentença (§ 2º).

Se **o réu não contestar** a ação ou **não negar a obrigação de prestar contas**, observar-se-á o disposto no art. 355 (ocorrerá o julgamento antecipado, sendo proferida sentença com resolução de mérito), de acordo com o art. 550, § 4º; **caso haja contestação**, a sentença, que julgar *procedente* a ação, condenará o **réu a prestar as contas no prazo de 15 dias**, sob pena de não lhe ser lícito impugnar as que o autor apresentar (art. 550, § 5º).

As contas do réu devem ser apresentadas **na forma adequada**, especificando-se as receitas, a aplicação das despesas e os investimentos, se houver (art. 551). Portanto, não há mais a necessidade de as contas serem apresentadas na forma mercantil. Caso o autor apresente impugnação às contas apresentadas pelo réu, o juiz estabelecerá prazo razoável para que o réu apresente os documentos justificativos dos lançamentos individualmente impugnados (art. 551, § 1º).

Caso **o réu não apresente as contas**, o autor deverá apresentá-las, no prazo de 15 dias, podendo o juiz determinar a realização de exame pericial, se necessário. É o que dispõe o art. 550, § 6º, 2ª parte, do CPC. Neste caso, as contas do autor deverão ser apresentadas na forma adequada, já instruídas com os documentos justificativos, especificando-se as receitas, a aplicação das despesas e os investimentos, se houver, bem como o respectivo saldo (art. 551, § 2º).

Por fim, conforme o art. 552, a sentença apurará o saldo e constituirá título executivo judicial. Portanto, tal saldo haverá de ser recebido mediante pedido de cumprimento de sentença.

8.3. Como identificar a peça

A situação a ser apresentada pela banca destacará alguma das hipóteses de negativa de quem deveria prestar contas, a fim de que o titular possa exigi-las. Ademais, a ação de exigir contas eventualmente pode pressupor a análise de saldo devedor ou credor entre as partes.

8.4. Competência

Segue a regra geral de competência do art. 46 do CPC, assim, a ação de exigir contas será proposta no foro do domicílio do réu.

8.5. Fundamentos mais comuns

O fundamento para se exigir contas é único: o art. 550 do CPC. É importante demonstrar a relação a partir da qual decorre o direito de exigir contas, bem como a obrigação, daquele que virá a ser réu da ação, de prestar contas.

Essa "demonstração" será baseada no direito material, seja um contrato de mandato mercantil ou comissão, seja a liquidação de uma sociedade em conta de participação, seja qualquer outra vinculação obrigacional sob a disciplina de empresarial.

8.5.1. A apresentação de contas do administrador judicial: o art. 154 da Lei n. 11.101/2005

O administrador judicial, enquanto representante da massa falida (art. 75, V, do CPC), tem a obrigação de prestar suas contas, consistindo a aprovação delas em um dos requisitos necessários para o juiz proferir a sentença de encerramento do processo falimentar. Trata-se de mais um caso de ação de prestação de contas ou de ação de exigir contas. Entretanto, há, para a apresentação das contas do administrador judicial, procedimento especial, fora do CPC, previsto no art. 154 da Lei n. 11.101/2005.

As contas do administrador judicial deverão ser apresentadas no prazo de até 30 dias após o final da etapa de liquidação judicial (art. 154, *caput*). Tais contas deverão ser autuadas em separado, em ação distribuída por dependência e apensada ao final aos autos principais da falência (art. 154, § 1º).

Será, então, publicado aviso de que as contas foram entregues e se encontram à disposição dos interessados para, querendo, impugnar as contas apresentadas no prazo de dez dias (art. 154, § 2º). Decorrido o prazo do aviso e apurados os fatos, realizando-se as diligências necessárias, será aberto prazo de cinco dias para o Ministério Público se manifestar. Ao final, o administrador judicial poderá ser ouvido caso haja impugnação ou parecer contrário do MP (art. 154, § 3º).

É importante constatar: em caso de rejeição das contas do administrador judicial, será possível determinar a indisponibilidade ou o sequestro dos bens, nos termos do art. 154, § 5º. Tal disposição está em consonância com o que prevê o art. 553, parágrafo único, do CPC.

8.6. Estrutura da peça

1. **Endereçamento:** em Vara Cível ou Única, regra geral do art. 46 do CPC.
2. **Identificação das partes:** parte autora: pessoa física ou pessoa jurídica, com qualificação completa; parte ré: pessoa física ou pessoa jurídica, com qualificação completa.
3. **Representação judicial**: procurador(a) com mandato em anexo.
4. **Nome da peça e fundamento legal**: ação de exigir contas, com fundamento no art. 550 do CPC [caso seja a prestação de contas do administrador judicial, incluir, também, o art. 154 da Lei n. 11.101/2005, na fundamentação legal].
5. **Narrativa dos fatos ("Dos Fatos"):** exposição dos fatos previstos na situação hipotética da questão. Não inventar outros fatos nem trazer detalhes ausentes no problema. Destacar a negativa ou de prestar ou de receber as contas. Sugere-se realizar a cópia fiel do caso apresentado, cabendo notar que, se o examinando trouxer fato novo, anulará a sua peça, sendo atribuída nota ZERO.
6. **Fundamentação ("Do Direito"):** atente-se que a mera citação de artigos não pontua. Demonstrar que há um direito de exigir a prestação de con-

tas (art. 550), baseado numa relação que está prevista em lei, por exemplo, a liquidação de uma sociedade em conta de participação (art. 996 Código Civil).

7. **Pedidos:** a) citação da parte ré para no prazo de 15 dias apresentar as contas ou contestar a ação, conforme o art. 550 do CPC, sob pena do art. 355; b) procedência do pedido em todos os seus termos no sentido de condenar a ré à prestação de contas [deve-se especificar o que motiva a exigência das contas, de acordo com a questão], sob pena de a ré não poder impugnar as contas das autoras; c) apresentação da prestação de contas na forma adequada, especificando-se as receitas e a aplicação das despesas, e os investimentos, de acordo com exigência do art. 551 do CPC; d) condenação da parte ré ao pagamento de custas e honorários advocatícios, estes últimos de acordo com o art. 85 do CPC; e) informar endereço em que receberá as intimações (art. 106, I, do CPC).
8. **Valor da causa:** pode ser o valor de alçada, sendo incerto o valor do benefício econômico (art. 291 do CPC), ou corresponder à estimativa do valor econômico perseguido pelo autor.
9. **Fechamento da peça:** local, data. Advogado, OAB [não inventar dados].

8.7. Questão da peça profissional

(XV Exame) As sociedades Porto Franco Reflorestamento Ltda., Fortuna Livraria e Editora Ltda. e Cia. Cedral de Papel e Celulose constituíram sociedade em conta de participação, sendo as duas primeiras sócias participantes e a última, sócia ostensiva. O contrato vigorou por quatro anos, até maio de 2014, quando foi extinto por instrumento particular de distrato, sem que houvesse, posteriormente, o ajuste de contas por parte da companhia com as sócias participantes, referente ao ano de 2013 e aos meses de janeiro a maio de 2014. O objeto da conta de participação era a realização de investimentos na atividade da sócia ostensiva para fomentar a produção de papel para o objeto de Fortuna Livraria e Editora Ltda. e a aquisição de matéria-prima de Porto Franco Reflorestamento Ltda. O contrato estabeleceu como foro de eleição a cidade de Tuntum, Estado do Maranhão, Comarca de Vara Única. As sócias participantes o procuram para, na condição de advogado, propor a medida judicial que resguarde seus interesses.

Elabore a peça adequada com base nas informações prestadas pelas clientes e nas disposições legais concernentes ao tipo societário.

8.8. Modelo da peça

Excelentíssimo Senhor Doutor Juiz de Direito da... Vara Única da Comarca de Tuntum, do Estado do Maranhão.

(deixar espaço de 5 linhas)

Porto Franco Reflorestamento Ltda., pessoa jurídica, inscrita no CNPJ n. ..., com sede na rua..., n. ..., na cidade de..., neste ato se fazendo presente por seu administrador..., e Fortuna Livraria e Editora Ltda., pessoa jurídica, inscrita no CNPJ n. ..., com sede na rua..., n. ..., na cidade de..., neste ato se fazendo presente por seu administrador..., pelo seu advogado, com mandato anexo, vem, respeitosamente, à presença de Vossa Excelência, com fundamento no art. 914, I, do CPC e no art. 996, "caput", c/c arts. 1.020 e 1.033, II, do Código Civil, propor a presente AÇÃO DE EXIGIR CONTAS em face de Cia. Cedral de Papel e Celulose, pessoa jurídica, inscrita no CNPJ n. ..., com sede na rua..., n. ..., na cidade de..., neste ato se fazendo presente por seu diretor... nas razões que seguem.

1. DOS FATOS

As sociedades Porto Franco Reflorestamento Ltda., Fortuna Livraria e Editora Ltda. e Cia. Cedral de Papel e Celulose constituíram sociedade em conta de participação, sendo as duas primeiras sócias participantes e a última, sócia ostensiva. O contrato vigorou por quatro anos, até maio de 2014, quando foi extinto por instrumento particular de distrato, sem que houvesse, posteriormente, o ajuste de contas por parte da companhia com as sócias participantes, referente ao ano de 2013 e aos meses de janeiro a maio de 2014. O objeto da conta de participação era a realização de investimentos na atividade da sócia ostensiva para fomentar a produção de papel para o objeto de Fortuna Livraria e Editora Ltda. e a aquisição de matéria-prima de Porto Franco Reflorestamento Ltda. O contrato estabeleceu como foro de eleição a cidade de Tuntum, Estado do Maranhão, Comarca de Vara Única.

2. DO DIREITO

Trata-se o presente caso de uma dissolução de uma sociedade em conta de participação na qual a ré era a sócia ostensiva; portanto, apenas ela realizava a atividade social e administrava a sociedade, nos termos do art. 991 do Código Civil.

Como administradora, a ré estava obrigada a prestar contas de sua administração aos sócios participantes, com fundamento no art. 996, "caput", c/c o art. 1.020 do Código Civil. Notadamente se destaca a obrigação diante do distrato firmado entre a ré e as autoras. O distrato operou a dissolução de pleno direito da sociedade e a consequente liquidação da conta de participação, nos termos do art. 996, "caput", c/c o art. 1.033, II, do Código Civil.

Conforme prevê o art. 914, I, do CPC, cabe ação de prestação de contas para quem tem o direito de exigi-las. No caso em espécie, diante da falta de prestação de contas referentes ao ano de 2013 e aos meses de janeiro a maio de 2014, as sócias têm o direito de exigi-las da sócia ostensiva.

Desse modo, diante da dissolução de pleno direito da sociedade em conta de participação constituída entre a ré, na condição de sócia ostensiva, e as autoras, enquanto sócias participantes, a liquidação da sociedade se rege pelas normas relativas à prestação de contas, na forma da lei processual, por determinação do art. 996, "caput", do Código Civil.

3. DOS PEDIDOS

Ante o exposto, preenchidos os requisitos legais, requer:

3.1 A citação da parte ré para no prazo de 15 dias apresentar as contas ou contestar a ação, conforme o art. 550 do CPC.

3.2 A procedência do pedido em todos os seus termos no sentido de condenar a ré à prestação de contas às sócias participantes, referentes ao ano de 2013 e aos meses de janeiro a junho de 2014, no prazo de 15 dias, em conformidade com o art. 550, § 5.º, do CPC, sob pena de a ré não poder impugnar as contas das autoras.

3.3 A apresentação da prestação de contas na forma adequada, especificando-se as receitas e a aplicação das despesas, e os investimentos, de acordo com exigência do art. 551 do CPC.

3.4 A condenação em custas e honorários advocatícios, estes nos termos do art. 85 do CPC.

3.5 Que as intimações sejam encaminhadas ao endereço do escritório patrono, conforme o inciso I do art. 106 do CPC, informado na procuração em anexo.

Protesta provar o alegado por todos os meios de prova em direito admitidos, especialmente pela juntada do contrato de sociedade em conta de participação e do instrumento de distrato.

Dá-se à presente causa o valor de R$...

Nestes termos,
Pede deferimento.
Local. Data.
Advogado, OAB n. ...

9. AÇÃO DE EXECUÇÃO POR QUANTIA CERTA

9.1. Apresentação

Vencida uma nota promissória e não paga ou na situação de um cheque *sem fundos*, por exemplo, o que fazer para cobrar a quantia, o crédito? Executá-los! O CPC, a partir do art. 824, prevê essa modalidade de execução, e, caso o devedor não consiga pagar, a ação tem o objetivo de expropriar seus bens a fim de satisfazer o direito do credor.

Diferentemente do *cumprimento de sentença* (**execução de título executivo judicial**) – em que basta apresentar uma petição nos autos informando o inadimplemento –, na **execução de título extrajudicial** (aqueles previstos no art. 784 do CPC) haverá uma legítima petição inicial, inaugurando um novo processo, pois se trata de ação autônoma e independente.

Esse processo executório cabe, além da execução por quantia certa contra devedor solvente, também para obrigações de fazer e não fazer (arts. 815 e 822) e entrega da coisa (certa, art. 806; ou incerta, art. 811). Para fins didáticos, será apresentada a hipótese mais comum, mas pode ser usado o mesmo modelo de ação: execução por quantia certa.

Para a presente medida judicial, importa conhecer o que o Código de Processo Civil entende como espécies de títulos executivos extrajudiciais. Estão previstas no art. 784 do CPC, a saber:

I – a letra de câmbio, a nota promissória, a duplicata, a debênture e o cheque;

II – a escritura pública ou outro documento público assinado pelo devedor;

III – o documento particular assinado pelo devedor e por duas testemunhas;

IV – o instrumento de transação referendado pelo Ministério Público, pela Defensoria Pública, pela Advocacia Pública, pelos advogados dos transatores ou por conciliador ou mediador credenciador por tribunal;

V – o contratos garantido por hipoteca, penhor, anticrese ou outro direito real de garantia e aquele garantido por caução;

VI – o contrato de seguro de vida em caso de morte;

VII – o crédito decorrente de foro e laudêmio;

VIII – o crédito, documentalmente comprovado, decorrente de aluguel de imóvel, bem como de encargos necessários, tais como taxas e despesas de condomínio;

IX – a certidão de dívida ativa da Fazenda Pública da União, dos Estados, do Distrito Federal, dos Territórios e dos Municípios, correspondente aos créditos inscritos na forma da lei;

X – o crédito referente às contribuições ordinárias ou extraordinárias de condomínio edilício, previstas na respectiva convenção ou aprovadas em assembleia geral, desde que documentalmente comprovadas;

XI – todos os demais títulos a que, por disposição expressa, a lei atribuir força executiva.

Quanto ao art. 784, XI, do CPC, importa ressaltar: (i) a cédula de crédito imobiliário é título executivo extrajudicial, nos termos do art. 20 da Lei n. 10.931/2004; (ii) a cédula de crédito bancário é título executivo extrajudicial, nos termos do art. 28 da Lei n. 10.931/2004; e (iii) o Boletim de Subscrição e o Aviso de Chamada constituem título executivo extrajudicial para a execução do acionista remisso, nos termos do art. 107, I, da Lei n. 6.404/76.

Ainda é oportuno saber que: (i) o art. 10 do Decreto-lei n. 167/67 atribui força executiva às cédulas e notas de crédito rural; (ii) os arts. 10 e 18 do Decreto-lei n. 413/69 atribuem força executiva, respectivamente, à cédula de crédito industrial e à nota de crédito industrial; (iii) o art. 1º da Lei n. 6.313/75, ao fazer remissão expressa ao decreto-lei que regulamenta a cédula e a nota de crédito industrial, atribui, nos mesmos moldes, força executiva às cédulas e notas de crédito à exportação; (iv) o art. 5º da Lei n. 6.840/80, nos moldes comentados no item anterior, atribui força executiva às cédulas e notas de crédito comercial; e (v) o art. 4º da Lei n. 8.929/94, atribui força executiva à Cédula de Produto Rural.

9.2. Características e requisitos

Primeiramente, a execução pode ser instaurada caso o devedor não satisfaça a **obrigação certa, líquida e exigível**, consubstanciada em **título executivo** (art. 786 do CPC). Assim, é importante destacar que cumpre ao credor, ao requerer a execução, pedir a citação do devedor e instruir a petição inicial, nos termos do art. 798, I, com:

a) o título executivo extrajudicial;
b) com o demonstrativo do débito atualizado até a data da propositura da ação;
c) se for o caso, com a prova de que se verificou a condição, ou
d) a prova, se for o caso, de que adimpliu a contraprestação que lhe corresponde ou que lhe assegura o cumprimento, se o executado não for obrigado a satisfazer a sua prestação senão mediante a contraprestação do exequente.

Cumpre ainda ao credor, segundo o art. 798, II, indicar:

a) a espécie de execução de sua preferência, quando por mais de um modo puder ser realizada;

b) os nomes completos do exequente e do executado e seus números de inscrição no Cadastro de Pessoas Físicas ou no Cadastro Nacional de Pessoa Jurídica;

c) os bens suscetíveis de penhora, sempre que possível.

Incumbe ainda ao exequente (art. 799):

I – requerer a intimação do credor pignoratício, hipotecário, ou anticrético, ou fiduciário, quando a penhora recair sobre bens gravados por penhor, hipoteca, anticrese ou alienação fiduciária (com o risco de se tornar ineficaz se não houver a intimação, art. 804);

II – requerer a intimação do titular do usufruto, uso ou habitação, quando a penhora recair sobre bem gravado por usufruto, uso ou habitação;

III – requerer a intimação do promitente comprador, quando a penhora cair sobre bem em relação ao qual haja promessa de compra e venda registrada;

IV – requerer a intimação do promitente vendedor, quando a penhora sobre direito aquisitivo derivado de promessa de compra e venda registrada;

V – requerer a intimação do superficiário, enfiteuta ou concessionário, em caso de direito de superfície, enfiteuse ou concessão de uso especial para fins de moradia ou concessão de direito real de uso, quando a penhora recair sobre imóvel submetido ao regime do direito de superfície, enfiteuse ou concessão;

VI – requerer a intimação do proprietário de terreno com regime de direito de superfície, enfiteuse ou concessão de uso especial para fins de moradia ou concessão de direito real de uso, quando a penhora recair sobre direitos do superficiário, do enfiteuta ou do concessionário;

VII – requerer a intimação da sociedade, no caso de penhora de quota social ou de ação de sociedade anônima fechada, para o fim de garantir aos demais sócios a preferência para a adjudicação da quota ou da ação penhorada;

VIII – pleitear, se for o caso, medidas urgentes;

IX – proceder à averbação em registro público do ato de propositura da execução e dos atos de constrição realizados, para conhecimento de terceiros.

Atente-se que será **nula a execução** caso o título executivo extrajudicial não corresponda a obrigação certa, líquida e exigível, se o devedor não for regularmente citado ou se instaurada antes de se verificar a condição ou de ocorrido o termo, nos termos do art. 803.

Note-se que, nos termos do art. 829, o executado será citado para pagar a dívida no prazo de três dias. Inicialmente, cabe ao juiz fixar os honorários advocatícios na ação de execução no importe de 10% do valor da causa. Caso ocorra o pagamento integral do crédito, no prazo legal de citação, o valor dos honorários será reduzido pela metade, podendo ser elevado a até 20%, acaso rejeitados os embargos à execução, podendo a majoração ocorrer ao final do procedimento executivo (art. 827).

9.3. Como identificar a peça

A situação mais comum, dentro da disciplina empresarial, é a execução dos títulos de crédito apontados como **títulos executivos extrajudiciais** pelo inciso I do art. 784 do CPC: a letra de câmbio, a nota promissória, a duplicata, a debênture e o cheque.

Assim, também conhecida nesses casos como **ação de execução de título extrajudicial**, a falta do pagamento da cártula leva a parte credora a procurar um advogado para acionar aquele que tem a responsabilidade por ela (aceitante, emitente, avalistas, sacador etc.).

Seja como for, o caso para exigir a peça prático-profissional ora estudada irá tratar de uma situação em que, de um lado, haverá um credor ou alguém que tenha direito a algo e do outro um devedor ou alguém que resista à pretensão de outrem. Para justificar o crédito ou o direito, haverá um documento a que a lei atribua a eficácia de título executivo.

Para além do art. 784 do CPC, como se viu, há, na legislação extravagante, a menção a outros documentos considerados títulos executivos extrajudiciais, pelo que se sugere a releitura deste capítulo.

9.4. Competência

A execução fundada em título extrajudicial será processada pelo juízo competente, observado o seguinte (art. 781):

I – a execução poderá ser proposta no foro do domicílio do executado, de eleição constante do título ou, ainda, de situação dos bens a ela sujeitos;

II – tendo mais de um domicílio, o executado poderá ser demandado no foro de qualquer deles;

III – sendo incerto ou desconhecido o domicílio do executado, a execução poderá ser proposta no lugar onde for encontrado ou no foro do domicílio do exequente;

IV – havendo mais de um devedor, com domicílios diferentes, a execução poderá ser proposta no foro de qualquer deles, à escolha do exequente;

V – a execução poderá ser proposta no foro do lugar em que se praticou o ato ou em que ocorreu o fato que deu origem ao título, mesmo que nele não resida mais o executado.

Para fins de 2ª Fase em direito empresarial, a competência será, regra geral, da "Vara Cível da Comarca de... do Estado de...", não podendo esquecer a necessidade de se adaptar o endereçamento ao que a questão trouxer de informações precisas. Lembre-se das famosas menções: "Vara Única", "Vara Empresarial", "Comarca da Capital" etc.

9.5. Fundamentos mais comuns

A fim de satisfazer o direito do credor, caberá a ação de execução por quantia certa, visto que tem por objeto expropriar bens do devedor. Para tanto, será necessário o ora exequente pedir a citação do devedor e **instruir a petição inicial com** (art. 798, I, do CPC):

- o título executivo extrajudicial;
- o demonstrativo do débito atualizado até a data da propositura da ação;
- a prova de que se verificou a condição, se for o caso;
- a prova, se for o caso, de que adimpliu a contraprestação que lhe corresponde ou que lhe assegura o cumprimento, se o executado não for obrigado a satisfazer a sua prestação senão mediante a contraprestação do exequente.

Considerando a presente ação executiva fundada em título cambial, importante se faz citar a legislação pertinente, por exemplo, no caso de uma duplicata, um dos dois incisos do art. 15 da Lei n. 5.474/68 (Lei das Duplicatas). Ou seja, a duplicata aceita pelo sacado é, por si só, executável, independente de protesto (art. 15, I, da Lei n. 5.474/68); já a duplicata que não recebeu o aceite do sacado só será executável se, cumulativamente, tiver sido protestada e esteja acompanhada do documento comprobatório de entrega e recebimento de mercadoria (art. 15, II, da Lei n. 5.474/68).

Ademais, enfatizar que o título executivo extrajudicial corresponde a obrigação certa, líquida e exigível, sob pena de ser nula a execução. Segundo o art. 783, a execução para cobrança de crédito fundar-se-á sempre em título de **obrigação certa, líquida e exigível**.

Tema muito festejado, em matéria de 2ª Fase da OAB em direito empresarial é o do contrato de trespasse. Com efeito, diante da compra e venda de um estabelecimento empresarial, um dos efeitos mais importantes, é o previsto no art. 1.147 do Código Civil: a proibição de concorrência. Por tal dispositivo, o alienante é obrigado a não concorrer com o adquirente, pelo prazo de cinco dias, salvo disposição em contrário no próprio contrato de trespasse.

Assim, diante de um contrato de trespasse, assinado pelo alienante e pelo adquirente, e por mais duas testemunhas, cujo contrato preveja expressamente um prazo de não restabelecimento, na hipótese de o alienante descumprir o prazo avençado, será possível o ajuizamento de ação de execução de obrigação de fazer (ou de não fazer), cuja estrutura de peça é a mesma estudada neste capítulo, com as peculiaridades previstas nos arts. 814 a 823 do CPC.

Não havendo a assinatura de duas testemunhas, mas somente as do alienante e do adquirente, o procedimento correto para exigir a obrigação de não concorrer passa a ser a da ação monitória, a ser estudada no capítulo 12. Por final, acaso o contrato não preveja prazo para o restabelecimento, deverá ser, então, ajuizada a ação de obrigação de fazer (ou não fazer), estudada no capítulo 4.

9.6. Estrutura da peça

1. **Endereçamento:** em Vara Cível ou Única em que é competente o foro do lugar onde a obrigação deve ser satisfeita, como regra geral.

2. **Identificação das partes:** parte exequente: pessoa física ou pessoa jurídica, com qualificação completa; parte executada: pessoa física ou pessoa jurídica, com qualificação completa.
3. **Representação judicial**: procurador(a) com mandato em anexo.
4. **Nome da peça e fundamento legal:** ação de execução por quantia certa [ou simplesmente, ação de execução de título extrajudicial] baseada no art. 784, ... [indicar o inciso pertinente] do CPC. Adicionalmente, será possível, também, fazer menção à legislação extravagante, onde seja mencionada a natureza executiva do título em questão.
5. **Narrativa dos fatos ("Dos Fatos"):** exposição dos fatos previstos na situação hipotética da questão. Não inventar outros fatos nem trazer detalhes ausentes no problema. Enfatizar o não pagamento.
6. **Fundamentação ("Do Direito"):** atente-se que a mera citação de artigos não pontua. A fundamentação parte do não pagamento de um título previsto como executivo extrajudicial (art. 784, I, do CPC) e que fornece a ação, preenchidos os requisitos de certeza, liquidez e exigibilidade, bem como a juntada do demonstrativo do débito atualizado até a data da propositura desta (arts. 783 e 798). É importante trazer a referência legal do título de crédito da respectiva legislação específica, como exemplificado acima com as duplicatas.
7. **Pedidos ("Dos Pedidos"):** a) procedência dos pedidos da parte exequente; b) citação da parte executada para efetuar o pagamento em até três dias da quantia devida conforme o demonstrativo do débito atualizado, sob pena de ser expedido mandado de penhora e avaliação de bens (art. 829 do CPC); c) condenação da parte ré ao pagamento de custas e honorários advocatícios; d) informar endereço em que receberá as intimações (art. 106, I, do CPC).
8. **Valor da causa:** dá-se à presente causa o valor de R$... [valor do título executivo].
9. **Fechamento da peça:** local, data. Advogado, OAB [não inventar dados].

9.7. Questões da peça profissional

1. (IV Exame) Indústria de Doces Algodão de Açúcar Ltda., sociedade empresária com sede na Cidade de São Paulo, estado de São Paulo, é credora da sociedade Sonhos Encantados Comércio de Doces Ltda., domiciliada na Cidade de Petrópolis, estado do Rio de Janeiro, por meio de uma duplicata de venda de mercadorias, não aceita pela devedora, e vencida em 2-2-2011, no valor de R$ 50.000,00.

Considerando que (I) a recusa do aceite não foi justificada pela sociedade sacada; que (II) a sacadora protestou o título por falta de pagamento; e que (III) detém o canhoto da correspondente fatura, assinado por preposto da devedora, dando conta do recebimento da mercadoria, elabore a petição inicial para ação para receber a quantia que melhor se adéque à pretensão do credor no caso relatado.

2. (XIV Exame) Carlos, Gustavo e Pedro, residentes na cidade de Fortaleza, Estado do Ceará, decidiram constituir a companhia XYZ Viagens S.A., de capital fechado, com sede naquela cidade. No estatuto social, foi estipulado que o capital social de R$ 900.000,00 seria dividido em 900 ações, sendo 300 preferenciais sem direito de voto e 600 ordinárias, todas a serem subscritas em dinheiro pelo preço de emissão de R$ 1.000,00 cada. A Administração da companhia incumbirá os acionistas Carlos e Gustavo, podendo cada um representá-la alternativamente.

Cada um dos três acionistas subscreveu a quantidade total de 300 ações (200 ordinárias e 100 preferenciais), tendo havido a realização, como entrada, de 10% do preço de emissão. Em relação ao restante, os acionistas comprometeram-se a integralizá-lo até o dia 23-3-2013, de acordo com os respectivos boletins de subscrição devidamente assinados. No entanto, Pedro não integralizou o preço de emissão de suas ações.

Carlos e Gustavo optaram por exigir a prestação de Pedro, pois não desejavam promover a redução do capital social da companhia, nem excluir Pedro para admitir novo sócio. A sociedade não publicou aviso de chamada aos subscritores por ser desnecessário. Carlos e Gustavo, munidos dos respectivos boletins de subscrição, o procuraram para demandar em Juízo contra Pedro.

Elabore a peça processual adequada na defesa dos direitos da companhia para receber as importâncias devidas por Pedro.

3. (XXVII Exame) Com lastro em contrato de abertura de crédito celebrado com o Banco Arroio Grande S/A, Ijuí Alimentos Ltda. emitiu uma cédula de crédito bancário em 02 de dezembro de 2015, com vencimento em 02 de janeiro de 2018. Pedro e Osório figuraram na cédula como avalistas simultâneos do emitente.

Sabe-se que a cédula de crédito bancário em comento contém cláusula de eleição de foro, na qual restou pactuado que a comarca de Porto Alegre/RS seria o foro competente para resolução de eventuais litígios entre as partes.

Trinta dias após o vencimento do título, sem que tal obrigação tenha sido adimplida, nem proposta moratória ou renegociação por parte do emitente, o Banco Arroio Grande S/A tomou conhecimento, por meio de anúncio publicado em jornal de grande circulação, de que Ijuí Alimentos Ltda. colocara à venda o único bem de sua propriedade: um imóvel de elevado valor no mercado.

Considerando o não pagamento do título e a natureza do título em que se acha consubstanciado o crédito, o credor deseja promover a cobrança judicial dos responsáveis pelo pagamento, bem como requerer medida no intuito de acautelar seu crédito, tendo em vista a iminência da venda do único bem de propriedade do devedor, considerando que o valor atualizado da dívida é de R$ 530.000,00 (quinhentos e trinta mil reais), com os juros capitalizados, despesas e encargos.

Elabore a peça processual adequada.

9.8. Modelos das peças

1. (IV Exame)

Excelentíssimo Senhor Doutor Juiz de Direito da... Vara Cível da Comarca de Petrópolis, do Estado do Rio de Janeiro

(deixar espaço de 5 linhas)

Indústria de Doces Algodão de Açúcar Ltda., pessoa jurídica de direito privado, inscrita no CNPJ n. ..., com sede na rua..., n. ..., na cidade de São Paulo, do Estado de São Paulo, neste ato se fazendo presente por seu administrador..., [qualificação], pelo seu procurador, com mandato anexo, vem, respeitosamente, à presença de Vossa Excelência, com fundamento nos arts. 784, I, e 824 do Código de Processo Civil – CPC e no art. 15 da Lei n. 5.474/68, propor a presente AÇÃO DE EXECUÇÃO POR QUANTIA CERTA em face de Sonhos Encantados Comércio de Doces Ltda., com sede na cidade de Petrópolis/RJ, nas razões que seguem.

1. DOS FATOS

Indústria de Doces Algodão de Açúcar Ltda., sociedade empresária com sede na Cidade de São Paulo, estado de São Paulo, é credora da sociedade Sonhos Encantados Comércio de Doces Ltda., domiciliada na Cidade de Petrópolis, estado do Rio de Janeiro, por meio de uma duplicata de venda de mercadorias, não aceita pela devedora, e vencida em 2-2-2011, no valor de R$ 50.000,00.

Não se pode deixar de notar que (I) a recusa do aceite não foi justificada pela sociedade sacada; que (II) a sacadora protestou o título por falta de pagamento; e que (III) detém o canhoto da correspondente fatura, assinado por preposto da devedora, dando conta do recebimento da mercadoria.

2. DO DIREITO

A parte exequente como credora da parte executada de importância líquida, certa e exigível no valor referido, apresenta, sob ciência do art. 798, I, "b", do CPC, o demonstrativo do débito atualizado até a data da propositura da presente ação (em anexo).

Trata-se o presente contexto de duplicata que não recebeu o aceite da devedora. Apesar disso, não houve qualquer justificativa para a recusa do aceite, tendo ocorrido o protesto do título por falta de pagamento. Frise-se, por oportuno, a existência de comprovante de entrega e recebimento de mercadoria, correspondente ao canhoto da fatura, assinado por preposto da devedora. Assim, nos termos do art. 15, II, da Lei n. 5.474/68, duplicata não aceita, que tenha sido protestada, que haja o comprovante de entrega e recebimento de mercadoria e que não haja justificativa para a recusa do aceite é classificada como título executivo extrajudicial no inciso I do art. 784 do CPC e que se apresenta em anexo, em observância do art. 798, I, "a", do CPC.

3. DOS PEDIDOS

Ante o exposto, preenchidos os requisitos legais, requer:

3.1 procedência dos pedidos da parte exequente;

3.2 citação da parte executada para efetuar o pagamento em até três dias da quantia devida conforme o demonstrativo do débito atualizado, sob pena de ser expedido mandado de penhora e avaliação de bens (art. 829 do CPC);

3.3 a condenação em custas e honorários advocatícios (art. 827 do CPC);

3.4 que as intimações sejam encaminhadas ao endereço do escritório patrono, conforme o inciso I do art. 106 do CPC, informado na procuração em anexo.

Dá-se à presente causa o valor de R$ 50.000,00.

Nestes termos,
Pede deferimento.
Local. Data.
Advogado, OAB n. ...

2. (XIV Exame)

Excelentíssimo Senhor Doutor Juiz de Direito da... Vara Cível da Comarca de Fortaleza, do Estado do Ceará

(deixar espaço de 5 linhas)

XYZ S/A, pessoa jurídica de direito privado, inscrita no CNPJ sob o n. ..., com sede na..., neste ato se fazendo presente por seu diretor, Carlos, pelo seu advogado, com mandato em anexo, vem, respeitosamente perante Vossa Excelência, promover a presente AÇÃO DE EXECUÇÃO DE QUANTIA CERTA com fundamento no art. 784, XII, do CPC, conjugado com o art. 107, I, da Lei n. 6.404/76, em face de Pedro (qualificação), pelos fundamentos de fato e de direito a seguir:

DOS FATOS

Carlos, Gustavo e Pedro, residentes na cidade de Fortaleza, Estado do Ceará, decidiram constituir a companhia XYZ Viagens S.A., de capital fechado, com sede naquela cidade. No estatuto social, foi estipulado que o capital social de R$ 900.000,00 seria dividido em 900 ações, sendo 300 preferenciais sem direito de voto e 600 ordinárias, todas a serem subscritas em dinheiro pelo preço de emissão de R$ 1.000,00 cada. A Administração da companhia incumbirá os acionistas Carlos e Gustavo, podendo cada um representá-la alternativamente.

Cada um dos três acionistas subscreveu a quantidade total de 300 ações (200 ordinárias e 100 preferenciais), tendo havido a realização, como entrada, de 10% do preço de emissão. Em relação ao restante, os acionistas comprometeram-se a integralizá-lo até o dia 23-3-2013, de acordo com os respectivos boletins de subscrição devidamente assinados. No entanto, Pedro não integralizou o preço de emissão de suas ações.

Carlos e Gustavo optaram por exigir a prestação de Pedro, pois não desejavam promover a redução do capital social da companhia, nem excluir Pedro para admitir novo sócio. A sociedade não publicou aviso de chamada aos subscritores por ser desnecessário. Carlos e Gustavo, munidos dos respectivos boletins de subscrição, desejam receber as importâncias devidas por Pedro.

DO DIREITO

Pedro é acionista remisso porque deixou de realizar nas condições previstas no boletim de subscrição a prestação correspondente às ações subscritas, estando de pleno direito constituído em mora, com fundamento no art. 106, "caput" e § 2.º, da Lei n. 6.404/76.

A companhia poderia, alternativamente, nos termos do art. 107 da Lei n. 6.404/76, realizar a venda das ações em leilão na bolsa de valores, por conta e risco do acionista, mas preferiu ajuizar ação de execução para cobrar as importâncias devidas.

O boletim de subscrição é título executivo extrajudicial, com fundamento no art. 107, I, da Lei n. 6.404/76, c/c o art. 784, XII, do CPC. Com efeito, em razão de haver acordo quanto à data de integralização, torna-se desnecessária a exigência dos avisos de chamada, nos termos do art. 106, § 1.º, da Lei n. 6.404/76.

Nesse patamar, realiza-se a juntada do boletim de subscrição e do demonstrativo atualizado do débito até a data da propositura da presente ação, nos termos do art. 798, I, "b", do CPC.

DOS PEDIDOS

Diante do exposto, é a presente para requerer:

a) a procedência do pedido em todos os seus termos;

b) a citação de Pedro para efetuar o pagamento em até três dias da quantia de R$ 270.000,00, conforme o demonstrativo do débito atualizado, sob pena de ser expedido mandado de penhora e avaliação de bens, nos termos do art. 829 do CPC, e do art. 106, § 2.º, da Lei n. 6.404/76;

c) a condenação em custas e honorários advocatícios (art. 827 do CPC);

d) que as intimações do presente feito sejam direcionadas ao endereço..., nos termos do art. 106, I, do CPC.

Dá-se à presente causa o valor de R$ 270.000,00.

Nestes termos,
Pede deferimento.
Local. Data.
Advogado, OAB n. ...

3. (XXVII Exame)

Excelentíssimo Senhor Doutor Juiz de Direito da ... Vara Cível da Comarca de Porto Alegre/RS

(deixar espaço de 5 linhas)

Banco Arroio Grande S/A, representado por seu diretor, (qualificação), pelo seu advogado, com mandato em anexo, vem, respeitosamente, perante Vossa Excelência, promover a presente AÇÃO DE EXECUÇÃO DE QUANTIA CERTA com fundamento no art. 784, XII, do CPC e no art. 28, "caput", da Lei n. 10.931/2004 em face de Ijuí Alimentos Ltda., representada por seu administrador, (qualificação), e os avalistas Pedro (qualificação) e Osório (qualificação), pelos fundamentos de fato e de direito a seguir:

DOS FATOS

Com lastro em contrato de abertura de crédito celebrado com o Banco Arroio Grande S/A, Ijuí Alimentos Ltda. emitiu uma cédula de crédito bancário em 02 de dezembro de 2015, com vencimento em 02 de janeiro de 2018. Pedro e Osório figuraram na cédula como avalistas simultâneos do emitente.

Sabe-se que a cédula de crédito bancário em comento contém cláusula de eleição de foro, na qual restou pactuado que a comarca de Porto Alegre/RS seria o foro competente para resolução de eventuais litígios entre as partes.

Trinta dias após o vencimento do título, sem que tal obrigação tenha sido adimplida, nem proposta moratória ou renegociação por parte do emitente, o Banco Arroio Grande S/A tomou conhecimento, por meio de anúncio publicado em jornal de grande circulação, de que Ijuí Alimentos Ltda. colocara à venda o único bem de sua propriedade: um imóvel de elevado valor no mercado.

Considerando o não pagamento do título e a natureza do título em que se acha consubstanciado o crédito, o credor deseja promover a cobrança judicial dos responsáveis pelo pagamento, bem como requerer medida no intuito de acautelar seu crédito, tendo em vista a iminência da venda do único bem de propriedade do devedor, considerando que o valor atualizado da dívida é de R$ 530.000,00 (quinhentos e trinta mil reais), com os juros capitalizados, despesas e encargos.

DO DIREITO

Pode promover a execução forçada o credor a quem a lei confere título executivo, no caso o beneficiário da CCB, com fundamento no art. 778, "caput", do CPC. Poderá o autor instaurar a execução porque os devedores não satisfizeram obrigação certa, líquida e exigível, com fundamento no art. 783, em interpretação conjugada com o art. 786, ambos do CPC.

Diante do vencimento da CCB em 02/01/2018, não se verificou ainda o decurso do prazo prescricional de 3 (três) anos, com base no art. 44 da Lei n. 10.931/2004 c/c o art. 70, do Anexo I, do Decreto n. 57.663/66. A cédula de crédito bancário é título executivo extrajudicial, com fundamento no art. 784, XII, do CPC e no art. 28, "caput", da Lei n. 10.931/2004.

Em razão da solidariedade legal entre avalizado e avalistas, estes são corresponsáveis perante o credor, com fundamento no art. 44 da Lei n. 10.931/2004 c/c os arts. 32 e 47, do Anexo I, do Decreto n. 57.663/66.

DA TUTELA PROVISÓRIA DE URGÊNCIA

O art. 300 do Código de Processo Civil determina que a tutela de urgência será concedida quando houver elementos que evidenciem a probabilidade do direito e o perigo de dano ou o risco ao resultado útil do processo.

O Banco Arroio Grande S.A. poderá não ter o seu crédito satisfeito se o único bem de propriedade do emitente do título for alienado ("periculum in mora"). Além disso, o "fumus boni iuris" será demonstrado a partir da força executiva do título e do inadimplemento.

DOS PEDIDOS

Diante do exposto, é a presente para requerer:

a) liminarmente, a concessão de medida urgente para que o executado, Ijuí Alimentos Ltda., proprietário do imóvel, se abstenha de aliená-lo, com fundamentação no art. 799, VIII, OU no art. 301, ambos do CPC;

b) a citação do emitente para que pague a quantia exequenda, e dos avalistas, no prazo de 3 dias, sob pena de o oficial de justiça proceder à penhora de bens e à sua avaliação, com base no art. 829, "caput" e § 1.º, do CPC;

c) a condenação dos réus em custas e honorários advocatícios (art. 827, CPC);

d) que as intimações do presente feito sejam direcionadas ao endereço..., nos termos do art. 106, I, do CPC.

Por oportuno, requer a juntada dos seguintes documentos:

I. a Cédula de Crédito Bancário;

II. extratos de conta corrente, demonstrando o valor do débito atualizado até a data da propositura da ação, com base no art. 28, § 2.º, da Lei n. 10.931/2004 E no art. 798, I, "b", do CPC;

III. publicação de anúncio em jornal de grande circulação com oferta de venda do único imóvel do emitente da CCB, de elevado valor.

Dá-se à presente causa o valor de R$ 270.000,00.

Nestes termos,
Pede deferimento.
Local. Data.
Advogado, OAB n. ...

10. EMBARGOS À EXECUÇÃO

10.1. Apresentação

Denominam-se embargos o mecanismo de defesa a ser judicialmente utilizado em face da ação executiva. Frise-se, por oportuno, que os embargos **podem ser**: (i) à execução – caso o *embargante **seja réu** na ação de execução*; ou (ii) de terceiros – *caso o embargante **não seja réu** na ação de execução.*

Para os embargos de terceiro, será dedicado todo o próximo capítulo. Neste momento, serão apresentadas, portanto, as principais considerações acerca dos **embargos à execução**, para fins de elaboração da peça prático-profissional da 2ª Fase do Exame de Ordem, na matéria de direito empresarial.

10.2. Características e requisitos

Trata-se, inicialmente, de peça prático-profissional que segue a lógica da elaboração da **petição inicial** em *ação do procedimento comum*. É o que propõe o art. 771, parágrafo único, do CPC. Assim, todas as questões e cautelas na elaboração da petição inicial para o processo de conhecimento devem ser tomadas para fins de embargos do devedor. Apesar de poder ser entendida como a "contestação da ação de execução", *a sua estrutura é de petição inicial.*

Dessa forma, trata-se de peça processual em que **deverá constar**: (i) *o pedido de condenação em custas e honorários de sucumbência*; (ii) *a indicação do local em que se pretende receber as intimações do processo*; (iii) *o protesto por provas* (indicando-se as provas que pretende ser produzidas, não cabendo o protesto genérico); e (iv) *o valor da causa.*

Como já visto, os embargos à execução devem ser **propostos pelo executado**, nos termos do art. 914 do CPC. Tal propositura atualmente **independe de penhora, depósito ou caução**. Importa, ainda, considerar que os embargos à execução não terão efeito suspensivo (art. 919 do CPC). Desse modo, por regra, apesar da propositura de embargos à execução pelo devedor, deve a ação executiva prosseguir.

Entretanto, **se o embargante requerer**, pode o juiz conceder tal **efeito suspensivo** quando "verificados os requisitos para a concessão de tutela provisória, e desde que a execução já esteja garantida por penhora, depósito ou caução suficientes" (art. 919, § 1º). Pensando na peça prático-profissional, para fins de 2ª Fase do Exame da OAB, trata-se de pedido necessário, ou seja, um dos pedidos dos embargos do devedor será justamente a concessão do efeito suspensivo.

Destaque-se, a propósito, que os requisitos para a concessão da tutela provisória de urgência estão previstos no art. 300 do CPC. São eles: (i) a **probabilidade do direito**; e (ii) o **perigo de dano** ou o **risco ao resultado útil** do processo. *Mutatis mutandis*, trata-se dos famosos requisitos processuais do *fumus boni juris* e do *periculum in mora*.

Determina o art. 914, § 1º, do CPC, que os embargos à execução devem ser **distribuídos por dependência**. Assim, há de se fazer menção especial a este fato, devendo a petição ser endereçada ao mesmo juízo que recebeu a ação de execução. **Os embargos à execução serão autuados em apartado e instruídos com cópias das peças processuais relevantes, a serem declaradas autênticas pelo advogado.**

"Os embargos serão oferecidos no prazo de 15 (quinze) dias, contado, conforme for o caso, na forma do art. 231", determina o art. 915 do CPC. Ou seja, de uma das datas previstas no art. 231, abre-se o **prazo de 15 dias** para o **oferecimento dos embargos à execução**. Tal fato pode ser relevante, na medida em que pode o examinador exigir que a peça prático-profissional seja elaborada no último dia do prazo.

Diga-se, de passagem, que, à luz do já mencionado art. 231 do CPC, considera-se **dia do começo do prazo**: (i) a data da juntada aos autos do aviso de recebimento, **quando a citação ou intimação for pelo correio**; (ii) a data da juntada aos autos do mandado cumprido, **quando a citação ou intimação for por oficial de justiça**; (iii) a data da ocorrência da citação ou da intimação, **quando ela se der por ato do escrivão ou do chefe de secretaria**; (iv) o dia útil seguinte ao fim da dilação assinada pelo juiz, **quando a citação ou a intimação for por edital**; (v) o dia útil seguinte à consulta ao teor da citação ou da intimação ou ao término do prazo para que a consulta se dê, **quando a citação ou a intimação for eletrônica**; (vi) da data da juntada do comunicado de carta precatória, rogatória ou de ordem, ou, não havendo esse, a data de juntada da carta aos autos de origem devidamente cumprida, **quando a citação ou a intimação se realizar em cumprimento de carta**; (vii) a data da publicação, **quando a intimação se der pelo Diário da Justiça impresso ou eletrônico**; (viii) o dia da carga, **quando a intimação se der por meio de retirada dos autos, em carga, do cartório ou da secretaria**.

Aliás, 15 dias também é o prazo dado pelo art. 920, I, do CPC, para o exequente ser ouvido. Ou seja, **o embargado deve ser citado para se manifestar** no prazo legal do referido art. 920, I. Reputa-se, importante, assim mencionar, nos pedidos, que o exequente deve ser "citado para, querendo, manifestar-se em 15 dias". A apresentação do prazo correto de citação dado ao réu pode ser utilizada como objeto de pontuação.

O CPC regulamenta, no seu art. 918, os casos de **rejeição liminar** dos embargos do devedor. São eles: (i) *quando intempestivos*; (ii) *nos casos de indeferimento da petição inicial e de improcedência liminar do pedido*; ou (iii) *quando forem manifestamente protelatórios*. "Considera-se conduta atentatória à dignidade da justiça o oferecimento de embargos manifestamente protelatórios", nos termos do art. 918, parágrafo único, do CPC.

Em face de conduta atentatória à dignidade da justiça por parte do executado, "o juiz fixará multa em montante não superior a vinte por cento do valor atualizado do débito em execução, a qual será revertida em proveito do exequente, exigível nos próprios autos do processo, sem prejuízo de outras sanções de natureza processual ou material", nos termos do art. 774 do CPC.

10.3. Como identificar a peça

A situação hipotética descreverá uma narrativa em que o credor terá promovido ação de execução contra o devedor com o objetivo de receber o pagamento do seu crédito. Porém, há algum empecilho para que a referida execução venha a prosperar. Seja como for, deve a questão destacar que o devedor foi citado nesta ação executiva e que ele pretende apresentar defesa à aludida ação.

10.4. Competência

Tendo em vista que se trata de peça prático-profissional a ser distribuída por dependência, conforme a determinação do art. 914, § 1º, do CPC, já examinado, deve-se concluir que a competência para o processamento e julgamento dos embargos do devedor é do juízo onde tramitar a ação executiva.

10.5. Fundamentos mais comuns

De início, deve-se notar, na forma do art. 805 do CPC, que **a execução deve se dar da maneira menos gravosa para o devedor**. Assim, se há várias formas de ver a pretensão do credor no que tange à satisfação do seu crédito, deve-se optar por aquela que cause o menor transtorno ao devedor. Frise-se, por oportuno, que **cabe ao executado**, quando alegar a medida executiva implementada ser mais gravosa, **indicar outros meios mais eficazes e menos onerosos**, nos termos do art. 805, parágrafo único, do CPC.

Nesta toada, perceba-se que o art. 835 do CPC apresenta uma **ordem de penhora** que preferencialmente deve ser seguida. Por sua vez, os dispositivos legais na sequência mostram a forma de implementar cada modalidade de penhora. Desse modo, *tanto o desrespeito, sem justificativa jurídica, à ordem legal de penhora, quanto a realização da penhora em desconformidade com os preceitos legais, podem ser apresentados como fundamentos.*

Por sua vez, determina o art. 917 do CPC, que, **nos embargos à execução, somente poderá ser alegado pelo executado**: (i) inexequibilidade do título ou inexigibilidade da obrigação; (ii) penhora incorreta ou avaliação errônea; (iii) excesso de execução ou cumulação indevida de execuções; (iv) retenção por benfeitorias necessárias ou úteis, nos casos de título para a entrega de coisa; (v) incompetência absoluta ou relativa do juízo da execução; e (vi) qualquer matéria que lhe seria lícito deduzir como defesa em processo de conhecimento.

Cabe à lei atribuir, a determinado documento, força executiva, tornando-o, assim, passível de ação de execução. O título perderá força executiva quando, por exemplo, for consumada a prescrição. Desta forma, ou a lei não atribuiu força executiva ao documento ou o título perdeu força executiva, com o que mecanismo correto de cobrança seria a ação monitória e não a via executiva.

Não se pode deixar de notar que, em geral, o art. 784 do CPC apresenta os exemplos de títulos executivos extrajudiciais. Para fins de direito empresarial, destacam-se o inciso I – "a letra de câmbio, a nota promissória, a duplicata, a debênture e o cheque", e o inciso III – "o documento particular assinado pelo devedor e por duas testemunhas". Assim, *por exemplo*, **não cabe ação de execução, seja em face de um contrato assinado somente pelo devedor, seja em face de uma nota promissória prescrita**.

Neste diapasão, é sempre bom lembrar de situação muito festejada na 2ª Fase da OAB em direito empresarial. Trata-se da cobrança judicial de duplicatas. Nos termos do art. 15, II, da Lei n. 5.474/68, a duplicata não aceita só será executável se, além do título, for apresentado, cumulativamente, o protesto por falta de pagamento e o documento comprobatório de entrega e recebimento da mercadoria. Assim, tem-se como inexequível a duplicata não aceita, mesmo protestada, em que não se apresenta, junto ao título, o comprovante de entrega da mercadoria.

Pode-se, ainda, alegar, em sede de embargos do devedor, **penhora incorreta ou avaliação errônea**. Tal como se viu anteriormente, a penhora será considerada incorreta ou a avaliação errônea toda vez que ocorrerem em desconformidade com as normas do CPC. Violam-se, assim, os princípios da execução menos gravosa pelo devedor e do devido processo legal.

O **excesso de execução** ocorre quando se exige um valor a mais do que previsto no título. Por sua vez, pode-se falar **cumulação indevida de execuções** quando, por exemplo, o autor propõe ação de execução baseada em títulos distintos, tendo por devedores pessoas diversas. Já a hipótese prevista no inciso IV, do art. 917 do CPC, não apresenta situação viável em matéria de direito empresarial.

É importante notar que o CPC/2015 veio a dirimir uma controvérsia jurídica importante existente na doutrina e na prática processual. Com efeito, na época do CPC/73 quando, por exemplo, uma ação de execução era ajuizada desrespeitando o foro de eleição previsto no título, qual deveria ser o mecanismo judicial para alegar a incompetência relativa?

Alguns defendiam, nos termos do art. 745, V, do CPC/73, que tal alegação poderia ser trazida nos próprios embargos à execução; de outra sorte, havia quem defendesse a via da exceção de incompetência relativa. Seja lá como for, com o advento do CPC, tal controvérsia foi resolvida, na medida em que, nos termos do inciso V do art. 917, **a incompetência absoluta ou relativa do juízo de execução pode ser alegada nos embargos**.

Por final, **qualquer argumento de defesa no processo de conhecimento** poderá ser alegado nos embargos do devedor. Com efeito, quando for o caso, aquilo que, por exemplo, poderia ser alegado como preliminar em contestação, poderá ser trazido como fundamento jurídico para os embargos do devedor. Vale dizer, devem ser arguidos na parte "Do Direito" da peça.

10.6. Estrutura da peça

1. **Endereçamento:** Excelentíssimo Senhor Doutor Juiz de Direito da... Vara Cível da Comarca de... do Estado de... (o mesmo juízo onde já tramita a ação de execução.

   Atentar para as informações do caso concreto e, conforme for, adaptar a indicação ora apresentado (os famosos casos de "Vara Única", "Comarca da Capital", dentre outros).

   No espaço de cinco linhas, entre o endereçamento e o preâmbulo da peça, deve-se fazer a seguinte menção: "Distribuição por dependência ao processo n. ...".

2. **Identificação das partes:** embargante (réu da execução) e embargado (autor da execução).

   Se for pessoa física: Fulano de tal, nacionalidade..., estado civil..., profissão..., portador do RG n. ..., e do CPF n. ..., residente e domiciliado na... .

   Se for pessoa jurídica: Nome empresarial, pessoa jurídica de direito privado, inscrita no CNPJ n. ..., estabelecida na..., neste ato se fazendo presente por seu administrador... (pode fazer a qualificação de "pessoa física").

   Se for sociedade anônima: Nome empresarial, pessoa jurídica de direito privado, inscrita no CNPJ n. ..., estabelecida na..., neste ato se fazendo presente por seu diretor... (pode fazer a qualificação de "pessoa física")

3. **Representação judicial:** advogado, com mandato em anexo.

4. **Nome da peça e fundamentação legal:** embargos do devedor, com fundamento nos arts. 914 e 917... [indicar o inciso], do CPC (adicionalmente, pode-se fazer menção aos dispositivos legais utilizados para a elaboração da peça prático-profissional).

5. **Narrativa dos fatos ("Dos Fatos"):** a transcrição integral do caso narrado. Frise-se, por oportuno, a necessidade de se limitar à cópia do caso apresentado, não cabendo inventar ou deduzir dados, sob pena de ser atribuída NOTA ZERO à peça prático-profissional elaborada.

6. **Fundamentação ("Do Direito"):** cabe sempre ressaltar que a mera citação ou transcrição de artigos de lei e mesmo de súmulas de jurisprudência não pontua. Deve, na verdade, ser desenvolvido um raciocínio jurídico acerca do dispositivo legal ou entendimento sumulado apresentado. Assim, mais do que apenas dizer que o que se pretende está previsto no art. X, da Lei Y, é de se demonstrar o porquê da utilização de tal fundamento legal.

   Em termos de embargos do devedor, destacam-se, como essencial, dois pontos: (i) o enquadramento dos argumentos de defesa em uma das hipóteses previstas no art. 917 do CPC; e (ii) a atribuição de efeito suspensivo aos embargos do devedor, nos termos do art. 919, § 1º, do CPC, quando for o caso.

7. **Pedidos ("Do Pedido"):** a) a atribuição de efeito suspensivo aos presentes embargos haja vista a execução já estar garantida mediante penhora (ou depósito, ou caução, se for o caso), nos termos do art. 919, § 1º, do CPC [se houver informação pertinente na narrativa apresentada]; b) a citação do embargado para, querendo, oferecer contestação, no prazo de 15 dias, sob pena de revelia, de acordo com o art. 920, I, do CPC; c) o processamento dos presentes embargos e a sua procedência, em todos os termos, extinguindo por sentença a ação de execução em epígrafe, haja vista... [destacar os motivos pelos quais foram propostos os embargos]; d) a condenação em custas e honorários de sucumbência, nos termos do art. 85, § 2º, do CPC; e) que as intimações do presente feito sejam encaminhadas para o escritório na Rua... (art. 106, I, do CPC); pretende-se provar o alegado por todas as provas em direito admitidas, especialmente... [o pedido genérico de provas não pontua. Desse modo, faz-se necessário você especificar as provas que pretende produzir, em conformidade com o caso apresentado no Exame; por exemplo: ... especialmente por prova testemunhal cujo rol será apresentado oportunamente].
8. **Valor da causa:** dá-se à presente causa o valor de R$... [a princípio, o valor da execução; no caso de embargos parciais, o valor atacado].
9. **Fechamento da peça:** local, data. Advogado, OAB.

10.7. Questões da peça profissional

1. (IV Exame – modificado) Indústria de Doces Algodão de Açúcar Ltda., sociedade empresária com sede na Cidade de São Paulo, Estado de São Paulo, é credora da sociedade Sonhos Encantados Comércio de Doces Ltda., domiciliada na Cidade de Petrópolis, Estado do Rio de Janeiro, por meio de uma duplicata de venda de mercadorias, não aceita pela devedora, e vencida em 2-2-2011, no valor de R$ 50.000,00. Considerando que (i) a recusa do aceite não foi justificada pela sociedade sacada; que (ii) a sacadora protestou o título por falta de pagamento; e que (iii) mesmo diante da perda do canhoto da correspondente fatura dando conta do recebimento da mercadoria, a sociedade Indústria de Algodão Doces Ltda. promoveu ação de execução contra a Sonhos Encantados Comércio de Doces Ltda., distribuída para a Vara Única da comarca de Petrópolis.

Caio Moura, administrador da Sonhos Encantados Comércio de Doces Ltda., tendo recebido o mandado de citação procura o seu escritório de advocacia para a elaboração da defesa pertinente, afirmando ter disponibilidade financeira para garantir o juízo.

Elabore a peça processual cabível, utilizando os fundamentos de direito material e processual atinentes ao caso.

2. (XXIV Exame) Padaria e Confeitaria São João Marcos Ltda., ME, ajuizou ação executiva por título extrajudicial para cobrança de valores relativos a dois cheques emitidos por Trajano de Morais, em 19-6-2016. O primeiro cheque foi emitido em 24-10-2015, no valor de R$ 7.500,00 (sete mil e quinhentos reais), e o segundo, em 28-12-2015, no valor de R$ 15.000,00 (quinze mil reais). Os cheques foram emitidos em Rio Claro/RJ, pagáveis nessa mesma cidade, e possuem garantia pessoal cambiária firmada por Vitor Silva no anverso, em favor do emitente. Trajano de Morais e Vitor Silva foram incluídos no polo passivo da execução. O juiz da Comarca de Rio Claro, de Vara Única, despachou a inicial da ação executiva e determinou a citação dos réus para as providências legais. Vitor Silva, citado regularmente, procura você para patrocinar a defesa na ação. Tendo acesso aos autos do processo no dia 13-7-2016, você verifica que:

I. o emitente nomeou bens à penhora, com termo de penhora de gado e juntada de laudo de avaliação ao processo;

II. o oficial de justiça certificou nos autos a juntada do mandado de citação dos réus, no dia 10-7-2016;

III. os cheques não são pós-datados, tendo o primeiro sido apresentado para compensação no dia 20-11-2015 e devolvido na mesma data por insuficiência de fundos disponíveis (há carimbo de devolução do primeiro cheque no verso da cártula); o segundo foi apresentado na agência sacada em Rio Claro pelo beneficiário e exequente, no dia 12-1-2016, sendo também devolvido pelo mesmo motivo do primeiro cheque;

IV. os cheques não foram protestados.

Com base nas informações contidas no enunciado, elabore a peça processual adequada.

10.8. **Modelos das peças**

1. (IV Exame)

Excelentíssimo Senhor Doutor Juiz de Direito da Vara Única da Comarca de Petrópolis, do Estado do Rio de Janeiro

(deixar espaço de 5 linhas)

Distribuição por dependência ao processo n. ...

Sonhos Encantados Comércio de Doces Ltda., sociedade empresária, inscrita no CNPJ sob o n. ..., estabelecida na cidade de Petrópolis, Estado do Rio de Janeiro, neste ato se fazendo presente por seu administrador, Caio Moura, nacionalidade..., estado civil..., profissão..., portador do RG sob o n. ..., e do CPF sob o n. ..., residente e domiciliado em..., por seu advogado, abaixo assinado, com mandato em anexo, vem, respeitosamente, perante Vossa Excelência, promover os presentes EMBARGOS DO DEVEDOR, com fundamento nos arts. 914 e 917, I, do CPC e no art. 15, II, da Lei n. 5.474/68, em face de Indústria de Doces Algodão de Açúcar Ltda., já devidamente qualificada na ação em epígrafe, pelos fundamentos de fato e de direito a seguir apresentados.

DOS FATOS

Indústria de Doces Algodão de Açúcar Ltda., sociedade empresária com sede na Cidade de São Paulo, Estado de São Paulo, é credora da sociedade Sonhos Encantados

Comércio de Doces Ltda., domiciliada na Cidade de Petrópolis, Estado do Rio de Janeiro, por meio de uma duplicata de venda de mercadorias, não aceita pela devedora, e vencida em 2-2-2011, no valor de R$ 50.000,00.

Mesmo diante da circunstância em que (i) a recusa do aceite não foi justificada pela sociedade sacada; que (ii) a sacadora protestou o título por falta de pagamento; e que, (iii) mesmo diante da perda do canhoto da correspondente fatura dando conta do recebimento da mercadoria, a sociedade Indústria de Doces Algodão de Açúcar Ltda. promoveu ação de execução contra a Sonhos Encantados Comércio de Doces Ltda., distribuída para a Vara Única da comarca de Petrópolis.

Destaque-se, desde já, a disponibilidade financeira da sociedade embargante para garantir, se for o caso, o juízo.

DO DIREITO

O art. 914 do CPC determina que a medida cabível para o executado se opor à execução são os embargos do devedor, sendo distribuídos por dependência ao processo executivo inicial. Por sua vez, determina o art. 917, I, do CPC que poderá ser alegada, em sede de embargos do devedor, a inexequibilidade do título ou a inexigibilidade da obrigação.

Com efeito, determina o art. 15, II, da Lei n. 5.474/68 que a duplicata não aceita só será executável se houver a juntada do protesto por falta de pagamento, do comprovante de entrega e recebimento de mercadoria e não existir justificativa para a recusa do aceite.

No caso concreto, a ação de execução não foi instruída com o canhoto que comprovaria o recebimento da mercadoria. Frise-se, por oportuno: a duplicata não aceita só deve ser considerada título executivo extrajudicial se apresentada juntamente com o protesto por falta de pagamento e com o comprovante de entrega e recebimento de mercadoria. A ausência de qualquer destes documentos retira, assim, a força executiva do título em discussão.

Nota-se, deste modo, que a ação de execução em epígrafe deve ser acoimada de nulidade, haja vista os documentos apresentados não serem considerados títulos executivos extrajudiciais. Desse modo, em razão dos argumentos apresentados e da disponibilidade financeira da sociedade autora para fins de garantir o presente juízo, quando Vossa Excelência determine, deve ser atribuído aos presentes embargos efeito suspensivo, nos termos do que prevê o art. 919, § 1.º, do CPC.

DOS PEDIDOS

Diante do exposto, é a presente para requerer:

a) a atribuição de efeito suspensivo aos presentes embargos, haja vista a disponibilidade financeira do embargante para garantir o presente juízo, mediante caução, assim que determinado por Vossa Excelência, nos termos do art. 919, § 1.º, do CPC;

b) a citação do embargado para, querendo, oferecer contestação, no prazo de 15 dias, sob pena de revelia, de acordo com o art. 920, I, do CPC;

c) o processamento dos presentes embargos e a sua procedência, em todos os termos, extinguindo por sentença a ação de execução em epígrafe, haja vista que os documentos que a instruem não têm força executiva, nos termos do art. 917, I, do CPC;

d) a condenação em custas e honorários de sucumbência, nos termos do art. 85, § 2.º, do CPC;

e) que as intimações do presente feito sejam encaminhadas para o escritório na Rua... (art. 106, I, do CPC).

Pretende-se provar o alegado por todas as provas em direito admitidas, especialmente pela juntada das cópias das peças processuais relevantes, declaradas autênticas pelo advogado que subscreve esta peça, de acordo com o art. 914, § 1.º, do CPC.

Dá-se à presente causa o valor de R$ 50.000,00.

Nestes termos.
Pede deferimento.
Local. Data.
Advogado, OAB n. ...

2. (XXIV Exame)

Excelentíssimo Senhor Doutor Juiz de Direito da Comarca de Rio Claro, do Estado do Rio de Janeiro

(deixar espaço de 5 linhas)

Distribuição por dependência ao processo n. ...

Caio Moura, nacionalidade..., estado civil..., profissão..., portador do RG sob o n. ..., e do CPF sob o n. ..., residente e domiciliado em..., por seu advogado abaixo assinado, com mandato em anexo, vem, respeitosamente, perante Vossa Excelência, promover os presentes EMBARGOS À EXECUÇÃO, com fundamento nos arts. 914, 915 e 917, III, do CPC e no art. 59 da Lei n. 7.357/85, em face de Padaria e Confeitaria São João Marcos Ltda. – ME, por seu administrador, ambos já devidamente qualificados no feito em epígrafe, pelos fundamentos de fato e de direito a seguir apresentados.

DOS FATOS

Padaria e Confeitaria São João Marcos Ltda., ME, ajuizou ação executiva por título extrajudicial para cobrança de valores relativos a dois cheques emitidos por Trajano de Morais, em 19-6-2016. O primeiro cheque foi emitido em 24-10-2015, no valor de R$ 7.500,00 (sete mil e quinhentos reais), e o segundo, em 28-12-2015, no valor de R$ 15.000,00 (quinze mil reais). Os cheques foram emitidos em Rio Claro/RJ, pagáveis nessa mesma cidade, e possuem garantia pessoal cambiária firmada por Vitor Silva no anverso, em favor do emitente. Trajano de Morais e Vitor Silva foram incluídos no polo passivo da execução. O juiz da Comarca de Rio Claro, de Vara Única, despachou a inicial da ação executiva e determinou a citação dos réus para as providências legais. Vitor Silva, citado regularmente, procura o advogado que a esta subscreve para patrocinar a defesa na ação. Tendo acesso aos autos do processo no dia 13-7-2016, verificou-se que:

I. o emitente nomeou bens à penhora, com termo de penhora de gado e juntada de laudo de avaliação ao processo;

II. o oficial de justiça certificou nos autos a juntada do mandado de citação dos réus, no dia 10-7-2016;

III. os cheques não são pós-datados, tendo o primeiro sido apresentado para compensação no dia 20-11-2015 e devolvido na mesma data por insuficiência de fundos disponíveis (há carimbo de devolução do primeiro cheque no verso da cártula); o segundo foi apresentado na agência sacada em Rio Claro pelo beneficiário e exequente, no dia 12-1-2016, sendo também devolvido pelo mesmo motivo do primeiro cheque;

IV. os cheques não foram protestados.

DO DIREITO

O embargante é avalista do emitente e tem responsabilidade solidária pelo pagamento, com fundamento no art. 31, "caput", da Lei n. 7.357/85. Contudo, verifica-se a ocorrência da prescrição da pretensão à execução do primeiro cheque, com fundamento no art. 59, "caput", da Lei n. 7.357/85.

O prazo de apresentação deste cheque é de 30 dias, contados da data de emissão, com fundamento no art. 33, "caput", da Lei n. 7.357/85. O prazo prescricional de 6 meses, a partir de término do prazo de apresentação, começou a correr a partir do dia 24-11-2015 e findou no dia 24-5-2016.

A ação foi proposta em 19-6-2016, portanto, após o fim do prazo prescricional. Como os cheques não foram protestados, não se verificou ato interruptivo da prescrição neste interregno (ou entre os dias 24-11-2015 e 24-5-2016).

Não obstante a prescrição do primeiro cheque, não se pode deixar de notar, ainda, que houve, no presente caso, excesso de execução. Há excesso de execução porque o valor pleiteado pelo exequente/embargado não pode ser integralmente cobrado coercitivamente do executado/embargante, com base no art. 917, III, do CPC.

DOS PEDIDOS

Diante do exposto, é a presente para requerer:

a) a atribuição de efeito suspensivo dos presentes embargos, haja vista que seu prosseguimento poderá causar ao executado grave dano de difícil reparação e a execução já está garantida por penhora, nos termos do art. 919, § 1.º, do CPC;

b) a citação do embargado para, querendo, oferecer contestação, no prazo de 15 dias, sob pena de revelia, de acordo com o art. 920, I, do CPC;

c) o processamento dos presentes embargos e a sua procedência, em todos os termos, para declarar a prescrição do primeiro cheque e o excesso de execução, nos termos do art. 917, III, do CPC;

d) a condenação em custas e honorários de sucumbência, nos termos do art. 85, § 2.º, do CPC;

e) que as intimações do presente feito sejam encaminhadas para o escritório na Rua... (art. 106, I, do CPC).

Pretende-se provar o alegado por todas as provas em direito admitidas, especialmente pela juntada das cópias dos cheques, da certidão de juntada aos autos do mandado de citação, da juntada do termo de penhora e laudo de avaliação dos bens penhorados, declaradas autênticas pelo advogado que subscreve esta peça, de acordo com o art. 914, § 1.º, do CPC, bem como demonstrativo de valor correto, na forma do art. 917, § 3.º, do CPC.

Dá-se à presente causa o valor de R$ 22.500,00.

Nestes termos,
Pede deferimento.
Local. Data.
Advogado, OAB n. ...

11. EMBARGOS DE TERCEIRO

11.1. Apresentação

Quando aquele que **não sendo parte** no processo, por isso "terceiro", seja proprietário, seja possuidor do bem, sofrer turbação ou esbulho na posse de seus bens **por ato de apreensão judicial**, em casos como o de penhora, depósito, arresto, sequestro, alienação judicial, arrecadação, arrolamento, inventário, partilha, poderá requerer lhe sejam *manutenidos* ou *restituídos* por meio de **embargos de terceiro**. É o que define o art. 674 do CPC: "Quem, não sendo parte no processo, sofrer constrição ou ameaça de constrição sobre bens que possua ou sobre os quais tenha direito incompatível com o ato constritivo, poderá requerer o seu desfazimento ou a sua inibição por meio de embargos de terceiro".

Não se confunde com as *ações possessórias*, pois a interferência na posse resulta de um processo judicial, nem com os *embargos de devedor*, visto que nesse caso o embargante já seria **parte** em processo de execução.

A lei também equipara a "terceiro" para fins de ajuizamento dos embargos: (i) o cônjuge ou o companheiro, quando defende a posse de seus bens próprios ou de sua meação, ressalvado tratar-se de bens indivisíveis; (ii) o adquirente de bens cuja constrição decorreu de decisão que declara a ineficácia da alienação realizada em fraude à execução; (iii) quem sofre constrição judicial de seus bens por força de desconsideração da personalidade jurídica, de cujo incidente não fez parte; (iv) o credor com garantia real para obstar expropriação judicial do objeto de direito real de garantia, caso tenha sido intimado, nos termos legais dos atos expropriatórios respectivos (art. 674, § 2º).

É importante destacar uma situação clássica de utilização dos embargos de terceiro, no âmbito do direito societário. Com efeito, determina o art. 790, II, do CPC: "ficam sujeitos à execução os bens do sócio, nos termos da lei". Pensando na sociedade limitada, nos termos do art. 1.052 do Código Civil, todos os sócios respondem solidariamente pela integralização do capital social. Ou seja, até o advento da integralização do capital social, todos os sócios, na sociedade limitada, continuarão a perder bens pessoais por débitos da sociedade. Assim, se numa ação de execução contra uma sociedade limitada, cujo capital social não esteja integralizado, venha a ser, por isso, penhorado um bem pessoal de um dos sócios, este sócio terá a possibilidade de discutir o presente contexto via embargos de terceiro.

Por fim, segundo o art. 93 da Lei n. 11.101/2005, nos casos em que **não couber pedido de restituição**, fica resguardado o direito dos credores de propor *embargos de terceiros*, observada a legislação processual civil. Para o estudo da ação de restituição, será dedicado integralmente o capítulo 24, para onde se remete o leitor. Assim, caso a constrição seja oriunda de um processo de falência, o terceiro deverá verificar se é o caso da promoção de ação de restituição; na impossibilidade desta medida, a via judicial adequada será a dos embargos de terceiro.

11.2. Características e requisitos

Os embargos podem ser opostos **por terceiro** *a qualquer tempo* no processo de conhecimento **enquanto não transitada em julgado a sentença**, e, no *processo de execução*, até cinco dias depois da adjudicação, da alienação por iniciativa particular ou da arrematação, mas sempre antes da assinatura da respectiva carta (art. 678).

Eles serão distribuídos *por dependência* ao juízo que ordenou a constrição e autuados em apartados (art. 676). O embargante, em petição elaborada com observância do disposto no art. 319, fará a **prova sumária** de sua posse e a *qualidade de terceiro*, oferecendo documentos e rol de testemunhas (art. 677). Essa prova poderá ser feita em audiência preliminar designada pelo juiz.

A decisão que reconhecer *suficientemente* provado o domínio ou a posse, segundo o art. 678, **determinará a suspensão das medidas constritivas sobre os bens litigiosos objeto dos embargos** e ordenará a **expedição de mandado de manutenção ou de restituição em favor do embargante**. Não se pode deixar de notar que o juiz poderá condicionar a ordem de manutenção ou reintegração provisória à prestação de caução pelo requerente, ressalvada a impossibilidade da parte economicamente hipossuficiente, de acordo com o parágrafo único do art. 678 do CPC.

Note-se, ademais, que, com o advento do CPC, o prazo para os embargos de terceiro serem contestados é de 15 dias, findo o qual passa a ser seguido o rito do procedimento comum. É o que ensina o art. 679 do CPC.

Trata-se de embargos a serem propostos pelo credor com garantia real, o embargado somente poderá alegar que: (i) o devedor comum é insolvente; (ii) o título é nulo ou não obriga a terceiro; (iii) outra é a coisa dada em garantia (art. 680). Acolhido o pedido inicial, o ato de constrição judicial indevida será cancelado, com o reconhecimento do domínio, da manutenção de posse ou da reintegração definitiva do bem ou do direito ao embargante (art. 681).

11.3. Como identificar a peça

Provavelmente, a situação hipotética apresentará uma constrição judicial de bens de alguém que não tenha participado de processo que deu origem a ela. Esse alguém buscará em você, advogado, a defesa de seu patrimônio em casos de penhora, depósito, arresto, sequestro, alienação judicial, arrecadação, arrolamento, inventário e partilha.

Deve ser dada especial atenção ao fato de a aludida constrição judicial ser oriunda de um processo de falência. Com efeito, nestes casos, a prioridade será examinar a possibilidade de promover ação de restituição. Não sendo o caso, será através dos embargos de terceiro que você assegurará o direito do seu cliente.

11.4. Competência

Os **embargos de terceiro** serão distribuídos por **dependência** e correrão em autos apartados perante o mesmo juiz que ordenou a constrição segundo o art. 676 do CPC.

11.5. Fundamentos mais comuns

Segundo o art. 674 do CPC, quem, não sendo parte no processo, sofrer constrição ou ameaça de constrição sobre bens que possua ou sobre os quais tenha direito incompatível com o ato constritivo, poderá requerer o seu desfazimento ou sua inibição por meio de embargos de terceiro.

Não se pode deixar de lembrar do art. 790 do CPC, determinando que ficam sujeitos à execução os bens: I – do sucessor a título singular, tratando-se de execução fundada em direito real ou obrigação reipersecutória; II – dos sócios, nos termos da lei; III – do devedor, quando em poder de terceiros; IV – do cônjuge, nos casos em que os seus bens próprios ou de sua meação respondem pela dívida; V – alienados ou gravados com ônus real em fraude de execução; VI – cuja alienação ou gravação de ônus real tenha sido anulada em razão do conhecimento, em ação autônoma, de fraude contra credores; VII – do responsável, nos casos de desconsideração da personalidade jurídica. Nestes casos, o sucessor (inciso I), os sócios (inciso II), os terceiros (inciso III), o cônjuge (inciso IV), o novo titular ou o credor com ônus real (incisos V e VI) e o responsável (inciso VII), deverão manejar embargos de terceiro para defender o seu direito.

Destaque-se, também, o art. 93 da Lei n. 11.101/2005: "Nos casos em que não couber pedido de restituição, fica resguardado o direito dos credores de opor embargos de terceiro, observada a legislação processual civil". Com efeito, o art. 674, § 1º, do CPC, estabelece que os embargos podem ser de terceiro proprietário, inclusive fiduciário, ou possuidor. Porém, como se sabe, a ação de restituição ordinariamente serve para a garantia do direito de propriedade de quem, não sendo falido, teve bens arrecadados pelo administrador judicial, de acordo com o art. 85 da Lei n. 11.101/2005. Desta forma, é forçoso reconhecer que os embargos de terceiro, em face do processo falimentar, servirão para defender a posse.

11.6. Estrutura da peça

1. **Endereçamento:** na Vara onde está o processo que originou o ato de constrição judicial, cuja peça de embargos deverá ser distribuída por dependência.
2. **Identificação das partes:** parte embargante: pessoa física ou pessoa jurídica, com qualificação completa; parte embargada: pessoa física ou pessoa jurídica, com qualificação completa.
3. **Representação judicial:** procurador(a) com mandato em anexo.

4. **Nome da peça e fundamento legal**: embargos de terceiro, sob fundamento do art. 674 do Código de Processo Civil [é possível fazer a indicação mais precisa, do parágrafo utilizado para identificar o terceiro] ou do art. 93 da Lei n. 11.101/2005.
5. **Narrativa dos fatos ("Dos Fatos"):** exposição dos fatos previstos na situação hipotética da questão. Não inventar outros fatos nem trazer detalhes ausentes no problema. Enfatizar que a parte embargante não era parte do processo em questão.
6. **Fundamentação ("Do Direito"):** atente-se que a mera citação de artigos não pontua. Deixar claro que a parte embargante não fez parte do processo, relacionando a situação da embargante no enunciado com uma das hipóteses dos parágrafos do art. 674 do CPC. Observar o art. 677 e tratar da prova sumária da posse do embargante e a qualidade de terceiro, oferecendo documentos e rol de testemunhas.
7. **Pedidos ("Dos Pedidos"):** a) procedência dos pedidos do embargante, determinando a suspensão das medidas constritivas e a expedição de mandado de manutenção ou de reintegração em favor do embargante, oferecendo-se a apresentar caução para tanto (art. 678 do CPC); b) citação da parte embargada para contestar no prazo legal de 15 dias (art. 679 do CPC); c) condenação da parte ré ao pagamento de custas e honorários advocatícios; d) produção de todas as provas admitidas no Direito (art. 369 do CPC), especialmente prova documental, cujos documentos se encontram em anexo, e prova testemunhal, cujo rol é apresentado a seguir; e) informar endereço em que receberá as intimações (art. 106, I, do CPC).
8. **Valor da causa:** dá-se à presente causa o valor de R$... [valor do bem cuja posse se discute].
9. **Fechamento da peça:** local, data. Advogado, OAB [não inventar dados].

11.7. Questão da peça profissional

(Cespe – 2009.3 –modificado) Jorge Luís e Ana Cláudia são casados no regime de comunhão parcial de bens desde 1979. Em 17-8-2005, sem que Ana Cláudia ficasse sabendo ou concordasse, Jorge Luís, em garantia de pagamento de contrato de compra e venda de um automóvel adquirido de Rui, avalizou nota promissória emitida por Laura, sua colega de trabalho com quem mantinha caso extraconjugal. O vencimento da nota promissória estava previsto para 17-9-2005. Vencida e não paga a nota promissória, o título foi regularmente apontado para protesto. Após inúmeras tentativas de recebimento amigável do valor, Rui promoveu, contra Laura e Jorge Luís, em 12-12-2008, a execução judicial do título, com fundamento nos arts. 566, 580, 585, I, e 586 do CPC/73. Os réus foram regularmente citados e, não havendo pagamento, foram penhoradas duas salas comerciais de propriedade de Jorge Luís adquiridas na constância do seu casamento. Inconformada, Ana Cláudia procurou a assistência de profissional da advocacia, pretendendo alguma espécie de defesa, em seu exclusivo nome, para livrar os bens penhorados da constrição judicial, ou, ao menos, parte deles, visto que haviam sido adquiridos com o esforço comum do casal.

Em face dessa situação hipotética, redija, na condição de advogado(a) constituído(a) por Ana Cláudia, a peça processual adequada para a defesa dos interesses de sua cliente, apresentando, para tanto, todos os argumentos e fundamentos necessários.

11.8. **Modelo da peça**

Excelentíssimo Senhor Doutor Juiz de Direito da... Vara Cível da Comarca de... do Estado de...

(deixar espaço de 5 linhas)

Distribuição por dependência ao processo n. ...

Ana Cláudia, nacionalidade, estado civil, profissão, CPF n. ..., residente e domiciliada à rua..., na cidade de..., por seu procurador, com mandato anexo, vem, respeitosamente, à presença de Vossa Excelência, com fundamento no art. 674 do Código de Processo Civil – CPC, opor EMBARGOS DE TERCEIRO em face de Rui, parte já qualificada nos autos "supra", em razão do que segue.

1. DOS FATOS

Jorge Luís e Ana Cláudia são casados no regime de comunhão parcial de bens desde 1979. Em 17-8-2005, sem que Ana Cláudia ficasse sabendo ou concordasse, Jorge Luís, em garantia de pagamento de contrato de compra e venda de um automóvel adquirido de Rui, avalizou nota promissória emitida por Laura, sua colega de trabalho com quem mantinha caso extraconjugal. O vencimento da nota promissória estava previsto para 17-9-2005. Vencida e não paga a nota promissória, o título foi regularmente apontado para protesto.

Após inúmeras tentativas de recebimento amigável do valor, Rui promoveu, contra Laura e Jorge Luís, em 12-12-2008, a execução judicial do título, com fundamento nos arts. 566, 580, 585, I, e 586 do CPC/73. Os réus foram regularmente citados e, não havendo pagamento, foram penhoradas duas salas comerciais de propriedade de Jorge Luís adquiridas na constância do seu casamento. Inconformada, Ana Cláudia pretende alguma espécie de defesa, em seu exclusivo nome, para livrar os bens penhorados da constrição judicial, ou, ao menos, parte deles, visto que haviam sido adquiridos com o esforço comum do casal.

2. DO DIREITO

O art. 674, § 2.º, I, do CPC determina que o cônjuge pode se utilizar dos embargos de terceiro para defender a sua meação.

Como se viu, foram penhoradas em ação de execução duas salas comerciais de propriedade de Jorge Luís, com quem Ana Cláudia é casada, em razão de um aval dado em nota promissória do qual Ana não teve conhecimento.

Não se pode deixar de notar que, com o advento do atual Código Civil, o art. 1.647, III, exige, como regra, a outorga conjugal para a validade do aval, equiparando-o, nesse ínterim, à fiança. Frise-se, por oportuno, que a Súmula 332 do STJ prevê: "a fiança prestada sem autorização de um dos cônjuges implica a ineficácia total da garantia". Apesar de tal súmula se referir apenas à fiança, após a entrada em vigor do Código Civil, com a equiparação anteriormente mencionada, a referida súmula passou a ser aplicada, por analogia, também, ao aval.

Sendo assim, a presente constrição judicial não pode atingir os bens da embargante, consistindo em terceira de boa-fé, conforme a fundamentação acima mencionada e suficientemente provada a sua posse (documentos em anexo), devendo este Juízo expedir, liminarmente, mandado de reintegração a seu favor, suspendendo a penhora das duas salas comerciais de propriedade de Jorge Luís adquiridas na constância de seu casamento com a embargante, visto que lhe pertence de Direito e Justiça, conforme o art. 678 do CPC.

3. DOS PEDIDOS

Ante o exposto, preenchidos os requisitos legais, requer:

3.1 Procedência dos pedidos da embargante e a expedição de mandado de reintegração de posse, suspendendo as penhoras realizadas no processo em epígrafe, em favor da embargante, oferecendo-se a apresentar caução para tanto (art. 678 do CPC).

3.2 Citação da parte embargada para, querendo, contestar no prazo legal de 15 dias, sob pena de revelia (art. 679 do CPC).

3.3 A produção de todas as provas admitidas pelo Direito, especialmente pela juntada de documentos, em especial a certidão de casamento, a oitiva das testemunhas arroladas ao final.

3.4 A condenação em custas e honorários advocatícios.

3.5 Que as intimações sejam encaminhadas ao endereço do escritório patrono, conforme o inciso I do art. 106 do CPC, informado na procuração em anexo.

Dá-se à causa o valor de R$...

Nestes termos,
Pede deferimento.
Local. Data.
Advogado, OAB n. ...

12. AÇÃO MONITÓRIA

12.1. Apresentação

Há situações em que o credor tem de cobrar uma dívida não paga, mas os documentos que tem em mãos para provar seu crédito ou são insuficientes para simplesmente executar o devedor, ou já estão prescritos por lei. Assim, segundo o CPC, a **ação monitória** compete a quem pretender, com base em *prova escrita sem eficácia de título executivo*, de acordo com o art. 700:

(i) pagamento de quantia em dinheiro;

(ii) a entrega de coisa fungível ou infungível ou de bem móvel ou imóvel;

(iii) o adimplemento de obrigação de fazer ou de não fazer.

Ou seja, para os casos de ação monitória, há sempre a ocorrência de um documento em que, das duas, uma: ou ele não é título executivo, ou deixou de sê-lo, em face, dentre outros, de sua prescrição. Não se pode deixar de notar, nos termos do art. 700, § 1º, do CPC, a prova escrita, necessária para o ajuizamento desta ação, pode consistir em prova oral documentada, produzida antecipadamente.

Veja, por exemplo, a situação do *cheque prescrito* (Súmula 299 do STJ). Segundo o inciso I do art. 784 do CPC, ele é um título executivo extrajudicial, sendo assim, basta a falta de pagamento para que o seu portador promova ação de execução. Ocorre que o prazo prescricional dessa ação é de *seis meses* após o término do prazo de apresentação, de *30* ou *60* dias, conforme a praça de emissão (art. 59 do Lei n. 7.357/85). Findo tal prazo, ocorre a prescrição do cheque, perdendo, assim, a força executiva, pelo que a medida judicial para a cobrança do cheque prescrito deve ser a ação monitória – neste caso, nos termos do art. 700, I, do CPC.

12.2. Características e requisitos

Além dos requisitos do art. 319 do CPC, segue que o art. 701 do mesmo Código exige que a petição inicial esteja devidamente instruída com **prova escrita sem eficácia de título executivo** (c/c o art. 700) para que o juiz defira de plano a expedição do mandado de pagamento, de entrega da coisa ou para execução de obrigação de fazer ou não fazer no prazo de 15 dias; neste caso, o réu ficará, também, obrigado ao pagamento de honorários advocatícios de 5% do valor atribuído à causa.

Na petição inicial, deverá o autor, conforme o caso, destacar: (i) a importância devida, instruindo a petição com a memória de cálculo; (ii) o valor atual da coisa reclamada; ou (iii) o conteúdo patrimonial em discussão ou o proveito econômico perseguido (art. 700, § 2º). O valor da causa será o valor explicitado pelo autor (art. 700, § 3º). Trata-se, além dos casos tradicionais, de situação de indeferimento da petição inicial, a não indicação do retorno financeiro perseguido com a monitória.

Nesse **prazo de 15 dias**, poderá o réu oferecer *embargos*, que suspenderão a eficácia do mandado inicial até o julgamento em primeiro grau, nos termos do art. 702, § 4º, do CPC. Se os embargos não forem opostos, ou se forem rejeitados, constituir-se-á, de pleno direito, o **título executivo judicial**, convertendo-se o mandado inicial em **mandado executivo, de acordo com o art. 702, § 4º, do CPC**.

Não se pode deixar de notar que: a) o pedido de condenação de honorários, nos termos do art. 85 do CPC, deve ser condicionado à apresentação dos embargos monitórios; b) não há a necessidade de protesto por provas na ação monitória (a prova é pré-constituída, qual seja o documento sem força executiva).

Servirá de *prova escrita* como documento hábil também para ajuizamento da ação monitória o contrato de abertura de crédito em conta corrente, acompanhado do demonstrativo de débito (Súmula 247 do STJ).

Outras duas características procedimentais consolidadas pelo STJ e cabíveis na ação monitória são: a citação por edital (Súmula 282) e a reconvenção após a conversão do procedimento em ordinário (Súmula 292). Não custa notar, entretanto, o que o CPC/2015 acabou por positivar as referidas súmulas: (i) a Súmula 282 foi incorporada ao art. 700, § 7º; (ii) a Súmula 292 foi incorporada ao art. 702, § 6º.

É importante também considerar a norma que se extrai dos §§ 10 e 11 do art. 702 do CPC/2015. Com efeito, se quaisquer das partes agirem de má-fé, seja o autor que propõe indevidamente a presente ação, seja o réu ao opor embargos, poderá o juiz condená-los ao pagamento de multa de até 10% sobre o valor da causa em favor da outra parte.

12.3. Como identificar a peça

É importante destacar na situação hipotética a perda do prazo da propositura da ação cambial (executória) ou a ausência da força executiva do documento que o credor tem como garantia da relação de débito em que está o devedor.

Examine quais são os **títulos executivos extrajudiciais** e seus requisitos, os quais elenca o art. 784 do CPC, e o que tem o credor em mãos para cobrar a dívida. Em especial, atente-se aos **incisos I e III**, respectivamente, a letra de câmbio, a nota promissória, a duplicata, a debênture e o cheque; e o documento particular assinado pelo devedor e *por duas testemunhas*. Não havendo a assinatura das duas testemunhas, para o art. 784, III, ou ocorrendo a prescrição para o art. 784, I, será incabível a pretensão executiva, sendo certo que o caminho para a cobrança da dívida em questão será o da ação monitória.

Importa destacar que a ação monitória não se presta, apenas, para a cobrança de título de crédito prescrito. Com efeito, um contrato assinado pelas partes e por duas testemunhas é título executivo e, desse modo, caso uma das partes não cumpra a sua prestação, a outra poderá fazer a execução do contrato. Porém, caso o contrato seja assinado somente pelas partes, faltar-lhe-á força executiva, ao que a parte credora somente poderá fazer uso da ação monitória para cobrar o que lhe é devido.

12.4. Competência

É competente para conhecer e julgar tais ações o **foro do lugar onde a obrigação deve ser satisfeita, para a ação em que se lhe exigir o cumprimento** (art. 53, III, *d*, do CPC). Assim, a ação será endereçada ao juízo da comarca do lugar da obrigação (vara cível ou vara única).

12.5. Fundamentos mais comuns

O fundamento legal é único: a quem pretender, com base em **provas escritas sem eficácia de título executivo**, pagamento de soma em dinheiro, entrega de coisa ou adimplemento de obrigação de fazer ou não fazer, competirá a ação monitória (art. 700 do CPC).

Além dos casos apresentados, vale ressaltar as seguintes súmulas do STJ:

a) **Súmula 503.** O prazo para ajuizamento de ação monitória em face do emitente de cheque sem força executiva é quinquenal, a contar do dia seguinte à data de emissão estampada na cártula;

b) **Súmula 504.** O prazo para ajuizamento de ação monitória em face do emitente de nota promissória sem força executiva é quinquenal, a contar do dia seguinte ao vencimento do título.

Tema muito recorrente para a 2ª Fase do Exame de Ordem para a disciplina de direito empresarial, desde que a FGV assumiu o certame é o da **cobrança judicial de duplicatas**. Neste patamar, examine-se a previsão do art. 15 da Lei n. 5.474/68. Com efeito, uma duplicata que recebeu aceite do sacado poderá ser executada, sendo ela protestada ou não (art. 15, I). Porém, caso a duplicata não receba o aceite, ela só será executável se, cumulativamente: a) haja sido protestada; b) esteja acompanhada de documento hábil comprobatório da entrega e recebimento da mercadoria; e c) o sacado não tenha comprovadamente recusado o aceite, no prazo, nas condições e pelos motivos previstos nos arts. 7º e 8º da lei (art. 15, II).

Imagine-se, então, diante de um caso em que o sacador remeteu o título ao sacado que o devolveu sem aceitar, porém recebeu as mercadorias assinando o documento comprobatório de entrega, vale dizer, o canhoto da nota fiscal, que é devolvido, sempre, ao sacador. Chegando ao vencimento e não pagando, o sacador promove o protesto do título, porém, quando vai realizar a cobrança, não se encontra o canhoto da nota fiscal. Desse modo, como para ocorrer a execução judicial da duplicata seriam necessários, além do título, o protesto e o canhoto da nota fiscal, com a perda do comprovante de entrega e recebimento de mercadorias, a duplicata só passaria a ser cobrável, via ação monitória.

Outro caso importante de ação monitória, dentro do direito empresarial ocorre no âmbito da **alienação fiduciária em garantia**. Com efeito, diante da inadimplência do devedor-fiduciante, restam ao credor-fiduciário duas alternativas: a) receber o crédito; ou b) resgatar o objeto da alienação fiduciária. Caso o credor retome a posse do bem, consolidando a propriedade a seu favor, ele poderá alienar, inclusive extrajudicialmente, o objeto da alienação fiduciária para fins de quitação do contrato. Porém, admitindo-se que o valor de venda do bem não seja suficiente para a quitação da dívida, surge a pergunta: como cobrar o **saldo remanescente** oriundo da **venda extrajudicial** de bem alienado fiduciariamente em garantia? Ação monitória, nos termos da **Súmula 384 do STJ**.

Por final, não se pode deixar de notar que um tema recorrente, em matéria de 2ª Fase de direito empresarial, passa a alçada da ação monitória. Trata-se do **contrato de trespasse** que produz, como regra, dentre outros efeitos, a proibição de o alienante concorrer com o adquirente, pelo prazo de cinco anos, nos termos do art. 1.147 do Código Civil. Importa considerar que aludido prazo pode ser alterado ou mesmo dispensado por expressa previsão no contrato social. Assim, tem-se que o legislador estabeleceu uma obrigação de fazer para o alienante, qual seja a de não concorrer com o adquirente.

Admitindo a hipótese de que houve **contrato escrito** de trespasse, assinado pelo alienante e pelo adquirente e por mais **duas testemunhas**, tal contrato seria considerado título executivo extrajudicial, nos termos do **art. 784, III, do CPC** e, desse modo, o adimplemento da obrigação de fazer poderia ser realizado via **pretensão executiva**, estudada no capítulo 9 desta obra, para onde se remete o leitor, se este for o caso. Porém, caso o contrato tenha sido **assinado apenas pelo alienante e pelo adquirente**, sem testemunhas, tal contrato **não** será considerado título executivo e para efetivar o seu adimplemento o adquirente do estabelecimento empresarial deverá fazer uso de ação monitória, nos termos do art. 700, III, do CPC.

De todo modo, diante da possibilidade de o contrato de trespasse ser silente acerca da proibição de restabelecimento, será possível utilizar a ação de obrigação de fazer, seguindo o rito do procedimento comum, já estudada no capítulo 4. É que, neste caso, apesar do art. 1.147 do CC ser claro neste sentido, será necessário o reconhecimento judicial da obrigação de fazer, dada a inexistência de informação expressa no contrato de trespasse.

12.6. Estrutura da peça

1. **Endereçamento:** Vara Cível ou Vara Única do lugar onde a obrigação deve ser satisfeita.
2. **Identificação das partes:** parte autora (credora): pessoa física ou pessoa jurídica, com qualificação completa; parte ré (devedora): pessoa física ou pessoa jurídica, com qualificação completa.
3. **Representação judicial:** procurador(a) com mandato em anexo.

4. **Nome da ação e fundamento legal:** ação monitória, sob fundamento do art. 700 do Código de Processo Civil.
5. **Narrativa dos fatos ("Dos Fatos"):** exposição dos fatos previstos na situação hipotética da questão. Não inventar outros fatos nem trazer detalhes ausentes no problema. Enfatizar a falta de força executiva do título de que o credor e seu cliente dispõem.
6. **Fundamentação ("Do Direito"):** atente-se que a mera citação de artigos não pontua. Informar que o título, objeto da cobrança, não tem força executiva ou que está prescrita a pretensão executiva, fundamentando pelo art. 700 do CPC ou pelas súmulas do STJ (247, 299 ou 384).
7. **Pedidos ("Dos Pedidos"):** a) procedência dos pedidos da parte autora e a expedição do mandado de pagamento, de entrega da coisa ou para execução de obrigação de fazer ou não fazer, no prazo de 15 dias (art. 701 do CPC), condenando o réu em honorários advocatícios no importe de 5% do valor da causa; b) citação da parte ré para *embargar* no prazo legal, sob pena de se constituir, de pleno direito, o título executivo judicial (art. 701, § 2º, do CPC); c) condenação da parte ré ao pagamento de custas, caso sejam opostos embargos monitórios (art. 701, § 1º, do CPC); d) a condenação do réu ao pagamento de multa, no valor de 10% do valor da causa, revertido em favor do autor, caso os embargos monitórios sejam opostos de má-fé (art. 702, § 11, do CPC); e) informar endereço em que receberá as intimações (art. 106, I, do CPC); f) a opção do autor pela realização de audiência de conciliação ou de mediação, devendo o réu ser citado com a antecedência mínima de 20 dias (isto é a regra geral; toda vez que o caso for silente, a opção será pela realização de audiência de conciliação ou de mediação – se a opção for pela não realização de tal audiência, a questão proposta deverá ser expressa neste sentido).
8. **Valor da causa:** dá-se à presente causa o valor de R$... [valor do título, objeto da ação monitória].
9. **Fechamento da peça:** local, data. Advogado, OAB [não inventar dados].

12.7. Questão da peça profissional

(XXI Exame) Em 31-10-2012, quarta-feira, Peçanha, domiciliado e residente na Rua X, casa Y, n. 1, na cidade de São Lourenço/MG, adquiriu eletrodomésticos no valor de R$ 100.000,00 (cem mil reais), do Lojão Chalé Ltda., EPP, tendo sido emitida, na mesma data, uma nota promissória em caráter pro solvendo no valor de R$ 100.000,00 (cem mil reais), com vencimento para o dia 25-1-2013, sexta-feira, dia útil no lugar do pagamento.

Em 5-1-2017, quinta-feira, o Sr. Fabriciano Murta, administrador e representante legal da credora, procura você munido de toda a documentação pertinente ao negócio jurídico mencionado. A cliente pretende a cobrança judicial do valor atualizado e com consectários legais de R$ 280.000,00 (duzentos e oitenta mil reais) por não ter sido adimplida a obrigação no vencimento pelo devedor e restadas infrutíferas as tentativas de cobrança amigável.

Elabore a peça adequada, eficaz e pertinente para a defesa do interesse da cliente e considere que a Comarca de São Lourenço/MG tem duas varas com competência concorrente para julgamento de matérias cíveis.

12.8. **Modelo da peça**

Excelentíssimo Senhor Doutor Juiz de Direito da... Vara Cível da Comarca de São Lourenço/MG.

(deixar espaço de 5 linhas)

Lojão Chalé Ltda – EPP, pessoa jurídica, inscrita no CNPJ sob o n. ..., com sede na..., neste ato se fazendo presente por seu administrador, Fabriciano Murta, nacionalidade..., estado civil..., profissão..., portador do RG sob o n. ..., e do CPF sob o n. ..., residente e domiciliado na..., e-mail..., por seu procurador, com mandato em anexo, vem, respeitosamente, à presença de Vossa Excelência, com fundamento no art. 700 do Código de Processo Civil – CPC, propor a presente AÇÃO MONITÓRIA em face de Peçanha, nacionalidade..., estado civil..., profissão..., portador do RG sob o n. ..., e do CPF sob o n. ..., residente e domiciliado na..., e-mail..., em razão do que segue.

1. DOS FATOS

Em 31-10-2012, quarta-feira, Peçanha, domiciliado e residente na Rua X, casa Y, n. 1, na cidade de São Lourenço/MG, adquiriu eletrodomésticos no valor de R$ 100.000,00 (cem mil reais) do Lojão Chalé Ltda., EPP, tendo sido emitida, na mesma data, uma nota promissória em caráter "pro solvendo" no valor de R$ 100.000,00 (cem mil reais), com vencimento para o dia 25-1-2013, sexta-feira, dia útil, no lugar do pagamento.

Em 5-1-2017, quinta-feira, o Sr. Fabriciano Murta, administrador e representante legal da credora, pretendia a cobrança judicial do valor atualizado e com consectários legais de R$ 280.000,00 (duzentos e oitenta mil reais) por não ter sido adimplida a obrigação no vencimento pelo devedor e restadas infrutíferas as tentativas de cobrança amigável.

2. DO DIREITO

O Código de Processo Civil prevê que aqueles que têm prova escrita sem eficácia de título executivo e pretendem o seu pagamento, entrega de coisa ou o adimplemento de obrigação de fazer ou não fazer, nos termos do art. 700, têm o direito à proposição da ação monitória, como é o caso da parte requerente.

O art. 70 c/c o art. 77 da LUG (anexo I do Decreto n. 57.663/66) determina que o prazo de prescrição para a nota promissória é de três anos a contar do seu vencimento.

Com o advento da prescrição, a cobrança deverá ser efetivada, via ação monitória, e, para a presente medida judicial, determina a Súmula 504 do STJ que o prazo é de cinco anos, contados do vencimento.

Ademais, seguem em anexo os documentos comprobatórios da presente relação de débito em que se encontra a parte devedora, ora requerida, para que Vossa Excelência defira de plano a expedição do mandado de pagamento [de entrega da coisa ou de execução de obrigação de fazer ou não fazer] no prazo de 15 dias, conforme estabelece o art. 701 do CPC.

É importante observar que a origem do crédito é lícita, relacionada à aquisição de eletrodomésticos. Além disso, não houve novação, haja vista se tratar de título de crédito emitido em caráter "pro solvendo".

3. DOS PEDIDOS

Ante o exposto, preenchidos os requisitos legais, requer:

3.1 O provimento da presente ação e a expedição do mandado de pagamento [ou de entrega da coisa ou para execução de obrigação de fazer ou não fazer], bem como o pagamento de honorários no importe de 5% do valor da causa, no prazo de 15 dias (art. 701 do CPC).

3.2 A citação da devedora, ora demandada, para, querendo, oferecer sua defesa, sob pena de se constituir, de pleno direito, o título executivo judicial (art. 701, § 2.º, do CPC).

3.3 A condenação em custas e honorários advocatícios, estes de acordo com o art. 85, § 2.º, do CPC, caso sejam oferecidos embargos monitórios pelo réu (art. 701, § 1.º, do CPC).

3.4 A condenação do réu ao pagamento de multa, no valor de 10% do valor da causa, revertido em favor do autor, caso os embargos monitórios sejam opostos de má-fé (art. 702, § 11, do CPC).

3.5 Que as intimações sejam encaminhadas ao endereço do escritório patrono, conforme o inciso I do art. 106 do CPC, informado na procuração em anexo.

3.6 A opção do autor pela realização de audiência de conciliação ou de mediação, devendo o réu ser citado com a antecedência mínima de 20 dias.

Dá-se à presente causa o valor de R$ 100.000,00 (cem mil reais).

Nestes termos,
Pede deferimento.
Local. Data.
Advogado, OAB n. ...

13. AÇÃO DE EXECUÇÃO DE TÍTULO JUDICIAL

13.1. Apresentação

A partir de um dos **títulos executivos judiciais** previstos no art. 515 do CPC, busca-se o efetivo cumprimento numa *fase executória*. É o que se chama de ***cumprimento de sentença***. Normalmente, trata-se de pedido feito nos próprios autos da ação de conhecimento em que se prolatou a sentença.

São títulos executivos judiciais, a saber:

I – a sentença proferida no processo civil que reconheça a exigibilidade de obrigação de pagar quantia, de fazer, de não fazer ou de entregar coisa;

II – a decisão homologatória de autocomposição judicial;

III – a decisão homologatória de autocomposição extrajudicial de qualquer natureza;

IV – o formal e a certidão de partilha, exclusivamente em relação ao inventariante, aos herdeiros e aos sucessores a título singular ou universal;

V – o crédito do auxiliar da justiça, quando as custas, emolumentos e honorários tiverem sido aprovados por decisão judicial;

VI – a sentença penal condenatória transitada em julgado;

VII – a sentença arbitral;

VIII – a sentença estrangeira, homologada pelo STJ;

IX – a decisão interlocutória estrangeira, após a concessão do *exequatur* à carta rogatória pelo STJ.

Para fins de Exame de Ordem, segundo o conteúdo programático do edital em Empresarial, estão previstos o *cumprimento de sentença* e *processo de execução*. Esse último item foi visto no capítulo 9. Quanto ao *cumprimento*, como já se disse, não há maiores desafios além de uma simples petição no próprio processo onde se julgou e a observância preferencial dos arts. 523 e 524.

Maior importância deve ser despendida quanto à execução de *sentença arbitral*, que já foi objeto de prova (Lei de Arbitragem está prevista no edital), por se tratar, para este título judicial, de uma "legítima" ação, visto que não há processo judicial anterior. Servirá quando a **sentença arbitral** não for cumprida voluntariamente pelas partes.

13.2. Características e requisitos

Além da sentença penal condenatória transitada em julgado e da sentença estrangeira homologada pelo STJ, a execução de **sentença arbitral** exigirá processo autônomo, visto que não há processo cível precedente. Portanto, necessária se faz a ação de execução.

A sentença arbitral produz, entre as partes e seus sucessores, os mesmos efeitos da sentença proferida pelos órgãos do Poder Judiciário e, sendo condenatória, constitui **título executivo** (art. 31 da Lei n. 9.307/96).

Anota-se que, diferentemente da *autocomposição extrajudicial* de qualquer natureza, que deve ser homologada judicialmente para se tornar um título executivo (art. 515, III), o **árbitro** é juiz de fato e de direito, e a sentença que proferir não fica sujeita a recurso ou a homologação pelo Poder Judiciário (art. 18 da Lei n. 9.307/96).

Insista-se na diferença. Com efeito, apesar de ambos terem a sua gênesis externa ao Poder Judiciário – e nisso são assemelhadas – perceba que a ***autocomposição extrajudicial*** é levada inicialmente ao Judiciário para fins homologatórios. Desse modo, acaso não seja cumprida voluntariamente, a sua "execução" se dará sob a forma do cumprimento de sentença (da sentença que homologou a autocomposição extrajudicial).

Diferentemente é o que ocorre com a *sentença arbitral*. Com efeito, seja de acordo com o CPC, seja em conformidade com a Lei n. 9.307/96, a sentença proferida pelos árbitros produz os mesmos efeitos da sentença proferida pelo Poder Judiciário. Dessa forma, ela já surge como título executivo, sem necessitar de homologação judicial para tanto. Ou seja, a lei atribui diretamente à sentença arbitral força executivo. Daí a necessidade de um "processo autônomo" de execução para o seu "cumprimento", caso não haja o cumprimento voluntário pelas partes.

13.3. Como identificar a peça

A proposição da situação hipotética identificará a necessidade de cumprimento, em defesa de uma das partes, da decisão de um árbitro ou árbitros sobre determinada questão litigiosa posta em convenção de arbitragem.

Necessariamente, uma cláusula compromissória deverá ter sido estipulada por escrito em contrato ou em documento apartado, na qual as partes comprometeram-se a submeter à arbitragem os litígios que possam vir a surgir, relativamente a tal contrato.

Para os demais casos de cumprimento de sentença, haverá menção ao andamento inicial de uma ação de conhecimento, cujo juiz proferiu alguma das decisões previstas no art. 515 do CPC, cuja decisão até o presente momento não foi cumprida voluntariamente pelas partes.

Desse modo, percebe-se que se trata de peça de facílima identificação. Com efeito, a questão indicará sempre um dos títulos executivos judiciais previstos no Código de Processo Civil, sendo destacado o descumprimento voluntário da prestação. Em geral, tal se dará por meio de uma petição protocolada nos próprios autos da ação de conhecimento; para a sentença arbitral, por sua vez, será necessária uma ação de execução.

13.4. Competência

O art. 516 do CPC estabelece a competência para o cumprimento de sentença, determinando que ele será efetuado perante: (i) os tribunais, nas causas de sua competência originária; (ii) o juízo que decidiu a causa no primeiro grau de jurisdição; (iii) o juízo cível competente, quando se tratar de sentença penal condenatória, de sentença arbitral, de sentença estrangeira ou de acórdão proferido pelo Tribunal Marítimo.

Destaque-se, desde já, que a menção ao acórdão proferido pelo Tribunal Marítimo não tem validade. Com efeito, foi vetado o inciso X do art. 505 do CPC, que dava àquele acórdão o caráter de título executivo judicial.

Dito isto, e com foco sempre na 2ª Fase de direito empresarial do Exame de Ordem, percebe-se que, comumente, a competência será estabelecida pelos incisos II ou III, do art. 516. Em ambos os casos, o endereçamento será para a "Vara Cível da Comarca de... do Estado de...".

Nestas hipóteses, o exequente poderá optar pelo atual domicílio do executado, pelo juízo do local onde se encontrem os bens sujeitos à execução ou pelo juízo do local onde deva ser executada a obrigação de fazer ou de não fazer, casos em que a remessa dos autos do processo será solicitada ao juízo de origem.

13.5. Fundamentos mais comuns

A parte exequente deve tomar o art. 523 no seu pleito, visto que, caso o devedor, condenado ao pagamento de quantia certa ou já fixada em liquidação, não o efetue no **prazo de 15 dias**, o montante da condenação será acrescido de **multa no percentual de 10% e de honorários de advogado, no mesmo percentual**.

O requerimento a ser apresentado pelo credor deverá ser instruído com o demonstrativo discriminado e atualizado do crédito, devendo a petição indicar: (i) o nome completo das partes, bem como o seu CPF ou CNPJ; (ii) o índice de correção monetária adotado; (iii) os juros aplicados e as respectivas taxas; (iv) o termo inicial e o termo final dos juros e da correção monetária utilizados; (v) a periodicidade da capitalização dos juros, se for o caso; (vi) especificação dos eventuais descontos obrigatórios realizados; e (vii) indicação dos bens passíveis de penhora, se possível.

Tratando-se do cumprimento provisório de sentença, o pedido deverá atender ao art. 522, sendo a petição acompanhada dos seguintes documentos, em cópias autenticadas pelo advogado: (i) decisão exequenda; (ii) certidão de interposição de recurso não dotado de efeito suspensivo; (iii) procurações outorgadas pelas partes; (iv) decisão de habilitação, se for o caso; (v) facultativamente, de outras peças processuais consideradas necessárias para demonstrar a existência do crédito.

Especificamente sobre a sentença arbitral, os fundamentos jurídicos que lhe atribuem força executiva, na condição de título executivo judicial, são o inciso VII do art. 515 do CPC e o art. 31 da Lei de Arbitragem.

13.6. Estrutura da peça

1. **Endereçamento:** execução de sentença arbitral: "Vara Cível da Comarca de... do Estado de...". Cumprimento de sentença: o juízo que proferiu a sentença na ação de conhecimento. Neste caso, antes da qualificação das partes, deve-se fazer menção ao "Processo n. ...".
2. **Identificação das partes:** parte exequente: pessoa física ou pessoa jurídica, com qualificação completa; parte executada: pessoa física ou pessoa jurídica, com qualificação completa.
3. **Representação judicial:** procurador(a) com mandato em anexo.
4. **Nome da peça e fundamento legal**: ação de execução de título judicial, com fundamento nos arts. 515, VII, do CPC e 31 da Lei n. 9.307/96. Pedido de cumprimento de sentença, com fundamento nos arts. 523 e... [indicar o dispositivo legal específico – para o caso de cumprimento de obrigação de pagar quantia certa, o art. 523; para o caso de cumprimento de obrigação de fazer e não fazer, o art. 536; para o cumprimento de obrigação de entregar coisa, o art. 538 do CPC].
5. **Narrativa dos fatos ("Dos Fatos"):** exposição dos fatos previstos na situação hipotética da questão. Não inventar outros fatos, nem trazer detalhes ausentes no problema. Referenciar a existência de um título executivo judicial, no caso, a sentença arbitral. Qualquer fato novo trazido anulará a peça, sendo atribuída nota ZERO.
6. **Fundamentação ("Do Direito"):** atente-se que a mera citação de artigos não pontua. A ação de execução tem vez pelo não cumprimento da solução do litígio pelo juízo arbitral, visto que também estão preenchidos os requisitos de certeza, liquidez e exigibilidade do título executivo (art. 515, VII, do CPC), bem como da sentença arbitral, previstos no art. 26 da Lei n. 9.307/96. Transcrever o art. 31 da lei em comento.
7. **Pedidos ("Dos Pedidos"):** a) procedência dos pedidos da parte exequente; b) citação da parte executada para efetuar o pagamento do título executivo no prazo de 15 dias, sob pena do acréscimo de multa no importe de 10%, nos termos do art. 523 do CPC, bem como a expedição de mandado de penhora e avaliação, seguindo os atos de expropriação; c) condenação da parte ré ao pagamento de custas e honorários advocatícios, no importe de 10% do valor da causa (art. 523, § 1º, do CPC); d) informar endereço em que receberá as intimações (art. 106, I, do CPC); e) a indicação dos bens a seguir para efeito de penhora: ... [se for o caso]
8. **Valor da causa:** dá-se à presente causa o valor de R$... [valor do título executivo].
9. **Fechamento da peça:** local, data. Advogado, OAB [não inventar dados].

13.7. Questão da peça profissional

(VII Exame) Mate Gelado Refrescos Ltda. celebrou contrato de compra e venda com Águas Minerais da Serra S.A., pelo qual esta deveria fornecer 100 (cem) litros d'água por dia àquela, no período de 10 de dezembro de 2009 e 10 de abril de 2010. O contrato contém cláusula compromissória para a solução de eventuais conflitos decorrentes do contrato. As partes contratantes possuem sede no município de Maragogi-Alagoas.

No entanto, no dia 4 de dezembro de 2009, Águas Minerais da Serra S.A. resiliu o contrato de compra e venda. Com isso, Mate Gelado Refrescos Ltda. foi obrigada a firmar novo contrato para aquisição de água mineral, às pressas, com Águas Fonte da Saudade Ltda., única sociedade empresária do ramo disponível naquele momento.

Todavia, como a capacidade de produção de Águas Fonte da Saudade Ltda. é muito inferior à de Águas Minerais da Serra S.A., a produção de Mate Gelado Refrescos Ltda. ficou prejudicada e não foi possível atender à demanda dos consumidores pela bebida.

Instaurado o procedimento arbitral, Águas Minerais da Serra S.A., ao final, foi condenada a pagar a Mate Gelado Refrescos Ltda. o valor de R$ 200.000,00 pelas perdas e danos decorrentes do rompimento unilateral do contrato e falta de fornecimento do produto, tendo sido fixado na sentença arbitral o dia 25-2-2012 como termo final para o pagamento voluntário.

Contudo, Águas Minerais da Serra S.A. recusou-se a cumprir voluntariamente a decisão, embora houvesse lucrado R$ 1.000.000,00 no 4º trimestre de 2011.

Você foi procurado pelos representantes legais de Mate Gelado Refrescos Ltda. para providenciar a cobrança judicial do valor da condenação devida por Águas Minerais da Serra S.A. Redija a peça adequada, considerando que você a está elaborando no dia 1º-6-2012, e que na cidade e comarca de Maragogi, Alagoas, há somente uma única vara.

13.8. **Modelo da peça**

Excelentíssimo Senhor Doutor Juiz de Direito da... Vara Única da Comarca de Maragogi, do Estado de Alagoas.

(deixar espaço de 5 linhas)

Mate Gelado Refrescos Ltda., pessoa jurídica de direito privado, inscrita no CNPJ n. ..., com sede na rua..., n. ..., na cidade..., neste ato se fazendo presente pelo seu administrador [qualificação de pessoa física], pelo seu advogado, com mandato anexo, vem, respeitosamente, à presença de Vossa Excelência, com fundamento no art. 515, VII, do Código de Processo Civil – CPC e art. 31 da Lei n. 9.307/96, propor a presente AÇÃO DE EXECUÇÃO DE TÍTULO JUDICIAL em face de Águas Minerais da Serra S/A, [qualificação], nas razões que seguem.

I. DOS FATOS

Mate Gelado Refrescos Ltda. celebrou contrato de compra e venda com Águas Minerais da Serra S.A., pelo qual esta deveria fornecer 100 (cem) litros d'água por dia àquela, no período de 10 de dezembro de 2009 e 10 de abril de 2010. O contrato contém cláusula compromissória para a solução de eventuais conflitos decorrentes do contrato. As partes contratantes possuem sede no município de Maragogi-Alagoas.

No entanto, no dia 4 de dezembro de 2009, Águas Minerais da Serra S.A. resiliu o contrato de compra e venda. Com isso, Mate Gelado Refrescos Ltda. foi obrigada a firmar novo contrato para aquisição de água mineral, às pressas, com Águas Fonte da Saudade Ltda., única sociedade empresária do ramo disponível naquele momento.

Todavia, como a capacidade de produção de Águas Fonte da Saudade Ltda. é muito inferior à de Águas Minerais da Serra S.A., a produção de Mate Gelado Refrescos Ltda. ficou prejudicada e não foi possível atender à demanda dos consumidores pela bebida.

Instaurado o procedimento arbitral, Águas Minerais da Serra S.A., ao final, foi condenada a pagar a Mate Gelado Refrescos Ltda. o valor de R$ 200.000,00 pelas perdas e danos decorrentes do rompimento unilateral do contrato e falta de fornecimento do produto, tendo sido fixado na sentença arbitral o dia 25-2-2012 como termo final para o pagamento voluntário.

Contudo, Águas Minerais da Serra S.A. recusou-se a cumprir voluntariamente a decisão, embora houvesse lucrado R$ 1.000.000,00 no 4.º trimestre de 2011.

2. DO DIREITO

Segundo o art. 31 da Lei n. 9.307/96, a sentença arbitral produz, entre as partes e seus sucessores, os mesmos efeitos da sentença proferida pelos órgãos do Poder Judiciário e, sendo condenatória, constitui título executivo.

O art. 515, VII, do CPC, prevê como título executivo judicial, dentre outros, a sentença arbitral, objeto da presente execução, confirmando o entendimento da lei de arbitragem mencionado anteriormente.

Ademais, afirma-se que a sentença arbitral em anexo preenche todos os requisitos do art. 26 da Lei Arbitral, a saber:

I – o relatório, que conterá os nomes das partes e um resumo do litígio;

II – os fundamentos da decisão, onde serão analisadas as questões de fato e de direito, mencionando-se, expressamente, se os árbitros julgaram por equidade;

III – o dispositivo em que os árbitros resolverão as questões que lhes forem submetidas e estabelecerão o prazo para o cumprimento da decisão, se for o caso; e

IV – a data e o lugar em que foi proferida.

Sendo assim, é de todo o direito a execução da mesma pelo ora exequente, pois não houve cumprimento da sentença.

3. DOS PEDIDOS

Ante o exposto, preenchidos os requisitos legais, requer:

3.1 Procedência dos pedidos da presente ação de execução.

3.2 Citação da parte executada para efetuar o pagamento de R$ 200.000,00 no prazo de 15 dias, sob pena de multa de 10% sobre o montante da condenação, bem como ser expedido mandado de penhora e avaliação de bens (art. 523 do CPC).

3.3 A condenação em custas e honorários advocatícios (art. 523, § 1.º, do CPC).

3.4 Que as intimações sejam encaminhadas ao endereço do escritório patrono, conforme o inciso I do art. 106 do CPC, informado na procuração em anexo.

3.5 Indica-se, na falta de outros bens passíveis de penhora, em atendimento ao art. 524, VII, do CPC, o faturamento da empresa executada, haja vista o lucro de R$ 1.000.000,00 auferido somente no último trimestre de 2011.

Dá se à presente causa o valor de R$ 200.000,00.

Nestes termos,
Pede deferimento.
Local, 1.º-6-2012.
Advogado, OAB n. ...

14. AÇÃO DE RESPONSABILIDADE (REPARAÇÃO DE DANOS EM GERAL)

14.1. Apresentação

Por **ação de responsabilidade**, denomina-se a medida judicial que tem o objetivo de reparar os prejuízos sofridos por alguém, em face de um ato ilícito praticado por terceira pessoa. Tal ação judicial também é conhecida como **ação de indenização** ou como **ação de reparação de danos**.

Há uma situação de forte incidência da ação de responsabilidade, no direito empresarial, que é a ação em que se almeja conseguir a condenação do administrador societário a reparar os prejuízos por ele causado. Dada a relevância, esta possibilidade será examinada, em separado, no próximo capítulo.

Neste capítulo, serão apresentadas outras situações em que se poderá manejar ações indenizatórias. É certo notar que poderão ser pleiteadas em tais ações tanto a condenação por danos materiais quanto a condenação por danos morais, alternativa e cumulativamente.

14.2. Características e requisitos

A presente ação, na falta de normatização específica para o seu rito, seguirá o **procedimento comum**. Assim, todas as características e requisitos apresentados no capítulo 1 também se aplicam aqui, para onde se remete o leitor neste momento. Sugere-se também a leitura do item 1.5 Fundamentos mais comuns, do capítulo 1, aplicável integralmente para este procedimento.

14.3. Como identificar a peça

A presente peça é de fácil identificação. Com efeito, será retratada na questão uma situação hipotética na qual alguém pratica determinado ato, seja em desobediência à lei ou ao contrato, produzindo prejuízos para terceiro. Este terceiro será o cliente que o procurará para o fim de promover a ação judicial para reparar os prejuízos sofridos em consonância com a narrativa fática.

14.4. Competência

Nos termos do **art. 53, IV, *a*, do CPC**, a competência para julgar o presente feito é do juízo do lugar do ato ou fato. São casos comumente endereçados à Justiça Estadual. Deve-se atentar para as informações do caso concreto: "Vara Cível", "Vara Empresarial", "Vara de Falências", "Vara Única", "Comarca da Capital" etc.

14.5. Fundamentos mais comuns

Em matéria de reparação de danos, o examinando deve ter em mente a indicação de fundamentos de duas espécies: (i) fundamentos gerais; (ii) fundamentos específicos. Os fundamentos gerais são aqueles que devem ser apresentados para qualquer reparação de danos. Trata-se dos arts. 186 e 187 do Código Civil, que descrevem os denominados atos jurídicos ilícitos, remetendo ao art. 927 do mesmo Código, que determina a obrigação de reparar os danos por aquele causou prejuízo.

Em razão dos limites impostos a esta obra, serão apresentados aqueles fundamentos específicos mais utilizados e lembrados na preparação em geral para o Exame de Ordem. Porém é importante o alerta: não se vai tratar os fundamentos aqui de modo exaustivo, de sorte que será possível (incomum, porém possível) ser apresentada questão, cujos fundamentos não tenham sido descritos abaixo.

O primeiro caso é o da **apresentação antecipada do cheque pré-datado**. Destaque-se, de início, que juridicamente o correto seria falar em cheque pós-datado, já que o caso trata de cheque que foi emitido cuja data indicada como a de emissão foi uma diferida no tempo, no futuro; "pré-datado", de verdade mesmo, seria o cheque emitido hoje, cuja data de emissão indicada na cártula foi uma data anterior.

Críticas à parte, a prática empresarial consagrou e disseminou o uso do "cheque pré" e a jurisprudência o reconheceu como um contrato, um pacto, um "acordo de cavalheiros". Assim, apresentar o cheque antes da data convencionada enseja danos moral. Neste sentido, é o teor da Súmula 370 do STJ: "Caracteriza dano moral a apresentação antecipada de cheque pré-datado". Trata-se de um caso de *responsabilidade civil objetiva*, na medida em que tal reparação de danos independe de prova do prejuízo, vale dizer, a prática do mero ato em si já ensejará responsabilidade para o credor que apresenta antecipadamente um cheque pós-datado.

Outro caso sempre estudado no direito empresarial é o da **devolução indevida do cheque**. Com efeito, tendo saldo disponível na conta corrente, deveria o banco sacado efetuar o pagamento do cheque. Para este caso, aplica-se a Súmula 388 do STJ: "A simples devolução indevida do cheque caracteriza dano moral, independentemente da prova do prejuízo sofrido pela vítima". Como se percebe, é outro caso de responsabilidade civil objetiva.

Um terceiro caso importante para o direito empresarial se refere ao **protesto indevido de títulos de crédito**. Com efeito, a jurisprudência do STJ é consolidada no sentido de que o simples protesto indevido, independente de prova do prejuízo, também, enseja reparação de danos. Nesse sentido têm-se: (i) a Súmula 475 do STJ: "Responde pelos danos decorrentes de protesto indevido o endossatário que recebe por endosso translativo título de crédito contendo vício formal extrínseco ou intrínseco, ficando ressalvado seu direito de regresso contra os endossantes e avalistas"; e (ii) a Súmula 476 do STJ: "O endossatário de título de crédito por endosso-mandato só responde por danos decorrentes de protesto indevido se extrapolar os poderes de mandatário". Trata-se de mais uma situação de *responsabilidade civil objetiva*.

Em matéria societária, além da responsabilidade do administrador que, como já se disse, será estudada no próximo capítulo, há outro caso relevante: o da **responsabilidade dos sócios** pelos ilícitos por eles praticados. No caso da **sociedade limitada**, há: (i) a responsabilidade pela exata estimação do valor dos bens – art. 1.055, § 1º, do CC; (ii) a responsabilidade pela distribuição de lucros ilícitos ou fictícios – art. 1.059 do CC; e (iii) a responsabilidade pelas deliberações infringentes – art. 1.080 do CC. Na **sociedade anônima**, há: (i) a responsabilidade pelo abuso do direito de voto – art. 115 da Lei n. 6.404/76; e (ii) a responsabilidade pelo abuso do poder de controle – art. 117 da Lei n. 6.404/76. Trata-se de situações de *responsabilidade civil subjetiva* na medida em que há a necessidade de prova do nexo causal entre o prejuízo e o ato praticado, culposa ou dolosamente.

Outro caso, em matéria societária, refere-se à situação dos **credores insatisfeitos** ao *final do procedimento* de **liquidação de sociedade**. Com efeito, tanto para a **sociedade limitada**, nos termos do art. 1.110 c/c o art. 206, § 1º, V, do Código Civil, quanto para a **sociedade anônima**, de acordo com o art. 218 c/c o art. 287, I, *b*, da Lei n. 6.404/76, prescreve em um ano, a contar da ata de encerramento da liquidação da sociedade, a pretensão dos credores não satisfeitos contra os sócios – respondendo até a soma por eles recebida na partilha – ou contra o liquidante, caso o não pagamento resulte de um ato doloso ou culposo por parte deste.

Por final, há três casos importantes, ***no âmbito do processo de falência***: (i) a responsabilidade do administrador judicial pelos prejuízos que causar à massa falida, ao devedor ou aos credores, por dolo ou culpa – art. 32 da Lei n. 11.101/2005; (ii) a responsabilidade pessoal dos sócios de responsabilidade limitada, dos controladores e dos administradores da sociedade falida, pela decretação da falência – art. 82 da Lei n. 11.101/2005 –; e (iii) a responsabilidade que o administrador judicial terá em face do contratante que teve seu contrato com o falido resolvido, vale dizer, cancelado pelo próprio administrador judicial, em razão do decreto de quebra, nos termos do art. 117, § 2º, da Lei n. 11.101/2005, que determina que a indenização irá constituir crédito quirografário, no processo de falência, independentemente do tipo de crédito previsto no contrato.

14.6. Estrutura da peça

1. **Endereçamento:** Excelentíssimo Senhor Doutor Juiz de Direito da... Vara Cível da Comarca de... do Estado de... . Atentar para a informação constante do caso concreto que pode trazer "Vara Única" ou "Vara da Comarca da Capital" e, nestes termos, segue-se o que caso apresentar.

2. **Identificação das partes:** se for pessoa física: Fulano de tal, nacionalidade..., estado civil..., profissão..., portador do RG n. ..., e do CPF n. ..., residente e domiciliado na... .

   Se for pessoa jurídica: Nome empresarial, pessoa jurídica de direito privado, inscrita no CNPJ n. ..., estabelecida na..., neste ato se fazendo presente por seu administrador... (pode fazer a qualificação de "pessoa física").

   Se for sociedade anônima: Nome empresarial, pessoa jurídica de direito privado, inscrita no CNPJ n. ..., estabelecida na..., neste ato se fazendo presente por seu diretor... (pode fazer a qualificação de "pessoa física")
3. **Representação judicial:** advogado(a), com mandato em anexo.
4. **Nome da ação e fundamentação legal:** ação de responsabilidade (ou ação de reparação de danos ou, ainda, ação do procedimento comum), com fundamento no art. 319 do CPC e no... [deve se indicar, também, o fundamento específico de direito material cabível no caso concreto].
5. **Narrativa dos fatos ("Dos Fatos"):** a transcrição integral do caso narrado. Frise-se, por oportuno, a necessidade de se limitar à cópia do caso apresentado, não cabendo inventar ou deduzir dados, sob pena de ser atribuída NOTA ZERO à peça prático-profissional elaborada.
6. **Fundamentação ("Do Direito"):** cabe sempre ressaltar que a mera citação ou transcrição de artigos de lei e mesmo de súmulas de jurisprudência não pontua. Deve, na verdade, ser desenvolvido um raciocínio jurídico acerca do dispositivo legal ou entendimento sumulado apresentado. Assim, mais do que apenas dizer que o que se pretende está previsto no art. X da Lei Y, é de se demonstrar o porquê da utilização de tal fundamento legal.
7. **Pedidos ("Do Pedido"):** a) a concessão de liminar/tutela antecipada no sentido de... [quando houver a necessidade.]; b) a opção do autor pela realização de audiência de conciliação ou de mediação, devendo o réu ser citado com a antecedência mínima de 20 dias [isto é a regra geral; toda vez que o caso for silente, a opção será pela realização de audiência de conciliação ou de mediação – se a opção for pela não realização de tal audiência, a questão proposta deverá ser expressa neste sentido]; c) a procedência do pedido do autor no sentido de... [descrever exatamente o que se pretende e não esquecer de confirmar o que foi pedido na liminar ou tutela antecipada com a confirmação da sentença.]; d) a condenação ao pagamento das custas e dos honorários advocatícios, sendo estes últimos pleiteados no importe de 20% do valor da causa, conforme disposição do art. 85, § 2º, do CPC; e) que as intimações sejam enviadas para o escritório na Rua... (art. 106, I, do CPC). Pretende-se provar o alegado por todas as provas em direito admitidas, especialmente... [o pedido genérico de provas não pontua. Desse modo, faz-se necessário você especificar as provas que pretende produzir, em conformidade com o caso apresentado no Exame; por exemplo: ...especialmente por prova testemunhal cujo rol será apresentado oportunamente].

8. **Valor da causa:** dá-se à presente causa o valor de R$...
9. **Fechamento da peça:** local, data. Advogado, OAB.

14.7. Questão da peça profissional

(OAB/GO-Cespe – 2003.1) João da Silva comprou em 10 de janeiro de 2006 um aparelho de TV de 29 polegadas na loja Casa Carioca, dando em pagamento 5 cheques no valor unitário de R$ 250,00, sendo o primeiro à vista e os quatro restantes "pré-datados", com vencimento para 10 de fevereiro, 10 de março, 10 de abril e 10 de maio, respectivamente. Ocorre que no dia 10 de março a loja apresentou ao banco, para saque, também os cheques vencíveis em abril e maio, o que veio a prejudicar o comprador que não possuía fundos suficientes em sua conta, acarretando ao mesmo, além da falta de crédito na praça e a retomada do bem adquirido, o encerramento de sua conta bancária. Indignado o cliente decidiu processar a loja.

Pergunta-se: Como advogado do João, promova a ação cabível no caso em tela.

14.8. Modelo da peça

Excelentíssimo Senhor Doutor Juiz de Direito da... Vara Cível da Comarca de... do Estado de...

(deixar espaço de 5 linhas)

João da Silva, Nacionalidade..., Estado civil..., Profissão..., portador do RG n. ..., e do CPF n. ..., residente e domiciliado na..., por seu advogado, com mandato anexo, vem respeitosamente perante Vossa Excelência promover a presente AÇÃO DE RESPONSABILIDADE, com fundamento no art. 319 do CPC e na Súmula 370 do STJ, em face de Casa Carioca, (qualificação), pelos fundamentos de fato e de direito a seguir:

DOS FATOS

João da Silva comprou, em 10 de janeiro de 2006, um aparelho de TV de 29 polegadas na loja Casa Carioca, dando em pagamento 5 cheques no valor unitário de R$ 250,00, sendo o primeiro à vista e os quatro restantes "pré-datados", com vencimento para 10 de fevereiro, 10 de março, 10 de abril e 10 de maio, respectivamente. Ocorre que no dia 10 de março a loja apresentou ao banco, para saque, também os cheques vencíveis em abril e maio, o que veio a prejudicar o comprador, que não possuía fundos suficientes em sua conta, acarretando-lhe, além da falta de crédito na praça e a retomada do bem adquirido, o encerramento de sua conta bancária.

DO DIREITO

O art. 186 do Código Civil considera ato ilícito qualquer ação ou omissão voluntária, negligência ou imprudência, que tenha por objetivo violar direito e causar dano a outrem. Na mesma toada, determina o art. 927 também do Código Civil: "Aquele que, por ato ilícito, causar dano a outrem, fica obrigado a repará-lo".

Com efeito, são notórios os prejuízos causados ao autor pelo réu, diante da apresentação antecipada de dois cheques pré-datados, cuja apresentação deveria se dar, respectivamente, no dia 10 de abril e no dia 10 de maio, mas que foram efetivamente apresentados no dia 10 de março.

Desse modo, diante do descumprimento do que fora convencionado com João da Silva, não resta alternativa à Casa Carioca senão reparar os prejuízos, de ordem moral, sofridos pelo autor. Nesse sentido, aliás, determina a Súmula 370 do STJ: "Caracteriza dano moral a apresentação antecipada de cheque pré-datado".

DOS PEDIDOS

Diante do exposto, é a presente para requerer:

a) a opção do autor pela realização de audiência de conciliação ou de mediação, devendo o réu ser citado com a antecedência mínima de 20 dias;

b) a procedência dos pedidos do autor, em todos os seus termos no sentido de condenar o réu a reparar os prejuízos sofridos pelo autor em face da apresentação antecipada dos cheques pré-datados, em valor a ser apurado mediante liquidação de sentença;

c) a condenação ao pagamento das custas e dos honorários advocatícios, sendo estes últimos pleiteados no importe de 20% do valor da causa, conforme disposição do art. 85, § 2.º, do CPC;

d) que as intimações sejam enviadas para o escritório na Rua... (art. 106, I, do CPC).

Pretende-se provar o alegado por todas as provas em direito admitidas, especialmente pela juntada da microfilmagem dos cheques e pelo depoimento pessoal do administrador da Ré, e tudo o mais que se fizer necessário, desde logo, já requerida.

Dá-se à causa o valor de R$... [art. 291. A toda causa será atribuído valor certo, ainda que não tenha conteúdo econômico imediatamente aferido].

Nestes termos,
Pede deferimento.
Local. Data.
Advogado, OAB n. ...

15. AÇÃO DE RESPONSABILIDADE POR ATOS DO ADMINISTRADOR

15.1. Apresentação

A ação de responsabilidade por atos do administrador, como o próprio nome sugere, visa chamar o administrador para vir a responder pelos atos ilícitos que praticar durante a sua gestão societária. Trata-se de ação que poderá ser promovida tanto em face dos administradores de sociedade limitada quanto em face dos diretores e/ou conselheiros de administração de sociedade anônima.

É uma ação que vai seguir o rito ordinário previsto no Código de Processo Civil. Neste particular, a sua petição inicial deverá ser elaborada em conformidade com o art. 319 daquele Código. Tal medida judicial parte de **duas premissas**:

a) todo aquele que, em razão de um ilícito, gerar um prejuízo a outrem, assumirá o dever de reparar os prejuízos causados; e

b) os administradores respondem solidariamente perante a sociedade e solidariamente com ela perante terceiros, pelos ilícitos e prejuízos que, por dolo ou culpa, causar.

15.2. Características e requisitos

De maneira geral, pode-se dizer que a função de administrador em uma sociedade é de natureza executiva, pautada no chamado poder gerencial. O poder gerencial é o poder atribuído aos administradores para que possam cumprir o seu papel no contexto societário.

Em razão da função que exercem, os administradores societários assumem três importantes deveres:

a) **dever de diligência** – por meio do qual deve empregar, no exercício de suas funções, o cuidado e diligência que todo homem ativo e probo costuma empregar na administração dos seus próprios negócios (art. 1.011 do CC; art. 153 da Lei n. 6.404/76);

b) **dever de lealdade** – por meio do qual deve exercer a sua atividade para o bem do interesse social, visando sempre atendê-lo, privilegiando-o em detrimento de seu interesse pessoal, sendo-lhe vedado: I – usar as oportunidades comerciais de que tenha conhecimento em razão do cargo, em benefício próprio ou de terceiro, com ou sem prejuízo para a sociedade; II – omitir-se no exercício ou na proteção dos direitos da sociedade ou deixar de aproveitar oportunidades de negócios no interesse da sociedade, visando à obtenção de vantagens para si ou para terceiros; e III– adquirir, para revender com lucro, bem ou direito que sabe necessário à sociedade ou que esta tencione adquirir (art. 1.017 do CC; art. 155 da Lei n. 6.404/76);

c) **dever de informar** – por meio do qual deve disponibilizar aos interessados informações que possam vir a refletir patrimonialmente na sociedade (na sociedade limitada, basta aos sócios; na sociedade anônima, além dos acionistas, poderá haver a necessidade de comunicação à CVM e divulgação na imprensa), decorrendo deste dever o de prestar contas (arts. 1.020 e 1.021 do CC; art. 157 da Lei n. 6.404/76).

Em razão dos deveres anteriormente apontados, surgem para os administradores determinadas responsabilidades. Cabe a eles agir, sempre, em conformidade com o que prescrever a vontade social e cumprindo os ditames legais. É o que determina o art. 47 do Código Civil: "Obrigam a pessoa jurídica os atos dos administradores, exercidos nos limites de seus poderes definidos no ato constitutivo". Desse modo, no limite do poder gerencial, a responsabilidade pelos atos da administração é, exclusiva, da sociedade.

Diferente, entretanto, é o tratamento dado quando é praticado um ilícito na administração societária. Há **duas modalidades de ilícitos**:

Ato ilegal	Como o próprio nome sugere, o administrador, no exercício de sua função, infringe algum comando normativo.
Ato *ultra vires*	Caracterizado por: I – violação ao ato constitutivo e/ou à vontade social; II – excesso de poder.

No ato *ultra vires*, viola o **ato constitutivo ou a vontade social** o administrador que pratica em nome da sociedade um ato vedado no contrato social ou no estatuto. Por final, o **excesso de poder** é o exercício abusivo da função executiva atribuída ao administrador, vale dizer, ele exerce sua função, sem se ater aos eventuais requisitos ou condições estabelecidos no ato constitutivo da sociedade a qual administra.

15.3. Como identificar a peça

A questão narrará uma situação em que determinada pessoa, na condição de administrador, veio a praticar determinado fato que redundou em alguma espécie de prejuízo, seja para a sociedade, seja para terceiros. O objetivo será a promoção de ação judicial visando à reparação dos prejuízos sofridos.

Trata-se de ação que será promovida em face do administrador societário. Ou seja, o réu da presente ação será o administrador, sempre. Tal ação poderá ser promovida pela sociedade ou por terceiro. Quando a ação for promovida por terceiro, aparecerão como réus, em litisconsórcio, o administrador e a sociedade.

De maneira específica, é importante notar o modo de identificação de estrutura da peça, quando se estiver diante de administrador de sociedade anônima.

Regra geral, para se promover a presente ação, haverá a necessidade de prévia deliberação em assembleia, vale dizer, é preciso que se convoque assembleia para que os acionistas aprovem, ou não, a promoção de ação judicial contra o administrador da sociedade para ver ressarcidos os prejuízos desta (art. 159, *caput*, da Lei n. 6.404/76).

Caso a assembleia delibere promover e a ação não venha a ser proposta, poderá qualquer acionista propor, em seu nome, mas a favor da sociedade, tal medida judicial (art. 159, § 3º, da Lei n. 6.404/76). É possível, ainda, haver a propositura da presente ação, caso a assembleia delibere não promovê-la; nesta situação, acionistas que representem, pelo menos, 5% do capital social terão legitimidade para propor a presente ação em seu nome, mas a favor da sociedade (art. 159, § 4º, da Lei n. 6.404/76). Trata-se de hipóteses de legitimidade ativa extraordinária.

Por final, é ainda possível que os acionistas ou que terceiros venham a promover perante o administrador societário ação de responsabilização para defender direito próprio. Ou seja, se o administrador, em razão do ilícito, prejudicar diretamente sócios ou terceiros, estes poderão manejar ação para ver seus prejuízos ressarcidos, independentemente da ação que vier a ser proposta para reparar os danos causados à sociedade anônima (art. 159, § 7º, da Lei n. 6.404/76).

No âmbito de uma **contestação**, o caso narrará a apresentação da petição inicial e pedirá para que se proceda à defesa do administrador. Nesse sentido, é importante ressaltar o prazo prescricional para a promoção da presente ação. Com efeito, preveem o art. 287, II, *b*, 2, da Lei n. 6.404/76 – para as sociedades anônimas – e o art. 206, § 3º, VII, *b*, do Código Civil – para as demais sociedades – que o prazo de prescrição para a presente ação é de três anos, contados da aprovação dos balanços, referente ao exercício em que a violação tenha ocorrido.

É primordial perceber que, nos termos do art. 487, II, do CPC, prescrição não é matéria de preliminar (prevista no art. 337 do mesmo Código e que tem por consequência a extinção do processo sem resolução de mérito), mas sim prejudicial de mérito. Para o Exame de Ordem, tal matéria deve ser a primeira a ser apresentada na fundamentação.

15.4. Competência

A competência para a presente ação será determinada pelo local do ato ou fato ilícito praticado ensejador da reparação de danos. É o que determina o art. 53, III, *a*, do CPC. Trata-se, portanto, de ação que será endereçada à Justiça Comum, vale dizer, à Vara Cível da Comarca do local onde se praticou a ilicitude.

15.5. Fundamentos mais comuns

É preciso que se faça uma diferenciação dos fundamentos mais comuns tanto em face de administração na sociedade limitada quanto em face de administração na sociedade anônima. Com efeito, as normas específicas sobre administração na sociedade limitada estão previstas nos arts. 1.060 a 1.065 do Código Civil. Em tais dispositivos, não há normas a respeito da responsabilidade dos administradores.

Do que resulta a necessidade de aplicação do art. 1.053 do Código Civil, que dispõe: a sociedade limitada rege-se, nas omissões deste Capítulo [o Capítulo do Código Civil que regulamenta a sociedade limitada – arts. 1.052 a 1.087], pelas normas da sociedade simples.

O contrato social poderá prever a regência supletiva da sociedade limitada pelas normas da sociedade anônima. Deste modo, nas hipóteses relacionadas à sociedade limitada, serão apresentados os fundamentos relativos às normas da sociedade simples que serão, regra geral, utilizadas como regência supletiva. Já no que tange às hipóteses relacionadas à sociedade anônima, é imperioso notar que servirão tanto para as sociedades anônimas propriamente ditas quanto para a sociedade limitada que escolheu as normas daquela como sua regência supletiva.

Para a sociedade limitada, haverá responsabilidade do administrador perante terceiros nas seguintes hipóteses:

> Art. 1.012. O administrador, nomeado por instrumento em separado, deve averbá-lo à margem da inscrição da sociedade, e, pelos atos que praticar, antes de requerer a averbação, responde pessoal e solidariamente com a sociedade.
>
> Art. 1.036. Ocorrida a dissolução, cumpre aos administradores providenciar imediatamente a investidura do liquidante, e restringir a gestão própria aos negócios inadiáveis, vedadas novas operações, pelas quais responderão solidária e ilimitadamente.

Ainda na sociedade limitada, haverá responsabilidade dos administradores perante a sociedade, ou seus sócios, nas seguintes hipóteses:

> Art. 1.009. A distribuição de lucros ilícitos ou fictícios acarreta responsabilidade solidária dos administradores que a realizarem e dos sócios que os receberem, conhecendo ou devendo conhecer-lhes a ilegitimidade.
>
> Art. 1.013. [...] § 2º Responde por perdas e danos perante a sociedade o administrador que realizar operações, sabendo ou devendo saber que estava agindo em desacordo com a maioria.
>
> Art. 1.016. Os administradores respondem solidariamente perante a sociedade e os terceiros prejudicados, por culpa no desempenho de suas funções.
>
> Art. 1.017. O administrador que, sem consentimento escrito dos sócios, aplicar créditos ou bens sociais em proveito próprio ou de terceiros, terá de restituí-los à sociedade, ou pagar o equivalente, com todos os lucros resultantes, e, se houver prejuízo, por ele também responderá.

Para a sociedade anônima, e para as sociedades limitadas cujo contrato social determinar a regência supletiva da Lei n. 6.404/76, haverá responsabilidade dos administradores nas seguintes hipóteses:

Art. 158. O administrador não é pessoalmente responsável pelas obrigações que contrair em nome da sociedade e em virtude de ato regular de gestão; responde, porém, civilmente, pelos prejuízos que causar, quando proceder:

I – dentro de suas atribuições ou poderes, com culpa ou dolo;

II – com violação da lei ou do estatuto.

§ 1º O administrador não é responsável por atos ilícitos de outros administradores, salvo se com eles for conivente, se negligenciar em descobri-los ou se, deles tendo conhecimento, deixar de agir para impedir a sua prática. Exime-se de responsabilidade o administrador dissidente que faça consignar sua divergência em ata de reunião do órgão de administração ou, não sendo possível, dela dê ciência imediata e por escrito ao órgão da administração, no conselho fiscal, se em funcionamento, ou à assembleia-geral.

§ 2º Os administradores são solidariamente responsáveis pelos prejuízos causados em virtude do não cumprimento dos deveres impostos por lei para assegurar o funcionamento normal da companhia, ainda que, pelo estatuto, tais deveres não caibam a todos eles.

§ 3º Nas companhias abertas, a responsabilidade de que trata o § 2º ficará restrita, ressalvado o disposto no § 4º, aos administradores que, por disposição do estatuto, tenham atribuição específica de dar cumprimento àqueles deveres.

§ 4º O administrador que, tendo conhecimento do não cumprimento desses deveres por seu predecessor, ou pelo administrador competente nos termos do § 3º, deixar de comunicar o fato a assembleia geral, tornar-se-á por ele solidariamente responsável.

§ 5º Responderá solidariamente com o administrador quem, com o fim de obter vantagem para si ou para outrem, concorrer para a prática de ato com violação da lei ou do estatuto.

15.6. Estrutura da peça

1. **Endereçamento:** Excelentíssimo Senhor Doutor Juiz de Direito da... Vara Cível da Comarca de... do Estado de... .
2. **Identificação das partes:** autor: a pessoa prejudicada (pode ser tanto a sociedade quanto os sócios ou terceiros – lembrando a possibilidade que os sócios têm de promover ação tanto em nome próprio quanto a favor da sociedade); réu: o administrador (adicionalmente, em caso de a reparação de danos ter de ser feita a favor de terceiro que não seja sequer sócio, pode-se trazer, em litisconsórcio, a sociedade).

   Qualificação de pessoa física: Fulano de tal, nacionalidade..., estado civil..., profissão..., portador do RG n. ..., e do CPF n. ..., residente e domiciliado na... .

   Qualificação de pessoa jurídica: Nome empresarial, pessoa jurídica de direito privado, inscrita no CNPJ n. ..., estabelecida na..., neste ato se fazendo presente por seu administrador (diretor, caso se trate de sociedade anônima) ... (pode fazer a qualificação de "pessoa física").

3. **Representação judicial:** advogado assinado ao final, com mandato em anexo.
4. **Nome da ação e fundamento legal:** ação de responsabilidade, com fundamento no... (verificar o fundamento legal do caso concreto que indica a responsabilidade do administrador).
5. **Narrativa dos fatos ("Dos Fatos"):** exposição dos fatos previstos na situação hipotética da questão. Não inventar outros fatos nem trazer detalhes ausentes no problema. Deve-se, portanto, literalmente, copiar, de maneira integral, a questão, conforme apresentada.
6. **Fundamentação ("Do Direito"):** vale a pena ressaltar que a mera transcrição dos artigos não pontua. É a parte da peça em que deverão ser apresentados os dispositivos legais que asseguram o direito do cliente para o que se estará elaborando a peça processual. Nessa linha, em razão das várias possibilidades de fundamentação, sugere-se a releitura do presente capítulo.
7. **Tutela Provisória ("Da Tutela de Urgência"):** se for o caso, será imprescindível abrir um tópico entre "Do Direito" e "Do Pedido" com o título "Da Tutela de Urgência". Cabe trazer explicação acerca do art. 300, § 2º, do Código de Processo Civil, visando demonstrar a necessidade de a tutela pretendida ser deferida liminarmente.
8. **Pedidos ("Dos Pedidos"):** a) a concessão liminar da tutela de urgência com a sua posterior confirmação, por ocasião da sentença no sentido de... (se for o caso); b) a convocação de assembleia de conciliação ou de mediação, por opção do autor, devendo o réu ser citado com antecedência mínima de 20 dias; c) a procedência do pedido em todos os seus termos, no sentido de condenar o administrador (solidariamente com a sociedade, caso o autor da ação seja terceiro) a reparar os prejuízos causados pelo ilícito por ele praticado; d) a condenação do réu (ou dos réus, se for o caso) aos ônus da sucumbência, nos termos do art. 85 do CPC; e) que as intimações posteriores do presente feito sejam feitas no seguinte endereço... (art. 106, I, do CPC); f) a produção de todas as provas em Direito admitidas, especialmente por... (o pedido genérico de provas não pontua).
9. **Valor da causa:** Dá-se à causa o valor de R$... [o valor do prejuízo a ser ressarcido pelo administrador] (art. 291 do CPC. A toda causa será atribuído um valor certo, ainda que não tenha conteúdo econômico imediatamente aferível).
10. **Fechamento da peça:** local, data. Advogado, OAB (não inventar dados).

15.7. Questão da peça profissional

(OAB/RJ-Cespe – 2002-1) Na Companhia de Navegação Fluvial da Amazônia, empresa privada, o Diretor Financeiro Josemar Almeida, em colusão com o Diretor-Presidente Pedro Paulo Lopes Mancuso, adquiriu, agindo como representante legal da empresa e sob a justificativa de que esta necessitava ampliar suas instalações construindo estaleiros de reparo, cinco terrenos em região pantanosa componente de área de preservação ambiental. A aquisição foi feita pelo preço certo e irreajustável de R$ 1.200.000,00, pago à vista. Um grupo de sócios da empresa, após desenvolver sindicâncias privadas, verificou que os terrenos pertenciam à mãe de Josemar, e que haviam sido adquiridos por preço equivalente ao décuplo da avaliação feita por empresa especializada, avaliação essa que datava de antes da publicação do Decreto que havia transformado a área em zona de preservação ambiental. Notificados por esse grupo de sócios para prestar contas de seus atos, já que o orçamento de capital não contemplava investimento congênere no exercício social em curso, ambos os administradores ignoraram o questionamento. Nem sequer se justificaram, porque entendiam que apenas necessitavam prestar contas à assembleia geral que os havia eleito. O grupo de sócios, à vista da omissão dos administradores em responder, houve por bem questioná-los sobre esse mesmo tema, durante a assembleia geral extraordinária convocada para o mês seguinte, e de cuja ordem do dia apenas constava a apreciação da renúncia do Diretor de Controle, Edmar Florestan de Albuquerque.

Durante a assembleia, esse mesmo grupo de sócios, que detém no Capital Social um percentual equivalente a 9%, expondo aos demais sócios a conduta dos dois administradores e insatisfeito com as frágeis explicações dadas, propôs a respectiva destituição, que contou com a concordância da maioria dos presentes, tendo então sido eleitos três novos administradores para a empresa, e autorizadas as medidas judiciais necessárias ao ressarcimento à empresa, dos valores indevidamente utilizados pelos Diretores destituídos. Você foi procurado em seu escritório de advocacia pelo novo Diretor Presidente, no dia 10 de julho de 2002, exatamente dois meses após a deliberação assemblear, e foi contratado para adotar as medidas cabíveis.

Elabore a petição inicial da ação, embasando-a na legislação societária em vigor e datando-a; não se esqueça dos demais aspectos técnicos atinentes ao contencioso judicial.

15.8. Modelo da peça

Excelentíssimo Senhor Doutor Juiz de Direito da... Vara Cível da Comarca de... do Estado de...

(deixar espaço de 5 linhas)

Companhia de Navegação Fluvial da Amazônia, empresa privada, inscrita no CNPJ sob o n. ..., com sede na..., neste ato se fazendo presente por seu diretor presidente..., pelo seu advogado, ao final assinado, com mandato em anexo, vem, respeitosamente, à presença de Vossa Excelência, propor a presente AÇÃO DE RESPONSABILIDADE, com fundamento nos arts. 158 e 159 da Lei n. 6.404/76, em face de Josemar Almeida, ex-diretor financeiro, (qualificação), e Pedro Paulo Lopes Mancuso, ex-diretor presidente, (qualificação), pelos fundamentos de fato e de direito a seguir:

DOS FATOS

Na Companhia de Navegação Fluvial da Amazônia, empresa privada, o Diretor Financeiro Josemar Almeida, em colusão com o Diretor-Presidente Pedro Paulo Lopes Mancuso, adquiriu, agindo como representante legal da empresa e sob a justificativa de que esta necessitava ampliar suas instalações construindo estaleiros de reparo, cinco terrenos em região pantanosa componente de área de preservação ambiental. A aquisição foi feita pelo preço certo e irreajustável de R$ 1.200.000,00, pago à vista. Um grupo de sócios da empresa, após desenvolver sindicâncias privadas, verificou que os terrenos pertenciam à mãe de Josemar, e que haviam sido adquiridos por preço equivalente ao décuplo da avaliação feita por empresa especializada, avaliação essa que datava de antes da publicação do decreto que havia transformado a área em zona de preservação ambiental. Notificados por esse grupo de sócios para prestar contas de seus atos, já que o orçamento de capital não contemplava investimento congênere no exercício social em curso, ambos os administradores ignoraram o questionamento. Nem sequer se justificaram, porque entendiam que apenas necessitavam prestar contas à assembleia geral que os havia eleito. O grupo de sócios, à vista da omissão dos administradores em responder, houve por bem questioná-los sobre esse mesmo tema, durante a assembleia geral extraordinária convocada para o mês seguinte, e de cuja ordem do dia apenas constava a apreciação da renúncia do Diretor de Controle, Edmar Florestan de Albuquerque.

Durante a assembleia, esse mesmo grupo de sócios, que detém no Capital Social um percentual equivalente a 9%, expondo aos demais sócios a conduta dos dois administradores e insatisfeito com as frágeis explicações dadas, propôs a respectiva destituição, que contou com a concordância da maioria dos presentes, tendo então sido eleitos três novos administradores para a empresa, e autorizadas as medidas judiciais necessárias ao ressarcimento à empresa, dos valores indevidamente utilizados pelos Diretores destituídos.

DO DIREITO

A presente medida judicial tem por fundamento o art. 158 da Lei n. 6.404/76, que determina que responde pelos prejuízos que causar quando proceder dentro de suas atribuições, com dolo ou culpa, ou com violação da lei ou do estatuto, o administrador de sociedade anônima. Deve-se destacar, ainda, na forma dos §§ 1.º e 2.º do mesmo art. 158, que o administrador de sociedade anônima responde por atos omissivos ou comissivos. Desse modo, o administrador deve responder pelos ilícitos de outros administradores se com eles for conivente, havendo solidariedade entre os administradores pelos prejuízos causados em virtude do não cumprimento dos deveres impostos por lei para assegurar o funcionamento normal da companhia, ainda que, pelo estatuto, tais deveres não caibam a todos eles.

É imperioso notar que os administradores responderão pelos atos praticados sempre que extrapolarem o poder gerencial, violando a lei ou os atos constitutivos, assumindo responsabilidade, ainda, quando, dentro de suas funções, por dolo ou culpa vierem a causar prejuízos.

O caso concreto demonstra que Josemar Almeida agiu em colusão com Pedro Paulo Lopes Mancuso para causar prejuízos à Companhia de Navegação Fluvial da Amazônia. Vale dizer, com o escopo de ampliar suas instalações, construindo estaleiros de reparo, restaram adquiridos terrenos que eram de propriedade da mãe de Josemar Almeida, pelo décuplo do valor de avaliação feita por empresa especializada, datada de antes de a área ser decretada zona de proteção ambiental. O Código Civil, em seus arts. 186 e 187, em interpretação conjunta com o art. 927, determina que aquele que, por ato ilícito (arts. 186 e 187), causar dano a outrem, fica obrigado a repará-lo. Assim, é o presente feito com o objetivo de ver os prejuízos que Josemar Almeida, em colusão com Pedro Paulo Lopes Mancuso, causou à Companhia de Navegação Fluvial da Amazônia reparados.

Por final, não se pode deixar de notar que houve deliberação em assembleia aprovando o ajuizamento da presente ação, nos termos determinados pelo art. 159 da Lei n. 6.404/76.

DO PEDIDO

Diante do exposto, é a presente medida judicial para requerer:

a) A convocação de assembleia de conciliação ou de mediação, por opção do autor, sendo os réus citados com antecedência mínima de 20 dias.

b) A procedência do pedido em todos os seus termos, no sentido de condenar Josemar Almeida e Pedro Paulo Lopes Mancuso a pagar R$ 1.200.000,00 para reparar os prejuízos causados em razão do ato de improbidade ora "sub judice".

c) A condenação dos réus aos ônus da sucumbência, nos termos do art. 85 do CPC, e ao pagamento de custas.

d) Que as intimações posteriores do presente feito sejam feitas no seguinte endereço... (art. 106, I, do CPC).

e) A produção de todas as provas em Direito admitidas, especialmente pela juntada de documentos como a ata de assembleia que autorizou o ajuizamento da presente ação e o comprovante de pagamento para a aquisição dos terrenos da mãe de Josemar Almeida.

Dá-se à causa o valor de R$ 1.200.000,00.

Nestes termos,
Pede deferimento.
Local. Data.
Advogado, OAB n. ...

16. AÇÃO ANULATÓRIA DE DELIBERAÇÃO EM ASSEMBLEIA

16.1. Apresentação

As deliberações de sócios representam um dos principais temas relativos ao direito societário, vale dizer, a parte do direito empresarial relacionada à atuação, estrutura e funcionamento das sociedades empresárias. As deliberações sociais são relevantes porque representam o momento em que os sócios se encontram com a finalidade de discutir, propor e definir o interesse social, o interesse da sociedade enquanto uma pessoa distinta dos seus sócios.

Nesse particular, a lei regulamenta uma série de formalidades para a realização de uma assembleia de sócios, tanto em sociedade limitada quanto em sociedade anônima. Trata-se, sem sombra de dúvidas, dos principais tipos societários a serem estudados, imaginando a preparação para a 2ª Fase do Exame de Ordem em direito empresarial.

Ocorre que, muitas vezes, as assembleias de sócios tanto em sociedade limitada quanto em sociedade anônima acontecem em arrepio à solenidade legal. Assim, a presente ação tem o objetivo de anular assembleia que tenha sido convocada e/ou realizada em desconformidade com a lei.

16.2. Características e requisitos

Apesar da estrutura e modelo de peça ser o mesmo, é primordial compreender, em linhas gerais, as eventuais diferenças que existem entre as deliberações sociais em sociedade limitada e em sociedade anônima. Assim, a exposição se fará de maneira comparativa, apresentando-se as deliberações em sociedade limitada, na forma de regra geral, para, após, serem evidenciadas as nuances que distinguem, a cada passo, as deliberações em sociedade por ações.

A primeira característica se refere ao **modo de deliberação**. No âmbito das **sociedades limitadas**, é válido perceber que, regra geral, as deliberações podem ocorrer mediante **reunião ou assembleia**, a depender do que prescrever o contrato social (art. 1.072 do CC).

Assim, é o ato constitutivo societário que vai determinar, no caso da sociedade limitada, o modo de deliberação. Cabe a ele definir. Porém, não se pode deixar de notar que, em se tratando de sociedade limitada com o número mínimo de 11 sócios, independentemente de previsão do contrato social, as deliberações sociais deverão ocorrer mediante assembleia, nos termos do art. 1.072, § 1º, do Código

Civil. A diferença entre ambas reside no fato de que a assembleia é um procedimento mais solene, definido legalmente, enquanto a reunião ocorrerá em conformidade com o previsto no contrato social, sendo possível, por assim dizer, desburocratizar as deliberações sociais.

Para as **sociedades anônimas**, no entanto, é oportuno notar que as deliberações sociais sempre ocorrerão mediante **assembleia**. Nesse ínterim, é mister ressaltar as diferenças existentes entre a **Assembleia Geral Ordinária (AGO)** e a **Assembleia Geral Extraordinária (AGE)**.

A **AGO** é uma **assembleia obrigatória** que deve acontecer anualmente, nos quatro primeiros meses subsequentes ao final do exercício, para decidir sobre as seguintes matérias que lhe cabem exclusivamente, nos termos do art. 132 da Lei n. 6.404/76:

I – tomar as contas dos administradores, examinar, discutir e votar as demonstrações financeiras;

II – deliberar sobre a destinação do lucro líquido do exercício e a distribuição de dividendos;

III – eleger os administradores e os membros do conselho fiscal, quando for o caso; e

IV – aprovar a correção da expressão monetária do capital social.

De outro lado, a **AGE** é uma **assembleia eventual** que ocorrerá em razão da necessidade apresentada no caso concreto, podendo ocorrer mais de uma AGE em um mesmo exercício financeiro e que tratará das demais matérias não previstas no art. 132. Nunca é demais lembrar, inclusive, que a assembleia geral ordinária e a assembleia geral extraordinária poderão ser, cumulativamente, convocadas e realizadas no mesmo local, data e hora, instrumentadas em ata única.

Outro ponto importante se refere ao fato da **legitimidade para a convocação** da assembleia. Pode-se classificar tal legitimidade em: **ordinária** e **extraordinária**. A **legitimidade ordinária** para a **sociedade limitada** cabe aos administradores (art. 1.072 do CC); na **sociedade anônima**, caberá ao conselho de administração, se houver, ou aos diretores (art. 123 da Lei n. 6.404/76).

Na sociedade limitada, nos termos do que prescreve o art. 1.073 do Código Civil, a assembleia pode também ser convocada por sócio, quando os administradores retardarem a convocação, por mais de 60 dias, nos casos previstos em lei ou no contrato, ou por titulares de mais de um quinto do capital, quando não atendido, no prazo de oito dias, pedido de convocação fundamentado, com indicação das matérias a serem tratadas; ou pelo conselho fiscal, se houver, se a administração retardar por mais de 30 dias a sua convocação anual, ou sempre que ocorram motivos graves e urgentes. Para as sociedades anônimas, as hipóteses de **legitimidade extraordinária** pouco variam do exposto. É o que se infere da leitura do art. 123, parágrafo único, da Lei n. 6.404/76.

É importante, ainda trazer algumas considerações sobre o **procedimento de convocação**. Com efeito, de maneira geral, o procedimento é o mesmo. Cabe ao legitimado promover a convocação, mediante a publicação de anúncio, na imprensa oficial e em jornal de grande circulação, devendo a publicação acontecer, no mínimo, três vezes, em dias distintos, sendo definidas em tal anúncio as datas para a primeira e segunda convocação.

Para a **sociedade limitada** (art. 1.152, § 3º, do CC) e para a **sociedade anônima fechada** (art. 124, § 1º, I, da Lei n. 6.404/76), há um prazo mínimo de oito dias da primeira publicação para a primeira convocação e um prazo mínimo de cinco dias da primeira convocação para a segunda convocação.

Em se tratando de **sociedade anônima aberta** (art. 124, § 1º, II, da Lei n. 6.404/76), o prazo mínimo entre a primeira convocação e a primeira publicação é de 15 dias, e o prazo mínimo entre a primeira e a segunda publicação é de oito dias. Em se tratando de sociedade limitada, o art. 1.074 do Código Civil determina que o quórum de instalação em primeira convocação da assembleia é de três quartos, no mínimo, do capital social.

Para a **sociedade anônima**, em geral, o quórum de instalação em primeira convocação, nos termos do que dispõe o art. 125 da Lei n. 6.404/76, é de, no mínimo, um quarto do capital social. Em segunda convocação, para ambas as sociedades, a assembleia se instala com qualquer número presente.

É imprescindível notar que, normalmente, são os próprios sócios que se farão presentes à assembleia para, então, poderem exercer o seu direito de voto. Porém, em determinadas situações, pode haver a necessidade de o sócio vir a ser representado, sendo exercido o **direito de voto mediante procuração**. Na **sociedade limitada**, o art. 1.074, § 1º, do Código Civil determina a possibilidade de se passar procuração tanto para outro sócio quanto para um advogado.

Para a **sociedade anônima fechada**, o art. 126, § 1º, da Lei n. 6.404/76 prevê a possibilidade de se passar procuração para outro acionista, para advogado ou para administrador da companhia; na **sociedade anônima aberta**, além dos já mencionados, admite-se, ainda, procuração para instituição financeira.

É de se notar, ainda, que, para as sociedades anônimas, a procuração deve ter sido passada há menos de um ano, devendo, portanto, ser renovada ou prorrogada. Por isso, é comum, a cada AGO, ocorrer a renovação ou prorrogação das procurações eventualmente passadas pelos acionistas para o direito de voto. Em se tratando de sociedade limitada, porém, a lei não determina um prazo de vigência para tal procuração, com o que ela não precisa ser renovada ou prorrogada.

16.3. Como identificar a peça

Trata-se de medida judicial em que se visa tornar sem efeito a decisão tomada pelos sócios em assembleia. Como a assembleia é o órgão social que detém o maior poder político da sociedade, tendo atribuição, inclusive, de, quando for o caso, promover alteração nos atos constitutivos societários, resulta que a mera discordância do acionista, o mero dissabor de ter sido o voto vencido não lhe dá o direito de promover a anulação do que restou deliberado e acertado.

Para tal situação, ao sócio caberá, se for o caso, o direito de retirada (na sociedade limitada – art. 1.077 do CC; na sociedade anônima – art. 137 da Lei n. 6.404/76), recebendo, nos termos da lei, a projeção econômica do seu investimento, reduzindo-se o capital social da sociedade.

Para o caso em exame, haverá de ter sido narrada no caso apresentado a ocorrência de uma assembleia de sócios de maneira irregular. Tal irregularidade poderá estar baseada nos seguintes termos:

a) problemas decorrentes da convocação (seja por ter sido convocada por quem não era legitimado, seja porque não se adotou a formalidade definida para a convocação, seja porque não se atendeu aos quóruns de instalação);
b) deliberações infringentes (aprovação de matérias que venham a violar a lei ou os atos constitutivos);
c) deliberações eivadas em erro, dolo, fraude ou simulação.

No âmbito de uma **contestação**, o caso narrará a apresentação da petição inicial e pedirá para que se proceda à defesa da sociedade. Nesse sentido, é importante ressaltar o prazo prescricional para a promoção da presente ação. Com efeito, prevê o art. 286 da Lei n. 6.404/76, o prazo de prescrição para a presente ação é de dois anos, contados da deliberação. Tal prazo é o mesmo quando se tratar de sociedade limitada, como se infere do art. 1.078, § 4º, do Código Civil. É primordial perceber que, nos termos do art. 487, II, do CPC, prescrição não é matéria de preliminar (prevista no art. 337 do mesmo Código e que tem por consequência a extinção do processo sem resolução de mérito), mas sim prejudicial de mérito. Para o Exame de Ordem, tal matéria deve ser a primeira a ser apresentada na fundamentação.

Curiosa é a situação em que os sócios minoritários verificam que os administradores da sociedade praticaram atos de improbidade, porém, tiveram suas contas e as demonstrações financeiras de sua gestão aprovadas sem reservas. Nestes casos, em razão do que preveem o art. 1.078, § 3º, do Código Civil (para a sociedade limitada) e o art. 134, § 3º, da Lei n. 6.404/76 (para a sociedade anônima), faz-se mister anular a deliberação assemblear que aprovou indevidamente tais contas e demonstrações financeiras para, só então, poder-se pensar na responsabilidade do administrador.

16.4. Competência

A competência para o conhecimento da presente ação se encontra definida no art. 53, III, *a*, do Código de Processo Civil. A competência será do foro da comarca onde se encontra a sede da sociedade. Trata-se, portanto, de ação que será endereçada à Justiça Comum, vale dizer, à Vara Cível da Comarca do local onde a sociedade anônima mantiver a sua sede.

16.5. Fundamentos mais comuns

Trata-se de ação cuja peça processual deve obedecer, genericamente, ao art. 319 do Código de Processo Civil, submetendo-se, portanto, ao rito do procedimento comum. Apesar de ser medida judicial, em tese, para anular qualquer deliberação de assembleia – que tenha sido tomada ou que tenha acontecido – em desconformidade com a ordem jurídica em vigor, normalmente, a questão apresentará uma das três modalidades de vícios:

a) **vício da assembleia** – em razão de convocação ou instalação irregular (neste caso, toda a assembleia deverá ser anulada);
b) **vício de deliberação** – em razão de as deliberações terem sido tomadas com violação da lei ou do estatuto (neste caso, falar-se-á em *anulação parcial*, em vista de que apenas as deliberações infringentes serão anuladas); e
c) **vício de voto** – em razão de o voto ter sido manifestado em assembleia, em razão de erro, dolo, fraude, simulação, incapacidade dos votantes, defeitos de representação, dentre outros (a anulação da assembleia poderá ser total ou parcial, a depender das deliberações em que ocorrera mácula no direito de voto).

16.6. Estrutura da peça

1. **Endereçamento:** Excelentíssimo Senhor Doutor Juiz de Direito da... Vara Cível da Comarca de... do Estado de... .
2. **Identificação das partes:** autor: o acionista ou qualquer interessado; réu: a sociedade (adicionalmente, em caso de haver necessidade de ressarcimento de algum prejuízo causado, pode-se trazer, em litisconsórcio, o sócio que abusou do direito de voto ou o responsável pelo vício).

   Qualificação de pessoa física: Fulano de tal, nacionalidade..., estado civil..., profissão..., portador do RG n. ..., e do CPF n. ..., residente e domiciliado na... .

   Qualificação de pessoa jurídica: Nome empresarial, pessoa jurídica de direito privado, inscrita no CNPJ n. ..., estabelecida na..., neste ato se fazendo presente por seu administrador (diretor, caso se trate de sociedade anônima) ... (pode fazer a qualificação de "pessoa física").
3. **Representação judicial:** advogado assinado ao final, com mandato em anexo.
4. **Nome da ação e fundamento legal:** Ação Anulatória de Deliberação em Assembleia, com fundamento no art. 286 da Lei n. 6.404/76 (para a sociedade anônima) ou com fundamento no art. 1.078, § 4º, do Código Civil (para a sociedade limitada) [Pode-se fazer indicação, também, do art. 319 do CPC e, adicionalmente, de algum fundamento legal específico de acordo com o exigido na questão].
5. **Narrativa dos fatos ("Dos Fatos"):** exposição dos fatos previstos na situação hipotética da questão. Não inventar outros fatos nem trazer detalhes

ausentes no problema. Deve-se, portanto, literalmente, copiar, de maneira integral, a questão, conforme apresentada, sendo certo que a utilização de qualquer mecanismo de identificação anulará a peça, atribuindo-se nota ZERO.

6. **Fundamentação ("Do Direito"):** vale a pena ressaltar que a mera transcrição dos artigos não pontua. É a parte da peça em que deverão ser apresentados os dispositivos legais que asseguram o direito do cliente para o que se estará elaborando a peça processual. Nessa linha, em razão das várias possibilidades de fundamentação, sugere-se a releitura do presente capítulo.
7. **Tutela Provisória ("Da Tutela de Urgência"):** verificar, no caso apresentado, a possibilidade de se determinar a suspensão dos efeitos decorrentes da deliberação assemblear, visando impedir a prática, pela administração da sociedade, do que veio a ser decidido.

   Se for o caso, será imprescindível abrir um tópico entre "Do Direito" e "Do Pedido" com o título "Da Tutela de Urgência". Cabe trazer explicação acerca do art. 300 do Código de Processo Civil, visando demonstrar a necessidade da tutela pretendida, que pode ser concedida liminarmente, nos termos do art. 300, § 2º.
8. **Pedidos ("Dos Pedidos"):** a) a concessão da tutela de urgência, deferida liminarmente, com a sua posterior confirmação, por ocasião da sentença, no sentido de... (se for o caso); b) a convocação de audiência de conciliação ou de mediação, por opção do autor, devendo o réu ser citado com antecedência mínima de 20 dias; c) a procedência do pedido em todos os seus termos, no sentido de declarar a anulação (total ou parcial) da assembleia por... (especificar o motivo pelo qual se deseja a anulação); d) a condenação dos réus aos ônus da sucumbência, nos termos do art. 85 do CPC; e) que as intimações posteriores do presente feito sejam feitas no seguinte endereço... (art. 106, I, do CPC); f) a produção de todas as provas em Direito admitidas, especialmente por... (o pedido genérico de provas não pontua).
9. **Valor da causa:** dá-se à causa o valor de R$... (art. 291 do CPC. A toda causa será atribuído um valor certo, ainda que não tenha conteúdo econômico imediatamente aferível).
10. **Fechamento da peça:** local, data. Advogado, OAB [não inventar dados].

16.7. Questão da peça profissional

(Questão simulada) A Companhia Magalhães da Rocha, companhia fechada com sede em Fortaleza, após o término do exercício financeiro de 2011, promoveu no mês de março de 2012 a sua Assembleia Geral Ordinária, com o objetivo de debater e deliberar os assuntos de competência desse órgão. Para tanto, o Conselho de Administração convocou os acionistas mediante três anúncios em jornais de grande circulação e, também, no Diário Oficial, de modo que a primeira publicação se deu cinco dias antes da realização da Assembleia. Na data marcada, estavam presentes acionistas que representavam 20% do capital social votante, de modo que a sessão foi aberta e as deliberações votadas.

Dentre outros, aprovou-se o nome de Marcos Ramos para a diretoria, determinando-se, ainda, que a presente ata de assembleia deveria ser levada a arquivamento perante a Junta Comercial do Estado do Ceará, em até 15 dias, contados da data da assembleia. Ocorre que o Sr. Giovani Hugo, um dos acionistas da Cia. Magalhães da Rocha, não tomou ciência da assembleia e não se conforma com sua ausência, em vista de que preferiria Roberto Martins a Marcos Ramos para o cargo de diretoria em questão, cabendo ressaltar que diante do número de ações de Giovani Hugo, de fato, Marcos Ramos não teria sido nomeado. O Sr. Giovani Hugo soube, por surpresa, ao inquirir ao Conselho de Administração sobre quando sairia a convocação da ago/2011 e qual a previsão de sua ocorrência, quando os membros do referido conselho o informaram de sua ocorrência anteriormente e do que havia sido, nela, deliberado.

Diante da situação hipotética apresentada, na condição de advogado contratado pelo Sr. Giovani Hugo, redija a medida judicial que entender pertinente para a defesa de seu cliente, apresentando todos os fundamentos de direito material e de direito processual aplicáveis à hipótese.

16.8. **Modelo da peça**

Excelentíssimo Senhor Doutor Juiz de Direito da... Vara Cível da Comarca de Fortaleza, do Estado do Ceará

(deixar espaço de 5 linhas)

Giovani Hugo, [qualificação], pelo seu advogado, ao final assinado, com mandato em anexo, vem, respeitosamente, à presença de Vossa Excelência, propor a presente AÇÃO ANULATÓRIA DE DELIBERAÇÃO EM ASSEMBLEIA, com fundamento nos arts. 124, § 1.º, I, e 286 da Lei n. 6.404/76, em face de Companhia Magalhães da Rocha, [qualificação], pelos fundamentos de fato e de direito a seguir:

DOS FATOS

A Companhia Magalhães da Rocha, companhia fechada com sede em Fortaleza, após o término do exercício financeiro de 2011, promoveu no mês de março de 2012 a sua Assembleia Geral Ordinária, com o objetivo de debater e deliberar os assuntos de competência desse órgão. Para tanto, o Conselho de Administração convocou os acionistas mediante três anúncios em jornais de grande circulação e, também, no Diário Oficial, de modo que a primeira publicação se deu cinco dias antes da realização da Assembleia. Na data marcada, estavam presentes acionistas que representavam 20% do capital social votante, de modo que a sessão foi aberta e as deliberações votadas.

Dentre outros, aprovou-se o nome de Marcos Ramos para a diretoria, determinando-se, ainda, que a presente ata de assembleia deveria ser levada a arquivamento perante a Junta Comercial do Estado do Ceará, em até 15 dias, contados da data da assembleia. Ocorre que o Sr. Giovani Hugo, um dos acionistas da Cia. Magalhães da Rocha, não tomou ciência da assembleia e não se conforma com sua ausência, em vista de que preferiria Roberto Martins a Marcos Ramos para o cargo de diretoria em questão, cabendo ressaltar que diante do número de ações de Giovani Hugo, de fato, Marcos Ramos não teria sido nomeado. O Sr. Giovani Hugo soube, por surpresa, ao inquirir ao Conselho de Administração sobre quando sairia a convocação da ago/2011 e qual a previsão de sua ocorrência, quando os membros do referido conselho o informaram de sua ocorrência anteriormente e do que havia sido, nela, deliberado.

DO DIREITO

A presente medida judicial tem por fundamento o art. 124, § 1.º, I, da Lei n. 6.404/76, que determina que a convocação para uma assembleia em sociedade anônima fechada deve ser feita mediante a publicação de anúncio por três vezes, no mínimo, com antecedência mínima de oito dias, contados da publicação do primeiro anúncio. O art. 289 da mesma lei determina que a publicação dos anúncios deve ser feita no Diário Oficial e em jornal de grande circulação, e a assembleia se instala em primeira convocação com a presença de no mínimo um quarto do capital social, nos termos do art. 125.

O caso concreto, porém, demonstra que a primeira publicação se deu cinco dias antes da realização da Assembleia. Na data marcada, estavam presentes acionistas que representavam 20% do capital social votante, de modo que a sessão foi aberta e as deliberações votadas. Do que resulta que a assembleia em questão foi irregularmente convocada e realizada.

DA TUTELA PROVISÓRIA

O art. 300 do Código de Processo Civil determina que a tutela de urgência será concedida quando houver elementos que evidenciem a probabilidade do direito e o perigo de dano ou o risco ao resultado útil do processo.

No caso em comento, a probabilidade do direito é demonstrada pelo fato de que não houve o cumprimento de todas as condições estabelecidas pela lei para a convocação de assembleia. O perigo de dano ou o risco ao resultado útil do processo se refere ao fato de que, na própria ata de assembleia, determinou-se data para arquivamento da ata de assembleia, dando poderes a Marcos Ramos, e não a Roberto Martins.

Diante do que se apresenta, torna-se necessária a antecipação dos efeitos da tutela no sentido de proibir a apresentação da ata de assembleia a registro, perante a Junta Comercial do Estado do Ceará.

DO PEDIDO

Diante do exposto, é a presente medida judicial para requerer:

a) A concessão de tutela provisória, deferida liminarmente, com a sua posterior confirmação, por ocasião da sentença, no sentido de determinar a proibição do arquivamento da ata de cuja assembleia se pretende anular.

b) A convocação de audiência de conciliação ou de mediação, por opção do autor, devendo o réu ser citado com antecedência mínima de 20 dias.

c) A procedência do pedido em todos os seus termos, no sentido de declarar a anulação da assembleia em face da irregularidade de sua convocação e instalação.

d) A condenação dos réus aos ônus da sucumbência, nos termos do art. 85 do CPC, e ao pagamento de custas.

e) Que as intimações posteriores do presente feito sejam feitas no seguinte endereço... (art. 106, I, do CPC).

f) A produção de todas as provas em Direito admitidas, especialmente pela juntada da ata de assembleia geral ordinária para o ano de 2011, ocorrida em março de 2012 e tudo o mais que se fizer necessário, desde logo já requerido.

Dá-se à causa o valor de R$... .

Nestes termos.
Pede deferimento.
Local. Data.
Advogado, OAB n. ...

17. AÇÃO DE DISSOLUÇÃO PARCIAL DE SOCIEDADES

17.1. Apresentação

Para além da dissolução total, procedimento que leva à extinção da sociedade, é possível, diante do caso concreto, que a sociedade não venha a ser encerrada. Há situações em que haverá, apenas, a saída de um dos sócios, continuando a sociedade com os demais sócios. Assim, nem sempre a quebra da *affectio societatis* levará ao fim da sociedade; poder-se-á, apenas, resolver o vínculo societário com aquele sócio que quebrou a *affectio societatis*, reduzindo-se o capital social, continuando a sociedade, ainda que com o patrimônio diminuído. Insista-se: a sociedade ficará com sócio a menos, com capital social a menor, mas a sua atividade não será encerrada.

Trata-se de procedimento que foi estabelecido a partir da doutrina e da jurisprudência baseada no princípio da preservação da empresa. Por tal princípio, tem-se que as atividades econômicas que forem relevantes e eficientes, ou seja, que sejam dotadas de função social, devem ser preservadas e cabe ao Estado envidar todos os esforços necessários para a sua conservação.

Assim, fatos que outrora levariam à dissolução de pleno direito da sociedade, atualmente, apenas, serão a motivação para extinguir o vínculo daquele sócio que quebrou a *affectio societatis* ou que a perdeu, passando a ter o interesse de não mais permanecer na sociedade.

17.2. Características e requisitos

Há, em verdade, duas possibilidades de se promover a presente ação. Em um primeiro contexto, pode-se estar diante de algum sócio que, não tendo mais o interesse de continuar na sociedade, venha a exercer o seu direito de retirada (conhecido também pela doutrina como direito de recesso), que é nada menos do que o direito que o sócio tem de deixar de ser sócio.

Para além disso, é ainda possível que se venha a promover a exclusão de determinado sócio sempre que este venha a dar algum motivo jurídico relevante para os demais sócios não o quererem mais na sociedade. Note-se, aliás, de acordo com o art. 599 do CPC, que a ação de dissolução parcial da sociedade pode ter por objeto a resolução da sociedade em relação ao sócio falecido, excluído ou que exerceu o direito de retirada, cumulada com a apuração de haveres deste sócio; ou simplesmente, a resolução da sociedade ou a apuração de haveres.

Seja em caso de resolução da sociedade motivada pelo direito de retirada, seja por exclusão de sócio, o procedimento – e, portanto, a elaboração da peça prático-profissional – continua o mesmo. Trata-se de uma ação com procedimento especial. O procedimento para a dissolução parcial da sociedade se encontra previsto nos arts. 599 a 609 do CPC.

É importante ressaltar que, como não há dissolução total da sociedade, não se pode falar na sua liquidação. Assim, sempre que a sociedade vier a se resolver em relação a um sócio, haverá de ser feito o procedimento de apuração dos haveres, em conformidade com o que prevê o art. 1.031 do Código Civil:

> Art. 1.031. Nos casos em que a sociedade se resolver em relação a um sócio, o valor da sua quota, considerada pelo montante efetivamente realizado, liquidar-se-á, salvo disposição contratual em contrário, com base na situação patrimonial da sociedade, à data da resolução, verificada em balanço especialmente levantado.
>
> § 1º O capital social sofrerá a correspondente redução, salvo se os demais sócios suprirem o valor da quota.
>
> § 2º A quota liquidada será paga em dinheiro, no prazo de noventa dias, a partir da liquidação, salvo acordo, ou estipulação contratual em contrário.

Algumas características merecem ser destacadas, em vista da especificidade desta medida judicial. A primeira se refere à necessidade de a petição inicial ser instruída com o contrato social consolidado (art. 599, § 1º). Admite-se, também, na forma do art. 599, § 2º, a dissolução parcial de sociedade anônima fechada, quando demonstrado por acionistas que somem, no mínimo, 5% do capital social, que não pode preencher o seu fim.

Outra característica importante se refere ao pedido de **nomeação do perito (art. 604, III)**. Com efeito, o perito será a pessoa responsável para realizar o procedimento de apuração de haveres a fim de determinar qual o montante que deve receber o sócio que está saindo da sociedade, seja por direito de retirada, seja por exclusão. Além de nomear o perito, deve o juiz, ainda: a) fixar a data de resolução de sociedade; b) definir o critério de apuração dos haveres à vista do contrato social.

Outra peculiaridade importante se refere à **legitimidade** para a propositura da presente ação. Apesar de se submeterem ao mesmo procedimento, no caso de resolução da sociedade (motivada pelo direito de retirada), a **legitimidade ativa** caberá ao sócio que exerce o direito mencionado, sendo colocados na **legitimidade passiva** da presente ação os demais sócios e a própria sociedade, constituindo-se um litisconsórcio passivo.

No âmbito da exclusão de sócio, a **legitimidade ativa** caberá à própria sociedade, bem como aos sócios que pretendem excluir, em litisconsórcio ativo. Já a **legitimidade passiva** caberá àquele sócio que será excluído.

Em resumo:

Dissolução parcial	
Resolução da sociedade	**Exclusão de sócio**
Autor: sócio que quer sair	Autor: sociedade e demais sócios
Réu: sociedade e demais sócios	Réu: sócio que será excluído

Nesta toada, é importante constatar que o art. 600 do CPC apresenta a legitimidade ativa para o presente feito. A ação poderá ser proposta:

- pelo espólio do sócio falecido, quando a totalidade dos herdeiros não ingressar na sociedade;
- pelos sucessores, após concluída a partilha do sócio falecido;
- pela sociedade, se os sócios sobreviventes não admitirem o ingresso do espólio ou dos sucessores, quando esse direito decorrer do contrato social;
- pelo sócio que exerceu o direito de recesso ou de retirada, se não tiver sido providenciada, pelos demais sócios, a alteração contratual consensual formalizando o desligamento, depois de transcorridos dez dias do exercício do direito;
- pela sociedade, nos casos em que a lei não autoriza a exclusão extrajudicial; ou
- pelo sócio excluído.

É legitimado também o cônjuge ou o companheiro cujo casamento, união estável ou convivência terminou. Porém, para estes, só será possível requerer a apuração dos haveres, que serão pagos à conta da quota do capital titularizada pelo sócio.

Os sócios e a sociedade devem ser citados para contestar o presente feito ou concordar com o mesmo, no prazo de 15 dias (art. 601). Evidentemente, se a sociedade for autora, ela não precisará ser citada. Do mesmo modo, a sociedade não precisará ser citada se todos os sócios o forem. É possível, ainda, a sociedade formular pedido de indenização compensável com os valores a apurar (art. 602).

Ocorrendo a dissolução parcial consensual, com manifestação expressa e unânime pela dissolução, o juiz a decretará e, neste caso, não haverá condenação em honorários advocatícios, com o rateio das custas pelas partes. Entretanto, se houver contestação, seguir-se-á o procedimento comum, sendo possível, portanto, condenação em honorários de advogado (art. 603).

O juiz deve definir o critério de apuração de haveres (art. 604, II) e a data da resolução da sociedade (art. 605). De todo modo, tanto o critério de apuração de haveres quanto a data de resolução da sociedade podem ser revistos, a pedido de uma das partes, desde que antes do início da perícia (art. 607).

No que se refere à data de resolução, ainda, é importante saber: (i) até tal data, integram o valor devido ao ex-sócio, ao espólio ou aos sucessores a participação nos lucros ou os juros sobre o capital próprio declarados pela sociedade e, se for o caso, a remuneração como administrador (art. 608, *caput*); após tal data, as pessoas acima mencionadas terão apenas direito à correção monetária dos valores apurados e aos juros contratuais ou legais (art. 608, parágrafo único).

No que se refere ao critério de apuração de haveres, em sendo o contrato social omisso, o juiz deve definir, como o critério para apuração de haveres, o valor patrimonial apurado em balanço de determinação, tomando-se por referência a data de resolução. A avaliação dos bens e direito do ativo, além da apuração do passivo, deve se dar a preço de saída, de acordo com o art. 606.

17.3. Como identificar a peça

É preciso, uma vez mais, perceber a diferença de abordagem entre a **resolução da sociedade** e a **exclusão de sócio**. Com efeito, para ambos os casos, a questão tratará de algum fato que venha a motivar a saída de um dos sócios, continuando a sociedade com os demais. A semelhança, porém, para aqui.

Na **resolução da sociedade**, ocorreu algum fato que passa a motivar o desejo de um dos sócios a não mais permanecer na sociedade. De outro lado, para a **exclusão de sócio**, o elemento que servirá de base para a sua identificação é exatamente o fato de um dos sócios vir a dar algum motivo juridicamente relevante que fundamente o interesse dos demais sócios de não o quererem mais na sociedade.

Apesar das divergências apontadas, para fins de 2ª Fase da OAB, o *nomen juris*, em qualquer caso, deverá ser **Ação de Dissolução Parcial**. Pode ser considerado equivocado nomear a ação como *Ação de Resolução da Sociedade* ou *Ação de Exclusão de Sócio*? Não, não pode! Porém, para fins de prova, a banca examinadora costuma apontar como espelho, pontuando inclusive, a nomenclatura tal qual prevista na legislação processual.

17.4. Competência

O Código de Processo Civil determina, no seu art. 53, III, *a*, que é competente o foro do lugar onde está a sede, para a ação em que for ré a pessoa jurídica. Desse modo, como a sociedade que será dissolvida deverá ser inserida no polo passivo da **resolução da sociedade**, tem-se que a competência para processar e julgar a presente ação será da comarca onde se encontrar a sede da sociedade.

Para a **exclusão de sócio**, como se viu, quem será réu é o sócio a ser excluído. Assim, na forma do que define o art. 46 do CPC, a menos que haja foro de eleição no contrato social, a competência para processar e julgar a referida ação é do domicílio do sócio a ser excluído.

Ou seja, se a sociedade estiver no polo passivo, a competência será da "Vara Cível" da comarca onde se localizar a sua sede, o seu estabelecimento principal. Porém, quando a dissolução parcial tiver o objetivo de excluir um sócio, o foro competente será o domicílio deste sócio. Ademais, se houver previsão foro de eleição, prevalecerá, então, o *pacta sunt servanda* e, assim, deve-se respeitar a previsão contratual.

17.5. Fundamentos mais comuns

No caso de **morte do sócio**, nos termos do art. 1.028 do Código Civil, deverá ocorrer a liquidação de sua quota, salvo se: (i) houver previsão diversa no contrato social; (ii) os demais sócios optarem pela dissolução (total) da sociedade; ou (iii) os sócios sobreviventes entrarem em acordo com os herdeiros do sócio falecido para regular a sua substituição.

Para o exercício do **direito de recesso ou de retirada**, um primeiro fundamento se encontra no art. 1.029 do Código Civil. Com efeito, há uma diferença de tratamento, caso a sociedade tenha prazo determinado ou indeterminado de vigência. A diferença resulta de que, na sociedade com prazo determinado, por imperativos da preservação da empresa, o sócio, regra geral, estará obrigado a permanecer na sociedade, pelo menos, até o fim do prazo previsto. Porém, havendo **justa causa** (algum motivo juridicamente relevante) que possa ser provada judicialmente, poderá o sócio promover a ação de dissolução parcial da sociedade.

Caso a sociedade tenha prazo indeterminado de vigência, o mesmo art. 1.029 determina que caberá ao sócio retirante notificar os demais sócios, dizendo que se retirará no prazo de 60 dias. Nos 30 primeiros dias, os demais sócios notificados podem optar pela dissolução da sociedade.

Pode ocorrer, porém, que os demais sócios não se definam no que tange à posição que irão tomar acerca da notificação recebida; podem, também, recusar-se a receber a notificação ou mesmo querer definir o valor de liquidação das quotas aquém do esperado. Ter-se-á, também, ação de dissolução parcial da sociedade.

Há, ainda, a possibilidade de resolução motivada. Trata-se da hipótese prevista no art. 1.077 do Código Civil. Quando houver modificação do contrato, fusão da sociedade, incorporação de outra, ou dela por outra, terá o sócio que dissentiu o direito de retirar-se da sociedade, nos 30 dias subsequentes à reunião, devendo ser realizado o procedimento de apuração de haveres, nos moldes do art. 1.031 do Código Civil.

As *sociedades anônimas* também têm uma hipótese específica em que se pode admitir a **ação de dissolução parcial da sociedade**. Trata-se do art. 137 da Lei n. 6.404/76. Toda vez que um acionista se enquadrar em uma das hipóteses ali previstas, poderá exercer o seu direito de retirada. Pode acontecer, porém, que a sociedade não venha a admitir o exercício de tal direito, de maneira espontânea, extrajudicial. Nesta hipótese, poderá o acionista exercer judicialmente aludido direito.

De outro modo, o Código Civil apresenta algumas hipóteses de exclusão de sócio que merecem ser destacadas:

a) a exclusão por justa causa (art. 1.030);

b) a exclusão do sócio remisso (art. 1.004);

c) a exclusão de pleno direito (art. 1.030, parágrafo único); e

d) a exclusão por incapacidade superveniente.

Sempre que o sócio der **justa causa**, ele estará passível de ser excluído da sociedade. Tal justa causa pode ser entendida ora como uma falta grave no cumprimento de suas obrigações sociais, ora como um ato de inegável gravidade que ponha em risco a continuidade da empresa (arts. 1.030 e 1.085 do CC). É imprescindível notar que, toda vez que restar inviável a exclusão extrajudicial de um sócio, ela se dará judicialmente. Aliás, é o que o CPC prescreve no seu art. 600, V.

O **sócio remisso** é aquele sócio que não cumpre a sua obrigação fundamental, qual seja, a obrigação de contribuir para a formação do capital social. Vale dizer, não basta subscrever o capital social; faz-se necessária a sua realização. Porém, para o direito brasileiro, ainda que o contrato social preveja a data de ingresso dos recursos prometidos pelos sócios, só será considerado sócio remisso quando, recebida notificação para os devidos aportes de capital, deixe de fazê-lo nos 30 dias seguintes à notificação recebida. Dentre as várias sanções que podem ser aplicadas ao sócio remisso, é possível a exclusão, que se dará na via extrajudicial.

São **hipóteses de exclusão de pleno direito**:

I – o sócio falido (a pessoa que é sócia em sociedade empresária e, ao mesmo tempo, empresário individual e, nesta situação, tem sua falência declarada) – nos termos do art. 1.030, parágrafo único, do Código Civil, em interpretação conjunta com o art. 123 da Lei n. 11.101/2005;

II – na sociedade de pessoas, o sócio que tenha todas as suas quotas liquidadas – nos termos do art. 1.026, em interpretação conjunta com o art. 1.030, parágrafo único, ambos do Código Civil; e

III – na sociedade de capital, o sócio que tenha todas as suas quotas penhoradas – nos termos do art. 790, II, do Código de Processo Civil, em interpretação conjunta com o art. 1.030, parágrafo único, do Código Civil.

Por final, o art. 1.030 do Código Civil também admite a possibilidade de exclusão de sócio por incapacidade superveniente. É importante ressaltar que a incapacidade superveniente não é hipótese de exclusão de pleno direito. Assim, far-se-á necessária a promoção de **ação de dissolução parcial de sociedade para excluir o sócio por incapacidade superveniente**.

Sobre tal hipótese, é cabível constatar que a incapacidade pode ser tanto a civil quanto a técnica. Com efeito, o Estatuto da Pessoa com Deficiência (Lei n. 13.146/2015) não alterou o art. 1.030 do Código Civil, mesmo porque já havia previsão da participação de sócios incapazes na sociedade (art. 974, § 3º). Não se adequando a tais termos, o sócio civilmente incapaz haverá de ser excluído.

O mesmo vale para a incapacidade técnica. Note-se, por exemplo, que para ser sócio de uma sociedade de advogados, é necessário que o sócio esteja inscrito nos quadros da OAB (art. 15 da Lei n. 8.906/94). Imagine, então, o caso de alguém que seja processado pelo Tribunal de Ética da OAB e receba, como sanção, a exclusão do quadro de advogados da OAB. Nesta hipótese, de acordo com o art. 1.030 do Código Civil, ele deverá ser excluído judicialmente da sociedade de advogados.

17.6. Estrutura da peça

1. **Endereçamento:** Excelentíssimo Senhor Doutor Juiz de Direito da... Vara Cível da Comarca de... do Estado de... .
2. **Identificação das partes: no direito de recesso ou de retirada** – autor: o sócio que deseja se retirar da sociedade; réu: a sociedade e os demais sócios (litisconsórcio passivo). **Na exclusão de sócio** – autor: a sociedade e os sócios que pretendem a exclusão (litisconsórcio ativo); réu: o sócio que será excluído. **No caso de morte do sócio** – autor: o espólio ou os sucessores do sócio falecido; réu: a sociedade e os demais sócios (litisconsórcio passivo).

   Qualificação de pessoa física: Fulano de tal, nacionalidade..., estado civil..., profissão..., portador do RG n. ..., e do CPF n. ..., residente e domiciliado na... .

   Qualificação de pessoa jurídica: Nome empresarial, pessoa jurídica de direito privado, inscrita no CNPJ n. ..., estabelecida na..., neste ato se fazendo presente por seu administrador (diretor, caso se trate de sociedade anônima) ... (pode fazer a qualificação de "pessoa física").
3. **Representação judicial:** advogado assinado ao final, com mandato em anexo.
4. **Nome da ação e fundamento legal:** Ação de Dissolução Parcial de Sociedade, com fundamento no... (verificar o fundamento legal do caso concreto, que pode ser: a) art. 1.029 do CC; b) art. 1.077 do CC; ou c) art. 137 da Lei n. 6.404/76); d) art. 1.030 do CC; ou e) art. 1.028 do CC) e no art. 599 e seguintes do CPC.
5. **Narrativa dos fatos ("Dos Fatos"):** exposição dos fatos previstos na situação hipotética da questão. Não inventar outros fatos nem trazer detalhes ausentes no problema. Deve-se, portanto, literalmente, copiar, de maneira integral, a questão, conforme apresentada.
6. **Fundamentação ("Do Direito"):** vale a pena ressaltar que a mera transcrição dos artigos não pontua. É a parte da peça em que deverão ser apresentados os dispositivos legais que asseguram o direito do cliente para o que se estará elaborando a peça processual. Nessa linha, em razão das várias possibilidades de fundamentação, sugere-se a releitura do presente capítulo.
7. **Pedidos:** a) a citação dos réus para, querendo, contestarem o presente feito, no prazo de 15 dias, sob pena de revelia; b) a procedência do pedido em todos os seus termos, no sentido de declarar a resolução da sociedade em relação ao autor (ou declarar a exclusão do sócio réu em relação à so-

ciedade) em razão de... (especificar o motivo em conformidade com o caso apresentado); c) a nomeação de perito para que, declarada a resolução da sociedade (ou a exclusão do sócio réu), proceda-se à apuração dos haveres (ou do reembolso), nos termos da lei; d) a condenação dos réus aos ônus da sucumbência, nos termos do art. 85 e do art. 603, § 1º, ambos do CPC, caso venha a ser contestado o presente feito; e) que as intimações posteriores do presente feito sejam feitas no seguinte endereço... (art. 106, I, do CPC); f) a produção de todas as provas em direito admitidas, especialmente por... (o pedido genérico de provas não pontua); g) a convocação de audiência de conciliação ou de mediação, por opção do autor, devendo o réu ser citado com antecedência mínima de 20 dias.

8. **Valor da causa:** dá-se à causa o valor de R$... (art. 291 do CPC. A toda causa será atribuído um valor certo, ainda que não tenha conteúdo econômico imediatamente aferível). Pode-se indicar, como valor da causa, o valor do capital social ou mesmo o proveito econômico do sócio, acaso tais valores sejam indicados na questão.
9. **Fechamento da peça:** local, data. Advogado, OAB [não inventar dados].

17.7. Questões da peça profissional

1. (XII Exame) Pedro Régis, Bernardino Batista, José de Moura e Caldas Brandão são os únicos sócios da sociedade Laticínios Zabelê Ltda. EPP. O primeiro sócio é titular de 70% do capital e os demais sócios possuem 10% cada. Todos os sócios são domiciliados em Rio Tinto, Estado da Paraíba, onde também é a sede da pessoa jurídica. A administração da sociedade cabe, alternativamente, aos sócios Pedro Régis e José de Moura.

A sociedade foi constituída em 1994 e seu quadro social manteve-se inalterado até os dias atuais. O capital social, aumentado em 2010, é de R$ 1.700.000,00, totalmente integralizado. Em 26-3-2012, Caldas Brandão ficou vencido na deliberação dos sócios, tomada em assembleia, que aprovou a ampliação do objeto social para incluir a atividade de beneficiamento e comercialização de milho. Profundamente insatisfeito com os novos rumos que a sociedade iria tomar e com os efeitos da deliberação, o sócio dissidente manifestou aos demais sócios por escrito, em 15-4-2012, sua pretensão de retirar-se da sociedade, em caráter irrevogável, caso a decisão não fosse revertida. Os sócios afirmaram que não mudariam a decisão, e que não caberia outra alternativa a Caldas Brandão senão conformar-se com o ocorrido, em face do princípio majoritário das deliberações sociais.

Em razão da negativa manifestada pelos demais sócios com a pretensão de retirada, Caldas Brandão procura um advogado, no dia 15 de maio de 2012, para orientá-lo na defesa de seus interesses. Pelas informações e documentos apresentados, verifica-se que:

(i) a sociedade foi constituída por prazo determinado, até 31 de dezembro de 2000, prorrogada a vigência do contrato por 20 anos, a contar de 1º de janeiro de 2001;

(ii) o contrato social prevê a livre cessão das quotas;

(iii) não há cláusula de regência supletiva pela lei das sociedades por ações.

Com base nas informações prestadas e que a Comarca de Rio Tinto é de Vara Única, elabore a peça adequada na defesa dos direitos do sócio.

2. (XXII Exame) Ana Arquitetos Associados S/S é uma sociedade simples com contrato arquivado no Registro Civil de Pessoas Jurídicas da Comarca de Guarapuava/PR, capital de R$ 40.000,00 (quarenta mil reais) e sede no mesmo município. A sociedade é composta pela sócia Ana, detentora de 40% do capital social, e pelos sócios Braga, Telêmaco e Guaraci, detentores, cada um, de 20% do capital social. A administração da sociedade é exercida, cumulativamente, pelos sócios Braga e Guaraci. Os sócios são domiciliados no lugar da sede social.

Decorridos nove anos da constituição da sociedade, Ana vem tentando dissolvê-la por distrato, sem sucesso, por não concordar com certas decisões administrativas de Braga e Guaraci, apoiadas pelo sócio Telêmaco.

Ana, em vez de exercer seu direito de retirada, passou a atuar de modo velado em projetos de arquitetura com sociedades concorrentes nas cidades de Cascavel e Ponta Grossa, dentro da área de atuação da sociedade simples. Além disso, ela passou a atrasar, deliberadamente, a entrega de projetos aos clientes de Guarapuava e Prudentópolis, bem como a disseminar mensagens de correio eletrônico com notícias inverídicas sobre a vida particular dos sócios e sobre os administradores estarem dilapidando o patrimônio social, bem como se apropriando de bens da sociedade para uso próprio. Os demais sócios conseguiram algumas dessas mensagens de correio eletrônico e confrontaram Ana, que confirmou a autoria e disse que não mudaria sua atitude.

Além da insustentabilidade da harmonia entre os sócios e total desaparecimento de *affectio societatis* em relação a Ana, o faturamento da pessoa jurídica foi sensivelmente reduzido, porque os principais clientes já estavam cancelando contratos ou devolvendo propostas de serviços confirmadas, como provam as notificações recebidas pelos sócios e correspondências.

Com base nos dados do enunciado, elabore a peça processual adequada considerando que o Código de Organização e Divisão Judiciárias do Estado do Paraná determina ser de entrância final a Comarca de Guarapuava, composta por 03 (três) Varas Cíveis e da Fazenda Pública, competindo aos respectivos Juízes processar e julgar os feitos de natureza comercial.

3. (XXXI Exame) Uiramutã Consultores Ambientais é uma sociedade simples, constituída em 2005, por prazo indeterminado, com contrato arquivado no Registro Civil de Pessoas Jurídicas da Comarca de Boa Vista/RR, local de sua sede. A sociedade é composta por seis sócios, a saber: Luís, João, Iracema, Bonfim, Normandia e Elena. A administração da sociedade é exercida, exclusivamente, pela sócia Iracema. Cada sócio é titular de quotas representativas de 20% (vinte por cento) do capital, exceto os sócios Luís e Bonfim, que possuem, cada um, quotas representativas de 10% (dez por cento) do capital. O capital encontra-se integralizado.

Até o ano de 2018, as relações entre os sócios eram cordiais e o ambiente extremamente favorável à realização do objeto social, pois todos os sócios, amigos de longa data, tinham formação e atuação na área ambiental. A partir do início de 2019, começaram a surgir sérias desavenças entre os sócios Luís e Normandia e os demais, sobretudo com a administradora Iracema, a quem imputavam omissão na prestação de contas e embaraço na apresentação do balanço patrimonial.

Em dezembro de 2019, tornando-se insustentável a permanência na sociedade, sem apoio às suas demandas pelos demais sócios, Luís e Normandia decidem se retirar dela, notificando os demais sócios do exercício de seu direito potestativo com a antecedência prevista na lei, realizando-se, nos trinta dias seguintes, a averbação da resolução da sociedade no registro próprio. Todavia, até a presente data, a sociedade não efetivou a apuração de haveres, argumentando que tal providência demanda alteração contratual para fixar o critério de liquidação das quotas dos ex-sócios, ausente esse critério no contrato no momento da retirada.

Você, como advogado(a), é procurado(a) para defender em juízo os interesses dos ex-sócios, em especial pela inércia da sociedade e dos demais sócios em proceder à apuração de haveres e lhes apresentar o resultado da liquidação das quotas, o que inviabiliza qualquer pagamento ou verificação dos elementos do patrimônio que foram considerados no cálculo.

Elabore a peça processual adequada, considerando que a Comarca de Boa Vista/RR tem seis Varas Cíveis.

17.8. **Modelos das peças**

1. (XII Exame)

Excelentíssimo Senhor Doutor Juiz de Direito da Vara Única da Comarca de Rio Tinto, do Estado da Paraíba

(deixar espaço de 5 linhas)

Caldas Brandão, nacionalidade..., estado civil..., profissão..., portador do RG sob o n. ... e do CPF sob o n. ..., por seu advogado, abaixo assinado, com procuração em anexo, vem respeitosamente perante Vossa Excelência promover a presente AÇÃO DE DISSOLUÇÃO PARCIAL DA SOCIEDADE, nos termos do art. 1.077 do Código Civil, e nos arts. 599 e seguintes do CPC, em face de Laticínios Zabelê Ltda. EPP, representada pelo sócio Pedro Régis ou por José de Moura, e de Pedro Régis (qualificação), José de Moura (qualificação) e Bernardino Batista (qualificação), pelos fatos e fundamentos jurídicos a seguir:

DOS FATOS

Pedro Régis, Bernardino Batista, José de Moura e Caldas Brandão são os únicos sócios da sociedade Laticínios Zabelê Ltda. EPP. O primeiro sócio é titular de 70% do capital e os demais sócios possuem 10% cada. Todos os sócios são domiciliados em Rio Tinto, Estado da Paraíba, onde também é a sede da pessoa jurídica. A administração da sociedade cabe, alternativamente, aos sócios Pedro Régis e José de Moura.

A sociedade foi constituída em 1994 e seu quadro social manteve-se inalterado até os dias atuais. O capital social, aumentado em 2010, é de R$ 1.700.000,00, totalmente integralizado. Em 26-3-2012, Caldas Brandão ficou vencido na deliberação dos sócios, tomada em assembleia, que aprovou a ampliação do objeto social para incluir a atividade de beneficiamento e comercialização de milho. Profundamente insatisfeito com os novos rumos que a sociedade iria tomar e com os efeitos da deliberação, o sócio dissidente manifestou aos demais sócios por escrito, em 15-4-2012, sua pretensão de retirar-se da sociedade, em caráter irrevogável, caso a decisão não fosse revertida. Os sócios afirmaram que não mudariam a decisão, e que não caberia alternativa a Caldas Brandão senão conformar-se com o ocorrido, em face do princípio majoritário das deliberações sociais.

Em razão da negativa manifestada pelos demais sócios com a pretensão de retirada, não resta alternativa senão a propositura da presente medida judicial. Pelas informações e documentos apresentados, verifica-se que:

(i) a sociedade foi constituída por prazo determinado, até 31 de dezembro de 2000, prorrogada a vigência do contrato por 20 anos, a contar de 1.º de janeiro de 2001;

(ii) o contrato social prevê a livre cessão das quotas;

(iii) não há cláusula de regência supletiva pela lei das sociedades por ações.

DO DIREITO

Trata-se o presente caso de deliberação assemblear, com a qual não concorda o autor do presente feito. Com base no art. 1.077 do Código Civil, quando houver modificação do contrato, o sócio que dissentiu tem o direito de retirar-se da sociedade, nos 30 dias subsequentes à deliberação. Caldas Brandão exerceu tempestivamente seu direito de retirada, manifestando por escrito, em 15-4-2012, sua pretensão, que lhe foi negada pelos sócios. Note-se que a deliberação que alterou o objeto social (inclusão das atividades de beneficiamento e comercialização de milho) implicou a modificação do contrato.

Perceba-se em conformidade com o narrado nos fatos que: (a) a realização da deliberação assemblear e a aprovação da alteração do objeto social, que (b) produziu a sua dissidência, com a consequente modificação do contrato social e o direito de retirar-se da sociedade; (c) que tal direito foi exercido no prazo legal (30 dias) e não reconhecido pela sociedade e os demais sócios. É de se notar ainda que os demais sócios não quiseram admitir a saída do Sr. Caldas Brandão, o que motiva o presente feito.

Tal entendimento é reforçado, na medida em que, diante da ausência de norma supletiva pela Lei n. 6.404/76, o entendimento que prevalece é o que de a regência supletiva deve ser feita pelas normas da sociedade simples, conforme ensina o art. 1.053 do Código Civil. Frise-se, por oportuno, que se trata de sociedade com prazo determinado de vigência, haja vista a prorrogação expressa, e, neste ínterim, o art. 1.029 do Código Civil destaca que o sócio de sociedade com prazo determinado só pode se retirar, antes de findo o prazo, se alegar e provar justa causa em ação judicial, o que é o caso.

DOS PEDIDOS

Diante do exposto, é a presente para requerer:

a) A citação de todos os sócios e da sociedade, no prazo de 15 dias para, querendo, contestarem o presente feito, sob pena de revelia;

b) A procedência do pedido, para reconhecer o direito de retirada do autor Caldas Brandão, sendo ainda determinado que a sociedade que proceda à liquidação e ao pagamento de sua quota (ou quotas), no prazo de 90 dias, com base na situação patrimonial à data da resolução, verificada em balanço especialmente levantado, com fundamento no art. 1.031, "caput", do Código Civil, nomeando-se perito, nos termos do art. 604, III, do CPC, para a apuração dos haveres do sócio retirante;

c) A condenação dos réus ao pagamento de custas e honorários advocatícios, caso haja contestação do presente feito, nos termos do art. 85 e do art. 603, § 1.º, do CPC;

d) Que as intimações posteriores do presente feito sejam feitas no seguinte endereço... (art. 106, I, do CPC);

e) a convocação de audiência de conciliação ou de mediação, por opção do autor, devendo o réu ser citado com antecedência mínima de 20 dias.

Protesta provar o alegado por todos os meios de prova em Direito admitidos, especialmente pela juntada do contrato social, da ata de assembleia em que o autor foi voto vencido e da notificação aos demais sócios, feita pelo autor manifestando a sua pretensão de se retirar.

Dá-se à causa o valor de R$ 1.700.000,00.

Nestes termos,
Pede deferimento.
Local. Data.
Advogado, OAB n. ...

2. (XXII Exame)

Excelentíssimo Senhor Doutor Juiz de Direito da... Vara Cível e da Fazenda Pública da Comarca de Guarapuava/PR

(deixar espaço de 5 linhas)

Ana Arquitetos Associados S/S, pessoa jurídica de direito privado, inscrita no CNPJ sob o n. ..., com sede em Guarapuava/PR, neste ato representada por seus sócios administradores Braga, nacionalidade..., estado civil..., profissão..., portador do RG sob o n. ... e do CPF sob o n. ..., e Guaraci, nacionalidade..., estado civil..., profissão..., portador do RG sob o n. ... e do CPF sob o n. ..., por seu advogado, abaixo assinado, com procuração em anexo, vem respeitosamente perante Vossa Excelência promover a presente AÇÃO DE DISSOLUÇÃO PARCIAL DA SOCIEDADE, nos termos do art. 1.030 do Código Civil, e nos arts. 559 e seguintes do CPC, em face de Ana, nacionalidade..., estado civil..., profissão..., portador do RG sob o n. ... e do CPF sob o n. ..., residente e domiciliada em..., pelos fatos e fundamentos jurídicos a seguir:

DOS FATOS

Ana Arquitetos Associados S/S é uma sociedade simples com contrato arquivado no Registro Civil de Pessoas Jurídicas da Comarca de Guarapuava/PR, capital de R$ 40.000,00 (quarenta mil reais) e sede no mesmo município. A sociedade é composta pela sócia Ana, detentora de 40% do capital social, e pelos sócios Braga, Telêmaco e Guaraci, detentores, cada um, de 20% do capital social. A administração da sociedade é exercida, cumulativamente, pelos sócios Braga e Guaraci. Os sócios são domiciliados no lugar da sede social.

Decorridos nove anos da constituição da sociedade, Ana vem tentando dissolvê-la por distrato, sem sucesso, por não concordar com certas decisões administrativas de Braga e Guaraci, apoiadas pelo sócio Telêmaco.

Ana, em vez de exercer seu direito de retirada, passou a atuar de modo velado em projetos de arquitetura com sociedades concorrentes nas cidades de Cascavel e Ponta Grossa, dentro da área de atuação da sociedade simples. Além disso, ela passou a atrasar, deliberadamente, a entrega de projetos aos clientes de Guarapuava e Prudentópolis, bem como a disseminar mensagens de correio eletrônico com notícias inverídicas sobre a vida particular dos sócios e sobre os administradores estarem dilapidando o patrimônio social, bem como se apropriando de bens da sociedade para uso próprio. Os demais sócios conseguiram algumas dessas mensagens de correio eletrônico e confrontaram Ana, que confirmou a autoria e disse que não mudaria sua atitude.

Além da insustentabilidade da harmonia entre os sócios e total desaparecimento de "affectio societatis" em relação a Ana, o faturamento da pessoa jurídica foi sensivelmente reduzido, porque os principais clientes já estavam cancelando contratos ou devolvendo propostas de serviços confirmadas, como provam as notificações recebidas pelos sócios e correspondências.

DO DIREITO

O art. 1.030 do Código Civil estabelece a possibilidade de exclusão de sócio, toda vez que este praticar falta grave no cumprimento de suas obrigações sociais e houver a concordância da exclusão pela maioria dos demais sócios. Com efeito, do caso concreto, vê-se a falta grave de Ana decorrente da concorrência velada com a sociedade pela atuação em projetos concorrentes, deslealdade, atraso deliberado na entrega dos projetos, disseminação de correspondência inverídica sobre os sócios e administradores.

Não se pode deixar de notar que os sócios Braga, Guaraci e Telêmaco concordam com a exclusão de Ana. Ou seja, há a aprovação não só pela maioria dos demais sócios, mas sim por todos os demais sócios. Dessa forma, os atos praticados por Ana resultaram na quebra da "affectio societatis", provocando, inclusive, redução no faturamento da sociedade, sendo certo que os principais clientes já estão cancelando contratos ou devolvendo propostas de serviços confirmadas.

Desse modo, verifica-se a impossibilidade de manutenção da sócia Ana na sociedade. Assim, não resta alternativa para a preservação da viabilidade econômica da sociedade que não seja a exclusão de Ana, pela via judicial.

DOS PEDIDOS

Diante do exposto, é a presente para requerer:

a) a citação dos réus para, querendo, contestarem o presente feito, no prazo de 15 (quinze) dias, sob pena de revelia;

b) a procedência do pedido em todos os seus termos, no sentido de declarar a exclusão de Ana da sociedade Ana Arquitetos Associados S/S, em razão da quebra da "affectio societatis" por parte de Ana decorrente da concorrência velada com a sociedade pela atuação em projetos concorrentes, deslealdade, atraso deliberado na entrega dos projetos, disseminação de correspondência inverídica sobre os sócios e administradores;

c) a nomeação de perito para que, declarada a exclusão do sócio réu, proceda-se à apuração dos haveres, nos termos da lei;

d) a condenação dos réus aos ônus da sucumbência, nos termos do art. 85, em interpretação conjugada com o art. 603, § 1.º, ambos do CPC, caso venha a ser contestado o presente feito;

e) que as intimações posteriores do presente feito sejam feitas no seguinte endereço... (art. 106, I, do CPC);

f) a produção de todas as provas em direito admitidas, especialmente pela juntada dos documentos em anexo, e tudo o mais que se fizer necessário, desde logo, já requerido;

g) a convocação de audiência de conciliação ou de mediação, por opção do autor, devendo o réu ser citado com antecedência mínima de 20 dias.

Dá-se à presente causa o valor de R$ ... .

Nestes termos,
Pede deferimento.
Local, data.
Advogado, OAB n.

3. (XXXI Exame)

Excelentíssimo Senhor Doutor Juiz de Direito da... Vara Cível da Comarca de Boa Vista/RR

(deixar espaço de 5 linhas)

Luís, nacionalidade..., estado civil..., profissão..., portador do RG sob o n. ... e do CPF sob o n. ..., e Normandia, nacionalidade..., estado civil..., profissão..., portadora do RG sob o n. ... e do CPF sob o n. ..., por seu advogado, abaixo assinado, com procuração em anexo, vem respeitosamente perante Vossa Excelência promover a presente AÇÃO DE DISSOLUÇÃO PARCIAL DA SOCIEDADE, nos termos do art. 1.030 do Código Civil, e nos arts. 559 e seguintes do CPC, em face de Uiramutã Consultores Ambientais S/S, pessoa jurídica de direito privado, inscrita no CNPJ sob o n. ..., com sede em Boa Vista/RR, neste ato representada pela sócia administradora Iracema, nacionalidade..., estado civil..., profissão..., portadora do RG sob o n. ... e do CPF sob o n. ..., residente e domiciliada em..., e os sócios João, nacionalidade..., estado civil..., profissão..., portador do RG sob o n. ... e do CPF sob o n. ..., residente e domiciliado em..., Bonfim, nacionalidade..., estado civil..., profissão..., portador do RG sob o n. ... e do CPF sob o n. ..., residente e domiciliado em..., Iracema, nacionalidade..., estado civil..., profissão..., portadora do RG sob o n. ... e do CPF sob o n. ..., residente e domiciliada em..., e Elena, nacionalidade..., estado civil..., profissão..., portadora do RG sob o n. ... e do CPF sob o n. ..., residente e domiciliada em..., pelos fatos e fundamentos jurídicos a seguir:

DOS FATOS

Uiramutã Consultores Ambientais é uma sociedade simples, constituída em 2005, por prazo indeterminado, com contrato arquivado no Registro Civil de Pessoas Jurídicas da Comarca de Boa Vista/RR, local de sua sede. A sociedade é composta por seis sócios, a saber: Luís, João, Iracema, Bonfim, Normandia e Elena. A administração da sociedade é exercida, exclusivamente, pela sócia Iracema. Cada sócio é titular de quotas representativas de 20% (vinte por cento) do capital, exceto os sócios Luís e Bonfim, que possuem, cada um, quotas representativas de 10% (dez por cento) do capital. O capital encontra-se integralizado. Até o ano de 2018, as relações entre os sócios eram cordiais e o ambiente extremamente favorável à realização do objeto social, pois todos os sócios, amigos de longa data, tinham formação e atuação na área ambiental. A partir do início de 2019, começaram a surgir sérias desavenças entre os sócios Luís e Normandia e os demais, sobretudo com a administradora Iracema, a quem imputavam omissão na prestação de contas e embaraço na apresentação do balanço patrimonial. Em dezembro de 2019, tornando-se insustentável a permanência na sociedade, sem apoio às suas demandas pelos demais sócios, Luís e Normandia decidem se retirar dela, notificando os demais sócios do exercício de seu direito potestativo com a antecedência prevista na lei, realizando-se, nos trinta dias seguintes, a averbação da resolução da sociedade no registro próprio. Todavia, até a presente data, a sociedade não efetivou a apuração de haveres, argumentando que tal providência demanda alteração contratual para fixar o critério de liquidação das quotas dos ex-sócios, ausente esse critério no contrato no momento da retirada.

DO DIREITO

O art. 1.031 do Código Civil estabelece a possibilidade de nos casos em que a sociedade se resolver em relação a um sócio, o valor da sua quota, considerada pelo montante efetivamente realizado, será liquidado, salvo disposição contratual em contrário, com base na situação patrimonial da sociedade, à data da resolução, verificada em balanço especialmente levantado. Com efeito, do caso concreto, vê-se que a sociedade se resolveu em relação aos sócios Luís e Normandia, autores do presente feito, sendo obrigatória a liquidação do valor de suas quotas, com base na situação patrimonial da sociedade à data da resolução, verificada em balanço especialmente levantado, pois o contrato não prevê critério de apuração.

Não se pode deixar de notar a inércia da sociedade na apuração dos haveres e na apresentação de seu resultado. Ou seja, há mais de ano que ocorreu a situação de direito de retirada, em favor dos autores; todavia, até a presente data, não se apurou e nem foram divulgados os haveres a que caberia para cada sócio retirante.

De outra forma, o argumento apresentado de que os haveres não foram apurados e divulgados por falta de norma específica prevista no contrato social é improcedente. Com efeito, diante da omissão do contrato social, a apuração deve considerar o valor patrimonial das quotas apurado em balanço de determinação (ou balanço especial), que reflita a situação da sociedade à data da resolução, com base no art. 606 do CPC. Assim, não resta outra alternativa aos autores, que não seja se socorrer da via judicial, para verem os seus direitos de retirada respeitados.

DOS PEDIDOS

Diante do exposto, é a presente para requerer:

a) a citação dos réus para, querendo, contestarem o presente feito, no prazo de 15 (quinze) dias, sob pena de revelia;

b) a procedência do pedido em todos os seus termos, no sentido de determinar a apuração de haveres dos sócios Luís e Normandia, com base no art. 599, inciso III, do CPC, com o consequente pagamento em dinheiro das quotas liquidadas, em noventa dias, a partir da liquidação, com correção monetária dos valores apurados e juros legais, em conformidade com o art. 608, parágrafo único, e o art. 609, ambos do CPC;

c) a nomeação de perito para que se proceda à apuração dos haveres, considerando a fixação da data de resolução da sociedade (art. 604, I, CPC) e a definição do critério de apuração dos haveres (art. 604, II, CPC);

d) a condenação dos réus aos ônus da sucumbência, nos termos do art. 85, em interpretação conjugada com o art. 603, § 1.º, ambos do CPC, caso venha a ser contestado o presente feito;

e) que as intimações posteriores do presente feito sejam feitas no seguinte endereço... (art. 106, I, do CPC);

f) a produção de todas as provas em direito admitidas, especialmente pela juntada dos documentos em anexo, e tudo o mais que se fizer necessário, desde logo, já requerido;

g) a convocação de audiência de conciliação ou de mediação, por opção do autor, devendo o réu ser citado com antecedência mínima de 20 dias.

Dá-se à presente causa o valor de R$ ... .

Nestes termos,
Pede deferimento.
Local, data.
Advogado, OAB n. ...

18. AÇÃO DE DISSOLUÇÃO E LIQUIDAÇÃO DE SOCIEDADES

18.1. Apresentação

A *affectio societatis* pode ser definida como o intuito ou a afeição que os sócios têm de se associarem e de permanecerem associados. Trata-se do elemento que vai unir os sócios para que a sociedade venha a desenvolver a sua atividade. É um elemento tão relevante que tem assento constitucional: "ninguém pode ser compelido a se associar ou a permanecer associado" (art. 5º, XX, da CF).

Desse modo, ocorrendo a quebra da *affectio societatis*, em razão de discussões, desentendimentos ou brigas entre os sócios, tornando-se impraticável a continuidade da sociedade e impedindo que ela possa preencher o seu fim social, caberá a promoção da ação de dissolução e liquidação de sociedades.

18.2. Características e requisitos

Trata-se de uma ação extremamente peculiar. Não se pode deixar de lembrar que o CPC/73 manteve em vigor as normas do CPC/39 referentes à ação de dissolução e liquidação de sociedade, na forma do seu art. 1.218, VII. Porém, com o advento do CPC/2015, tal ação teve seu procedimento alterado. Vale dizer, em vista da revogação do procedimento especial relacionado à Ação de Dissolução e Liquidação de Sociedades, pelo CPC/2015, a presente ação passou a se submeter ao rito do procedimento comum.

Esclarece a este propósito o art. 1.046, § 3º, do CPC/2015: "os processos mencionados no art. 1.218 da Lei n. 5.869/73, cujo procedimento ainda não tenha sido incorporado por lei se submetem ao procedimento comum previsto neste Código". A ação do procedimento comum foi estudada no capítulo 1 desta obra, para onde se remete o leitor para o estudo do delineamento geral desta peça prático-profissional.

Algumas características merecem ser destacadas, em vista da especificidade desta medida judicial. A primeira se refere ao pedido de **nomeação do liquidante**. Com efeito, o liquidante é a pessoa responsável para, declarada a dissolução, vir a promover a liquidação da sociedade, apurando-se o ativo e o passivo da sociedade, para, então, realizar-se o ativo para pagar o passivo, seguindo uma ordem legal de preferência. Neste particular, deve-se anotar a previsão do art. 209, parágrafo único, da Lei n. 6.404/76, para as sociedades anônimas, bem como o art. 1.111 do CC, para as demais sociedades.

Outra peculiaridade importante se refere à legitimidade para a propositura da presente ação. No que se refere à **legitimidade ativa**, caberá ao sócio interessado promover a ação de dissolução e liquidação de sociedade, sempre que os administradores deixarem de promover a liquidação da sociedade, quando reconhecida uma das causas de dissolução de pleno direito. Diante de causas de dissolução por decisão judicial, cabe aos sócios promover diretamente tal ação. De outro lado, a **legitimidade passiva** é da sociedade que será dissolvida, bem como dos sócios que não pretendem a dissolução. Ou seja, nesta ação, ter-se-á um litisconsórcio passivo unitário, nos termos do art. 116 do CPC.

Em resumo:

a) **autor:** sócio interessado na dissolução;

b) **réu:** sociedade e os demais sócios.

18.3. Como identificar a peça

O caso narrado descreverá uma situação pela qual haverá algum tipo de desentendimento havido entre os sócios. Tal desentendimento será relevante a ponto de que a continuidade da sociedade restará prejudicada, não havendo outra coisa a fazer senão promover o encerramento das atividades da sociedade a partir de sua dissolução.

18.4. Competência

O Código de Processo Civil determina, no seu art. 53, III, *a*, que é competente o foro do lugar onde está a sede para a ação em que for ré a pessoa jurídica. Desse modo, como a sociedade que será dissolvida deverá ser inserida no polo passivo desta ação, tem-se que a competência para processar e julgar a presente ação será da comarca onde se encontrar a sede da sociedade.

18.5. Fundamentos mais comuns

É importante perceber que, genericamente, existem **três modalidades de causas de dissolução de sociedade**. Assim, pode-se falar em causas de dissolução:

1. de pleno direito;
2. por decisão judicial; e
3. por decisão administrativa.

As hipóteses que darão ensejo à dissolução se encontram nos arts. 1.033, 1.034, 1.035 do Código Civil, e no art. 206 da Lei n. 6.404/76.

Na **dissolução de pleno direito**, tem-se que o legislador elenca hipóteses que, acaso configuradas no caso em concreto, por si sós, determinarão a dissolução societária, independentemente de pronunciamento de alguma autoridade. Trata-se de situações que, em comum, têm o fato de estarem relacionadas a um ato de vontade dos sócios; vale dizer, a situação ensejadora da dissolução só veio a, de fato, acontecer por vontade, por liberalidade, dos sócios que, querendo, poderiam ter evitado. Levando ao Judiciário, no entanto, o pedido deve ser para declarar a dissolução da sociedade.

São hipóteses de **dissolução de pleno direito** [cabendo destacar que tanto o contrato social (art. 1.035 do CC) quanto o estatuto social (art. 206, I, *b*, da Lei n. 6.404/76) poderão trazer outras causas de dissolução de pleno direito]:

a) **o término do prazo de duração,** salvo se, vencido este e sem oposição de sócio, não entrar a sociedade em liquidação, caso em que se prorrogará por tempo indeterminado (art. 1.033, I, do CC ou art. 206, I, *a*, da Lei n. 6.404/76);

b) **o consenso unânime dos sócios** – hipótese específica para as sociedades contratuais, pois se trata do "distrato social" (art. 1.033, II, do CC);

c) **a deliberação dos sócios, por maioria absoluta** (regra geral, mais da metade do capital social; para a sociedade anônima, mais da metade do capital social votante), na sociedade de prazo indeterminado (art. 1.033, III, do CC ou art. 206, I, *c*, da Lei n. 6.404/76);

d) **a unipessoalidade superveniente** – no caso de sociedade limitada: a falta de pluralidade de sócios, não reconstituída no prazo de 180 dias; e para a sociedade anônima: pela existência de um único acionista, verificada em assembleia geral ordinária, se o mínimo de dois não for reconstituído até a do ano seguinte (art. 1.033, IV, do CC ou art. 206, I, *d*, da Lei n. 6.404/76);

e) **a extinção, na forma da lei, de autorização para funcionar** (art. 1.033, V, do CC ou art. 206, I, *e*, da Lei n. 6.404/76).

Sobre a **unipessoalidade superveniente na sociedade limitada**, vale afirmar que, com o advento da Lei n. 13.874/2019, oriunda da conversão da MP n. 881/2019 – intitulada **Lei da Liberdade Econômica** –, passou-se a admitir a possibilidade de constituição de **sociedade limitada unipessoal**, que não se confunde, aliás, com a EIRELI. Dessa forma, em razão da possibilidade de se converter a sociedade limitada em sociedade limitada unipessoal, poderá ocorrer de a sociedade não vir a ser dissolvida, de pleno direito, em face da expiração do prazo legal de unipessoalidade superveniente.

Na **dissolução por decisão judicial**, são apresentadas hipóteses em que se faz necessária a decisão judicial para se configurar. Em tais casos, é necessário haver decretação da dissolução, tendo a sentença judicial natureza constitutiva. Nos casos de dissolução de pleno direito, como visto anteriormente, acaso se necessite do reconhecimento judicial, a sentença terá natureza declaratória.

São hipóteses de **dissolução por decisão judicial**:

a) a anulação da constituição, podendo ser promovida por qualquer sócio ou acionista (art. 1.034, I, do CC ou art. 206, II, *a*, da Lei n. 6.404/76);

b) o exaurimento ou a inexequibilidade do fim social ou, por qualquer modo, a sociedade não conseguir mais preencher o fim social – no caso de sociedades anônimas, faz-se necessário que a ação seja proposta por acionistas que representem, no mínimo, 5% do capital social – neste caso, como visto, é possível, também, ocorrer a dissolução parcial de uma S/A fechada; para as demais sociedades, qualquer sócio poderá promover a ação por tal hipótese, independentemente da participação social (art. 1.034, II, do CC ou art. 206, II, *b*, da Lei n. 6.404/76);

c) a decretação de falência que acontece na forma de lei especial e que, portanto, será tratada em apartado, em outro capítulo (art. 206, II, *c*, da Lei n. 6.404/76 e art. 99 da Lei n. 11.101/2005). O capítulo 21 é inteiramente dedicado ao seu estudo.

Na **dissolução por decisão administrativa**, o Estado, direta ou indiretamente – por meio de agências reguladoras –, vem a decretar o "fim" da pessoa jurídica. Trata-se do chamado *fato do príncipe*. Cabe destacar que a hipótese de decisão administrativa é específica das sociedades por ações. A **dissolução por decisão administrativa** é hipótese específica das sociedades anônimas (art. 206, III, da Lei n. 6.404/76). É o caso, por exemplo, das instituições financeiras que sempre serão sociedade anônima e poderão ter sua liquidação decretada pelo Banco Central.

Por final, é importante destacar que, regra geral, qualquer sociedade poderá vir a se submeter à dissolução e liquidação, na forma e com as cautelas aqui apresentadas. A única exceção é a sociedade em conta de participação. Na forma do que prevê o art. 996 do Código Civil, a liquidação da sociedade em conta de participação será regida pelas normas relativas à prestação de contas. Nesse sentido, acaso o examinador exija o encerramento e a liquidação de uma sociedade em conta de participação, deverá o examinando atualmente elaborar ação de exigir contas, nos termos do que foi anteriormente estudado, no capítulo 8.

18.6. Estrutura da peça

1. **Endereçamento:** Excelentíssimo Senhor Doutor Juiz de Direito da... Vara Cível da Comarca de... do Estado de... .
2. **Identificação das partes:** autor: os sócios que tiverem interesse na dissolução; réu: os sócios que não pretendem a dissolução, e a sociedade (caso de litisconsórcio passivo unitário).

   Qualificação de pessoa física: Fulano de tal, nacionalidade..., estado civil..., profissão..., portador do RG n. ..., e do CPF n. ..., residente e domiciliado na... .

   Qualificação de pessoa jurídica: Nome empresarial, pessoa jurídica de direito privado, inscrita no CNPJ n. ..., estabelecida na..., neste ato se fazendo presente por seu administrador (diretor, caso se trate de sociedade anônima) ... (pode fazer a qualificação de "pessoa física").
3. **Representação judicial:** advogado assinado ao final, com mandato em anexo.

4. **Nome da ação e fundamento legal:** ação de dissolução e liquidação de sociedade, com fundamento no... (verificar o fundamento legal do caso concreto), e no art. 319 do CPC.
5. **Narrativa dos fatos ("Dos Fatos"):** exposição dos fatos previstos na situação hipotética da questão. Não inventar outros fatos nem trazer detalhes ausentes no problema. Deve-se, portanto, literalmente, copiar, de maneira integral, a questão, conforme apresentada.
6. **Fundamentação ("Do Direito"):** vale a pena ressaltar que a mera transcrição dos artigos não pontua. É a parte da peça em que deverão ser apresentados os dispositivos legais que asseguram o direito do cliente para o que se estará elaborando a peça processual. Nessa linha, em razão das várias possibilidades de fundamentação, sugere-se a releitura do presente capítulo.
7. **Pedidos:** a) a designação de audiência de conciliação ou de mediação, por opção do autor, devendo os réus serem citados com antecedência mínima de 20 dias; b) a procedência do pedido em todos os seus termos, no sentido de declarar (dissolução de pleno direito) / decretar (dissolução por decisão judicial) a dissolução da sociedade em razão de... (especificar o motivo da dissolução); c) a nomeação do liquidante para que, declarada (ou decretada) a dissolução, proceda-se à liquidação da sociedade, nos termos da lei; d) a condenação dos réus aos ônus da sucumbência, nos termos do art. 85 do CPC; e) que as intimações posteriores do presente feito sejam feitas no seguinte endereço... (art. 106, I, do CPC); f) a produção de todas as provas em Direito admitidas, especialmente por... (o pedido genérico de provas não pontua).
8. **Valor da causa:** Dá-se à causa o valor de R$... (art. 291 do CPC. A toda causa será atribuído um valor certo, ainda que não tenha conteúdo econômico imediatamente aferível).
9. **Fechamento da peça:** local, data. Advogado, OAB [não inventar dados].

18.7. Questão da peça profissional

(Cespe 2007.2) João e José, amigos de longa data, constituíram a sociedade Souza & Silva Comércio e Indústria de Móveis. Cada qual detinha 50% das quotas da sociedade e ambos a administravam. As afinidades eram muitas, mas, com o passar dos anos, as diferenças vieram à tona. As dificuldades do mercado acabaram contaminando a relação entre os sócios, que frequentemente passaram a brigar. No ápice de uma discussão, chegou a haver agressão física: João desferiu dois socos na face de José. A manutenção da sociedade tornou-se insustentável. Tentou-se chegar a um consenso acerca de eventual compra das quotas de José por João, o que não foi possível. Tentou-se também a alienação das quotas de José a um terceiro, o que não contou com a anuência de João. José, por fim, não querendo permanecer no empreendimento, procurou um advogado para promover ação de dissolução da sociedade.

Considerando a situação hipotética acima, elabore, de forma fundamentada, a petição inicial da ação de dissolução da sociedade existente entre João e José.

18.8. **Modelo da peça**

Excelentíssimo Senhor Doutor Juiz de Direito da... Vara Cível da Comarca de... do Estado de...

(deixar espaço de 5 linhas)

José, [qualificação], pelo seu advogado, ao final assinado, com mandato em anexo, vem, respeitosamente, à presença de Vossa Excelência, propor a presente AÇÃO DE DISSOLUÇÃO E LIQUIDAÇÃO DE SOCIEDADE, com fundamento no art. 319 do CPC, e no art. 1.034, II, do CC, em face de Souza e Silva Comércio e Indústria de Móveis, [qualificação], neste ato representada por João, e João, [qualificação], pelos fundamentos de fato e de direito a seguir:

DOS FATOS

João e José, amigos de longa data, constituíram a sociedade Souza & Silva Comércio e Indústria de Móveis. Cada qual detinha 50% das quotas da sociedade e ambos a administravam. As afinidades eram muitas, mas, com o passar dos anos, as diferenças vieram à tona.

As dificuldades do mercado acabaram contaminando a relação entre os sócios, que frequentemente passaram a brigar. No ápice de uma discussão, chegou a haver agressão física: João desferiu dois socos na face de José. A manutenção da sociedade tornou-se insustentável.

Tentou-se chegar a um consenso acerca de eventual compra das quotas de José por João, o que não foi possível. Tentou-se também a alienação das quotas de José a um terceiro, o que não contou com a anuência de João.

José, por fim, não querendo permanecer no empreendimento, tem o direito de promover ação de dissolução da sociedade.

DO DIREITO

A presente medida judicial tem por fundamento o art. 1.034, II, do Código Civil, que determina a possibilidade de dissolução judicial da sociedade quando se estiver diante da inexequibilidade do fim social. É o que acontece com o caso em questão. Haja vista o desentendimento havido entre os sócios, a manutenção da sociedade se tornou inviável.

O procedimento de dissolução e liquidação de sociedades encontrava fundamento nos arts. 655 a 674 do CPC/39. Tais disposições tinham sido mantidas em vigor pelo art. 1.218,

IV, do CPC/73. De acordo com o art. 1.046, § 3.º, do CPC/2015, a presente ação deve atualmente seguir o rito do procedimento comum.

Desse modo, tendo havido a quebra da "affectio societatis", bem como a impossibilidade, no caso concreto, de se adquirirem as quotas do autor, não resta alternativa que não seja a dissolução judicial da sociedade.

DO PEDIDO

Diante do exposto, é a presente medida judicial para requerer:

a) A designação de audiência de conciliação ou de mediação, por opção do autor, devendo os réus ser devidamente citados com antecedência mínima de 20 dias.

b) A procedência do pedido em todos os seus termos, no sentido de decretar a dissolução da sociedade em razão de que os constantes desentendimentos havidos entre os sócios ocasionaram a quebra da "affectio societatis", tornando inexequível o fim social.

c) A nomeação do liquidante para que, decretada a dissolução da sociedade ré, proceda-se à liquidação da sociedade, nos termos da lei.

d) A condenação dos réus aos ônus da sucumbência, nos termos do art. 85 do CPC.

e) Que as intimações posteriores do presente feito sejam feitas no seguinte endereço... (art. 106, I, do CPC).

f) A produção de todas as provas em Direito admitidas, especialmente pela juntada do contrato social da sociedade a ser dissolvida e pela ouvida de testemunhas cujo rol será apresentado oportunamente.

Dá-se à causa o valor de R$... .

Nestes termos.
Pede deferimento.
Local. Data.
Advogado, OAB n. ...

19. INCIDENTE DE DESCONSIDERAÇÃO DA PERSONALIDADE JURÍDICA

19.1. Apresentação

Um dos temas mais recorrentes em matéria de direito empresarial é o da **desconsideração da personalidade jurídica**. Na feição inerente ao direito empresarial, a *disregard doctrine* veio a ser **positivada, em sua teoria pura, com o advento do Código Civil em vigor**. Trata-se da retirada episódica e momentânea dos efeitos da personificação com o objetivo de, esquecendo-se da personalidade e/ou do patrimônio da sociedade, alcançar-se a personalidade e/ou o patrimônio de sócios e/ou de administradores.

Porém, **até o advento da Lei n. 13.105/2015** (novo Código de Processo Civil), **não havia um procedimento previsto em lei** para sua discussão/declaração. Diga-se de passagem, o **STJ**, em jurisprudência consolidada, já entendeu pela sua *discussão/declaração em qualquer processo (de conhecimento, de execução, cautelar, falimentar) e em qualquer fase, como um incidente processual e não como um processo incidente* (*vide* REsp 476.452/GO e REsp 1.096.604/DF).

Cabe, então, resgatar noções acerca da desconsideração da personalidade jurídica, no âmbito do direito empresarial, a partir do **art. 50 do Código Civil**. De outro lado, mister se faz também o estudo dos **arts. 133 a 137 do CPC/2015** que regulamenta, pela primeira vez, no Brasil, o incidente de desconsideração da personalidade jurídica. Como se trata de medida judicial regulamentada pelo CPC/2015, os aspectos processuais deste incidente serão apresentados sob os auspícios da nova norma.

De um ponto de vista processual, a **desconsideração da personalidade jurídica** pode ser **requerida** tanto na **petição inicial**, quando já houver a prova dos seus pressupostos, quanto a partir de um **incidente**. É o que se extrai do art. 134, § 2º, do CPC/2015. Para os fins do presente capítulo, o foco será o modo de apresentar o incidente.

19.2. Características e requisitos

Primeiramente, **não se pode confundir desconsideração com desconstituição da personalidade jurídica**. Com efeito, não se quer despersonificar, desconstituir ou dissolver a sociedade. Ao contrário, **busca-se a sua proteção em face de um sócio ou de um administrador que se beneficiou do mau uso da personalidade jurídica**.

Tanto que só surtirá **efeitos nos limites do caso concreto** em que for declarada. Para tudo o mais, prevalecerá a personalidade jurídica da sociedade. Entretanto, no caso concreto, levanta-se o véu da personificação com todas as suas consequências, para ir ao encontro de sócios e/ou de administradores que se beneficiaram indevidamente de um ato praticado em nome da sociedade.

O direito brasileiro não admite a declaração *ex officio* da desconsideração da personalidade jurídica. É preciso que haja provocação a partir de requerimento de alguma das partes ou do MP quando couber intervir no processo. Não dá, portanto, para o juiz declarar diretamente a desconsideração da personalidade jurídica, sem que tenha havido requerimento.

Frise-se, por oportuno: **o ato de declarar a desconsideração da personalidade jurídica é de competência exclusiva do juiz**. Somente a autoridade judicial está legitimada a conhecer e declará-la. Não cabe, pois, à autoridade administrativa declarar diretamente, sem recorrer ao Judiciário, a desconsideração da personalidade jurídica.

À luz do art. 50 do Código Civil, pode-se dizer que existem três **requisitos para a sua aplicação**:

(i) **a personificação societária** – se não há personalidade jurídica, não há o que desconsiderar, sendo certo *não caber desconsideração da personalidade jurídica em face da sociedade em comum ou da sociedade em conta de participação*;

(ii) **a utilização indevida da pessoa jurídica** – pode se dar de duas maneiras: a) ***o desvio de finalidade***, caracterizado pela *fraude* ou pelo *abuso de direito* relacionado à *autonomia patrimonial*, ou b) ***a confusão patrimonial***; e

(iii) **a imputação do ato à pessoa jurídica** – o ato a partir do qual se declara a desconsideração da personalidade jurídica precisa ser de responsabilidade da pessoa jurídica, ou seja, *se já houver responsabilidade pessoal do sócio ou do administrador pelo ato, não há porque desconsiderar a personalidade jurídica.*

A doutrina classifica a desconsideração da personalidade jurídica em diversas **teorias**, a depender de seus critérios de aplicação. Desse modo, fala-se em: *teoria maior* e *teoria menor*. Para a **teoria maior** ser aplicada, hão de ser provados os requisitos previstos no art. 50 do Código Civil. Para a **teoria menor** ser aplicada, independe de qualquer desvio de finalidade, bastando ocorrer uma inadimplência (é o caso do direito do consumidor, por exemplo).

Há, ainda, a *desconsideração inversa* que estabelece a possibilidade de a pessoa jurídica vir a responder por obrigações do sócio quando este se utiliza da pessoa jurídica visando ocultar ou desviar bens (já acolhida no âmbito do direito de família, em processos em que um cônjuge que é sócio de sociedade desvia bens pessoais para a própria sociedade com a finalidade de afastá-los da partilha ou frustrar a execução de alimentos).

A teoria maior, por sua vez, é classificada em: *subjetiva ou objetiva*, em razão da utilização indevida a ser demonstrado. Na **teoria maior subjetiva**, prova-se a fraude ou o abuso de direito relacionado à autonomia patrimonial; na **teoria**

maior objetiva, prova-se a confusão patrimonial. A referida divisão, também, poderá ser utilizada no âmbito da desconsideração inversa da personalidade jurídica.

O **incidente da desconsideração da personalidade jurídica** é *cabível em qualquer momento* do processo de conhecimento, do cumprimento de sentença e da execução fundada em título executivo extrajudicial (art. 134 do CPC/2015). Tão logo sejam observados os seus pressupostos, a desconsideração da personalidade jurídica poderá ser requerida. A **instauração do incidente** será **imediatamente comunicada** ao distribuidor para as **anotações devidas** (art. 134, § 1º, do CPC/2015).

É **efeito da instauração do incidente** de desconsideração da personalidade jurídica **a suspensão do processo** em que se pretende a declaração de desconsideração. É o que demonstra o art. 134, § 3º, do CPC/2015. Vale dizer, trazida a juízo a discussão sobre a desconsideração da personalidade jurídica de maneira incidental, o processo terá o feito sobrestado até a solução do incidente. *Imaginando a exigência desta peça no Exame de Ordem, sugere-se como um dos seus pedidos a declaração de suspensão aqui exposta.*

Determina o art. 135 do CPC/2015 que aquele que sofrerá os efeitos da desconsideração da personalidade jurídica, seja o sócio, seja a pessoa jurídica – em caso de desconsideração inversa, deverá ser **citado** para se manifestar e, querendo, produzir provas no **prazo de 15 dias**. Trata-se aqui de mais um pedido a ser apresentado necessariamente no incidente de desconsideração, em termos de prova da OAB.

O art. 137 do CPC/2015 destaca: "Acolhido o pedido de desconsideração, a alienação ou a oneração de bens, havida em fraude de execução, será ineficaz em relação ao requerente". Ou seja, qualquer **alienação ou oneração de bens** que se caracterize como um caso de **fraude à execução**, não terá valor jurídico perante o requerente. Assim, *em se tratando de Exame de Ordem, é importante fazer o pedido de declaração de ineficácia, nos termos do dispositivo legal acima transcrito.*

A Lei n. 13.874/2019, oriunda da conversão da MP n. 881/2019 – intitulada Lei da Liberdade Econômica –, estabeleceu nova redação ao art. 50 do Código Civil. A redação atual do citado artigo prescreve: "*Em caso de abuso da personalidade jurídica, caracterizado pelo desvio de finalidade ou pela confusão patrimonial, pode o juiz, a requerimento da parte, ou do Ministério Público quando lhe couber intervir no processo, desconsiderá-la para que os efeitos de certas e determinadas relações de obrigações sejam estendidos aos bens particulares de administradores ou de sócios da pessoa jurídica beneficiados direta ou indiretamente pelo abuso*".

O art. 50, § 1º, do CC define o desvio de finalidade como sendo "*a utilização da pessoa jurídica com o propósito de lesar credores e para a prática de atos ilícitos de qualquer natureza*". É cabível notar que "*não constitui desvio de finalidade a mera expansão ou a alteração da finalidade original da atividade econômica específica da pessoa jurídica*", conforme prevê o art. 50, § 5º, do CC.

Já o § 2º do art. 50 estabelece a confusão patrimonial como sendo a ausência de separação de fato entre os patrimônios da sociedade e dos sócios ou dos administradores, constituindo-se em desrespeito ao *princípio da autonomia patrimonial*. Este princípio é conhecido, no mundo das Ciências Contábeis, como o princípio da entidade. Vale o destaque, na medida em que alguns dos leitores desse livro já são profissionais da Contabilidade, daí a menção ao nome contábil do princípio.

É importante observar, segundo o estabelecido pela Lei da Liberdade Econômica, que a confusão patrimonial poderá ser caracterizada por: (i) cumprimento repetitivo pela sociedade de obrigações do sócio ou administrador ou vice-versa; (ii) transferência de ativos e passivos sem efetivas contraprestações, exceto o de valor proporcionalmente insignificante; e (iii) outros atos de descumprimento da autonomia patrimonial.

Os requisitos anteriormente mencionados são levados em consideração, tanto diante da desconsideração direta – em que se esquece da pessoa jurídica para se alcançar sócios e/ou administradores – quanto diante da desconsideração inversa – em que se esquece dos sócios e/ou administradores para se alcançar a pessoa jurídica (note que é o caminho inverso da mencionada "desconsideração direta", daí a nomenclatura estabelecida pela doutrina).

Por final, para os fins que interessam a esta obra, é importante salientar que a mera existência de um grupo econômico sem a presença dos requisitos previstos no art. 50, *caput*, do CC não autoriza a desconsideração da personalidade jurídica. É o que dispõe o § 4º, do mesmo art. 50.

19.3. Como identificar a peça

A narrativa descreverá uma situação hipotética em que já há uma ação judicial em andamento em que uma sociedade empresária (ré no processo narrado) se vê responsável por determinado ato (serão descritas situações de desconsideração um pouco mais à frente), mas que a origem do referido ato residiria justamente no mau uso da pessoa jurídica da sociedade por parte de um sócio ou administrador desta.

Assim, seria necessária a declaração de desconsideração da personalidade jurídica para o fim de conseguir alcançar a personalidade e/ou o patrimônio do sócio e/ou administrador beneficiado pela utilização indevida da sociedade. Na essência, como a desconsideração busca proteger a pessoa jurídica de sua utilização indevida, a sociedade deveria ser eximida da responsabilidade que lhe fora indevidamente imputada. Apesar disso, o Código Civil, no art. 50, destaca que "os efeitos de certas e determinadas relações de obrigações sejam estendidos aos bens particulares dos administradores ou sócios da pessoa jurídica".

Em suma: a sociedade, ré no processo, praticou determinado fato pelo qual se tornou responsável. Porém aludido ato só foi praticado, na medida da utilização indevida da pessoa jurídica, tendo sido usada para a prática de fraude ou de abuso de direito ligados à autonomia patrimonial ou à confusão patrimonial. Daí, a necessidade da desconsideração: alcançar os bens particulares daquele (sócio ou administrador) que, de algum modo, locupletou-se com a utilização indevida da pessoa jurídica.

19.4. Competência

Como se trata de um incidente, **a petição do incidente de desconsideração da personalidade jurídica deverá ser protocolada junto aos autos principais**. Não se fala, pois, em distribuição por dependência, nem é necessária a investigação sobre a competência. Ainda assim, será **autuada em apartado**. O direcionamento da peça será para a própria Vara – se em primeira instância, ou Câmara Cível – se em segunda instância.

Assim como se faz, por exemplo, na contestação – estudada no capítulo 2 – ou na réplica à contestação – estudada no capítulo 3 –, será importante destacar, entre o endereçamento e o preâmbulo, a menção ao "Processo n. ...".

19.5. Fundamentos mais comuns

Como se viu, o **abuso da personalidade jurídica** ou a utilização indevida de uma pessoa jurídica pode se dar, nos termos do art. 50 do Código Civil, pelo **desvio de finalidade** ou pela **confusão patrimonial**. Por sua vez, o desvio de finalidade pode se caracterizar pela **fraude** ou pelo **abuso de direito** relacionados à **autonomia patrimonial**. É importante, porém, compreender as hipóteses já consagradas pela doutrina e pela jurisprudência. Tais hipóteses servirão de guia para a elaboração dos casos atinentes a esta peça prático-profissional.

Um exemplo de **fraude** relacionada à desconsideração da personalidade jurídica ocorre no âmbito do **trespasse**. O trespasse é o contrato de alienação de estabelecimentos empresariais. Um dos seus efeitos se encontra no art. 1.147 do Código Civil. **Salvo disposição prevista no contrato de trespasse, o alienante não pode concorrer com o adquirente pelo prazo de cinco anos**. Tal prazo pode ser aumentado, diminuído e até zerado, desde que haja expressa previsão no contrato.

Imagine-se, então, a situação de o empresário que aliena o seu estabelecimento, com nada sendo regulamentado no contrato sobre a questão de o alienante estar ou não proibido de se restabelecer. Neste caso, ele estaria, então, impedido de concorrer com o adquirente pelo prazo de cinco anos. O alienante, visando fugir do impedimento legal, constitui sociedade com objeto social concorrente. Caberia, assim, a desconsideração da personalidade jurídica para impor à sociedade o impedimento de concorrer previsto para o alienante.

Do ponto de vista do **abuso de direito**, dois casos são consagrados: a **subcapitalização** e a **dissolução irregular**. Para entender a *subcapitalização*, é importante antes compreender os conceitos de *capitalização* e de *descapitalização*. **Capitalizar** significa trazer recursos financeiros para a sociedade (os sócios capitalizam a sociedade quando, por exemplo, realizam as contribuições prometidas ao capital social). **Descapitalizar** significar retirar recursos financeiros da sociedade (os sócios descapitalizam a sociedade quando, por exemplo, receber as quantias que lhes cabem a título de dividendos).

Note-se que não é problema ocorrer a descapitalização da sociedade. O problema é ocorrer a **subcapitalização** caracterizada quando **os sócios não mantêm capital adequado à realização do objeto social**. Toda vez que ingressam recursos (receitas ou lucros, por exemplo) na sociedade, estes são distribuídos totalmente entre os sócios, não havendo reaplicação na sociedade. Caberia, portanto, desconsideração da personalidade jurídica para chamar a responsabilidade dos sócios, na medida em que não providenciaram ou mantiveram a adequada capitalização da sociedade.

A outra hipótese de abuso de direito é a **dissolução irregular**. O STJ consolidou entendimento no sentido de que "o simples fato da recorrida ter encerrado suas atividades operacionais e ainda estar inscrita na Junta Comercial não é, por si só, indicativo de que tenha havido fraude ou má-fé na condução de seus negócios" (*vide* REsp 876.974/SP). Desse modo, percebe-se que **a mera dissolução de fato não é caracterizadora da dissolução irregular**, para fins de desconsideração da personalidade jurídica.

A dissolução será considerada irregular para fins de desconsideração da personalidade jurídica sempre que os sócios dissolverem uma sociedade sem pagar todas as suas obrigações, procedendo, inclusive, à baixa do registro na Junta Comercial, e constituírem uma nova sociedade com mesmo objeto social. Não é ilícito ou ilegal o sujeito constituir ou ser sócio de várias pessoas jurídicas ao mesmo tempo. **O ilícito resulta da constituição de uma nova sociedade, em detrimento dos credores da sociedade antiga**. Caberia, então, a desconsideração da personalidade jurídica da sociedade antiga para o fim de atender os credores em cima do patrimônio da nova sociedade e/ou dos sócios.

Pode ser fundamento, ainda, para a desconsideração da personalidade jurídica, a **confusão patrimonial**. Como o próprio nome diz, refere-se ao fato de sócios e/ou administradores **desrespeitarem a autonomia patrimonial** da pessoa jurídica. Na essência, *pode se falar em confusão patrimonial toda vez que um sócio se utilizar do patrimônio da sociedade para realizar pagamentos pessoais ou vice-versa*. Imagine o caso de um sócio que, para pagar um débito de natureza pessoal, emite um cheque da sociedade.

Perceba-se que a **linha direta da desconsideração** da personalidade jurídica é esquecer a sociedade para ir em busca do patrimônio de sócios ou administradores, ou seja, a responsabilidade vai **da pessoa jurídica para o sócio/administrador**. Fala-se, entretanto, na **desconsideração inversa da personalidade jurídica**, quando se deve esquecer o sócio ou o administrador para ir em busca do patrimônio da sociedade, ou seja, a responsabilidade vai **do sócio/administrador para a pessoa jurídica da sociedade**.

Em matéria de direito empresarial, imagine-se a situação de que **alguém** que, **sendo sócio de determinada sociedade, contrai dívidas pessoais, particu-**

lares. Valendo-se da condição de sócio e com o objetivo de fugir à sua responsabilidade – o devedor responde com todos os seus bens pela satisfação de suas obrigações, determina o art. 789 do CPC – **transfere seus bens pessoais para a pessoa jurídica da sociedade**.

Trata-se de bens que o sócio utiliza para fins pessoais, mas que juridicamente a sociedade é a sua proprietária. Nesta linha, o credor pode requerer a desconsideração inversa da personalidade jurídica, visando alcançar, no patrimônio da sociedade, os bens que estão sendo usados para fins pessoais por parte do sócio devedor.

19.6. Estrutura da peça

1. **Endereçamento:** ao juízo onde está tramitando a ação em que se pretende a declaração de desconsideração da personalidade jurídica. Apesar de ser um procedimento que tramita em apartado, não se fala em distribuição por dependência ou algo do tipo. Mas vai para a mesma vara mencionada no caso concreto.

   A título ilustrativo: Excelentíssimo Senhor Doutor Juiz de Direito da... Vara Cível... da comarca de... do Estado de... . Adaptar, sempre, o exemplo, à situação da narrativa (caso, por exemplo, da "Vara Única" ou da "Vara da Capital".
2. **Identificação das partes:** o autor – normalmente, um credor ou alguém que tenha um direito que está sendo preterido pela pessoa jurídica, justamente constituída ou utilizada com desvio de finalidade –; o réu – a pessoa jurídica ou o sócio, ou seja, quem vier a sofrer os efeitos da desconsideração da personalidade jurídica.
3. **Representação judicial:** advogado abaixo assinado, com mandato em anexo.
4. **Nome da peça e fundamentação legal:** incidente de desconsideração da personalidade jurídica, com fundamento no art. 50 do Código Civil e no art. 133 e seguintes do CPC/2015.
5. **Narrativa dos fatos ("Dos Fatos"):** a transcrição integral do caso narrado. Frise-se, por oportuno, a necessidade de se limitar à cópia do caso apresentado, não cabendo inventar ou deduzir dados, sob pena de ser atribuída NOTA ZERO à peça prático-profissional elaborada.
6. **Fundamentação ("Do Direito"):** cabe sempre ressaltar que a mera citação ou transcrição de artigos de lei e mesmo de súmulas de jurisprudência não pontua.

   Vai ser importante estabelecer a relação entre a situação hipotética apresentada e os requisitos de aplicação previstos no art. 50 do Código Civil. Deve ser destacado qual o fato motivador para a desconsideração (fraude, abuso de direito, confusão patrimonial) e os elementos que servem de prova para tal convicção.

7. **Pedidos ("Do Pedido"):** a) a autuação em apartado do presente incidente, sendo determinada a suspensão da tramitação dos autos principais, nos termos do art. 134, § 3º, do CPC/2015; b) a imediata comunicação ao distribuidor para as anotações devidas, na forma do art. 134, § 1º, do CPC/2015; c) A citação do réu para, querendo, se manifestar e produzir provas no prazo de 15 dias, na forma do art. 135 do CPC/2015; d) que seja acolhido o pedido de desconsideração para o fim de... [explicar o que se pretende com a desconsideração da personalidade jurídica – destacar em face de quem a ação será redirecionada]; e) a declaração de ineficácia de qualquer alienação ou oneração de bens do réu em relação ao requerente, na forma do art. 137 do CPC/2015; f) que as intimações sejam enviadas ao escritório na Rua... (art. 106, I, do CPC). Pretende-se provar o alegado por todas as provas em direito admitidas, especialmente... [O pedido genérico de provas não pontua. Desse modo, faz-se necessário você especificar as provas que pretende produzir, em conformidade com o caso apresentado no Exame; por exemplo: ...especialmente por prova testemunhal cujo rol será apresentado oportunamente].
8. **Valor da causa:** não há (art. 292 do CPC/2015 – o valor da causa constará da petição inicial ou da reconvenção)
9. **Fechamento da peça:** local, data. Advogado, OAB.

19.7. Questão da peça profissional

(XXV Exame) Demerval Lobo, ex-empresário individual enquadrado como microempresário, requereu e teve deferida a transformação de seu registro em Empresa Individual de Responsabilidade Limitada (EIRELI), que foi enquadrada como microempresa. Alguns meses após o início das atividades da EIRELI (Sorvetes União EIRELI ME), o patrimônio de Demerval Lobo foi substancialmente diminuído, com sucessivas transferências de valores de suas contas particulares para as contas da pessoa jurídica, que já era titular do imóvel onde estava situada a sede. Por outro lado, as dívidas particulares de Demerval Lobo cresceram em proporção inversa, acarretando inúmeros inadimplementos com os credores.

Gervásio Oliveira, um dos credores particulares de Demerval Lobo por obrigação contraída após a transformação do registro, ajuizou ação de cobrança para receber quantias provenientes de contrato de depósito. Logo após a citação do réu, o autor descobriu que as contas correntes do devedor tinham sido encerradas e o imóvel em que residia foi alienado para a EIRELI, tendo prova desse fato por meio de certidão do Registro de Imóveis da Comarca de Cocal, Estado do Piauí.

A advogada de Gervásio Oliveira foi autorizada por ele a propor a medida judicial cabível, no curso da ação de conhecimento, para atingir o patrimônio da pessoa jurídica e, dessa forma, garantir o pagamento da dívida do devedor. Considere que a ação de cobrança tramita na 2ª Vara da Comarca de Campo Maior, Estado do Piauí.

Elabore a peça processual adequada.

19.8. Modelo da peça

Excelentíssimo Senhor Doutor Juiz de Direito da 2.ª Vara da Comarca de Campo Maior/PI

(deixar espaço de 5 linhas)

Processo n. ...

Gervásio Oliveira, já qualificado nos autos em epígrafe, por seu advogado, abaixo assinado, com mandato em anexo, vem respeitosamente perante Vossa Excelência promover o presente INCIDENTE DE DESCONSIDERAÇÃO DA PERSONALIDADE JURÍDICA, com fundamento no art. 50 do Código Civil, e nos arts. 133 e seguintes do CPC/2015 em face de Sorvetes União EIRELI ME, pessoa jurídica de direito privado, inscrita no CNPJ sob o n. ... e estabelecida na..., por seu representante legal Demerval Lobo, nacionalidade..., estado civil..., profissão..., portador do RG sob o n. ... e do CPF sob o n. ..., residente e domiciliado na..., Cidade de Cocal, pelos fatos e fundamentos a seguir.

DOS FATOS

Demerval Lobo, ex-empresário individual enquadrado como microempresário, requereu e teve deferida a transformação de seu registro em Empresa Individual de Responsabilidade Limitada (EIRELI), que foi enquadrada como microempresa. Alguns meses após o início das atividades da EIRELI (Sorvetes União EIRELI ME), o patrimônio de Demerval Lobo foi substancialmente diminuído, com sucessivas transferências de valores de suas contas particulares para as contas da pessoa jurídica, que já era titular do imóvel onde estava situada a sede. Por outro lado, as dívidas particulares de Demerval Lobo cresceram em proporção inversa, acarretando inúmeros inadimplementos com os credores.

Gervásio Oliveira, um dos credores particulares de Demerval Lobo por obrigação contraída após a transformação do registro, ajuizou ação de cobrança para receber quantias provenientes de contrato de depósito. Logo após a citação do réu, o autor descobriu que as contas correntes do devedor tinham sido encerradas e o imóvel em que residia foi alienado para a EIRELI, tendo prova desse fato por meio de certidão do Registro de Imóveis da Comarca de Cocal, Estado do Piauí.

Desse modo, há a necessidade da presente medida judicial para atingir o patrimônio da pessoa jurídica e, dessa forma, garantir o pagamento da dívida do devedor ao credor autor.

DO DIREITO

Na forma do que apresenta o art. 50 do Código Civil, a desconsideração da personalidade jurídica pode ser declarada judicialmente toda vez que houver desvio de finalidade ou confusão patrimonial. No caso concreto, vê-se que Demerval Lobo constituiu uma EIRELI como forma de limitar a responsabilidade do titular ao capital investido e integralizado. Entretanto, Demerval Lobo deveria ter bens suficientes em seu patrimônio pessoal para honrar suas obrigações perante seus credores particulares, pois o patrimônio pessoal e a empresa desenvolvida pela EIRELI são autônomos.

O ex-empresário se aproveitou da personalidade jurídica da EIRELI, distinta da pessoa natural, para realizar sucessivas transferências de valores de suas contas particulares para as contas da pessoa jurídica e alienação de imóvel – abuso da autonomia subjetiva –, e, ao mesmo tempo, as dívidas particulares cresceram em proporção inversa, acarretando inúmeros inadimplementos com os credores – abuso da autonomia objetiva.

Desta forma, ocorreu abuso da personalidade jurídica caracterizado pelo desvio de bens do patrimônio pessoal do devedor para o da pessoa jurídica, nos termos do art. 50 do Código Civil, pelo que se depreende que os pressupostos para a desconsideração da personalidade jurídica estão presentes.

Para hipóteses como esta, a doutrina já reconheceu a possibilidade da denominada desconsideração inversa da personalidade jurídica. Por meio deste expediente, deve-se esquecer o sócio para ir em busca daquilo que, no patrimônio da sociedade, é de uso pessoal daquele. A possibilidade de desconsideração inversa está regulamentada pelo art. 133, § 2.º, do CPC/2015.

Assim, torna-se necessária a declaração incidental da desconsideração inversa da personalidade jurídica, para o fim de alcançar, no patrimônio da EIRELI, o imóvel situado na Comarca de Cocal, conforme certidão de registro de imóveis, em anexo, de uso pessoal do executado.

DO PEDIDO

Diante do exposto, é a presente para requerer:

a) a autuação em apartado do presente incidente, sendo determinada a suspensão da tramitação dos autos principais, nos termos do art. 134, § 3.º, do CPC/2015;

b) a imediata comunicação ao distribuidor para as anotações devidas, na forma do art. 134, § 1.º, do CPC/2015;

c) a citação do réu, a Sorvete União EIRELI ME, para, querendo, se manifestar e produzir provas no prazo de 15 dias, na forma do art. 135 do CPC/2015;

d) que seja acolhido o pedido de desconsideração para o fim de alcançar, dentro do patrimônio da Sorvete União EIRELI ME, os bens de uso pessoal de Demerval, com levantamento da autonomia da pessoa jurídica para que seus bens possam responder pela solução do débito assumido pelo titular perante o requerente;

e) a declaração de ineficácia de qualquer alienação ou oneração de bens do réu, em especial, do imóvel situado no município de Cocal, em relação ao requerente, na forma do art. 137 do CPC/2015;

f) que as intimações sejam enviadas ao escritório na Rua... (art. 106, I, do CPC).

Pretende-se provar o alegado por todas as provas em direito admitidas, especialmente pela juntada de certidão do Registro de Imóveis da Comarca de Cocal (atestando que o imóvel em que Demerval residia foi transferido para a EIRELI), e tudo o mais que se fizer necessário, desde logo requerido.

Nestes termos,
Pede deferimento.
Local. Data.
Advogado, OAB n. ...

19.9. O que não é desconsideração da personalidade jurídica

É importante considerar: existem hipóteses em que os sócios ou administradores passam a responder por obrigações constituídas em nome da sociedade, mas que não se tratam de desconsideração da personalidade jurídica. Compreendida, pois, a desconsideração da personalidade jurídica, não se pode fechar este capítulo, sem se fazer o exame de tais hipóteses. Vale dizer, nas situações a seguir, ter-se-á sócios ou administradores respondendo por débitos da sociedade, apesar de não ser caso de aplicação do art. 50 do Código Civil.

A primeira hipótese se refere à escolha do tipo societário. Com efeito, a principal motivação para a escolha do tipo utilizado para a constituição da sociedade se refere justamente ao padrão de responsabilidade patrimonial dos sócios. Bem por isso, os tipos societários mais utilizados na prática são os da sociedade limitada e da sociedade anônima, por atribuírem responsabilidade limitada a todos os sócios.

A sociedade em nome coletivo se encontra regulamentada nos arts. 1.039 a 1.044 do Código Civil. Pelo art. 1.039, percebe-se que, nesta sociedade, todos os sócios respondem subsidiária, solidária e ilimitadamente pelas obrigações sociais. Assim, caso a sociedade não tenha bens suficientes para o pagamento de suas obrigações, o credor poderá se socorrer em cima dos bens dos sócios, independentemente de desconsideração da personalidade jurídica.

Neste patamar, rememore-se o disposto no art. 790, II, do CPC/2015: "ficam sujeitos à execução os bens do sócio, nos termos da lei". Ou seja, apesar de o sujeito ser credor da sociedade, ela poderá pedir a penhora de bens dos sócios, de acordo com o padrão de responsabilidade patrimonial previsto legalmente. Desse modo, por exemplo, o credor de uma sociedade limitada, por débitos da pessoa jurídica, pode chegar aos bens pessoais dos sócios, enquanto o capital social não estiver integralizado (art. 1.052 do CC).

Outra possibilidade de terceiros (sócios ou administradores) virem a responder por obrigações da sociedade – também não pode confundir com desconsideração – é a responsabilidade decorrente de dolo ou culpa, no desempenho da função societária. A função de sócio é uma função deliberativa pautada no exercício do direito de voto. Por sua vez, a função de administrador é uma função executiva pautada no exercício do poder gerencial.

No exercício de suas funções, um sócio ou um administrador pode praticar ilícitos que resultem em prejuízo para sociedade ou mesmo para terceiros. Por este fato, serão obrigados a reparar os prejuízos causados. Assim, tais pessoas poderão vir a ser responsáveis ao pagamento de obrigações em nome da sociedade, independente de desconsideração da personalidade jurídica.

São casos de responsabilidade do administrador: (i) ato ilegal – improbidade consistente em violar uma norma prevista em lei; ou (ii) ato *ultra vires* – improbidade caracterizada por: a) violação ao ato constitutivo; ou b) excesso de mandato. Tais situações são as mesmas para a sociedade limitada e a sociedade anônima. Se o órgão foi colegiado, a responsabilidade dos administradores será solidária, a menos que prove a não conivência.

São casos de responsabilidade dos sócios: (i) na sociedade limitada – a) distribuição ilícita ou fictícia de lucros (art. 1.009 c/c art. 1.059 do CC), b) deliberação infringente (art. 1.080 do CC); (ii) na sociedade anônima – a) abuso do direito de voto (art. 115 da Lei n. 6.404/76), b) abuso do poder de controle (art. 117 da Lei n. 6.404/76). É importante frisar que, na sociedade anônima, a mera deliberação pode gerar responsabilidade; já, na sociedade limitada, é necessária aprovação.

Seja lá como for, o fato é que, em face da escolha do tipo societário ou da responsabilidade pelo exercício da função, será possível que sócios ou administradores venham a responder por obrigações constituídas em nome da sociedade. Mas nem por isso se poderá dizer que em tais casos ocorre a desconsideração da personalidade jurídica. Ou, dizendo de outro modo: para tais situações não é necessário o incidente de desconsideração da personalidade jurídica.

20. AÇÕES RELATIVAS À PROPRIEDADE INDUSTRIAL

20.1. Apresentação

A proteção ao direito industrial tem assento constitucional. Com efeito, trata-se de um direito fundamental previsto no art. 5º, XXIX, da Constituição Federal, que prevê: **a lei assegurará aos autores de inventos industriais privilégio temporário para sua utilização, bem como proteção às criações industriais, à propriedade das marcas, aos nomes de empresas e a outros signos distintivos, tendo em vista o interesse social e o desenvolvimento tecnológico e econômico do País**. Em razão disto, tem-se a **Lei n. 9.279/96,** que regulamenta direitos e obrigações relativos à propriedade industrial.

É importante desde já compreender as diferenças que há entre a proteção à propriedade industrial. Com efeito, têm-se como bens da propriedade industrial: a invenção, o modelo de utilidade, a marca, o desenho industrial, a indicação geográfica e a concorrência. Nesse patamar, é válido afirmar que: (i) a invenção e o modelo de utilidade serão protegidos mediante patente; (ii) a marca e o desenho industrial serão protegidos mediante registro; e (iii) a repressão será o mecanismo utilizado contra as falsas indicações geográficas e a concorrência desleal. É o que se infere do art. 2º da Lei n. 9.279/96.

Ainda neste introito, é importante considerar que os bens da propriedade industrial são bens de propriedade imaterial, ou seja, têm existência abstrata, metafísica. Para além disso, a Lei da Propriedade Industrial os considera como bens móveis, para todos os efeitos legais. Algumas considerações, entretanto, hão de ser percebidas antes de se adentrar no estudo relativo às ações judiciais propriamente ditas. Faz-se mister perceber as principais diferenças existentes entre os mais variados bens da propriedade industrial.

A primeira diferença se refere ao **modo de proteção do bem**. A propriedade industrial, a depender do bem em questão, será concedida por **patente** ou por **registro**. Com efeito, tratando-se de invenções ou de modelos de utilidade, a proteção dar-se-á mediante patente; já para as marcas e para os desenhos industriais, a proteção ocorrerá mediante registro.

Outra diferença importante está relacionada à **licença de propriedade industrial**. A licença é uma autorização dada a quem não tem a titularidade de bem da propriedade industrial com o objetivo de utilizá-lo e explorá-lo. Com efeito, diante de bens protegidos por patente, poderá ocorrer **licença voluntária ou compulsória**. Já no que se refere ao registro, somente poderá ocorrer licença voluntária.

A última diferença digna de nota se refere ao **prazo de vigência**. Frise-se, por oportuno, que, enquanto o **prazo de vigência das patentes** é **improrrogável**, admite-se a **prorrogação** do **prazo de vigência dos registros** de propriedade industrial. Para as patentes, a lei define um prazo mínimo de proteção em que o inventor possa explorar a sua criação. Para os registros, porém, admite-se a prorrogação de proteção, cuja sistemática varia em razão do bem registrado.

Caso se trate de patente de invenção, a proteção se dará pelo prazo de 20 anos, contados da data do depósito, garantindo-se a proteção mínima de dez anos, a contar da data da concessão; para o modelo de utilidade, porém, a proteção se dará pelo prazo de 15 anos, contados da data do depósito, garantindo-se a proteção mínima de sete anos, contados da data da concessão.

Tratando-se de desenho industrial, é cabível notar que o prazo de vigência de sua proteção é de dez anos, contados da data do depósito, admitindo-se prorrogação por três períodos iguais e sucessivos de cinco anos cada. Para as marcas, por sua vez, a lei assegura, no que tange à proteção, prazo de vigência de dez anos, contados da data da concessão do registro, prorrogável por períodos iguais e sucessivos.

20.2. Características e requisitos

Em razão de que os requisitos e procedimento para a obtenção de patentes ou de registro de desenho industrial ou marca são diferentes, vale a pena analisar cada um dos bens da propriedade industrial em separado.

20.2.1. Requisitos para a patente

Os arts. 8º e 9º definem, respectivamente, os requisitos para a patente de invenção e para a patente do modelo de utilidade. O art. 8º diz que é patenteável a invenção que atenda aos requisitos de novidade, atividade inventiva e aplicação industrial. Já o art. 9º prescreve que é patenteável como modelo de utilidade o objeto de uso prático, ou parte deste, suscetível de aplicação industrial, que apresente nova forma ou disposição, envolvendo ato inventivo, que resulte em melhoria funcional no seu uso ou em sua fabricação.

20.2.1.1. Patente de invenção

Para a patente de invenção, pode-se estabelecer, portanto, os seguintes requisitos:

a) Novidade

Para o direito brasileiro, exige-se a **novidade absoluta**, vale dizer, *será considerada nova toda e qualquer invenção que não esteja compreendida no estado da técnica.* O **estado da técnica** é constituído por tudo aquilo tornado acessível ao público antes da data de depósito do pedido de patente, por descrição escrita ou oral, por uso ou qualquer outro meio, no Brasil ou no exterior.

Há **exceções** importantes ao estado da técnica. A primeira exceção se refere ao período de graça, que se refere ao prazo de 12 meses que se garante ao inventor para depositar o seu pedido a partir da primeira divulgação que fizer de sua criação. Também não se inclui no estado da técnica a divulgação feita pelo INPI ou mesmo por terceiros, no mesmo prazo, nos termos do art. 12 da Lei n. 9.279/96. A segunda exceção se refere aos pedidos de patente realizados em país que mantenha acordo com o Brasil, ou em organização internacional, que produza efeito de depósito nacional. Trata-se do denominado **direito de prioridade**.

A terceira exceção se refere ao princípio das prioridades internas. Não se pode deixar de notar que, para fins de aferição da novidade, o conteúdo completo de pedido depositado no Brasil, e ainda não publicado, será considerado estado da técnica a partir da data de depósito, ou da prioridade reivindicada, desde que venha a ser publicado, mesmo que subsequentemente.

Porém o pedido de patente de invenção ou de modelo de utilidade depositado originalmente no Brasil, sem reivindicação de prioridade e não publicado, assegurará o direito de prioridade ao pedido posterior sobre a mesma matéria depositado no Brasil pelo mesmo requerente ou sucessores, dentro do prazo de um ano.

b) Atividade inventiva

Nos termos do art. 13 da Lei n. 9.279/96, *a invenção é dotada de atividade inventiva sempre que, para um técnico no assunto, não decorra de maneira evidente ou óbvia do estado da técnica*. Pode-se ressaltar, conforme indica a doutrina, os seguintes **critérios para aferir a inventividade**: (i) a constatação de que a invenção proporciona uma diminuição nos custos para a realização de um processo ou produtos equivalentes; (ii) a comprovação de que houve simplificação da fabricação ou redução do tamanho; (iii) o prazo entre a publicação sobre a questão e o invento; e (iv) o aumento da eficiência.

c) Aplicação industrial

Segundo o que define o art. 15 da Lei de Propriedade Industrial, *a invenção é dotada de aplicação industrial quando possa ser utilizada ou produzida em qualquer tipo de indústria*. Desse modo, é preciso que a invenção seja dotada de alguma aplicabilidade prática ou econômica, sendo possível de ser replicada em série. A aplicação industrial se refere, portanto, à possibilidade de utilização da invenção em qualquer atividade produtiva, e não somente na atividade industrial *stricto sensu*.

20.2.1.2. Patente de modelo de utilidade

Para a patente de modelo de utilidade, têm-se como requisitos: (i) a *novidade*; (ii) o *ato inventivo*; e (iii) a *aplicação industrial*. A novidade e a aplicação industrial dar-se-ão nos mesmos moldes em que ocorre a patente de invenção. Dir-se-á, porém, que um modelo de utilidade é dotado de ato inventivo sempre que, para um técnico no assunto, não decorra de maneira comum ou vulgar do estado da técnica, nos termos do que prevê o art. 14 da Lei n. 9.279/96.

Não se pode, porém, deixar de notar que a Lei n. 9.279/96 prevê **exclusões e proibição ou impedimentos** relativos às patentes de invenção ou de modelo de utilidade. Vale dizer, trata-se de criações advindas do engenho humano, mas que não são consideradas pela lei brasileira como invenção ou modelo de utilidade – no caso das exclusões –, ou de criações que, em tese, atenderiam aos requisitos para a patente de invenção ou de modelo de utilidade, mas que a lei proíbe a patente de tal invento.

20.2.1.3. Procedimento para a obtenção de patente

Deixando de lado a patente de interesse da defesa nacional, que tem seu procedimento especial regulamentado no art. 75 da Lei n. 9.279/96, o procedimento para a obtenção de patentes, regra geral, encontra-se definido entre os arts. 30 e 38.

Com efeito, tudo começa com o requerimento ou o depósito de patente, nos termos do art. 30. Realizado o depósito, o pedido de patente será mantido em sigilo pelo prazo de 18 meses. Havendo prioridade, tal prazo deverá ser contado da data da prioridade, e não da data do depósito. É o prazo que a lei entende necessário para que o autor desenvolva a sua criação.

Seja como for, é possível que o autor dispense aludido prazo, antecipando sua publicação pelo INPI. Em 60 dias após a publicação, começará o exame do pedido, conforme prescrevem o art. 31 e seu parágrafo único. Neste mesmo período, quando for o caso, poderão ser apresentadas objeções por terceiros. Passado tal prazo, deve ser requerido o exame técnico da patente no prazo de 36 meses do depósito, sob pena de arquivamento do pedido (art. 32). Concluído o exame, será proferida decisão, deferindo ou indeferindo o pedido de patente (art. 37), que será concedida depois do deferimento e da comprovação do pagamento da retribuição correspondente, com a expedição da respectiva carta-patente.

Vale, por oportuno, ressaltar que o pagamento da retribuição e respectiva comprovação deverão ser efetuados no prazo de 60 dias contados do deferimento. Excepcionalmente, a retribuição poderá ainda ser paga e comprovada dentro de 30 dias após o prazo inicialmente previsto, independentemente de notificação, mediante pagamento de retribuição específica, sob pena de arquivamento definitivo do pedido.

20.2.1.4. Legitimidade para o pedido de patente

Determina o art. 6º da Lei n. 9.279/96 que ao autor da invenção ou do modelo de utilidade é assegurado o direito de obter a patente que lhe garanta a propriedade, ressaltando o § 1º, do mesmo art. 6º, a legitimidade ser presumida em favor do requerente, apesar de admitir prova em contrário. Assim, em teoria, quem protocola o pedido de patente é, pelo menos *a priori*, entendido como legitimado a tanto.

Questão importante de ser examinada é a da invenção ou do modelo de utilidade oriundo de contrato de trabalho, de prestação de serviços ou de estágio ou mesmo em face de trabalho autônomo (art. 92 da Lei n. 9.279/96). O caso clássico é o de um renomado químico sendo contratado por um laboratório farmacêutico com o objetivo de inventar a fórmula de um determinado medicamento para a cura de determinada enfermidade. Neste caso, se a pesquisa obtiver êxito, chegando-se ao tal medicamento, a quem deve ser dada a titularidade da patente? Ao laboratório?! Ao químico?!

Nestes casos, determina o art. 88 da Lei n. 9.279/96 a titularidade da patente sendo exclusiva do empregador, presumindo-se, inclusive, desenvolvidos durante o contrato de trabalho, qualquer patente requerida pelo empregado até um ano após a extinção do contrato, limitando-se a sua remuneração, por regra, ao salário ajustado.

Por sua vez, a patente será exclusiva do empregado, nos termos do art. 90 da Lei n. 9.279/96, quando desvinculado do contrato de trabalho e sem utilização de recursos, meios, dados, materiais, instalações ou equipamentos do empregador.

Por final, determina-se, no caso do art. 91 da Lei n. 9.279/96, a patente sendo comum dos dois (empregador e empregado – em partes iguais, inclusive), quando resultar da contribuição pessoal do empregado e de recursos, meios, dados, materiais, instalações ou equipamentos do empregador.

20.2.1.5. Exclusões e proibições de patentes

Não se pode deixar de notar que existem elementos decorrentes do engenho humano que, mesmo não submetidos ao estado da técnica e dotados de atividade inventiva e aplicação industrial, ora não são considerados invenção ou modelo de utilidade, ora não são patenteáveis. No primeiro caso, fala-se em exclusão de patentes, ou seja, trata-se de criações oriundas do intelecto humano que estão excluídas da compreensão jurídica do que se deve entender por invenção ou modelo de utilidade. No segundo caso, fala-se em proibição de patente na medida em que, apesar de estarem no âmbito da compreensão jurídica de uma invenção ou de um modelo de utilidade, a lei impede expressamente.

Os casos de exclusão de patentes estão previstos no art. 10 da Lei n. 9.279/96. São eles: I – descobertas, teorias científicas e métodos matemáticos; II – concepções puramente abstratas; III – esquemas, planos, princípios ou métodos comerciais, contábeis, financeiros, educativos, publicitários, de sorteio e de fiscalização; IV – as obras literárias, arquitetônicas, artísticas e científicas ou qualquer criação estética; V – os programas de computador em si; VI – apresentação de informações; VII – regras de jogo; VIII – técnicas e métodos operatórios ou cirúrgicos, bem como métodos terapêuticos ou de diagnóstico, para aplicação no corpo humano ou animal; e IX – o todo ou parte de seres vivos naturais e materiais biológicos encontrados na natureza, ou ainda que dela isolados, inclusive o genoma ou qualquer germoplasma de qualquer ser vivo natural e os processos biológicos naturais.

Os casos de proibição de patentes estão previstos no art. 18 da Lei n. 9.279/96. São eles: I – o que for contrário à moral, aos bons costumes e à segurança, à ordem e à saúde públicas; II – as substâncias, matérias, misturas, elementos ou produtos de qualquer espécie, bem como a modificação de suas propriedades físico-químicas e os respectivos processos de obtenção ou modificação, quando resultantes de transformação do núcleo atômico; e III – o todo ou parte dos seres vivos, exceto os micro-organismos transgênicos que atendam aos três requisitos de patenteabilidade – novidade, atividade inventiva e aplicação industrial – previstos no art. 8º e que não sejam mera descoberta. Considera-se micro-organismo transgênico qualquer organismo, exceto o todo ou parte de plantas ou animais, que expressem, mediante intervenção humana direta em sua composição genética, uma característica normalmente não alcançável pela espécie em condições naturais.

20.2.2. Requisitos para o registro de desenho industrial

São requisitos para o registro do desenho industrial:

a) a novidade;

b) a originalidade;

c) a industriabilidade; e

d) o desimpedimento.

O desenho industrial é considerado novo quando não compreendido no estado da técnica. O estado da técnica é constituído por tudo aquilo tornado acessível ao público antes da data de depósito do pedido, no Brasil ou no exterior, por uso ou qualquer outro meio.

Não será considerado como incluído no estado da técnica o desenho industrial cuja divulgação tenha ocorrido durante os 180 dias que precederem a data do depósito ou a da prioridade reivindicada, se promovida nas situações previstas nos incisos I a III do art. 12 (dispositivo que trata das patentes, aplicável neste particular, também, ao desenho industrial).

Para aferição unicamente da novidade, o conteúdo completo de pedido de patente ou de registro depositado no Brasil, e ainda não publicado, será considerado incluído no estado da técnica a partir da data de depósito, ou da prioridade reivindicada, desde que venha a ser publicado, mesmo que subsequentemente.

O desenho industrial é considerado original quando dele resulte uma configuração visual distintiva, em relação a outros objetos anteriores. O resultado visual original poderá ser decorrente da combinação de elementos conhecidos. Não se considera desenho industrial qualquer obra de caráter puramente artístico. A originalidade se refere ao fato de os consumidores serem capazes de perceber a diferença em relação a outros objetos anteriores.

O terceiro requisito é o da industriabilidade e está relacionado ao fato de que o desenho industrial para ser registrado deve ter aplicação industrial, ou seja, deve ser produzido em larga escala. Bem por isso, as concepções puramente artísticas são protegidas pelas normas relativas ao direito autoral, e não pelo direito industrial.

O quarto requisito é o desimpedimento. Para ser objeto de registro industrial, faz-se necessário que a forma ou o desenho não venham a incidir em uma das proibições materializadas no art. 100. **Não é registrável como desenho industrial**:

- o que for contrário à moral e aos bons costumes ou que ofenda a honra ou imagem de pessoas, ou atente contra liberdade de consciência, crença, culto religioso ou ideia e sentimentos dignos de respeito e veneração;
- a forma necessária comum ou vulgar do objeto ou, ainda, aquela determinada essencialmente por considerações técnicas ou funcionais.

No que se refere ao procedimento para a obtenção do registro de desenho industrial, faz-se necessária a apresentação de um pedido de registro junto ao INPI, contendo os requisitos previstos no art. 101. Apresentado o pedido, será realizado um exame formal preliminar para verificar se o pedido está devidamente instruído. Em sendo o caso, será protocolizado, considerada a data de depósito a da apresentação, conforme o art. 102. Não se pode deixar de notar que os documentos que integram o pedido devem estar em língua portuguesa.

O pedido de registro de desenho industrial terá de se referir a um único objeto, permitida uma pluralidade de variações, desde que se destinem ao mesmo propósito e guardem entre si a mesma característica distintiva preponderante, limitado cada pedido ao máximo de 20 variações. O desenho deverá representar clara e suficientemente o objeto e suas variações, se houver, de modo a possibilitar sua reprodução por técnico no assunto.

Depositado o pedido de registro industrial e verificado o atendimento aos requisitos previstos na lei (não se tratar de objeto não registrável, apresentar toda a documentação exigida e se tratar de apenas um único objeto), será automaticamente publicado e simultaneamente concedido o registro, expedindo-se o respectivo certificado.

A requerimento do depositante, por ocasião do depósito, poderá ser mantido em sigilo o pedido, pelo prazo de 180 dias contados da data do depósito, após o que será processado. Se o depositante se beneficiar de prioridade, aguardar-se-á a apresentação do documento de prioridade para o processamento do pedido. Caso o objeto seja não registrável, o pedido de registro deve ser indeferido. Entretanto, tratando-se de problemas relativos à documentação ou à configuração, será formulada exigência que deve ser atendida em 60 dias, sob pena de arquivamento definitivo.

20.2.3. Requisitos para o registro de marcas

De acordo com o que se infere da Lei n. 9.279/96, tem-se o estabelecimento de certos requisitos que precisam ser atendidos a fim de que o INPI venha a efetivar o registro de uma marca. São eles:

a) capacidade distintiva;

b) novidade;

c) não colidência com marca notoriamente conhecida; e
d) desimpedimento.

a) Capacidade distintiva

A **capacidade distintiva** das marcas se refere ao fato de que é essencial que o signo utilizado seja capaz de diferenciar o produto ou o serviço marcado de outro, semelhante ou afim, de origem diversa. Não há necessidade de ser novo, de nunca ter sido utilizado, bastando que diferencie um produto ou um serviço de outro.

b) Novidade

A **novidade**, enquanto requisito para as marcas, deve ser **relativa**. Não há necessidade de que o empresário tenha criado o símbolo para identificar o produto ou o serviço. Relembre-se de que a marca é informada pelo **princípio da especificidade**, segundo o qual a proteção às marcas se dará de acordo com a classe de produtos ou serviços que identificará.

Desse modo, tem-se que a marca, regra geral, estará protegida em determinado ramo de atuação, não havendo impedimento a que se registre a expressão enquanto marca em outro segmento de mercado, vale dizer, em outra classe de produtos ou de serviços.

c) Não colidência com marca notoriamente conhecida

Marca notoriamente conhecida é aquela marca de conhecimento universal que, apesar de não registrada no Brasil, goza de proteção específica, ou seja, está protegida dentro de seu ramo de atividade, independentemente de registro. A marca notoriamente conhecida se encontra prevista no art. 126 da Lei n. 9.279/96, que no seu § 2º prevê: "O INPI poderá indeferir de ofício pedido de registro de marca que reproduza ou imite, no todo ou em parte, marca notoriamente conhecida".

Nesse patamar é importante destacar que **não se pode confundir marca notoriamente conhecida com marca de alto renome**. Segundo o art. 125 da Lei n. 9.279/96, "à marca registrada no Brasil considerada de alto renome será assegurada proteção especial, em todos os ramos de atividade". Por sua vez, prescreve o art. 126 da Lei n. 9.279/96: "A marca notoriamente conhecida em seu ramo de atividade [...] goza de proteção especial independentemente de estar previamente depositada ou registrada no Brasil".

d) Desimpedimento

Não basta, para que uma marca seja registrável, que ela tenha capacidade distintiva, que ela já não tenha sido utilizada em determinado segmento de mercado e que não venha a colidir, vale dizer, não venha a reproduzir ou imitar, no todo ou em parte, marca notoriamente conhecida. Nesse particular, é necessário que o signo utilizado para identificar determinado produto ou serviço não esteja previsto numa *das proibições mencionadas no art. 124 da Lei n. 9.279/96.*

O **procedimento para o registro de marca** começa com o seu depósito perante o INPI. O requerimento e qualquer documento que o acompanhe deverão ser apresentados em língua portuguesa e, quando houver documento em língua estrangeira, sua tradução simples deverá ser apresentada no ato do depósito ou dentro dos 60 dias subsequentes, sob pena de não ser considerado o documento. Apresentado o pedido, será ele submetido a exame formal preliminar e, se devidamente instruído, será protocolizado, considerada a data de depósito a da sua apresentação.

Protocolizado, o pedido será publicado para apresentação de oposição no prazo de 60 dias. O depositante será intimado da oposição, podendo se manifestar no prazo de 60 dias. Decorrido o prazo de oposição ou, se interposta esta, findo o prazo de manifestação, será feito o exame, durante o qual poderão ser formuladas exigências, que deverão ser respondidas no prazo de 60 dias.

Não respondida a exigência, o pedido será definitivamente arquivado. Respondida a exigência, ainda que não cumprida, ou contestada a sua formulação, dar-se-á prosseguimento ao exame. Concluído o exame, será proferida decisão, deferindo ou indeferindo o pedido de registro.

O certificado de registro será concedido depois de deferido o pedido e comprovado o pagamento das retribuições correspondentes. O pagamento das retribuições e sua comprovação, relativas à expedição do certificado de registro e ao primeiro decênio de sua vigência, deverão ser efetuados no prazo de 60 dias contados do deferimento.

A retribuição poderá ainda ser paga e comprovada dentro de 30 dias após o prazo previsto neste artigo, independentemente de notificação, mediante o pagamento de retribuição específica, sob pena de arquivamento definitivo do pedido. Reputa-se concedido o certificado de registro na data da publicação do respectivo ato. Do certificado deverão constar a marca, o número e data do registro, nome, nacionalidade e domicílio do titular, os produtos ou serviços, as características do registro e a prioridade estrangeira.

20.3. Como identificar a peça

É cabível perceber que tanto é possível se falar em **ação de nulidade de registro de marca (ou de desenho industrial)** quanto se falar em **ação de nulidade de patente**. O mesmo ocorrerá no âmbito da **ação de adjudicação** (que pode ser de registro de marca ou de desenho industrial ou de patente).

A **ação de nulidade** terá cabimento quando o autor já é titular de um direito relativo à propriedade industrial e terceira pessoa consegue uma patente ou registro, em desacordo com a Lei n. 9.279/96. A **ação de adjudicação**, entretanto, deverá ser proposta quando terceira pessoa consegue uma patente ou registro, não tendo o direito de obter tal patente ou registro, em conformidade com a Lei n. 9.279/96.

Perceba-se a diferença entre estas ações. Para a **ação de nulidade**, haverá de ter sido concedida uma patente ou um registro, violando-se as prescrições da Lei de Propriedade Industrial; das duas, uma: ou se tratava de algo não patenteável ou não registrável, ou a obtenção da patente ou do registro não cumpriu os normativos legais. Já na **ação de adjudicação**, o objeto poderia ser patenteável ou registrável, tendo seguido os trâmites necessários para a sua obtenção; porém, o autor do pedido de patente ou de registro não tem a titularidade do objeto em questão.

20.4. Competência

De maneira geral, a Lei n. 9.279/96 determina, nos arts. 57 e 175, que para as **ações de nulidade** o foro competente é o da Justiça Federal, cabendo ao INPI intervir no feito, quando não for o autor (podendo ser colocado como um dos réus da ação). É cabível observar, ainda, que, nos termos do que preveem os arts. 49, 112, § 2º, e 166, o pedido de adjudicação se trata de um pedido alternativo, pelo que se compreende que todas as previsões legais sobre a ação de nulidade devem ser aplicadas para a ação de adjudicação.

20.5. Fundamentos mais comuns

Vale fazer referência, em apartado, aos fundamentos mais comuns para cada tipo de ação que pode ser promovida em face da Lei n. 9.279/96.

No âmbito da **ação de nulidade**, normalmente se estará diante de alguém que é titular de registro ou de patente perante o INPI e uma terceira pessoa consegue uma patente ou registro, em desacordo com o que prescreve a Lei de Propriedade Industrial. Daí o objetivo da ação de nulidade: declarar a nulidade da patente (ou do registro de marca) concedida (ou deferida).

Para a **ação de nulidade de patente**, vale a pena frisar o que prescreve o art. 42 da Lei n. 9.279/96. Já para a **ação de nulidade de registro de marca**, não se pode deixar de mencionar o art. 129 da mesma lei. O caso clássico para a nulidade de patente é a obtenção de patente de objeto que, por exemplo, não tenha atividade inventiva, pelo fato de o mercado já produzir o mesmo objeto de maneira mais eficiente. Já para o registro de marcas, o caso clássico seria o de, por erro do INPI, vir a ser registrada como marca, para o mesmo tipo de produto, uma expressão já registrada por outro empresário.

De outro lado, há a **ação de adjudicação,** em que se percebem, como fundamento mais comum, problemas decorrentes da titularidade de um bem da propriedade industrial. Vale dizer, para esta medida judicial, alguém teve a seu favor concedida uma patente ou registrada uma marca; porém não se tratava da pessoa legitimada a obter tal direito, em face das prescrições da Lei n. 9.279/96. Daí a finalidade desta ação: adjudicar o bem da propriedade industrial em questão para o seu legítimo titular.

Para a **ação de adjudicação de patente**, o fundamento legal é o art. 49 da Lei n. 9.279/96. Não se pode esquecer, ainda, do art. 6º e dos arts. 88 a 92 da mesma lei. Para a **ação de adjudicação de registro de marca**, o fundamento legal se encontra no art. 166 da Lei de Propriedade Industrial.

O caso clássico para a adjudicação de patentes é o do químico que, contratado por um laboratório farmacêutico, inventa a fórmula de um medicamento para combater determinada enfermidade, requer, em seu próprio nome a patente, quando, na verdade, o legitimado seria o laboratório farmacêutico. O caso para a adjudicação de marcas é o de determinado empresário titular de marca já registrada no exterior e que, ao vir, atuar no Brasil, defronta-se com aquela marca já ter sido registrada aqui por outro empresário.

Nestes casos, não se poderia falar em ação de nulidade porque tornando nula uma patente, ela cai em domínio público, podendo, a partir de então, qualquer pessoa se utilizar daquele conhecimento, já inserido no estado da técnica e, em sendo marca, faltaria o requisito da novidade para que se pudesse pleitear novo registro. Não custa nada lembrar que os direitos relativos à propriedade industrial servem para proteger, também, o consumidor que não pode ser levado a erro, passando a consumir de um empresário, achando que está consumindo de outrem.

Não se pode deixar de notar, para estas ações que: (i) o INPI, quando não for autor, deve intervir no feito (se você não for contratado pelo presidente do INPI, para ele aparecer como autor, você deve colocá-lo como réu); (ii) o prazo de citação do réu é de 60 dias (é importante você mencionar expressamente o prazo para a defesa); (iii) deve-se fazer o pedido de intimação do INPI do trânsito em julgado da ação para que seja publicada anotação, para ciência de terceiros (por isso, o INPI deve aparecer no preâmbulo da ação, em regra, como réu); (iv) o prazo de prescrição para as ações de nulidade e de adjudicação de marcas é de cinco anos, contados da sua concessão (no caso das patentes, a ação poderá ser proposta a qualquer tempo de sua vigência); e (v) existe a possibilidade de tais ações serem cumuladas com pedidos de indenização (é o que demonstram os arts. 44 e 209 da Lei n. 9.279/96).

20.6. Estrutura da peça

1. **Endereçamento:** Excelentíssimo Senhor Doutor Juiz Federal da... Vara da Seção Judiciária de...
2. **Identificação das partes:** autor (titular da patente ou do registro de marca); réu (pessoa que obteve ou que utiliza indevidamente um bem da propriedade industrial e o INPI).

   Qualificação de pessoa física: Fulano de tal, nacionalidade..., estado civil..., profissão..., portador do RG n. ..., e do CPF n. ..., residente e domiciliado na... .

   Qualificação de pessoa jurídica: nome empresarial, pessoa jurídica de direito privado, inscrita no CNPJ n. ..., estabelecida na..., neste ato se fazendo presente por seu administrador (diretor, caso se trate de sociedade anônima) ... (pode fazer a qualificação de "pessoa física").
3. **Representação judicial:** advogado assinado ao final, com mandato em anexo.

4. **Nome da ação e fundamento legal:** ação de nulidade de patente, com fundamento no art. 56 da Lei n. 9.279/96; ação de nulidade de registro de marca, com fundamento no art. 173 da Lei n. 9.279/96; ação de adjudicação de patente, com fundamento no art. 49 da Lei n. 9.279/96; ação de adjudicação de registro de marca, com fundamento no art. 166 da Lei n. 9.279/96.
5. **Narrativa dos fatos ("Dos Fatos"):** exposição dos fatos previstos na situação hipotética da questão. Não inventar outros fatos nem trazer detalhes ausentes no problema. Deve-se, portanto, literalmente, copiar, de maneira integral, a questão, conforme apresentada. A utilização de qualquer mecanismo de identificação anulará a peça, atribuindo-se nota ZERO.
6. **Fundamentação ("Do Direito"):** vale a pena ressaltar que a mera transcrição dos artigos não pontua. É a parte da peça em que deverão ser apresentados os dispositivos legais que asseguram o direito do cliente para o que se estará elaborando a peça processual. Nessa linha, dadas as várias possibilidades de medidas judiciais, sugere-se a releitura do presente capítulo.
7. **Tutela Provisória ("Da Tutela de Urgência"):** verificar, no caso apresentado, a possibilidade de se determinar a suspensão dos efeitos da patente ou a suspensão dos efeitos do registro e do uso da marca, atendidos os requisitos processuais próprios.

   Se for o caso, será imprescindível abrir um tópico entre "Do Direito" e "Do Pedido" com o título "Da Tutela Provisória" ou "Da Tutela de Urgência". Cabe trazer explicação acerca do art. 300 do Código de Processo Civil, visando demonstrar a necessidade de antecipação dos efeitos da tutela pretendida.
8. **Pedidos ("Dos Pedidos"):** a) a antecipação dos efeitos da tutela com a sua posterior confirmação, por ocasião da sentença (determinando que o INPI proceda à concessão da patente – ou do registro –, nos termos em que for requerido); b) a citação dos réus para, querendo, contestar o presente feito, no prazo de 60 dias, sob pena de revelia; c) a procedência do pedido em todos os seus termos, no sentido de (declarar a nulidade de patente/registro de marca ou de adjudicar a patente/registro de marca em favor do autor); d) determinar, após o trânsito em julgado, que o INPI proceda à anotação, para ciência de terceiros; e) a condenação dos réus aos ônus da sucumbência e custas, nos termos do art. 85 do CPC; f) que as intimações posteriores do presente feito sejam feitas no seguinte endereço... (art. 106, I, do CPC); g) a produção de todas as provas em Direito admitidas, especialmente por... (o pedido genérico de provas não pontua).
9. **Valor da causa:** dá-se à presente causa o valor de R$... [o valor da marca ou da patente, conforme definido no caso].
10. **Fechamento da peça:** local, data. Advogado, OAB [não inventar dados].

20.7. Questões da peça profissional

1. (Ação de Adjudicação – questão simulada) Carlos Henrique é um renomado químico, ganhador de vários prêmios internacionais em razão de suas pesquisas na área de medicamentos. Em razão de sua *expertise*, Carlos Henrique foi contratado pelo Laboratório Farmacêutico Hugo da Rocha S/A para pesquisar e inventar a cura para um determinado câncer que vem, nos últimos anos, a aumentar a quantidade de casos na população brasileira. Tal pesquisa foi realizada em território nacional com recursos, dados, meios, materiais, instalações e equipamentos exclusivos do Laboratório Hugo da Rocha S/A.

Finalizado o contrato em questão, em 20-4-2001, Carlos Henrique, tendo inventado o medicamento objeto do contrato, não realizou a entrega dos resultados da pesquisa ao laboratório contratante. Em 9-3-2002, Carlos Henrique requer a patente do medicamento por ele inventado, tendo sido expedida, pelo INPI, carta-patente em junho de 2012. Na ocasião, Carlos Henrique procura o Laboratório Hugo da Rocha S/A para lhe oferecer, mediante licença e pagamento de *royalties*, a exploração econômica de sua invenção. Camila Albuquerque, uma das diretoras do laboratório, percebe que, na verdade, aquela invenção foi oriunda do contrato que o laboratório firmou, no passado, com Carlos Henrique.

Diante da situação hipotética apresentada, na condição de advogado contratado pelo laboratório, redija a medida judicial que entender pertinente para a defesa de seu cliente, apresentando todos os fundamentos de direito material e de direito processual aplicáveis à hipótese.

2. (Ação de nulidade – questão simulada) Hertz Indústria de Circuitos Eletrônicos Ltda. atua no ramo de produção de circuitos eletrônicos para utilização pela indústria eletroeletrônica e, por essa razão, pediu ao INPI a patente de suposta invenção, consistente em uma nova espécie de circuito, com ampla aplicabilidade na indústria eletroeletrônica, que seria 50% mais eficiente que os disponíveis até então no mercado, por conta da utilização de nova técnica e de novos materiais na confecção do produto em questão.

Apresentando documentação que comprovava o alegado, o pedido foi deferido, e a patente concedida, já tendo sido publicada tal decisão. Ocorre, porém que, Indústria Volts Eletrônica S/A, dentre outros concorrentes, produzem circuitos eletrônicos muito semelhantes àquele patenteado pela Hertz Indústria de Circuitos Eletrônicos Ltda., utilizando-se, há muitos anos, da mesma técnica e dos mesmos materiais. Na verdade, o produto da Indústria Volts Eletrônica S/A é 30% mais eficiente do que o da Hertz Indústria de Circuitos Eletrônicos Ltda., conforme laudo técnico elaborado por instituição idônea.

Diversos clientes da Indústria Volts Eletrônica S/A, preocupados com a suposta ofensa aos direitos da Hertz Indústria de Circuitos Eletrônicos Ltda. e de possível crime de violação de patente têm cancelado pedidos, causando-lhe graves prejuízos. Diante da presente situação hipotética, Paulo Bastos, diretor da Indústria Volts Eletrônica S/A procura o seu escritório de advocacia com o objetivo de lhe ser garantido o direito de continuar a produzir os seus circuitos eletrônicos, bem como de ver reparado os prejuízos decorrentes da patente concedida indevidamente à Hertz Indústria de Circuitos Eletrônicos Ltda.

Elabore a medida judicial adequada, abordando todos os fundamentos de direito material e de direito processual aplicável ao caso, para atender aos seus clientes.

20.8. Modelos das peças

1. (Ação de adjudicação – questão simulada)

Excelentíssimo Senhor Doutor Juiz Federal da... Vara da Seção Judiciária de... .

(deixar espaço de 5 linhas)

Laboratório Farmacêutico Hugo da Rocha S/A, pessoa jurídica de direito privado, inscrita no CNPJ n. ..., estabelecida na..., neste ato se fazendo presente por sua diretora, Camila Albuquerque, pelo seu advogado, ao final assinado, com mandato em anexo, vem, respeitosamente, à presença de Vossa Excelência, propor a presente AÇÃO DE ADJUDICAÇÃO DE PATENTE, com fundamento no art. 49 da Lei n. 9.279/96, em face de Carlos Henrique, nacionalidade..., estado civil..., químico, portador do RG n. ..., e do CPF n. ..., residente e domiciliado na..., e do INPI, pelos fundamentos de fato e de direito a seguir:

DOS FATOS

Carlos Henrique é um renomado químico, ganhador de vários prêmios internacionais em razão de suas pesquisas na área de medicamentos. Em razão de sua "expertise", Carlos Henrique foi contratado pelo Laboratório Farmacêutico Hugo da Rocha S/A para pesquisar e inventar a cura para um determinado câncer que vem, nos últimos anos, a aumentar a quantidade de casos na população brasileira. Tal pesquisa foi realizada em território nacional com recursos, dados, meios, materiais, instalações e equipamentos exclusivos do Laboratório Hugo da Rocha S/A.

Finalizado o contrato em questão, em 20-4-2001, Carlos Henrique, tendo inventado o medicamento objeto do contrato, não realizou a entrega dos resultados da pesquisa ao laboratório contratante. Em 9-3-2002, Carlos Henrique requer a patente do medicamento por ele inventado, tendo sido expedida, pelo INPI, carta-patente em junho de 2012. Na ocasião, Carlos Henrique procura o Laboratório Hugo da Rocha S/A para lhe oferecer, mediante licença e pagamento de "royalties", a exploração econômica de sua invenção. Camila Albuquerque, uma das diretoras do laboratório, percebe que, na verdade, aquela invenção foi oriunda do contrato que o laboratório firmou, no passado, com Carlos Henrique.

DO DIREITO

Nos termos do que define o art. 49 da Lei n. 9.279/96, é possível reivindicar a titularidade de uma patente, mediante ação de adjudicação, em caso de o requerente não ser o legitimado a fazê-lo. Apesar de o art. 6.º, § 1.º, da mesma lei determinar que, regra geral, deve-se presumir o requerente legitimado a obter a patente, tal presunção é relativa, admitindo-se prova em contrário.

O art. 88 da Lei n. 9.279/96 determina que a invenção pertence exclusivamente ao empregador quando decorrer de contrato de trabalho cuja execução ocorra no Brasil e que tenha por objeto a pesquisa ou a atividade inventiva, ou resulte esta da natureza dos serviços para os quais foi o empregado contratado. O § 2.º do mesmo dispositivo legal prevê que, salvo prova em contrário, considera-se desenvolvida na vigência do contrato de trabalho a invenção cuja patente tenha sido requerida pelo empregado em até 1 ano após a extinção do vínculo empregatício.

DA TUTELA DE URGÊNCIA

O art. 300 do Código de Processo Civil determina que a tutela de urgência será concedida quando houver elementos que evidenciem a probabilidade do direito e o perigo de dano ou o risco ao resultado útil do processo.

No caso em concreto, a probabilidade do direito é comprovada pelo contrato de trabalho em anexo. O perigo de dano se refere ao fato de que, em conformidade com o art. 61, o titular da patente poderá celebrar contrato de licença para a sua exploração.

Ocorre, porém, que o titular não é parte legítima para a concessão da patente.

E, mesmo não sendo, em razão da obtenção da patente, poderá vir a celebrar com outro laboratório farmacêutico contrato para a exploração industrial do medicamento inventado.

Desse modo, faz-se necessária, por atender aos requisitos processuais próprios, a concessão de tutela de urgência no sentido de suspender os efeitos da patente, nos termos do que determina o art. 56, § 2.º, da Lei n. 9.279/96.

DO PEDIDO

Diante do exposto, promove-se a presente medida judicial para requerer:

a) A antecipação dos efeitos da tutela, nos moldes pleiteados, com a sua posterior confirmação, por ocasião da sentença.

b) A citação do primeiro réu para, querendo, contestar o presente feito, no prazo de 60 dias, sob pena de revelia.

c) A procedência do pedido em todos os seus termos, no sentido de adjudicar a patente objeto deste litígio em favor do autor.

d) A determinação, após o trânsito em julgado da sentença, para o INPI proceder à anotação, para ciência de terceiros.

e) A condenação do primeiro réu aos ônus da sucumbência, nos termos do art. 85 do CPC e ao pagamento de custas.

f) Que as intimações posteriores do presente feito sejam feitas no seguinte endereço... (art. 106, I, do CPC).

g) A produção de todas as provas em Direito admitidas, especialmente pela juntada dos documentos em anexo e tudo o mais que se fizer necessário.

Dá-se à presente causa o valor de R$... .

Nestes termos,
Pede deferimento.
Local. Data.
Advogado, OAB n. ...

2. (Ação de nulidade – questão simulada)

Excelentíssimo Senhor Doutor Juiz Federal da... Vara da Seção Judiciária de...

(deixar espaço de 5 linhas)

Indústria Volts Eletrônica S/A, pessoa jurídica de direito privado, inscrita no CNPJ n. ..., estabelecida na..., neste ato se fazendo presente por seu diretor, Paulo Bastos, pelo seu advogado, ao final assinado, com mandato em anexo, vem, respeitosamente, à presença de Vossa Excelência, propor a presente AÇÃO DE NULIDADE DE PATENTE, com fundamento no art. 56 da Lei n. 9.279/96, em face de Hertz Indústria de Circuitos Eletrônicos Ltda. (qualificação) e do INPI, pelos fundamentos de fato e de direito a seguir:

DOS FATOS

Hertz Indústria de Circuitos Eletrônicos Ltda. atua no ramo de produção de circuitos eletrônicos para utilização pela indústria eletroeletrônica e, por essa razão, pediu ao INPI a patente de suposta invenção, consistente em uma nova espécie de circuito, com ampla aplicabilidade na indústria eletroeletrônica, que seria 50% mais eficiente que os disponíveis até então no mercado, por conta da utilização de nova técnica e de novos materiais na confecção do produto em questão.

Apresentando documentação que comprovava o alegado, o pedido foi deferido, e a patente concedida, já tendo sido publicada tal decisão. Ocorre, porém, que Indústria Volts Eletrônica S/A, dentre outros concorrentes, produz circuitos eletrônicos muito semelhantes àquele patenteado pela Hertz Indústria de Circuitos Eletrônicos Ltda., utilizando-se, há muitos anos, da mesma técnica e dos mesmos materiais. Na verdade, o produto da Indústria Volts Eletrônica S/A é 30% mais eficiente do que o da Hertz

Indústria de Circuitos Eletrônicos Ltda., conforme laudo técnico elaborado por instituição idônea.

Diversos clientes da Indústria Volts Eletrônica S/A, preocupados com a suposta ofensa aos direitos da Hertz Indústria de Circuitos Eletrônicos Ltda. e de possível crime de violação de patente, têm cancelado pedidos, causando-lhe graves prejuízos.

DO DIREITO

O art. 56 da Lei n. 9.279/96 determina ser nula a patente concedida em desacordo com a lei, estabelecendo o art. 8.º a novidade, a atividade inventiva e a aplicação industrial como requisitos para a patenteabilidade.

Com efeito, vislumbra-se no caso concreto que a patente concedida em favor da Hertz Indústria de Circuitos Eletrônicos Ltda. viola tanto o requisito da novidade quanto o da atividade inventiva.

É considerado novo tudo aquilo que não estiver compreendido no estado da técnica, regulamenta o art. 11 da Lei n. 9.279/96, compreendendo-se como estado da técnica todo o conjunto de conhecimento acessível ao público antes da data do depósito da patente. Nesse ínterim, perceba-se que vários circuitos eletrônicos utilizando-se da mesma técnica e material já são produzidos no mercado. Assim, o objeto da patente já se encontrava no estado da técnica.

A atividade inventiva se refere ao fato de a invenção não decorrer de maneira evidente ou óbvia do estado da técnica, para um técnico no assunto, ensina o art. 13 da Lei n. 9.279/96. Um dos critérios mais relevantes para se aferir a atividade inventiva é o aumento da eficiência e, no caso concreto, percebe-se que vários concorrentes da Hertz Indústria de Circuitos Eletrônicos produzem circuitos eletrônicos semelhantes que são mais eficientes do que o objeto da patente.

Não se pode deixar de notar a perda de faturamento que vem sofrendo a autora em razão da patente indevidamente concedida à primeira ré. Vários dos seus clientes têm cancelado pedidos, no receio, inclusive, de estarem praticando crime de violação de patente se continuarem a vender os produtos da Indústria Volts Eletrônica S/A. Nesse patamar, o art. 209 da Lei n. 9.279/96 ressalva ao prejudicado, no caso a Indústria Volts Eletrônica S/A, o direito de haver perdas e danos em ressarcimento dos prejuízos causados.

DA TUTELA DE URGÊNCIA

O art. 300 do Código de Processo Civil determina que a tutela de urgência será concedida quando houver elementos que evidenciem a probabilidade do direito e o perigo de dano ou o risco ao resultado útil do processo.

No caso em concreto, a probabilidade do direito é comprovada pelo contrato de trabalho em anexo. O perigo de dano se refere ao fato de que vários clientes da Indústria Volts Eletrônica estão cancelando os seus pedidos em vista da possível prática de crime de violação de patente previsto no art. 184, I, da Lei n. 9.279/96. Ocorre, porém, que a patente foi concedida em desconformidade com a lei, na medida em que, como visto, o objeto da patente não atende aos requisitos da novidade e da atividade inventiva. Não se pode deixar de lembrar o direito que o titular da patente tem de, dentre outros, impedir terceiros de produzir, colocar à venda ou vender produto objeto de patente, nos termos do que dispõe o art. 42 da Lei n. 9.279/96.

Desse modo, faz-se necessária, por atender aos requisitos processuais próprios, a concessão desta tutela de urgência antecipatória, no sentido de suspender os efeitos da patente, nos termos do que determina o art. 56, § 2.º, da Lei n. 9.279/96.

DOS PEDIDOS

Diante do exposto, promove-se a presente medida judicial para requerer:

a) A antecipação dos efeitos da tutela, nos moldes pleiteados, com a sua posterior confirmação, por ocasião da sentença.

b) A citação do primeiro réu para, querendo, contestar o presente feito, no prazo de 60 dias, sob pena de revelia.

c) A procedência do pedido em todos os seus termos, no sentido de declarar a nulidade da patente objeto deste litígio, permitindo ao autor a continuidade de sua atividade.

d) A condenação do primeiro réu em perdas e danos, haja vista o manifesto prejuízo pelo qual vem passando o autor.

e) A determinação, após o trânsito em julgado da sentença, para o INPI proceder à anotação, para ciência de terceiros.

f) A condenação do primeiro réu aos ônus da sucumbência, nos termos do art. 85 do CPC e ao pagamento de custas.

g) Que as intimações posteriores do presente feito sejam feitas no seguinte endereço... (art. 106, I, do CPC).

h) A produção de todas as provas em Direito admitidas, especialmente pela juntada dos documentos em anexo e tudo o mais que se fizer necessário.

Dá-se à presente causa o valor de R$... .

Nestes termos,
Pede deferimento.
Local. Data.
Advogado, OAB n. ...

21. PEDIDO DE FALÊNCIA E AUTOFALÊNCIA

21.1. Apresentação

A **ação de falência** é a medida judicial que visa reconhecer que determinado devedor praticou ato revelador de sua insolvência jurídica. Trata-se da solução jurídica apresentada atualmente pela Lei n. 11.101/2005 para os empresários que se encontram em crise econômico-financeira que não seja superável.

Frise-se, por oportuno, que, em verdade**, há duas possibilidades de pedido de falência**. De um lado, pode-se falar no procedimento normal da falência. É a situação na qual o credor de determinada obrigação inadimplida, materializada em título executável, vem requerer a falência do devedor. De outro lado, há o procedimento de autofalência. Nesta hipótese, é o próprio devedor que, constatada a sua dificuldade financeira, e percebendo a impossibilidade de se manejar recuperação judicial para a superação da crise, em razão de não atender a algum requisito, necessita de medida judicial para encerrar regularmente sua atividade empresarial em vista da impossibilidade de continuá-la.

Reitere-se a utilização supletiva das normas do Código de Processo Civil aos procedimentos previstos na Lei n. 11.101/2005. Com o advento da Lei n. 13.105/2015, é tal normatização – o CPC, vale dizer, o CPC/2015 que servirá de regência supletiva para a lei de falência e recuperação de empresas. É o que se extrai do art. 189 da Lei n. 11.101/2005.

21.2. Características e requisitos

A falência tem **três finalidades**, nos termos do que define o art. 75 da Lei n. 11.101/2005. O processo de falência tem o objetivo de afastar o devedor, em qualquer hipótese. Independentemente de ser uma falência baseada em fraude ou mesmo no fortuito de uma intempérie econômica, o devedor, por ocasião da falência, sempre será afastado. Tal afastamento tem a finalidade de: (i) preservar e otimizar a utilização produtiva dos bens, ativos e recursos produtivos, inclusive os intangíveis, da empresa; (ii) permitir a liquidação célere das empresas inviáveis, com vistas à realocação eficiente de recursos na economia; e (iii) fomentar o empreendedorismo, inclusive por meio da viabilização do retorno célere do empreendedor falido à atividade econômica.

A falência tem, regra geral, um **destinatário específico**. Trata-se do empresário, da sociedade empresária e da empresa individual de responsabilidade limitada, tidos como devedores. Ou seja, a inadimplência, configuradora da insolvência jurídica empresarial, é um elemento que deverá estar presente no caso concreto. É o tal "comprou e não pagou" pelo empresário, provado ou presumido nos termos da lei.

O falido é o pródigo do direito empresarial. É alguém que, em razão de uma ação judicial, é reconhecido mediante sentença como a pessoa que não tem condição de administrar o seu próprio patrimônio, tornando-se, portanto, incapaz para os atos da vida empresarial, sendo entregue a administração de seus bens a terceira pessoa. A ação é a de falência; a sentença é a declaratória de falência; a terceira pessoa é o administrador judicial.

Característica ou requisito importante para se atentar no âmbito da presente peça é o da legitimidade ativa, ou seja, de quem pode pedir, de quem pode ser autor, no pedido de falência. Com efeito, na forma do art. 97 da Lei n. 11.101/2005, **podem requerer a falência do devedor**:

I. O próprio devedor;

II. O cônjuge sobrevivente, qualquer herdeiro do devedor ou o inventariante;

III. O cotista ou o acionista do devedor na forma da lei ou do ato constitutivo da sociedade; e

IV. Qualquer credor.

Como já se viu, fala-se em autofalência quando o próprio devedor vai ao Judiciário reconhecer sua insolvência jurídica. Trata-se, aqui, de um procedimento de jurisdição voluntária, na medida em que não haverá réu, nesta hipótese. Os incisos II e III do art. 97 tratam de situações de legitimidade ativa extraordinária, vale dizer, estarão em juízo, em nome próprio, pleiteando direito alheio; no primeiro caso – o inciso II – estarão em juízo em face do devedor, empresário individual, falecido até um ano antes da decretação da falência; no segundo caso – o inciso III – em face da sociedade empresária devedora.

Quanto ao inciso IV, apesar da expressão "qualquer credor", há credores que não podem requerer falência de seus devedores. São eles: (i) o credor empresário, enquanto não registrado, atuando, portanto, na irregularidade; (ii) o credor que reside no exterior, caso não preste caução para garantia de juízo contra requerimento doloso de falência; (iii) a Fazenda Pública (o Fisco não é "qualquer credor").

Por final, como se trata de rol taxativo, é curioso notar que não existe, no Direito Brasileiro, declaração de falência *ex officio* e nem há legitimidade para o Ministério Público em requerer a falência do devedor. Estes apontamentos sobre a legitimidade ativa revertem-se de especial importância, na medida em que podem ser apontados como preliminares em caso de contestação.

21.3. Como identificar a peça

Sempre que o problema fizer menção à existência de um empresário, sociedade empresária ou empresa individual de responsabilidade limitada em crise econômico-financeira, tendo praticado, inclusive, um dos atos de insolvência jurídica previstos no art. 94 da Lei n. 11.101/2005, e houver a necessidade de se defender o interesse de terceira pessoa, credora do aludido empresário, dever-se-á promover o pedido de falência. Em face da insolvência, pode-se fazer menção a que o interesse do credor seja o de promover a execução coletiva do devedor.

No âmbito da autofalência, o caso determinará a necessidade de se promover uma medida judicial em face do devedor que se encontra em dificuldade financeira, não atendendo aos requisitos para pleitear sua recuperação judicial, tornando-se, também, impossível o prosseguimento da atividade empresarial. É o que mostra, inclusive, a previsão do art. 105 da Lei n. 11.101/2005.

21.4. Competência

A competência para a presente ação é determinada pelo art. 3º da Lei n. 11.101/2005. Tal dispositivo prevê: É competente para homologar o plano de recuperação extrajudicial, deferir a recuperação judicial ou decretar a falência o juízo do local do principal estabelecimento do devedor ou da filial de empresa que tenha sede fora do Brasil.

Nota-se, pelo dispositivo legal, que se trata de competência em razão do lugar, um dos exemplos de competência relativa, regra geral. Apesar disso, toda a doutrina e jurisprudência não sumulada se manifestam no sentido de que a competência para o processo de falência é absoluta.

Assim, *não cabe* prorrogação de competência e, em termos de defesa do réu, aludida incompetência deverá ser alegada em sede de preliminar da contestação, e, em sendo acolhida, dentro do que é previsto no art. 64, § 3º, do CPC, deverá ocorrer a remessa dos autos ao juízo competente.

21.5. Fundamentos mais comuns

Genericamente, os fundamentos para o pedido de falência se encontram previstos no rol do art. 94 da Lei n. 11.101/2005, que define a possibilidade de falência do devedor quando:

I – sem relevante razão de direito, não paga, no vencimento, obrigação líquida materializada em título ou títulos executivos protestados cuja soma ultrapasse o equivalente a 40 salários-mínimos na data do pedido de falência; **nesta hipótese, credores podem se reunir em litisconsórcio para atender ao limite mínimo previsto, devendo ser comprovada a inadimplência pelo protesto especial para fins falimentares;**

II – executado por qualquer quantia líquida, não paga, não deposita e não nomeia à penhora bens suficientes dentro do prazo legal; **nesta hipótese, o pedido de falência deverá ser instruído com certidão expedida pelo juízo onde se processa a execução, não havendo limite mínimo para o requerimento de falência, nem necessidade de protesto especial para fins falimentares;**

III – pratica qualquer dos seguintes atos, exceto se fizer parte de plano de recuperação judicial **(nesta hipótese, o pedido de falência descreverá os fatos que a caracterizam, juntando-se as provas que houver e especificando-se as**

que serão produzidas – basta a prática de um dos atos a seguir, não se tratando de um rol cumulativo, portanto):

a) procede à liquidação precipitada de seus ativos ou lança mão de meio ruinoso ou fraudulento para realizar pagamentos;
b) realiza ou, por atos inequívocos, tenta realizar, com o objetivo de retardar pagamentos ou fraudar credores, negócio simulado ou alienação de parte ou da totalidade de seu ativo a terceiro, credor ou não;
c) transfere estabelecimento a terceiro, credor ou não, sem o consentimento de todos os credores e sem ficar com bens suficientes para solver seu passivo;
d) simula a transferência de seu principal estabelecimento com o objetivo de burlar a legislação ou a fiscalização ou para prejudicar credor;
e) dá ou reforça garantia a credor por dívida contraída anteriormente sem ficar com bens livres e desembaraçados suficientes para saldar seu passivo;
f) ausenta-se sem deixar representante habilitado e com recursos suficientes para pagar os credores, abandona estabelecimento ou tenta ocultar-se de seu domicílio, do local de sua sede ou de seu principal estabelecimento;
g) deixa de cumprir, no prazo estabelecido, obrigação assumida no plano de recuperação judicial.

Para a **autofalência**, o fundamento está previsto no art. 105 da Lei n. 11.101/2005, que prevê: o devedor em crise econômico-financeira que julgue não atender aos requisitos para pleitear sua recuperação judicial deverá requerer ao juízo sua falência, expondo as razões da impossibilidade de prosseguimento da atividade empresarial.

É importante salientar que o próprio art. 105 da Lei n. 11.101/2005 indica uma série de documentos que precisarão acompanhar o pedido de falência. Cabe perceber que, sempre que existir dispositivo legal nessa linha, torna-se imprescindível o pedido de juntada dos documentos, bem como a menção ao rol de documentos, após o fechamento da peça, transcrevendo-se inciso por inciso.

21.6. Estrutura da peça

1. **Endereçamento:** Excelentíssimo Senhor Doutor Juiz de Direito da... Vara de Falência e Recuperação de Empresas da Comarca de... do Estado de... .
2. **Identificação das partes:** autor: o credor; réu: o empresário individual, a sociedade empresária ou a empresa individual de responsabilidade limitada devedores. Na autofalência, o devedor é o autor, havendo legitimidade ativa extraordinária para o cônjuge sobrevivente, qualquer herdeiro ou o inventariante – ocorrendo a falência do empresário individual, e para o cotista ou acionista da sociedade empresária devedora, na forma da lei ou do ato constitutivo da sociedade; neste caso, inexiste réu, em face de se tratar de um procedimento de jurisdição voluntária.

   Qualificação de pessoa física: Fulano de tal, nacionalidade..., estado civil..., profissão..., portador do RG n. ..., e do CPF n. ..., residente e domiciliado na... .

Qualificação de pessoa jurídica: Nome empresarial, pessoa jurídica de direito privado, inscrita no CNPJ n. ..., estabelecida na..., neste ato se fazendo presente por seu administrador (diretor, caso se trate de sociedade anônima) ... (pode fazer a qualificação de "pessoa física").

3. **Representação judicial:** advogado assinado ao final, com mandato em anexo.
4. **Nome da ação e fundamento legal:** Ação de Falência, com fundamento no art. 94, ... (indicar o inciso do caso concreto que se refere ao motivo da falência), da Lei n. 11.101/2005 [no caso do pedido de autofalência: Ação de Autofalência, com fundamento no art. 105 da Lei n. 11.101/2005].
5. **Narrativa dos fatos ("Dos Fatos"):** exposição dos fatos previstos na situação hipotética da questão. Não inventar outros fatos nem trazer detalhes ausentes no problema. Deve-se, portanto, literalmente, copiar, de maneira integral, a questão, conforme apresentada, sendo certo que a utilização de qualquer mecanismo de identificação anulará a peça, atribuindo-se nota ZERO.
6. **Fundamentação ("Do Direito"):** vale a pena ressaltar que a mera transcrição dos artigos não pontua. É a parte da peça em que deverão ser apresentados os dispositivos legais que asseguram o direito do cliente para o que se estará elaborando a peça processual. Nessa linha, em razão das várias possibilidades de fundamentação, sugere-se a releitura do presente capítulo.
7. **Pedidos ("Dos Pedidos"):** a) a citação do réu para, querendo, contestar o presente feito, no prazo de dez dias, sob pena de revelia; b) a procedência do pedido em todos os seus termos, no sentido de declarar a falência do devedor ou de determinar o levantamento da quantia, a título de depósito elisivo, realizada pelo réu; c) a condenação do réu (ou dos réus, se for o caso) aos ônus da sucumbência, nos termos do art. 85 do CPC; d) que as intimações posteriores do presente feito sejam feitas no seguinte endereço... (art. 106, I, do CPC); e) a intimação do ilustre representante do Ministério Público para fim de oferecer parecer sobre o presente feito; f) a produção de todas as provas em Direito admitidas, especialmente por... (o pedido genérico de provas não pontua).

7.1. **Pedidos da autofalência:** a) a procedência do pedido em todos os seus termos, no sentido de declarar a falência do devedor em razão de não atender aos requisitos para pleitear a recuperação judicial e da impossibilidade de prosseguimento da atividade empresarial; b) a juntada dos documentos exigidos pelo art. 105 da Lei n. 11.101/2005; c) que as intimações posteriores do presente feito sejam feitas no seguinte endereço... (art. 106, I, do CPC); d) a intimação do ilustre representante do Ministério Público para fim de oferecer parecer sobre o presente feito.

8. **Valor da causa:** Dá-se à causa o valor de R$... [o valor do crédito apresentado pelo autor] (art. 291 do CPC. A toda causa será atribuído um valor certo, ainda que não tenha conteúdo econômico imediatamente aferível).
9. **Fechamento da peça:** local, data. Advogado, OAB [não inventar dados].

21.7. Questão da peça profissional

(XVI Exame – modificado) João Santana, administrador de Supermercados Porto Grande Ltda., lhe procura para que tome providências para a cobrança imediata de vários débitos assumidos pela sociedade Ferreira Gomes & Cia Ltda. Tal sociedade está em grave crise econômico-financeira desde 2012, com vários títulos protestados, negativação em cadastros de proteção ao crédito e execuções individuais ajuizadas por credores.

O cliente apresenta a você os seguintes documentos:

a) uma nota promissória subscrita por Ferreira Gomes & Cia Ltda. no valor de R$ 4.500,00, vencida em 30-9-2013, apresentada a protesto em 17-3-2014, com medida judicial de sustação de protesto deferida e em vigor;

b) boleto de cobrança bancária no valor de R$ 12.900,00 referente ao fornecimento de alimentos no período de janeiro a março de 2014, vencido, com repactuação de dívida com parcelamento em seis meses, a contar de outubro de 2014.

c) 23 duplicatas de compra e venda, acompanhadas das respectivas faturas, vencidas entre os meses de janeiro de 2013 a fevereiro de 2014, no valor total de R$ 31.000,00, todas aceitas pelo sacado Ferreira Gomes & Cia Ltda. e submetidas ao protesto falimentar em 26-3-2014.

Por fim, solicita o cliente a propositura da medida judicial apta a instauração de execução coletiva dos bens do devedor em caso de procedência do pedido.

Elabore a peça adequada, sabendo-se que: i) a devedora tem um único estabelecimento, denominado "Restaurante e Lanchonete Tartarugal", situado em Macapá/AP; ii) o Decreto sobre a Organização e Divisão Judiciárias do Estado do Amapá determina ser a Comarca de Macapá composta de seis Varas Cíveis, competindo aos respectivos Juízes processar e julgar os feitos de natureza comercial; e iii) o valor do salário mínimo nacional é de R$ 724,00.

21.8. Modelo da peça

Excelentíssimo Senhor Doutor Juiz de Direito da... Vara Cível da Comarca de Macapá, do Estado do Amapá [em conformidade com a indicação do caso concreto]

(deixar espaço de 5 linhas)

Supermercados Porto Grande Ltda., pessoa jurídica de direito privado, inscrita no CNPJ sob o n. ..., estabelecida em..., representada por seu administrador, João Santana, pelo seu advogado, ao final assinado, com mandato em anexo, vem, respeitosamente, à presença de Vossa Excelência, propor a presente AÇÃO DE FALÊNCIA, com fundamento no art. 94, I, da Lei n. 11.101/2005, em face de Ferreira Gomes & Cia. Ltda., atuando sob o nome fantasia "Restaurante e Lanchonete Tartarugal, pessoa jurídica de direito privado, inscrita no CNPJ sob o n. ..., estabelecida em..., na cidade de Macapá, representada por seu administrador..., pelos fundamentos de fato e de direito a seguir:

DOS FATOS

João Santana, administrador de Supermercados Porto Grande Ltda., lhe procura para que tome providências para a cobrança imediata de vários débitos assumidos pela sociedade Ferreira Gomes & Cia. Ltda. Tal sociedade está em grave crise econômico-financeira desde 2012, com vários títulos protestados, negativação em cadastros de proteção ao crédito e execuções individuais ajuizadas por credores.

O cliente apresentou os seguintes documentos, ora anexados:

a) uma nota promissória subscrita por Ferreira Gomes & Cia. Ltda. no valor de R$ 4.500,00, vencida em 30-9-2013, apresentada a protesto em 17-3-2014, com medida judicial de sustação de protesto deferida e em vigor;

b) boleto de cobrança bancária no valor de R$ 12.900,00, referente ao fornecimento de alimentos no período de janeiro a março de 2014, vencido, com repactuação de dívida com parcelamento em seis meses, a contar de outubro de 2014;

c) 23 duplicatas de compra e venda, acompanhadas das respectivas faturas, vencidas entre os meses de janeiro de 2013 a fevereiro de 2014, no valor total de R$ 31.000,00, todas aceitas pelo sacado Ferreira Gomes & Cia. Ltda. e submetidas ao protesto falimentar em 26-3-2014.

DO DIREITO

A presente medida judicial tem por fundamento o art. 94, I, da Lei n. 11.101/2005, que prevê a possibilidade de decretação de falência do devedor, toda vez que não for paga, sem razão relevante de direito, no vencimento obrigação líquida, materializada em títulos executivos, em valor superior a 40 salários mínimos e protestados no protesto especial para fins falimentares.

Dos títulos apresentados pelo credor, tem-se que somente as duplicatas é que servem para embasar o pedido de falência, sendo certo notar que a nota promissória está sob os efeitos de medida de sustação de protesto e que boleto de cobrança bancária não é título executivo. É importante considerar que as duplicatas somam R$ 31.000,00, valor superior aos quarenta salários mínimos exigidos (no caso, seria de R$ 28.960,00). Não se pode deixar de notar que as referidas duplicatas foram submetidas ao protesto especial para fins falimentares, conforme exigência do art. 94, § 3.º, da Lei n. 11.101/2005. Não custa nada lembrar que as duplicatas são títulos executivos extrajudiciais, nos termos do art. 784, I, do CPC c/c art. 15 da Lei n. 5.474/68.

É importante ressaltar que o pedido de falência deve ser proposto no local do principal estabelecimento do devedor, na forma do que prescreve o art. 3.º da Lei n. 11.101/2005. Em vista de Ferreira Gomes & Cia. ter um único estabelecimento situado na cidade de Macapá, será, portanto, nesta comarca que deverá ser promovido o presente feito.

Frise-se, por oportuno, que a autora é credora e está em situação regular, por se encontrar registrada perante o Registro Público de Empresas Mercantis, comprovando sua regularidade, nos termos do art. 97, IV e § 1.º, da Lei n. 11.101/2005, a partir de certidão que vai em anexo.

DO PEDIDO

Diante do exposto, é a presente medida judicial para requerer:

a) A citação do réu para, querendo, contestar o presente feito, no prazo de dez dias, de acordo com o art. 98 da Lei n. 11.101/2005, sob pena de revelia.

b) A procedência do pedido em todos os seus termos, no sentido de declarar a falência do devedor ou de determinar o levantamento da quantia, a título de depósito elisivo, que tenha eventualmente sido realizada pelo réu.

c) A condenação do réu aos ônus da sucumbência, nos termos do art. 85 do CPC, e ao pagamento das custas.

d) Que as intimações posteriores do presente feito sejam feitas no seguinte endereço... (art. 106, I, do CPC).

e) A intimação do ilustre representante do Ministério Público para o fim de oferecer parecer sobre o presente feito;

f) A produção de todas as provas em Direito admitidas, especialmente pela juntada: (i) das 23 duplicatas, acompanhadas das respectivas faturas, exibidas no original, de acordo com o art. 9.º, parágrafo único, da Lei n. 11.101/2005; (ii) das certidões de protesto especial das respectivas duplicatas; (iii) da certidão do Registro Público de Empresas Mercantis, comprovando a regularidade do autor, nos termos do art. 97, § 1.º, da Lei n. 11.101/2005 (o pedido genérico de provas não pontua).

Dá-se à causa o valor de R$ 31.000,00.

Nestes termos.
Pede deferimento.
Local. Data.
Advogado, OAB n. ...

22. AÇÕES DE RECUPERAÇÃO DE EMPRESAS

22.1. Apresentação

No âmbito do cenário de crise empresarial, duas são as medidas jurídicas atualmente previstas pela legislação (Lei n. 11.101/2005): a falência e a recuperação de empresas. Dedica-se o presente capítulo às ações de recuperação de empresas, que são medidas judiciais para tentar resolver o problema de crise econômico-financeira de empresários recuperáveis, cuja crise é superável.

É o que apresenta o art. 47 da Lei n. 11.101/2005, em termos de objetivos e finalidades da recuperação de empresas: "A recuperação judicial tem por objetivo viabilizar a superação da situação de crise econômico-financeira do devedor, a fim de permitir a manutenção da fonte produtora, do emprego dos trabalhadores e dos interesses dos credores, promovendo, assim, a preservação da empresa, sua função social e o estímulo à atividade econômica". Apesar da literalidade do dispositivo, pode-se entender que tanto descreve finalidades e objetivos para a recuperação judicial quanto para a recuperação extrajudicial.

22.2. Características e requisitos

Como se sabe, há modalidades judiciais e extrajudiciais de recuperação de empresas. É preciso, portanto, perceber as características de cada modalidade, para poder identificar a melhor medida para o caso concreto.

22.2.1. Recuperação judicial

Há duas modalidades de **recuperação judicial**. De um lado, pode-se falar na recuperação judicial ordinária (ou geral), aplicável a todos os empresários, independentemente do tipo jurídico (empresário individual, sociedade empresária ou Eireli) e do seu enquadramento (ME, EPP, Sociedade de grande porte...). De outro lado, há, também, a recuperação judicial específica (ou especial), aplicável facultativamente ao empresário individual, à sociedade empresária ou à Eireli, juridicamente enquadrados como microempresa ou como empresa de pequeno porte.

Desse modo, enquanto os empresários em geral só poderão promover a ação de recuperação judicial geral, aqueles que estiverem enquadrados como ME ou como EPP poderão manejar, também, a ação de recuperação judicial especial, desde que afirmem expressamente esta intenção na petição inicial (art. 70, § 1º). Ou seja, o empresário ME ou EPP pode manejar ação de recuperação judicial, tanto a ordinária quanto a específica.

Regra geral, promove-se a recuperação judicial geral. Porém, para se submeter a recuperação judicial, com base no plano especial, seria necessário que o empresário se qualificasse como microempresa ou como empresa de pequeno porte e que dissesse expressamente que a recuperação deve ocorrer com base no plano especial de recuperação judicial.

Atualmente, há outra hipótese de aplicação da recuperação judicial, com base em plano especial. Com efeito, na reforma da Lei de Falências, através da Lei n. 14.112/2020, passou a se admitir que o produtor rural, mesmo que não esteja enquadrado como microempresa ou empresa de pequeno porte, e desde que tenha legitimidade ao pedido de recuperação judicial, poderá se submeter à recuperação judicial especial. Para tanto, bastará que o valor da causa não exceda ao limite do valor global para enquadramento no regime da LC n. 123/2006 – atualmente, de R$ 4.800.000,00 (art. 70-A).

22.2.2. Recuperação extrajudicial

Há três modalidades de **recuperação extrajudicial**. Fala-se, à primeira vista, em recuperação extrajudicial de homologação facultativa (art. 162). Nessa hipótese, em vista de todos os credores virem a concordar com o plano apresentado pelo devedor, em razão da natureza jurídica contratual da recuperação de empresas em geral (apenas a recuperação judicial especial poderia ser enquadrada como um "favor legal"), tem-se que a homologação não seria necessária para que houvesse a necessidade de cumprimento do plano de recuperação extrajudicial.

Há, ainda, a recuperação extrajudicial de homologação obrigatória (art. 163). Neste caso, não se conseguiu a concordância unânime dos credores, atendendo-se, contudo, ao limite legal mínimo de aprovação. Na redação original, o percentual mínimo era de 3/5 dos créditos de cada classe prevista no plano. Com o advento da Lei n. 14.122/2020, o percentual mínimo passou a ser de 50% + 1, ou seja, é preciso que existam credores que representem mais da metade dos créditos de cada espécie abrangidos pelo plano de recuperação extrajudicial. Exatamente em razão da falta de unanimidade é que se percebe, aqui, a necessidade de homologação do plano para tornar obrigatório o seu cumprimento, inclusive por aqueles que não aderiram ao plano.

Por final, cabe mencionar ainda os acordos privados (art. 167). Qualquer acordo privado havido entre o devedor e seus credores que atenda aos objetivos da recuperação de empresas pode ser considerado um meio alternativo de recuperação extrajudicial. Vale perceber a diferença entre esta hipótese e a da homologação facultativa. Enquanto na homologação facultativa o plano pode ser levado à homologação, os acordos privados independem de homologação para serem implementados.

É importante, ainda, perceber a extrajudicialidade da recuperação. Com efeito, a diferença entre a recuperação judicial e a recuperação extrajudicial não se faz pela ausência ou presença do Judiciário no processo, mesmo porque a homologação da recuperação extrajudicial é ato de competência do juiz (art. 3º). A extrajudicialidade da recuperação de empresas é definida de acordo com o âmbito em que foi deliberado, decidido e aprovado o plano.

Assim, a recuperação deverá ser considerada extrajudicial quando o devedor procurar diretamente os seus credores, e, conseguindo a concordância direta destes, promoverá ação judicial para fins meramente homologatórios daquilo que fora previamente acordado. Por sua vez, considerar-se-á judicial a recuperação toda vez que o devedor, primeiramente, promover a ação judicial para, a partir do seu trâmite, obter a aprovação de plano para a superação de sua crise econômico-financeira.

22.2.3. Credores sujeitos à recuperação

É importante, ainda, perceber quais são os **credores alcançados** por cada procedimento de recuperação. À primeira vista, é válido esclarecer que todos os créditos anteriores ao pedido, ainda que não vencidos (art. 49), poderão estar, regra geral, sujeitos à *recuperação judicial geral*. A anterioridade, como se vê, é avaliada quanto à origem do crédito, e não quanto ao seu vencimento.

Há, porém, algumas exceções que merecem ser destacadas: a) credor titular da posição de proprietário fiduciário de bens móveis ou imóveis, de arrendador mercantil, de proprietário ou promitente vendedor de imóvel cujos respectivos contratos contenham cláusula de irrevogabilidade ou irretratabilidade, inclusive em incorporações imobiliárias, ou de proprietário em contrato de venda com reserva de domínio – art. 49, § 3º; b) importância entregue ao devedor, em moeda corrente nacional, decorrente de adiantamento a contrato de câmbio para exportação – art. 49, § 4º; e c) crédito tributário (art. 187 do CTN).

No âmbito da *recuperação judicial especial*, vale destacar que o plano de recuperação abrangerá todos os créditos existentes na data do pedido, ainda que não vencidos, excetuados os decorrentes de repasse de recursos oficiais e os previstos nos §§ 3º e 4º do art. 49 da Lei n. 11.101/2005, anteriormente mencionados (art. 70, I, com a redação dada pela Lei Complementar n. 147/2014). Ou seja, atualmente, não há mais diferença entre as modalidades de recuperação judicial no que tange aos créditos por elas abrangidos.

Para a *recuperação extrajudicial* sujeita à homologação – facultativa ou obrigatória –, além dos créditos excluídos da recuperação judicial ordinária, também eram excluídos os créditos derivados da legislação do trabalho ou decorrentes de acidente de trabalho (art. 161, § 1º). Porém, com a Lei n. 14.122/2020, tal dispositivo foi alterado, para admitir que o crédito trabalhista também possa ser objeto de plano de recuperação extrajudicial. Para tanto, exige-se negociação coletiva com o sindicato da respectiva categoria profissional.

22.2.4. Legitimidade ativa

Ponto importante é o de se saber quem pode ser autor do pedido de recuperação judicial. Há uma premissa inicial para o entendimento deste tópico: o sujeito que pode pleitear a recuperação de sua empresa é justamente aquele que poderá ter sua falência decretada. Dessa forma, o devedor, desde que sendo empresário e não esteja excluído (art. 2º), poderá requerer a recuperação judicial ou extrajudicial de sua empresa. Em termos processuais, será ele o legitimado ordinário.

Nesse ínterim, seriam legitimados extraordinários: (i) o cônjuge sobrevivente, os herdeiros do devedor ou o inventariante; (ii) o sócio remanescente. No primeiro caso, imagine a situação do devedor, empresário individual, que falecera, há menos de um ano, e cujos credores pretendem pedir a falência do espólio, na hipótese do art. 96, § 1º. Nesta hipótese, o cônjuge, o herdeiro do devedor ou o inventariante, acaso inventário já esteja aberto, poderão pleitear a recuperação judicial, em referência ao espólio.

É importante, para efeito de legitimidade ao pedido de recuperação judicial, compreender juridicamente o sócio remanescente. Inicialmente, é crucial constatar que sócio remanescente não é o sócio que vota em desacordo com a maioria. Tal sócio é denominado sócio dissidente, conforme se vê, por exemplo, nos arts. 1.072, § 5º; 1.109, parágrafo único; e 1.114 do Código Civil. Não se confundem, portanto, sócio remanescente e sócio dissidente.

O sócio remanescente, por sua vez, aparece no parágrafo único do art. 1.033 do Código Civil. Com efeito, na hipótese de uma sociedade empresária, em que venha a ocorrer a falta de pluralidade de sócios, não se tornando ou se transformando em sociedade limitada unipessoal, facultado pelos §§ 1º e 2º do art. 1.052 do Código Civil, o sócio que permanece terá o prazo de 180 dias para recompor a falta de pluralidade de sócios, sob pena de a sociedade vir a ser considerada dissolvida.

Mire, então, no seguinte exemplo: ocorrendo a falta de pluralidade, se, dentro dos 180 dias seguintes, a sociedade vir a entrar em crise econômico-financeira, neste caso, o sócio que permaneceu – denominado, como já se sabe, sócio remanescente – poderá pleitear recuperação judicial em favor da sociedade. Vale dizer, o próprio sócio será o autor do pedido, na condição de legitimado extraordinário, porém a recuperação será direcionada à pessoa jurídica da sociedade.

22.3. **Como identificar a peça**

O caso narrará uma situação em que determinado empresário se encontrará em um momento de crise econômico-financeira. Tal crise é, por assim dizer, um *mix* das crises econômica e financeira, comumente apontadas pela doutrina.

A crise econômica é a crise do volume de negócios; vale dizer, estará em crise econômica o empresário cujo volume de negócios de sua empresa tenha sido reduzido drasticamente, em curto espaço de tempo, por circunstâncias alheias à sua vontade. A crise financeira é a crise da impontualidade; neste sentido, estará em crise financeira o empresário que não tem dinheiro em caixa disponível e suficiente para cumprir suas obrigações de maneira pontual.

A peça será a de **recuperação judicial**, caso a questão não descreva a existência de um plano já aprovado pelos seus credores. Porém, se na questão já houver a menção de que existe um plano já previamente aprovado entre o devedor e seus credores, a medida judicial será a **homologação da recuperação extrajudicial**.

É importante salientar que o art. 51 da Lei n. 11.101/2005 indica uma série de documentos que precisarão acompanhar o pedido de recuperação judicial. Cabe perceber que, sempre que existir dispositivo legal nessa linha, torna-se imprescindível o pedido de juntada dos documentos, bem como a menção ao rol de documentos, após o fechamento da peça, transcrevendo-se inciso por inciso. Por final, para a homologação da recuperação extrajudicial, deverá ser feito menção à juntada dos documentos previstos nos arts. 162 e 163, § 6º.

22.4. Competência

O art. 3º da Lei n. 11.101/2005 determina que "é competente para homologar o plano de recuperação extrajudicial, deferir a recuperação judicial ou decretar a falência o juízo do local do principal estabelecimento do devedor ou da filial de empresa que tenha sede fora do Brasil".

Deve-se indicar, como vara, a Vara de Falências e Recuperação de Empresas, na regra geral. Não há a necessidade de se saber se existe na comarca onde se localizar o principal estabelecimento do devedor vara especializada. Porém, se houver, é em tal vara que deve ser deferido um pedido de recuperação judicial, em vista de que, apesar de a redação do dispositivo deixar entrever que a competência para as questões falenciais seria em razão do lugar, toda a doutrina especializada indica que, na verdade, trata-se de caso de competência em razão da matéria (competência absoluta, portanto).

22.5. Fundamentos mais comuns

O fundamento legal para a recuperação judicial se encontra no art. 48 da Lei n. 11.101/2005. Por tal dispositivo, tem-se que será viável a **recuperação judicial** quando, *cumulativamente*:

a) o devedor for empresário registrado há mais de dois anos (**art. 48, *caput***);
b) não ser falido e, se o foi, estejam declaradas extintas, por sentença transitada em julgado, as responsabilidades daí decorrentes (**art. 48, I**);
c) não ter, há menos de cinco anos, obtido concessão de recuperação judicial ou, há menos de cinco anos, obtido concessão de recuperação judicial com base no plano especial para microempresa e empresa de pequeno porte [a Lei Complementar n. 147/2014 alterou o prazo de desincompatibilidade para a recuperação judicial especial, mantendo agora o mesmo

prazo para ambas as modalidades de recuperação judicial] (**art. 48, II e III**); e

d) não ter sido condenado ou não ter, como administrador ou sócio controlador, pessoa condenada por qualquer dos crimes falimentares (**art. 48, IV**).

Para o produtor rural, há que se fazer um destaque. Com efeito, sabe-se que o pessoal do agronegócio tem o direito de escolher o órgão registral para a formalização do seu sítio, da sua fazenda, enfim, do seu *agrobusiness*. Na forma do art. 971 do Código Civil, caso se formalize perante a Junta Comercial ficará equiparado a empresário.

Porém, pode acontecer de o sujeito formalizar a sua fazenda através de um contrato social com um familiar ou amigo, por exemplo, levando-o a registro perante o Cartório de Pessoa Jurídica da cidade onde se localiza a fazenda e só depois de um certo prazo – que, no caso concreto, pode ser de anos – vai ser buscado registro perante a Junta Comercial. Neste caso, a partir de quando deve ser contado o prazo de dois anos previstos no art. 48, *caput*, da Lei n. 11.101/2005?

Para responder à presente pergunta, a Lei n. 12.873/2013 inseriu um § 2º ao art. 48, cujo texto veio a ser atualizado pela Reforma da Lei de Falências proporcionada pela Lei n. 14.122/2020. No caso de atividade rural exercida por pessoa jurídica, o prazo de dois anos será contado a partir da primeira entrega tempestiva da Escrituração Contábil Fiscal (ECF), ou por obrigação legal de registro que venha a substituí-lo; no caso de atividade rural exercida por pessoa física, de acordo com o § 3º do art. 48, incluído pela Lei n. 14.122/2020, o prazo será contado da primeira entrega tempestiva do Livro Caixa Digital do Produtor Rural (LCDPR), ou pelo que vier a substituí-lo, da Declaração do Imposto sobre a Renda da Pessoa Física (DIRPF) e do balanço patrimonial.

EM RESUMO:

I. Se o Rural já se formalizou inicialmente perante a Junta Comercial, segue o art. 48, *caput*: o prazo de dois anos é contado do registro dos atos constitutivos na Junta Comercial;

II. Se o Rural primeiro se formaliza perante outro órgão registral e posteriormente busca o seu registro na Junta, seguem-se os §§ 2º e 3º do art. 48: o prazo de dois anos é contado da primeira entrega tempestiva da documentação tributária pertinente.

Caso se trate de manejar o pedido de **recuperação judicial com base no plano especial para ME e EPP**, haverá a necessidade, ainda, de se atender ao previsto no art. 70, § 1º, da Lei n. 11.101/2005:

a) estar enquadrado, nos termos da Lei Complementar n. 123/2006, como microempresa ou empresa de pequeno porte;

b) afirmar expressamente na inicial a intenção de se submeter a tal procedimento.

Para o produtor rural, não há a necessidade de estar enquadrado como ME/EPP, basta que o valor da causa seja de, no máximo, R$ 4.800.000,00. Não se pode deixar de notar que o valor da causa corresponderá ao montante total dos créditos sujeitos à recuperação judicial, de acordo com o art. 51, § 5º, inserido pela Reforma da Lei de Falências, promovida pela Lei n. 14.122/2020.

Para a homologação da **recuperação extrajudicial**, o devedor deverá atender aos requisitos do art. 48 da Lei n. 11.101/2005, mencionados anteriormente. Além disso, nos termos do art. 161, § 3º, da mesma lei, é preciso que *não haja*:

a) pedido de recuperação judicial pendente;
b) obtido recuperação judicial há menos de dois anos; e
c) obtido homologação de outro plano de recuperação extrajudicial há menos de dois anos.

22.6. Estrutura da peça

1. **Endereçamento:** Excelentíssimo Senhor Doutor Juiz de Direito da... Vara de Falências ou Recuperação de Empresas da Comarca de... do Estado de... .
2. **Identificação das partes:** autor: o devedor ou, como legitimado ativo extraordinário, o cônjuge sobrevivente, os herdeiros do devedor, o inventariante – na hipótese de falecimento do empresário individual, em até um ano da morte do devedor – ou o sócio remanescente – na hipótese de unipessoalidade superveniente de sociedade empresária, nos termos da lei (art. 1.033, IV, do CC ou art. 206, I, *d*, da Lei n. 6.404/76); réu: não há.

   Qualificação de pessoa física: Fulano de tal, nacionalidade..., estado civil..., profissão..., portador do RG n. ..., e do CPF n. ..., residente e domiciliado na... .

   Qualificação de pessoa jurídica: Nome empresarial, pessoa jurídica de direito privado, inscrita no CNPJ n. ..., estabelecida na..., neste ato se fazendo presente por seu administrador (diretor, caso se trate de sociedade anônima) ... (pode fazer a qualificação de "pessoa física").
3. **Representação judicial:** advogado assinado ao final, com mandato em anexo.
4. **Nome da ação e fundamento legal:** ação de recuperação judicial, com fundamento nos arts. 48 e 51 da Lei n. 11.101/2005; ação de recuperação judicial especial, com fundamento no art. 70 da Lei n. 11.101/2005; homologação do plano de recuperação extrajudicial, com fundamento no art. 161 da Lei n. 11.101/2005.
5. **Narrativa dos fatos ("Dos Fatos"):** exposição dos fatos previstos na situação hipotética da questão. Não inventar outros fatos nem trazer detalhes ausentes no problema. Deve-se, portanto, literalmente, copiar, de maneira integral, a questão, conforme apresentada, sendo certo que qualquer mecanismo de identificação anulará a peça, atribuindo-se nota ZERO.
6. **Fundamentação ("Do Direito"):** vale a pena ressaltar que a mera transcrição dos artigos não pontua. É a parte da peça em que deverão ser apre-

sentados os dispositivos legais que asseguram o direito do cliente para o que se estará elaborando a peça processual. Nessa linha, em razão das várias possibilidades de fundamentação, sugere-se a releitura do presente capítulo.

7. **Pedidos ("Dos Pedidos"):** a) o deferimento do processamento do presente pedido de recuperação judicial; b) a nomeação do administrador judicial, observado o disposto no art. 21 da Lei n. 11.101/2005; c) a determinação de dispensa da apresentação de certidões negativas para que o autor exerça suas atividades, nos termos do art. 52, II, e da suspensão de todas as ações e execuções contra o devedor, nos termos do art. 52, III, ambos da Lei n. 11.101/2005; d) a intimação do ilustre membro do Ministério Público; e) a publicação na imprensa oficial de edital contendo o resumo da decisão que deferiu o processamento do pedido, dando ciência aos credores e advertindo-os do prazo para habilitação de créditos e para apresentarem objeção de credores, nos termos do art. 52, § 1º, da Lei n. 11.101/2005; f) a convocação da Assembleia de Credores para a aprovação do plano a ser apresentado, no prazo de 60 dias contados do deferimento; g) a concessão do plano aprovado pela Assembleia de Credores, convocada no prazo de 150 dias, contados do deferimento da recuperação judicial; h) que as intimações posteriores do presente feito sejam feitas no seguinte endereço... (art. 106, I, do CPC); i) a juntada dos documentos previstos no art. 51 da Lei n. 11.101/2005, em anexo.

7.1. **Pedidos da homologação da recuperação extrajudicial:** a) a homologação do plano de recuperação apresentado, em anexo; b) a juntada dos documentos previstos no art. 162 (ou art. 163, § 6º), em anexo; c) que as intimações posteriores do presente feito sejam feitas no seguinte endereço... (art. 106, I, do CPC).

8. **Valor da causa:** Dá-se à causa o valor de R$... [o montante dos créditos que serão objetos do plano de recuperação judicial] (art. 291 do CPC. A toda causa será atribuído um valor certo, ainda que não tenha conteúdo econômico imediatamente aferível).

9. **Fechamento da peça:** local, data. Advogado, OAB [não inventar dados].

22.7. Questão da peça profissional

(XIX Exame) Cimbres Produtora e Exportadora de Frutas Ltda. aprovou em assembleia de sócios específica, por unanimidade, a propositura de medida judicial para evitar a decretação de sua falência, diante do gravíssimo quadro de crise de sua empresa. O sócio controlador João Alfredo, titular de 80% do capital social, instruiu o administrador Afrânio Abreu e Lima a contratar os serviços profissionais de um advogado.

A sociedade, constituída regularmente em 1976, tem sede em Petrolina/PE e uma única filial em Pilão Arcado/BA, local de atividade inexpressiva em comparação com a empresa desenvolvida no lugar da sede.

O objeto social é o cultivo de frutas tropicais em áreas irrigadas, o comércio atacadista de frutas para distribuição no mercado interno e a exportação para a Europa de dois terços da produção. Embora a sociedade passe atualmente por crise de liquidez, com vários títulos protestados no cartório de Petrolina, nunca teve necessidade de impetrar medida preventiva à falência. O sócio João Alfredo e os administradores nunca sofreram condenação criminal.

Na reunião profissional com o advogado para coleta de informações necessárias à propositura da ação, Afrânio informou que a crise econômica mundial atingiu duramente os países europeus da Zona do Euro, seu principal e quase exclusivo mercado consumidor. As quedas sucessivas no volume de exportação, expressiva volatilidade do câmbio nos últimos meses, dificuldades de importação de matérias-primas, limitação de crédito e, principalmente, a necessidade de dispensa de empregados e encargos trabalhistas levaram a uma forte retração nas vendas, refletindo gravemente sobre liquidez e receita.

Assim, a sociedade se viu, com o passar dos meses da crise mundial, em delicada posição, não lhe restando outra opção, senão a de requerer, judicialmente, uma medida para viabilizar a superação desse estado de crise, vez que vislumbra maneiras de preservar a empresa e sua função social com a conquista de novos mercados no país e na América do Norte.

A sociedade empresária, nos últimos três anos, como demonstra o relatório de fluxo de caixa e os balancetes trimestrais, foi obrigada a uma completa reestruturação na sua produção, adquirindo equipamentos mais modernos e insumos para o combate de pragas que também atingiram as lavouras. Referidos investimentos não tiveram o retorno esperado, em razão da alta dos juros dos novos empréstimos, o que assolou a economia pátria, refletindo no custo de captação.

Para satisfazer suas obrigações com salários, tributos e fornecedores, não restaram outras alternativas senão novos empréstimos em instituições financeiras, que lhe cobraram taxas de juros altíssimas, devido ao maior risco de inadimplemento, gerando uma falta de capital de giro em alguns meses. Dentro desse quadro, a sociedade não dispõe, no momento, de recursos financeiros suficientes para pagar seus fornecedores em dia. O soerguimento é lento e, por isso, é indispensável a adoção de soluções alternativas e prazos diferenciados e mais longos, como única forma de evitar-se uma indesejável falência.

Elabore a peça adequada e considere que a Comarca de Petrolina/PE tem cinco varas cíveis, todas com competência para processar e julgar ações de natureza empresarial.

22.8. **Modelo da peça**

Excelentíssimo Senhor Doutor Juiz de Direito da... Vara de Cível da Comarca de Petrolina, do Estado de Pernambuco

(deixar espaço de 5 linhas)

Cimbres Produtora e Exportadora de Frutas Ltda., sociedade empresária, com CNPJ sob o n. ..., neste ato se fazendo presente por seu administrador. Afrânio Abreu e Lima, pelo seu advogado, ao final assinado, com mandato em anexo, vem, respeitosamente, à presença de Vossa Excelência, propor a presente AÇÃO DE RECUPERAÇÃO JUDICIAL, com fundamento nos arts. 48 e 51 da Lei n. 11.101/2005, pelos fundamentos de fato e de direito a seguir:

DOS FATOS

Cimbres Produtora e Exportadora de Frutas Ltda. aprovou em assembleia de sócios específica, por unanimidade, a propositura de medida judicial para evitar a decretação de sua falência, diante do gravíssimo quadro de crise de sua empresa. O sócio controlador João Alfredo, titular de 80% do capital social, instruiu o administrador Afrânio Abreu e Lima a contratar os serviços profissionais de um advogado.

A sociedade, constituída regularmente em 1976, tem sede em Petrolina/PE e uma única filial em Pilão Arcado/BA, local de atividade inexpressiva em comparação com a empresa desenvolvida no lugar da sede.

O objeto social é o cultivo de frutas tropicais em áreas irrigadas, o comércio atacadista de frutas para distribuição no mercado interno e a exportação para a Europa de dois terços da produção. Embora a sociedade passe atualmente por crise de liquidez, com vários títulos protestados no cartório de Petrolina, nunca teve necessidade de impetrar medida preventiva à falência. O sócio João Alfredo e os administradores nunca sofreram condenação criminal.

Na reunião profissional com o advogado para coleta de informações necessárias à propositura da ação, Afrânio informou que a crise econômica mundial atingiu duramente os países europeus da Zona do Euro, seu principal e quase exclusivo mercado consumidor. As quedas sucessivas no volume de exportação, expressiva volatilidade do câmbio nos últimos meses, dificuldades de importação de matérias-primas, limitação de crédito e, principalmente, a necessidade de dispensa de empregados e encargos trabalhistas levaram a uma forte retração nas vendas, refletindo gravemente sobre liquidez e receita.

Assim, a sociedade se viu, com o passar dos meses da crise mundial, em delicada posição, não lhe restando outra opção senão a de requerer, judicialmente, uma medida para viabilizar a superação desse estado de crise, vez que vislumbra maneiras de preservar a empresa e sua função social com a conquista de novos mercados no país e na América do Norte.

A sociedade empresária, nos últimos três anos, como demonstra o relatório de fluxo de caixa e os balancetes trimestrais, foi obrigada a uma completa reestruturação na sua produção, adquirindo equipamentos mais modernos e insumos para o combate de pragas que também atingiram as lavouras. Referidos investimentos não tiveram o retorno esperado, em razão da alta dos juros dos novos empréstimos, o que assolou a economia pátria, refletindo no custo de captação.

Para satisfazer suas obrigações com salários, tributos e fornecedores, não restaram alternativas senão novos empréstimos em instituições financeiras, que lhe cobraram taxas de juros altíssimas, devido ao maior risco de inadimplemento, gerando uma falta de capital de giro em alguns meses. Dentro desse quadro, a sociedade não dispõe, no momento, de recursos financeiros suficientes para pagar seus fornecedores em dia. O soerguimento é lento e, por isso, é indispensável a adoção de soluções alternativas e prazos diferenciados e mais longos, como única forma de evitar-se uma indesejável falência.

DO DIREITO

A presente medida judicial tem, por fundamento, o art. 48 da Lei n. 11.101/2005, que prevê a possibilidade de ser viável a recuperação judicial quando cumulativamente: a) o devedor for empresário registrado há mais de dois anos; b) não ser falido e, se o foi, estejam declaradas extintas, por sentença transitada em julgado, as responsabilidades daí decorrentes; c) não ter, há menos de cinco anos, obtido concessão de recuperação judicial, ou mesmo concessão de recuperação judicial com base no plano especial para microempresa e empresa de pequeno porte; e d) não ter sido condenado ou não ter, como administrador ou sócio controlador, pessoa condenada por qualquer dos crimes falimentares.

É imprescindível notar que o devedor é uma sociedade empresária regularmente constituída desde 1976, nunca tendo sido decretada falida, nem tendo feito uso anterior de outro procedimento de recuperação de empresas. Frise-se por oportuno que nem João Alfredo e nem Antônio Abreu e Lima tem condenação por crime falimentar. Ademais, deve-se perceber, à luz do art. 1.071, VIII c/c o art. 1.076 do Código Civil, a ocorrência de assembleia de sócios aprovando o presente pedido.

Trata o caso concreto de um devedor que se encontra em crise econômico-financeira superável. Desse modo, por imperativos relacionados ao princípio da preservação da empresa, torna-se necessário o deferimento do presente feito.

DO PEDIDO

Diante do exposto, é a presente medida judicial para requerer:

a) o deferimento do processamento do presente pedido de recuperação judicial;

b) a nomeação do administrador judicial, observado o disposto no art. 21 da Lei n. 11.101/2005;

c) a determinação de dispensa da apresentação de certidões negativas para que o autor exerça suas atividades, nos termos do art. 52, II, e da suspensão de todas as ações e execuções contra o devedor, nos termos do art. 52, III, ambos da Lei n. 11.101/2005;

d) a intimação do ilustre membro do Ministério Público;

e) a publicação na imprensa oficial de edital contendo o resumo da decisão que deferiu o processamento do pedido, dando ciência aos credores e advertindo-os do prazo para habilitação de créditos e para apresentarem objeção de credores, nos termos do art. 52, § 1.º, da Lei n. 11.101/2005;

f) a convocação da Assembleia de Credores para a aprovação do plano a ser apresentado, no prazo de 60 dias contados do deferimento;

g) a concessão do plano aprovado pela Assembleia de Credores, convocada no prazo de 150 dias, contados do deferimento da recuperação judicial;

h) que as intimações posteriores do presente feito sejam feitas no seguinte endereço... (art. 106, I, do CPC);

i) a juntada dos documentos previstos no art. 51 da Lei n. 11.101/2005, em anexo, e da ata de assembleia de sócios que aprovou o presente pedido.

Dá-se à causa o valor de R$... .

Nestes termos.
Pede deferimento.
Local. Data.
Advogado, OAB n. ...

Rol de documentos de acordo com o art. 51 da Lei n. 11.101/2005: [copiar inciso por inciso]

23. AÇÕES RELATIVAS AO PROCEDIMENTO DE VERIFICAÇÃO E HABILITAÇÃO DE CRÉDITOS

23.1. Apresentação

O procedimento de verificação e de habilitação de créditos se encontra regulamentado na Lei n. 11.101/2005, entre os arts. 7º e 20. Trata-se de *procedimento idêntico* tanto em sede de recuperação judicial quanto em sede de falências. A única diferença que há, em verdade, diz respeito às finalidades: enquanto na **recuperação judicial** o procedimento de habilitação e de verificação de créditos serve, apenas, para garantir o direito de voto em assembleia, **na falência**, além deste objetivo, tal procedimento é necessário para assegurar ao credor o direito de ver o seu crédito pago pelo processo de falência, inserindo-o nele.

Em resumo, o administrador judicial será nomeado pela sentença que decretar a falência ou pela decisão que deferir o processamento da recuperação judicial. A sentença declaratória de falência (art. 99), dentre outros assuntos, determinará que o devedor apresente a sua lista de credores, providência exigida para que a petição inicial (art. 51) da ação de recuperação judicial seja deferida (art. 52).

De posse de tal lista, o administrador judicial, tendo acesso à contabilidade empresarial do falido (ou do recuperando), será o responsável por conduzir o procedimento de verificação e de habilitação de crédito. Vale dizer, o procedimento de verificação e de habilitação de créditos é realizado pelo administrador judicial.

Tudo começa com a publicação, sob a forma de edital, da relação de credores. Dessa primeira publicação, os credores terão o prazo de 15 dias para apresentar ao administrador judicial suas habilitações (nos termos do art. 9º) ou suas divergências quanto aos créditos relacionados. É válido mencionar que tanto a habilitação quanto a manifestação de divergência, realizadas no prazo legal mencionado, serão realizadas nos próprios autos da falência (ou da recuperação judicial), mediante simples petição, não havendo, sequer, necessidade de advogado para elaborá-la.

Habilitação fará o credor que constar na citada relação e que concordar tanto com o valor quanto com a classificação de seu crédito. Por sua vez, manifestação de divergência fará o credor que verificar alguma inconsistência no primeiro edital de credores, tendo o objetivo de: (i) incluir crédito próprio; (ii) alterar crédito próprio ou de terceiro; ou (iii) excluir crédito de terceiro.

Apesar do prazo aludido, não há impedimento a que as habilitações sejam realizadas de maneira extemporânea. É nesse contexto que se poderá falar em duas ações judiciais relacionadas ao procedimento de verificação e de habilitação de créditos, em processos de falência ou recuperação judicial: a ação de habilitação retardatária de crédito (art. 10, § 5º) – promovida após passados os 15 dias contados da publicação do 1º Edital de Credores, e a ação de retificação do QGC (art. 10, § 6º) – promovida após a homologação do Quadro Geral de Credores.

Passados os 15 dias contados da publicação do 1º Edital de Credores, conta-se um novo prazo, agora de 45 dias, após o qual o administrador fará publicar o 2º Edital de Credores, devendo indicar o local, o horário e o prazo comum em que o Comitê, qualquer credor, o devedor ou seus sócios ou o Ministério Público terão acesso aos documentos que fundamentaram a elaboração dessa relação. Tais pessoas serão os legitimados para a ação de impugnação de créditos (art. 8º), que deve ser promovida, sob pena de preclusão, no prazo de dez dias, contados da publicação do 2º Edital de Credores.

Com o julgamento de todas as ações de impugnação, o administrador judicial consolidará o quadro geral de credores, que será homologado pelo juiz. O quadro geral de credores, por sua vez, poderá sofrer alterações por intermédio da Ação Rescisória de Crédito (art. 19), além da ação de retificação do QGC anteriormente mencionada.

23.2. **Características e requisitos**

Trata-se de ações que serão **distribuídas por dependência** ao processo de falência ou de recuperação judicial. A habilitação retardatária traz algumas consequências aos credores (art. 10). São elas:

a) Na **recuperação judicial**, os titulares de créditos retardatários, excetuados os titulares de créditos derivados da relação de trabalho, não terão direito a voto nas deliberações da assembleia geral de credores. Tal perda do direito de voto também ocorrerá na falência, salvo se, na data da realização da assembleia geral, já houver sido homologado o quadro geral de credores contendo o crédito retardatário (§§ 1º e 2º, art. 10).

b) Na **falência**, os créditos retardatários perderão o direito a rateios eventualmente realizados e ficarão sujeitos ao pagamento de custas, não se computando os acessórios compreendidos entre o término do prazo e a data do pedido de habilitação. Neste caso, o credor poderá requerer a reserva de valor para satisfação de seu crédito (§§ 3º e 4º, art. 10).

Apesar de terem o mesmo objetivo, qual seja, o de realizar a habilitação de determinado crédito, após o prazo legal de habilitação, definido no art. 7º, § 1º, da Lei n. 11.101/2005, são medidas judiciais diferentes e que, portanto, devem ser tratadas em apartado.

23.2.1. Ação de habilitação retardatária e ação de impugnação de crédito

A **ação de habilitação retardatária de crédito** será promovida pelo credor que perder o prazo de 15 dias contados da publicação do 1º edital de credores, nos termos do art. 52, § 1º, ou do art. 99, parágrafo único, a depender de o processo principal ser, respectivamente, o da recuperação judicial ou o da falência.

As habilitações de crédito retardatárias, se apresentadas antes da homologação do quadro geral de credores, serão recebidas como impugnação e processadas na forma dos arts. 13 a 15 da Lei n. 11.101/2005, é o que diz o § 5º do art. 10. Os arts. 13 a 15 determinam o procedimento relativo à **ação de impugnação de crédito**.

Em resumo, deve ser feita **petição cujo pedido é o de intimar o credor para contestar a impugnação em cinco dias, juntando os documentos e indicando outras provas que repute necessárias**. Transcorrido tal prazo, o devedor e o Comitê, se houver, serão intimados para se manifestar sobre a impugnação no prazo comum de cinco dias. Após, o administrador será intimado, também no prazo de cinco dias, para emitir parecer sobre a possibilidade de o crédito ser inserido no Quadro Geral de Credores.

É importante, sempre, ressaltar que a **ação de impugnação** pode ser manejada tanto para incluir um crédito que não conste da publicação do 2º Edital de Credores, que deve ser publicado em até 45 dias contados do fim do prazo legal de habilitação, quanto para alterar um crédito mencionado equivocadamente quanto ao valor ou classificação ou para excluir um crédito indevido.

Note-se, ainda, que quando a impugnação for para incluir crédito, ou mesmo em face de habilitação retardatária, não se há de falar em intimação do credor. É oportuno esclarecer as diferenças entre a **ação de habilitação retardatária de crédito** e a **ação de impugnação de crédito**, visando incluir crédito:

Ação de habilitação retardatária	Ação de impugnação
a) pode ser promovida, a partir da perda do prazo legal de habilitação, que é de 15 dias, contados da publicação do 1º Edital de Credores;	a) pode ser promovida, no prazo de dez dias, contado da publicação do 2º Edital de Credores, que deve ser realizada 45 dias depois do prazo de 15 dias, contados do 1º Edital de Credores;
b) irá promover o credor que consta no edital de credores, concordando com o valor e classificação previstos, mas que perdeu o prazo de habilitação.	b) irá promover o credor que não consta no edital de credores, mas que tem prova da existência, legitimidade, importância e classificação do crédito.

Apesar de tais diferenças, a banca examinadora da FGV entende haver uma certa fungibilidade entre a habilitação de crédito retardatária e a impugnação de crédito visando incluí-lo no QGC. Com efeito, para a banca examinadora da FGV, no período de dez dias após a publicação do 2º Edital, poder-se-ia falar tanto em ação de habilitação retardatária de crédito quanto em ação de impugnação de crédito que, aliás, têm o mesmo procedimento.

23.2.2. Ação de retificação do QGC

A **ação de retificação do QGC** será promovida, como se percebe, após a homologação do Quadro Geral de Credores. O administrador judicial será responsável pela consolidação do quadro geral de credores, a ser homologado pelo juiz, com base na relação dos credores publicada sob a forma de edital (o 2º Edital de Credores), e nas decisões proferidas nas impugnações oferecidas (art. 18, *caput*).

O quadro geral, assinado pelo juiz e pelo administrador judicial, mencionará a importância e a classificação de cada crédito na data do requerimento da recuperação judicial ou da decretação da falência, será juntado aos autos e publicado no órgão oficial, no prazo de cinco dias, contado da data da sentença que houver julgado as impugnações (art. 18, parágrafo único).

Após a homologação do quadro geral de credores, aqueles que não habilitaram seu crédito poderão, observado, no que couber, o procedimento comum previsto no Código de Processo Civil, requerer ao juízo da falência ou da recuperação judicial a retificação do quadro geral para inclusão do respectivo crédito (art. 10, § 6º).

23.2.3. Ação rescisória de crédito

A **ação rescisória de crédito** também será promovida após a homologação do Quadro Geral de Credores, com o objetivo de alterar ou excluir créditos. É importante perceber a diferença desta ação para a ação de impugnação de crédito, que visa alterar ou excluir créditos. Esta ação será promovida após o 2º Edital de Credores e inexiste na lei condição para o seu ajuizamento. A ação rescisória de crédito, por sua vez, só poderá ser ajuizada nos termos do art. 19.

O administrador judicial, o Comitê, qualquer credor ou o representante do Ministério Público poderá, até o encerramento da recuperação judicial ou da falência, observado, no que couber, o procedimento comum previsto no Código de Processo Civil, pedir a exclusão, outra classificação ou a retificação de qualquer crédito, nos casos de descoberta de falsidade, dolo, simulação, fraude, erro essencial ou, ainda, documentos ignorados na época do julgamento do crédito ou da inclusão no quadro geral de credores (art. 19, *caput*).

No que tange ao administrador judicial, é oportuno considerar que ele não é parte em nenhuma das ações judiciais previstas na Lei n. 11.101/2005. Na verdade, trata-se a massa falida da parte legitimada para tais ações, cabendo ao administrador judicial representá-la, nos termos do art. 22, III, *n*, da Lei n. 11.101/2005 e do art. 75, V, do CPC. O legislador menciona o administrador judicial, haja vista a massa falida ser um ente despersonalizado. Assim, não só nesta hipótese, mas em qualquer medida judicial cuja lei indicar o administrador judicial como "legitimado", deve-se entender pela legitimidade da massa falida. A única exceção que deve ser feita e que, portanto, haverá legitimidade do administrador judicial é a sua ação de prestação de contas, prevista no art. 154 da Lei n. 11.101/2005.

A ação rescisória de crédito será proposta exclusivamente perante o juízo da recuperação judicial ou da falência ou, nas hipóteses de ação que demandar quantia ilíquida ou ação para discutir créditos derivados de relação de trabalho, perante o juízo que tenha originariamente reconhecido o crédito (art. 19, § 1º). Proposta tal ação, o pagamento ao titular do crédito por ela atingido somente poderá ser realizado mediante a prestação de caução no mesmo valor do crédito questionado (art. 19, § 2º).

23.3. Como identificar a peça

Em todos os casos, retratar-se-á a falência de determinado devedor empresário. Nos casos relativos à **ação de habilitação retardatária** e à **ação de retificação do QGC**, o credor que será a pessoa a favor da qual se promoverá a ação terá o objetivo de realizar a habilitação de seu crédito, diferenciando-se pelo fato de que, enquanto na **habilitação retardatária** ainda não houve a homologação do QGC, na **ação de retificação** o QGC já foi definido e se pretende alterá-lo para inclusão de crédito que não foi habilitado anteriormente.

Na **ação de impugnação**, há de se fazer a diferença:

a) para incluir crédito próprio – o crédito não consta do 2º Edital de Credores, mas há provas de sua existência, quantidade e classificação;
b) para alterar crédito próprio ou de terceiro – o crédito consta do 2º Edital de Credores, mas há algum equívoco quanto ao seu valor ou à sua classificação; e
c) para excluir crédito de terceiro – o crédito consta do 2º Edital de Credores, mas se trata de crédito indevido, ilegítimo.

É importante considerar que a FGV entende pela **fungibilidade** entre a **ação de habilitação retardatária de crédito** e a **ação de impugnação de crédito**, quando esta tem o objetivo de incluir crédito próprio. Tal fungibilidade ocorreria no prazo previsto no **art. 8º** da Lei n. 11.101/2005. Neste prazo, tais ações terão os mesmos objetivos, as mesmas finalidades, além de se submeterem ao mesmo procedimento.

Por final, no caso da **ação rescisória de crédito**, já houve a homologação do Quadro Geral de Credores e um credor ou mesmo o administrador judicial perceberá a existência de falsidade, dolo, simulação, fraude, erro essencial ou, ainda, documentos ignorados na época do julgamento do crédito ou da inclusão no QGC.

23.4. Competência

Regra geral, a competência para o processamento e julgamento das presentes ações será do juízo da falência ou da recuperação, sendo certo que são ações que serão distribuídas por dependência.

Há, porém, *duas situações* cuja competência escapa ao juízo da falência ou da recuperação judicial. Tratando-se de crédito decorrente da legislação do trabalho, a competência será da Vara do Trabalho; caso o crédito decorra de ação que demande quantia ilíquida, a competência será da Vara Cível.

23.5. Fundamentos mais comuns

O fundamento para as ações de habilitação retardatária e de retificação do QGC estão no art. 10 da Lei n. 11.101/2005. De maneira específica, **a ação de habilitação de crédito retardatária** se encontra no § 5º e **a ação de retificação do QGC**, no § 6º do art. 10. Trata-se, repise-se, de medidas judiciais que visam inserir no Quadro Geral de Credores determinado crédito que consta nos Editais de Credores publicados para a verificação de créditos.

A **ação de impugnação de crédito** tem seu fundamento jurídico no art. 8º, constituindo-se, como visto, em medida judicial que visa, a depender do caso concreto, a incluir, excluir ou alterar crédito. Já a **ação rescisória de crédito** vai ser promovida para excluir ou alterar crédito, nas hipóteses de falsidade, dolo, simulação, fraude, erro essencial ou, ainda, documentos ignorados na época do julgamento do crédito ou da inclusão no QGC.

23.6. Estrutura da peça

1. **Endereçamento:** Excelentíssimo Senhor Doutor Juiz de Direito da... Vara de Falências e Recuperação de Empresas da Comarca de... do Estado de... (regra geral, o mesmo juízo que decretou a falência do empresário).

   Indicação de que deve ser distribuída por dependência antes da identificação e qualificação das partes:

   Distribuição por dependência ao processo n. ... .
2. **Identificação das partes:**

2.1. **Ação de habilitação retardatária de crédito**– autor: o credor; réu: não há.

2.2. **Ação de retificação do QGC** – autor: o credor; réu: a massa falida.

2.3. **Ação de impugnação de crédito** – autor: o credor, o devedor ou os sócios deste; réu: o credor do crédito impugnado (regra geral, quando o crédito objeto da ação for do autor, não haverá réu).

2.4. **Ação rescisória de crédito** – autor: o credor ou a massa falida, representada pelo administrador judicial; réu: credor do crédito a rescindir.

Qualificação de pessoa física: Fulano de tal, nacionalidade..., estado civil..., profissão..., portador do RG n. ..., e do CPF n. ..., residente e domiciliado na... .

Qualificação de pessoa jurídica: nome empresarial, pessoa jurídica de direito privado, inscrita no CNPJ n. ..., estabelecida na..., neste ato se fazendo presente por seu administrador (diretor, caso se trate de sociedade anônima) ... (pode fazer a qualificação de "pessoa física").

3. **Representação judicial:** advogado assinado ao final, com mandato em anexo.
4. **Nome da ação e fundamento legal:** ação de habilitação retardatária de crédito, com fundamento no art. 10, § 5º; ação de retificação do QGC, com fundamento no art. 10, § 6º; ação de impugnação de crédito, com fundamento no art. 8º; ação rescisória de crédito, com fundamento no art. 19. Todos os dispositivos são da Lei n. 11.101/2005.
5. **Narrativa dos fatos ("Dos Fatos"):** exposição dos fatos previstos na situação hipotética da questão. Não inventar outros fatos nem trazer detalhes

ausentes no problema. Deve-se, portanto, literalmente, copiar, de maneira integral, a questão, conforme apresentada, sendo certo que a utilização de qualquer mecanismo de identificação anulará a peça, atribuindo-se nota ZERO.

6. **Fundamentação ("Do Direito"):** vale a pena ressaltar que a mera transcrição dos artigos não pontua. É a parte da peça em que deverão ser apresentados os dispositivos legais que asseguram o direito do cliente para o que se estará elaborando a peça processual. Nessa linha, em razão das várias possibilidades de fundamentação, sugere-se a releitura do presente capítulo.

7. **Pedidos ("Dos Pedidos"):**

7.1. **Ação de habilitação retardatária de créditos (ou ação de retificação do QGC)**

a) A reserva de valor para a satisfação do crédito do autor (art. 10, § 4º); b) o deferimento da habilitação de crédito pretendida, no valor atualizado na data da decretação da falência, em conformidade com a memória de cálculo em anexo; c) a comunicação de qualquer ato do processo deve ser feita no seguinte endereço... (art. 9º, I, da Lei n. 11.101/2005); d) a produção de todas as provas em Direito admitidas, especialmente pela juntada dos documentos comprobatórios do crédito.

7.2. **Ação de impugnação de crédito**

a) A intimação do credor para, querendo, contestar a ação, no prazo de cinco dias, sob pena de revelia (quando for para incluir crédito, não se faz tal pedido); b) a intimação do devedor e do Comitê, se houver, para se manifestarem no prazo comum de cinco dias, contados do prazo de contestação; c) a intimação do administrador judicial para emitir parecer, no prazo de cinco dias, contados do prazo de manifestação do devedor e do Comitê, se houver; d) a procedência do pedido em todos os seus termos no sentido de determinar a inclusão, a alteração ou a exclusão (a depender do caso concreto) do crédito impugnado; e) a condenação aos ônus da sucumbência, nos termos do art. 85 do CPC (quando for para incluir crédito, não se faz tal pedido); f) a comunicação de qualquer ato do processo deve ser feita no seguinte endereço... (art. 9º, I, da Lei n. 11.101/2005); g) a produção de todas as provas em Direito admitidas, especialmente pela juntada dos documentos comprobatórios do crédito.

7.3. **Ação rescisória de crédito**

a) A citação do credor rescindendo para, querendo, contestar a ação, no prazo de 15 dias, sob pena de revelia; b) a procedência do pedido em todos os seus termos no sentido de determinar a exclusão, outra classificação ou retificação do crédito desafiado (a depender do caso concreto), em vista da... (apresentação do motivo para a rescisão, nos termos do art. 19 da Lei n. 11.101/2005); c) a condenação aos ônus da sucumbência, nos termos do art. 20 do CPC; d) que as intimações posteriores do presente feito sejam feitas no seguinte endereço... (art. 39, I, do CPC); e) a produção de todas as provas em Direito admitidas, especialmente por... (o pedido genérico de provas não pontua).

8. **Valor da causa:** Dá-se à causa o valor de R$... [o valor do crédito, objeto do procedimento] (art. 291 do CPC. A toda causa será atribuído um valor certo, ainda que não tenha conteúdo econômico imediatamente aferível).
9. **Fechamento da peça:** local, data. Advogado, OAB [não inventar dados].

23.7. Questões da peça profissional

1. (III Exame) J. P., estofador, empresário individual domiciliado na Cidade do Rio de Janeiro, é credor, por uma duplicata de prestação de serviços, devidamente aceita, no valor de R$ 10.000,00, vencida e não paga, da sociedade Móveis Paraíso Ltda., relativamente a serviços de estofamento realizados. A falência da devedora foi decretada em 11-2-2009 pelo juízo da 3ª Vara Empresarial da Comarca da Capital do Estado do Rio de Janeiro. Pouco mais de um ano após a decretação da quebra, dito credor procurou-o(a), como advogado(a), para promover sua habilitação na falência da aludida sociedade empresária, considerando não ter sido observado o prazo estipulado no § 1º do art. 7º da Lei n. 11.101/2005.

Com base somente nas informações de que dispõe e nas que podem ser inferidas pelo caso concreto acima, **elabore a petição adequada a atender à pretensão de seu cliente**.

2. (VIII Exame) Em 29-1-2010, ABC Barraca de Areia Ltda. ajuizou sua recuperação judicial, distribuída à 1ª Vara Empresarial da Comarca da Capital do Estado do Rio de Janeiro.

Em 3-2-2010, quarta-feira, foi publicada no Diário de Justiça Eletrônico do Rio de Janeiro ("DJE-RJ") a decisão do juiz que deferiu o processamento da recuperação judicial e, dentre outras providências, nomeou o economista João como administrador judicial da sociedade.

Decorridos 15 dias, alguns credores apresentaram a João as informações que entenderam corretas acerca da classificação e do valor de seus créditos.

Foi publicado, 45 dias depois, no DJE-RJ e num jornal de grande circulação, novo edital, contendo a relação dos credores elaborada por João.

No dia 20-4-2010, você é procurado pelos representantes de XYZ Cadeiras Ltda., os quais lhe apresentam um contrato de compra e venda firmado com ABC Barraca de Areia Ltda., datado de 4-12-2009, pelo qual aquela forneceu a esta 1.000 cadeiras, pelo preço de R$ 100.000,00, que deveria ter sido pago em 28-1-2010, mas não o foi.

Diligente, você verifica no edital mais recente que, da relação de credores, não consta o credor XYZ Cadeiras Ltda.

E, examinando os autos em cartório, constata que o quadro geral de credores ainda não foi homologado pelo juiz.

Na qualidade de advogado de XYZ Cadeiras Ltda., elabore a peça adequada para regularizar a cobrança do crédito desta sociedade.

23.8. Modelos das peças

1. (III Exame)

Excelentíssimo Senhor Doutor Juiz de Direito da 3.ª Vara Empresarial da Comarca da Capital do Rio de Janeiro

(deixar espaço de 5 linhas)

Distribuição por dependência ao Processo n. ...

J. P., estofador, nacionalidade..., estado civil..., empresário individual, domiciliado na cidade do Rio de Janeiro, pelo seu advogado, ao final assinado, com mandato em anexo, vem, respeitosamente, à presença de Vossa Excelência, propor a presente Ação de Habilitação Retardatária de Crédito, com fundamento no art. 10, § 5.º, da Lei n. 11.101/2005, pelos fundamentos de fato e de direito a seguir:

DOS FATOS

J. P., estofador, empresário individual domiciliado na Cidade do Rio de Janeiro, é credor, por uma duplicata de prestação de serviços, devidamente aceita, no valor de R$ 10.000,00, vencida e não paga, da sociedade Móveis Paraíso Ltda., relativamente a serviços de estofamento realizados. A falência da devedora foi decretada em 11-2-2009 pelo juízo da 3.ª Vara Empresarial da Comarca da Capital do Estado do Rio de Janeiro. Pouco mais de um ano após a decretação da quebra, dito credor objetiva promover sua habilitação na falência da aludida sociedade empresária, considerando não ter sido observado o prazo estipulado no § 1.º do art. 7.º da Lei n. 11.101/2005.

DO DIREITO

A presente medida judicial tem por fundamento o art. 10, "caput", da Lei n. 11.101/2005, que prevê a possibilidade de ser realizada habilitação de crédito, mesmo após expirado o prazo de habilitação de crédito, que é de 15 dias, contados da publicação do edital de credores previsto no art. 7.º, § 1.º, da mesma lei.

As habilitações de crédito retardatárias, se apresentadas antes da homologação do quadro geral de credores, serão recebidas como impugnação e processadas na forma dos arts. 13 a 15 da Lei n. 11.101/2005; é o que diz o § 5.º do art. 10.

Trata-se de duplicata de prestação de serviços, devidamente aceita, no valor de R$ 10.000,00, vencida. Referido crédito deve ser habilitado na condição de crédito quirografário. A habilitação do crédito deve ser atualizada até a data da decretação da falência, conforme memória de cálculo anexa.

É importante ressaltar, ainda, que, em vista de se tratar de habilitação retardatária, faz-se necessária a reserva de valor para a satisfação de crédito denominada "reserva de quota", para evitar a perda, pelo credor, do direito a rateios que eventualmente se realizem, até o julgamento final da habilitação.

DO PEDIDO

Diante do exposto, é a presente medida judicial para requerer:

a) A reserva de valor para a satisfação do crédito do autor (art. 10, § 4.º).

b) O deferimento da habilitação de crédito pretendida, no valor atualizado na data da decretação da falência, em conformidade com a memória de cálculo em anexo.

c) A comunicação de qualquer ato do processo deve ser feita no seguinte endereço... (art. 9.º, I, Lei n. 11.101/2005).

d) A produção de todas as provas em Direito admitidas, especialmente pela juntada dos documentos comprobatórios do crédito.

Dá-se à causa o valor de R$ 10.000,00.

Nestes termos.
Pede deferimento.
Local. Data.
Advogado, OAB n. ...

2. (VIII Exame)

Excelentíssimo Senhor Doutor Juiz de Direito da 1.ª Vara Empresarial da Comarca da Capital do Estado do Rio de Janeiro

(deixar espaço de 5 linhas)

Distribuição por dependência ao Processo n. ...

XYZ Cadeiras Ltda., pessoa jurídica de direito privado, inscrita no CNPJ sob o n. ..., com sede estabelecida na..., neste ato se fazendo presente por seu administrador..., pelo seu advogado, ao final assinado, com mandato em anexo, vem, respeitosamente, à presença de Vossa Excelência, propor a presente Ação de Habilitação Retardatária de Crédito, com fundamento no art. 10, § 5.º, da Lei n. 11.101/2005, pelos fundamentos de fato e de direito a seguir:

DOS FATOS

Em 29-1-2010, ABC Barraca de Areia Ltda. ajuizou sua recuperação judicial, distribuída à 1.ª Vara Empresarial da Comarca da Capital do Estado do Rio de Janeiro.

Em 3-2-2010, quarta-feira, foi publicada no Diário de Justiça Eletrônico do Rio de Janeiro ("DJE-RJ") a decisão do juiz que deferiu o processamento da recuperação judicial e, dentre outras providências, nomeou o economista João como administrador judicial da sociedade.

Decorridos 15 dias, alguns credores apresentaram a João as informações que entenderam corretas acerca da classificação e do valor de seus créditos.

Quarenta e cinco dias depois, foi publicado, no DJE-RJ e num jornal de grande circulação novo edital, contendo a relação dos credores elaborada por João.

No dia 20-4-2010, os representantes de XYZ Cadeiras Ltda. procuram este escritório de advocacia e apresentam um contrato de compra e venda firmado com ABC Barraca de Areia Ltda., datado de 4-12-2009, pelo qual aquela forneceu a esta 1.000 cadeiras, pelo preço de R$ 100.000,00, que deveria ter sido pago em 28-1-2010, mas não o foi.

Verificando-se no edital mais recente que, da relação de credores, não consta o autor. E, examinando os autos em cartório, constata-se que o quadro geral de credores ainda não foi homologado pelo juiz.

DO DIREITO

Trata-se o presente caso de uma habilitação retardatária de crédito, na forma do art. 10, § 5.º, da Lei n. 11.101/2005, uma vez que já foi exaurido o prazo previsto no art. 7.º, § 1.º, da mesma lei, ou seja, já se passaram mais de 15 dias da publicação do edital, não tendo sido ainda o quadro geral de credores homologado pelo juízo.

Não se pode deixar de notar que XYZ Cadeiras Ltda. é, nos termos do art. 9.º, II, da Lei n. 11.101/2005, credor, em razão de um contrato de compra e venda, cujo crédito é considerado quirografário.

DOS PEDIDOS

Diante do exposto, é a presente medida judicial para requerer:

a) O deferimento da habilitação de crédito pretendida, com a inclusão do crédito no valor atualizado, em conformidade com a memória de cálculo em anexo.

b) A comunicação de qualquer ato do processo deve ser feita no seguinte endereço... (art. 9.º, I, da Lei n. 11.101/2005).

c) A produção de todas as provas em Direito admitidas, especialmente pela juntada dos documentos comprobatórios do crédito, da planilha de cálculos com o valor atualizado, e tudo o mais que se fizer necessário.

Dá-se à causa o valor de R$ 100.000,00.

Nestes termos.
Pede deferimento.
Local. Data.
Advogado, OAB n. ...

23.9. O incidente de classificação do crédito público

Sabe-se que os créditos tributários não são pagos através do plano de recuperação judicial, ou mesmo extrajudicial. Porém, são inseridos no Quadro Geral de Credores para serem pagos no processo de falência. Ponto de bastante divagação, na doutrina e na prática falimentar, é justamente a forma de inserção do crédito tributário no QGC.

Com o advento da Reforma da Lei de Falências proporcionada pela Lei n. 14.122/2020, foi inserido o art. 7º-A, que determina a possibilidade de instauração do incidente de classificação do crédito público em favor da Fazenda Pública credora. Para ser considerada credora, precisa alegar, no prazo de 15 dias após a intimação da sentença declaratória de falência, possuir crédito contra o falido. Tais créditos devem estar devidamente constituídos. Os créditos não definitivamente constituídos, não inscritos em dívida ativa ou com exigibilidade suspensa poderão ser informados em momento posterior.

Finalizado o prazo de 15 dias mencionado anteriormente, o falido, os demais credores e o administrador judicial disporão de prazo de 15 dias para apresentarem objeções sobre os cálculos e a classificação. Após, a Fazenda Pública será intimada para, em 10 dias, prestar eventuais esclarecimentos.

Os créditos serão objeto de reserva integral até o julgamento definitivo quando rejeitados os argumentos apresentados pela Fazenda Pública. Os créditos incontroversos, desde que exigíveis, serão imediatamente incluídos no quadro-geral de credores, observada a sua aplicação. Antes de homologar o QGC, o juiz concederá prazo comum de 10 dias para que o Fisco e o administrador judicial se manifestem sobre a situação atual do crédito.

Cabe ao juízo falimentar a decisão sobre os cálculos e a classificação dos créditos para os fins da Lei n. 11.101/2005, bem como sobre a arrecadação dos bens, a realização dos ativos e o pagamento aos credores. Por sua vez, cabe ao juízo da execução fiscal a decisão sobre a existência, a exigibilidade e o valor do crédito, bem como sobre o eventual prosseguimento da cobrança contra os corresponsáveis.

O administrador judicial e o juízo falimentar deverão respeitar a presunção de certeza e liquidez do crédito tributário. As execuções fiscais permanecerão suspensas até o encerramento da falência, sem prejuízo da possibilidade de prosseguimento contra os corresponsáveis. A restituição e a compensação serão preservadas.

Caso a Fazenda Pública não apresente a lista completa de créditos inscritos em dívida ativa, o incidente será arquivado e a Fazenda Pública credora poderá requerer o seu desarquivamento. Este incidente será utilizado também em razão de FGTS e de Contribuições Previdenciárias. Por fim, cabe notar que, neste incidente, não haverá condenação em honorários de sucumbência.

24. AÇÃO DE RESTITUIÇÃO

24.1. Apresentação

Declarada a falência de certo empresário, dentre outras determinações, a sentença declaratória deve nomear o administrador judicial. Cabe a ele se dirigir ao juízo competente para, assinando, no prazo de 48 horas, o termo de compromisso, assumir, de fato e de direito, sua função.

Ato contínuo à assinatura do termo de compromisso, o administrador judicial efetuará a arrecadação dos bens e documentos e a avaliação dos bens, separadamente ou em bloco, no local em que se encontrem, requerendo ao juiz, para esses fins, as medidas necessárias.

É o que define o art. 108 da Lei n. 11.101/2005. É importante esclarecer que o administrador judicial arrecadará todos os bens que estiverem em poder do falido, seja de sua propriedade ou não, e todos os bens do falido que estejam em poder de terceiros, nos termos do art. 110, III e IV, da Lei n. 11.101/2005.

Para defender os interesses daquele que, não sendo o falido, teve bem ou direito seu arrecadado em processo de falência, a Lei n. 11.101/2005, entre os arts. 85 e 93, regulamenta o **pedido de restituição**.

24.2. Características e requisitos

Trata-se de uma **ação distribuída por dependência ao processo de falência**, autuando-se em separado. Assim, o pedido de restituição seguirá a estrutura-base da petição inicial. Há, porém, algumas diferenças. A primeira é o fato de que, nesta ação, **não há citação**, inobstante seja uma ação promovida perante a massa falida.

É imprescindível a **descrição da coisa reclamada**, objeto da restituição, e deverá ser fundamentado, nos termos do art. 87 da Lei n. 11.101/2005. É necessária tal descrição tendo em vista que, nos termos do art. 91 da mesma lei, o pedido de restituição suspende a disponibilidade da coisa até o trânsito em julgado. Na hipótese de procedência do pedido, o art. 92 determina que cabe ao autor ressarcir as despesas de conservação da coisa reclamada.

O juiz, ao receber o pedido inicial, mandará **intimar o falido, o Comitê, os credores e o administrador judicial**. Tais pessoas terão o prazo comum e sucessivo de cinco dias para se manifestarem sobre o pedido de restituição. Qualquer manifestação contrária à ação de restituição terá o efeito de contestação.

O art. 88, parágrafo único, da Lei n. 11.101/2005, por sua vez, prevê que, caso não haja contestação, a massa não será condenada ao pagamento de honorários advocatícios. A interpretação, *a contrario sensu*, deste dispositivo permite esclarecer que, somente se houver manifestação contrária, vale dizer, apenas na hipótese de existir contestação ao presente pedido, é que haverá condenação aos ônus da sucumbência. Ou seja, o pedido de condenação aos **ônus de sucumbência estará condicionado à apresentação de manifestação contrária ao presente pedido**.

O objeto da ação de restituição é a *coisa reclamada*. Porém, se a coisa não mais existir ao tempo do pedido de restituição, o requerente receberá o valor da avaliação do bem, ou, no caso de ter ocorrido sua venda, o respectivo preço, em ambos os casos no valor atualizado. É o que define o art. 86, I, da Lei n. 11.101/2005.

É importante destacar, ainda, nos termos do parágrafo único do art. 90 da Lei n. 11.101/2005, que caso o autor pretenda receber o bem ou a quantia reclamada antes do trânsito em julgado da sentença, ele deverá prestar caução. Caso seja procedente o pedido, o art. 88 determina que a coisa seja entregue no prazo de 48 horas. Porém, na hipótese de improcedência, cabe ao juiz determinar, se for o caso, a inclusão do requerente no quadro geral de credores, em conformidade com o art. 89.

Na redação original da Lei n. 11.101/2005, em sendo a restituição em dinheiro, o pagamento ocorreria após as antecipações de pagamento previstas nos arts. 150 e 151. Era o que dispunha o art. 86, parágrafo único, da Lei n. 11.101/2005. Porém, a Lei n. 14.122/2020 revogou o art. 86, parágrafo único, passando a ser considerado uma hipótese de crédito extraconcursal, na forma do art. 84, I-C, da Lei n. 11.101/2005. Aliás, as referidas antecipações também foram tornadas créditos extraconcursais, de acordo com o art. 84, I-A, da Lei n. 11.101/2005.

24.3. Como identificar a peça

O caso para a elaboração da peça prático-profissional descreverá uma situação em que houve a decretação da falência de determinado empresário ou sociedade empresária. Nesta situação, terceira pessoa terá algo de seu patrimônio arrecadado no processo de falência de outrem, havendo, portanto, a necessidade de se promover o pedido para ter tal coisa restituída.

Vale a pena, desde já, perceber a possibilidade de se promover embargos de terceiro, em face da situação mencionada. Frise-se, por oportuno, que a Lei n. 11.101/2005, nos arts. 85 e 86, apresenta as hipóteses em que se pleiteará a **ação de restituição**. Fora de tais casos, poderá o credor propor embargos de terceiro, nos termos do art. 93 da Lei de Falências.

24.4. Competência

A competência para o processamento e o julgamento da presente ação será do juízo que tiver decretado a falência. É o que prescreve o art. 87, § 1º, da Lei n. 11.101/2005. Trata-se de ação que deverá ser distribuída por dependência ao processo de falência. Assim, será imprescindível entre o endereçamento e o preâmbulo menção à distribuição por dependência ao processo de falência. Caso a questão não apresente o número do processo, deve-se fazer a menção nos seguintes termos:

Distribuição por dependência ao Processo n. ...

24.5. Fundamentos mais comuns

São hipóteses em que se pode manejar a ação de restituição:

a) o caso do proprietário de bem arrecadado no processo de falência ou que se encontre em poder do devedor na data da decretação da falência – art. 85, *caput*;

b) o caso da coisa vendida a crédito e entregue ao devedor nos 15 dias anteriores ao requerimento de sua falência, se ainda não alienada – art. 85, parágrafo único;

c) o caso da importância entregue ao devedor, em moeda corrente nacional, decorrente de adiantamento a contrato de câmbio para exportação – art. 86, II;

d) o caso dos valores entregues ao devedor pelo contratante de boa-fé na hipótese de revogação ou ineficácia do contrato, ou seja, diante de procedência da ação revocatória – art. 86, III;

e) o caso do dinheiro em poder do falido recebido de outrem ou por força de lei ou de contrato e do qual o falido não tenha disponibilidade – Súmula 417 do STF (tal entendimento não vale para o recebimento do saldo de conta bancária na falência de instituição financeira; nesta situação, a jurisprudência pacificada do STJ entende que o correntista deverá promover habilitação de crédito, haja vista a disponibilidade do banco);

f) o caso do credor ou proprietário fiduciário em que, na falência do devedor alienante terá o direito de pedir a restituição do bem alienado fiduciariamente – art. 7º do Decreto-lei n. 911/69; e

g) o caso da Fazenda Pública, relativamente a tributos passíveis de retenção na fonte, de descontos de terceiros ou de subrogação e a valores recebidos pelos agentes arrecadadores e não recolhidos aos cofres públicos – art. 86, IV (inserido pela Lei n. 14.122/2020).

Fora de tais hipóteses, se houver bem arrecadado em processo de falência, a medida judicial cabível são os embargos de terceiro (exemplo clássico: medida judicial para proteger a meação do cônjuge, arrecadada no processo de falência).

24.6. Estrutura da peça

1. **Endereçamento:** Excelentíssimo Senhor Doutor Juiz de Direito da... Vara de Falências e Recuperação de Empresas da Comarca de... do Estado de... (a mesma Vara que decretou a falência).

2. **Identificação das partes:** autor: o proprietário da coisa arrecadada em processo de falência de outrem; réu: a massa falida.

   Qualificação de pessoa física: Fulano de tal, nacionalidade..., estado civil..., profissão..., portador do RG n. ..., e do CPF n. ..., residente e domiciliado na... .

   Qualificação de pessoa jurídica: Nome empresarial, pessoa jurídica de direito privado, inscrita no CNPJ n. ..., estabelecida na..., neste ato se fazendo presente por seu administrador (diretor, caso se trate de sociedade anônima) ... (pode fazer a qualificação de "pessoa física").
3. **Representação judicial:** advogado assinado ao final, com mandato em anexo.
4. **Nome da ação e fundamento legal:** ação de restituição, com fundamento no... (verificar o fundamento legal do caso concreto).
5. **Narrativa dos fatos ("Dos Fatos"):** exposição dos fatos previstos na situação hipotética da questão. Não inventar outros fatos nem trazer detalhes ausentes no problema. Deve-se, portanto, literalmente, copiar, de maneira integral, a questão, conforme apresentada, sendo certo que a utilização de qualquer mecanismo de identificação anulará a peça, atribuindo-se nota ZERO.
6. **Fundamentação ("Do Direito"):** vale a pena ressaltar que a mera transcrição dos artigos não pontua. É a parte da peça em que deverão ser apresentados os dispositivos legais que asseguram o direito do cliente para o que se estará elaborando a peça processual. Nessa linha, em razão das várias possibilidades de fundamentação, sugere-se a releitura do presente capítulo.
7. **Tutela Provisória ("Da Tutela de Urgência"):** verificar, no caso apresentado, a possibilidade de se determinar a liberação do bem objeto de restituição, antes do trânsito em julgado.

   Se for o caso, será imprescindível abrir um tópico entre "Do Direito" e "Do Pedido" com o título "Da Tutela de Urgência". Cabe trazer explicação acerca do art. 300 do Código de Processo Civil, visando demonstrar a necessidade de antecipação dos efeitos da tutela pretendida. Especificamente, para o pedido de restituição, deve-se fazer menção e explicar, quando for o caso, o art. 90, parágrafo único, da Lei n. 11.101/2005.
8. **Pedidos ("Dos Pedidos"):** a) a antecipação dos efeitos da tutela com a sua posterior confirmação, por ocasião da sentença, no sentido de autorizar o autor a receber o bem objeto da presente ação, antes do trânsito em julgado (se for o caso); b) a intimação do falido, do Comitê, dos credores e do administrador judicial para, querendo, manifestarem-se sobre o presente feito, no prazo sucessivo de cinco dias, sob pena de revelia; c) a procedência do pedido em todos os seus termos, no sentido de determinar a entrega da coisa, no prazo de 48 horas, fixando multa diária ao réu em caso de atraso, nos termos do art. 537 do CPC; d) a condenação do réu aos ônus da

sucumbência, nos termos do art. 85 do CPC, caso haja manifestação contrária ao presente pedido; e) que as intimações posteriores do presente feito sejam feitas no seguinte endereço... (art. 106, I, do CPC); f) a produção de todas as provas em Direito admitidas, especialmente por... (o pedido genérico de provas não pontua).

9. **Valor da causa:** Dá-se à causa o valor de R$... [valor da coisa reclamada] (art. 291 do CPC. A toda causa será atribuído um valor certo, ainda que não tenha conteúdo econômico imediato).
10. **Fechamento da peça:** local, data. Advogado, OAB [não inventar dados].

24.7. Questão da peça profissional

(X Exame) Em 9-10-2011, Quilombo Comércio de Equipamentos Eletrônicos Ltda., com sede e principal estabelecimento em Abelardo Luz, Estado de Santa Catarina, teve sua falência requerida por Indústria e Comércio de Eletrônicos Otacílio Costa Ltda., com fundamento no art. 94, I, da Lei n. 11.101/2005. O devedor, em profunda crise econômico-financeira, sem condição de atender aos requisitos para pleitear sua recuperação judicial, não conseguiu elidir o pedido de falência. O pedido foi julgado procedente em 11-11-2011, sendo nomeado pelo Juiz de Direito da Vara Única da Comarca de Abelardo Luz, o Dr. José Cerqueira como administrador judicial.

Ato contínuo à assinatura do termo de compromisso, o administrador judicial efetuou a arrecadação separada dos bens e documentos do falido, além da avaliação dos bens. Durante a arrecadação foram encontrados no estabelecimento do devedor 200 computadores e igual número de monitores. Esses bens foram referidos no inventário como bens do falido, adquiridos em 15-9-2011 de Informática e TI d'Agronômica Ltda. pelo valor de R$ 400.000,00.

Paulo Lopes, único administrador de Informática de TI d'Agronômica Ltda., procura você para orientá-lo na defesa de seus interesses diante da falência de Quilombo Comércio de Equipamentos Eletrônicos Ltda. Pelas informações e documentos apresentados, fica evidenciado que o devedor não efetuou nenhum pagamento pela aquisição dos 200 computadores e monitores, que a venda foi a prazo e em 12 parcelas, e a mercadoria foi recebida no dia 30-9-2011 por Leoberto Leal, gerente da sociedade.

Diligente, você procura imediatamente o Dr. José Cerqueira e verifica que consta do auto de arrecadação referência aos computadores e monitores, devidamente identificados pelas informações contidas na nota fiscal e número de série de cada equipamento. A mercadoria foi avaliada pelo mesmo valor da venda – R$ 400.000,00 – e ainda está no acervo da massa falida.

Na qualidade de advogado(a) de Informática e TI d'Agronômica Ltda., elabore a peça adequada, ciente de que não é do interesse do cliente o cumprimento do contrato pelo administrador judicial.

24.8. Modelo da peça

Excelentíssimo Senhor Doutor Juiz de Direito da Vara Única da Comarca de Aberlado Cruz, do Estado de Santa Catarina

(deixar espaço de 5 linhas)

Distribuição por dependência ao Processo n. ...

Informática e TI d'Agronômica Ltda., pessoa jurídica de direito privado, inscrita no CNPJ sob o n. ..., com sede na..., neste ato se fazendo presente por seu administrador, Paulo Lopes, pelo seu advogado, ao final assinado, com mandato em anexo, vem, respeitosamente, à presença de Vossa Excelência, propor a presente AÇÃO DE RESTITUIÇÃO, com fundamento no art. 85, parágrafo único, da Lei n. 11.101/2005, em face de Massa Falida da Quilombo Comércio de Equipamentos Eletrônicos Ltda., pelos fundamentos de fato e de direito a seguir:

DOS FATOS

Em 9-10-2011, Quilombo Comércio de Equipamentos Eletrônicos Ltda., com sede e principal estabelecimento em Abelardo Luz, Estado de Santa Catarina, teve sua falência requerida por Indústria e Comércio de Eletrônicos Otacílio Costa Ltda., com fundamento no art. 94, I, da Lei n. 11.101/2005. O devedor, em profunda crise econômico-financeira, sem condição de atender aos requisitos para pleitear sua recuperação judicial, não conseguiu elidir o pedido de falência. O pedido foi julgado procedente em 11-11-2011, sendo nomeado pelo Juiz de Direito da Vara Única da Comarca de Abelardo Luz, o Dr. José Cerqueira como administrador judicial.

Ato contínuo à assinatura do termo de compromisso, o administrador judicial efetuou a arrecadação separada dos bens e documentos do falido, além da avaliação dos bens. Durante a arrecadação foram encontrados no estabelecimento do devedor 200 computadores e igual número de monitores. Esses bens foram referidos no inventário como bens do falido, adquiridos em 15-9-2011 de Informática e TI d'Agronômica Ltda. pelo valor de R$ 400.000,00.

Pelas informações e documentos apresentados, fica evidenciado que o devedor não efetuou nenhum pagamento pela aquisição dos 200 computadores e monitores, que a venda foi a prazo e em 12 parcelas, e a mercadoria foi recebida no dia 30-9-2011 por Leoberto Leal, gerente da sociedade.

Verificou-se junto ao administrador judicial que consta do auto de arrecadação referência aos computadores e monitores, devidamente identificados pelas informações contidas na nota fiscal e número de série de cada equipamento. A mercadoria foi avaliada pelo mesmo valor da venda – R$ 400.000,00 – e ainda está no acervo da massa falida.

DO DIREITO

A presente medida judicial tem por fundamento o art. 85, parágrafo único, da Lei n. 11.101/2005, que prevê que pode ser pedida a restituição de coisa vendida a crédito e entregue ao devedor nos 15 dias anteriores ao requerimento da falência, se ainda não alienada. Como se viu, decretada a falência da Quilombo Comércio de Equipamentos Eletrônicos Ltda., houve a arrecadação dos computadores e monitores vendidos a crédito, tendo sido entregues em 30-9-2011, sendo certo que a falência foi requerida em 9-10-2011, portanto, dentre dos 15 dias anteriormente mencionados.

Demonstrada a arrecadação dos bens pelo administrador judicial e que estes ainda fazem parte do acervo da massa falida, não tendo sido alienados, com base na documentação em anexo, faz-se necessária a procedência da presente ação, para o fim de julgá-la procedente e determinar a entrega dos computadores e monitores, devidamente identificados pelas notas fiscais e pelo número de série de cada equipamento ao autor.

DOS PEDIDOS

Diante do exposto, é a presente medida judicial para requerer:

a) A citação da Massa Falida de Quilombo Comércio de Equipamentos Eletrônicos Ltda. [importante destacar que a FGV exigiu tal pedido, que, ressalte-se, não tem amparo legal, sendo certo que o procedimento da ação de restituição se encontra previsto no art. 87 da Lei n. 11.101/2005; com o CPC, teríamos algo do tipo: a convocação de audiência de conciliação ou de mediação, por opção do autor, devendo a Massa Falida de Quilombo Comércio de Equipamentos Eletrônicos Ltda. ser citada com antecedência mínima de 20 dias].

b) A intimação do falido, do Comitê, dos credores e do administrador judicial para, querendo, manifestarem-se sobre o presente feito, no prazo sucessivo de cinco dias, sob pena de revelia.

c) A procedência do pedido em todos os seus termos, no sentido de determinar a entrega da coisa, no prazo de 48 horas, fixando multa diária ao réu em caso de atraso, nos termos do art. 537 do CPC.

d) A condenação do réu aos ônus da sucumbência, nos termos do art. 85 do CPC, caso haja manifestação contrária ao presente pedido, e ao pagamento de custas.

e) Que as intimações posteriores do presente feito sejam feitas no seguinte endereço... (art. 106, I, do CPC).

f) A produção de todas as provas em Direito admitidas, especialmente pela juntada do contrato de compra e venda, da nota fiscal e do comprovante de entrega e recebimento de mercadoria, tudo desde já requerido (o pedido genérico de provas não pontua).

Dá-se à causa o valor de R$ 400.000,00.

Nestes termos.
Pede deferimento.
Local. Data.
Advogado, OAB n. ...

25. AÇÃO REVOCATÓRIA

25.1. Apresentação

A falência de determinado empresário não é algo que aconteça do dia para a noite. Pode até acontecer; mas o que é mais normal é a atividade empresarial ir definhando aos poucos. O empresário, o mais das vezes, vive a oscilar entre o estágio normal e o estágio de crise econômico-financeira; para, só então, chegar-se aos estágios de insolvência e de falência. Este sabe que, até determinado momento, ele ainda consegue resolver o seu problema econômico-financeiro. Deste momento em diante, é possível e provável que o empresário venha a praticar determinados atos fraudulentos, visando desviar patrimônio, seja simplesmente para evitar que seja levado para falência, seja para pagar determinados credores em detrimento dos demais.

Tais atos, considerados fraudulentos nos termos da Lei n. 11.101/2005, serão considerados ineficazes. A *ineficácia* em relação ao processo de falência pode ser:

a) **subjetiva** – quando houver a necessidade de se provar o conluio fraudulento e o efetivo prejuízo sofrido pela massa falida (art. 130); ou

b) **objetiva** – quando for considerado ineficaz, independentemente de prova do conluio e do prejuízo, porque presumidos – por presunção absoluta – pelo legislador (art. 129).

A depender do tipo de ineficácia, buscar-se-á um provimento judicial diferente. Para a *ineficácia subjetiva*, o objetivo é a revogação do ato praticado, em razão da prova da fraude e do prejuízo ocasionado à massa falida. Para a *ineficácia objetiva*, o objetivo é a declaração de ineficácia em relação à massa falida.

Independentemente, porém, do tipo de fraude praticada em razão de um processo de falência, a medida judicial para corrigir tais atos, revertendo os seus efeitos, é a **ação revocatória,** que se encontra atualmente regulamentada entre os arts. 129 e 138 da Lei n. 11.101/2005.

25.2. Características e requisitos

Trata-se de uma ação que deve ser proposta pelo administrador judicial, pelo credor ou pelo Ministério Público, no prazo de três anos contados da declaração da falência, nos termos do art. 132 da Lei n. 11.101/2005. Pensando no Exame de Ordem, regra geral, será o credor quem irá promover a presente ação.

No que tange ao administrador judicial, é oportuno considerar que ele não é parte em nenhuma das ações judiciais previstas na Lei n. 11.101/2005. Na verdade, trata-se a massa falida da parte legitimada para tais ações, cabendo ao administrador judicial representá-la, nos termos do art. 22, III, *n*, da Lei n. 11.101/2005 e do art. 75, V, do CPC. O legislador menciona o administrador judicial, haja vista a massa falida ser um ente despersonalizado. Assim, não só nesta hipótese, mas em qualquer medida judicial cuja lei indicar o administrador judicial como "legitimado", deve-se entender pela legitimidade da massa falida.

A única exceção que deve ser feita – e que, portanto, haverá legitimidade do administrador judicial – é a sua ação de prestação de contas, prevista no art. 154 da Lei n. 11.101/2005. Em um Exame de Ordem, não se considera viável a propositura da presente peça prático-profissional pelo MP.

Tal ação obedecerá ao procedimento comum do CPC. Ou seja, a petição inicial seguirá os moldes do art. 319 do CPC. Além disso, a ação revocatória correrá perante o juízo que decretar a falência. Desse modo, haverá a necessidade de se indicar que o pedido deve ser distribuído por dependência à vara onde tramitar a ação falimentar.

Reitere-se a utilização supletiva das normas do Código de Processo Civil aos procedimentos previstos na Lei n. 11.101/2005. Com o advento da Lei n. 13.105/2015, é tal normatização e não mais o CPC/73 que servirá de regência supletiva para a lei de falência e recuperação de empresas. É o que se extrai do art. 189 da Lei n. 11.101/2005.

Curioso é notar que o empresário falido não é parte na ação revocatória. Vale dizer, **o falido não tem legitimidade ativa ou passiva para a ação revocatória**. Como já se mostrou quem pode promover, não se pode deixar de ressaltar que a ação revocatória pode ser promovida:

a) contra todos os que figuraram no ato ou que por efeito dele foram pagos, garantidos ou beneficiados;

b) contra os terceiros adquirentes, se tiveram conhecimento, ao se criar o direito, da intenção do devedor de prejudicar os credores; e

c) contra os herdeiros ou legatários das pessoas anteriormente indicadas.

25.3. Como identificar a peça

A identificação da ação revocatória é feita de maneira tranquila. O caso narrará a decretação da falência de determinado empresário que, porém, antes da falência teria praticado determinado negócio jurídico, por meio do qual direitos, bens ou dinheiro saíram do seu patrimônio. O credor demonstrará o interesse na presente ação em vista de que ele deseja o retorno de tais bens para a massa falida. Afinal de contas, quanto mais bens a massa falida tiver, maiores serão as chances de os credores serem pagos.

25.4. Competência

O art. 3º da Lei n. 11.101/2005 determina que é competente para decretar a falência o juízo do local do principal estabelecimento do devedor ou da filial de empresa que tenha sede fora do Brasil. Nos termos do que prevê o art. 134 da Lei n. 11.101/2005, a **ação revocatória** deve correr perante o juízo da falência. Desse modo, trata-se de um caso de distribuição por dependência. Assim, logo após o endereçamento da petição inicial, deve-se fazer expressa menção a que a presente ação seja distribuída por dependência ao processo de falência.

25.5. Fundamentos mais comuns

O termo legal da falência, nos termos do art. 99, II, deve ser fixado pelo juiz e significa, em síntese, aquela data a partir da qual o empresário pressente que a crise econômico-financeira pode não ser mais superável. O *termo legal* da falência é a data a que se chega após a contagem do prazo retroativo de até 90 dias contados do pedido de falência, do pedido de recuperação judicial ou do primeiro protesto por falta de pagamento, excluindo-se, para esta finalidade, os protestos que tenham sido cancelados.

Há fundamentos para a ação revocatória relacionados ao termo legal da falência:

I – o pagamento de dívidas não vencidas, por qualquer meio extintivo do direito de crédito, ainda que pelo desconto do próprio título;

II – o pagamento de dívidas vencidas e exigíveis, por qualquer forma que não seja a prevista pelo contrato; e

III – a constituição de direito real de garantia, inclusive a retenção, tratando-se de dívida contraída anteriormente; se os bens dados em hipoteca forem objeto de outras posteriores, a massa falida receberá a parte que devia caber ao credor da hipoteca revogada.

Pode-se falar, ainda, na existência de outro termo legal, relativo aos atos gratuitos. Desta feita, o termo legal é estabelecido pela própria lei, independentemente de qualquer condição. Tal prazo é de dois anos, contados retroativamente da decretação da falência. Desse modo, qualquer ato gratuito, como doação ou renúncia à herança ou a legado até dois anos antes da decretação da falência, poderá ser revertido.

Não se pode deixar de notar que existem hipóteses em que caberá a propositura da presente ação independentemente de prazo. São elas:

a) a venda ou transferência de estabelecimento feita sem o consentimento expresso ou o pagamento de todos os credores, a esse tempo existentes, não tendo restado ao devedor bens suficientes para solver o seu passivo, salvo se, no prazo de 30 dias, não houver oposição dos credores, após serem devidamente notificados, judicialmente ou pelo oficial do registro de títulos e documentos; e

b) os registros de direitos reais e de transferência de propriedade entre vivos, por título oneroso ou gratuito, ou a averbação relativa a imóveis realizados após a decretação da falência, salvo se tiver havido prenotação anterior.

Os fundamentos descritos até aqui se relacionam às hipóteses de *ineficácia objetiva*, prevista no art. 129 da Lei n. 11.101/2005. Repise-se que, em tais hipóteses, não há necessidade de prova do conluio e do efetivo prejuízo sofrido pela massa falida. Tais hipóteses são ineficazes em relação à massa falida, tenha ou não o contratante conhecimento do estado de crise econômico-financeira do devedor, seja ou não intenção deste fraudar credores.

É importante considerar que a antecipação de pagamento, a dação em pagamento e a constituição irregular de garantia real, dentro do termo legal, e a realização do trespasse, a qualquer tempo, que tenham sido previstos no plano de recuperação, judicial ou extrajudicial, e dessa forma realizados, não poderão dar ensejo à Ação Revocatória, de acordo com o art. 131 da Lei n. 11.101/2005, com a nova redação que lhe foi dada pela Lei n. 14.122/2020.

Além da ineficácia objetiva, há ainda a *ineficácia subjetiva*. Para se conseguir a **ação revocatória**, na ineficácia subjetiva, far-se-á necessária a existência de um negócio jurídico havido entre o empresário falido e terceira pessoa, antes da falência daquele. É preciso que se comprove o concílio fraudulento entre tais pessoas, ou seja, a demonstração de que o negócio jurídico foi firmado com o objetivo de frustrar o processo de falência. Além disso, é necessário, ainda, que se prove o efetivo prejuízo que a massa falida sofreu com a prática do referido ato.

Por final, é oportuno perceber que hipóteses de ajuizamento da ação revocatória previstas na legislação extravagante: (i) quando ocorrer a falência, se já se houver efetuado o reembolso dos ex-acionistas à conta do capital social – sofrendo redução – não tendo ocorrido, ainda, a substituição destes, nos termos do art. 45, § 8º, da Lei n. 6.404/76; (ii) as mesmas "ineficácias" previstas na Lei n. 11.101/2005, em face do processo de falência, poderão ser deduzidas judicialmente quando ocorrer a decretação de liquidação extrajudicial de uma instituição financeira, determinada pelo Banco Central, nos termos dos arts. 34 e 35 da Lei n. 6.024/74.

25.6. Estrutura da peça

1. **Endereçamento:** Excelentíssimo Senhor Doutor Juiz de Direito da... Vara de Falências e Recuperação de Empresas da Comarca de... do Estado de... (mesmo juízo que decretou a falência).

   Indicação de que a ação revocatória deve ser distribuída por dependência [esta indicação não cabe quando esta ação for proposta em face da decretação de liquidação extrajudicial de instituição financeira] antes da identificação e qualificação das partes:

   Distribuição por dependência ao Processo n. ... .

2. **Identificação das partes:** autor: o credor de um processo de falência, ou a massa falida, representada pelo administrador judicial; réu: a pessoa que contratou com o empresário, antes de sua falência, os terceiros adquirentes e/ou os herdeiros ou legatários (pode ser feito litisconsórcio passivo, a depender do que apresentar a questão).

Qualificação de pessoa física: Fulano de tal, nacionalidade..., estado civil..., profissão..., portador do RG n. ..., e do CPF n. ..., residente e domiciliado na... .

Qualificação de pessoa jurídica: Nome empresarial, pessoa jurídica de direito privado, inscrita no CNPJ n. ..., estabelecida na..., neste ato se fazendo presente por seu administrador (diretor, caso se trate de sociedade anônima) ... (pode fazer a qualificação de "pessoa física").

3. **Representação judicial:** advogado assinado ao final, com mandato em anexo.
4. **Nome da ação e fundamento legal:** ação revocatória, com fundamento no art. 129, [indicar o inciso pertinente], da Lei n. 11.101/2005; ação revocatória, com fundamento no art. 130 da Lei n. 11.101/2005. A depender do caso concreto, observar a necessidade de fazer menção à legislação extravagante.
5. **Narrativa dos fatos ("Dos Fatos"):** exposição dos fatos previstos na situação hipotética da questão. Não inventar outros fatos nem trazer detalhes ausentes no problema. Deve-se, portanto, literalmente, copiar, de maneira integral, a questão, conforme apresentada, sendo certo que a utilização de qualquer mecanismo de identificação anulará a peça, atribuindo-se nota ZERO.
6. **Fundamentação ("Do Direito"):** vale a pena ressaltar que a mera transcrição dos artigos não pontua. É a parte da peça em que deverão ser apresentados os dispositivos legais que asseguram o direito do cliente para o que se estará elaborando a peça processual. Nessa linha, em razão das várias possibilidades de fundamentação, sugere-se a releitura do presente capítulo.
7. **Tutela provisória ("Da Tutela de Urgência"):** não se pode deixar de fazer menção ao art. 137 da Lei n. 11.101/2005. Aludido dispositivo prevê: "O juiz poderá, a requerimento do autor da ação revocatória, ordenar, como medida preventiva, na forma da lei processual civil, o sequestro dos bens retirados do patrimônio do devedor que estejam em poder de terceiros".

   Se for o caso, será imprescindível abrir um tópico entre "Do Direito" e "Do Pedido" com o título "Da Tutela de Urgência". Cabe trazer explicação acerca do art. 300 do Código de Processo Civil, visando demonstrar a necessidade de antecipação dos efeitos da tutela pretendida, devendo ser concedida liminarmente, nos termos do art. 300, § 2º.
8. **Pedidos ("Dos Pedidos"):** a) a antecipação dos efeitos da tutela com a sua posterior confirmação, por ocasião da sentença, no sentido de realizar o sequestro dos bens retirados do patrimônio do falido que estejam em poder dos réus; b) a convocação de audiência de conciliação ou de mediação, por opção do autor, devendo o réu ser citado com antecedência mínima de 20 dias; c) a procedência do pedido em todos os seus termos, no sentido de declarar a ineficácia perante a massa falida dos atos praticados pelo falido – para a ineficácia objetiva (ou revogar os atos praticados pelo fali-

do, em razão da prova cabal do conluio fraudulento e dos prejuízos sofridos pela massa falida – ineficácia subjetiva); d) a condenação do réu (ou dos réus, se for o caso) aos ônus da sucumbência, nos termos do art. 85 do CPC; e) que as intimações posteriores do presente feito sejam feitas no seguinte endereço... (art. 106, I, do CPC); f) a produção de todas as provas em Direito admitidas, especialmente por... (o pedido genérico de provas não pontua).

9. **Valor da causa:** Dá-se à causa o valor de R$... [valor do objeto que será restituído à massa falida] (art. 291 do CPC. A toda causa será atribuído um valor certo, ainda que não tenha conteúdo econômico imediatamente aferível).
10. **Fechamento da peça:** local, data. Advogado, OAB [não inventar dados].

25.7. Questão da peça profissional

(XXIII Exame) Em maio de 2014, os quatro sócios de Santa Mariana Farmacêutica Ltda. aprovaram, por unanimidade, a alteração do objeto social com restituição de quatro imóveis do patrimônio da sociedade aos sócios Andrea, Bruno, Carlos e Denise.

Os sócios Andrea e Bruno, casados em regime de separação parcial, receberam dois imóveis da sociedade e, em 11 de setembro de 2014, realizaram doação com reserva de usufruto vitalício para Walter e Sandra, seus dois filhos com 7 (sete) e 3 (três) anos de idade. Em 27 de junho de 2017, foi decretada a falência da sociedade empresária pelo juiz da Comarca de Vara Única de Laranja da Terra/ES.

O administrador judicial Barbosa Ferraz descobriu que as doações são fortes indícios do intuito fraudulento de todos os sócios na dilapidação patrimonial em prejuízo dos credores. No caso de Andrea e Bruno e seus filhos Walter e Sandra, verifica-se que as doações em benefício dos próprios filhos dos sócios de tenra idade, ocorreram sem qualquer justificativa, a evidenciar a clara intenção de ocultação de bens passíveis de constrição para pagamento das obrigações decorrentes do exercício da empresa.

A crise da empresa já se anunciava desde 2013, quando os balanços patrimoniais começam a revelar a elevação dos prejuízos, a diminuição da receita e o aumento de ações de cobrança. Assim, foi engendrada a trama que pôs a salvo o patrimônio pessoal dos sócios, esvaziando a possibilidade dos credores de alcançá-los para a solvência de dívida, ao mesmo tempo em que Andrea e Bruno resguardaram o direito de uso, administração e percepção dos frutos dos bens que só seriam de posse dos donatários após o falecimento destes.

No caso os sócios Carlos e Denise, verifica-se que eles alienaram os outros dois imóveis recebidos a Xavier, três dias depois do requerimento de falência, sendo no mesmo dia realizada a prenotação no Registro de Imóveis. O administrador descobriu que Xavier é um ex-empregado da sociedade falida, que foi testemunha nas escrituras de doação dos imóveis por Andrea e Bruno e trabalha atualmente como contador para Denise.

De posse da ata da assembleia de maio de 2014, do traslado das escrituras de doação e alienação dos imóveis e das certidões do Registro de Imóveis que lhe foram entregues pelo administrador judicial, o advogado irá tomar as providências cabíveis em defesa dos interesses da massa falida.

Elabore a peça processual adequada.

25.8. **Modelo da peça**

Excelentíssimo Senhor Doutor Juiz de Direito da Vara Única da Comarca de Laranjal da Terra/ES

(deixar espaço de 5 linhas)

Distribuição por dependência ao Processo n. ...

Massa Falida de Santa Mariana Farmacêutica Ltda., representada pelo administrador judicial Barbosa Ferraz, por seu advogado, ao final assinado, com mandato em anexo, vem, respeitosamente, à presença de Vossa Excelência, propor a presente AÇÃO REVOCATÓRIA, com fundamento no art. 130 da Lei n. 11.101/2005, em face de Andrea, [qualificação], Bruno, [qualificação], Walter, [qualificação], Sandra, [qualificação], Carlos, [qualificação], Denise, [qualificação] e Xavier, [qualificação], pelos fundamentos de fato e de direito a seguir:

DOS FATOS

Em maio de 2014, os quatro sócios de Santa Mariana Farmacêutica Ltda. aprovaram, por unanimidade, a alteração do objeto social com restituição de quatro imóveis do patrimônio da sociedade aos sócios Andrea, Bruno, Carlos e Denise.

Os sócios Andrea e Bruno, casados em regime de separação parcial, receberam dois imóveis da sociedade e, em 11 de setembro de 2014, realizaram doação com reserva de usufruto vitalício para Walter e Sandra, seus dois filhos, com 7 (sete) e 3 (três) anos de idade. Em 27 de junho de 2017, foi decretada a falência da sociedade empresária pelo juiz da Comarca de Vara Única de Laranjal da Terra/ES.

O administrador judicial Barbosa Ferraz descobriu que as doações são fortes indícios do intuito fraudulento de todos os sócios na dilapidação patrimonial em prejuízo dos credores. No caso de Andrea e Bruno e seus filhos Walter e Sandra, verifica-se que as doações em benefício dos próprios filhos dos sócios de tenra idade ocorreram sem qualquer justificativa, a evidenciar a clara intenção de ocultação de bens passíveis de constrição para pagamento das obrigações decorrentes do exercício da empresa.

A crise da empresa já se anunciava desde 2013, quando os balanços patrimoniais começam a revelar a elevação dos prejuízos, a diminuição da receita e o aumento de ações de cobrança. Assim, foi engendrada a trama que pôs a salvo o patrimônio pessoal dos sócios, esvaziando a possibilidade dos credores de alcançá-los para a solvência de dívida, ao mesmo tempo que Andrea e Bruno resguardaram o direito de uso, administração e percepção dos frutos dos bens que só seriam de posse dos donatários após o falecimento destes.

No caso dos sócios Carlos e Denise, verifica-se que eles alienaram os outros dois imóveis recebidos a Xavier, três dias depois do requerimento de falência, sendo no mesmo dia realizada a prenotação no Registro de Imóveis. O administrador descobriu que Xavier é um ex-empregado da sociedade falida, que foi testemunha nas escrituras de doação dos imóveis por Andrea e Bruno e trabalha atualmente como contador para Denise.

DO DIREITO

A presente medida judicial tem por fundamento o art. 130 da Lei n. 11.101/2005, que determina a possibilidade de revogação (ou de ineficácia subjetiva, conforme a doutrina), em relação à massa falida, de atos praticados antes da decretação da falência, com a intenção de prejudicar credores. Para tanto, há a necessidade de presença de conluio fraudulento entre o devedor e o terceiro que com ele contratar e do efetivo prejuízo sofrido pela massa falida.

Por sua vez, em conformidade com o que se encontra no art. 133 da Lei n. 11.101/2005, a presente ação poderá ser promovida contra todos aqueles que tiveram ou puderam ter contato com o bem objeto da fraude. Daí a necessidade do presente feito, qual seja, a de, nos termos do art. 136, determinar o retorno dos bens à massa falida, retornando as partes ao estado anterior.

O caso concreto demonstra que, no caso de Andrea e Bruno e seus filhos Walter e Sandra, verifica-se que as doações em benefício dos próprios filhos dos sócios ocorreram sem qualquer justificativa, a evidenciar a clara intenção de ocultação de bens passíveis de constrição para pagamento das obrigações decorrentes do exercício da empresa, ao mesmo tempo que eles resguardaram o direito de uso, administração e percepção dos frutos dos bens que só seriam de posse de seus filhos após o falecimento dos pais.

Por sua vez, no caso de Carlos e Denise, foi verificado que eles alienaram os outros dois imóveis recebidos a Xavier, três dias depois do requerimento de falência, sendo no mesmo dia realizada a prenotação no Registro de Imóveis.

Já no caso de Xavier, esse tinha conhecimento das doações, adquiriu os dois imóveis de Carlos e Denise logo após o requerimento de falência, sendo também ex-empregado da sociedade falida, e trabalha atualmente para Denise, como contador.

Por final, em relação ao prejuízo ao falido, as doações foram realizadas em 2014 e a crise da empresa já se anunciava desde 2013, quando os balanços patrimoniais começaram a revelar a elevação dos prejuízos, a diminuição da receita e o aumento de ações de cobrança, e as alienações foram realizadas três dias após o pedido de falência.

Por todo o exposto, há necessidade de ser determinada a devolução dos imóveis à massa falida, reintegrando seu acervo, o que deverá ser feito por meio da presente ação revocatória. Frise-se, por oportuno, a tempestividade do presente feito, na medida em que está sendo promovido dentro do prazo de 3 anos, contados da decretação da falência, de acordo com o art. 132 da Lei n. 11.101/2005.

DA TUTELA DE URGÊNCIA

O Código de Processo Civil, em seu art. 300, determina que a tutela provisória de urgência será concedida quando houver elementos que evidenciem a probabilidade do direito e o perigo de dano ou o risco ao resultado útil do processo. Por sua vez, pelo art. 300, § 2.º, do CPC, a tutela de urgência poderá ser concedida liminarmente. Por final, o art. 301 do CPC estabelece que a tutela de urgência de natureza cautelar pode ser efetivada, dentre outros meios, mediante o sequestro de bens.

Na mesma linha, prescreve o art. 137 da Lei n. 11.101/2005 que o juiz poderá, a requerimento do autor da ação revocatória, ordenar, como medida preventiva, na forma da lei processual civil, o sequestro dos bens retirados do patrimônio do devedor que estejam em poder de terceiros.

Assim, visando resguardar os interesses da massa falida, faz-se necessário o deferimento de tutela provisória, em caráter liminar, no sentido de determinar o sequestro dos imóveis fraudulentamente desviados, aqui descritos, diante do flagrante prejuízo causado à massa falida.

DO PEDIDO

Diante do exposto, é a presente medida judicial para requerer:

a) A antecipação dos efeitos da tutela com a sua posterior confirmação, por ocasião da sentença, no sentido de determinar o sequestro dos bens retirados do patrimônio do devedor e que estão em poder dos réus.

b) A convocação de audiência de conciliação ou de mediação, por opção do autor, devendo o réu ser citado com antecedência mínima de 20 dias.

c) A procedência do pedido em todos os seus termos, no sentido de revogar todas as transferências imobiliárias aqui descritas, determinando o seu retorno ao acervo da massa falida, com todos os seus acessórios, acrescidos das perdas e danos, a serem apuradas, na forma do art. 135 da Lei n. 11.101/2005.

d) A condenação do réu aos ônus da sucumbência, nos termos do art. 85 do CPC, e ao pagamento de custas.

e) Que as intimações posteriores do presente feito sejam feitas no seguinte endereço... (art. 106, I, do CPC).

f) A produção de todas as provas em Direito admitidas, especialmente pela juntada da ata de assembleia de maio de 2014, das escrituras de alienação e doação dos imóveis e das certidões do Registro de Imóveis e tudo o mais que se fizer necessário, desde logo já requerido [o pedido genérico de provas não pontua].

Dá-se à causa o valor de R$... [valor dos imóveis].

Nestes termos.
Pede deferimento.
Local. Data.
Advogado, OAB n. ...

26. AÇÃO DECLARATÓRIA DE EXTINÇÃO DAS OBRIGAÇÕES DO FALIDO (AÇÃO DE REABILITAÇÃO)

26.1. Apresentação

A **ação declaratória de extinção das obrigações do falido** é, também, conhecida como **ação de reabilitação do falido**. Com previsão normativa no **art. 159 da Lei n. 11.101/2005**, a referida medida judicial implementa, na prática, aquilo que a doutrina denomina como a *fase pós-falimentar*. Com efeito, na *fase pré-falimentar* será verificada a ocorrência dos pressupostos para declaração da falência, cujas petições já foram estudadas no capítulo 22. Com a decretação da falência, inicia-se a *fase falimentar*, que é a fase do concurso de credores, ou seja, a fase do processo de falência propriamente dito.

Por sua vez, a fase pós-falimentar está relacionada ao final da fase falimentar propriamente dita, com a prolatação da sentença de encerramento. Encerrado o processo de falência, deverá ser *reconhecida a extinção das obrigações do falido*. Tal reconhecimento, como aqui se estudará, deverá ser feito *mediante a ação* que dá nome ao presente capítulo. Outrossim, a depender do caso concreto, poderá ocorrer, *mediante simples petição* dentro dos autos principais do processo de falência.

Neste capítulo, o foco principal será o da **ação** propriamente dita, a ser **distribuída por dependência** ao processo de falência. Porém, naquilo que for pertinente, serão demonstradas as peculiaridades sobre o pedido realizado nos autos principais. Não se pode deixar de notar, nos termos do art. 102 da Lei n. 11.101/2005, que o falido fica inabilitado para exercer qualquer atividade empresarial a partir da decretação da falência até a sentença que extingue suas obrigações.

26.2. Características e requisitos

O art. 159 da Lei n. 11.101/2005 determina que tão logo o falido se encontre em alguma das situações legalmente estabelecidas (art. 158), possa requerer ao juízo da falência que suas obrigações sejam declaradas extintas por sentença. Por sua vez, esclarece o § 1º do art. 159: "a secretaria do juízo fará publicar imediatamente informação sobre a apresentação do requerimento a que se refere este artigo, e, no prazo comum de 5 dias, qualquer credor, o administrador judicial e o Ministério Público poderão se manifestar exclusivamente para apontar inconsistências formais e objetivas".

Em face de tais disposições é que se percebe que se trata de uma ação a ser distribuída por dependência ao juízo que decretou a falência. A publicação imediata da informação sobre a apresentação do requerimento de extinção das obrigações do falido, por sua vez, deve ser entendida, para fins de 2ª Fase do Exame de Ordem, como um pedido a ser apresentado.

Com efeito, a **legitimidade ativa** do presente feito é do **empresário falido**. Apesar de os credores poderem apresentar objeção, eles o fazem na condição de interessados, *não havendo efetivamente um réu nesta ação*. Se ela estivesse dentro do CPC, certamente, estaria prevista no âmbito dos procedimentos especiais de jurisdição voluntária.

Findo o prazo de objeção, o juiz deverá proferir sentença, em quinze dias (art. 159, § 3º), inclusive as de natureza trabalhista. Porém, **se o requerimento de extinção das obrigações for apresentado antes do encerramento da falência**, o juiz declarará a extinção das obrigações do falido na própria sentença de encerramento. Veja que o marco temporal para examinar se a extinção das obrigações do falido será decretada mediante ação própria ou mediante simples pedido é o da ocorrência do encerramento do processo de falência.

Assim, **se já houver sentença de encerramento, haverá a necessidade do ajuizamento de uma ação própria** para ser apresentado o requerimento de extinção das obrigações do falido. Entretanto, **acaso não tenha havido ainda a sentença de encerramento, a declaração de extinção das obrigações do falido será requerida mediante simples pedido**.

A sentença que declarar extintas as obrigações deverá ser comunicada a todas as pessoas e entidades informadas da decretação de falência (art. 159, § 4º). Da sentença caberá apelação (art. 159, § 5º). Após o trânsito em julgado, os autos serão apensos aos da falência (art. 159, § 6º). A presente ação também poderá ser promovida pelo sócio com responsabilidade limitada (art. 160).

A sentença, que declarar extintas as obrigações do falido, somente poderá ser rescindida por ação rescisória, na forma do CPC, a pedido de qualquer credor, caso se verifique que o falido tenha sonegado bens, direitos ou rendimentos de qualquer espécie anteriores à data da petição inicial ou do requerimento de extinção das obrigações. O direito à rescisão mencionada extingue-se no prazo de dois anos, contados do trânsito em julgado da sentença que declara extintas as obrigações do falido. Tudo na forma do art. 159-A, inserido pela Lei n. 14.122/2020.

26.3. Como identificar a peça

A presente peça é de fácil identificação, na medida em que se trata de um caso específico. A questão narrará situação hipotética em que foi decretada a falência de determinado empresário, cujo processo chegou ao final da etapa de liquidação – seja porque não há mais o que vender ou não há mais a quem pagar.

Caso já tenha ocorrido a sentença de encerramento do processo de falência, deverá ser manejada ação própria; do contrário, bastará simples pedido nos autos principais da falência.

26.4. Competência

Nos termos do art. 159 da Lei n. 11.101/2005, a **competência será do juízo da falência**, seja porque a ação de declaração de extinção das obrigações do falido será distribuída por dependência, seja porque o pedido, de mesmo teor, é protocolado nos próprios autos falimentares.

26.5. Fundamentos mais comuns

Os fundamentos para o requerimento de extinção das obrigações do falido, seja mediante ação própria, seja mediante simples pedido nos próprios autos da falência, estão previstos no art. 158 da Lei n. 11.101/2005:

I – **o pagamento de todos os créditos** – deve-se perceber, conforme já estudado, que o que está na gênesis da decretação da falência é uma inadimplência, de modo que, pago todos os credores, não faz sentido manter o empresário sofrendo os efeitos do decreto de quebra (**art. 158, I**);

II – **o pagamento**, depois de realizado todo o ativo, **de mais de 25% dos créditos quirografários**, sendo facultado ao falido o depósito da quantia necessária para atingir essa porcentagem se para tanto não bastou a integral liquidação do ativo – é cabível perceber que, apesar de as bancas examinadoras em geral utilizarem tal dispositivo em sua literalidade, não é o falido quem fará o depósito de quantia para atingir essa porcentagem, mas sim alguém em seu favor, mesmo porque tudo o que estiver em seu nome, no período em que a decretação de falência surtir efeitos, será arrecadado pelo administrador judicial (**art. 158, II** – com a redação dada pela Lei n. 14.122/2020);

III – o decurso do **prazo de três anos**, contados da decretação da falência, **ressalvada a utilização dos bens arrecadados anteriormente**, que serão destinados à liquidação para a satisfação dos credores habilitados ou com pedido de reserva realizado (**art. 158, V**);

IV – o **encerramento, por sentença da falência**, seja em razão de se chegar ao final da fase de liquidação judicial (art. 156), seja em razão de não serem encontrados bens para fins de arrecadação, ou se os bens arrecadados não forem suficientes para cobrir as despesas do processo (**art. 158, VI**).

26.6. Estrutura da peça

1. **Endereçamento:** Excelentíssimo Senhor Doutor Juiz de Direito da... Vara de Falência e Recuperação de Empresas da Comarca de... do Estado de... .

(o juízo que decretou a falência – atenção às informações constante do caso concreto)

Para a ação judicial, fazer a seguinte menção: "Distribuição por dependência ao processo n. ...". Para o pedido dentro dos próprios autos: "Processo n. ..."

2. **Identificação das partes:** autor: o empresário individual, a sociedade empresária ou a empresa individual de responsabilidade limitada declarados falido. No caso da falência de sociedade com sócio de responsabilidade ilimitada, este sócio também será legitimado. Réu: não há. As mesmas pessoas mencionadas na condição de autor são as que podem promover o requerimento de extinção das obrigações, mediante simples pedido nos próprios autos.

   Qualificação de pessoa física: Fulano de tal, nacionalidade..., estado civil..., profissão..., portador do RG n. ..., e do CPF n. ..., residente e domiciliado na... .

   Qualificação de pessoa jurídica: Nome empresarial, pessoa jurídica de direito privado, inscrita no CNPJ n. ..., estabelecida na..., neste ato se fazendo presente por seu administrador (diretor, caso se trate de sociedade anônima) ... (pode fazer a qualificação de "pessoa física").

3. **Representação judicial:** advogado assinado ao final, com mandato em anexo.

4. **Nome da ação e fundamento legal:** ação de declaração de extinção das obrigações do falido, com fundamento no art. 159 da Lei n. 11.101/2005 [no caso do pedido de nos próprios autos: pedido de declaração de extinção das obrigações do falido, com fundamento no art. 159, § 3º, da Lei n. 11.101/2005].

5. **Narrativa dos fatos ("Dos Fatos"):** exposição dos fatos previstos na situação hipotética da questão. Não inventar outros fatos nem trazer detalhes ausentes no problema. Deve-se, portanto, literalmente, copiar, de maneira integral, a questão, conforme apresentada, sendo certo que a utilização de qualquer mecanismo de identificação anulará a peça, atribuindo-se nota ZERO.

6. **Fundamentação ("Do Direito"):** vale a pena ressaltar que a mera transcrição dos artigos não pontua. É a parte da peça em que deverão ser apresentados os dispositivos legais que asseguram o direito do cliente para o que se estará elaborando a peça processual. Nessa linha, é importante enquadrar a situação do caso concreto a uma das possibilidades previstas no art. 158 da Lei n. 11.101/2005.

7. **Pedidos ("Dos Pedidos"):** a) a publicação na imprensa oficial e em jornal de grande circulação, mediante edital, a fim de que os credores possam, se for o caso, apresentar objeção (art. 159, §§ 1º e 2º); b) a procedência do

pedido em todos os seus termos, no sentido de declarar a extinção das obrigações do falido, reabilitando-o para todos os atos da vida empresarial; c) a determinação à Junta Comercial para que se proceda à anotação de extinção das obrigações no registro do empresário, excluindo, assim, a sua condição de falido; d) que as intimações posteriores do presente feito sejam feitas no seguinte endereço... (art. 106, I, do CPC) – este pedido não será necessário para o requerimento nos próprios autos, antes da sentença de encerramento; e) a produção de todas as provas em Direito admitidas, especialmente por... (o pedido genérico de provas não pontua).

8. **Valor da causa:** Dá-se à causa o valor de R$... (art. 291 do CPC. A toda causa será atribuído um valor certo, ainda que não tenha conteúdo econômico imediatamente aferível). Não há, para o requerimento nos próprios autos, antes da sentença de encerramento.
9. **Fechamento da peça:** local, data. Advogado, OAB [não inventar dados].

26.7. Questão da peça profissional

(XVII Exame) Pereira Barreto, empresário individual, falido desde 2011, teve encerrada a liquidação de todo o seu ativo abrangido pela falência. No relatório final apresentado ao juiz da falência pelo administrador judicial, indicando o valor do ativo e o do produto de sua realização, o valor do passivo e o dos pagamentos feitos aos credores, consta que a massa falida realizou o pagamento integral aos credores não sujeitos a rateio, excluídos os juros vencidos após a decretação da falência. Em relação a esse grupo (créditos quirografários), o percentual de pagamento atingido foi de 47% do total, com depósito judicial efetuado pelo falido do valor de R$ 19.000,00 para atingir mais da metade do total dos créditos. Não foi ainda prolatada sentença de encerramento da falência. Pereira Barreto pretende retornar ao exercício de sua empresa individual, porém depende de uma providência de seu advogado para que tal intento seja possível. Durante o processo de falência o falido não foi denunciado por nenhum dos crimes previstos na lei especial.

Elabore a peça adequada, considerando que o Juízo da falência e o local do principal estabelecimento do falido estão situados em Duartina, Estado de São Paulo, Comarca de Vara Única.

26.8. Modelo da peça

Excelentíssimo Senhor Doutor Juiz de Direito da Vara Única da Comarca de Duartina, do Estado de São Paulo

(deixar espaço de 5 linhas)

Processo n. ...

Pereira Barreto, já qualificado nos autos do processo de falência em epígrafe, vem respeitosamente perante Vossa Excelência promover o presente PEDIDO DE DECLA-

RAÇÃO DE EXTINÇÃO DAS OBRIGAÇÕES DO FALIDO, com fundamento no art. 159, § 3.º, da Lei n. 11.101/2005, pelas razões de fato e de direito a seguir:

DOS FATOS

Pereira Barreto, empresário individual, falido desde 2011, teve encerrada a liquidação de todo o seu ativo abrangido pela falência. No relatório final apresentado ao juiz da falência pelo administrador judicial, indicando o valor do ativo e o do produto de sua realização, o valor do passivo e o dos pagamentos feitos aos credores, consta que a massa falida realizou o pagamento integral aos credores não sujeitos a rateio, excluídos os juros vencidos após a decretação da falência. Em relação a esse grupo (créditos quirografários), o percentual de pagamento atingido foi de 47% do total, com depósito judicial efetuado pelo falido do valor de R$ 19.000,00 para atingir mais da metade do total dos créditos. Não foi ainda prolatada sentença de encerramento da falência. Pereira Barreto pretende retornar ao exercício de sua empresa individual, porém depende de uma providência de seu advogado para que tal intento seja possível. Durante o processo de falência o falido não foi denunciado por nenhum dos crimes previstos na lei especial.

DO DIREITO

Como se extrai da narrativa fática, é importante perceber que: (i) não houve o pagamento de todos os credores, tendo havido o pagamento de até 47% dos créditos quirografários, atendendo-se evidentemente a todos os demais credores que se encontram em posição superior no Quadro Geral; (ii) o falido realizou o depósito em juízo da quantia necessária para atingir o percentual mínimo de mais de 50% dos créditos quirografários.

Seja como for, o falido satisfaz todas as exigências legais para requerer a extinção de suas obrigações, a ser declarada judicialmente, nos termos do art. 158, II, da Lei n. 11.101/2005. Na medida em que não houve denúncia por nenhum crime falimentar, não há a necessidade de esperar a eventual reabilitação penal do falido.

Com efeito, como não houve, ainda, o encerramento do processo de falência, a declaração de extinção das obrigações do falido poderá se dar a partir de simples pedido, cujo requerimento será protocolado nos autos principais do processo.

DOS PEDIDOS

Diante do exposto, é o presente para requerer:

a) A publicação na imprensa oficial e em jornal de grande circulação, mediante edital, a fim de que os credores possam, se for o caso, apresentar objeção (art. 159, §§ 1.º e 2.º);

b) A procedência do pedido em todos os seus termos, no sentido de declarar a extinção das obrigações do falido, reabilitando-o para todos os atos da vida empresarial;

c) A determinação à Junta Comercial para que se proceda à anotação de extinção das obrigações no registro do empresário, excluindo, assim, a sua condição de falido;

d) A autuação em apartado do requerimento de extinção das obrigações do falido [nota-se que, apesar de tal exigência ter sido pontuada efetivamente quando cobrada pela FGV, ela faz muito mais sentido em sendo ajuizada ação própria, sendo, mesmo, contraditório o requerimento ser feito nos próprios autos, mas autuado em apartado];

e) A produção de todas as provas em Direito admitidas, especialmente pela juntada do comprovante de realização do depósito judicial no valor de R$ 17.000,00; dos comprovantes de quitação tributária, exigidos pelo art. 191 do CTN; do relatório final da falência.

Nestes termos,
Pede deferimento.
Local. Data.
Advogado, OAB n. ...

27. PEDIDO DE TUTELA PROVISÓRIA DE URGÊNCIA (CAUTELAR OU ANTECIPADA) EM CARÁTER ANTECEDENTE

27.1. Apresentação

A Lei n. 13.105, de 16 de março de 2015, instituiu o novo Código de Processo Civil. Uma das modificações mais marcantes se refere ao desaparecimento do processo cautelar, passando a ser tratado no âmbito das tutelas provisórias, ao lado da antecipação da tutela e da tutela de evidência, novidade positivada pelo CPC.

Atualmente, tem-se o seguinte: as **tutelas provisórias** se dividem em *tutelas de urgência e tutela da evidência*. Para a **concessão das tutelas de urgência** são estabelecidos os seguintes fundamentos: a) a *probabilidade do direito*; b) o *perigo de dano ou o risco ao resultado útil do processo*. Por sua vez, a **tutela da evidência** pode ser concedida *independentemente de perigo de dano ou de risco ao resultado útil do processo*.

Frise-se, por oportuno, que as ***tutelas de urgência*** podem ser concedidas tanto em *caráter antecedente* quanto em *caráter incidental*. Terá **caráter antecedente** aquela concedida em *caráter preparatório*; já a tutela em **caráter incidental** é aquela concedida *quando já se iniciou a discussão do pedido principal*. Seja como for, **a tutela de urgência pode ter natureza antecipada ou natureza cautelar**.

Pensando na preparação para a 2ª Fase da OAB em direito empresarial, não se cogita a possibilidade atualmente de utilização das denominadas tutelas de evidência. Os casos para a concessão de tutela de evidência estão previstos no art. 311 do CPC. Em razão dos limites deste livro e tendo em vista que todos os casos clássicos de tutela provisória em matéria de direito empresarial são hipóteses de tutela de urgência, sendo a tutela de evidência usada mais para casos de direito civil, neste capítulo será estudado o pedido de tutela provisória de urgência, cautelar ou antecipada, em caráter antecedente.

27.2. Características e requisitos

Importa, uma vez mais, destacar que **o pedido de tutela de urgência, cautelar ou antecipada, pode ser concedido em caráter antecedente ou incidental**, nos termos do art. 297, parágrafo único, do CPC. O **pedido incidental** será feito na própria **petição inicial** ou mediante **simples petição**, atravessada nos autos do processo, ao juiz da causa (art. 299). Não é, portanto, algo a preocupar.

Maior atenção deve ser dada ao pedido de **tutela provisória de urgência** em **caráter antecedente**, que aliás é título do presente capítulo. Para uma abordagem mais didática, serão apresentadas, em separado, as características e requisitos, tanto para a tutela de urgência cautelar quanto para a tutela de urgência antecipada, em caráter antecedente. Antes, porém, faz-se necessário tecer considerações em geral sobre o instituto da tutela de urgência.

Com efeito, o art. 300 do CPC determina os *requisitos para que se possa conceder a tutela de urgência*. É necessário que haja elementos que evidenciem: (i) a **probabilidade do direito**; e (ii) o **perigo de dano** ou o **risco ao resultado útil do processo**. Apesar de o legislador do CPC/2015 ter sido mais cuidadoso na redação dos requisitos, pode-se tranquilamente entender como uma nova nomenclatura para os já clássicos *fumus boni juris* e *periculum in mora*.

É possível, para a concessão de tutela provisória, que o juiz exija **caução real ou fidejussória idônea** (art. 300, § 1º). De todo modo, a tutela de urgência poderá ser concedida **liminarmente** ou após **justificação prévia** (art. 300, § 2º). *Para fins de 2ª Fase do Exame da OAB, trata-se de pedido necessário a ser apresentado*: **a concessão liminar da tutela de urgência**. Entretanto, a *tutela de natureza antecipada* ***não será concedida*** quando houver **perigo de irreversibilidade** dos efeitos da decisão.

O art. 301 do CPC apresenta um **rol exemplificativo** das hipóteses de **tutela de urgência de natureza cautelar**: (i) *arresto*; (ii) *sequestro*; (iii) *arrolamento de bens*; (iv) *registro de protesto contra alienação de bem*; e (v) *qualquer outra medida idônea para asseguração do direito*. Desse modo, os outrora procedimentos cautelares específicos, previstos no âmbito do CPC/73, podem continuar a ser concedidos nesta condição.

Por final dessas considerações gerais, é importante observar que, independentemente da responsabilidade por dano processual, *a parte responde pelo prejuízo que a efetivação da tutela de urgência causar à parte adversa*, se: (i) a sentença lhe for desfavorável; (ii) obtida liminarmente a tutela em caráter antecedente, não fornecer meios necessários para a citação do requerido, no prazo de cinco dias; (iii) ocorrer a cessão da eficácia de medida em qualquer hipótese legal; (iv) o juiz acolher a alegação de decadência ou de prescrição da pretensão do autor (art. 302).

27.2.1. Da tutela antecipada requerida em caráter antecedente

O regramento para a concessão de tutela antecipada em caráter antecedente se encontra previsto no art. 303 do CPC. Com efeito, caso a urgência seja contemporânea à propositura da ação, **será possível apresentar petição inicial, limitando-se ao requerimento de tutela antecipada e indicando o pedido de tutela final**. Há de se fazer, ainda, **a exposição da lide, do direito que se busca realizar e do perigo de dano ou do risco ao resultado útil do processo**.

Concedida a tutela antecipada nestes termos, *o autor deverá aditar a petição inicial*, com a complementação de sua argumentação, a juntada de novos documentos, e *a confirmação do pedido de tutela final, no prazo de 15 dias. O réu será citado e intimado para a audiência de conciliação ou de mediação.* Não havendo autocomposição, a contestação poderá ser apresentada no prazo do art. 335, seguindo daí em diante o procedimento comum (art. 303, § 1º).

Dois pontos aqui merecem destaque. O primeiro é o de que **o aditamento da petição inicial dar-se-á nos mesmos autos, sem incidência de novas custas** (art. 303, § 3º). O segundo é que, **caso não ocorra o referido aditamento, o processo será extinto sem resolução de mérito** (art. 303, § 2º).

A petição inicial que requerer a tutela antecipada em caráter antecedente deverá indicar o **valor da causa**. Nessa situação, para a definição do valor da causa, deverá ser levado em consideração o pedido de tutela final (art. 303, § 4º). Por sua vez, determina o art. 303, § 5º, que o autor deve, ainda, na petição inicial, que pretende a concessão de tutela antecipada em caráter antecedente.

27.2.2. Da tutela cautelar requerida em caráter antecedente

A **petição inicial** da ação que visa à prestação de **tutela cautelar** em **caráter antecedente** deverá indicar: (i) a ***lide***; (ii) o ***seu fundamento***; (iii) a ***exposição sumária do direito que se objetiva assegurar***; e (iv) o ***perigo de dano*** ou o ***risco do resultado útil do processo*** (art. 305). O art. 305, parágrafo único, do CPC, estabelece a ***fungibilidade entre o pedido de tutela antecipada e o pedido de tutela cautelar em caráter antecedente***.

O **prazo de citação do réu** para contestar o pedido, podendo indicar provas a produzir, é de cinco dias (art. 306), sob pena de revelia (art. 307). Contestado o pedido, segue-se o procedimento comum. Não havendo contestação, caberá ao juiz decidir em cinco dias.

Efetivada a tutela cautelar, o pedido principal terá de ser formulado no prazo de 30 dias. O pedido principal será apresentado **nos mesmos autos** em que foi deduzida e concedida a tutela cautelar, **sem incidência de novas custas** (art. 308). Para fins de Exame da OAB, *entende-se como necessária a indicação de qual será o pedido principal*, na petição inicial de tutela cautelar. O pedido principal pode ser formulado conjuntamente com o pedido cautelar (art. 308, § 1º). Neste caso, será aberto um tópico, entre a parte "Do Direito" e a parte "Dos Pedidos", sendo denominada "Da Tutela de Urgência" ou "Da Tutela Cautelar", por exemplo.

É importante constatar a *possibilidade de a causa de pedir ser aditada no momento da formulação do pedido principal* (art. 308, § 2º). Seja como for, apresentado o pedido principal, as partes serão intimadas para a audiência de conciliação ou de mediação, na forma do art. 334. Não havendo autocomposição, o prazo para a contestação será contado na forma do art. 335.

A *eficácia da tutela cautelar concedida* em caráter antecedente **cessará** em três hipóteses (art. 309): (i) *quando o autor não deduzir o pedido principal no prazo legal* – daí ser importante na petição de tutela cautelar indicar qual será o pedido principal; (ii) *quando não for efetivada no prazo de 30 dias*; ou (iii) quando o juiz julgar *improcedente o pedido principal* formulado pelo autor ou *extinguir o processo sem resolução de mérito*.

Por final, é importante perceber a existência de uma certa autonomia entre o pedido principal e o pedido cautelar. Tanto é que o indeferimento da tutela cautelar não impede que a parte formule o pedido principal, nem há qualquer influência no julgamento deste. Ou seja, *não é porque a tutela cautelar foi indeferida que o pedido principal será improcedente*. **Exceção** a isso é o reconhecimento de *decadência ou de prescrição*.

27.3. Como identificar a peça

A presente peça é de fácil identificação, na medida em que, apesar de existirem várias hipóteses, o caso é único. Com efeito, a questão retratará situação hipotética em que se busca, ora assegurar determinado direito, ora antecipar determinado pedido. A ideia é a busca de garantir uma maior efetividade ao pedido principal, a ser deduzido futuramente.

27.4. Competência

Nos termos do art. 299 do CPC/2015, **a tutela provisória deverá ser requerida ao juízo da causa e, quando antecedente, ao juízo competente para conhecer do pedido principal**. Assim, remete-se o leitor ao capítulo 1, mais especificamente à parte relativa à "Competência", em que se estudou a ação do procedimento comum.

27.5. Fundamentos mais comuns

Em matéria de preparação para a 2ª Fase da OAB, há algumas situações clássicas, cujos temas são de forte incidência no histórico do Exame da Ordem, necessárias de serem conhecidas por aqueles que necessitam lograr a aprovação em direito empresarial. Trata-se dos casos de: (i) sustação do protesto; (ii) exibição de livros empresariais e documentos societários; (iii) arresto; (iv) sequestro; e (v) sustação dos efeitos da patente ou do registro e uso de marca.

27.5.1. Da sustação do protesto

A Lei n. 9.492/97, regulamentando o protesto de títulos e outros documentos de dívidas, determina, em seu art. 12, que *o protesto será registrado dentro de três dias úteis, contados da protocolização do título ou documento de dívida*. Por sua vez, o art. 17 da mesma lei determina que *a sustação do protesto deve ocorrer judicialmente*. Tal sustação deve se dar exatamente dentro do prazo anteriormente mencionado, pelo qual o tabelião irá lavrar o protesto considerado, como se disse anteriormente, indevido.

Frise-se, por oportuno, ainda não ocorrerá o registro ou a lavratura do protesto. Houve somente o apontamento, a apresentação do título para que o cartório realizasse o procedimento de protesto. Caso o protesto já tivesse sido lavrado e fosse indevido, não seria mais o caso de sustação, mas sim de cancelamento de protesto.

Examinando especificamente a questão do protesto em face de títulos de crédito, deve-se ressaltar que existem duas espécies de devedores distintas: (i) o **deve-**

dor direto; e (ii) o **devedor indireto**. O *devedor direto* é a pessoa a quem o portador deve procurar inicialmente para efeito de pagamento – também conhecido como **obrigado principal**. Na hipótese de inadimplência, buscar-se-á, então, os *devedores indiretos* ou **obrigados secundários**. Esquematicamente, tem-se o seguinte:

Obrigados cambiários	Letra de câmbio, duplicata	Cheque, nota promissória
Principal	Aceitante	Sacador
Secundários	Sacador e endossantes	Endossantes

Não se menciona o avalista na tabela acima por um motivo: **o avalista responde da mesma maneira que o avalizado**. Frise-se, por oportuno, que responder da mesma maneira não significa assumir a mesma obrigação, mas sim *assumir o mesmo tipo de obrigação*. Assim, ***a obrigação do avalista se mantém mesmo que a obrigação do avalizado seja declarada nula***.

E onde entra o protesto nesta estória? É, em razão de tal fato, que se diz: *o protesto é cambialmente necessário para a cobrança do obrigado secundário (devedor indireto); porém, é cambialmente facultativo para a cobrança do obrigado principal (devedor direto)*. Assim, por exemplo, para se cobrar o endossante (ou o seu avalista) de uma nota promissória, o protesto é necessário; porém, não necessita de protesto a cobrança do aceitante (ou o seu avalista) de uma letra de câmbio. Frise-se, por oportuno, que o protesto deve ser lavrado em prazo hábil, sob pena de o credor perder o direito de cobrança junto aos obrigados secundários.

Desse entendimento, excepciona-se o **cheque**. Com efeito, o art. 47, § 1º, da Lei n. 7.357/85 equipara, para fins de cobrança, a *declaração do banco sacado atestando a recusa do pagamento* do cheque apresentado em tempo hábil ao *protesto*. Assim, se o credor apresenta o cheque, respeitando o prazo de apresentação e o título não é pago por insuficiência de fundos, por exemplo, a declaração do banco atestando esse fato – a famosa "alínea 11" – tem os mesmos efeitos jurídicos do protesto. Daí a lei dispensar, portanto, o protesto para a cobrança dos obrigados secundários no cheque.

Perceba-se, então, que o protesto do título, no que se refere aos obrigados secundários, tem a função de permitir que eles possam vir a ser cobrados. Para tanto, **o protesto deverá ser realizado em tempo hábil** (no caso de letra de câmbio e nota promissória, um dia útil após o vencimento; no caso da duplicata, 30 dias após o vencimento; no caso, do cheque, o tempo hábil de protesto, se for o caso, é o prazo de apresentação – 30 dias, se de mesma praça ou 60 dias, se de praça distinta, contado da data de emissão).

Desse modo, *deve-se considerar indevido o protesto de título em face do devedor indireto, após o tempo hábil, haja vista que não terá efeito jurídico algum*. Ou seja, esse protesto só servirá para inserir o nome do obrigado secundário nas listas de inadimplentes dos órgãos de proteção ao crédito, sem que nenhuma medida jurídica de cobrança contra ele pudesse ser tomada. Assim, será caso de **pedido cautelar de sustação de protesto** quando o portador indicar o nome de um obrigado secundário após o prazo hábil previsto em lei, exposto anteriormente.

Outra situação um tanto quanto comum é a **indicação de alguém a protesto que não é o devedor** no caso concreto, como, por exemplo, o caso de indicar a protesto, em sociedade em conta de participação, o sócio oculto ou participante, em vez de indicar o sócio ostensivo, quando aquele não tenha tomado parte nas relações com terceiro, de acordo com o art. 993 do Código Civil. Assim, sem tomar parte, não assume responsabilidade perante terceiros, do que decorre que o seu protesto é indevido.

Por final, outro ponto importante, muito comum na prática, para dar margem à sustação de protesto, é a situação em que ocorre algum vício formal no título, vale dizer, a própria emissão do título de crédito é indevida. É o caso, por exemplo, de uma duplicata ser emitida em razão de qualquer outra circunstância que não uma compra e venda mercantil ou uma prestação de serviços.

27.5.2. Da exibição de livros empresariais e documentos societários

Este pedido tem sua razão de ser no seguinte aspecto: *enquanto, de um lado, os sócios, por exemplo, têm o direito de fiscalizar os negócios sociais, consistindo tal fiscalização, o mais das vezes, no exame dos livros empresariais, em favor da sociedade empresária milita o princípio do sigilo empresarial*, previsto no art. 1.190 do Código Civil ("Ressalvados os casos previstos em lei, nenhuma autoridade, juiz ou tribunal, sob qualquer pretexto, poderá fazer ou ordenar diligência para verificar se o empresário ou a sociedade empresária observam, ou não, em seus livros e fichas, as formalidades prescritas em lei").

Desse modo, toda vez que precisa ser provado um fato em face da sociedade, como, por exemplo, uma fraude ou um ato de improbidade do administrador, para fins de buscar chamá-lo, no futuro, à responsabilidade civil, pode ser que seja necessária, de maneira preventiva, a exibição dos livros empresariais, para servir como um dos meios de prova de tal fraude ou de tal improbidade.

Sobre esta hipótese de tutela cautelar, ainda a título de apresentação, faz-se mister conhecer os arts. 420 ("O juiz pode ordenar, a requerimento da parte, a exibição integral dos livros empresariais e dos documentos de arquivo: I – na liquidação da sociedade; II – na sucessão por morte de sócio; III – quando e como determinar a lei") e 421 ("O juiz pode, de ofício, ordenar à parte a exibição parcial dos livros e documentos, extraindo-se deles a suma que interessar ao litígio, bem como reproduções autenticadas").

No plano judicial, a doutrina costuma classificar a exibição dos livros empresariais em: (i) **total ou integral** – nestes casos, ocorre o denominado *desapossamento dos livros empresariais*, ficando depositado em juízo pelo tempo que interessar para a solução do litígio; ou (ii) **parcial** – nestes casos, *o livro é levado a juízo, em audiência de instrução*, para dele ser extraído, por redução a termo, daquilo que interessar à questão. Aqui não ocorrerá o tal desapossamento, com o empresário ou sociedade empresária retornando da audiência na posse dos seus livros.

Os casos de *exibição judicial total* estão previstos no **art. 1.191, *caput*, do Código Civil**. São eles: sucessão, sociedade, administração, gestão à conta de outrem ou falência. Como visto, trata-se de situações que dizem respeito ao âmbito *interna corporis* da empresa. Não solucionando tais pendências, a empresa simplesmente para.

Os casos de *exibição judicial parcial* estão previstos no art. 1.191, § 1º, do Código Civil. Trata-se de litígios de alguém (um sócio ou um credor, por exemplo) contra o empresário ou sociedade empresária. São litígios que vêm de fora para dentro da empresa. Como o princípio é o do sigilo empresarial, não deve, nestes casos, ser aberta toda a contabilidade, até para preservar o empresário dos seus concorrentes.

Por final, é importante destacar as seguintes súmulas do STF: (i) **Súmula 260:** "O exame de livros comerciais, em ação judicial, fica limitado às transações entre os litigantes"; e (ii) **Súmula 390:** "A exibição judicial dos livros comerciais pode ser requerida como medida preventiva".

Trata-se, não custa lembrar, de um procedimento de tutela cautelar em caráter antecedente. Examinando o procedimento mencionado, algumas peculiaridades são dignas de nota. A primeira se refere ao **prazo de citação**. Com efeito, enquanto o prazo de citação para as tutelas cautelares antecedentes em geral é de cinco dias (art. 306), *o prazo de citação para a exibição de livros empresariais pode vir a ser de 15 dias*, consoante o disposto no art. 401 do CPC.

Desse modo, perceba-se que varia, no caso o concreto, o prazo de citação. Com efeito, **o prazo será de cinco dias**, seguindo a lógica das tutelas cautelares antecedentes em geral quando aquele que estiver na posição de réu deste pedido for o réu do pedido principal. Imagine-se o exemplo de um sócio ingressando com o pedido de tutelar cautelar antecedente de exibição de livros empresariais contra o administrador da sociedade para apurar alguma improbidade deste e, como ação principal, ajuizar a ação de responsabilidade contra o administrador. Porém, se o réu do pedido cautelar for terceiro, ou seja, não for parte na ação principal **o prazo será de 15 dias**. Imagine-se o exemplo de um sócio que ingressa com o pedido de tutelar cautelar antecedente de exibição de livros empresariais contra o administrador para ter acesso à documentação societária e postular, na ação principal, em face da sociedade o pagamento correto dos seus dividendos.

Outro ponto importante se refere ao **pedido**. De rigor, o **pedido formulado pela parte** conterá (art. 397): (i) **a individuação**, tão completa quanto possível, do documento ou da coisa; (ii) **a finalidade da prova**, indicando os fatos que se relacionam com o documento ou a coisa; e (iii) **as circunstâncias em que se funda o requerente** para afirmar que o documento ou a coisa existe e se acha em poder da parte contrária.

A individuação e a finalidade da prova serão extraídas a partir da narrativa do caso apresentado. Por sua vez, as circunstâncias em que se fundará o requerente estão previstas no art. 1.179 ("O empresário e a sociedade empresária são obrigados a seguir um sistema de contabilidade, mecanizado ou não, com base na escrituração uniforme de seus livros, em correspondência com a documentação respectiva, e a levantar anualmente o balanço patrimonial e o de resultado econômico"), em interpretação conjugada com o art. 1.194 ("O empresário e a sociedade empresária são obrigados a conservar em boa guarda toda a escrituração, correspondência e mais papéis concernentes à sua atividade, enquanto não ocorrer prescrição ou decadência no tocante aos atos neles consignados"), ambos do Código Civil.

Podem ser **autor do presente pedido**: o sócio, o ex-sócio, os herdeiros de sócio, o membro do conselho fiscal, desde que se demonstre o devido interesse na exibição dos livros. A legitimidade do ex-sócio estará condicionada a fatos anteriores à sua saída e, no caso de herdeiros do sócio, a legitimidade dos herdeiros de sócio se condiciona a fatos anteriores ao falecimento.

Poderá ser **réu do presente pedido**, além da sociedade, o sócio majoritário, o administrador, o ex-administrador, desde que estejam de posse dos livros que se pretende exibir. Seja como for, a sociedade deve compor o polo passivo da presente ação, formando, na forma do art. 116 do CPC, um litisconsórcio unitário. Não se pode deixar de perceber que é a sociedade que tem a obrigação de conservar os livros e escrituração, sendo ela, portanto, a destinatária final da ordem judicial de exibição. Em se tratando de empresário individual, ele ou o seu espólio podem vir a ser réu do presente feito.

Não se pode deixar de lembrar que, em se tratando de sociedade anônima, **faz-se necessária a prévia provocação da sociedade para expedir certidões dos assentamentos constantes nos livros** previstos em lei (livro de registro de ações, livro de transferência de ações, livro de registro e de transferência de partes beneficiárias), **podendo a companhia cobrar taxa pelo custo do serviço**, nos termos do art. 100, § 1º, da Lei n. 6.404/76. Assim, caso não haja tal provocação inicial, a sociedade poderia usar o referido argumento em sede de contestação.

Deve-se observar, ainda, no caso de sociedade anônima, **a necessidade de o acionista autor do pedido de exibição dos livros representar, no mínimo, 5% do capital social**, nos termos do art. 105 da Lei n. 6.404/76. Tal percentual, no entanto, deve ser observado para o caso de exibição integral. Em se tratando de *exibição de livros de sociedade limitada*, **o sócio terá legitimidade, independentemente do montante de sua participação**. Porém, se no caso houver menção que a sociedade limitada adota a **regência supletiva** pelas normas da sociedade anônima, a participação mínima em 5% do capital deverá ser respeitada.

27.5.3. Do arresto

Pensando em termos de 2ª Fase de direito empresarial do Exame de Ordem, o **fundamento mais comum** e, portanto, mais provável de aparecer é a da situação de alguém que é credor de algum título executivo extrajudicial e que, antes do ajuizamento da pretensão executiva, perceba o devedor incidindo em um dos casos de fraude à execução (arts. 792). A ideia seria fazer o arresto de tantos bens quanto seja o necessário para assegurar o montante a ser executado.

27.5.4. Do sequestro

De entrada, é preciso perceber que **não se pode confundir o arresto com o sequestro**. No arresto, como se viu no item anterior, a ideia é realizar o bloqueio judicial dos bens para fins de garantir a satisfação do crédito do autor. O foco do arresto é o patrimônio do devedor.

No sequestro, por sua vez, busca-se *apreender bens que possam sofrer algum tipo de ataque, no aspecto patrimonial, do seu titular*. Objetiva-se, portanto, com o sequestro, entregar coisa certa a quem de direito, vale dizer, busca-se a *preservação da existência dos bens objetos do litígio*. **O foco do sequestro são bens específicos e determinados**. Assim, deve-se fazer a **individuação dos bens** que serão objeto do sequestro.

Do ponto de vista da legislação empresarial e de olho na 2ª Fase do Exame de Ordem, há duas situações em que se mencionam a possibilidade da cautelar de sequestro, na Lei n. 11.101/2005. De acordo com o caso concreto, pode ser tanto **antecedente** quanto **incidental**. Os casos previstos na legislação estão relacionados, como já se adiantou, ao **pedido de falência** e à **ação revocatória**.

Do ponto de vista do pedido de falência, imagine-se a situação de um empresário que venha a ter praticado um dos atos previstos no art. 94 da Lei n. 11.101/2005 e, justamente por tal fato, esteja dilapidando ou dissipando o seu patrimônio. Não se pode negar que o processo de falência é um processo saneador do mercado – por retirar do exercício da atividade empresarial o empresário ineficiente e/ou picareta. Apesar disso, tal processo tem por objetivo, também, o pagamento dos credores, de acordo com a ordem de preferência estabelecida no QGC. Neste caso, **poder-se-ia ajuizar o pedido de tutelar cautelar de sequestro, sendo determinada a apreensão dos bens de tal empresário**.

Determina o art. 137 da Lei n. 11.101/2005: "O juiz poderá, a requerimento do autor da ação revocatória, ordenar, como medida preventiva, na forma da lei processual civil, o sequestro dos bens retirados do patrimônio do devedor que estejam em poder de terceiros". O fato de a legislação apontar o sequestro como medida preventiva não significa que ele deve se dar somente em caráter antecedente.

Assim, o caso seria a situação em que o administrador judicial ou o credor, enquanto autores da ação revocatória em face da prática de algum ato enquadrado nos arts. 129 e 130 da Lei n. 11.101/2005, descobre que determinados bens que foram retirados do patrimônio do devedor estão em poder de terceiros. Neste caso, **poder-se-ia ajuizar a cautelar de sequestro, sendo determinada a apreensão dos bens desviados em face da fraude que será, ou que está sendo, discutida no âmbito da revocatória**.

27.5.5. Da sustação dos efeitos da patente ou do registro e uso de marca

Do ponto de vista da propriedade industrial, em se tratando de concessão de patentes, o art. 42 da Lei n. 9.279/96, assegura ao titular o direito de impedir terceiro, sem o seu consentimento, de produzir, usar, colocar à venda, vender, ou importar com estes propósitos: (i) produto objeto de patente; (ii) processo ou produto obtido diretamente por processo patenteado. Assegura-se, ainda, o direito de impedir que terceiros contribuam para a prática de tais atos.

Por sua vez, em face do registro de marcas perante o INPI, o art. 129 da Lei n. 9.279/96 assegura ao titular o uso exclusivo da marca em todo o território nacional. Além disso, o art. 130 da mesma lei assegura ao titular do registro de marca o direito de: (i) ceder seu registro ou pedido de registro; (ii) licenciar o seu uso; (iii) zelar pela sua integridade material ou reputação. A proteção às marcas, nos termos do art. 131, abrange o uso em papéis, impressos, propagandas e documentos relativos à atividade do titular.

Seja em face de ação de nulidade, seja em ação de adjudicação, de patentes ou de registro de marcas, será possível a determinação liminar, preventiva (hoje em caráter antecedente) ou incidental, desta tutela, atendidos os requisitos processuais próprios (previstos no art. 300 do CPC).

Vale a pena destacar a atenção, nesse ínterim, dada ao caso concreto. Com efeito, é preciso que se veja qual o objetivo da questão. Assim, se a exigência for a da nulidade ou a da adjudicação propriamente ditas, deverá ser produzida a petição estudada no capítulo 20. Para ajuizar o pedido de tutela de urgência, nesta hipótese, é imprescindível perceber que o que se pretende é não sofrer os efeitos da concessão de uma patente ou do registro de marca, feitos indevidamente pelo INPI.

27.6. Estrutura da peça

1. **Endereçamento:** Excelentíssimo Senhor Doutor Juiz de Direito da... Vara Cível da Comarca de... do Estado de... . Será o mesmo juízo para onde deverá ser direcionado o pedido principal ou de tutela final.

   Atentar-se aos termos dos fatos narrados que muitas vezes traz informações acerca do endereçamento, mencionando, por exemplo, que na comarca tem Vara Única ou que o devedor se estabeleceu na comarca da capital.

2. **Identificação das partes:** se for pessoa física: Fulano de tal, nacionalidade..., estado civil..., profissão..., portador do RG n. ..., e do CPF n. ..., residente e domiciliado na... .

   Se for pessoa jurídica: Nome empresarial, pessoa jurídica de direito privado, inscrita no CNPJ n. ..., estabelecida na..., neste ato se fazendo presente por seu administrador... (pode fazer a qualificação de "pessoa física").

   Se for sociedade anônima: Nome empresarial, pessoa jurídica de direito privado, inscrita no CNPJ n. ..., estabelecida na..., neste ato se fazendo presente por seu diretor... (pode fazer a qualificação de "pessoa física")

3. **Representação judicial:** advogado, com mandato em anexo.

4. **Nome da peça e fundamento legal:** pedido de tutela antecipada em caráter antecedente, com fundamento no art. 303 do CPC ou pedido de tutela cautelar em caráter antecedente, com fundamento nos arts. 305 e seguin-

tes do CPC. [atentar para a indicação específica da tutela pretendida, conforme for o caso]

5. **Narrativa dos fatos ("Dos Fatos"):** exposição dos fatos previstos na situação hipotética da questão. Não inventar outros fatos nem trazer detalhes ausentes no problema. Deve-se, portanto, literalmente, copiar, de maneira integral, a questão, conforme apresentada. A criação ou invenção de outros fatos pode ser interpretada pela banca examinadora como um mecanismo de identificação, o que anulará a peça apresentada, atribuindo-lhe NOTA ZERO.
6. **Fundamentação ("Do Direito")**: importa asseverar, sempre, que a mera citação ou transcrição de artigos de lei ou súmulas de jurisprudência não pontua. Deverá o examinando construir a sua fundamentação, demonstrando a motivação, ou seja, qual o porquê de se utilizar determinado fundamento legal.

   Em todo o caso, será importante demonstrar, de acordo com o caso concreto, o atendimento aos requisitos previstos no art. 300 do CPC. Para a tutela de urgência de natureza antecipada, deve ser destacado, também, o art. 303 do CPC; já para a tutela de urgência de natureza cautelar, cabe evidenciar o art. 305 do CPC.
7. **Pedidos ("Dos Pedidos"):** a) a concessão de liminar da tutela de urgência pleiteada, no sentido de... [especificar os termos da tutela pretendida, de acordo com o exigido pela questão], haja vista a demonstração da probabilidade do direito e o perigo de dano ou o risco ao resultado útil do processo (art. 300, *caput*); b) para fins de garantia da concessão liminar, o autor se disponibiliza a prestar caução real ou fidejussória, tão logo a garantia seja determinada (art. 300, § 1º); c) a procedência do pedido em todos os seus termos, confirmando-se a liminar, mediante sentença, no julgamento do pedido principal [ou de tutela final, para o caso de tutela antecipada]; d) a citação do réu, após a execução da liminar, para, querendo, apresentar contestação, no prazo de cinco dias, sob pena de revelia [ou a citação e intimação do réu para a realização de audiência de conciliação ou de mediação – para o caso de tutela antecipada em caráter antecedente]; e) a condenação do réu ao pagamento de custas e honorários advocatícios, estes últimos nos termos do art. 85 do CPC; f) que as intimações do presente feito sejam enviadas para..., nos termos do art. 106, I, do CPC. **Obs.:** para o caso de pedido de tutela em caráter incidental, no lugar de se fazer a citação do réu – item "d" –, far-se-á a sua intimação, sendo desnecessários os pedidos "e" e "f".

   Informa, por fim, a este juízo, nos termos do art. 308 do CPC, que no prazo de 30 dias irá promover, como pedido principal, a ação de... [especificar o *nomen juris* do pedido principal] – (para o caso de tutela de natureza cautelar) – ou: Informa, por fim, a este juízo, nos termos do art. 303, § 1º, I, do CPC, que no prazo de 15 dias deverá aditar a petição inicial, complementando a argumentação e confirmando o pedido de tutela final de...

[especificar o *nomen juris* do pedido de tutela final] – (para o caso de tutela antecipada). Quando não for possível, diante da questão, identificar o pedido principal ou o pedido de tutela final, deve-se fazer tal informação genericamente.

8. **Valor da causa:** Dá-se à presente o valor de R$... [valor do pedido final] (art. 291, CPC. A toda causa será atribuído valor certo, ainda que não tenha conteúdo econômico imediatamente aferível). Para o pedido incidental não há valor da causa.
9. **Fechamento da peça:** local, data. Advogado, OAB.

27.7. Questões da peça profissional

1. (V Exame – modificado) Matias, empresário individual que explorava serviços de transporte de cargas pesadas, faleceu em 8-3-2010, deixando cinco filhos, sendo dois – José e Carlos – fruto de seu primeiro casamento com Maria (falecida em 30-7-1978) e três – Pedro, Fábio e Francisco – de seu segundo casamento com Joana, atual viúva e inventariante do espólio dos bens deixados por Matias. Por tal razão, Joana figura como administradora da empresa exercida pelo espólio, enquanto sucessor do empresário falecido.

Ao visitar o estabelecimento onde se encontra centralizada a referida atividade empresária, Carlos constata que, dos 48 caminhões anteriormente existentes, 13 encontram-se estacionados e outros 20 em funcionamento, sendo que os demais teriam sido vendidos por Joana, segundo informações obtidas do supervisor do estabelecimento, a quem cabe o controle dos veículos. Joana, entretanto, desmentiu tal informação, dizendo ter feito a locação dos outros 15 caminhões, sem apresentar qualquer documentação.

Por outro lado, Carlos verifica aparente enriquecimento súbito de Pedro e Fábio, os quais, mesmo sendo estudantes sem renda, adquirem, respectivamente e em nome próprio, imóveis no valor de R$ 300.000,00 e R$ 450.000,00.

Por final, Carlos ainda tentou obter acesso aos livros empresariais e demais documentações contábeis, mas Joana se recusou a apresentá-los.

De acordo com o caso hipotético apresentado, promova a medida judicial pertinente para assegurar a Carlos o acesso aos livros empresariais e documentos contábeis da empresa, apresentando todos os fundamentos de direito material e processual aplicáveis.

2. (IV Exame – modificado) Indústria de Doces Algodão de Açúcar Ltda., sociedade empresária com sede na Cidade de São Paulo, estado de São Paulo, é credora da sociedade Sonhos Encantados Comércio de Doces Ltda., domiciliada na Cidade de Petrópolis, estado do Rio de Janeiro, por meio de uma duplicata de venda de mercadorias, não aceita pela devedora, e vencida em 2-2-2011, no valor de R$ 50.000,00.

Considerando que (I) a recusa do aceite não foi justificada pela sociedade sacada; que (II) a sacadora protestou o título por falta de pagamento; que (III) detém o canhoto da correspondente fatura, assinado por preposto da devedora, dando conta do recebimento da mercadoria; e que (IV) a devedora pôs à venda bens de sua titularidade, conforme anúncio exposto em jornal de grande circulação, elabore a petição inicial para ação com o objetivo de assegurar o credor dos meios necessários para a satisfação do seu crédito.

27.8. Modelos das peças

1. (V Exame – modificado)

Excelentíssimo Senhor Doutor Juiz de Direito da... Vara Cível da Comarca de... do Estado de...

(deixar espaço de 5 linhas)

Carlos, nacionalidade..., estado civil..., profissão..., portador do RG sob o n. ... e do CPF sob o n. ..., residente e domiciliado na..., por seu advogado, ao final assinado, com procuração em anexo, vem respeitosamente perante Vossa Excelência promover o presente PEDIDO DE TUTELA DE URGÊNCIA CAUTELAR EM CARÁTER ANTECEDENTE DE EXIBIÇÃO DE LIVROS EMPRESARIAIS E DOCUMENTOS CONTÁBEIS, com fundamento no art. 1.191, "caput", do CC, nos arts. 420, II e 396 do CPC e na Súmula 390 do STF, em face do Espólio de Matias, neste ato representado por Joana, inventariante, e de Joana nacionalidade..., viúva, profissão..., portadora do RG sob o n. ... e do CPF sob o n. ..., residente e domiciliada na... pelos fatos e fundamentos a seguir apresentados:

DOS FATOS

Matias, empresário individual que explorava serviços de transporte de cargas pesadas, faleceu em 8-3-2010, deixando cinco filhos, sendo dois – José e Carlos – fruto de seu primeiro casamento com Maria (falecida em 30-7-1978) e três – Pedro, Fábio e Francisco – de seu segundo casamento com Joana, atual viúva e inventariante do espólio dos bens deixados por Matias. Por tal razão, Joana figura como administradora da empresa exercida pelo espólio, enquanto sucessora do empresário falecido.

Ao visitar o estabelecimento onde se encontra centralizada a referida atividade empresária, Carlos constata que, dos 48 caminhões anteriormente existentes, 13 encontram-se estacionados e outros 20 em funcionamento, sendo que os demais teriam sido vendidos por Joana, segundo informações obtidas do supervisor do estabelecimento, a quem cabe o controle dos veículos. Joana, entretanto, desmentiu tal informação, dizendo ter feito a locação dos outros 15 caminhões, sem apresentar qualquer documentação.

Por outro lado, Carlos verifica aparente enriquecimento súbito de Pedro e Fábio, os quais, mesmo sendo estudantes sem renda, adquirem, respectivamente e em nome próprio, imóveis no valor de R$ 300.000,00 e R$ 450.000,00.

Por final, Carlos ainda tentou obter acesso aos livros empresariais e demais documentações contábeis, mas Joana se recusou a apresentá-los.

DO DIREITO

A exibição integral dos livros empresariais poderá ser determinada judicialmente para resolver, dentre outras, questões relativas à sucessão do empresário, de acordo com o art. 1.191, "caput", do CC. Do ponto de vista processual, o mesmo entendimento se impõe, haja vista que o art. 420, II, do CPC determina a possibilidade de exibição integral dos livros empresariais quando se tratar de sucessão por morte.

Perceba-se que, no caso concreto, há uma suspeita de improbidade praticada pela inventariante, atual administradora da empresa, que aparenta ter vendido 15 caminhões e, com o dinheiro recebido de tal venda, ter beneficiado, apenas, os filhos do segundo matrimônio. Daí a necessidade de Carlos ter acesso aos livros empresariais e à referida documentação contábil.

Frise-se, por oportuno, que a exibição de livros empresariais pode se dar de maneira preventiva ou preparatória, a partir de ação cautelar, conforme demonstram o art. 884, III, do CPC e a Súmula 390 do STF.

DO PEDIDO LIMINAR

Na forma do que prevê o art. 300 do CPC, desde que se comprove a probabilidade do direito e o perigo de dano ou o risco ao resultado útil do processo, é possível a concessão, de acordo com o § 2.° do mesmo art. 300, de medida liminar, sem a oitiva do réu, o que se aplica no caso concreto, senão vejamos:

A probabilidade do direito reside no fato de que, para resolver questões acerca da sucessão de um empresário, será possível determinação judicial para a exibição integral dos livros empresariais. O perigo de dano se relaciona ao fato de, em sendo contatado o ato de improbidade por parte de Joana, a inventariante e administradora, haverá então prejuízos de difícil reparação causados ao autor.

DO PEDIDO

Diante do exposto, é a presente para requerer:

a) a concessão de tutela cautelar em caráter antecedente, sem ouvir o réu, no sentido de determinar a exibição dos livros empresariais e documentos contábeis da empresa exercida pelo Espólio de Matias;

b) a citação dos réus para, querendo, oferecerem contestação, no prazo de cinco dias, sob pena de revelia;

c) a procedência do presente pedido com a confirmação da liminar mediante sentença no julgamento do pedido principal;

d) a condenação da parte ré ao pagamento das custas e honorários advocatícios;

e) que a parte autora receba intimação no endereço..., nos termos do art. 106, I, do CPC.

Informa ainda que, no prazo de 30 dias (art. 308), poderá promover, como pedido principal, ação de responsabilidade contra Joana, acaso se comprove a suspeita de improbidade por ela praticada.

Protesta provar o alegado por todos os meios de prova em Direito admitidos, especialmente pela ouvida do supervisor do estabelecimento, e tudo mais o que se fizer necessário, desde logo já requerido.

Dá-se à presente causa o valor de R$...

Nestes termos,
Pede deferimento.
Local. Data.
Advogado(a), OAB n. ...

2. (IV Exame – modificado)

Excelentíssimo Senhor Doutor Juiz de Direito da... Vara Cível da Comarca de Petrópolis, do Estado do Rio de Janeiro

(deixar espaço de 5 linhas)

Indústria de Doces Algodão de Açúcar Ltda., sociedade empresária, inscrita no CNPJ sob o n. ... com sede na cidade de São Paulo/SP, neste ato se fazendo presente por seu administrador..., por seu advogado, abaixo assinado, com procuração em anexo, vem respeitosamente perante Vossa Excelência promover o presente PEDIDO DE TUTELA CAUTELAR DE ARRESTO EM CARÁTER ANTECEDENTE com fundamento nos arts. 301 e 305 do CPC, em face de Sonhos Encantados Comércio de Doces Ltda., com sede em Petrópolis/RJ, pelos fatos e fundamentos a seguir.

DOS FATOS

Indústria de Doces Algodão de Açúcar Ltda., sociedade empresária com sede na Cidade de São Paulo, estado de São Paulo, é credora da sociedade Sonhos Encantados Comércio de Doces Ltda., domiciliada na Cidade de Petrópolis, estado do Rio de Janeiro, por meio de uma duplicata de venda de mercadorias, não aceita pela devedora, e vencida em 2-2-2011, no valor de R$ 50.000,00.

Não se pode deixar de considerar que (I) a recusa do aceite não foi justificada pela sociedade sacada; que (II) a sacadora protestou o título por falta de pagamento; que

(III) detém o canhoto da correspondente fatura, assinado por preposto da devedora, dando conta do recebimento da mercadoria; e que (IV) a devedora pôs à venda bens de sua titularidade, conforme anúncio exposto em jornal de grande circulação.

DO DIREITO

O art. 301 do CPC determina a possibilidade de tutela cautelar de arresto. Toda vez que o devedo, caindo em insolvência, tenta alienar bens que possui, ou seja, quando ele se comporta em fraude à execução, surge a possibilidade jurídica de ser pleiteado, cautelarmente, o arresto de tantos bens quantos sejam necessários para arcar com um débito. No caso concreto, tem-se que a Sonhos Encantados Comércio de Doces Ltda. é devedora de duplicata de venda de mercadoria já vencida e não paga. A tentativa de alienação de bens resta comprovada pelo anúncio exposto em jornal de grande circulação.

Perceba-se, também, que o art. 15, II, da Lei n. 5.474/68 determina a possibilidade de execução judicial contra o sacado de duplicata não aceita, desde que cumulativamente, sejam apresentados, além do título, o protesto por falta de pagamento e o comprovante de entrega e recebimento de mercadoria.

Note-se que para concessão do arresto é essencial a prova literal da dívida e a prova documental da ocorrência de uma suposta fraude à execução. A prova literal da dívida, como se viu, reside na duplicata acompanhada do protesto e do comprovante de entrega e recebimento de mercadoria. O anúncio de venda de bens publicado em jornal é a prova documental.

DO PEDIDO LIMINAR

Na medida em que se pretende a concessão de medida liminar, há a necessidade de comprovação da "probabilidade do direito" e do "perigo de dano". A "probabilidade do direito" reside na existência da prova da dívida. O "perigo de dano" é revelado pelo justo receio de não haver, ao final, bens suficientes para garantir a execução.

DOS PEDIDOS

Diante do exposto, é a presente para requerer:

a) a concessão de liminar de arresto "inaudita altera pars", no sentido de impedir a alienação de tantos bens quantos forem necessários para garantir a eficácia do pedido principal;

b) para fins de garantia da concessão liminar, o autor se disponibiliza a prestar caução real ou fidejussória, tão logo a garantia seja determinada, nos termos do art. 300, § 1.º, do CPC;

c) a procedência do pedido em todos os seus termos, confirmando-se a liminar de arresto, mediante sua conversão em penhora, na sentença que extinguir o pedido principal;

d) a citação do réu, após a execução da liminar, para, querendo, apresentar contestação, no prazo de cinco dias, sob pena de revelia (art. 306);

e) a condenação do réu ao pagamento de custas e honorários advocatícios (art. 85 do CPC);

f) que as intimações do presente feito sejam enviadas para..., nos termos do art. 106, I, do CPC.

Protesta provar o alegado por todos os meios de prova admitidos em Direito, especialmente pela juntada da duplicata, do protesto, do comprovante de entrega e recebimento de mercadorias e do anúncio em jornal de grande circulação e tudo o mais que se fizer necessário, desde logo já requerido.

Informa, por fim, a este juízo, nos termos do art. 308 do CPC, que no prazo de 30 dias irá promover, como pedido principal, a ação de execução.

Dá-se à presente causa o valor de R$ 50.000,00.

Nestes termos,
Pede deferimento.
Local. Data.
Advogado, OAB n. ...

28. AÇÃO DE REINTEGRAÇÃO DE POSSE

28.1. Apresentação

Apesar de ser uma ação judicial intrinsecamente ligada ao direito civil, a ação de reintegração de posse tem uma aplicação importante no âmbito do direito empresarial. **Trata-se da medida judicial a favor do credor-arrendador de arrendamento mercantil (*leasing*) que visa resgatar o bem diante da inadimplência do devedor-arrendatário.**

O contrato de arrendamento mercantil, também chamando de contrato de *leasing*, é uma espécie de contrato típico, com previsão normativa na Lei n. 6.099/74, tendo sido regulamentado pela Resolução n. 2.309/96 do Banco Central.

Pode-se entender o *leasing* como a modalidade contratual destinada à aquisição de bens em que o arrendatário adquire a possibilidade de uso de bem móvel ou imóvel de propriedade do arrendador, que será, regra geral, uma instituição financeira. Em síntese, **o arrendador adquire o bem e disponibiliza o seu uso ao arrendatário, nos termos do contrato, dando-lhe a oportunidade de adquirir o bem, após findo o contrato.**

Pode-se destacar **duas modalidades** distintas de *leasing*: (i) o **financeiro**; e (ii) o **operacional**. Seja como for, ambas as modalidades de *leasing* têm uma mesma lógica jurídica: O arrendador adquire o bem e disponibiliza o seu uso ao arrendatário, nos termos do contrato, dando-lhe a oportunidade de adquirir o bem, devolvê-lo ou renovar o arrendamento, após findo o contrato.

O *leasing* será considerado financeiro, nos termos do art. 5º da Resolução Bacen n. 2.309/96, sempre que:

(i) as contraprestações e demais pagamentos previstos no contrato, devidos pela arrendatária, sejam normalmente suficientes para que a arrendadora recupere o custo do bem arrendado durante o prazo contratual da operação e, adicionalmente, obtenha um retorno sobre os recursos investidos;

(ii) as despesas de manutenção, assistência técnica e serviços correlatos à operacionalidade do bem arrendado sejam de responsabilidade da arrendatária;

(iii) o preço para o exercício da opção de compra seja livremente pactuado, podendo ser, inclusive, o valor de mercado do bem arrendado.

O *leasing* será considerado operacional, nos termos do art. 6º da Resolução Bacen n. 2.309/96, sempre que:

(i) as contraprestações a serem pagas pela arrendatária contemplem o custo de arrendamento do bem e os serviços inerentes a sua colocação à disposição da arrendatária, não podendo o valor presente dos pagamentos ultrapassar 90% do "custo do bem";

(ii) o prazo contratual seja inferior a 75% do prazo de vida útil econômica do bem;

(iii) o preço para o exercício da opção de compra seja o valor de mercado do bem arrendado;

(iv) não haja previsão de pagamento de valor residual garantido.

Pode ser objeto do *leasing* tanto bens móveis quanto bens imóveis, nos termos do art. 11 da Resolução Bacen n. 2.309/96. Do ponto de vista da 2ª Fase de direito empresarial, **regra geral, o objeto do *leasing* será bem móvel, normalmente, um veículo automotor**, o mais comum de ocorrer na prática, inclusive.

O **prazo de duração do contrato de arrendamento mercantil** será de, no mínimo, **dois anos** quando a **vida útil do bem for igual ou superior a cinco anos**; **para os demais produtos**, o prazo mínimo de contrato será de **três anos**, em se tratando de ***leasing* financeiro**; para o ***leasing* operacional**, o prazo mínimo é de **90 dias**. Ao final do referido prazo, o arrendatário terá a seu dispor as seguintes opções: (i) adquirir o bem, pagando o valor residual de garantia – VRG; (ii) devolver o bem objeto de arrendamento; e (iii) renovar o contrato de arrendamento.

Diante da **inadimplência do devedor-arrendatário**, o credor-arrendador tem **duas alternativas**: (i) *efetuar a cobrança judicial do débito*, via **ação de execução** – estudada no capítulo 10 – ou via **ação monitória** – estudada no capítulo 11 –, a depender do caso concreto; ou (ii) acaso deseje *resgatar o bem objeto de arrendamento mercantil*, o credor-arrendador poderá ajuizar **ação de reintegração de posse**. É por isso que se justifica o conhecimento da presente peça prático-profissional para fins de 2ª Fase em direito empresarial.

28.2. Características e requisitos

O art. 554 do CPC ensina que **as ações possessórias têm natureza dúplice**. Desse modo, *não há problema ajuizar ação de manutenção de posse no lugar da ação de reintegração e vice-versa*. Basta que os requisitos sejam provados para o juiz outorgar a proteção cabível. Já, de acordo com o art. 555 do CPC, será possível **cumular ao pedido de reintegração de posse:** (i) ***a condenação em perdas e danos***; e (ii) ***a indenização dos frutos***. Pode o autor requerer, ainda, imposição de medida necessária e adequada para: (i) **evitar nova turbação ou esbulho**; e (ii) **cumprir-se a tutela provisória ou final**.

O art. 560 do CPC determina a possibilidade de ação de reintegração de posse, no caso de esbulho. Frise-se por oportuno: **o esbulho se diferencia da turbação**, na medida em que no esbulho já se consumou a perda da posse enquanto que, na turbação, há apenas uma ameaça. **No caso do *leasing*, o esbulho restaria caracterizado pela inadimplência**, a partir do que o devedor-arrendatário passaria a ter **posse injusta**.

De outro lado, o art. 561 do CPC prevê qual o ônus da prova do autor da ação possessória. Vale dizer, cabe ao autor provar, no caso da ação de reintegração de posse: (i) a sua posse; (ii) o esbulho praticado pelo réu; (iii) a data do esbulho; e (iv) a perda da posse.

Já o art. 562 do CPC prescreve a **expedição de liminar de reintegração de posse, sem ouvir o réu, caso a petição inicial esteja devidamente instruída**. Do contrário, o juiz deverá exigir que o autor justifique previamente o alegado, citando o réu para comparecer em audiência designada. Por sua vez, determina o art. 563 do CPC que, na procedência da justificação, o juiz mandará expedir mandado de reintegração de posse.

Ademais, o art. 564 do CPC determina que **o réu será citado, nos cinco dias seguintes ao da concessão ou não do mandado liminar de reintegração, para contestar a ação no prazo de 15 dias**, devendo ser utilizado o procedimento comum como regência supletiva, nos termos do art. 566 do CPC.

A Lei n. 13.034/2014 apresentou uma série de modificações ao processo de busca e apreensão sobre bens objetos de alienação fiduciária em garantia, determinando sua aplicação, também, seja nas operações de arrendamento mercantil (art. 2º, § 4º, do Decreto-lei n. 911/69), seja nas ações de reintegração de posse de veículos referente às operações de arrendamento mercantil (art. 3º, § 15, do Decreto-lei n. 911/69).

Desse modo, **recomenda-se a leitura, em sua redação atual, do art. 2º, *caput* e** § 2º, e de todo o art. 3º, do Decreto-lei n. 911/69. **Tais dispositivos, como visto, aplicam-se também para a ação de reintegração de posse que tenha por objeto veículo automotor.** Remete-se o leitor, também, ao capítulo seguinte, em que são traçadas considerações acerca da ação de busca e apreensão, nos termos do Decreto-lei n. 911/69.

28.3. Como identificar a peça

A narrativa descreverá uma situação hipotética em que alguém contratou alguma modalidade de arrendamento mercantil que, por qualquer circunstância, tornou-se inadimplente. Por sua vez, o credor, diante da inadimplência, tem o objetivo de resgatar o bem objeto de *leasing*.

É importante perceber que o caso deve narrar um financiamento realizado via *leasing* inadimplido; se o financiamento for baseado na alienação fiduciária em garantia e restar inadimplido, a medida judicial para resgatar o objeto será a ação de busca e apreensão, a ser estudada no próximo capítulo.

28.4. Competência

A presente ação deverá ser apresentada na Vara Cível da Comarca do devedor, caso outra não tenha sido prevista no contrato de arrendamento mercantil. É o que se extrai do art. 46 do CPC. Aqui, também, cabe a mesma advertência apresentada em outros capítulos, qual seja a de adaptar o endereçamento da ação ao que a narrativa apresentar (as famosas situações da "Vara Única", "Vara da Capital", dentre outras).

28.5. Fundamentos mais comuns

A situação mais comum e, portanto, mais provável de aparecer no Exame de Ordem é a de o credor-arrendador, diante da mora ou do inadimplemento do devedor-arrendatário, que visa resgatar o bem objeto de arrendamento mercantil (*leasing*).

Sobre o arrendamento mercantil, o STJ sumulou os seguintes entendimentos: (i) "a cobrança antecipada do valor residual garantido (VRG) não descaracteriza o contrato de arrendamento mercantil" – Súmula 293; (ii) "no contrato de arrendamento mercantil (*leasing*), ainda que haja cláusula resolutiva expressa, é necessária a notificação prévia do arrendatário para constituí-lo em mora" – Súmula 369.

28.6. Estrutura da peça

1. **Endereçamento:** Excelentíssimo Senhor Doutor Juiz de Direito da... Vara Cível da comarca de... do Estado de... .

   Deve-se atentar para a narrativa apresentada, sendo certo que o contrato pode estabelecer o foro de eleição para dirimir as controvérsias.

   Deve-se adequar, também, às informações trazidas, por exemplo, quando o caso faz menção que na comarca existe "Vara Única".

2. **Identificação das partes:** o autor será o credor-arrendador, notadamente, uma sociedade anônima, na medida em que se trata de uma instituição financeira ou entidade equiparada.

   Se for pessoa física: Fulano de tal, nacionalidade..., estado civil..., profissão..., portador do RG n. ..., e do CPF n. ..., residente e domiciliado na... .

   Se for pessoa jurídica: Nome empresarial, pessoa jurídica de direito privado, inscrita no CNPJ n. ..., estabelecida na..., neste ato se fazendo presente por seu administrador... (pode fazer a qualificação de "pessoa física").

   Se for sociedade anônima: Nome empresarial, pessoa jurídica de direito privado, inscrita no CNPJ n. ..., estabelecida na..., neste ato se fazendo presente por seu diretor... (pode fazer a qualificação de "pessoa física")

3. **Representação judicial:** advogado abaixo assinado, com mandato em anexo.

4. **Nome da peça e fundamentação legal:** ação de reintegração de posse, com fundamento no art. 560 e seguintes do CPC.

5. **Narrativa dos fatos ("Dos Fatos"):** a transcrição integral do caso narrado. Frise-se, por oportuno, a necessidade de se limitar à cópia do caso

apresentado, não cabendo inventar ou deduzir dados, sob pena de ser atribuída NOTA ZERO à peça prático-profissional elaborada.

6. **Fundamentação ("Do Direito"):** deve-se frisar, sempre, que a mera citação ou transcrição de artigos não pontua. Faz-se necessário explicar e justificar o porquê da utilização de determinado dispositivo legal ou entendimento sumulado. Deve-se fazer expressão menção às Súmulas 293 e 369, do STJ, além da utilização da Lei n. 6.099/74, para apresentar a conceituação jurídica do *leasing*. Há, ainda, a necessidade de se fazer especial destaque ao esbulho, caracterizando pela inadimplência, denotando, após colocar o devedor em mora, a posse injusta.
7. **Pedidos ("Dos Pedidos"):** a) a procedência do pedido do autor, com a concessão de liminar de reintegração da posse, sem ouvir o réu, expedindo-se mandato para o cumprimento da decisão; b) a citação do réu, por oficial de justiça, após o cumprimento da medida, para que, querendo, apresente sua contestação, no prazo de cinco dias, sob pena de revelia; c) a condenação ao pagamento das custas e dos honorários advocatícios (art. 20 do CPC); d) que as intimações sejam enviadas para o escritório na Rua... (art. 39, I, do CPC); e) o registro do gravame de reintegração de posse no Renavam, a ser feito pelo juiz ou caso não haja acesso a base de dados, que o Detran seja oficiado para fazê-lo [no caso de reintegração de posse de veículo automotor]. Pretende-se provar o alegado por todas as provas em direito admitidas, especialmente... [O pedido genérico de provas não pontua. Desse modo, faz-se necessário você especificar as provas que pretende produzir, cabendo o examinando apontar a juntada do contrato de arrendamento mercantil e da comprovação, de acordo com o caso concreto, da mora ou inadimplemento do devedor].
8. **Valor da causa:** dá-se à presente causa o valor de R$... [o valor total do financiamento realizado via arrendamento mercantil].
9. **Fechamento da peça:** local, data. Advogado, OAB.

28.7. Questão da peça profissional

(Questão simulada) Júlio Fisher é empresário do segmento de transportes e contratou junto ao banco Empresto a Juros S/A a aquisição de cinco caminhões no valor de R$ 200.000,00 (duzentos mil reais), cada. O financiamento foi feito mediante arrendamento mercantil, devendo ser pago, por parcela, a quantia de R$ 20.000,00. O valor total do financiamento ficou em R$ 1.800.000,00, já considerando juros, correções monetárias e taxas previstas no contrato. Foi feita a opção de compra dos caminhões, no ato da assinatura do contrato, sendo antecipado, a cada parcela, uma parte do valor residual garantido.

Ocorre, porém, que, em razão de estar em dificuldades econômico-financeiras, Julio Fisher se tornou inadimplente no referido contrato, deixando de pagar até o presente momento sete parcelas do financiamento.

Cássio Price, diretor do Empresto a Juros S/A, a partir de decisão tomada pelo conselho de administração da companhia, busca o seu escritório de advocacia, visando promover medida judicial com o objetivo de resgatar, em favor do banco, os caminhões objeto do financiamento.

Diligente, ao examinar a documentação apresentada por Cássio Price, você constata a existência de três cartas com aviso de recebimento e de quatro notificações extrajudiciais, relativas justamente às sete parcelas em atraso, percebendo, também, que o contrato estabeleceu como foro de eleição a comarca da capital do Estado de Sergipe.

Diante da situação hipotética narrada acima, redija a peça processual adequada a atender aos interesses do seu cliente, apresentando todos os fundamentos de direito material e processual pertinentes ao caso.

28.8. Modelo da peça

Excelentíssimo Senhor Doutor Juiz de Direito da... Vara da Comarca da Capital do Estado de Sergipe

(deixar espaço de 5 linhas)

Empresto a Juros S/A, Pessoa jurídica de direito privado, inscrita no CNPJ n. ..., estabelecida na..., neste ato se fazendo presente por seu diretor, Cássio Price, Nacionalidade..., Estado civil..., Profissão..., portador do RG n. ..., e do CPF n. ..., residente e domiciliado na..., por seu advogado, ao final assinado, com mandato em anexo, vem respeitosamente perante Vossa Excelência promover a presente AÇÃO DE REINTEGRAÇÃO DE POSSE, com fundamento no art. 560 e seguintes do CPC, em face de Júlio Fisher, nacionalidade..., estado civil..., empresário individual, portador do RG n. ..., e do CPF n. ..., residente e domiciliado na..., pelos fatos e fundamentos a seguir apresentados.

DOS FATOS

Júlio Fisher é empresário do segmento de transportes e contratou junto ao banco Empresto a Juros S/A a aquisição de cinco caminhões no valor de R$ 200.000,00, cada. O financiamento foi feito mediante arrendamento mercantil, devendo ser pago, por parcela, a quantia de R$ 20.000,00. O valor total do financiamento ficou em R$ 1.800.000,00, já considerando juros, correções monetárias e taxas previstas no contrato. Foi feita a opção de compra dos caminhões, no ato da assinatura do contrato, sendo antecipada, a cada parcela, uma parte do valor residual garantido.

Ocorre, porém, que, em razão de estar em dificuldades econômico-financeiras, Júlio Fisher se tornou inadimplente no referido contrato, deixando de pagar até o presente momento sete parcelas do financiamento.

O conselho de administração do banco autor, em face da inadimplência do devedor, optou por reaver os caminhões objeto de arrendamento mercantil.

DO DIREITO

Trata-se o caso concreto de contrato de arrendamento mercantil em garantia em que o devedor (Júlio Fisher) está em mora e o credor (Empresto a Juros S/A) pretende o resgate dos bens objetos do "leasing".

Note-se que é remansosa e pacífica a jurisprudência do STJ que entende pela utilização da ação de reintegração de posse, em face de contrato de "leasing" inadimplido. A propósito, o fato de ser antecipada a opção de compra e a cobrança do VRG não vai descaracterizar o contrato de arrendamento mercantil, nos termos da Súmula 293 do STJ.

Importante destacar que, neste contrato, cabe ao credor colocar o devedor em mora. Para fins de comprovação da mora ou do inadimplemento, apresentam-se, em anexo, três cartas com aviso de recebimento e quatro notificações extrajudiciais, referente às sete parcelas em atraso, nos termos do art. 2.º, § 2.º, do Decreto-lei n. 911/61, aplicável subsidiariamente ao arrendamento mercantil de veículo automotor, e da Súmula 369 do STJ. Vale dizer, mesmo se houvesse cláusula resolutiva expressa, ainda assim, será necessária a notificação do devedor para constituí-lo em mora.

Por sua vez, estabelece o art. 3.º do mesmo Decreto-lei n. 911/69, aplicável subsidiariamente ao arrendamento mercantil de veículo automotor, e do art. 562 do CPC, que o credor, comprovando a mora do devedor, poderá requerer a reintegração de posse do bem objeto de "leasing", concedida em caráter liminar.

DOS PEDIDOS

Diante do exposto, é a presente para requerer:

a) a procedência do pedido do autor, com a concessão de liminar de reintegração da posse, sem ouvir o réu, expedindo-se mandato para o cumprimento da decisão;

b) a citação do réu, por oficial de justiça, após o cumprimento da medida, para que, querendo, apresente sua contestação, no prazo de 15 dias, sob pena de revelia;

c) a condenação ao pagamento das custas e dos honorários advocatícios (art. 85, § 2.º, do CPC);

d) que as intimações sejam enviadas para o escritório na Rua... (art. 106, I, do CPC);

e) o registro do gravame de reintegração de posse no Renavam, a ser feito pelo juiz ou, caso não haja acesso à base de dados, que o Detran seja oficiado para fazê-lo.

Pretende-se provar o alegado por todas as provas em direito admitidas, especialmente pela juntada do contrato de arrendamento mercantil, onde se encontram especificadas as características dos caminhões; das notificações extrajudiciais e das cartas com aviso de recebimento, para comprovar a inadimplência do devedor, e tudo o mais que se fizer necessário, desde logo já requerido.

Dá-se à presente causa o valor de R$ 1.800.000,00.

Nestes termos,
Pede deferimento.
Local. Data.
Advogado, OAB n. ...

29. AÇÃO DE BUSCA E APREENSÃO

29.1. Apresentação

Atualmente, a ordem jurídica brasileira regulamenta uma única forma de **busca e apreensão**: a **prevista no Decreto-lei n. 911/69, para buscar e apreender bem móvel objeto de alienação fiduciária em garantia**. Trata-se de uma das ações judiciais mais aforadas na prática, revelando, portanto, a importância, para quem pretende prestar 2ª Fase em direito empresarial, de conhecer o presente feito.

Neste caso, *você será advogado do credor, normalmente uma instituição financeira*. Aludido credor tem o interesse de, em razão de inadimplência, *resgatar bem móvel, normalmente um veículo automotor, objeto de alienação fiduciária em garantia*. Tal bem, por força do contrato, estará na posse direta do devedor.

Tratando-se de propriedade fiduciária, cabe ressaltar o que prevê o art. 1.361 do Código Civil:

> Art. 1.361. Considera-se fiduciária a propriedade resolúvel de coisa móvel infungível que o devedor, com escopo de garantia, transfere ao credor.
>
> § 1º Constitui-se a propriedade fiduciária com o registro do contrato, celebrado por instrumento público ou particular, que lhe serve de título, no Registro de Títulos e Documentos do domicílio do devedor, ou, em se tratando de veículos, na repartição competente para o licenciamento, fazendo-se a anotação no certificado de registro.
>
> § 2º Com a constituição da propriedade fiduciária, dá-se o desdobramento da posse, tornando-se o devedor possuidor direto da coisa.
>
> § 3º A propriedade superveniente, adquirida pelo devedor, torna eficaz, desde o arquivamento, a transferência da propriedade fiduciária.

29.2. Características e requisitos

Não se pode falar da **ação de busca e apreensão, nos termos do DL n. 911/69**, sem antes tecer algumas considerações acerca do contrato de **alienação fiduciária em garantia**. Em termos práticos, trata-se de uma das modalidades previstas para *viabilizar o financiamento para aquisição de bens*. De um ponto de vista jurídico, à luz do art. 66 da Lei n. 4.728/65, "A alienação fiduciária em garantia transfere ao credor o domínio resolúvel e a posse indireta da coisa móvel alienada, independentemente da tradição efetiva do bem, tornando-se o alienante ou devedor em possuidor direto e depositário com todas as responsabilidades e encargos que lhe incumbem de acordo com a lei civil e penal".

Apesar de a alienação fiduciária poder ter por **objeto**, tanto **bens móveis ou imóveis** quanto **títulos de crédito**, é importante considerar que a presente **ação de busca e apreensão** só será viável quando o **objeto da alienação fiduciária em garantia for bem móvel**. Para tanto, *será necessário que o devedor-fiduciante tenha se tornado inadimplente.*

Por tal contrato, *o devedor-fiduciante manterá a posse direta do bem, sendo, por consequência, nomeado depositário deste, e o credor-fiduciário terá a posse indireta e a propriedade do objeto do contrato.* É o que se chama de **desdobramento da posse**. Na hipótese de **cumprimento do contrato pelo devedor-fiduciante**, tendo sido pagas todas as parcelas do financiamento, **o credor-fiduciário terá a obrigação de transferir o bem ao fiduciante**.

No caso da **inadimplência**, poderá o credor **vender a coisa a terceiros extrajudicialmente**, devendo aplicar o preço da venda no pagamento de seu crédito e das despesas decorrentes do contrato, entregando ao devedor o saldo, mediante prestação de contas, diz o art. 2º do DL n. 911/69. É possível, ainda, o credor-fiduciário fazer uso da ação de execução, nos termos do art. 4º do DL n. 911/69. Não se pode deixar de lembrar ainda, acerca da alienação fiduciária em garantia, da **Súmula 384 do STJ**: "Cabe ação monitória para haver saldo remanescente oriundo da venda extrajudicial de bem alienado fiduciariamente em garantia".

Entretanto, se o objetivo do credor-fiduciário for a **consolidação da propriedade** em seu favor (art. 3º, § 1º, do DL n. 911/69), a medida judicial não poderá ser outra senão *a ação de busca e apreensão*. Tal medida judicial goza de algumas características relevantes e dignas de nota. Perceba-se, a propósito, que o Decreto-lei n. 911/69 sofreu várias modificações com o advento da Lei n. 13.043/2014, o que reflete ainda mais a sua importância, dadas as inovações trazidas pela mencionada legislação.

De início, ressalte-se a necessidade de o credor **comprovar a mora ou o inadimplemento do devedor**. *A mora decorrerá do simples vencimento do prazo para pagamento e poderá ser comprovada por carta registrada com aviso de recebimento, não se exigindo que a assinatura constante do referido aviso seja a do próprio destinatário.* É o que determina a nova redação do art. 2º, § 2º, do DL n. 911/69.

Nesse sentido, prescreve a **Súmula 72 do STJ**: "A comprovação da mora é imprescindível à busca e apreensão do bem alienado fiduciariamente". No entanto, a **Súmula 245 do STJ** regulamenta o modo de comprovação da mora: "A notificação destinada a comprovar a mora nas dívidas garantidas por alienação fiduciária dispensa a indicação do valor do débito". Registre-se, ainda, que, nos termos da **Súmula 284 do STJ**: "A purga da mora, nos contratos de alienação fiduciária, só é permitida quando já pagos pelo menos 40% (quarenta por cento) do valor financiado".

Com a presente ação, busca-se a concessão de liminar, que pode ser apreciada, inclusive, no plantão judiciário, para o fim de resgatar, em favor do credor, o bem alienado fiduciariamente. Desse modo, *comprovada*, portanto, *a mora ou a inadimplência do devedor, o credor requererá a busca e apreensão*, que deve ser **concedida liminarmente**, contra quem estiver na posse, de fato, do objeto, seja o devedor, seja terceiro, nos termos do art. 3º do DL n. 911/69.

Cinco dias após a **execução da liminar** de busca e apreensão, *a propriedade estará consolidada em favor do credor*, conforme determina o art. 3º, § 1º, do Decreto-lei n. 911/69. Neste mesmo prazo, é *facultado ao devedor pagar a integralidade da dívida pendente*, segundo os valores apresentados pelo credor, na petição inicial, tendo, então, o devedor *o direito de lhe ver o bem restituído*. Lembre-se, aliás, da faculdade atribuída ao credor de considerar vencidas todas as demais obrigações, diante do inadimplemento de uma parcela do financiamento, conforme ensina o art. 2º, § 3º.

O devedor-fiduciante deve ser **citado** para **contestar** o presente feito no **prazo de 15 dias**, *contados da execução da liminar* (art. 3º, § 3º). **Mesmo que o devedor tenha pago a integralidade da dívida pendente**, nos termos explicados anteriormente, ele **poderá apresentar defesa**, caso entenda ter havido *pagamento a maior e desejar restituição* (art. 3º, § 4º).

Não custa nada lembrar que na sentença que decretar a improcedência da ação de busca e apreensão, o juiz condenará o credor fiduciário ao pagamento de multa, em favor do devedor-fiduciante, equivalente a 50% do valor originalmente financiado, devidamente atualizado, caso o bem já tenha sido alienado (art. 3º, § 5º). Esta multa, é bom que se diga, não exclui a responsabilidade do credor por perdas e danos (art. 3º, § 6º).

Acaso decrete a **busca e apreensão de veículo automotor**, cabe ao juiz **inserir a restrição judicial na base de dados do Renavam** (art. 3º, § 9º). *Não tendo o juiz acesso ao Renavam*, deverá **oficiar ao Detran competente** para fazê-lo (art. 3º, § 10). Em todo o caso, o juiz deverá determinar a **inserção do mandado de busca e apreensão em banco próprio de mandados** (art. 3º, § 11).

Tramitando a busca e apreensão em comarca distinta daquela em que o bem foi localizado, a parte interessada poderá pedir diretamente ao juiz a apreensão do veículo, independentemente de carta precatória, bastando que de tal pedido conste a petição inicial e a decisão judicial que concedeu a busca e apreensão (art. 3º, § 12). A apreensão deve ser comunicada ao juízo que intimará a instituição financeira para retirar o veículo em 48 horas (art. 3º, § 13), cabendo ao devedor entregar o veículo e os respectivos documentos (art. 3º, § 14).

Por fim, se o **bem** alienado fiduciariamente **não for encontrado** ou não se achar na posse do devedor, fica facultado ao credor requerer, *nos mesmos autos*, a **conversão do pedido de busca e apreensão em ação executiva**, conforme determina o art. 4º do DL n. 911/69, na redação que lhe foi conferida pela Lei n. 13.043/2014.

29.3. Como identificar a peça

O caso concreto narrará uma situação em que, entre as partes da narrativa, há um contrato de alienação fiduciária em garantia de bem móvel, em que o devedor (também denominado fiduciante) se encontrará inadimplente, sendo de interesse do credor (também denominado de fiduciário) o resgate do bem objeto de alienação fiduciária, visando consolidar, em seu favor, a propriedade plena deste bem.

Frise-se, por oportuno: o credor pretende que o bem lhe seja devolvido. Se o caso concreto destacar que o objetivo do credor é receber o que lhe é devido, a medida judicial a ser apresentada é a ação de execução, já devidamente estudada no capítulo 9. Entretanto, se o objetivo do credor for a cobrança do saldo remanescente oriundo da venda extrajudicial do bem alienado fiduciariamente, a medida judicial é a ação monitória, apresentada no capítulo 12 deste livro.

29.4. **Competência**

A presente ação deverá ser apresentada na Vara Cível da Comarca do devedor, caso outra não tenha sido prevista no contrato de alienação fiduciária em garantia. Aqui, também, cabe a mesma advertência apresentada em outros capítulos, qual seja a de adaptar o endereçamento da ação ao que a narrativa apresentar (as famosas situações da "Vara Única", "Vara da Capital", dentre outras).

Não se pode olvidar que **a ação de busca e apreensão constitui processo autônomo e independente de qualquer procedimento posterior**, nos termos do art. 3º, § 8º, do Decreto-lei n. 911/69. Com efeito, o examinador poderá apresentar a seguinte pegadinha: informar que em referência ao contrato inadimplido já houve o ajuizamento de ação executiva distribuída para determinada Vara.

Normalmente, isso seria indicativo da necessidade de se fazer distribuição por dependência. Porém, em se tratando de ação de busca e apreensão, não existe distribuição por dependência, sendo passível, portanto, de perda de pontuação, caso o examinando assim o faça. Portanto, a ação de execução tramitará em uma determinada vara e a busca e apreensão, em outra.

29.5. **Fundamentos mais comuns**

O fundamento para a presente ação se encontra no **art. 3º do Decreto-lei n. 911/69**, que prevê: "O proprietário fiduciário ou credor poderá, desde que comprovada a mora, na forma estabelecida pelo § 2º do art. 2º, ou o inadimplemento, requerer contra o devedor ou terceiro a busca e apreensão do bem alienado fiduciariamente, a qual será concedida liminarmente, podendo ser apreciada em plantão judiciário".

Trata-se, portanto, de ação em que o credor visa resgatar um bem objeto de alienação fiduciária em garantia, cujo contratou restou inadimplente. Se o contrato do caso concreto, entretanto, for o de arrendamento mercantil (*leasing*), a medida judicial pertinente para o resgate do bem pelo credor será a ação de reintegração de posse, estudada no capítulo 28.

29.6. Estrutura da peça

1. **Endereçamento:** Vara Cível da Comarca... do Estado de... .

   Deve-se atentar para a narrativa apresentada, sendo certo que o contrato pode estabelecer o foro de eleição para dirimir as controvérsias.

   Deve-se adequar, também, às informações trazidas, por exemplo, quando o caso faz menção que na comarca existe "Vara Única".

2. **Identificação das partes:** o autor é o credor e o réu é o devedor, de um contrato de alienação fiduciária em garantia de bem móvel.

   Se for pessoa física: Fulano de tal, nacionalidade..., estado civil..., profissão..., portador do RG n. ..., e do CPF n. ..., residente e domiciliado na... .

   Se for pessoa jurídica: Nome empresarial, pessoa jurídica de direito privado, inscrita no CNPJ n. ..., estabelecida na..., neste ato se fazendo presente por seu administrador... (pode fazer a qualificação de "pessoa física").

   Se for sociedade anônima: Nome empresarial, pessoa jurídica de direito privado, inscrita no CNPJ n. ..., estabelecida na..., neste ato se fazendo presente por seu diretor... (pode fazer a qualificação de "pessoa física").

3. **Representação judicial:** advogado(a), com mandato em anexo.
4. **Nome da ação e fundamentação legal:** Ação de Busca e Apreensão, com fundamento no art. 3º do Decreto-lei n. 911/69.
5. **Narrativa dos fatos ("Dos Fatos"):** a transcrição integral do caso narrado. Frise-se, por oportuno, a necessidade de se limitar à cópia do caso apresentado, não cabendo inventar ou deduzir dados, sob pena de ser atribuída NOTA ZERO à peça prático-profissional elaborada.
6. **Fundamentação ("Do Direito"):** cabe sempre ressaltar que a mera citação ou transcrição de artigos de lei e mesmo de súmulas de jurisprudência não pontua. Deve o examinando discorrer sobre o art. 3º do Decreto-lei n. 911/69, ressaltando o interesse que o credor tem de resgatar o bem, em face da comprovação da mora ou da inadimplência do devedor. Há de se fazer o necessário destaque para a concessão da liminar da busca e apreensão.
7. **Pedidos ("Do Pedido"):** a) a concessão de liminar de busca e apreensão de... [indicando o objeto da alienação fiduciária em garantia que se quer buscar e apreender, de acordo com o caso concreto]; b) a citação do réu para, querendo, apresentar defesa, no prazo de 15 dias a contar da execução da liminar; c) a procedência do presente feito em todos os seus termos, confirmando-se a liminar mediante sentença, com a consolidação da propriedade e da posse plena e exclusiva do bem no patrimônio do credor, sendo determinada a expedição de novo certificado de registro de propriedade em nome do credor; d) o registro do gravame de busca e apreensão no Renavam, a ser feito pelo juiz ou caso não haja acesso a base de dados, que o Detran seja oficiado para fazê-lo [no caso de busca e

apreensão de veículo automotor]; e) a conversão, no mesmos autos, da busca e apreensão em ação executiva, caso o bem não seja encontrado ou não se encontre na posse do devedor, nos termos do art. 4º do Decreto-lei n. 911/69; f) a condenação ao pagamento das custas e dos honorários advocatícios, sendo estes últimos, pleiteados no importe de 20% do valor da causa, conforme disposição do art. 20 do CPC; g) que as intimações sejam enviadas para o escritório na Rua... (art. 39, I, do CPC). Pretende-se provar o alegado por todas as provas em direito admitidas, especialmente... [O pedido genérico de provas não pontua. Desse modo, faz-se necessário você especificar as provas que pretende produzir, cabendo o examinando apontar a juntada do contrato de alienação fiduciária em garantia e da comprovação, de acordo com o caso concreto, da mora ou inadimplemento do devedor].

8. **Valor da causa:** dá-se à presente causa o valor de R$... [o valor total do financiamento realizado via alienação fiduciária em garantia]
9. **Fechamento da peça:** local, data. Advogado, OAB.

29.7. Questão da peça profissional

(Questão simulada) Júlio Fisher é empresário do segmento de transportes e contratou junto ao banco Empresto a Juros S/A a aquisição de cinco caminhões no valor de R$ 200.000,00, cada. O financiamento foi feito mediante alienação fiduciária em garantia, devendo ser pago, por parcela, a quantia de R$ 20.000,00. O valor total do financiamento ficou em R$ 1.800.000,00, já considerando juros, correções monetárias e taxas previstas no contrato.

Ocorre, porém, que, em razão de estar em dificuldades econômico-financeiras, Julio Fisher se tornou inadimplente no referido contrato, deixando de pagar até o presente momento sete parcelas do financiamento.

Cássio Price, diretor do Empresto a Juros S/A, a partir de decisão tomada pelo conselho de administração da companhia, busca o seu escritório de advocacia, visando promover medida judicial com o objetivo de resgatar, em favor do banco, os caminhões objeto do financiamento.

Diligente, ao examinar a documentação apresentada por Cássio Price, você constata a existência de três cartas com aviso de recebimento e de quatro notificações extrajudiciais, relativas justamente às sete parcelas em atraso, percebendo, também, que o contrato estabeleceu como foro de eleição a comarca da capital do Estado de Sergipe.

Diante da situação hipotética narrada acima, redija a peça processual adequada a atender aos interesses do seu cliente, apresentando todos os fundamentos de direito material e processual pertinentes ao caso.

29.8. Modelo da peça

Excelentíssimo Senhor Doutor Juiz de Direito da... Vara da Comarca da Capital do Estado de Sergipe

(deixar espaço de 5 linhas)

Empresto a Juros S/A, pessoa jurídica de direito privado, inscrita no CNPJ n. ..., estabelecida na..., neste ato se fazendo presente por seu diretor, Cássio Price, nacionalidade..., estado civil..., profissão..., portador do RG n. ..., e do CPF n. ..., residente e domiciliado na..., por seu advogado, ao final assinado, com mandato em anexo, vem respeitosamente perante Vossa Excelência promover a presente AÇÃO DE BUSCA E APREENSÃO, com fundamento no art. 3.º do Decreto-lei n. 911/69, em face de Julio Fisher, nacionalidade..., estado civil..., empresário individual, portador do RG n. ..., e do CPF n. ..., residente e domiciliado na..., pelos fatos e fundamentos a seguir apresentados.

DOS FATOS

Júlio Fisher é empresário do segmento de transportes e contratou junto ao banco Empresto a Juros S/A a aquisição de cinco caminhões no valor de R$ 200.000,00, cada. O financiamento foi feito mediante alienação fiduciária em garantia, devendo ser pago, por parcela, a quantia de R$ 20.000,00. O valor total do financiamento ficou em R$ 1.800.000,00, já considerando juros, correções monetárias e taxas previstas no contrato. Ocorre, porém, que, em razão de estar em dificuldades econômico-financeiras, Julio Fisher se tornou inadimplente no referido contrato, deixando de pagar até o presente momento sete parcelas do financiamento.

O conselho de administração do banco autor, em face da inadimplência do devedor, optou por reaver os caminhões objeto de alienação fiduciária em garantia.

DO DIREITO

Trata-se o caso concreto de contrato de alienação fiduciária em garantia em que o devedor (Júlio Fisher) está em mora e o credor (Empresto a Juros S/A) pretende o resgate dos bens objeto da alienação fiduciária em garantia.

Note-se, na forma do art. 1.361 do Código Civil, que a propriedade é considerada fiduciária quando o devedor, com o escopo de garantia, transfere o bem ao credor. Na alienação fiduciária em garantia, portanto, o banco paga ao vendedor e se torna credor-fiduciário, proprietário, desmembrando-se a posse direta em favor do devedor.

Importante destacar que, neste contrato, cabe ao credor colocar o devedor em mora. Para fins de comprovação da mora ou do inadimplemento, apresentam-se, em anexo, três cartas com aviso de recebimento e quatro notificações extrajudiciais, referentes às sete parcelas em atraso, nos termos do art. 2.º, § 2.º, do Decreto-lei n. 911/61 e da Súmula 245 do STJ.

Por sua vez, estabelece o art. 3.º do mesmo Decreto-lei n. 911/69 que o credor, comprovando a mora do devedor, poderá requerer a busca e apreensão do bem alienado fiduciariamente, concedida em caráter liminar.

DOS PEDIDOS

Diante do exposto, é a presente para requerer:

a) a concessão de liminar de busca e apreensão dos cinco caminhões objeto de alienação fiduciária em garantia;

b) a citação do réu para, querendo, apresentar defesa, no prazo de 15 dias a contar da execução da liminar;

c) a procedência do presente feito em todos os seus termos, confirmando-se a liminar mediante sentença, com a consolidação da propriedade e da posse plena e exclusiva do bem no patrimônio do credor, sendo determinada a expedição de novo certificado de registro de propriedade em nome do credor;

d) o registro do gravame de busca e apreensão no Renavam, a ser feito pelo juiz ou, caso não haja acesso à base de dados, que o Detran seja oficiado para fazê-lo;

e) a conversão, nos mesmos autos, da busca e apreensão em ação executiva, caso o bem não seja encontrado ou não se encontre na posse do devedor, nos termos do facultado pelo art. 4.º do Decreto-lei n. 911/69;

f) a condenação ao pagamento das custas e dos honorários advocatícios, sendo estes últimos pleiteados no importe de 20% do valor da causa, conforme disposição do art. 85, § 2.º, do CPC;

g) que as intimações sejam enviadas para o escritório na Rua... (art. 106, I, do CPC).

Pretende-se provar o alegado por todas as provas em direito admitidas, especialmente pela juntada do contrato de alienação fiduciária em garantia, em que se encontram especificadas as características dos caminhões; das notificações extrajudiciais e das cartas com aviso de recebimento, para comprovar a inadimplência do devedor, e tudo o mais que se fizer necessário, desde logo já requerido.

Dá-se à presente causa o valor de R$ 1.800.000,00.

Nestes termos,
Pede deferimento.
Local. Data.
Advogado, OAB n. ...

30. RATIFICAÇÃO DOS PROTESTOS MARÍTIMOS E DOS PROCESSOS TESTEMUNHÁVEIS A BORDO

30.1. Apresentação

Protesto, em Direito, significa o **ato formal e solene em que se busca comprovar a ocorrência de determinado fato**. No âmbito do **direito marítimo**, visando **eximir a responsabilidade do capitão do navio por caso fortuito ou força maior**, o protesto marítimo tem a função de **comprovar sinistros, avarias ou qualquer perda sofrida pelo navio e/ou sua carga**.

Nesse ínterim, importa considerar que as normas relativas ao comércio marítimo ainda se encontram regulamentadas pelo Código Comercial Brasileiro (CCB), de 1850. O Código Civil atual, entrando em vigor no início de 2003, revogou somente a primeira parte do CCB, dedicada ao comércio terrestre. *O Direito Marítimo, portanto, em linhas gerais, continua regulamentado no Código Comercial Brasileiro.*

Para terem valor jurídico, **os protestos marítimos devem ser ratificados judicialmente**. Após a ratificação, o protesto marítimo passa a ter fé pública e serve de presunção relativa acerca dos fatos nele consagrados. O procedimento de ratificação dos protestos marítimos e dos processos testemunháveis a bordo se encontram regulamentados pelos arts. 766 a 770 do CPC/2015.

30.2. Características e requisitos

Na medida em que se trata da prova de uma ocorrência a bordo, **o protesto deve conter**: (i) o **relatório circunstanciado do sinistro**, e referirá, em resumo, a derrota até o ponto do mesmo sinistro, indicando o local do fato; e (ii) a **declaração de motivos** da determinação do capitão.

Frise-se, por oportuno, a ocorrência de determinadas **formalidades** para a realização do protesto marítimo. Deve ser escrito pelo piloto, datado e assinado pelo capitão, pelos maiores da tripulação – imediato, chefe de máquina, médico, pilotos, mestres, e por igual número de passageiros, com a indicação dos respectivos domicílios. É importante considerar, ainda, a **necessidade** de ser lavrada **ata**, no Diário de Navegação, **precedente do protesto** e contendo as **determinações do capitão**.

O art. 766 do CPC estabelece o **prazo** para a realização da **ratificação do protesto**. Com efeito, dentro das **24 horas da chegada da embarcação**, o capitão se apresentará ao juiz, fazendo-lhe a entrega do protesto formado a bordo e do Diário de Navegação. Para fins de ratificação do protesto formado a bordo, é necessário que a ata do protesto marítimo a ser ratificado conste do Diário de Navegação.

Os arts. 767 e 768 trazem informações importantes acerca da petição inicial. Com efeito, a petição inicial conterá a **transcrição** dos termos lançados no livro **Diário da Navegação** e deverá ser **instruída** com cópias das páginas que contenham os termos que serão ratificados, dos documentos de identificação do comandante e das testemunhas arroladas, do rol de tripulantes, do documento de registro da embarcação e, quando for o caso, do manifesto das cargas sinistradas e a qualificação de seus consignatários, traduzidos, quando for o caso, de forma livre para o português (art. 767).

Determina o art. 768 do CPC/2015 que a petição inicial deverá ser **distribuída com urgência** e encaminhada ao juiz, que ouvirá, sob compromisso a ser prestado no mesmo dia, o **comandante** e as **testemunhas em número mínimo de duas e máximo de quatro**, que deverão comparecer ao ato **independentemente** de intimação. Tratando-se de estrangeiros que não dominem a língua portuguesa, o autor deverá fazer-se acompanhar por tradutor, que prestará compromisso em audiência. Caso o autor não se faça acompanhar por tradutor, o juiz deverá nomear outro que preste compromisso em audiência.

Por sua vez, os arts. 769 e 770 do CPC/2015 estabelecem o **procedimento de ratificação**. Após a notificação e a inquirição dos interessados, caberá ao juiz, mediante sentença, ratificar o protesto. Com a sentença de ratificação, os autos deverão ser entregues ao autor, regra geral, o capitão da embarcação.

Por final, não se pode deixar de notar, do ponto de vista de sua natureza jurídica, que a **ratificação de protesto marítimo** é uma espécie de **procedimento de jurisdição voluntária**. Nessa linha, é importante frisar algumas de suas peculiaridades: (i) **não há condenação em custas ou honorários advocatícios**, visto se tratar de jurisdição voluntária; (ii) **não há protesto por provas**, visto ocorrer a juntada do Diário de Navegação e a ouvida dos membros da tripulação e passageiros para a comprovação do protesto marítimo a ser ratificado; e (iii) **não há pedido de citação**.

30.3. Como identificar a peça

A situação hipotética apresentada narrará uma situação que ocorreu a bordo de uma determinada embarcação, a partir da qual o capitão teve de tomar alguma medida. Para se resguardar de eventual responsabilidade, o capitão lavra o protesto formado a bordo no Diário de Navegação. A medida judicial terá o objeto de ratificar o que foi apontado no protesto.

30.4. Competência

O STJ, em sede de conflito de competência, definiu como competente para o conhecimento do pedido de ratificação de protesto marítimo ou de processos testemunháveis a bordo, a Vara Cível, da Justiça Comum Estadual. Deve ser a Vara

Cível da comarca do porto em que o navio entrou. Não custa nada lembrar que é importante adequar a competência, o direcionamento, ao que for trazido de informação na questão. A narrativa pode, por exemplo, mencionar que na comarca existe "Vara Única".

30.5. Fundamentos mais comuns

O **Diário de Navegação** é um dos livros que o capitão é obrigado a manter escrituração regular a respeito da administração do navio e de sua navegação. Cabe **responsabilidade do capitão** por perdas e danos que resultarem da **falta de escrituração regular** (art. 501 do CCB). É importante ressaltar que variam os registros a serem lavrados no Diário de Navegação, a depender de o navio se encontrar em algum porto ou em viagem (art. 504 do CCB).

Encontrando-se o navio em algum porto, devem ser escriturados no Diário de Navegação "os trabalhos que tiverem lugar a bordo, e os consertos ou reparos do navio". **Em viagem**, deverão ser escrituradas "as observações que os capitães e pilotos são obrigados a fazer, todas as ocorrências interessantes à navegação, acontecimentos extraordinários que possam ter lugar a bordo". Cabe, ainda, escriturar os "danos ou avarias que o navio ou a carga possam sofrer, as deliberações que se tomarem por acordo dos oficiais de embarcação, e os competentes protestos".

Por sua vez, determina o art. 505 do CCB: "Todos os **processos testemunháveis** e **protestos formados a bordo**, tendentes a **comprovar sinistros, avarias, ou quaisquer perdas**, devem ser ratificados com juramento do capitão perante a autoridade competente do primeiro lugar onde chegar; a qual deverá interrogar o mesmo capitão, oficiais, gente da equipagem e passageiros sobre a veracidade dos fatos e suas circunstâncias, tendo presente o Diário da Navegação, se houver sido salvo".

Uma situação relevante é a da **arribada forçada**. Com efeito, **compreende-se como arribada forçada o ato de o navio entrar, por necessidade, em algum porto ou lugar distinto daqueles relacionados na viagem** (art. 740 do CCB). O art. 741 do CCB apresenta os casos de arribada forçada justificada. Nesses casos, o capitão não responde pelos prejuízos que puderem resultar à carga (art. 745 do CCB). O art. 743 do CCB estabelece a necessidade de se **ratificar o protesto de arribada**.

O art. 761 do CCB conceitua **avaria** como ***despesas extraordinárias feitas a bem do navio ou da carga, desde a partida até a sua volta***. De outra sorte, considera-se **avaria grossa**, nos termos do art. 764, 2, do CCB, ***as coisas alijadas para a salvação comum***. O art. 769 do CCB demonstra de que modo devem ser lançados ao mar os objetos referentes à carga. Há a necessidade de a ata de deliberação sobre o alijamento seja lavrada no Diário de Navegação, sendo especificados que objetos foram lançados ao mar (art. 770 do CCB).

Como se vê, o **protesto marítimo** é lavrado no **Diário de Navegação**. É escrito pelo **capitão do navio**, tendo o objetivo de **comprovar sinistros, avarias ou quaisquer perdas** sofridas pelo navio e/ou por sua carga. Busca-se com a ratificação judicial eximir o capitão de quaisquer responsabilidades, em se tratando de **caso fortuito** ou de **força maior**.

30.6. Estrutura da peça

1. **Endereçamento:** Excelentíssimo Senhor Doutor Juiz de Direito da... Vara Cível da Comarca de... do Estado de... .

   Atentar para as situações do caso concreto ("Vara Única", "Vara da Capital") e, quando for o caso, adaptar a sugestão aqui apresentada ao que narrativa propôs.
2. **Identificação das partes:** o capitão do navio que almeja se eximir de responsabilidade, como autor. Como réu, a pessoa que deverá assumir o ônus ou a responsabilidade da qual o capitão almeja se eximir.
3. **Representação judicial:** advogado abaixo assinado, com mandato em anexo.
4. **Nome da peça e fundamentação legal:** Ação de Ratificação de Protesto Marítimo, com fundamento nos arts. 766 e seguintes do CPC.
5. **Narrativa dos fatos ("Dos Fatos"):** a transcrição integral do caso narrado. Frise-se, por oportuno, a necessidade de se limitar à cópia do caso apresentado, não cabendo inventar ou deduzir dados, sob pena de ser atribuída NOTA ZERO à peça prático-profissional elaborada.
6. **Fundamentação ("Do Direito"):** cabe sempre ressaltar que a mera citação ou transcrição de artigos de lei e mesmo de súmulas de jurisprudência não pontua. O dispositivo de direito material que regulamenta o protesto marítimo é o art. 505 do CCB. Tratando-se de protesto de arribada, deve ser destacado o art. 743 e, se for o caso de avaria, o art. 770, ambos também do Código Comercial Brasileiro.
7. **Pedidos ("Do Pedido"):** a) a distribuição com urgência e o devido encaminhamento ao juízo competente para a oitiva, sob compromisso, do autor e das testemunhas arroladas abaixo; b) a juntada dos documentos de registro da embarcação, das cópias das páginas do Diário de Navegação que contenham os termos a serem ratificados e dos manifestos de cargas sinistradas; c) a ratificação, mediante sentença do protesto formado a bordo; d) que as intimações sejam enviadas ao escritório na Rua... (art. 106, I, do CPC).
8. **Valor da causa:** dá-se à presente causa o valor de R$... .
9. **Fechamento da peça:** local, data. Advogado, OAB.

30.7. Questão da peça profissional

(Questão simulada) Henry Price é capitão do navio Verso Concordante que partiu do Porto de Santos/SP, em direção ao Porto de Manaus/AM, transportando mercadorias, em contêineres.

Tais mercadorias seriam entregues, ao final, a compradores, na Cidade do México. O responsável pela armação do navio para aludida viagem foi a sociedade Águas Calmas Ltda.

Porém, ao chegar no litoral do Ceará, a viagem foi atormentada por forte tempestade, causando severos estragos no seu timão e em seus mastros, ocasionando sinistros em determinadas cargas. Em razão do acontecido, o capitão Henry Price, após fazer o referido registro no Diário de Navegação, resolve atracar o navio para reparos no Porto do Mucuripe, na cidade de Fortaleza/CE.

Em face da situação hipotética acima, elabore a medida judicial pertinente para eximir o capitão Henry Price de qualquer responsabilidade, apresentando os fundamentos de direito material e processual aplicáveis ao caso.

30.8. **Modelo da peça**

Excelentíssimo Senhor Doutor Juiz de Direito da... Vara Cível da Comarca de Fortaleza, do Estado do Ceará

(deixar espaço de 5 linhas)

Henry Price, nacionalidade..., estado civil..., capitão do navio Verso Concordante, portador do passaporte n. ..., residente e domiciliado na..., por seu advogado, abaixo assinado, com mandato em anexo, vem respeitosamente perante Vossa Excelência promover a presente AÇÃO DE RATIFICAÇÃO DE PROTESTO MARÍTIMO, com fundamento nos arts. 766 e seguintes do CPC/2015, pelos fatos e fundamentos a seguir apresentados.

DOS FATOS

Henry Price é capitão do navio Verso Concordante, que partiu do Porto de Santos/SP, em direção ao Porto de Manaus/AM, transportando mercadorias em contêineres. Tais mercadorias seriam entregues, ao final, a compradores, na Cidade do México. O responsável pela armação do navio para aludida viagem foi a sociedade Águas Calmas Ltda.

Porém, ao chegar ao litoral do Ceará, a viagem foi atormentada por forte tempestade, causando severos estragos no seu timão e em seus mastros, ocasionando sinistros em determinadas cargas. Em razão do acontecido, o capitão Henry Price, após fazer o referido registro no Diário de Navegação, resolve atracar o navio para reparos no Porto do Mucuripe, na cidade de Fortaleza/CE.

DO DIREITO

Trata-se os presentes autos da comprovação de um acidente de navegação, qual seja um nítido caso de arribada forçada. Com efeito, determina o art. 740 do Código Comercial Brasileiro que, sempre que um navio entrar por necessidade em porto distinto do determinado para viagem, ele terá feito arribada forçada.

A arribada forçada é justificada, no presente caso, haja vista se tratar de acidente que impossibilita a continuidade da viagem, nos termos do art. 741, 2, do Código Comercial Brasileiro. Por sua vez, estabelece o art. 743 do Código Comercial Brasileiro a necessidade de o capitão da embarcação, em tais casos, comparecer à autoridade judiciária competente para realizar o protesto de arribada.

Para tanto, será necessário que a ocorrência tenha sido lavrada no Diário de Navegação, como ocorreu no caso concreto, nos termos do que dispõe o art. 505 do Código Comercial Brasileiro.

DO PEDIDO

Diante do exposto, é a presente para requerer:

a) a distribuição com urgência e o devido encaminhamento ao juízo competente para a oitiva, sob compromisso, do autor e das testemunhas arroladas abaixo;

b) a juntada dos documentos de registro da embarcação, das cópias das páginas do Diário de Navegação que contenham os termos a serem ratificados e dos manifestos de cargas sinistradas;

c) a ratificação, mediante sentença, do protesto formado a bordo;

d) Que as intimações sejam enviadas ao escritório na Rua... (art. 106, I, do CPC).

Dá-se à presente causa o valor de R$... .

Nestes termos,
Pede deferimento.
Local. Data.
Advogado, OAB n. ...

31. AGRAVO DE INSTRUMENTO

31.1. Apresentação

Nota-se, com o advento do CPC, mudanças importantes na sistemática do recurso de **agravo de instrumento**. De início, é cabível verificar que não há mais a possibilidade de interposição de agravo retido. Ou seja, os agravos, com isso, passam a ser, somente, agravos de instrumento, cujo prazo para interposição é de 15 dias.

Outra diferença marcante é a de que, com o CPC, encontra-se previsto um rol taxativo das hipóteses a partir das quais se poderá interpor o agravo de instrumento. Para fins de 2ª Fase do Exame da OAB em direito empresarial, caberá agravo de instrumento de decisões interlocutórias que versarem, nos termos do art. 1.015 do CPC, sobre (i) tutela provisória; (ii) mérito do processo; (iii) rejeição da alegação de convenção de arbitragem; e (iv) incidente de desconsideração da personalidade jurídica, dentre outros.

Para aquelas decisões interlocutórias (art. 203, § 2º) contra as quais tradicionalmente a parte se insurgia mediante agravo de instrumento, mas que atualmente escapam do rol do art. 1.015 do CPC, deverá ser interposto mandado de segurança, nos termos do art. 5º da Lei n. 12.016/2009, estudado no capítulo 5, para onde se remete o leitor. Vê-se, aqui, uma certa aproximação da dinâmica recursal utilizada no processo trabalhista.

Tem-se, portanto, o agravo de instrumento como o recurso utilizado para impugnar uma decisão judicial, de natureza interlocutória, desde que prevista tal possibilidade de impugnação, no já aludido art. 1.015 do CPC.

Existem, porém, **outros casos** de cabimento de agravo de instrumento perante os processos de **falência e recuperação de empresas**, no âmbito da Lei n. 11.101/2005. São eles: a) da decisão que julgar a ação de impugnação de crédito (art. 17); b) da decisão que conceder a recuperação judicial (art. 59, § 2º); c) da sentença que decretar a falência (art. 100).

31.2. Características e requisitos

Prevê o art. 1.016 do CPC que o agravo de instrumento será **dirigido diretamente ao tribunal competente**, por meio de petição com os **seguintes requisitos**:

I – os nomes das partes;

II – a exposição do fato e do direito;

III – as razões do pedido de reforma ou de invalidação da decisão e o próprio pedido;

IV – o nome e o endereço completo dos advogados, constantes do processo.

A petição de agravo de instrumento será instruída, segundo o art. 1.017:

Obrigatoriamente	Facultativamente
Com cópias da petição inicial, da contestação, da petição que ensejou a decisão agravada, da própria decisão agravada, da certidão da respectiva intimação ou outro documento oficial que comprove a tempestividade e das procurações outorgadas aos advogados do agravante e do agravado. Com a declaração de inexistência de qualquer dos documentos mencionados anteriormente feita pelo advogado do agravante, sob pena de sua responsabilidade pessoal, se for o caso.	Com outras peças que o agravante reputar úteis.

Acompanhará, ainda, a petição o comprovante do pagamento das respectivas custas e do porte de retorno, quando devidos, conforme tabela que será publicada pelos tribunais, nos termos do art. 1.017, parágrafo único. É importante destacar que cabe juízo de retratação para o agravo de instrumento e se o juiz comunicar que reformou inteiramente a decisão, o relator considerará prejudicado o agravo de instrumento (art. 1.018, § 1º).

No prazo de três dias, o agravante requererá juntada aos autos do processo de cópia da petição do agravo de instrumento e do comprovante de sua interposição, assim como a relação dos documentos que instruíram o recurso (art. 1.018, § 2º). Se o agravante não cumprir, desde que arguido e provado pelo agravado, importará na inadmissibilidade do agravo (art. 1.018, § 3º).

É importante observar que este recurso, na prática, apresenta-se com "duas peças": (i) a **folha de "rosto"** que serve de apresentação do recurso; e (ii) as **razões recursais** trazendo os fatos, fundamentos e pedidos. Por fim, em vista de se tratar de peça recursal, vale ressaltar que não existe: (i) protesto por provas; (ii) condenação em custas ou honorários; (iii) valor da causa. No máximo, se for o caso, poderá ser pedido a inversão do ônus da sucumbência.

31.3. Como identificar a peça

A questão deverá apresentar um processo judicial em andamento – tendo sido, portanto, já apresentada petição inicial e narrado o andamento processual –, no qual tenha havido uma decisão judicial que não encerrará o processo (caso contrário, o recurso seria a sentença), mas que prejudicou os interesses da parte que você terá de socorrer por meio de um recurso. E esse recurso, baseado numa das situações taxativas do art. 1.015 do CPC, ou nos casos mencionados da Lei n. 11.101/2005, será o agravo de instrumento.

Não custa nada sempre lembrar. Caso a questão apresente uma decisão interlocutória que não esteja prevista no art. 1.015 do CPC, a medida judicial para desafiá-la será o mandado de segurança, com fundamento no art. 5º da Lei n. 12.016/2009.

31.4. Competência

Será dirigido diretamente ao tribunal competente, ao Desembargador Presidente do Tribunal de Justiça do Estado, nos casos em que a Justiça Comum seja competente, ou do Tribunal Regional Federal, se na Justiça Federal (art. 109 da CF). Este é, inclusive, o direcionamento dado pelo art. 1.016 do CPC.

31.5. Fundamentos mais comuns

De acordo com o art. 1.015 do CPC, cabe **agravo de instrumento das decisões interlocutórias que versarem** sobre:

1	Tutelas provisórias; (inciso I)
2	Mérito do processo; (inciso II)
3	Rejeição da alegação de convenção de arbitragem; (inciso III)
4	Incidente de desconsideração da personalidade jurídica; (inciso IV)
5	Rejeição do pedido de gratuidade da justiça ou acolhimento do pedido de sua revogação; (inciso V)
6	Exibição ou posse de documento ou coisa; (inciso VI)
7	Exclusão de litisconsorte; (inciso VII)
8	Rejeição do pedido de limitação do litisconsórcio; (inciso VIII)
9	Admissão ou inadmissão da intervenção de terceiros; (inciso IX)
10	Concessão, revogação ou modificação do efeito suspensivo aos embargos à execução; (inciso X)
11	Redistribuição do ônus da prova nos termos do art. 373, § 1º; (inciso XI)
12	Outros casos expressamente previstos em lei. (inciso XIII)

Não se pode deixar de notar, das possibilidades expressamente previstas na Lei n. 11.101/2005: (i) da decisão judicial sobre a impugnação caberá agravo (art. 17) – neste caso, é possível ao relator conceder efeito suspensivo à decisão que reconhece o crédito ou determinar a inscrição ou modificação do seu valor ou classificação no QGC, para fins do exercício do direito de voto em Assembleia de Credores; (ii) contra a decisão que conceder a recuperação judicial caberá agravo (art. 59); e (iii) da decisão que decreta a falência cabe agravo (art. 100).

Aqui cabe, ainda, tecer considerações acerca do modo de se impugnar a decisão que deferiu o processamento da recuperação judicial, prevista no art. 52 da Lei n. 11.101/2005. Com efeito, até o advento do CPC/2015, havia uma divergência, em face da natureza dessa decisão (trata-se de uma decisão interlocutória), sobre se caberia agravo de instrumento ou se tal decisão seria irrecorrível.

O motivo do debate residia na Súmula 264 do STJ: "é irrecorrível o ato judicial que apenas manda processar a concordata preventiva". Frise-se, por oportuno, o entendimento predominante da doutrina destacando o aproveitamento de todos os entendimentos do STJ sobre a concordata preventiva para o processo de recuperação judicial, a menos que a Lei de Falências e Recuperação de Empresas preveja de maneira diversa.

Com o advento do art. 1.015, mais precisamente no seu inciso XIII, do CPC, e tendo em vista que em nenhum momento a Lei n. 11.101/2005 estabelece o recurso cabível contra a decisão que deferiu a recuperação, sem esquecer da Súmula 264 do STJ, a conclusão a que se chegava só poderia ser uma: é uma decisão contra a qual não cabe recurso; contra tal decisão dever-se-ia manejar mandado de segurança.

Porém, a III Jornada de Direito Comercial, do Conselho da Justiça Federal, em junho de 2019, firmou o Enunciado n. 102, prevendo: *"a decisão que **defere** o processamento da recuperação judicial desafia **agravo de instrumento**, nos termos do art. 1.015, do CPC/2015"*.

Frise-se, por oportuno: **apesar da omissão legal ao tratar o recurso apenas como "agravo", os agravos expressamente previstos na Lei n. 11.101/2005 sempre foram agravo de instrumento**. Mesmo antes do CPC atual. Tal destaque é relevante, na medida em que, para o CPC/73, o Código de ritos vigente à época da sanção da atual Lei de Falências e Recuperação de Empresas, o agravo poderia ser de instrumento ou retido. Neste particular, portanto, aproximou-se a sistemática recursal do CPC à da Lei n. 11.101/2005.

31.6. Estrutura da peça

[FOLHA DE ROSTO]

1. **Endereçamento:** ao Tribunal de Justiça ou Tribunal Regional Federal na figura do Desembargador Presidente.
2. **Identificação das partes**: parte agravante: pessoa física ou pessoa jurídica, com qualificação completa; parte agravada: pessoa física ou pessoa jurídica, com qualificação completa. É possível também para ambas informar "parte já devidamente qualificada nos autos *infra*", se for o caso.
3. **Representação judicial**: procurador(a) com mandato em anexo.
4. **Nome da peça e fundamento legal**: agravo de instrumento sob fundamento dos arts. 1.015, ... [indicar o inciso aplicável ao caso concreto] do CPC [atentar para as fundamentações previstas na Lei n. 11.101/2005 – nestes casos, deve haver a conjugação com o art. 1.015, XIII, do CPC].

5. **Apontamento das cópias** das peças obrigatórias e facultativas – *vide* art. 1.017 do CPC e **nome e endereço** completo dos advogados, conforme o art. 1.016, IV, do CPC.
6. **Fechamento da peça**: local, data. Advogado, OAB [não inventar dados].

[RAZÕES DO RECURSO]

1. **Identificação das partes e processo**
2. **Endereçamento:** Egrégio Tribunal, Colenda Câmara, Eminentes Julgadores.
3. **Dos fatos**: exposição dos fatos previstos na situação hipotética da questão. Não inventar outros fatos nem trazer detalhes ausentes no problema. Destacar a decisão ora recorrida. Deve-se, assim, realizar cópia fiel do caso apresentado. Iniciar esta parte com a seguinte expressão: "Egrégio Tribunal, Colenda Câmara, Eminente Julgadores,".
4. **Do direito**: atente-se que a mera citação de artigos não pontua. Tratar do cabimento do agravo de instrumento e da hipótese do art. 1.015 do CPC que fundamentará a presente interposição. E desenvolver as razões do pedido de reforma da decisão, em relevância ao direito material proposto no enunciado. Se houver pedido para conceder efeito suspensivo à decisão, justificá-lo. É possível, então, dividir a parte do Direito em três subtópicos: 1) do cabimento do recurso; 2) do mérito ou das razões do recurso; e 3) da concessão do efeito suspensivo, se houver.
5. **Do pedido:** a) que o recurso seja recebido e conhecido nos termos propostos pela parte agravante; b) que seja concedido o efeito suspensivo [ou deferir, em antecipação de tutela, total ou parcialmente, da tutela recursal] ao agravo nos termos do inciso I do art. 1.019 do CPC, comunicando ao juiz sua decisão para, se for o caso, oferecer juízo de retratação; c) a juntada de todas as peças obrigatórias e facultativas conforme o art. 1.017, bem como o comprovante do pagamento das respectivas custas e do porte de retorno; d) a intimação da parte agravada para, no prazo de 15 dias, apresentar a contraminuta, facultando-lhe juntar a documentação que entender necessária ao julgamento do recurso; e) por fim, seja provido o recurso com a reforma da decisão ora agravada.
6. **Fechamento da peça**: local, data. Advogado, OAB [não inventar dados].

31.7. Questão da peça profissional

(Cespe – 2008.2) Um representante legal de cooperativa de crédito, com sede e principal estabelecimento localizados no Distrito Federal, voltada precipuamente para a realização de mútuo aos seus associados, acaba de saber que o gerente de sucursal localizada em outro estado foi legalmente intimado, há uma semana, por decisão prolatada pelo juízo da cidade de imaginário, em que se decretou a falência da cooperativa em questão.

No caso, um empresário credor de uma duplicata inadimplida no valor total de R$ 11.000,00 requereu, após realizar o protesto ordinário do título de crédito, a falência do devedor, em processo que correu sem defesa oferecida pela mencionada pessoa jurídica. Na decisão, afirma-se que a atividade habitual de empréstimo de dinheiro a juros constitui situação mercantil clássica, sendo, portanto, evidente a natureza empresarial do devedor, e que, em razão da ausência de interesse do réu em adimplir o crédito ou sequer se defender, patente está a sua insolvência presumida.

Em face da situação hipotética apresentada, na qualidade de advogado(a) contratado(a) pelo representante legal da mencionada cooperativa de crédito, redija a medida processual cabível para impugnar a decisão proferida.

31.8. **Modelo da peça**

Excelentíssimo Senhor Doutor Desembargador Presidente do Tribunal de Justiça do Estado de...

(deixar espaço de 5 linhas)

Cooperativa de Crédito, pessoa jurídica, inscrita no CNPJ n. ..., com sede na rua..., n. ..., no Distrito Federal, neste ato se fazendo presente por seu representante legal, pelo seu procurador, com mandato anexo, vem, respeitosamente, à presença de Vossa Excelência, com fundamento no art. 100 da Lei n. 11.101/2005 e no art. 1.015, XIII, do CPC, interpor o presente AGRAVO DE INSTRUMENTO em face da decisão de fls. ..., proferida nos autos do processo n. ..., cuja parte Agravada já se encontra devidamente qualificada, pelos fundamentos de fato e de direito a seguir.

Apresentam-se os seguintes documentos que formam o agravo, segundo o art. 1.017 do Código de Processo Civil:

I – Cópias da petição inicial, da contestação, da petição que ensejou a decisão agravada, da própria decisão agravada, da certidão da respectiva intimação ou outro documento oficial que comprove a tempestividade e das procurações outorgadas aos advogados do agravante e do agravado.

II – Comprovante do pagamento das respectivas custas e do porte de retorno.

III – Cópias de demais peças relevantes.

Indica-se o nome e endereço completo dos advogados, conforme o art. 1.016, IV, do CPC.

Os advogados que neste funcionam são os seguintes:

1 – Pela parte agravante:

Nome, endereço completo.

2 – Pela parte agravada:

Nome, endereço completo.

Assim, requer-se o recebimento das inclusas razões, instruídas com as peças obrigatórias e facultativas retro apontadas.

Nestes termos,
Pede deferimento.
Local. Data.
Advogado, OAB n. ...

RAZÕES DO RECURSO

Parte Agravante: [Cooperativa de Crédito e endereço completo]
Parte Agravada: [Empresário e endereço completo]

Processo n. ...

Egrégio Tribunal,
Colenda Câmara,
Eminentes Julgadores.

1. DOS FATOS

Um representante legal de cooperativa de crédito, com sede e principal estabelecimento localizados no Distrito Federal, voltada precipuamente para a realização de mútuo aos seus associados, acaba de saber que o gerente de sucursal localizada em outro estado foi legalmente intimado, há uma semana, por decisão prolatada pelo juízo da cidade de imaginário, em que se decretou a falência da cooperativa em questão.

No caso, um empresário credor de uma duplicata inadimplida no valor total de R$ 11.000,00 requereu, após realizar o protesto ordinário do título de crédito, a falência do devedor, em processo que correu sem defesa oferecida pela mencionada pessoa jurídica. Na decisão, afirma-se que a atividade habitual de empréstimo de dinheiro a juros constitui situação mercantil clássica, sendo, portanto, evidente a natureza empresarial do devedor, e que, em razão da ausência de interesse do réu em adimplir o crédito ou sequer se defender, patente está a sua insolvência presumida.

2. DO DIREITO

2.1 Do Cabimento do Agravo de Instrumento

O presente recurso encontra fundamento no art. 100 da Lei n. 11.101/2005, que prevê como o recurso cabível para atacar a sentença declaratória de falência o recurso de agravo de instrumento.

Deve-se notar que o processo falimentar apresenta um sistema recursal próprio, em vista do que não se pode utilizar do sistema recursal previsto no CPC. Com efeito, apesar de a decisão que julgar procedente o pedido de falência ter natureza jurídica de sentença, o recurso cabível é o de agravo de instrumento.

Note-se, a propósito, que, mesmo o art. 1.015, XIII, do CPC permite a interposição de agravo de instrumento em qualquer outra hipótese expressamente prevista em lei.

2.2 Do Mérito

Com efeito, verifica-se na decisão impugnada que a sociedade que teve contra si a falência declarada era uma sociedade cooperativa. Nunca é demais lembrar que a cooperativa, independentemente do objeto social, jamais terá caráter empresarial. Ou seja, a sociedade cooperativa é considerada, nos termos do art. 982, parágrafo único, do Código Civil, sociedade simples por força de lei.

Por sua vez, o art. 1.º da Lei n. 11.101/2005 determina que somente podem ter falência contra si decretada as pessoas que se enquadrem juridicamente como empresário: o empresário individual, a sociedade empresária e a empresa individual de responsabilidade limitada. Portanto, afigura-se juridicamente impossível que uma sociedade cooperativa possa falir.

Como se isso não bastasse, percebe-se que o pedido está baseado em uma duplicata no valor de R$ 11.000,00 protestada sob o protesto ordinário de título de crédito. O art. 94, I, da Lei n. 11.101/2005, no entanto, só admite que seja declarada a falência caso o valor do crédito ultrapasse 40 salários mínimos e esteja protestado no protesto especial para fins falimentares.

2.3. Da Concessão do Efeito Suspensivo

O art. 1.019, I, em interpretação conjugada com o art. 995, parágrafo único, ambos do CPC, determinam a possibilidade de concessão de efeito suspensivo da decisão agravada possa resultar lesão grave e de difícil reparação. Para tanto, é preciso que seja relevante a fundamentação.

Com efeito, no caso concreto, tem-se uma sociedade que não pode, por força de lei, ter caráter empresarial, como é uma sociedade cooperativa se submetendo a uma decisão que decreta a sua falência. Não há nada mais grave para o mercado do que a decretação da falência.

Desse modo, faz-se necessário que este nobre relator venha a determinar a concessão de efeito suspensivo para o fim de suspender o cumprimento da decisão até o pronunciamento definitivo da Câmara, que deve ser, pelos fundamentos aqui expostos, pela reforma da decisão recorrida.

3. DOS PEDIDOS

Ante o exposto, preenchidos os requisitos legais, requer:

3.1 que seja recebido e conhecido o agravo nos termos propostos pela parte agravante;

3.2 a concessão do efeito suspensivo ao agravo nos termos do inciso I do art. 1.019, em interpretação conjunta com o art. 995, parágrafo único, ambos do CPC;

3.3 a juntada de todas as peças obrigatórias e facultativas conforme o art. 1.017, bem como o comprovante do pagamento das respectivas custas e do porte de retorno, todos em anexo;

3.4 a intimação da parte agravada para no prazo de 15 dias apresentar a contraminuta (art. 1.003, § 5.º);

3.5 o provimento do recurso com a reforma da decisão ora agravada, revertendo-se assim os efeitos da declaração de falência em face da cooperativa de crédito agravante.

Nestes termos,
Pede deferimento.
Local. Data.
Advogado, OAB n. ...

32. EMBARGOS DE DECLARAÇÃO

32.1. Apresentação

Os embargos de declaração se encontram previstos nos arts. 1.022 a 1.026 do CPC. Trata-se de **recurso destinado a impugnar uma decisão judicial omissa, contraditória ou obscura, bem como para corrigir erro material**. Na medida em que é exigido, com alguma frequência, um recurso como peça prático-profissional, não custa compreender algumas noções básicas e o modo de elaborar tal recurso, caso seja exigido no seu Exame de Ordem.

32.2. Características e requisitos

A primeira peculiaridade acerca deste recurso é que ele pode ser elaborado em **petição única**. Com efeito, se em regra são apresentadas duas peças em sede recursal – a folha de rosto ou peça de interposição, no juízo *a quo* e as razões do recurso, no juízo *ad quem* –, os embargos de declaração serão opostos, no prazo de cinco dias, em petição dirigida ao juiz ou ao relator que proferiu a decisão.

Outra característica importante se refere à questão do preparo. Apesar de regra geral ser obrigação do recorrente comprovar o respectivo preparo (art. 1.077 do CPC), **os embargos de declaração independem de preparo**, nos termos do art. 1.023 do CPC.

É cabível, ainda, perceber que **os embargos de declaração não possuem efeito suspensivo e interrompem o prazo para interposição de qualquer outro recurso**, conforme determina o art. 1.026 do CPC. Desse modo, em face de uma sentença omissa, após o julgamento dos embargos de declaração, será devolvido às partes o prazo para interposição do recurso de apelação. De todo modo, será possível determinar **efeito suspensivo aos embargos de declaração**, de acordo com o art. 1.026, § 1º, do CPC, se demonstrada a **probabilidade do provimento do recurso** ou, sendo relevante a fundamentação, **se houver risco** de dano grave ou de difícil reparação.

Note-se, ainda, o estabelecimento de **prazo para decidir**. Se, em primeira instância, o juiz deve julgar os embargos de declaração no prazo de cinco dias. Em instância recursal, caberá ao relator apresentar os embargos na sessão subsequente, proferido voto; não havendo julgamento nessa sessão, será o recurso incluído em pauta automaticamente. É o que determina o art. 1.024, *caput* e § 1º, do CPC.

Veja que, em razão de se tratar de peça recursal com o objetivo de suprir a obscuridade, a contradição, a omissão da decisão impugnada e/ou a correção de erro material, **não existe intimação ou algum tipo de comunicação da outra parte para se manifestar**. O juiz ou relator simplesmente recebe os embargos e, no prazo legal, os decide.

Por final, é importante perceber que **os embargos de declaração não podem ser manifestamente protelatórios**. Se o forem, o juiz ou relator condenará o embargante ao pagamento de multa não excedente de 2% sobre o valor da causa em favor do embargado. Havendo reiteração de embargos protelatórios, a multa poderá ser elevada a até 10%, sendo certa a possibilidade de condicionar a interposição de qualquer outro recurso ao depósito do valor mencionado. É o que ensinam os §§ 2º e 3º art. 1.026 do CPC.

Ainda sobre o possível caráter protelatório dos embargos de declaração, deve-se lembrar da Súmula 98 do STJ ("Embargos de declaração manifestados com notório propósito de prequestionamento não têm caráter protelatório") e da Súmula 356 do STF ("Os embargos de declaração podem ser opostos com a finalidade de criar o prequestionamento para o recurso especial ou extraordinário").

32.3. Como identificar a peça

A situação hipotética descreverá um ação judicial já em andamento em que ocorrera uma decisão judicial, seja em primeira ou em segunda instância, em que se constará algum problema em tal decisão referente ao fato de não abordar determinado fundamento discutido no processo ("omissão") ou de a fundamentação seguir em uma direção e a decisão apontar o caminho inverso ("contradição") ou de não conseguir compreender o entendimento do julgado ("obscuridade"), ou, ainda, a correção de um erro material.

Assim, não se quer reformar a decisão, no sentido de modificar o julgado. Pelo menos não ainda. O que se busca é compreender a decisão em todos os seus termos. Não se discute, portanto, pelo menos não diretamente o mérito da decisão; apenas, o seu defeito.

32.4. Competência

A competência será do juízo *a quo*. Vale dizer, a competência para o julgamento dos embargos de declaração é do juízo ou do relator que proferiu a decisão judicial defeituosa.

32.5. Fundamentos mais comuns

O art. 1.022 do CPC apresenta as hipóteses de cabimento dos embargos de declaração. São elas: (i) esclarecer obscuridade ou eliminar contradição; (ii) suprir omissão de ponto ou questão sobre o qual devia se pronunciar o juiz, de ofício ou a requerimento; e (iii) corrigir erro material.

Perceba-se, ainda, a possibilidade de promover este recurso para realizar o prequestionamento necessário à interposição de REsp, perante o STJ, ou de RE, perante o STF. Com efeito, prequestionamento significa que o Acórdão do juízo *a quo* tratou de questão federal ou constitucional.

Não é à toa, aliás, a previsão da Súmula 282 do STF: "É inadmissível o recurso extraordinário, quando não ventilada, na questão recorrida, a questão federal suscitada". No mesmo diapasão, enuncia a Súmula 211 do STJ: "Inadmissível recurso especial quando a questão que, a despeito da oposição de embargos declaratórios, não foi apreciada pelo tribunal *a quo*".

32.6. Estrutura da peça

1. **Endereçamento:** Excelentíssimo Senhor Doutor Juiz de Direito da... Vara Cível da Comarca de... do Estado de... ou Excelentíssimo Senhor Desembargador Relator da... Câmara Cível do Tribunal de Justiça do Estado de... .

   O examinando deve atentar se na narrativa dos fatos é feita alguma consideração ao direcionamento, ou seja, à Vara ou à Câmara onde ocorreu o julgado.
2. **Identificação das partes:** embargante (quem apresenta os embargos). Pode ser pessoa física ou jurídica. Pode ser autor ou réu do processo inicial.
3. **Representação judicial:** advogado, com mandato em anexo.
4. **Nome da peça e fundamentação legal:** Embargos de Declaração, com fundamento nos arts. 1.022 e seguintes do CPC.
5. **Dos Fatos:** exposição dos fatos previstos na situação hipotética da questão. Não inventar outros fatos nem trazer detalhes ausentes no problema. Destacar a decisão ora recorrida. Deve-se, assim, realizar cópia fiel do caso apresentado. É oportuno sempre ressaltar, na forma do Edital de regência do Exame de Ordem, que qualquer forma de identificação utilizada pelo candidato, como a criação de fatos novo, anulará peça, atribuindo-lhe NOTA ZERO.
6. **Do Direito:** apresentação dos fundamentos legais e, quando for o caso, das súmulas de jurisprudência aplicáveis. Frise que a mera citação ou transcrição de artigos não pontua. Faz-se necessário destacar o cabimento, vale dizer, é importante destacar o vício da decisão recorrida (omissão, contradição ou obscuridade), a partir do demonstrado na narrativa da situação hipotética.
7. **Do Pedido:** a) que sejam recebidos os presentes embargos, interrompendo-se o prazo para recorrer, determinando-se o efeito suspensivo haja vista a probabilidade do provimento do recurso e o risco de dano grave e de difícil reparação; b) que seja dado provimento, ao final, para o fim de suprir a... [omissão, contradição ou obscuridade ou de corrigir erro material – a indicação deve ser feita de acordo com o caso concreto]; c) a reforma da decisão recorrida no sentido de... [explicar como, diante do caso concreto, deveria ser o sentido da sentença ou do acórdão].
8. **Fechamento da peça:** local, data. Advogado, OAB.

32.7. Questões da peça profissional

1. (XI Exame – modificado) Em 27-2-2011, XYZ Alimentos S.A., companhia aberta, ajuizou ação para responsabilizar seu ex-diretor de planejamento, "M", por prejuízos causados à companhia decorrentes de venda, realizada em 27-9-2005, de produto da Companhia a preço inferior ao de mercado, em troca de vantagem pessoal.

Em sua defesa, "M" alegou que não houve a realização prévia de assembleia da companhia que houvesse deliberado o ajuizamento da demanda e que as contas de toda administração referentes ao exercício de 2005 haviam sido aprovadas pela assembleia geral ordinária, ocorrida em 3-2-2006, cuja ata foi devidamente arquivada e publicada na imprensa oficial no dia 5-2-2006, não podendo este tema ser passível de rediscussão em razão do decurso do tempo.

Em sede de recurso, a 1ª Câmara Cível do Tribunal de Justiça do Estado do Piauí reconheceu os fatos de que (i) não houve a prévia assembleia para aprovar ajuizamento da ação; e de que (ii) as contas de "M" referentes ao exercício de 2005 foram aprovadas em uma assembleia, em cujas deliberações não se verificou erro, dolo, fraude ou simulação incorridos ou perpetrados por quem dela participou. No entanto, manteve a condenação do ex-diretor que havia sido imposta pela sentença da 1ª instância, que entendeu prevalecer, no caso, o art. 158, I, da Lei n. 6.404/76, sobre qualquer outro dispositivo legal desta lei, sobretudo os que embasam os argumentos de "M".

Assim, na qualidade de advogado de "M" e utilizando os argumentos por ele expendidos em sua defesa, diante do acórdão proferido pelo Tribunal, elabore a peça cabível. Para tanto, suponha que o Tribunal de Justiça do Estado do Piauí possua apenas o total de dez varas cíveis, duas câmaras cíveis e nenhuma vice-presidência.

2. (XXX Exame) O pedido de recuperação judicial de Praia Norte S/A foi processado pelo Juízo da 1ª Vara Cível da Comarca da Porto Nacional/TO.

Tempestivamente foi apresentado o plano de recuperação e, como esse sofreu objeção por parte de credores trabalhistas, foi realizada assembleia na forma do art. 56, *caput*, da Lei n. 11.101/05. O referido plano foi aprovado por todas as quatro classes de credores presentes à assembleia geral realizada em 11/07/2019.

Na referida assembleia, o Banco Riachinho S/A, como credor quirografário, classe III, votou contra a aprovação do plano, por discordar do deságio de 80% (oitenta por cento) previsto para a mesma classe III, além da carência de dois anos para início do pagamento e prazo de 12 anos para integralização do pagamento. O credor considerou que a recuperanda age de má-fé com tal proposta, mas ficou vencido na votação.

Antes da concessão da recuperação judicial, você, advogado(a) do Banco Riachinho, já havia peticionado ao Juízo para que exercesse o controle de legalidade no momento da homologação da decisão da assembleia e concessão do favor legal, no sentido de:

a) decretar a ineficácia da cláusula 5.4 (novação dos créditos em face dos coobrigados e garantidores, e proibição de ajuizamento/prosseguimento de ações em face deles) perante os credores sujeitos aos efeitos da recuperação judicial que votaram contrariamente à aprovação do plano, e todos aqueles que estiverem ausentes.

Nos termos em que foi aprovada, a referida cláusula sujeita qualquer credor a seus efeitos, inclusive o Banco Riachinho, que foi expressamente contrário a ela;

b) restringir os efeitos da cláusula 5.5 apenas aos credores sujeitos aos efeitos da recuperação judicial, nos termos do *caput* do art. 49 da Lei n. 11.101/05.

A referida cláusula prevê que todos os credores, após a aprovação do plano, não mais poderão: (a) ajuizar ou prosseguir qualquer ação, execução ou processo judicial de qualquer tipo relacionado a qualquer crédito; (b) executar qualquer sentença judicial, decisão judicial ou sentença arbitral relacionada a qualquer crédito; (c) requerer penhora de quaisquer bens da companhia para satisfazer seus créditos; (d) criar, aperfeiçoar ou executar qualquer garantia real sobre bens e direitos da companhia para assegurar o pagamento de seus créditos; (f) buscar a satisfação de seus créditos por quaisquer outros meios.

O Banco Riachinho também é titular de créditos com garantia fiduciária sobre imóveis constituídos antes e após o pedido de recuperação. Com essa cláusula e sua vigência a partir da concessão da recuperação, o credor terá seu direito de ação diretamente atingido;

c) declarar a nulidade da cláusula 5.6, que prevê a necessidade de nova convocação de assembleia geral de credores no caso de descumprimento do plano, sem convolação imediata da recuperação em falência.

Sem atender ao peticionamento do(a) advogado(a), o juiz homologou *in totum* o plano de recuperação e, na forma do art. 45 c/c o art. 58, *caput*, concedeu a recuperação judicial da devedora, não estando presentes quaisquer situações de obscuridade, contradição, omissão ou erro material na decisão. A decisão foi publicada e os advogados das partes intimados.

Na fundamentação, o juiz *a quo* considerou que, a despeito de o plano estar sujeito ao controle judicial, as cláusulas atacadas foram aprovadas por mérito da soberana vontade da assembleia geral de credores e se referem a direitos patrimoniais disponíveis. Com isso, os credores dissidentes, como o Banco Riachinho S/A, ficam sujeitos aos efeitos da novação (art. 59 da Lei n. 11.101/05).

Elabore a peça processual adequada, considerando que o Banco Riachinho não se conforma com a decisão e pretende reformá-la.

32.8. **Modelos da peça**

1. (XI Exame – modificado)

Excelentíssimo Senhor Desembargador Relator da 1.ª Câmara Cível do Tribunal de Justiça do Estado do Piauí

(deixar espaço de 5 linhas)

Processo n. ...

M, nacionalidade..., estado civil..., profissão..., portador do RG sob o n. ... e do CPF sob o n. ..., residente e domiciliado na..., nos autos da ação em epígrafe que lhe move XYZ Alimentos S/A, por seu advogado, abaixo assinado, com mandato em anexo, vem respeitosamente perante Vossa Excelência opor os presentes EMBARGOS DE DECLARA-

ÇÃO, com fundamento nos arts. 1.022 e seguintes do CPC, em face do acórdão de fls. ..., pelos motivos de fato e de direito a seguir.

DOS FATOS

Em 27-2-2011, XYZ Alimentos S.A., companhia aberta, ajuizou ação para responsabilizar seu ex-diretor de planejamento, "M", por prejuízos causados à companhia decorrentes de venda, realizada em 27-9-2005, de produto da Companhia a preço inferior ao de mercado, em troca de vantagem pessoal.

Em sua defesa, "M" alegou que não houve a realização prévia de assembleia da companhia que houvesse deliberado o ajuizamento da demanda e que as contas de toda a administração referentes ao exercício de 2005 haviam sido aprovadas pela assembleia geral ordinária, ocorrida em 3-2-2006, cuja ata foi devidamente arquivada e publicada na imprensa oficial no dia 5-2-2006, não podendo este tema ser passível de rediscussão em razão do decurso do tempo.

Em sede de recurso, a 1.ª Câmara Cível do Tribunal de Justiça do Estado do Piauí reconheceu os fatos de que (i) não houve a prévia assembleia para aprovar ajuizamento da ação; e de que (ii) as contas de "M" referentes ao exercício de 2005 foram aprovadas em uma assembleia, em cujas deliberações não se verificou erro, dolo, fraude ou simulação incorridos ou perpetrados por quem dela participou. No entanto, manteve a condenação do ex-diretor que havia sido imposta pela sentença da 1.ª instância, que entendeu prevalecer, no caso, o art. 158, I, da Lei n. 6.404/76, sobre qualquer outro dispositivo legal desta lei, sobretudo os que embasam os argumentos de "M".

DO DIREITO

São cabíveis embargos de declaração, na forma do art. 1.022 do CPC, sempre que houver a necessidade de esclarecer obscuridade ou de eliminar contradição na decisão embargada. Nota-se a contradição do acórdão atacado proferido pela 1.ª Câmara Cível do Tribunal de Justiça do Estado do Piauí que manteve a condenação de "M" na reparação dos prejuízos causados à XYZ Alimentos S/A, apesar de reconhecer que não houve prévia assembleia para o ajuizamento da ação, tendo sido aprovadas, sem reservas, as contas de "M".

A propósito, não se pode esquecer de que o art. 159 da Lei n. 6.404/76 determina a necessidade de prévia assembleia para ser ajuizada ação de responsabilidade em favor da companhia prejudicada por alguma improbidade do administrador. Por sua vez, o art. 134, § 3.º, da Lei n. 6.404/76 prescreve a exoneração de responsabilidade dos administradores caso ocorra a aprovação, sem reservas, de suas contas.

Deve-se ressaltar, também, a prescrição consumada para o presente feito. O art. 287, II, "b", 2, da Lei n. 6.404/76 estabelece prazo de prescrição de três anos para a ação de responsabilidade contra o administrador, contado da data da publicação da ata que aprovar o balanço. No caso concreto, a ata foi arquivada e publicada em 5-2-2006. A presente ação deveria, então, ser promovida até 5-2-2009; entretanto, só foi ajuizada em 27-2-2011, evidenciando, assim, a prescrição.

Desse modo, afora a prescrição consumada, é patente a contradição na decisão atacada. Com efeito, tanto não se poderia ajuizar a presente ação, em razão do prazo prescricional e da falta de assembleia, quanto, no mérito, "M" não poderia ser condenado a reparar prejuízos em face da aprovação sem reservas de suas contas.

DOS PEDIDOS

Diante do exposto, é a presente para requerer:

a) que sejam recebidos os presentes embargos, interrompendo-se o prazo para recorrer, determinando-se o efeito suspensivo haja vista a probabilidade do provimento do recurso e o risco de dano grave e de difícil reparação;

b) que seja dado provimento, ao final, para o fim de suprir a contradição do acórdão recorrido que manteve a condenação do administrador "M", apesar da ausência de assembleia previa para o ajuizamento da ação de responsabilidade e da aprovação sem reservas de suas contas;

c) a reforma da decisão recorrida no sentido de, seja por pronunciar a prescrição ou por declarar a ausência de responsabilidade de "M", determinar a improcedência da ação.

Nestes termos,
Pede deferimento.
Local. Data.
Advogado, OAB n. ...

2. (XXX Exame)

Excelentíssimo Senhor Doutor Desembargador Presidente do Tribunal de Justiça do Estado do Tocantins

(deixar espaço de 5 linhas)

Banco Riachinho S/A, pessoa jurídica, inscrita no CNPJ n. ..., com sede na rua..., n. ..., no Distrito Federal, neste ato se fazendo presente por seu diretor, ..., pelo seu procurador com mandato anexo, vem, respeitosamente, à presença de Vossa Excelência, com fundamento no art. 59, § 2.º, da Lei n. 11.101/2005 e no art. 1.015, XIII, do CPC, interpor o presente AGRAVO DE INSTRUMENTO em face da decisão de fls. ..., proferida nos autos do processo n. ..., cuja parte Agravada já se encontra devidamente qualificada, pelos fundamentos de fato e de direito a seguir.

Apresentam-se os seguintes documentos que formam o agravo, segundo o art. 1.017 do Código de Processo Civil:

I – Cópias da petição que ensejou a decisão agravada, da própria decisão agravada, da certidão da respectiva intimação ou outro documento oficial que comprove a tempestividade e das procurações outorgadas aos advogados do agravante e do agravado.

II – Comprovante do pagamento das respectivas custas e do porte de retorno.

III – Cópias de demais peças relevantes.

Indica-se o nome e endereço completo dos advogados, conforme o art. 1.016, IV, do CPC.

Os advogados que neste funcionam são os seguintes:

1 – Pela parte agravante:

Nome, endereço completo.

2 – Pela parte agravada:

Nome, endereço completo.

Assim, requer-se o recebimento das inclusas razões, instruídas com as peças obrigatórias e facultativas retroapontadas.

Nestes termos,
Pede deferimento.
Local. Data.
Advogado, OAB n. ...

RAZÕES DO RECURSO

Parte Agravante: [Banco Riachinho S/A e endereço completo]
Parte Agravada: [Praia Norte S/A e endereço completo]

Processo n. ..., da 1.ª Vara Cível da Comarca de Porto Nacional/TO

Egrégio Tribunal,
Colenda Câmara,
Eminentes Julgadores.

1. DOS FATOS

Trata-se na essência de um processo de recuperação judicial, em que o Juízo da 1.a Vara Cível da Comarca de Porto Nacional/TO concedeu a recuperação judicial. Em sua fundamentação, o juiz "a quo" considerou que, a despeito de o plano estar sujeito ao controle judicial, as cláusulas atacadas foram aprovadas por mérito da soberana vontade da assembleia geral de credores e se referem a direitos patrimoniais disponíveis. Com isso, os credores dissidentes, como o Banco Riachinho S/A, ficam sujeitos aos efeitos da novação (art. 59 da Lei n. 11.101/2005). Tal entendimento, entretanto, não deve prosperar. Senão vejamos:

2. DO DIREITO

2.1 Do Cabimento do Agravo de Instrumento

O presente recurso encontra fundamento no art. 59, § 2.º, da Lei n. 11.101/2005, que prevê como o recurso cabível para atacar a decisão concessiva de recuperação judicial o agravo de instrumento.

Deve-se notar que o processo de recuperação judicial apresenta um sistema recursal próprio, em vista do que não se pode utilizar do sistema recursal previsto no CPC. Com efeito, apesar de a decisão que concede a recuperação judicial ter a natureza jurídica de sentença, o recurso cabível é o de agravo de instrumento.

Note-se, a propósito, que, mesmo o art. 1.015, XIII, do CPC, permite a interposição de agravo de instrumento em qualquer outra hipótese expressamente prevista em lei.

2.2 Da Tempestividade

O presente recurso é tempestivo por estar sendo interposto dentro do prazo de quinze dias (art. 1.003, § 5.º, do CPC). O prazo para a interposição do recurso conta-se da data em que os advogados são intimados da decisão (art. 1.003, "caput", do CPC).

2.3 Do Mérito

É premente a necessidade de reforma da decisão atacada. Apesar da aprovação por meio da assembleia de credores, o plano de recuperação judicial não pode violar as normas previstas na Lei n. 11.101/2005.

a) A cláusula 5.4 do plano não pode impor a novação dos créditos dos coobrigados e garantidores aos credores que a ela se opuseram, como o agravante, pois os credores do devedor em recuperação judicial conservam seus direitos e privilégios contra os coobrigados, fiadores e obrigados de regresso, de acordo com o art. 49, § 1.º, da Lei n. 11.101/2005.

b) A cláusula 5.5 viola os direitos do agravante, pois é titular da posição de proprietário fiduciário de bens imóveis, prevalecendo os direitos de propriedade sobre a coisa e as condições contratuais, de acordo com o art. 49, § 3.º, da Lei n. 11.101/2005.

c) A cláusula 5.6, que condicionou a convolação da recuperação judicial em falência à convocação de prévia assembleia geral de credores, deve ser extirpada do plano por ser ilegal. O mero descumprimento das obrigações previstas no plano é suficiente para a convolação da recuperação em falência, nos termos do art. 61, § 1.º, c/c. o art. 73, IV, ambos da Lei n. 11.101/2005.

2.4 Da Concessão do Efeito Suspensivo

O art. 1.019, I, em interpretação conjugada com o art. 995, parágrafo único, ambos do CPC, determinam a possibilidade de concessão de efeito suspensivo da decisão agravada que possa resultar lesão grave e de difícil reparação. Para tanto, é preciso que seja relevante a fundamentação.

Com efeito, no caso concreto, verifica-se que o plano de recuperação judicial, através da cláusula 5.5, proíbe o agravante de ajuizar ou prosseguir qualquer ação, execução ou processo judicial de qualquer tipo relacionado a qualquer crédito. Assim, diante da condição de credor fiduciário do Banco Riachinho S/A, cujo crédito não se submete à recuperação judicial, a cláusula atinge seu direito de ação.

Desse modo, faz-se necessário que este nobre relator venha a determinar a concessão de efeito suspensivo para o fim de suspender o cumprimento da decisão até o pronunciamento definitivo da Câmara, que deve ser, pelos fundamentos aqui expostos, pela reforma da decisão recorrida.

3. DOS PEDIDOS

Ante o exposto, preenchidos os requisitos legais, requer:

3.1 que seja recebido e conhecido o agravo nos termos propostos pela parte agravante;

3.2 a concessão do efeito suspensivo ao agravo nos termos do inciso I do art. 1.019, em interpretação conjunta com o art. 995, parágrafo único, ambos do CPC;

3.3 a juntada de todas as peças obrigatórias e facultativas conforme o art. 1.017, bem como o comprovante do pagamento das respectivas custas e do porte de retorno, todos em anexo;

3.4 a intimação da parte agravada para, no prazo de 15 dias, apresentar a contraminuta (art. 1.003, § 5.º), bem como a intimação do Ministério Público;

3.5 o provimento do recurso com a reforma da decisão ora agravada, revertendo-se assim os efeitos da decisão concessiva da recuperação judicial.

Nestes termos,
Pede deferimento.
Local. Data.
Advogado, OAB n. ...

33. APELAÇÃO E DEMAIS RECURSOS

33.1. Apresentação

Caberá apelação, segundo o art. 1.009 do CPC, da **sentença**, definida como "o pronunciamento por meio do qual o juiz, com fundamento nos arts. 485 e 487, põe fim à fase cognitiva do procedimento comum, bem como extingue a execução" (art. 203, § 1º). Os arts. 485 e 487 são situações que extinguem o processo **sem resolução de mérito** e **com resolução**, respectivamente.

Observa-se que, na Lei Falimentar (Lei n. 11.101/2005, art. 100), da decisão que decreta a falência cabe *agravo de instrumento*. Ocorre que a doutrina não é unânime quanto à natureza jurídica, e muitos consideram essa decisão como "sentença", apesar de não extinguir um processo, mas dar início à execução concursal do empresário falido. Entretanto, o mesmo dispositivo legal determina que da sentença que julga pela improcedência do pedido de falência, vale dizer, da sentença denegatória de falência cabe recurso de apelação.

O prazo de interposição é de 15 dias (art. 1.003, § 5º, do CPC).

Frise-se, por oportuno, que a estrutura processual aqui apresentada para a elaboração do recurso de apelação servirá *mutatis mutandis* para a elaboração dos demais recursos previstos no processo civil brasileiro: (i) recurso especial; e (ii) recurso extraordinário.

Registre-se, por oportuno, que não se vislumbra hipótese de utilização do recurso ordinário tendo por mérito a matéria de direito empresarial. Para os recursos que aproveitam a estrutura da apelação é importante destacar o cabimento e a quem deverão ser dirigidas a folha de rosto (ou peça de interposição) e as razões do recurso.

33.2. Características e requisitos

Conforme o art. 1.010 do CPC, a apelação, interposta por petição dirigida ao juízo de primeiro grau, conterá:

I – os nomes e a qualificação das partes;

II – a exposição do fato e do direito;

III – as razões do pedido de reforma da decisão ou de decretação de nulidade;

IV – o pedido de nova decisão.

O principal efeito da apelação é **devolver** ao tribunal o conhecimento da matéria impugnada (**efeito devolutivo**) – art. 1.013 do CPC – para que seja reformada a sentença (ou anulada), incluindo todas as questões suscitadas e discutidas no processo, ainda que a sentença não as tenha julgado por inteiro.

Ficam também submetidas ao tribunal as questões anteriores à sentença, ainda não decididas, art. 1.013, § 1º, bem como as questões de fato *não propostas* no juízo inferior poderão ser suscitadas na apelação, se a parte provar que deixou de fazê-lo por motivo de força maior (art. 1.014).

Outra característica é o **efeito suspensivo**, que não permite a execução provisória da sentença. No entanto, a apelação será recebida *apenas* no **efeito devolutivo**, segundo o art. 1.012, § 1º, quando interposta de sentença que:

1. homologar a divisão ou a demarcação de terras;
2. condenar a pagar de alimentos;
3. extinguir sem resolução de mérito ou julgar improcedentes os embargos do executado;
4. julgar procedente o pedido de instituição de arbitragem;
5. confirmar, conceder ou revogar a tutela provisória;
6. decretar a interdição.

Não se pode deixar de notar que, mesmo nessas hipóteses, será possível a concessão de efeito suspensivo, nos termos do art. 1.012, § 3º, do CPC. Para o direito empresarial, ganha especial destaque a questão da concessão de efeito suspensivo nas hipóteses de: (i) julgar procedente o pedido de instituição de arbitragem (já houve, no período OAB/FGV, peça prático-profissional envolvendo arbitragem); e (ii) confirmar, conceder ou revogar a tutela.

A apelação também terá apenas **efeito devolutivo** da sentença que julgar o pedido de restituição do proprietário de bem arrecadado no processo de falência ou que se encontre em poder do devedor na data da decretação da falência (art. 90 da Lei n. 11.101/2005).

Nas ações de despejo, consignação em pagamento de aluguel e acessório da locação, revisionais de aluguel e renovatórias de locação, os recursos interpostos contra as sentenças terão efeito **somente devolutivo** (art. 1º e parágrafo único e art. 58, V, da Lei n. 8.245/91). Além dos requisitos do art. 1.010, destaca-se que deve ser juntado o *preparo*, que nada mais é que o pagamento antecipado das custas processuais, sob pena de deserção (art. 1.007).

Por fim, haverá duas *partes*, uma "folha de rosto" – petição de interposição, e outra com as razões recursais.

Para o recurso de apelação, a folha de rosto é endereçada ao juízo que proferiu a sentença e as razões do recurso ao tribunal (a depender do mérito, pode ser o TJ – regra geral, ou o TRF).

Para o recurso especial, a folha de rosto é endereçada ao desembargador presidente do tribunal recorrido e as razões do recurso ao Egrégio Superior Tribunal de Justiça.

Para o recurso extraordinário, a folha de rosto é endereçada ao desembargador presidente do tribunal recorrido e as razões do recurso à Colenda Turma do Egrégio Supremo Tribunal Federal.

Por oportuno, vale ressaltar, não se discute os efeitos em que serão recebidos os recursos especial e extraordinário. O debate sobre se o recurso será recebido no seu duplo efeito ou somente no efeito devolutivo só é relevante para fins de apelação.

33.3. Como identificar a peça

Nas situações que já foram objeto de questionamento na 2ª Fase da OAB, preferencialmente, na área empresarial, a controvérsia se desdobra em processos judiciais em que fica esclarecido que o juiz proferiu uma *sentença* e que, como advogado da parte interessada, deve ser elaborada peça processual cabível.

Portanto, não há maiores dúvidas de que deve ser interposta apelação para reformar a sentença proferida.

Sobre o recurso especial, o caso narrará uma situação em que já houve uma causa decidida, por um TJ ou por um TRF, quando a decisão: (i) contrariar tratado ou lei federal, ou negar-lhes vigência – art. 105, III, *a*, da CF (hipótese mais viável); ou (ii) der a lei federal interpretação divergente da que lhe haja atribuído outro tribunal – art. 105, III, *c*, da CF.

Em se tratando do recurso extraordinário, o caso narrará uma situação já decidida por algum tribunal em que for contrariado dispositivo previsto na Constituição Federal, nos termos do art. 102, III, *a*, da CF.

Por final, é preciso destacar, para fins de recurso especial ou de recurso extraordinário, que é de bom tom que a questão deixe claro que não são cabíveis embargos de declaração, na medida em que a Súmula 356 do STF determina que os embargos de declaração podem ser interpostos com a finalidade de criar o prequestionamento, requisito necessário para a interposição desses recursos.

33.4. Competência

Será dirigido o recurso para o juízo que proferiu a sentença, observado que nas razões da apelação a apresentação é para o juízo *ad quem*, ou seja, ao Egrégio Tribunal de Justiça (ou Tribunal Regional Federal, *vide* as hipóteses do art. 109 da CF).

Para o recurso especial, a folha de rosto é endereçada ao desembargador presidente do tribunal recorrido e as razões do recurso ao Egrégio Superior Tribunal de Justiça.

Para o recurso extraordinário, a folha de rosto é endereçada ao desembargador presidente do tribunal recorrido e as razões do recurso à Colenda Turma do Egrégio Supremo Tribunal Federal.

33.5. Fundamentos mais comuns

O CPC dispõe que somente a **parte vencida**, o **terceiro prejudicado** e o **Ministério Público** podem interpor recurso (art. 996). O *interesse recursal* é, portanto, um dos requisitos *intrínsecos* dos recursos, a quem teve sucumbência total ou parcial. E, para *apelar*, o recorrente deverá confrontar uma sentença desfavorável nos termos do art. 1.009 do CPC, observado ainda o prazo de 15 dias.

Outra hipótese de apelação expressamente prevista no CPC é quando for *indeferida a petição inicial*, sendo facultado ao juiz, no prazo de cinco dias, reformar sua decisão (art. 331). Nesse caso, deve constar o pedido de **retratação** na apelação. Não sendo reformada a decisão, os autos serão imediatamente encaminhados ao tribunal competente.

Nas causas que dispensem a fase instrutória, o juiz, independentemente da citação do réu, julgará liminarmente improcedente o pedido que contrariar alguma das hipóteses do art. 332. Assim, se o autor apelar, é facultado ao juiz decidir, no prazo de cinco dias, não manter a sentença e determinar o prosseguimento da ação. Caso seja mantida a sentença, será ordenada a citação do réu para responder ao recurso, apresentando contrarrazões em 15 dias.

No direito empresarial, caberá apelação contra sentença que julga a improcedência do pedido de falência (art. 100 da Lei n. 11.101/2005). Há outros casos marcantes do ponto de vista da Lei n. 11.101/2005:

(i) da sentença que julgar o pedido de restituição caberá apelação sem efeito suspensivo (art. 90);

(ii) da sentença que julgar a ação revocatória cabe apelação (art. 134, parágrafo único);

(iii) da sentença que julgar as contas do administrador judicial cabe apelação (art. 154, § 6º);

(iv) a sentença de encerramento do processo de falência será publicada por edital e dela caberá apelação (art. 156, parágrafo único);

(v) da sentença que declarar extintas as obrigações do falido cabe apelação (art. 159, § 6º); e

(vi) da sentença que homologar o plano de recuperação extrajudicial cabe apelação sem efeito suspensivo (art. 164, § 7º).

33.6. Estrutura da peça

[FOLHA DE ROSTO]

1. **Endereçamento:** ao juízo de 1º grau que proferiu a sentença ora apelada.
2. **Identificação das partes:** parte apelante: pessoa física ou pessoa jurídica, com qualificação completa; parte apelada: pessoa física ou pessoa jurídica, com qualificação completa. É possível também para ambas informar "parte já devidamente qualificada nos autos *infra*", se for o caso.
3. **Representação judicial:** procurador(a) com mandato em anexo.

4. **Nome da peça e fundamento legal:** Recurso de Apelação sob fundamento do art. 1.009 e seguintes do CPC. [atentar para as hipóteses expressamente previstas na Lei n. 11.101/2005 e, se for o caso, fazer sua menção específica]
5. **Pedido de recebimento:** para que seja recebido o recurso de apelação nos seus efeitos devolutivo e suspensivo (exceto nas hipóteses de não cabimento) na forma do art. 1.012 do CPC e as guias de recolhimento do preparo.
6. **Fechamento da peça:** local, data. Advogado, OAB [não inventar dados].

[FOLHA DAS RAZÕES]

1. **Abertura das razões:** Razões do Recurso de Apelação, identificação das partes apelante e apelada, número do processo referente à decisão recorrida, "Egrégio Tribunal, Colenda Câmara, Eminentes Julgadores".
2. **Narrativa dos fatos ("Dos Fatos"):** exposição dos fatos previstos na situação hipotética da questão. Não inventar outros fatos nem trazer detalhes ausentes no problema. Destacar a decisão ora recorrida.
3. **Fundamentação ("Do Direito"):** atente-se que a mera citação de artigos não pontua. O mérito da apelação segue o desenvolvimento coerente de argumentação para fins de reforma, anulação ou retratação da sentença, baseado nos fatos do enunciado e no direito material aplicável.
4. **Pedidos:** a) que o recurso seja recebido e conhecido em seu duplo efeito nos termos propostos pela parte apelante [observar se não é um dos casos de exceção do efeito suspensivo]; b) que o recurso seja provido com a reforma da decisão ora recorrida pelas razões expostas pelo ora apelante; c) a intimação da parte ora apelada para no prazo de 15 dias apresentar as contrarrazões; d) a inversão do ônus de sucumbência e fixação de honorários.
5. **Valor da causa:** não há.
6. **Fechamento da peça:** local, data. Advogado, OAB [não inventar dados].

33.7. Questões da peça profissional

1. (XI Exame) Em 27-2-2011, XYZ Alimentos S.A., companhia aberta, ajuizou ação para responsabilizar seu ex-diretor de planejamento, "M", por prejuízos causados à companhia decorrentes de venda, realizada em 27-9-2005, de produto da Companhia a preço inferior ao de mercado, em troca de vantagem pessoal.

Em sua defesa, "M" alegou que não houve a realização prévia de assembleia da companhia que houvesse deliberado o ajuizamento da demanda e que as contas de toda administração referentes ao exercício de 2005 haviam sido aprovadas pela assembleia geral ordinária, ocorrida em 3-2-2006, cuja ata foi devidamente arquivada e publicada na imprensa oficial no dia 5-2-2006, não podendo este tema ser passível de rediscussão em razão do decurso do tempo.

Em sede de recurso, a 1ª Câmara Cível do Tribunal de Justiça do Estado do Piauí reconheceu os fatos de que (i) não houve a prévia assembleia para aprovar ajuizamento da ação; e de que (ii) as contas de "M" referentes ao exercício de 2005 foram aprovadas em uma assembleia, em cujas deliberações não se verificou erro, dolo, fraude ou simulação incorridos ou perpetrados por quem dela participou. No entanto, manteve a condenação do ex-diretor que havia sido imposta pela sentença da 1ª instância, que entendeu prevalecer, no caso, o art. 158, I, da Lei n. 6.404/76, sobre qualquer outro dispositivo legal desta Lei, sobretudo os que embasam os argumentos de "M".

Assim, na qualidade de advogado de "M" e utilizando os argumentos por ele expendidos em sua defesa, diante do acórdão proferido pelo Tribunal, elabore a peça cabível. Para tanto, suponha que o Tribunal de Justiça do Estado do Piauí possua apenas o total de dez varas cíveis, duas câmaras cíveis e nenhuma vice-presidência.

Deve ser levado em consideração, pelo examinando, que não cabem embargos de declaração.

2. (XVIII Exame) Álvares Indústria e Comércio S/A propôs ação de conhecimento sob o rito ordinário em face de Borba Indústria e Comércio de Móveis S/A. A ação, que tramitou na 1ª Vara da Comarca de Itacoatiara, Estado do Amazonas, teve por objeto: a) a busca e apreensão de produtos nos quais foi utilizada indevidamente a marca "Perseu" de propriedade da autora; b) a abstenção dos atos de concorrência desleal de comercialização pela Ré de qualquer produto com a utilização da marca, sob pena de multa (pedido cominatório); c) abstenção de fazer qualquer uso da expressão "Persépolis", sob qualquer modo ou meio gráfico, sozinha ou associada a qualquer outra expressão que se assemelhe com a marca "Perseu"; d) condenação ao pagamento de danos materiais e morais derivados da comercialização indevida de produtos objeto de contrafação.

O juízo de primeira instância julgou procedente em parte o pedido, reconhecendo que as expressões "Perseu" e "Persépolis" apresentam semelhanças capazes de causar imediata confusão ao consumidor, não podendo ambas coexistir licitamente no mesmo segmento de mercado e que a ré utilizou indevidamente a marca da autora.

A sentença determinou (i) que a ré se abstenha de fazer qualquer uso da marca "Perseu" e da expressão "Persépolis", sob qualquer modo ou meio gráfico, sozinha ou associada a qualquer outra expressão que se assemelhe com a marca "Perseu" de propriedade do autor, sob pena de multa diária fixada em R$ 5.000,00 (cinco mil reais), (ii) a busca e apreensão de produtos em que foram utilizadas, indevidamente, a marca "Perseu" e a expressão "Persépolis".

Os pedidos de condenação em danos morais e materiais foram julgados improcedentes sob os seguintes fundamentos: Quanto aos danos materiais: "Não tendo o Autor do pedido indenizatório pela contrafação da marca demonstrado na instrução probatória que deixou de vender seus produtos em razão da contrafação, não se caracteriza dano efetivo e direto indenizável. Tratando-se de fato constitutivo do direito, o prejuízo não se presume. Portanto, descabe dano material em caso de não comercialização dos produtos com a marca falsificada".

Quanto aos danos morais: "No caso vertente, em que pese a contrafação, não se produziu qualquer prova tendente a demonstrar que o nome da Autora foi prejudicado em razão da semelhança das expressões 'Perseu' e 'Persépolis' nos produtos da Ré. Ademais, os direitos da personalidade são inerentes e essenciais à pessoa humana, decorrentes de sua dignidade, não sendo as pessoas jurídicas titulares de tais direitos".

Intimadas as partes da prolação da decisão, Benjamin Figueiredo, administrador e acionista controlador da sociedade autora, insatisfeito com a procedência parcial dos pedidos, pretende que a decisão seja reformada na instância superior.

Elabore a peça adequada para a defesa dos interesses da cliente.

33.8. **Modelos das peças**

1. (XI Exame)

Excelentíssimo Senhor Desembargador Presidente do Tribunal de Justiça do Estado do Piauí.

(deixar espaço de 5 linhas)

"M", já qualificada nos autos do processo n. ... e em face da decisão de fls. ..., pelo seu procurador firmatário, com mandato anexo, vem, respeitosamente, à presença de Vossa Excelência, com fundamento no art. 105, III, "a", da Constituição Federal e no art. 1.029 do CPC, interpor o presente RECURSO ESPECIAL, cuja parte ora Recorrida já se encontra também devidamente qualificada, nas razões que seguem em anexo.

Requer a intimação da parte recorrida para, querendo, apresentar contrarrazões.

Requer, ainda, o recebimento do presente recurso no efeito devolutivo e as guias de recolhimento do preparo (em anexo) para que sejam os autos remetidos ao Egrégio Superior Tribunal de Justiça.

Nestes termos,
Pede deferimento.
Local. Data.
Advogado, OAB n. ...

DAS RAZÕES DO RECURSO ESPECIAL

Parte Recorrente: "M"
Parte Recorrida: XYZ Alimentos S/A.

Processo n. ... .

1.ª Câmara Cível do Tribunal de Justiça do Estado do Piauí.

Egrégio Superior Tribunal de Justiça,
Colenda Turma,
Eminentes Julgadores.

I. DOS FATOS

Em 27-2-2011, XYZ Alimentos S.A., companhia aberta, ajuizou ação para responsabilizar seu ex-diretor de planejamento, "M", por prejuízos causados à companhia decorrentes de venda, realizada em 27-9-2005, de produto da Companhia a preço inferior ao de mercado, em troca de vantagem pessoal.

Em sua defesa, "M" alegou que não houve a realização prévia de assembleia da companhia que houvesse deliberado o ajuizamento da demanda e que as contas de toda administração referentes ao exercício de 2005 haviam sido aprovadas pela assembleia geral ordinária, ocorrida em 3-2-2006, cuja ata foi devidamente arquivada e publicada na imprensa oficial no dia 5-2-2006, não podendo este tema ser passível de rediscussão em razão do decurso do tempo.

Em sede de recurso, a 1.ª Câmara Cível do Tribunal de Justiça do Estado do Piauí reconheceu os fatos de que (i) não houve a prévia assembleia para aprovar ajuizamento da ação; e de que (ii) as contas de "M" referentes ao exercício de 2005 foram aprovadas em uma assembleia, em cujas deliberações não se verificou erro, dolo, fraude ou simulação incorridos ou perpetrados por quem dela participou. No entanto, manteve a condenação do ex-diretor que havia sido imposta pela sentença da 1.ª instância, que entendeu prevalecer, no caso, o art. 158, I, da Lei n. 6.404/76, sobre qualquer outro dispositivo legal desta lei, sobretudo os que embasam os argumentos de "M".

2. DO DIREITO

2.1 Do cabimento do Recurso Especial

Determina o art. 105, III, "a", da Constituição Federal a possibilidade de interposição de recurso especial quando o Tribunal de Origem nega vigência ou viola dispositivos legais.

No caso concreto, verifica-se a violação dos arts. 286; 287, II, "b", 2; 159; e 134, § 3.º, todos da Lei n. 6.404/76, os quais devem ser aplicados em detrimento do art. 158, I, da mesma lei, por serem mais específicos, uma vez que a lei determina a realização de assembleia prévia que aprove o ajuizamento da demanda reparatória (art. 159).

2.2 Do Mérito

A presente ação não pode ser ajuizada contra administrador que teve suas contas aprovadas "sem ressalvas" em assembleia "limpa", sem manifestações e votos dolosos, culposos, fraudados ou simulados, o que implica a ausência de reconhecimento de eventual atuação do administrador com dolo ou culpa (art. 134, § 3.º).

Ademais, ainda que algum desses vícios fosse verificado, o prazo para anular a deliberação seria de dois anos (art. 286), o qual foi verificado em 5-2-2008 e, ainda que se entendesse pela possibilidade do ajuizamento de ação para responsabilizar "M", esta pretensão prescreveu ao final do dia 5-2-2009 (art. 287, II, "b", 2).

Com efeito, incidiu em erro a Colenda Câmara do Tribunal de Justiça do Piauí ao manter a condenação do Sr. "M", dando prevalência ao art. 158, I, da Lei n. 6.404/76, em detrimento dos demais dispositivos legais já citados, que, por serem mais específicos ao caso concreto, deveriam ser considerados.

3. DOS PEDIDOS

Ante o exposto, preenchidos os requisitos legais, requer:

3.1 que seja recebido e conhecido o recurso especial nos termos propostos pela parte recorrente;

3.2 que o presente recurso seja provido com a reforma da decisão ora recorrida pelas razões expostas pelo ora recorrente, com o objetivo de ver reconhecida a prescrição da ação tanto para anular a deliberação da assembleia que aprovou as contas de "M" quanto da ação para responsabilizá-lo pelos prejuízos causados à companhia;

3.3 a intimação da parte recorrida para no prazo de 15 dias apresentar as contrarrazões;

3.4 a inversão do ônus de sucumbência e fixação de honorários.

Nestes termos,
Pede deferimento.
Local. Data.
Advogado, OAB n. ...

2. (XVIII Exame)

Excelentíssimo Senhor Doutor Juiz de Direito da 1.ª Vara da Comarca de Itacoatiara, do Estado do Amazonas

(deixar espaço de 5 linhas)

Processo n. ...

Álvares Indústria e Comércio S/A, neste ato se fazendo presente por seu diretor, ambos já qualificados nos autos em epígrafe, manifestando inconformismo em face de sentença proferida por este nobre juízo, vem respeitosamente interpor o presente RECURSO DE APELAÇÃO, com fundamento nos arts. 1.009 e seguintes do CPC, em face de Borba Indústria e Comércio de Móveis S/A, pelas razões que seguem em anexo.

Requer a intimação da parte recorrida para, querendo, apresentar contrarrazões.

Requer, ainda, o recebimento do presente recurso nos efeitos devolutivo e suspensivo e das guias de recolhimento do preparo (em anexo) para que sejam os autos remetidos ao Egrégio Tribunal de Justiça do Estado do Amazonas.

Nestes termos,

Pede deferimento.
Local. Data.
Advogado. OAB n. ...

RAZÕES RECURSAIS

Parte Apelante: Álvares Indústria e Comércio S/A
Parte Recorrida: Borba Indústria e Comércio de Móveis S/A.

Processo n. ...

1.ª Vara da Comarca de Itacoatiara, do Estado do Amazonas.

Egrégio Tribunal de Justiça,
Colenda Câmara,
Eminentes Julgadores.

I. DOS FATOS

Álvares Indústria e Comércio S/A propôs ação de conhecimento sob o rito ordinário em face de Borba Indústria e Comércio de Móveis S/A. A ação, que tramitou na 1.ª Vara da Comarca de Itacoatiara, Estado do Amazonas, teve por objeto: a) a busca e apreensão de produtos nos quais foi utilizada indevidamente a marca "Perseu", de propriedade da autora; b) a abstenção dos atos de concorrência desleal de comercialização pela Ré de qualquer produto com a utilização da marca, sob pena de multa (pedido cominatório); c) abstenção de fazer qualquer uso da expressão "Persépolis", sob qualquer modo ou meio gráfico, sozinha ou associada a qualquer outra expressão que se assemelhe com a marca "Perseu"; d) condenação ao pagamento de danos materiais e morais derivados da comercialização indevida de produtos objeto de contrafação.

O juízo de primeira instância julgou procedente em parte o pedido, reconhecendo que as expressões "Perseu" e "Persépolis" apresentam semelhanças capazes de causar imediata confusão ao consumidor, não podendo ambas coexistir licitamente no mesmo segmento de mercado e que a Ré utilizou indevidamente a marca da autora.

A sentença determinou (i) que a Ré se abstenha de fazer qualquer uso da marca "Perseu" e da expressão "Persépolis", sob qualquer modo ou meio gráfico, sozinha ou associada a qualquer outra expressão que se assemelhe com a marca "Perseu", de propriedade da autora, sob pena de multa diária fixada em R$ 5.000,00, (ii) a busca e apreensão de produtos em que foram utilizadas, indevidamente, a marca "Perseu" e a expressão "Persépolis".

Os pedidos de condenação em danos morais e materiais foram julgados improcedentes sob os seguintes fundamentos:

Quanto aos danos materiais: "Não tendo o Autor do pedido indenizatório pela contrafação da marca demonstrado na instrução probatória que deixou de vender seus produtos em razão da contrafação, não se caracteriza dano efetivo e direto indenizável. Tratando-se de fato constitutivo do direito, o prejuízo não se presume. Portanto, descabe dano material em caso de não comercialização dos produtos com a marca falsificada".

Quanto aos danos morais: "No caso vertente, em que pese a contrafação, não se produziu qualquer prova tendente a demonstrar que o nome da Autora foi prejudicado em razão da semelhança das expressões 'Perseu' e 'Persépolis' nos produtos da Ré. Ademais, os direitos da personalidade são inerentes e essenciais à pessoa humana, decorrentes de sua dignidade, não sendo as pessoas jurídicas titulares de tais direitos".

Intimadas as partes da prolação da decisão, Benjamin Figueiredo, administrador e acionista controlador da sociedade autora, insatisfeito com a procedência parcial dos pedidos, pretende que a decisão seja reformada na instância superior.

2. DO DIREITO

2.1 Do Cabimento do Recurso de Apelação.

Com efeito, o cabimento do presente recurso está previsto no art. 1.009 do CPC, ao prever: "da sentença cabe apelação".

2.2 Da tempestividade do Recurso

O presente recurso de apelação foi interposto tempestivamente, na medida em que se respeitou o prazo previsto, no art. 1.003, § 5.º, do CPC.

2.3 Do Mérito

2.3.1 Do Cabimento dos danos materiais

A contrafação ou utilização indevida de marca são condutas de concorrência desleal nos termos do art. 209 da Lei n. 9.279/96, porque prejudicam a reputação ou os negócios alheios, criam confusão entre estabelecimentos ou entre os produtos e serviços postos no comércio.

Nesses casos, a procedência do pedido de condenação do falsificador/usurpador em danos materiais deriva diretamente da prova que revele a existência de contrafação, independentemente de ter sido o produto falsificado ou de cuja marca foi utilizada indevidamente efetivamente comercializado ou não, com fundamento no art. 209, "caput", da Lei n. 9.279/96. A jurisprudência pacificada no STJ dispensa a comprovação do prejuízo material com fundamento na redação do já citado art. 209.

Diga-se de passagem que a indenização por danos materiais não possui como fundamento tão somente a comercialização do produto falsificado ou de cuja marca foi utilizada indevidamente, mas também a vulgarização do produto, a exposição comercial (ao consumidor) do produto falsificado e a depreciação da reputação comercial do titular da marca, levadas a cabo pela prática de falsificação.

2.3.2. Do cabimento dos danos morais

A Constituição Federal em seu art. 5.º, X, prevê que: "são invioláveis a intimidade, a vida privada, a honra e a imagem das pessoas, assegurado o direito a indenização pelo dano material ou moral decorrente de sua violação". O texto constitucional não faz distinção entre pessoas naturais e jurídicas, logo é cabível dano moral pela violação do direito à imagem das pessoas jurídicas.

Certos direitos de personalidade são extensíveis às pessoas jurídicas, nos termos do art. 52 do Código Civil. Dentre eles, encontra-se a imagem do titular da marca e sua violação configura prática de ato ilícito (art. 186 do Código Civil). Nesse sentido, encontra-se a Súmula 227 do STJ, que dispõe: "A pessoa jurídica pode sofrer dano moral".

Na contrafação, o consumidor é enganado e vê sua faculdade de escolha subtraída de forma ardilosa. O consumidor não consegue perceber quem lhe fornece o produto e, como consequência, também o fabricante não pode ser identificado por boa parte de seu público-alvo. Assim, a contrafação é verdadeira usurpação de parte da identidade do fabricante. O contrafator cria confusão de produtos e, nesse passo, se faz passar pelo legítimo fabricante de bens que circulam no mercado. A prática de falsificação, em razão dos efeitos que irradia, fere o direito à imagem do titular da marca, o que autoriza, em consequência, a reparação por danos morais.

3. DOS PEDIDOS

Diante do exposto, requer:

a) que o recurso seja recebido e conhecido em seu duplo efeito nos termos propostos pela parte apelante;

b) que o recurso seja provido com a reforma da decisão ora recorrida pelas razões expostas pelo ora apelante, sendo julgados procedentes os seus pedidos de condenação da parte apelada em danos materiais e danos morais;

c) a intimação da parte ora apelada para no prazo de 15 dias apresentar as contrarrazões;

d) a inversão do ônus de sucumbência e fixação de honorários.

Nestes termos,
Pede deferimento.
Local. Data.
Advogado, OAB n. ...

34. QUESTÕES DISSERTATIVAS COMENTADAS

INTRODUÇÃO ÀS QUESTÕES DISSERTATIVAS COMENTADAS

As questões que se seguem foram divididas nos **cinco principais eixos** do direito empresarial, sendo possível ainda as subdividir por temas para fins didáticos. Diante do conteúdo programático previsto no último edital da OAB para Empresarial, podemos agrupar os seguintes assuntos:

I – DIREITO DE EMPRESA E DA SOCIEDADE

1 Do direito de empresa. 1.1 Do conceito de empresa. 1.2 Do empresário. 1.3 Da caracterização e da inscrição. 1.4 Da capacidade. 1.5 Do microempreendedor individual, Da microempresa e da empresa de pequeno porte. 1.6 Da empresa individual de responsabilidade limitada. 2 Da sociedade. 2.1 Disposições gerais. 2.2 Da sociedade não personificada. 2.3 Da sociedade em comum. 2.4 Da sociedade em conta de participação. 2.5 Da sociedade personificada. 2.6 Desconsideração da personalidade jurídica da sociedade empresária 2.7 Da distinção entre sociedade empresária e não empresária. 2.8 Sociedade de Propósito Específico (SPE) 2.9 Das sociedades de pessoas. 2.10 Da sociedade simples. 2.11 Da sociedade em nome coletivo. 2.12 Da sociedade em comandita simples. 2.13 Da sociedade limitada. 2.14 Da sociedade em comandita por ações. 2.15 Da sociedade cooperativa. 2.16 Das sociedades coligadas. 3 Da liquidação da sociedade. 3.1 Da transformação, da incorporação, da fusão e da cisão das sociedades. 3.2 Da nacionalidade da sociedade e da sociedade dependente de autorização. 4 Do estabelecimento. 4.1 Disposições gerais. 4.2 Clientela e aviamento. 5 Dos institutos complementares: 5.1 Registro público de empresas mercantis, 5.2 Nome empresarial, 5.3 Dos prepostos e 5.4 Da escrituração. 6 Das sociedades por ações. 6.1 Lei n. 6.404/76. 7 Dos valores mobiliários. 7.1 Do mercado de valores mobiliários. 7.2 Da comissão de valores mobiliários.

II – RECUPERAÇÃO JUDICIAL, EXTRAJUDICIAL E FALÊNCIA

8 Da recuperação judicial, extrajudicial e da falência do empresário e da sociedade empresária. [...] 11 Do sistema financeiro nacional. 11.1 Lei n. 4.595/64. 11.2 Do regime de administração especial temporária (RAET). 11.3 Da intervenção e liquidação extrajudicial de instituições financeiras.

III – CONTRATOS EMPRESARIAIS E ARBITRAGEM

9 Dos contratos empresariais. [...] 16. Arbitragem. 16.1 Lei n. 9.307/96.

IV – TÍTULOS DE CRÉDITO

10 Dos títulos de crédito.

V – PROPRIEDADE INDUSTRIAL

12 Da propriedade intelectual. 12.1 Das patentes. 12.2 Dos desenhos industriais. 12.3 Das marcas. 12.4 Das indicações geográficas. 12.5 Da concorrência desleal. 12.6 Da transferência de tecnologia e da franquia. 13 Da proteção da propriedade intelectual de programa de computador – Lei n. 9.609/98. 14. Defesa da concorrência. Lei n. 12.529/2011. Sistema brasileiro de defesa da concorrência. Infrações da ordem econômica. Controle de concentrações.

Os comentários das questões buscaram seguir com maior fidelidade os "espelhos de correção" publicados pela banca FGV, deixando de lado aqueles que não eram pertinentes para fins de avaliação e adaptando o mínimo possível[1]. Sendo assim, podemos considerar que as respostas são oficiais, o mais próximo do que se exigiu como solução para que o *examinando* alcançasse a totalidade dos pontos. Lembrando, ainda, a orientação da FGV por meio das regras previstas pelos editais:

- cada questão terá o valor máximo de 1,25 ponto;
- na redação das respostas às questões discursivas, o examinando deverá indicar, obrigatoriamente, a qual item do enunciado se refere cada parte de sua resposta ("A)", "B)", "C)" etc.), sob pena de receber nota zero;
- o examinando deve fundamentar suas respostas. A mera citação do dispositivo legal não confere pontuação;
- por último, as questões foram atualizadas pelo Novo Código de Processo Civil.

I. DIREITO DE EMPRESA E DA SOCIEDADE

I.1. DIREITO DE EMPRESA

1. **(XXV Exame – Reaplicação)** O empresário individual Vitor Meireles propôs ação de cobrança pelo procedimento comum em face da sociedade empresária Imbuia Panificação Ltda. EPP. A demanda está fundada em contrato de compra e venda de farinha de trigo, pelo

[1] Você poderá comparar as respostas ou encontrar outras explicações, bem como a divisão da pontuação de cada questão no próprio *site* da FGV Projetos: <http://oab.fgv.br/>.

preço de R$ 6.300,00 (seis mil e trezentos reais), inadimplido pela sociedade. Como o negócio foi ajustado verbalmente, o credor tem apenas como prova escrita o lançamento do crédito em seu Livro Diário, autenticado pela Junta Comercial. O Livro Diário encontra-se com lançamentos fora de ordem cronológica, numerosos intervalos em branco, lacunas, rasuras e transportes para as margens. Com base na hipótese narrada, responda aos itens a seguir.

A) Vitor Meireles poderá utilizar o Livro Diário como prova documental da celebração do contrato de compra e venda?

B) Para os empresários individuais, como Vitor Meireles, é facultativa a escrituração do Livro Diário e sua autenticação na Junta Comercial?

GABARITO:

A) O Livro Diário de Vitor Meireles não cumpre as formalidades intrínsecas previstas no art. 1.183, *caput*, do Código Civil, porque contém lançamentos fora de ordem cronológica, numerosos intervalos em branco, lacunas, rasuras e transportes para as margens. Por estar sem a presença de requisitos legais, o empresário não poderá utilizar o Diário como prova a seu favor no litígio com a sociedade empresária, em razão do que dispõe o art. 226, *caput*, do Código Civil. [Ou citar como fundamento o art. 418 do CPC, *a contrario sensu*.]

B) Não é facultativa. O Livro Diário é documento de escrituração contábil obrigatória do empresário (art. 1.180 do Código Civil), e deve estar autenticado na Junta Comercial, por exigência do art. 1.181 do Código Civil.

2. (XXV Exame) Paulo é fazendeiro e cria, de modo profissional, gado de raça para venda a frigoríficos, bem como seleciona as melhores raças para exportação de carne. Na fazenda de Paulo, há emprego de tecnologia, mão de obra qualificada, pesquisa de zootecnia e altos investimentos; entretanto, ele não tem nenhum registro como empresário, exercendo a pecuária como pessoa natural. Com base nesses dados, responda aos itens a seguir.

A) A atividade exercida por Paulo é empresa?

B) É obrigatória a inscrição de Paulo na Junta Comercial como empresário?

GABARITO:

A) Sim. A atividade exercida por Paulo é empresa, pois nela se verifica uma atividade econômica dotada de organização de bens e pessoas com finalidade de produção de bens para o mercado, com base na dicção do art. 966, *caput*, do Código Civil.

B) Não é obrigatória. Paulo, embora exerça empresa rural, não está obrigado a se registrar na Junta Comercial como empresário. É facultativa a inscrição na Junta Comercial para o empresário rural, porém, uma vez inscrito, equipara-se ao empresário regular, de acordo com o art. 971 do Código Civil.

3. (XXIV Exame) No contrato de trespasse do estabelecimento empresarial celebrado pela sociedade Passa Tempo Materiais Esportivos Ltda. com o empresário individual Mário Couto, constou, em anexo, termo de cessão de créditos referentes ao estabelecimento, que atinge dezoito devedores da sociedade trespassante. Sobre a hipótese, responda aos itens a seguir.

A) Qual a providência a ser tomada para que a cessão dos créditos produza efeito em relação aos respectivos devedores?

B) Se algum dos devedores da sociedade Passa Tempo Materiais Esportivos Ltda. pagar a esta, e não ao cessionário, tal pagamento será válido?

GABARITO:

A) A providência a ser tomada para que a cessão produza efeito em relação aos devedores é a averbação à margem da inscrição da sociedade empresária no Registro Público de Empresas Mercantis, bem como a publicação do contrato de trespasse na imprensa oficial, com base no art. 1.144 do Código Civil.

B) Sim, o pagamento será válido. Se algum dos devedores estiver de boa-fé ao pagar ao cedente (Passa Tempo Materiais Esportivos Ltda.) e não ao cessionário, tal pagamento será válido, com base no art. 1.149 do Código Civil.

4. **(XXIV Exame)** As sociedades empresárias S, U e V decidiram constituir sociedade em conta de participação, sendo a primeira sócia ostensiva e as demais sócias, participantes. No contrato de constituição da sociedade, ficou estabelecido que: (I) os sócios participantes poderão votar nas deliberações sociais na proporção do valor do investimento realizado por cada um; e (II) o nome empresarial será firma composta pela denominação da sociedade U, seguida da indicação do objeto social. Com base nessas informações, responda aos itens a seguir.

A) É lícito estabelecer no contrato da sociedade em conta de participação que os sócios participantes poderão votar nas deliberações sociais?

B) Está correta a disposição contratual quanto ao nome empresarial?

GABARITO:

A) Sim, é lícito. Diante da aplicação supletiva das disposições da sociedade simples à sociedade em conta de participação, por haver compatibilidade, é lícita a estipulação contratual, porque os sócios participantes poderão votar nas deliberações sociais para discutir e eventualmente aprovar matérias pertinentes aos negócios da sociedade, nos termos do art. 996, *caput*, c/c o art. 1.010, *caput*, ambos do Código Civil.

B) Não está correta. Na sociedade em conta de participação, a atividade constitutiva do objeto social é exercida unicamente pelo sócio ostensivo, em nome próprio e sob sua própria e exclusiva responsabilidade, de acordo com o art. 991 do Código Civil. Por conseguinte, é vedado à sociedade em conta de participação adotar qualquer nome empresarial (firma ou denominação), nos termos do art. 1.162 do Código Civil.

5. **(XXXI Exame)** Quatro sociedades empresárias (B, C, H e Z) constituíram sociedade para atuação no mercado de construção e incorporação de imóveis. No documento de constituição, ficou estabelecido que a atividade constitutiva do objeto social seria exercida unicamente pelos sócios B e C, em nome individual e sob a exclusiva responsabilidade de cada um, participando os demais sócios dos resultados correspondentes, nos termos do contrato. A sociedade não tem personalidade jurídica, nem nome empresarial, e o contrato social produz efeito somente entre os sócios.

Durante a vigência do contrato, foi decretada a falência do sócio participante H pelo juiz da Vara Cível da Comarca de Liberdade.

Com base nas informações acima, responda aos itens a seguir.

A) Sendo certo que os sócios não deram publicidade ao contrato, abstendo-se de arquivá-lo em qualquer registro, foi regular a constituição da sociedade?

B) Diante da falência do sócio H, como os demais sócios podem proceder?

GABARITO:

A) Sim, a constituição da sociedade foi regular. A sociedade em conta de participação não está sujeita às formalidades de constituição de outros tipos, podendo ser provada sua existência por todos os meios de prova admitidos em direito, de acordo com o art. 992 do CC.

B) O contrato fica sujeito às normas dos contratos bilaterais do falido, de acordo com o art. 994, § 3º, do CC. Os demais sócios podem interpelar o administrador judicial, no prazo de até 90 (noventa) dias, contado da assinatura do termo de sua nomeação, para que, dentro de 10 (dez) dias, declare se cumpre ou não o contrato, com base no art. 117, § 1º, da Lei n. 11.101/2005.

6. (IV Exame) Diogo exerce o comércio de equipamentos eletrônicos, por meio de estabelecimento instalado no Centro do Rio de Janeiro. Observe-se que Diogo não se registrou como empresário perante a Junta Comercial. Com base nesse cenário, responda:

A) São válidos os negócios jurídicos de compra e venda realizados por Diogo no curso de sua atividade?

B) Quais os principais efeitos da ausência de registro de Diogo como empresário?

GABARITO:

A) Segundo o art. 967 do Código Civil, é obrigatória a inscrição do empresário no Registro Público de Empresas Mercantis da respectiva sede, antes do início de sua atividade. No entanto, a inexistência do registro não retira a condição de empresário, uma vez que tem natureza declaratória, ressalvadas as exceções legais (formação da pessoa jurídica e empresário rural) e que não se aplicam ao caso em tela. Portanto, a ausência de registro não invalida os atos praticados por Diogo no exercício da empresa.

B) Os principais efeitos são aqueles próprios da irregularidade do exercício da atividade, que inclui a impossibilidade de requerer recuperação judicial, bem como realizar atos da vida empresarial que exigem a comprovação da regularidade, como a participação em licitações.

7. (V Exame) Matias, empresário individual que explorava serviços de transporte de cargas pesadas, faleceu em 8-3-2010, deixando cinco filhos, sendo dois – José e Carlos – fruto de seu primeiro casamento com Maria (falecida em 30-7-1978) e três – Pedro, Fábio e Francisco – de seu segundo casamento com Joana, atual viúva e inventariante do espólio dos bens deixados por Matias. Por tal razão, Joana figura como administradora da empresa exercida pelo espólio, enquanto sucessor do empresário falecido. Ao visitar o estabelecimento onde se encontra centralizada a referida atividade empresária, Carlos constata que, dos 48 caminhões anteriormente existentes, 13 encontram-se estacionados e outros 20 em funcionamento, sendo que os demais teriam sido vendidos por Joana, segundo informações obtidas do supervisor do estabelecimento, a quem cabe o controle dos veículos.

Por outro lado, Carlos verifica aparente enriquecimento súbito de Pedro e Fábio, os quais, mesmo sendo estudantes sem renda, adquirem, respectivamente e em nome próprio, imóveis no valor de R$ 300.000,00 e R$ 450.000,00.

Com base no relatado acima, responda aos itens a seguir, empregando os argumentos jurídicos apropriados e a fundamentação legal pertinente ao caso.

A) Pode Carlos, sob o argumento de suspeita de desvio de bens do estabelecimento por Joana, requerer a exibição integral dos livros empresariais do espólio de Matias?

B) Independentemente da questão "A" acima, supondo-se que conste do Livro Diário do espólio de Matias a alienação de 15 caminhões de sua propriedade, pode tal prova prevalecer caso Joana apresente documentos comprobatórios da locação desses veículos e do recebimento dos respectivos aluguéis? Responda examinando o efeito probatório dos livros empresariais obrigatórios.

GABARITO:

A) A ação judicial para exibição de livros empresariais é cabível para resolver questões relativas à sucessão do empresário (art. 1.191 do CC ou 420, II, do CPC). É possível, mesmo que a ação cautelar de exibição judicial de livros comerciais tenha sido suprimida pelo CPC/2015 (no CPC/73 era prevista no art. 844), utilizar-se da tutela provisória para obter o mesmo resultado (art. 294). A Súmula 390 do STF prevê que a exibição judicial de livros comerciais pode ser requerida como medida preventiva.

B) A força probante dos livros empresariais é relativa, sendo afastada por documentos que contradigam seu conteúdo (art. 417 do CPC ou art. 226 do CC). Desde que Joana apresente documentos cabais da locação dos veículos e recebimento dos alugueres, prevalece a prova baseada em tais documentos.

8. **(VI Exame)** Maria e Alice constituíram a sociedade Doce Alegria Comércio de Alimentos Ltda., com o objetivo de comercializar doces para festas. As sócias assinaram o contrato social e logo começaram a adquirir matéria-prima em nome da sociedade. Contudo, dado o acúmulo dos pedidos e a grande produção, as sócias não se preocuparam em providenciar o registro dos atos constitutivos na Junta Comercial, priorizando o seu tempo integralmente na produção dos doces. Posteriormente, a sociedade passou por um período de dificuldades financeiras com a diminuição dos pedidos e deixou de pagar as obrigações assumidas com alguns fornecedores, em especial a Algodão Doce Depósito e Comércio de Alimentos Ltda., que, tentando reaver seu prejuízo, ingressou com ação de cobrança contra a Doce Alegria Comércio de Alimentos Ltda. Em sede de defesa, alegou-se a inexistência da sociedade Doce Alegria Comércio de Alimentos Ltda., dado que não foi efetivado o registro do contrato social na Junta Comercial.

De acordo com o enunciado acima e com a legislação pertinente, responda às questões abaixo, indicando o(s) respectivo(s) fundamento(s) legal(is):

A) Como advogado da Sociedade Algodão Doce, qual deve ser a tese jurídica adotada para refutar o argumento de defesa?

B) Qual o patrimônio que a Algodão Doce Depósito e Comércio de Alimentos Ltda. poderá acionar de modo a reaver seu crédito?

GABARITO:

A) De acordo com a situação, mesmo não tendo inscrito os atos da sociedade no registro próprio, a sociedade Doce Alegria Comércio de Alimentos Ltda. existe, sendo considerada uma sociedade em comum (art. 986 do CC). A sua falta de personalidade jurídica não impede que seja acionada também judicialmente, em razão do que prevê o art. 75, § 2º, do CPC. Ademais, a existência da sociedade pode ser provada por terceiros por qualquer meio, de acordo com o disposto no art. 987 do CC.

B) Os bens sociais constituem patrimônio especial, de propriedade comum das sócias, conforme o art. 988 do CC. Assim, este patrimônio pode ser acionado, uma vez que ele responde pelos atos de gestão praticados por qualquer dos sócios, conforme o art. 989 do CC. Também pode ser acionado o patrimônio de cada uma das sócias, dado que elas respondem ilimitada e solidariamente pelas obrigações da sociedade, de acordo com o art. 990 do CC.

9. (XIII EXAME) Banzaê Ltda. EPP é uma sociedade empresária do tipo limitada, cujo objeto é a extração e beneficiamento de dendê para produção de azeite. Antônio Gonçalves, único administrador da sociedade, utiliza o nome empresarial "Banzaê Ltda. EPP. O sócio Lauro de Freitas pretende, com fundamento no Código Civil, responsabilizar ilimitadamente o administrador pelo uso da denominação em desacordo com o princípio da veracidade, que, a seu ver, obriga a presença do objeto no nome empresarial da sociedade. Sendo certo que a sociedade em todos os seus atos que pratica não indica seu objeto, pergunta-se:

A denominação social está sendo empregada corretamente por Antônio Gonçalves?

GABARITO:

As sociedades, simples ou empresárias, enquadradas como empresas de pequeno porte, são obrigadas a acrescentar na sua designação a expressão "Empresa de Pequeno Porte" ou "EPP", segundo o art. 72 da Lei Complementar n. 123/2006, mas é facultativa a inclusão do objeto da sociedade. Somente as sociedades enquadradas como empresas de pequeno porte podem usar o aditivo "EPP". Assim, Antônio Gonçalves está empregando adequadamente o nome empresarial, o que, por conseguinte, o sócio Lauro de Freitas não pode responsabilizar ilimitadamente o administrador pelo uso da denominação sem a indicação do objeto.

10. (XV Exame) Leia com atenção o texto a seguir. Na área rural do município X, a atividade preponderante exercida pelos habitantes é o cultivo da mandioca. Numa micropropriedade, o casal Paulo Afonso e Glória planta mandioca com a ajuda dos filhos e dos pais. Não há maquinário para a lavoura e a cultura é de subsistência, sendo o excedente, quando existente, vendido para uma indústria de beneficiamento. Os poucos animais que o casal possui servem para o fornecimento de leite e carne e ao arado da terra. Há, também, na área rural, uma indústria de beneficiamento da mandioca, com mais de cem empregados, máquinas, amplas construções e contínuo treinamento dos colaboradores. A forma jurídica para a exploração da atividade é de sociedade limitada, sendo titular de 3/4 do capital social e da maioria das quotas o Sr. Wenceslau Guimarães.

A partir do texto, responda aos itens a seguir.

A) A atividade realizada pelo casal Paulo Afonso e Glória é considerada uma empresa?

B) O Sr. Wenceslau Guimarães é considerado empresário?

GABARITO:

A) De acordo com o enunciado (plantação de mandioca com a ajuda dos filhos e dos pais, sem emprego de maquinário na lavoura e cultivo de subsistência), percebe-se que não há organização voltada para a produção de bens para terceiros na atividade exercida pelo casal Paulo Afonso e Glória, nem profissionalismo (o excedente, quando existente, é comercializado). Portanto, não se verifica a presença de empresa, com base no seu conceito, derivado do de empresário (art. 966, *caput*, do Código Civil).

B) Wenceslau Guimarães não é empresário, porque empresário individual é aquele que exerce a empresa em nome próprio e mediante responsabilidade ilimitada. O Sr. Wenceslau Guimarães é sócio da sociedade. Não se pode confundir o sócio, ainda que majoritário, com a sociedade empresária, pois é ela quem exerce a empresa como pessoa jurídica de direito privado.

11. (XIX Exame) José Porfírio é empresário individual enquadrado como microempresário e está tendo êxito com sua empresa. Renato, irmão de José Porfírio, por causa transitória, não pode exprimir sua vontade e, por essa razão, com base no art. 1.767, I, do Código Civil, foi submetido preventiva e extraordinariamente à curatela, a qual afeta os atos relacionados aos direitos de natureza patrimonial e negocial. José Porfírio foi nomeado curador do irmão pelo juiz, que fixou os limites da curatela nos termos do art. 1.782 do Código Civil. Desejoso de ajudar seu irmão a superar os problemas que motivaram a instituição da curatela, José Porfírio procura você, na condição de advogado(a), para esclarecer as dúvidas a seguir:

A) De acordo com as disposições do Código Civil, Renato pode iniciar o exercício individual de empresa, em nome próprio, mediante autorização judicial?

B) Caso José Porfírio queira admitir seu irmão como sócio, poderá manter a condição de empresário individual?

GABARITO:

A) Não é possível Renato iniciar empresa, mesmo com autorização judicial. Um dos requisitos para a pessoa natural iniciar o exercício da atividade de empresário é estar em pleno gozo da capacidade civil, com fundamento no art. 972 do Código Civil, o que não ocorre com Renato por ser relativamente incapaz (art. 4º, III, do Código Civil), afetando a curatela os atos relacionados aos direitos de natureza patrimonial e negocial. O relativamente incapaz pode apenas prosseguir a empresa por ele exercida antes do advento da incapacidade, jamais iniciá-la (art. 974 do Código Civil).

B) Não, tendo em vista que o empresário pessoa natural só pode exercer a empresa individualmente. Caso queira admitir seu irmão como sócio, José Porfírio deverá requerer ao Registro Público de Empresas Mercantis, a cargo das Juntas Comerciais, a transformação de seu registro de empresário para registro de sociedade empresária, com fundamento no art. 968, § 3º, do Código Civil.

12. (XX Exame) Uma companhia fechada realizou regularmente a alienação do estabelecimento empresarial situado na cidade de Sobral. Não houve publicação do contrato de trespasse na imprensa oficial, apenas o arquivamento do mesmo contrato na Junta Comercial do Estado do Ceará, onde está arquivado o estatuto. O acionista minoritário Murtinho consultou o acionista majoritário Severiano para saber a razão da ausência de publicação. A resposta que recebeu foi a seguinte: como a receita bruta anual da companhia é de três milhões de reais, ela é considerada uma empresa de pequeno porte e, como tal, está dispensada da publicação de atos societários, nos termos da legislação que regula as empresas de pequeno porte.

Murtinho consultou seu advogado para que ele analisasse a resposta apresentada por Severiano, nos termos a seguir.

A) A companhia fechada da qual Murtinho é acionista é, de direito, uma empresa de pequeno porte?

B) É dispensável a publicação do contrato de trespasse do estabelecimento de Sobral?

GABARITO:

A) Não, não é uma empresa de pequeno porte em razão da proibição do inciso X do § 4º do art. 3º da Lei Complementar n. 123/2006 ("Não poderá se beneficiar do tratamento jurídico diferenciado previsto nesta Lei Complementar, incluído o regime de que trata o art. 12 desta Lei Complementar, para nenhum efeito legal, a pessoa jurídica: constituída sob a forma de sociedade por ações"). Assim, as sociedades por ações não podem se beneficiar do tratamento jurídico diferenciado conferido às empresas de pequeno porte, ainda que a receita bruta anual seja inferior ao limite máximo previsto no art. 3º, II, da Lei Complementar n. 123/2006.

B) Não é dispensável a publicação do contrato de trespasse, em razão de a companhia não ser uma empresa de pequeno porte para os fins legais. Assim, é obrigatória a publicação do contrato de trespasse na imprensa oficial com base no art. 1.144 do Código Civil para efeitos de terceiros ("o contrato que tenha por objeto a alienação, o usufruto ou arrendamento do estabelecimento, só produzirá efeitos quanto a terceiros depois de averbado à margem da inscrição do empresário, ou da sociedade empresária, no Registro Público de Empresas Mercantis, e de publicado na imprensa oficial").

13. (XXII Exame) Cotegipe, Ribeiro e Camargo, brasileiros, pretendem constituir uma sociedade empresária para atuar na exportação de arroz. Cotegipe, domiciliado em Piratini/RS, será o sócio majoritário, com 75% (setenta e cinco por cento) do capital.

Os futuros sócios informam a você que a sociedade será constituída em Santa Vitória do Palmar/RS, local da sede contratual, e terá quatro filiais, todas no mesmo estado. A administração da sociedade funcionará em Minas, cidade da República Oriental do Uruguai, domicílio dos sócios Ribeiro e Camargo, mas as deliberações sociais ocorrerão em Santa Vitória do Palmar/RS.

Considerados esses dados, responda aos questionamentos a seguir.

A) A sociedade descrita no enunciado poderá ser considerada uma sociedade brasileira?

B) Diante do fato de o domicílio do sócio majoritário, bem como o lugar da constituição e as filiais serem no Brasil, a sociedade precisa de autorização do Poder Executivo para funcionar?

GABARITO:

A) Não, a sociedade não pode ser considerada brasileira. Somente será tida como nacional a sociedade que tenha no país a sede de sua administração. É preciso justificar que, como a administração da sociedade funcionará em território uruguaio (ou cidade uruguaia), a sociedade não reúne os requisitos para ter nacionalidade brasileira, sendo uma sociedade estrangeira, com fundamento no art. 1.126 do CC.

B) Sim, porque a sociedade estrangeira, qualquer que seja o seu objeto, precisa de autorização prévia do Poder Executivo para funcionar no país, nos termos do art. 1.134 do CC. O fato de o domicílio do sócio majoritário, bem como o lugar da constituição e as filiais serem no Brasil, não desobriga a sociedade de obter autorização prévia, porque como a administração está no exterior, ela não é uma sociedade brasileira.

14. (XXIII Exame) Tanabi Franquias Ltda., sociedade empresária com capital integralizado, foi condenada a indenizar Telêmaco Eletrônica Ltda. EPP em sentença arbitral proferida pela Câmara de Arbitragem Z.

No curso da ação de cumprimento de sentença arbitral, foi requerida pela credora a instauração do incidente de desconsideração da personalidade jurídica, sob a justificativa de obstáculo ao ressarcimento do débito pela devedora, em razão de todos os sócios responderem até o valor das respectivas quotas pelas obrigações sociais.

Com base na hipótese apresentada, responda aos itens a seguir.

A) Sabendo-se que não foi requerida a desconsideração da personalidade jurídica no curso da arbitragem, é possível, como medida de urgência, a instauração do incidente no curso da ação de cumprimento de sentença?

B) A justificativa apresentada por Telêmaco Eletrônica Ltda. EPP para a desconsideração da personalidade jurídica autoriza a instauração do incidente?

GABARITO:

A) Sim. Não há irregularidade quanto à legitimidade de a parte requerer a instauração do incidente de desconsideração da personalidade jurídica, inclusive em fase de cumprimento de sentença, com base no art. 134, *caput*, do CPC.

B) Não. O pedido de desconsideração da personalidade jurídica deve observar os pressupostos previstos em lei, como determina o art. 133, § 1º, do CPC. Assim sendo, a justificativa apresentada por Telêmaco Eletrônica Ltda. EPP, em relação à responsabilidade limitada dos sócios, não comprova abuso da personalidade jurídica por parte de sócio ou administrador, pressuposto para a desconsideração contido no art. 50 do Código Civil.

15. (XXIII Exame) Lino é gerente do estabelecimento empresarial do microempresário individual Teotônio Palmeira. Na ausência do empresário, sob a justificativa de que precisa de um tratamento médico, Lino decidiu transferir unilateralmente sua condição de gerente e as prerrogativas decorrentes dela a seu amigo Mário, que aceitou o encargo.

Com base nessas informações, responda aos questionamentos a seguir.

A) Na condição de gerente do empresário Teotônio Palmeira e com a justificativa apresentada, Lino pode designar outro gerente para substituí-lo sem autorização do primeiro?

B) Caso Lino venha a praticar um ato doloso no exercício da gerência que cause prejuízo a terceiro, este poderá responsabilizar o empresário Teotônio Palmeira?

GABARITO:

A) Não. Lino não pode, sem autorização escrita do empresário (preponente), designar outro gerente para substituí-lo, porque tal conduta é vedada ao preposto, de acordo com o art. 1.169 do CC.

B) Sim. No exercício de suas funções, o preposto Lino é solidariamente responsável com o preponente Teotônio Palmeira perante terceiros, pelos atos dolosos praticados pelo primeiro, com fundamento no art. 1.177, parágrafo único, do CC.

16. (XXVIII Exame) Tomé deseja se tornar microempreendedor individual (MEI). Não obstante, antes de realizar sua inscrição no Portal do Empreendedor, consultou um(a) advogado(a) para tirar dúvidas sobre o regime jurídico do microempreendedor individual, incluindo o tratamento diferenciado em relação a outros empresários.

Sobre as dúvidas ainda existentes, responda aos itens a seguir.

A) O microempreendedor individual é uma pessoa jurídica com responsabilidade limitada, denominada Empresa Individual de Responsabilidade Limitada, cuja sigla é EIRELI?

B) Nos termos da Lei Complementar n. 123/2006 e de suas alterações, qual a natureza do MEI quanto à capacidade de auferição de receita? Como pessoa contribuinte de impostos, taxas e contribuições, Tomé estará dispensado, no ato da inscrição como MEI, de apresentar certidão negativa de débito referente a tributos ou contribuições?

GABARITO:

A) Não. O MEI é uma pessoa natural, sendo espécie de empresário individual de que trata o art. 966 do Código Civil e não uma pessoa jurídica de direito privado – EIRELI, de acordo com o art. 18-A, § 1º, da Lei Complementar n. 123/2006.

B) O MEI é uma modalidade de microempresa, conforme o art. 18-E, § 3º, da Lei Complementar n. 123/2006. Dessa forma, todo benefício previsto na Lei Complementar n. 123/2006 aplicável à microempresa estende-se ao MEI, sempre que lhe for favorável. Assim, o MEI está dispensado, para fins de arquivamento nos órgãos de registro, da prova de quitação, regularidade ou inexistência de débito referente a tributo ou contribuição de qualquer natureza, com base no art. 9º, § 1º, II, da Lei Complementar n. 123/2006.

I.2. EIRELI

17. (IX Exame) Maria, cozinheira, tem como fonte de renda a produção e venda de refeições para os moradores de seu bairro. Para a produção das refeições, Maria precisa comprar grande quantidade de alimentos e, por vezes, para tanto, necessita contrair empréstimos. Com o dinheiro que economizou ao longo de anos de trabalho, Maria montou uma cozinha industrial em um galpão que comprou em seu nome, avaliada em R$ 80.000,00. Maria também acabou de adquirir sua casa própria e está preocupada em separar a sua atividade empresarial, exercida no galpão, de seu patrimônio pessoal.

Nesse sentido, com base na legislação pertinente, responda, de forma fundamentada, aos itens a seguir.

A) Qual seria o instituto jurídico mais adequado a ser constituído por Maria para o exercício de sua atividade empresarial de modo a garantir a separação patrimonial sem, no entanto, associar-se a ninguém?

B) Como Maria poderia realizar a referida divisão?

GABARITO:

A) O instituto jurídico mais adequado a ser constituído por Maria é a Empresa Individual de Responsabilidade Limitada - Eireli, especialmente porque ela quer garantir a separação patrimonial e não deseja ter nenhum sócio (dados contidos no enunciado). A Eireli é uma pessoa jurídica de direito privado (art. 44, VI, do Código Civil), garantindo a separação patrimonial entre a pessoa natural e a pessoa jurídica. Ademais, Maria possui patrimônio suficiente para cumprir a exigência do capital mínimo de cem vezes o maior salário mínimo vigente no país, devidamente integralizado, conforme art. 980-A, do CC.

B) Maria pode realizar a integralização do capital da Eireli com a cozinha industrial, avaliada R$ 80.000,00, portanto em valor superior a 100 vezes o maior salário mínimo vigente no País. Desta forma, a cozinha industrial passaria a compor o patrimônio da pessoa jurídica e serviria à sua atividade empresária, resguardando a casa no patrimônio pessoal da instituidora.

18. (X Exame) José da Silva constituiu uma Empresa Individual de Responsabilidade Limitada com a seguinte denominação - Solução Rápida Informática Eireli. No ato de constituição foi nomeada como única administradora sua irmã, Maria Rosa. A pessoa jurídica celebrou um contrato de prestação de serviços e nesse documento José da Silva assinou como administrador e representante da Eireli. Com base na situação hipotética apresentada, responda aos itens a seguir.

A) Foi correto o uso do nome empresarial por Jose na situação descrita no enunciado? Justifique e dê amparo legal.

B) Na omissão do ato constitutivo, Maria Rosa, na condição de administradora, poderia outorgar procuração em nome da pessoa jurídica a José da Silva? Por quê? Justifique e dê amparo legal.

GABARITO:

A) Não foi correto o uso do nome empresarial por José da Silva porque ele não tem poderes de administração. O fato de ter instituído a Eireli não lhe dá de pleno direito poderes de administração porque somente Maria Rosa, única administradora, poderia usar a denominação, com fundamento no art. 1.064 do Código Civil ("O uso da firma ou denominação social é privativo dos administradores que tenham os necessários poderes"), que se aplica a Eireli por força do art. 980-A, § 6º, do Código Civil.

B) Sim, porque Maria Rosa como única administradora pode constituir mandatários da pessoa jurídica nos limites de seus poderes. O fundamento legal encontra-se no art. 1.018 do Código Civil ("Ao administrador é vedado fazer-se substituir no exercício de suas funções, sendo-lhe facultado, nos limites de seus poderes, constituir mandatários da sociedade, especificados no instrumento os atos e operações que poderão praticar"), aplicável à Eireli por força dos arts. 980-A, § 6º, e 1.053, *caput*, do Código Civil.

19. (XIX Exame) Ricardo constituiu uma Empresa Individual de Responsabilidade Limitada (Eireli) com o capital mínimo legal e procedeu ao arquivamento do ato constitutivo na Junta Comercial. Nove meses após a constituição, o instituidor decidiu dobrar o valor do capital para atender às exigências de um edital de licitação. Para tanto, fez uma declaração de aumento do capital e deu publicidade no registro de títulos e documentos. O ato constitutivo da Eireli não foi alterado porque, segundo Ricardo, tal procedimento é obrigatório apenas para contratos plurilaterais e, como a Eireli não tem contrato e sim ato unilateral de constituição, a forma por ele adotada foi correta. Ricardo também pretende associar seu irmão Hélio à sua quota única, estabelecendo um condomínio entre eles, já que a quota é indivisa.

Com base no caso apresentado, responda aos itens a seguir.

A) O aumento do capital social da Eireli pode ser realizado independentemente de alteração do ato de constituição?

B) É possível acatar a solução proposta por Ricardo de associar Hélio à sua quota?

GABARITO:

A) Não pode ser realizado, pois é necessário que o aumento do capital da Eireli seja realizado com a correspondente modificação do ato de constituição, ainda que esse não seja um contrato plurilateral, em face da determinação contida no art. 1.081, *caput*, do CC, aplicável à Eireli em razão da disposição contida no art. 980-A, § 6º, do CC e que determina que o capital da sociedade limitada pode ser aumentado, após sua integralização, sendo feita a correspondente modificação do contrato social.

B) Não é possível acatar, em razão que a solução proposta por Ricardo de associar seu irmão Hélio quota única da Eireli, criando um condomínio entre eles, embora tenha previsão para a sociedade limitada (art. 1.056 do CC) não é possível sua aplicação à Eireli. A copropriedade da quota viola a unipessoalidade permanente, característica essencial dessa pessoa jurídica ("será constituída por uma única pessoa"), como está disposto no art. 980-A, *caput*, do CC.

20. (XXVII Exame) Novo & Trento Ltda. pretende instituir uma empresa individual de responsabilidade limitada (EIRELI), que será administrada por Rui Novo, um dos sócios. Nenhum dos sócios é empresário individual, e eles não desejam limitar sua responsabilidade com a instituição da EIRELI, pois já ostentam essa condição como sócios de Novo & Trento Ltda.

Com base nas informações acima, responda aos itens a seguir.

A) É possível a instituição de EIRELI por Novo & Trento Ltda.?

B) Qual(is) a(s) espécie(s) de nome empresarial de uma EIRELI instituída por pessoa jurídica e como esse nome será formado?

GABARITO:

A) Sim. O art. 980-A, *caput*, do Código Civil não faz distinção entre pessoa natural e pessoa jurídica ao autorizar a constituição da EIRELI, bastando que haja uma única pessoa titular de todo o capital, integralizado, e que não seja inferior a 100 (cem) salários mínimos. Apesar da existência de divergências doutrinárias sobre a constituição de EIRELI por pessoa jurídica, este é o entendimento que prevalece, inclusive, do ponto de vista normativo, como se infere da Instrução Normativa DREI n. 38/2017.

B) A espécie de nome empresarial da EIRELI será denominação, pois a firma só pode ser composta com o nome de sócio (titular da EIRELI), desde que pessoa física (art. 980-A, § 6º, c/c art. 1.158, § 1º, ambos do Código Civil). No caso, o único sócio (titular da EIRELI) é pessoa jurídica, não podendo ser utilizada firma. A denominação será formada por nome de fantasia ou nome de sócio (titular da EIRELI), devendo designar o objeto da EIRELI e ter o aditivo EIRELI ao final, em conformidade com o art. 980-A, §§ 1º e 6º, e com o art. 1.158, § 2º, todos do Código Civil.

I.3. SOCIEDADE LIMITADA

21. **(XXV Exame – Reaplicação)** A assembleia dos sócios de Baldim, Bonfim & Cia. Ltda., em 11 de setembro de 2017, deliberou pelo voto de 4/5 (quatro quintos) do capital social a absorção do patrimônio da sociedade Carrancas Metalúrgica Ltda., sendo esta sucedida pela primeira em todos os direitos e obrigações, com posterior extinção sem liquidação. A ata da referida deliberação foi lavrada no mesmo dia. Capitólio Participações Ltda., sócio de Baldim, Bonfim & Cia Ltda., ficou dissidente da deliberação tomada nesta sociedade por seus sócios. Capitólio Participações Ltda. pleiteou, em 30 de setembro de 2017, a liquidação de suas quotas e apuração de haveres. A apuração de haveres observou o critério contratual, isto é, o último balanço patrimonial aprovado (exercício social de 2016), desconsiderando a avaliação do patrimônio da sociedade "a preço de saída", critério legal. À luz das informações do enunciado, responda aos itens a seguir.

A) A aprovação da operação societária descrita no enunciado pelos sócios de Baldim, Bonfim & Cia Ltda. dá ensejo a direito de retirada por parte de Capitólio Participações Ltda.?

B) A apuração dos haveres do sócio dissidente Capitólio Participações Ltda. foi realizada regularmente?

GABARITO:

A) Sim. A aprovação da incorporação da sociedade Carrancas Marcenaria Ltda. autoriza o sócio dissidente a retirar-se da sociedade desde que o faça tempestivamente. O direito de retirada foi exercido tempestivamente, porque a deliberação ocorreu no dia 11 de setembro de 2017, e o sócio dissidente pleiteou a liquidação de suas quotas no dia 30 de setembro de 2017, portanto nos trinta dias subsequentes à assembleia, com fundamento no art. 1.077 do Código Civil.

B) Sim. A apuração de haveres com base em balanço especial, "a preço de saída" (art. 606, *caput*, do CPC) se dará apenas "no silêncio do contrato antes vigente", de acordo com o art. 1.077 e o art. 1.031, ambos do Código Civil. Como o contrato estabelece critério próprio de apuração de haveres, esse será aplicado. Logo, a apuração de haveres observou o critério contratual, isto é, o último balanço patrimonial aprovado (exercício social de 2016), desconsiderando o patrimônio da sociedade "a preço de saída", critério legal. "*Nos casos em que a sociedade se resolver em relação a um sócio, o valor da sua quota, [...] liquidar-se-á, salvo disposição contratual em contrário, com base na situação patrimonial da sociedade, à data da resolução, verificada em balanço especialmente levantado*".

22. **(IV Exame)** Caio, Tício e Mévio são os únicos sócios da CTM Comércio Internacional Ltda., o primeiro possuindo quotas representativas de 60% do seu capital social e os demais 20% cada um. A sociedade é administrada pelos três sócios, e o contrato social determina que a representação da sociedade perante terceiros somente é válida quando realizada pelos três sócios em conjunto. Em razão de problemas pessoais com Tício, Caio passou a se negar a assinar qualquer documento da sociedade, o que pôs a continuidade da empresa em risco, uma vez que o objeto social da CTM está diretamente relacionado à compra e à venda internacional de alimentos, atividade que envolve a celebração de diversos contratos diariamente. Para contornar a situação, Tício e Mévio decidem excluir Caio da sociedade.

Com base nesse cenário, responda aos itens a seguir, empregando os argumentos jurídicos apropriados e a fundamentação legal pertinente ao caso.

A) É possível a exclusão do sócio majoritário pelos sócios minoritários?

B) Qual é o procedimento a ser adotado nesse caso?

GABARITO:

A) A exclusão do sócio majoritário pelos minoritários é perfeitamente possível, nos termos do art. 1.030 do Código Civil. Nesse caso, Tício e Mévio deverão ajuizar ação de dissolução parcial de sociedade em face de Caio.

B) Proposta a ação de dissolução parcial de sociedade em face do sócio majoritário, serão liquidadas as suas quotas, na forma dos arts. 1.031 e 1.032 do Código Civil.

23. (IV Exame) Caio, Tício e Mévio assinaram o instrumento particular de constituição da CTM Comércio Internacional Ltda. e logo em seguida iniciaram as atividades comerciais da sociedade. Em razão do atraso de 40 dias na entrega de uma encomenda de 100 toneladas de soja, o cliente prejudicado ajuizou demanda em face de Caio, Tício e Mévio para cobrar a multa de R$ 100.000,00 por dia de atraso na entrega do produto. Ao informarem a seu advogado que foram citados na mencionada ação, Caio, Tício e Mévio foram surpreendidos com a constatação de que, por um lapso, o estagiário responsável pelo arquivamento do instrumento particular de constituição da CTM Comércio Internacional Ltda. perante a Junta Comercial deixou de fazê-lo.

Com base no cenário acima, responda aos itens a seguir, empregando os argumentos jurídicos apropriados e a fundamentação legal pertinente ao caso.

A) Nessa situação, qual é o tipo de sociedade existente entre Caio, Tício e Mévio?

B) Sob o ponto de vista societário, qual é a responsabilidade de Caio, Tício e Mévio perante o cliente que os processa?

GABARITO:

A) Na medida em que não foram inscritos os atos constitutivos da CTM Comércio Internacional Ltda. perante o Registro do Comércio, a posição de Caio, Tício e Mévio é a de sócios de uma sociedade em comum de acordo com o art. 986 do Código Civil.

B) Em função do disposto no art. 990 do Código Civil, os sócios responderão solidária e ilimitadamente pelas obrigações sociais. Assim, possuem responsabilidade solidária e ilimitada perante o cliente que os processa.

24. (VII Exame) Fábio, sócio da sociedade Divina Pastora Confecções Ltda., que possui 12 sócios, toma conhecimento da intenção dos demais sócios de realizar um aumento de capital. Fábio concorda com a referida pretensão, mas não deseja exercer o seu direito de preferência, caso a proposta seja aprovada. No contrato social, não há qualquer cláusula sobre a cessão de quotas ou a cessão do direito de preferência.

Fábio o procura com as seguintes indagações:

A) Havendo cláusula contratual permissiva, a deliberação a respeito do aumento de capital poderá ser tomada em reunião de sócios?

B) Diante da omissão do contrato social, Fábio poderá ceder o seu direito de preferência a terceiro não sócio?

Responda aos questionamentos de modo fundamentado, indicando os dispositivos legais pertinentes.

GABARITO:

A) A sociedade em questão deverá realizar suas deliberações em assembleia, por possuir mais de dez sócios (art. 1.072, § 1º, do Código Civil).

B) Considerando-se a omissão do contrato sobre a cessão de quotas, Fábio poderá ceder o seu direito de preferência a um terceiro não sócio, conforme previsto no art. 1.081, § 2º, do Código Civil, desde que não haja oposição de titulares de mais de 1/4 do capital social.

25. (VIII Exame) Pedro, 15 anos, Bruno, 17 anos, e João, 30 anos, celebraram o contrato social da sociedade XPTO Comércio Eletrônico Ltda., integralizando 100% do capital social. Posteriormente, João é interditado e declarado incapaz, mediante sentença judicial transitada em julgado. Os sócios desejam realizar alteração contratual para aumentar o capital social da sociedade.

A) João poderá permanecer na sociedade? Em caso positivo, quais condições devem ser respeitadas?

B) Quais critérios legais a Junta Comercial deve seguir para que o registro da alteração contratual seja aprovado?

GABARITO:

A) João, mesmo interditado, pode permanecer na sociedade, desde que seja devidamente representado ou assistido, conforme a causa de sua interdição. Por se tratar de sócio de sociedade empresária, e não de empresário individual, são inaplicáveis ao caso proposto o *caput* e os §§ 1º e 2º do art. 974. O *caput* prevê a continuidade da empresa pelo incapaz e João não irá continuar empresa porque é sócio e não empresário. A condição a ser respeitada para que João permaneça na sociedade encontra-se, exclusivamente, no art. 974, § 3º, do CC.

B) Para que seja arquivada a alteração contratual, a Junta Comercial deverá verificar o cumprimento dos requisitos previstos no art. 974, § 3º, do CC: (i) nenhum dos sócios incapazes poderá exercer a administração da sociedade; (ii) o capital social estar totalmente integralizado; (iii) o sócio relativamente incapaz deve ser assistido e o absolutamente incapaz deve ser representado por seus representantes legais. Assim, o sócio Bruno deve estar assistido, o sócio Pedro deve estar representado e o sócio João, representado ou assistido, conforme a causa de sua interdição.

26. (IX Exame) Felipe, Rodrigo e Fabiana cursaram juntos a Faculdade de Letras e tornaram-se grandes amigos. Os três trabalhavam como tradutores e decidiram celebrar um contrato de sociedade, para prestação de serviços de tradução, sob a denominação de Tradutores Amigos Ltda., tendo cada um a mesma participação societária. Alguns anos depois, Fernando, credor particular de Rodrigo, tenta executá-lo, mas o único bem encontrado no patrimônio é a sua participação na Tradutores Amigos Ltda., cuja empresa é altamente lucrativa.

A partir da hipótese apresentada, responda, de forma fundamentada, aos itens a seguir.

A) A parte dos lucros da sociedade que cabe a Rodrigo pode responder por sua dívida particular?

B) Rodrigo pode vender diretamente a Fernando suas quotas, a fim de extinguir sua dívida particular?

GABARITO:

A) A parte dos lucros da sociedade Tradutores Amigos Ltda. que cabe a Rodrigo, sócio executado, pode responder por sua dívida particular no caso de insuficiência de seus bens, conforme dispõe o art. 1.026, *caput*, do Código Civil, uma vez que, na omissão do capítulo próprio, as sociedades limitadas regem-se pelas normas das sociedades simples (art. 1.053, *caput*, do Código Civil).

B) Rodrigo pode vender suas quotas a Fernando, desde que nenhum dos sócios da Tradutores Amigos Ltda. se oponha, visto que o contrato é omisso quanto à cessão de quotas e, nesse caso, o art. 1.057 do Código Civil prevê que o sócio pode ceder sua quota a estranho, se não houver oposição de titulares de mais de 1/4 do capital social.

27. (IX Exame) Marcos e Juliana casaram-se logo depois de formados. Decidiram, então, constituir a sociedade "ABC" Ltda., tendo como sócios Susana e Felipe. Marcos e Juliana possuem, em conjunto, 70% das quotas de "ABC" Ltda., enquanto Susana e Felipe possuem 15% cada um. Marcos e Felipe são os administradores da sociedade. Marcos convoca uma reunião por *e-mail*, a ser realizada no dia seguinte, para tratar de uma possível incorporação de outra sociedade do mesmo ramo. Todos se dão por cientes do local, data, hora e ordem do dia da reunião. Por *e-mail*, com todos os demais sócios copiados, Susana formula algumas indagações a respeito da proposta de incorporação referida acima. Após diversas trocas de *e-mails*, Marcos, Juliana e Felipe aprovaram a operação, enquanto Susana votou contra. Marcos imprime todos os *e-mails* e os arquiva na sede da sociedade.

De acordo com o enunciado acima e com a legislação pertinente, responda fundamentadamente aos itens a seguir.

A) Marcos poderia convocar a reunião para o dia seguinte, por *e-mail*? (Valor: 0,65)

B) Haveria necessidade de realizar a reunião no dia seguinte ao da convocação? (Valor: 0,60)

GABARITO:

A) Sim, desde que todos os sócios estejam cientes do local, data, hora e ordem do dia da reunião, atendendo, assim, o disposto no art. 1.072, § 2º, do Código Civil. Como o enunciado informa que "todos se dão por cientes", não há nenhuma irregularidade na convocação.

B) Não há necessidade de realização da reunião no dia seguinte, pois todos os sócios decidiram, por escrito, sobre a matéria que seria objeto dela, conforme o art. 1.072, § 3º, do Código Civil. Marcos, Juliana e Felipe aprovaram a operação e Susana votou contra, conforme expressamente indica o enunciado.

28. (X Exame) Os sócios da Sociedade Gráfica Veloz Ltda., atuante no setor de impressões, vinham passando por dificuldades em razão da obsolescência de seus equipamentos. Por este motivo, decidiram, por unanimidade, admitir Joaquim como sócio na referida sociedade. Joaquim subscreveu, com a concordância dos sócios, quotas no montante de R$ 100.000,00, se comprometendo a integralizá-las no prazo de duas semanas. O ato societário refletindo tal aumento de capital foi assinado por todos e levado para registro na Junta Comercial competente. Contando com os recursos financeiros oriundos do aumento de capital e na esperança de recuperar o mercado perdido, os administradores da Gráfica Veloz Ltda. adquiriram os equipamentos necessários ao aprimoramento dos serviços prestados pela sociedade, comprometendo-se a efetuar o pagamento de tais aparelhos dentro do prazo de dois meses. Como Joaquim não integralizou o valor subscrito no prazo acertado, a Sociedade Gráfica Veloz Ltda. o notificou a respeito do atraso no pagamento e, após um mês do recebimento desta notificação, Joaquim não integralizou as quotas subscritas. Em função do inadimplemento de Joaquim, a Gráfica Veloz Ltda. assumiu expressiva dívida, na medida em que atrasou o pagamento dos equipamentos adquiridos e teve que renegociar seu débito, submetendo-se a altos juros.

Na qualidade de advogado dos sócios da Gráfica Veloz Ltda., responda aos seguintes itens.

A) É possível excluir Joaquim da sociedade?

B) É possível cobrar de Joaquim os prejuízos sofridos pela sociedade, caso ele permaneça como sócio da Gráfica Veloz Ltda.?

GABARITO:

A) Em razão da mora na integralização das quotas, a sociedade pode, em vez de promover a cobrança judicial ou amigável da dívida, excluir o sócio Joaquim, nos termos do art. 1.058 do Código Civil. Trata-se de hipótese clara de exclusão extrajudicial de sócio.

B) Caso permaneça na sociedade, esta poderá cobrar de Joaquim indenização pelos prejuízos sofridos com a mora, nos termos do art. 1.004, *caput*, do Código Civil.

29. **(XI Exame)** Os sócios da sociedade Rafael Jambeiro & Companhia Ltda. decidiram dissolvê-la de comum acordo pela perda do interesse na exploração do objeto social. Durante a fase de liquidação, todos os sócios e o liquidante recebem citação para responder aos termos do pedido formulado por um credor quirografário da sociedade, em ação de cobrança intentada contra esta e os sócios solidariamente. Na petição inicial o credor invoca o art. 990 do Código Civil, por considerar a sociedade em comum a partir de sua dissolução e início da liquidação. Por conseguinte, os sócios passariam a responder de forma ilimitada e solidariamente com a sociedade, que, mesmo despersonificada, conservaria sua capacidade processual, nos termos do art. 12, VII, do Código de Processo Civil.

Com base na hipótese apresentada, responda à seguinte questão.

Tem razão o credor quirografário em sua pretensão de ver reconhecida a responsabilidade ilimitada e solidária dos sócios? Justifique e dê amparo legal.

GABARITO:

O credor não tem razão em propor a ação em face dos sócios com fundamento no art. 990 do Código Civil, que se aplica apenas à sociedade em comum, não personificada. Os sócios permanecem durante a liquidação com a responsabilidade limitada prevista no art. 1.052 do Código Civil. Ademais, prevê o art. 51 do Código Civil: "Nos casos de dissolução da pessoa jurídica ou cassada a autorização para seu funcionamento, ela subsistirá para os fins de liquidação, até que esta se conclua".

30. **(XI Exame)** Damião, administrador da sociedade Gado Bravo Pecuária Ltda., consultou o advogado da sociedade sobre aspectos jurídicos referentes ao trespasse de um dos estabelecimentos, em especial os seguintes itens:

A) O eventual adquirente é obrigado a assumir as obrigações decorrentes de contratos celebrados pela sociedade para a exploração da empresa, como, por exemplo, prestação de serviços médicos-veterinários para o rebanho? Justifique.

B) O aviamento pode ser incluído no valor do trespasse do estabelecimento? Justifique.

GABARITO:

A) O trespasse do estabelecimento importa a sub-rogação do adquirente nos contratos celebrados para sua exploração, se não tiverem caráter pessoal. Trata-se de norma que pode ser afastada por disposição contratual. Portanto, na ausência de cláusula em sentido contrário, o adquirente responderá pelas obrigações decorrentes de contratos celebrados pela sociedade para a exploração da empresa, com fundamento no art. 1.148 do Código Civil.

B) Sim, como o aviamento constitui um sobrevalor ou mais-valia, fruto da atuação do empresário na organização dos elementos da empresa, dentre eles o estabelecimento, este bem imaterial pode ser perfeitamente incluído no valor do trespasse. O Código Civil autoriza esta prática no parágrafo único do art. 1.187, onde ao listar os valores do ativo inclui a quantia efetivamente paga a título de aviamento de estabelecimento adquirido pelo empresário ou sociedade (inciso III).

31. (XII Exame) Vida Natural Legumes e Verduras Ltda. é uma sociedade empresária, com sede em Kaloré, cujo objeto é a produção e comercialização de produtos orgânicos e hidropônicos. A sociedade celebrou contrato com duração de cinco anos para o fornecimento de hortigranjeiros a uma rede de supermercados, cujos estabelecimentos são de titularidade de uma sociedade anônima fechada. Após o decurso de 30 meses, a sociedade, que até então cumprira rigorosamente todas as suas obrigações, tornou-se inadimplente e as entregas passaram a sofrer atrasos e queda sensível na qualidade dos produtos. O inadimplemento é resultado, entre outros fatores, da gestão fraudulenta de um ex-sócio e administrador, ao desviar recursos para o patrimônio de "laranjas", causando enormes prejuízos à sociedade. A sociedade anônima ajuizou ação para obter a resolução do contrato e o pagamento de perdas e danos pelo inadimplemento e lucros cessantes. O pedido foi julgado procedente e, na sentença, o juiz decretou de ofício a desconsideração da personalidade jurídica para estender a todos os sócios atuais, de modo subsidiário, a obrigação de reparar os danos sofridos pela fornecida. Foi determinado o bloqueio das contas bancárias da sociedade, dos sócios e a indisponibilidade de seus bens.

Com base nas informações acima, responda aos itens a seguir.

A) No caso descrito, pode o juiz decretar de ofício a desconsideração da personalidade jurídica? Fundamente com amparo legal.

B) O descumprimento do contrato de fornecimento dá ensejo à desconsideração, com extensão aos sócios da obrigação assumida pela sociedade?

GABARITO:

A) De acordo com o art. 50 do Código Civil ("Em caso de abuso da personalidade jurídica, caracterizado pelo desvio de finalidade, ou pela confusão patrimonial, pode o juiz decidir, a requerimento da parte, ou do Ministério Público quando lhe couber intervir no processo, que os efeitos de certas e determinadas relações de obrigações sejam estendidos aos bens particulares dos administradores ou sócios da pessoa jurídica"), somente autoriza ao juiz decidir pela desconsideração a requerimento da parte ou do Ministério Público, que não interveio no feito. Como não houve pedido de desconsideração pelo autor, a decisão do juiz que decretou, de ofício, a desconsideração é ilegal.

B) Utilizando-se o critério subjetivo para aplicação da desconsideração (abuso da personalidade jurídica praticado pelos sócios), percebe-se que a decisão foi equivocada, pois houve apenas o descumprimento do contrato de fornecimento, a ensejar a responsabilização exclusiva da sociedade pelo ato do ex-sócio, à época administrador. Ademais, o enunciado informa que o ex-sócio e administrador, responsável pelos atos de gestão fraudulenta, não teve suas contas bloqueadas e bens indisponíveis, somente os sócios atuais. Portanto, o juiz imputou responsabilidade objetiva, solidária e subsidiária aos sócios pelo pagamento da indenização a que a sociedade fora condenada, utilizando critério objetivo para aplicar a desconsideração, que não é admitido pelo art. 50 do Código Civil.

32. (XIII Exame) No dia 3-1-2012, Maria e Joana assinaram ato constitutivo de uma sociedade limitada empresária denominada Arroz de Festa Ltda. Nesta data, Maria integralizou 5.000 cotas, representativas de 50% do capital social da sociedade, ao valor nominal de R$ 1,00 cada uma, enquanto Joana integralizou 1.000 cotas à vista e se comprometeu a pagar o restante (4.000 quotas) após 6 meses. No dia 16-1-2012, Maria e Joana levaram os documentos necessários ao registro da referida sociedade à Junta Comercial competente, que procedeu ao arquivamento dos mesmos uma semana depois. Em função de enfrentarem certa dificuldade inicial nas vendas, Maria e Joana não conseguiram adimplir o contrato de aluguel da sede, celebrado em dia 5-1-2012, o que implicou a contração de uma dívida no valor de R$ 20.000,00.

O proprietário do imóvel em que está localizada a sede, Miguel, formula as seguintes indagações:

A) A sociedade Arroz de Festa Ltda. era regular à época da celebração do contrato de locação?

B) Miguel pode cobrar de Maria a integralidade da dívida de Arroz de Festa Ltda.?

GABARITO:

A) O ato constitutivo foi registrado na Junta Comercial dentro dos 30 dias subsequentes à assinatura (antes de 2-2-2012), portanto, seus efeitos (inclusive a personalidade jurídica e a capacidade negocial da sociedade – art. 1.022 do Código Civil), retroagem a tal data (3-1-2012), nos termos do art. 36 da Lei n. 8.934/94: "Os documentos referidos no inciso II do art. 32 [dentre eles os documentos relativos à constituição de sociedades empresárias] deverão ser apresentados a arquivamento na junta, dentro de 30 (trinta) dias contados de sua assinatura, a cuja data retroagirão os efeitos do arquivamento; fora desse prazo, o arquivamento só terá eficácia a partir do despacho que o conceder". Logo, a sociedade era considerada regular, visto que possuía personalidade jurídica no momento da celebração do contrato (5-1-2012), pois ao registro tempestivo a lei confere eficácia retroativa para os fins do art. 985 do Código Civil.

B) Miguel somente pode cobrar de Maria até o limite do capital ainda não integralizado (R$ 4.000,00), pois os sócios de uma sociedade limitada respondem solidariamente pela integralização do capital social, nos termos da parte final do art. 1.052 do Código Civil, mas não respondem pelo valor da quota já integralizada. Destaca-se que a integralização das quotas por parte de um dos sócios o exime de responsabilidade perante o credor social do valor correspondente a esta parcela do capital, persistindo a responsabilidade pelo capital não integralizado.

33. (XIV Exame) Macuco Turismo Ecológico Ltda., com nove sócios, diante do permissivo legal, instituiu Conselho Fiscal composto por três membros, todos não sócios, e igual número de suplentes. Em deliberação majoritária, vencido o conselheiro Paulo de Frontin, eleito por sócios que representam um terço do capital, foram aprovadas (i) as contas dos administradores referentes ao exercício de 2012; e (ii) a convocação de reunião extraordinária para deliberar sobre as denúncias anônimas recebidas em face do administrador J. Porciúncula. Tais denúncias estão embasadas em vários documentos, cuja validade o órgão fiscalizador confirmou em diligências e que apontam indícios graves de ilícitos civis e penais.

J. Porciúncula procurou seu advogado e lhe fez a seguinte consulta: são válidas as deliberações tomadas pelo Conselho Fiscal?

GABARITO:

A instituição do Conselho Fiscal na sociedade limitada é facultada pelo art. 1.066 do Código Civil, a qual obedece aos ditames contidos no mesmo dispositivo. A primeira deliberação – aprovação das contas dos administradores – é ilegal porque invade a competência da assembleia ou reunião dos sócios, nos termos do art. 1.071, I c/c o art. 1.066, *caput*, do Código Civil. A instituição de Conselho Fiscal na sociedade limitada não pode se dar em prejuízo dos poderes conferidos à assembleia/reunião de sócios. Verifica-se por esta disposição do art. 1.066 que houve ilegalidade na deliberação dos conselheiros. A segunda deliberação é perfeitamente válida porque na competência do Conselho Fiscal inclui-se a prerrogativa de convocar reunião sempre que ocorram motivos graves e urgentes, com fundamento nos arts. 1.069, V, e 1.073, II, do Código Civil. Fica patente que foram recebidas denúncias pelos conselheiros embasadas em vários documentos, cuja validade o órgão fiscalizador confirmou em diligências e que apontam indícios graves de ilícitos civis e penais. Portanto, trata-se de motivo grave e urgente que enseja a convocação pelo Conselho de reunião extraordinária de sócios.

34. (XIV Exame) A assembleia de sócios de Castelo Imobiliária Ltda. aprovou, por quórum de 95% do capital, a incorporação de duas sociedades, ambas do tipo simples. João Neiva, titular de 5% do capital social de Castelo Imobiliária Ltda. e dissidente da aprovação da incorporação, procurou seu advogado e prestou-lhe as seguintes informações: I – a incorporação foi aprovada pela unanimidade dos sócios das sociedades simples envolvidas, que aprovaram as bases da operação e autorizaram os administradores a praticar todos os atos necessários à incorporação; II – não houve elaboração de protocolo firmado pelos sócios ou administradores das sociedades incorporadas e da incorporadora, nem justificação prévia; III – há cláusula de regência supletiva no contrato da incorporadora, pelas normas da sociedade simples.

Ao final, o cliente fez as seguintes indagações ao advogado:

A) É possível a incorporação envolver sociedades de tipos diferentes?

B) É obrigatória a elaboração de protocolo e justificação prévia à incorporação?

GABARITO:

A) Sim, é possível a incorporação envolver sociedades de tipos diferentes, visto que não há impedimento que as operações de incorporação possam ser realizadas entre sociedades de tipos diferentes, no caso uma sociedade limitada e duas simples, com base no art. 1.116 do Código Civil, devendo ser observadas as regras dos respectivos tipos.

B) Não é obrigatória a elaboração de protocolo e justificação prévia à incorporação. Nas fusões e incorporações entre sociedades reguladas pelo Código Civil, é facultativa a elaboração de protocolo e justificação pelos sócios ou administradores das sociedades envolvidas, em razão de inexistência destas providências nos arts. 1.116 a 1.118 do Código Civil, que dispõem sobre a incorporação.

35. **(XV Exame)** José Dias, sócio da sociedade Maynard & Cia. Ltda., ajuizou ação de prestação de contas em face da sociedade e de seu administrador e sócio, Tobias Maynard, com fundamento nos arts. 1.053, *caput*, e 1.020, ambos do Código Civil, e no art. 914, I, do Código de Processo Civil [não está prevista no CPC/2015]. A sociedade possui apenas dois sócios, sendo José Dias titular de 20% do capital. Para extrair informações indispensáveis à solução da lide, o juiz determinou de ofício que a sociedade empresária apresentasse o livro Diário para ser examinado integralmente na presença de um representante indicado por ela, para dele extrair informações pertinentes ao processo.

Com base nos dados do enunciado, responda aos itens a seguir.

A) Poderia o juiz, de ofício, ordenar a exibição integral do livro Diário? Justifique e dê o amparo legal.

B) Que efeitos podem decorrer da recusa à exibição por parte da sociedade empresária? Responda com amparo legal.

C) Caso o livro Diário não esteja autenticado na Junta Comercial, ainda assim poderia a sociedade empresária refutar algum lançamento que lhe pareça falso ou inexato? Responda com amparo legal.

GABARITO:

A) O juiz poderá ordenar de ofício a exibição integral do livro, por se tratar de questão referente à sociedade e sua administração (ausência de prestação de contas ao sócio minoritário em descumprimento ao art. 1.020 do Código Civil), com fundamento no art. 1.191, *caput*, do Código Civil: "O juiz só poderá autorizar a exibição integral dos livros e papéis de escrituração quando necessária para resolver questões relativas a sucessão, comunhão ou sociedade, administração ou gestão à conta de outrem, ou em caso de falência". Assim, a lei autoriza ao juiz, de ofício, determinar a exibição integral do Livro.

B) Caso a sociedade empresária se recuse a exibir o livro Diário, (i) este será apreendido judicialmente; e (ii) será considerado verdadeiro o fato alegado pela parte autora que pretende provar por meio da exibição e do exame do livro Diário, com base no art. 1.192 do Código Civil e/ou com base no art. 400 do CPC.

C) Sim, pois ainda que o livro Diário não esteja revestido de uma formalidade legal extrínseca (autenticação pela Junta Comercial), a presunção de veracidade dos lançamentos em favor do autor da ação pode ser elidida se o réu demonstrar, por qualquer meio permitido em direito, que os lançamentos são falsos ou inexatos, com fundamento no art. 226, parágrafo único, do Código Civil e/ou no art. 417 do CPC.

36. **(XVI Exame)** A sociedade empresária Princesa Comércio de Veículos Ltda. foi constituída com os sócios Treviso e Passos Maia. Por sugestão de Passos Maia, os sócios resolveram admitir na sociedade Celso Ramos, detentor de larga experiência no mercado de veículos. Como o sócio Celso Ramos não dispõe de bens ou dinheiro para integralizar a sua quota, consultou-se o advogado da sociedade para saber se poderia ser permitido que Celso Ramos ingressasse somente com o seu trabalho, a título de integralização de quota, ou, alternativamente, que ele não tivesse quota, apenas participando com a contribuição em serviços, como prevê o art. 981 do Código Civil.

Com base nas informações do enunciado e nas disposições legais sobre o tipo societário, responda aos itens a seguir.

A) A primeira solução apresentada, isto é, a integralização da quota com trabalho, é viável?

B) É viável a segunda solução apresentada, ou seja, a participação de Celso Ramos na sociedade sem titularidade de quota?

GABARITO:

A) Não é viável, em razão de que na sociedade limitada as quotas deverão ser integralizadas com bens suscetíveis de avaliação pecuniária, sendo vedada a integralização com serviços (trabalho), com fundamento no art. 1.054 c/c o art. 997, III, do Código Civil, e art. 1.055, § 2º, do Código Civil.

B) Não é viável, pois o contrato de sociedade limitada deverá conter cláusula que estabeleça a quota de cada sócio no capital social, sendo a responsabilidade dos sócios limitada ao valor da quota de cada um, com fundamento no art. 1.054 c/c o art. 997, IV, do Código Civil, e no art. 1.052 do Código Civil. Portanto, Celso Ramos não poderá participar da sociedade sem titularizar quota.

37. (XVI Exame) Os administradores das sociedades Bragança Veículos Ltda. e Chaves, Colares & Cia Ltda. acordaram que ambas participarão de operação na qual as sociedades unirão seus patrimônios para formar sociedade nova, que a elas sucederá nos direitos e obrigações em razão da extinção simultânea, sem liquidação, de Bragança Veículos Ltda. e Chaves, Colares & Cia Ltda. O contrato das sociedades tem cláusula de regência supletiva pelas normas das sociedades simples.

Com base nas informações contidas no enunciado, responda aos itens a seguir.

A) Indique o *nomen juris* da operação, o órgão competente para deliberar sobre ela, o quórum para aprová-la e o procedimento a ser adotado, de acordo com a legislação aplicável às sociedades em questão.

B) Caso os administradores de cada sociedade não elaborem um protocolo com as condições da operação societária, haverá irregularidade na operação? Justifique.

GABARITO:

A questão tem por objetivo aferir se o examinando identifica a operação descrita no enunciado como fusão de sociedades e conhece as principais regras do Código Civil sobre o instituto.

A) *Nomen juris* da operação é "fusão", porque haverá extinção das sociedades, que se unirão para formar sociedade nova, que a elas sucederá nos direitos e obrigações (art. 1.119 do Código Civil). Órgão competente para a deliberação: a operação deverá ser aprovada pela assembleia ou reunião de sócios de cada sociedade envolvida (art. 1.071, VI, do Código Civil). Quórum para aprovação: por se tratarem de sociedades limitadas, é de 3/4, no mínimo, do capital social (art. 1.076, I, do Código Civil). Procedimento: na assembleia ou reunião dos sócios de cada sociedade, após a aprovação da operação, do projeto do ato constitutivo da nova sociedade, bem como o plano de distribuição do capital social, serão nomeados os peritos para a avaliação do patrimônio da sociedade. Apresentados os laudos, os administradores de cada sociedade convocarão reunião ou assembleia dos sócios para tomar conhecimento deles, decidindo sobre a constituição definitiva da nova sociedade.

B) Não haverá irregularidade na operação caso não tenha sido elaborado o protocolo. Em razão da inexistência de sociedade por ações na operação e da cláusula de regência supletiva pelas normas da sociedade simples nos contratos das duas sociedades, é facultativa a elaboração de protocolo firmado pelos administradores, pois o Código Civil não exige tal documento, com fundamento no art. 1.120 do Código Civil.

38. (XXI Exame) Os sócios da sociedade limitada Salão de Beleza e Cosmética Granja Ltda. pretendem reduzir o capital social integralizado em 90%, ou seja, dos atuais R$ 50.000,00 (cinquenta mil reais) para R$ 5.000,00 (cinco mil reais).

Você deverá analisar o caso e responder aos seguintes questionamentos.

A) Qual a justificativa prevista na legislação aplicável para a pretendida redução e qual o procedimento a ser adotado?

B) Sabendo-se que a sociedade não tem dívidas em mora e paga pontualmente aos seus credores, há necessidade de manifestação destes sobre a redução do capital?

GABARITO:

A) A justificativa prevista na legislação para a redução do capital é, exclusivamente, o excesso deste em relação ao objeto social, de acordo com o art. 1.082, II, do Código Civil. Quanto ao procedimento, deverá ser realizada a modificação do contrato social, de acordo com o art. 1.082, *caput*, do Código Civil, por meio de deliberação dos sócios em reunião ou assembleia, observando-se o quórum de, no mínimo, 3/4 (três quartos) do capital social, nos termos do que dispõe o art. 1.071, V, e o art. 1.076, I, ambos do Código Civil.

B) Sim. Mesmo que a sociedade não possua dívidas em mora e pague pontualmente aos credores, a redução somente se tornará eficaz se, no prazo de 90 dias, contados da data da publicação da ata da assembleia ou da reunião que aprovar a redução, não for impugnada por credor quirografário, por título líquido anterior a essa data, ou se provado o pagamento da dívida ou o depósito judicial do respectivo valor, com fundamento no art. 1.084, §§ 1º e 2º, do Código Civil.

39. (XXVI Exame) Quatro pessoas naturais e duas pessoas jurídicas constituíram uma sociedade do tipo limitada com prazo de duração previsto no contrato de 10 (dez) anos. Após três anos do início das atividades sociais, os quatro sócios pessoas naturais exerceram, tempestivamente, o direito de retirada em razão da discordância da ampliação do objeto social, aprovada em reunião de sócios com observância do quórum legal.

Os sócios pessoas jurídicas, que representam 4/5 (quatro quintos) do capital social, se recusaram a atender ao pedido de apuração de haveres sob a seguinte alegação: nas sociedades limitadas constituídas por prazo determinado o sócio somente poderá exercer o direito de retirada se provar, judicialmente, justa causa, o que não se verifica no entendimento dos sócios majoritários.

Os sócios dissidentes consultaram um(a) advogado(a), questionando os itens a seguir.

A) A causa apontada autorizaria o exercício do direito de retirada, independentemente da propositura de ação judicial?

B) Os sócios dissidentes respondem pelas obrigações contraídas pela sociedade anteriores e posteriores à retirada?

Obs.: o(a) examinando(a) deve fundamentar as respostas. A mera citação do dispositivo legal não confere pontuação.

GABARITO:

A) Sim. Diante da aprovação da ampliação do objeto social em reunião houve modificação do contrato e, nesse caso, os sócios que dissentiram poderão exercer o direito de retirar-se da sociedade, seja ela ou não constituída por prazo determinado e independente da propositura de ação judicial, com base no art. 1.077 do CC.

B) Sim. Os sócios dissidentes respondem pelas obrigações sociais anteriores, até dois anos após ser averbada a resolução da sociedade; e pelas posteriores e em igual prazo, enquanto não se requerer a averbação, com base no art. 1.032 do CC.

40. (XXIX Exame) O objeto social de Tucano, Dourado & Cia. Ltda. é a comercialização de hortaliças. A sócia administradora Rita de Cássia empregou a firma social para adquirir, em nome da sociedade, cinco equipamentos eletrônicos de alto valor individual para adornar sua residência. O contrato social encontra-se arquivado na Junta Comercial desde 2007, ano da constituição da sociedade, tendo sido mantido inalterado o objeto social.

João Dourado, um dos sócios, formulou os questionamentos a seguir.

A) A sociedade pode opor, a terceiros, a ineficácia do ato praticado por Rita de Cássia?

B) Rita de Cássia poderá ser demandada em ação individual reparatória ajuizada por um dos sócios, independentemente de qualquer ação nesse sentido por parte da sociedade?

GABARITO:

A) Sim. Uma vez que o ato praticado por Rita de Cássia é evidentemente estranho aos negócios da sociedade, ao seu objeto social – denominado doutrinariamente como ato *ultra vires* –, a Tucano Dourado & Cia. Ltda. poderá alegar o excesso por parte da administradora, opondo a terceiros sua ineficácia, com fundamento no art. 1.015, parágrafo único, III, do CC.

B) Sim. Rita de Cássia, como administradora, responde perante terceiros prejudicados pelos danos decorrentes de atos ilícitos praticados no exercício de suas atribuições, inclusive outros sócios, segundo a dicção do art. 1.016 do CC.

I.4. SOCIEDADE POR AÇÕES

41. (II Exame) Os acionistas da Cia. Agropecuária Boi Manso, cujo capital é composto somente de ações ordinárias, decidiram adquirir uma nova propriedade para expandir a sua criação de gado. João Alberto, acionista detentor de 20% das ações da companhia, é proprietário de um imóvel rural e ofereceu-se para aportá-lo como capital social, razão pela qual foram nomeados por assembleia geral três peritos avaliadores que elaboraram um laudo de avaliação fundamentado e devidamente instruído com os documentos da fazenda avaliada. Convocada assembleia para aprovação do laudo, os acionistas Maria Helena e Paulo, titulares, respectivamente, de 28% e 20% das ações divergiram da avaliação, pois entenderam-na acima do valor de mercado. A matéria, todavia, foi aprovada por maioria com o voto de Heráclito, titular de 32% das ações e o voto de João Alberto.

À vista da situação fática acima, informe se Maria Helena e Paulo podem questionar a decisão da assembleia? Indique os procedimentos a serem adotados e qual a base legal utilizada na fundamentação, bem como o prazo prescricional eventualmente aplicável.

GABARITO:

A decisão pode ser questionada por dois fundamentos e em prazos distintos. Se, de fato, houve superavaliação ou avaliação errônea do imóvel, os acionistas dissidentes (Maria Helena e Paulo) poderão propor ação para haver reparação civil contra os peritos e João Alberto (na qualidade de subscritor), no prazo de um ano contado da publicação da ata da assembleia geral que aprovou o laudo, com base no art. 287, I, *a*, da Lei n. 6.404/76. Ainda que não tenha havido superavaliação ou avaliação errônea e mesmo após o transcurso do prazo acima, a decisão assemblear poderá ser questionada por meio de ação anulatória proposta no prazo do art. 286 da Lei n. 6.404/76, ou seja dois anos contados da deliberação que se busca anular. Isso porque o caso relatado configura hipótese de flagrante conflito formal de interesse, tendo o voto do acionista João Alberto sido dado e computado com expressa violação do art. 115, § 1º, da Lei n. 6.404/76. A aplicação das disposições do art. 115 ao caso descrito decorre, ainda, da letra expressa do § 5º do art. 8º da mesma lei, que regula as formalidade para a formação do capital da sociedade, inclusive na hipótese de contribuição em bens. Tal parágrafo determina aplicarem-se à assembleia ali referida "o disposto nos §§ 1º e 2º do art. 115".

42. (II Exame) Pedro é diretor presidente, estatutário, da empresa Sucupira Empreendimentos Imobiliários S.A. Sempre foi tido no mercado como um profissional honesto e sério. No exercício de suas atribuições, contratou, sem concorrência ou cotação de preços, a empresa Cimento do Brasil Ltda. de seu amigo João. Esta empresa seria responsável pelo fornecimento de cimento para a construção de um hotel, na Barra da Tijuca, com vistas a atender a demanda por leitos em função dos Jogos Olímpicos e da Copa do Mundo. Pedro não recebeu qualquer contrapartida financeira por parte de João em virtude da aludida contratação, mas não efetuou as análises devidas da empresa Cimento do Brasil Ltda., limitando-se a confiar em seu amigo. O preço contratado para o cimento estava de acordo com o que se estava cobrando no mercado. Entretanto, a qualidade do material da Cimento do Brasil Ltda. era ruim (fato de notório conhecimento do mercado), impedindo que ele fosse utilizado na obra. Outro fornecedor de cimento teve de ser contratado, causando atrasos irrecuperáveis e prejuízos consideráveis para a empresa Sucupira Empreendimentos Imobiliários S.A. Os acionistas, indignados com a situação, procuraram você para consultá-lo se poderiam tomar alguma medida em face de Pedro.

Diante dessa situação hipotética, indique as medidas judiciais cabíveis e apresente os dispositivos legais aplicáveis à espécie, fundamentando e justificando sua proposição.

GABARITO:

Nos termos do art. 153 da Lei n. 6.404/76 (Lei de Sociedades Anônimas) "o administrador da companhia deve empregar, no exercício de suas funções, o cuidado e diligência que todo homem ativo e probo costuma empregar na administração dos seus próprios negócios". No entanto, de acordo com o art. 158 da Lei de Sociedades Anônimas, o "administrador não é pessoalmente responsável pelas obrigações que contrair em nome da sociedade e em virtude de ato regular de gestão", no entanto, consoante o mesmo dispositivo, "responde, porém, civilmente, pelos prejuízos que causar, quando proceder: I – dentro de suas atribuições ou poderes, com culpa ou dolo". No caso em tela, Pedro agiu com culpa pois não tomou as precauções devidas, contratando João, pura e simplesmente, em razão de sua amizade. Pedro sequer buscou informações no mercado com relação à empresa de seu amigo, o que, certamente, evitaria a contratação já que o produto da cimento Brasil era de má qualidade, fato amplamente conhecido no mercado (haja vista que Pedro sempre foi tido no mercado como um profissional honesto e sério). Sendo assim, os acionistas podem mover ação de responsabilidade civil em face de Pedro, cobrando dele próprio os prejuízos decorrentes de sua conduta culposa.

43. **(III Exame)** A Companhia ABC foi constituída em 2010, sendo o seu capital social de R$ 150.000.000,00, representado por ações ordinárias e preferenciais, estas possuindo a vantagem de prioridade no recebimento de dividendo fixo e cumulativo equivalente ao montante que resultar aplicação de juros de 6% ao ano sobre o respectivo preço de emissão. Quando da emissão das ações, na ocasião de constituição da companhia, 20% do preço de emissão foram destinados ao capital social e 80% foram destinados à reserva de capital. Em face das suas elevadas despesas pré-operacionais, a companhia apresentou prejuízo em seu primeiro exercício (encerrado em 31-12-2010), o qual foi integralmente absorvido pela reserva de capital, que permaneceu com um saldo de aproximadamente R$ 500.000.000,00.

Em relação ao cenário acima, responda aos itens a seguir, empregando os argumentos jurídicos apropriados e a fundamentação legal pertinente ao caso.

A) Tendo em vista o resultado do exercício encerrado em 31-12-2010, qual seria sua orientação aos administradores da companhia para a elaboração da proposta da administração para Assembleia Geral Ordinária de 2011, no que diz respeito à distribuição de dividendos aos acionistas?

B) Nesse cenário, haveria possibilidade de distribuição de dividendos aos acionistas titulares de ações preferenciais?

GABARITO:

A) De acordo com o art. 201 da Lei n. 6.404/76, a companhia somente pode pagar dividendos à conta de lucro líquido do exercício, de lucros acumulados e de reserva de lucros; e à conta de reserva de capital (no caso das ações preferenciais de que trata o art. 17, § 6º, da Lei n. 6.404/76).

B) No caso concreto, em face da inexistência de lucros no exercício, a proposta da administração deveria ser pela não distribuição de dividendos. Todavia, haveria possibilidade de distribuição de dividendos aos acionistas titulares de ações preferenciais caso houvesse previsão, no estatuto social, de pagamento de dividendos a esses acionistas à conta de reserva de capital.

44. **(XXXI Exame)** A Companhia Venha-Ver Engenharia, constituída em 2008, é da espécie fechada, e seu capital social é inteiramente composto por ações ordinárias.

A assembleia geral extraordinária aprovou, em 22/08/2017, por maioria absoluta de votos, a reforma do estatuto para o aumento do capital mediante a emissão de ações preferenciais, sem direito a voto, em duas classes: A e B. As ações da classe A conferem a seus titulares prioridade na distribuição de dividendo fixo. As ações da classe B conferem a seus titulares prioridade no reembolso do capital sem prêmio.

Pedro Avelino, acionista titular de 12% do capital social, inconformado com a aprovação da alteração estatutária, ajuizou ação para anular a deliberação assemblear sob a alegação de ilegalidade na atribuição das vantagens patrimoniais às ações preferenciais da classe B.

Argumenta o autor que as ações preferenciais da classe B deveriam conferir aos futuros subscritores uma preferência ou vantagem adicional, como o recebimento do dividendo, por ação preferencial, pelo menos 10% (dez por cento) maior do que o atribuído às ações ordinárias. Da forma como foi aprovada pela assembleia, a criação da nova espécie de ação acarretou um evidente prejuízo aos acionistas minoritários, porque a eliminação do direito de voto não corresponderia a uma vantagem real e efetiva, configurando-se o abuso da maioria.

Considerando os fatos acima e que a ação anulatória foi proposta em 25/03/2019, responda aos itens a seguir.

A) Na data da propositura da ação – 25/03/2019 –, já estaria prescrita a pretensão anulatória da deliberação assemblear?

B) Pedro Avelino tem razão quanto à ilegalidade na atribuição da vantagem patrimonial às ações preferenciais da classe B?

GABARITO:

A) Não. Em 25/03/2019 ainda não ocorreu a prescrição da pretensão anulatória da deliberação assemblear, haja vista não ter decorrido 2 (dois) anos entre a data da deliberação (22/08/2017) e a data da propositura da ação, com fundamento no art. 286 da Lei n. 6.404/76.

B) Não. Como a companhia é da espécie fechada não é obrigatório a concessão de vantagem ou preferência adicional às ações preferenciais, prevista no art. 17, § 1º, da Lei n. 6.404/76.

45. (VI Exame) Alfa Construtora S.A., companhia aberta, devidamente registrada na Comissão de Valores Mobiliários, tem o seu capital dividido da seguinte forma: 55% de suas ações são detidas pelo acionista controlador, Sr. Joaquim Silva, fundador da companhia; 20% das ações estão distribuídos entre os Conselheiros de Administração; 5% estão em tesouraria. O restante encontra-se pulverizado no mercado. Em 15-4-2010, a Companhia divulgou Edital de Oferta Pública de Aquisição de Ações para Fechamento de Capital, em que as ações da Companhia seriam adquiridas em mercado ao preço de R$ 5,00 por ação. Diante da divulgação, um grupo de acionistas detentores em conjunto de 5% do capital social (correspondente a 25% das ações em circulação) da companhia apresenta, em 25-4-2010, requerimento aos administradores, solicitando a convocação de Assembleia Geral Especial para reavaliar o preço da oferta, uma vez que foi adotada metodologia de cálculo inadequada, o que foi comprovado por meio de laudo elaborado por uma renomada empresa de auditoria e consultoria. Em 5-5-2010, a administração da companhia se manifesta contrariamente ao pedido, alegando que ele não foi realizado de acordo com os requisitos legais.

A) Está correto o argumento da Administração da Companhia?

B) Diante da negativa, que medida poderiam tomar os acionistas?

GABARITO:

A) O argumento da Administração da Companhia não está correto, uma vez que o requerimento foi baseado nos requisitos legais, dispostos no art. 4º-A da Lei n. 6.404/76, ou seja, foi formulado por acionistas que atingem o mínimo de representação de mais de 10% das ações em circulação e foi realizado dentro do prazo legal de 15 dias (art. 4º-A, § 1º, da Lei n. 6.404/76).

O requerimento, ademais, foi fundamentado e devidamente acompanhado de elementos de convicção que demonstram a falha ou imprecisão no emprego da metodologia de cálculo ou no critério de avaliação adotado (art. 4º-A, § 1º, da Lei n. 6.404/76).

B) Uma vez decorrido o prazo de oito dias, os próprios acionistas podem convocar a assembleia especial de acordo com o art. 4º-A, § 1º, da Lei n. 6.404/76.

46. (VII Exame) Rogério, diretor e acionista da companhia aberta Luz Alimentos S.A., alienou em bolsa, no dia 28-12-2009, 100% das ações de emissão da companhia de que era titular. No dia 30-12-2009, a companhia divulgou ao mercado os seus demonstrativos financeiros, com notas explicativas, detalhando o resultado negativo obtido no exercício. Em decorrência dos resultados divulgados, em janeiro de 2010, o preço das ações sofreu uma queda de 40% em relação ao mês anterior. Em maio de 2010, a Comissão de Valores Mobiliários (CVM) iniciou processo investigatório contra Rogério, para apurar a eventual ocorrência de infração grave em detrimento do mercado de capitais.

De acordo com o enunciado, responda às questões abaixo, indicando o(s) respectivo(s) fundamento(s) legal(is):

A) É lícito a CVM instaurar processo administrativo investigatório contra Rogério?

B) Qual teria sido o ilícito praticado por Rogério? Teria havido violação a algum dispositivo da Lei n. 6.404/76 (Lei das Sociedades por Ações)?

C) Quais as penalidades que podem ser impostas a Rogério pela Comissão de Valores Mobiliários, caso reste comprovada a conduta descrita no enunciado?

GABARITO:

A) É possível a CVM instaurar processo administrativo, precedido de etapa investigatória, para apurar atos ilegais de administradores de companhias abertas de acordo com o art. 9º, V, e § 2º, da Lei n. 6.385/76.

B) A situação pode caracterizar uso indevido de informação privilegiada, bem como violação aos deveres de lealdade e/ou sigilo, em razão da alienação em bolsa de todas as ações de emissão da companhia de que o diretor Rogério era titular, antes da divulgação ao mercado do resultado negativo obtido no exercício social. Teria havido infração ao art. 155, § 1º. Ademais, como diretor de companhia aberta, Rogério teria violado o dever de informar, especificamente quanto ao disposto no § 6º do art. 157 da Lei n. 6.404/76.

C) A Comissão de Valores Mobiliários (CVM) pode aplicar ao diretor Rogério as penalidades previstas no art. 11 da Lei n. 6.385/76, entre elas, advertência, multa, suspensão do exercício do cargo de administrador ou de conselheiro fiscal, cassação de autorização ou registro, entre outros, dependendo da gravidade da situação.

47. (VIII Exame) João, economista renomado, foi durante cinco anos acionista da Garrafas Produção e Comércio de Bebidas S.A. Seis meses depois de ter alienado a totalidade de suas ações, é nomeado Conselheiro de Administração da Companhia. Preocupado com as suas novas responsabilidades, João consulta um advogado para esclarecer as seguintes dúvidas:

A) João pode residir no exterior?

B) João já ocupa o cargo de conselheiro fiscal de Alfa Comércio de Eletrônicos S.A. Ele precisa renunciar ao cargo?

C) O fato de João ter alienado a totalidade das ações de emissão da companhia que possuía em sua titularidade, não sendo, portanto, acionista da Garrafas Produção e Comércio de Bebidas S.A., representa um fato impeditivo à ocupação do cargo?

O examinando deve fundamentar corretamente sua resposta. A simples menção ou transcrição do dispositivo legal não pontua. O examinando deve demonstrar conhecimento sobre as regras aplicáveis aos membros de conselhos de administração de sociedades anônimas.

GABARITO:

A) É possível o conselheiro de administração ter domicílio no exterior, de acordo com o art. 146, *caput* e § 2º, da Lei n. 6.404/76. Contudo, a posse do conselheiro fica condicionada à nomeação de representante no país com poderes para receber citação, com validade de no mínimo até três anos após o término de seu mandato, conforme determina o § 2º.

B) Não incide no caso apresentado o impedimento para o acúmulo dos cargos, previsto no art. 147, § 3º, I, da Lei n. 6.404/76, uma vez que as sociedades não podem ser consideradas concorrentes no mercado em razão de suas atividades serem distintas.

C) Inexiste a obrigação de ser acionista da companhia para ocupar cargo no conselho de administração, tendo em vista a redação do art. 146, *caput*, da Lei n. 6.404/76.

48. (X Exame) A Saúde Vital Farmacêutica S.A. é uma companhia fechada, cuja diretoria é composta por quatro membros: Hermano, diretor presidente, Paulo, diretor financeiro, Roberto, diretor médico e Pedro, diretor jurídico. Todos possuem atribuições específicas estabelecidas no Estatuto da Companhia. Não há Conselho de Administração. Em dezembro de 2010, os acionistas apuraram que três funcionários da área financeira da Companhia desviaram, ao longo do ano, R$ 3.000.000,00 das contas da companhia, promovendo saídas de capital que poderiam ser facilmente identificadas por meio de simples extratos bancários. Os extratos bancários eram enviados, mensalmente, a todos os diretores da companhia. Os acionistas da Saúde Vital Farmacêutica S.A. procuram um advogado com o objetivo de, independente das penalidades cabíveis aos funcionários, responsabilizar a administração da Companhia. A partir do caso apresentado, responda aos seguintes itens.

A) Qual o procedimento judicial a ser adotado?

B) Quem pode ser responsabilizado pelo desvio dos recursos? Somente Paulo ou também os demais diretores?

GABARITO:

A) O procedimento judicial a ser adotado, em conformidade com o disposto no art. 159, *caput*, da Lei n. 6.404/76 é a ação de responsabilidade civil contra os administradores, a ser previamente aprovada em deliberação da assembleia geral da companhia.

B) Todos os diretores podem ser responsabilizados pelo desvio dos recursos, uma vez que todos foram negligentes, descumprindo com o dever de diligência que lhes é atribuído pelo art. 153 da Lei n. 6.404/76. Ademais, nas companhias fechadas (caso da Saúde Vital Farmacêutica S.A.), de acordo com o art. 158, § 2º, do mesmo diploma legal, "os administradores são solidariamente responsáveis pelos prejuízos causados em virtude do não cumprimento dos deveres impostos por lei para assegurar o funcionamento normal da companhia, ainda que, pelo estatuto, tais deveres não caibam a todos eles". Assim, mesmo havendo atribuição específica para cada um dos diretores, todos são solidários na responsabilidade pelo descumprimento de dever imposto por lei.

49. (XIII Exame) Em 12-1-2012, reunidos em assembleia geral extraordinária, os acionistas de Brisa S.A. aprovaram a mudança do objeto social da companhia, tendo a ata da assembleia sido publicada em 16-1-2012. Letícia, acionista da Brisa S.A., exerceu seu direito de retirada, em 15-2-2012, último dia do prazo. Em 20-3-2012, Brisa S.A. realizou assembleia geral ordinária, na qual foram aprovadas as demonstrações financeiras do exercício findo em 2011. Nesta ocasião, Letícia se alegrou ao perceber que o valor patrimonial por ação do exercício de 2011 aumentou em relação ao exercício de 2010, tendo passado de R$ 10,00 (em 2010) para R$ 15,00 por ação (em 2011).

De acordo com o enunciado acima e com a legislação pertinente, responda às questões abaixo, indicando o(s) respectivo(s) fundamento(s) legal(is):

A) Qual é o valor por ação que Letícia deve receber, considerando que o estatuto social da companhia não estabelece normas para a determinação do valor de reembolso?

B) Depois de ter exercido o seu direito de retirada, isto é, a partir de 16-2-2012, há possibilidade de Letícia requerer levantamento de balanço especial para fins de reembolso?

GABARITO:

A) Letícia, em razão do seu direito de retirada (conforme o art. 137 da Lei n. 6.404/76), deverá receber R$ 10,00 por ação, visto que a base de cálculo para o valor do reembolso decorre do último balanço aprovado (referente ao exercício social de 2010) em relação à data da deliberação da assembleia que gerou o direito de retirada, conforme o art. 45, § 1º, da Lei n. 6.404/76.

B) Tendo em vista já haver decorrido mais de 60 dias entre a data da deliberação da AGO que aprovou o balanço referente ao exercício social de 2010 (nos quatro primeiros meses do exercício social de 2011), observado o art. 132 da Lei n. 6.404/76, e a data da deliberação da AGE que aprovou a mudança do objeto social (12-1-2012), Letícia, a princípio, poderia requerer o levantamento de balanço especial. Contudo, tal faculdade deveria ter sido exercida juntamente com o pedido de reembolso, o que não ocorreu porque Letícia exerceu seu direito de retirada em 15-2-2012, quando apenas em 20-3-2012 é que foi divulgado o novo valor patrimonial da ação (R$ 15,00). Sendo assim, não há possibilidade de Letícia solicitar o levantamento de balanço especial, caso assim desejasse, pois deveria tê-lo solicitado no mesmo momento do exercício do direito de retirada, conforme o art. 45, § 2º, da Lei n. 6.404/76. É inequívoco que Letícia não solicitou no momento da retirada o levantamento deste balanço, como também é incontroverso que o art. 45, § 2º, da Lei n. 6.404/76, exige que os pedidos de reembolso e balanço especial formulados pelo acionista dissidente sejam concomitantes.

50. (XVII Exame) A companhia CM Têxtil S/A é de capital autorizado. O Conselho de Administração, com base em permissivo contido no estatuto social, aprovou o aumento do capital social e a emissão de bônus de subscrição, ambos no limite do capital autorizado. O acionista minoritário Lobato consultou sua advogada, questionando-a sobre os pontos a seguir.

A) Tendo em vista que o capital social é uma cláusula obrigatória do estatuto (art. 5º, *caput*, da Lei n. 6.404/76), poderia o Conselho de Administração aprovar o aumento do capital?

B) Poderia o Conselho de Administração aprovar a emissão de bônus de subscrição?

GABARITO:

A) Sim, pois embora o capital social seja uma cláusula obrigatória do estatuto, de acordo com o art. 5º da Lei n. 6.404/76, e a competência para aprovar as reformas estatutárias seja privativa da assembleia geral (art. 122, I, da Lei n. 6.404/76), nas sociedades anônimas de capital autorizado, o capital social pode ser aumentado por deliberação do Conselho de Administração, se assim dispuser o estatuto, com base nos arts. 166, II, e 168, *caput*, da Lei n. 6.404/76.

B) Sim, poderia o Conselho de Administração aprovar a emissão de bônus de subscrição. Nas sociedades anônimas de capital autorizado, é permitido ao Conselho de Administração deliberar sobre a emissão de bônus de subscrição, autorizado pelo estatuto, com fundamento no art. 76 da Lei n. 6.404/76. A finalidade dos bônus de subscrição é atribuir a seus titulares, nas condições constantes do certificado, se houver, o direito de subscrever ações da companhia emissora, a ser exercido mediante apresentação do título (ou documento que o substitua) à companhia e pagamento do preço de emissão, com base no art. 75, parágrafo único, da Lei n. 6.404/76.

51. (XVIII Exame) Diamantino, Aquino, Lucas e Esperidião são os únicos acionistas da Companhia Querência S/A e condôminos de imóvel situado na área rural do município de Porto Estrela. Após a aprovação da reforma estatutária para aumento do capital social, os quatro acionistas subscreveram ações que serão integralizadas com a incorporação ao patrimônio da companhia do referido imóvel. O acionista Lucas também subscreveu ações que serão integralizadas com equipamentos agrícolas de sua propriedade exclusiva. Foi dispensada a avaliação do imóvel rural por se tratar de bem em condomínio de todos os subscritores e impedimento de voto dos subscritores nesse caso. Para a avaliação dos equipamentos agrícolas, foi aprovada em assembleia a contratação de sociedade avaliadora, que apresentou laudo fundamentado. No laudo apresentado, o valor apontado para os equipamentos foi superior ao atribuído pelo acionista Lucas no momento da subscrição. Como advogado consultado para opinar sobre a legalidade dos atos praticados, responda aos itens a seguir.

A) A dispensa de avaliação do imóvel sob as justificativas apresentadas é procedente?

B) Diante da divergência entre o valor apontado no laudo da sociedade avaliadora e aquele que lhe atribuiu o subscritor, qual a solução a ser dada?

GABARITO:

A) Não é procedente e as razões são essas: (i) bem em condomínio e (ii) o impedimento de voto dos subscritores. Não se dispensa a avaliação do bem imóvel nem há impedimento ao exercício do direito de voto. Deve ser nomeado um avaliador pessoa jurídica ou três peritos para avaliar o imóvel e os subscritores poderão aprovar o laudo, com base, respectivamente, no art. 8º, *caput*, da Lei n. 6.404/76 e no art. 115, § 2º, da Lei n. 6.404/76.

B) Havendo divergência entre o valor apresentado no laudo, por ser esse superior ao que tiver sido atribuído pelo subscritor, o bem não poderá ser incorporado ao patrimônio da companhia, em razão do disposto no art. 8º, § 4º, da Lei n. 6.404/76. A solução é que a companhia deverá devolver/pagar ao subscritor o excesso (ou a importância superior ao valor das ações).

52. (XXVII Exame) O acionista controlador de uma companhia aberta formulou oferta pública para adquirir a totalidade das ações em circulação no mercado, com a finalidade de cancelamento do registro para negociação de ações no mercado.

Três sociedades empresárias, todas acionistas da referida companhia e titulares de 15% (quinze por cento) das ações em circulação no mercado, requereram conjuntamente ao Presidente do Conselho de Administração a convocação de assembleia especial dos acionistas titulares de ações em circulação no mercado, a fim de deliberar sobre a realização de nova avaliação da companhia por critério diverso daquele apresentado pelo ofertante.

O requerimento foi apresentado no dia 26 de março de 2018, devidamente fundamentado e acompanhado de elementos de convicção, demonstrando a imprecisão no critério de avaliação adotado, sendo que a divulgação do valor da oferta pública ocorreu no dia 1º de março de 2018.

Com base nas informações acima, responda aos itens a seguir.

A) As três sociedades empresárias possuem legitimidade para pleitear a revisão do valor inicial da oferta pública?

B) Considerando as datas de divulgação da oferta e da apresentação do requerimento, na condição de Presidente do Conselho de Administração, como você procederia?

GABARITO:

A) Sim. As três sociedades empresárias, acionistas da companhia aberta, conjuntamente, possuem 15% (quinze por cento) das ações em circulação e, portanto, superam o mínimo de 10% (dez por cento) exigido para apresentação do pedido de revisão, de acordo com o art. 4º-A, *caput*, da Lei n. 6.404/76.

B) Diante da intempestividade do requerimento, por ter sido apresentado em 26 de março de 2018, além do prazo de 15 (quinze) dias da divulgação do valor da oferta, deverá ser indeferido, com fundamento no art. 4º-A, § 1º, da Lei n. 6.404/76.

53. (XXX Exame) A Diretoria de Soure Transportes S/A, companhia fechada e sem Conselho de Administração, deliberou, por unanimidade, aprovar a emissão de debêntures não conversíveis em ações e com garantia flutuante, resgatáveis no prazo de até 5 (cinco) anos, permitida amortização a partir do 2º ano da data do lançamento.

O acionista minoritário Magalhães Belém consulta você para esclarecer os pontos a seguir.

A) A Diretoria tem competência para deliberar sobre a emissão das debêntures?

B) A debênture com garantia flutuante confere direito real de garantia ao debenturista, impedindo a negociação ou o gravame dos bens da companhia?

GABARITO:

A) Não. Por se tratar de companhia fechada, a competência para deliberar sobre emissão de debêntures é sempre privativa da assembleia geral. Assim, com fundamento no art. 59, *caput*, da Lei n. 6.404/76 ou no art. 122, IV, da Lei n. 6.404/76, não cabe à Diretoria deliberar sobre tal matéria.

B) Não. A debênture com garantia flutuante não confere direito real de garantia ao debenturista. Tal espécie de debênture assegura ao debenturista crédito com privilégio geral sobre o ativo da companhia, mas não impede a negociação dos bens que compõem esse ativo, nos termos do art. 58, § 1º, da Lei n. 6.404/76.

II. TÍTULOS DE CRÉDITO

II.1. LETRA DE CÂMBIO

54. (II Exame) Fábio endossa uma letra de câmbio para Maurício, que a endossa para Maria que, por sua vez, a endossa para João. Na data do vencimento, João exige o pagamento de Maurício, que se recusa a realizá-lo sob a alegação de que endossou a letra de câmbio para Maria e não para João e de que Maria é sua devedora, de modo que as dívidas se compensam. Assim, João deveria cobrar a letra de Maria e não dele. Em caso de embargos de Maurício, com base nos argumentos citados,

A) Quais seriam os fundamentos jurídicos de João?

B) Em que prazo devem ser arguidos?

GABARITO:

A) Em regra, as exceções pessoais que Maurício teria em relação à Maria não são oponíveis em relação a João, com quem Maurício não teve relação direta. Isso ocorre para garantir a segurança na circulação do título de crédito e os direitos dos terceiros de boa-fé. É o que vem expresso nos art. 916 do Código Civil e art. 17 do anexo I do Decreto-lei n. 57.663/66 (Lei Uniforme das Letras de Câmbio e Notas Promissórias). Diz o art. 916 do Código Civil que as exceções, fundadas em relação do devedor com os portadores precedentes, somente poderão ser ele opostas ao portador, se este, ao adquirir o título, tiver agido de má-fé. E o art. 17 do Decreto-lei n. 57.663/66: "As pessoas acionadas em virtude de uma letra não podem opor ao portador exceções fundadas sobre as relações pessoais delas com o sacador ou com os portadores anteriores, a menos que o portador ao adquirir a letra tenha procedido conscientemente contra o devedor". Portanto, apenas se Maurício comprovasse que João adquiriu a letra de câmbio de má-fé e em detrimento do seu direito cambiário, poderia recusar-se ao pagamento do título com fundamento na exceção pessoal que tinha em relação à Maria (compensação).

B) O prazo para refutar os argumentos do embargante é de 15 dias nos termos do art. 740 do CPC.

55. (IV Exame) Em 9 de novembro de 2010, João da Silva adquiriu, de Maria de Souza, uma TV de 32 polegadas usada, mas em perfeito funcionamento, acertando, pelo negócio, o preço de R$ 1.280,00. Sem ter como pagar o valor integral imediatamente, lembrou-se de ser beneficiário de uma Letra de Câmbio, emitida por seu irmão, José da Silva, no valor de R$ 1.000,00, com vencimento para 27 de dezembro do mesmo ano. Desse modo, João ofereceu pagar, no ato e em espécie, o valor de R$ 280,00 a Maria, bem como endossar a aludida cártula, ressalvando que Maria deveria, ainda, na qualidade de endossatária, procurar Mário Sérgio, o sacado, para o aceite do título. Ansiosa para fechar negócio, Maria concordou com as condições oferecidas e, uma semana depois, em 16 de novembro de 2010, dirigiu-se ao domicílio de Mário Sérgio, conforme orientação de João da Silva. Após a vista, porém, Maria ficou aturdida ao constatar que Mário Sérgio só aceitou o pagamento de R$ 750,00, justificando que esse era o valor devido a José. Sem saber como proceder dali em diante, Maria o(a) procura, como advogado(a), com algumas indagações.

Com base no cenário acima, responda aos itens a seguir, empregando os argumentos jurídicos apropriados e a fundamentação legal pertinente ao caso.

A) É válida a limitação do aceite feita por Mário Sérgio ou estará ele obrigado a pagar o valor total da letra de câmbio?

B) Qual é o limite da responsabilidade do emitente do título?

C) Quais as condições por lei exigidas para que ele fique obrigado ao pagamento?

GABARITO:

A) É possível a limitação do aceite na letra de câmbio, ficando o aceitante responsável dentro desse limite (art. 26 do Decreto n. 57.663/66 – LUG).

B) Quanto ao emitente (ou sacador), diz o art. 9º da LUG que é garante tanto da aceitação como do pagamento de letra, portanto, respondendo este por todo o valor do título, ou seja, pelos R$ 1.000,00.

C) De acordo com o art. 44 da LUG, a recusa de aceite ou de pagamento deve ser comprovada por um ato formal (protesto por falta de aceite ou falta de pagamento) para promover a cobrança do emitente.

56. (V Exame) João Garcia emite, em 17-10-2010, uma Letra de Câmbio contra José Amaro, em favor de Maria Cardoso, que a endossa a Pedro Barros. O título não tem data de seu vencimento. Diante do caso apresentado, na condição de advogado, responda aos itens a seguir, empregando os argumentos jurídicos apropriados e a fundamentação legal pertinente ao caso.

A) Pedro poderá exigir o pagamento da letra de câmbio em face da omissão da data do seu vencimento?

B) Que efeitos podem ser verificados com a transmissão do título por meio do endosso?

GABARITO:

A) A letra de câmbio que não possuir data de vencimento é considerada à vista (art. 2º, alínea 2º do Decreto n. 57.663/66 – LUG), e, portanto, pagável à apresentação (art. 34 do Decreto n. 57.663/66 – LUG).

B) O endosso, em princípio, transmite não só a propriedade, mas também todos os direitos emergentes da Letra (art. 14 do Decreto n. 57.663/66 – LUG), mas como foi ultrapassado o prazo de apresentação de um ano desde 17-10-2011 [a prova da 2ª fase da OAB foi realizada em 4-12-2011], o portador apenas terá direito de ação contra o devedor principal (art. 53 do Decreto n. 57.663/66 – LUG).

57. (X Exame) Uma letra de câmbio foi sacada tendo como beneficiário Carlos e foi aceita. Posteriormente, Carlos endossou a letra em preto para Débora, que, por sua vez, a endossou em branco para Fábio. Após seu recebimento, Fábio cedeu, mediante tradição, sua letra para Guilherme. Na data do vencimento, a letra não é paga e Guilherme exige o pagamento de Carlos, que se recusa a realizá-lo sob a alegação de que endossou a letra de câmbio para Débora e não para Guilherme e de que Débora é sua devedora, de modo que as dívidas se compensam. Com base situação hipotética, responda aos itens a seguir, indicando os fundamentos e dispositivos legais pertinentes.

A) Guilherme poderá ser considerado portador legítimo da letra de câmbio? Contra quem Guilherme terá direito de ação cambiária?

B) A alegação de Carlos é correta?

GABARITO:

A) Sim, Guilherme é considerado portador legítimo do título e justifica seu direito pela série de endossos regular (de acordo com o art. 16 da LUG – Decreto n. 57.663/66), ainda que um deles seja em branco (princípio da literalidade, art. 14 da LUG). Guilherme poderá promover ação cambial em face do sacador, do aceitante, de Carlos (endossante) e de Débora (endossante) em razão do art. 47 da LUG. Já Fábio não é legitimado passivo na ação cambial porque não endossou o título, apenas realizou a tradição do mesmo a Guilherme, autorizado pelo art. 14, § 3º, da LUG. Por conseguinte, pelo princípio da literalidade, não se obriga como devedor cambiário.

B) Pelo princípio da inoponibilidade das exceções pessoais, eventuais exceções fundadas sobre relações pessoais do devedor em face de portadores anteriores ao atual não podem ser opostas a esse. Portanto, a alegação de Carlos sobre a compensação de dívidas não é procedente, porque é fundada em exceção pessoal oponível a Débora, mas não em face do portador/endossatário Guilherme, com fundamento no art. 17 da LUG.

58. (XI Exame) Antônio é portador legítimo de uma letra de câmbio aceita, cujo saque se deu no dia 10-1-2012, com vencimento à vista no valor de R$ 10.000,00, nela constando o aval de Bruno no montante de R$ 5.000,00. Em função disto, Antônio pretende endossar a Carla apenas a quantia de R$ 5.000,00. Na qualidade de advogado(a) de Carla, responda aos seguintes itens, indicando os fundamentos e dispositivos legais pertinentes.

A) É válido o aval realizado por Bruno?

B) O endosso pretendido por Antônio é válido?

GABARITO:

A) De acordo com o art. 30 da LUG – Decreto n. 57.663/66, o pagamento de uma letra pode ser no todo ou em parte garantido por aval. Esta garantia é dada por um terceiro ou mesmo por um signatário da letra. Assim, é possível a concessão de aval parcial.

B) De acordo com o art. 12 da LUG, o endosso parcial é nulo, portanto, não é válido o endosso pretendido por Antônio.

59. (XIV Exame) Uma letra de câmbio foi sacada por Celso Ramos com cláusula "sem despesas" e vencimento no dia 11-9-2013. O tomador, Antônio Olinto, transferiu a cambial por endosso para Pedro Afonso no dia 3-9-2013. O título recebeu três avais, todos antes do vencimento, sendo dois em branco e superpostos, e um aval em preto em favor de Antônio Olinto. A letra de câmbio foi aceita e o endossatário apresentou o título para pagamento ao aceitante no dia 12-9-2013. Diante da recusa, o portador, no mesmo dia, apresentou o título a protesto por falta de pagamento, que foi lavrado no dia 18-9-2013. Com base nas informações contidas no texto e na legislação cambial, responda aos seguintes itens.

A) Quem é o avalizado nos avais em branco prestados na letra de câmbio? São avais simultâneos ou sucessivos? Justifique.

B) Nas condições descritas no enunciado, indique e justifique quem poderá ser demandado em eventual ação cambial proposta pelo endossatário?

GABARITO:

A) O avalizado nos avais em branco prestados na letra de câmbio é o sacador, Celso Ramos. De acordo com o art. 31, última alínea, do Decreto n. 57.663/66 (LUG), na falta de indicação do avalizado, entender-se-á ser pelo sacador. Os avais em branco e superpostos são considerados simultâneos segundo a Súmula 189 do STF, ou seja, cada coavalista é responsável por uma quota-parte da dívida e todos respondem pela integralidade perante o portador Pedro Afonso.

B) O endossatário poderá demandar apenas o aceitante em eventual ação cambial, porque o título foi apresentado a pagamento no dia 12 de setembro, ou seja, após o prazo legal previsto no art. 20 do Decreto n. 2.044/1908 (dia do vencimento, 11 de setembro de 2013). Assim, houve perda do direito de ação em face dos coobrigados Celso Ramos – sacador, Antônio Olinto – endossante e de todos os avalistas, com fundamento no art. 53 da LUG. Ressalte-se que a aplicação do art. 20 do Decreto n. 2.044/1908 se dá em razão da reserva ao art. 5º do Anexo II da LUG, Portanto, o prazo para apresentação a pagamento da letra de câmbio sacada "sem despesas" é regulado pelo Decreto n. 2.044/1908 (e não pelo art. 38 da LUG).

60. (XVI Exame) Alan saca uma letra de câmbio contra Bernardo, tendo como beneficiário Carlos. Antes do vencimento e da apresentação para aceite, Carlos endossa em preto a letra para Eduardo, que, na mesma data, a endossa em preto para Fabiana. De posse do título, Fabiana verifica que na face anterior da letra há a assinatura de Gabriel, sem que seja discriminada a sua responsabilidade cambiária.

Com base nessa questão, responda aos itens a seguir.

A) Gabriel poderá ser considerado devedor cambiário?

B) Caso Fabiana venha a cobrar o título de Gabriel e ele lhe pague, poderia este demandar Eduardo em ação cambial regressiva?

GABARITO:

A) Sim, Gabriel poderá ser considerado devedor cambiário, pois o aval em branco dado por Gabriel na letra de câmbio é considerado outorgado ao sacador (art. 31, última alínea, da LUG – Decreto n. 57.663/66). Gabriel poderá ser considerado obrigado cambiário porque o avalista é responsável da mesma maneira que a pessoa por ele avalizada (art. 32, 1ª alínea, da LUG).

B) Não, porque Eduardo é o segundo endossante, portanto, coobrigado posterior a Gabriel, o avalista do sacador. O pagamento feito pelo avalista do sacador desonera os coobrigados posteriores, dentre eles os endossantes Carlos e Eduardo, com base no art. 24, *caput*, do Decreto n. 2.044/1908.

II.2. NOTA PROMISSÓRIA

61. (III Exame) Soraia Dantas emitiu uma nota promissória em favor de Carine Monteiro, decorrente da aquisição de uma máquina de costura padrão industrial, com vencimento para 3-6-2010. O título foi endossado, sem data indicada, em favor de Leonardo D'Ângelo, que, em seguida, endossou a cambial, sem garantia, para Amadeus Pereira. O endosso de Leonardo foi avalizado por Frederico Guedes. Procurado para pagamento, a obrigada principal alegou não ter condições, no momento, para quitar o débito. Diante dessa situação, o portador, após levar o título a protesto, ajuizou a competente ação de execução em face de Frederico

Guedes. Em sede de embargos, o executado aduziu não ter legitimidade para figurar no polo passivo da demanda, porquanto Leonardo, cuja obrigação foi por Frederico avalizada, é ainda menor de idade, o que ficou comprovado com a apresentação da certidão de nascimento, dando conta de que ele nasceu em 1996.

Com base no cenário acima, responda aos itens a seguir, empregando os argumentos jurídicos apropriados e a fundamentação legal pertinente ao caso.

A) Qual é a contra-argumentação a ser adotada em relação à alegação suscitada nos embargos de Frederico?

B) Caso Leonardo não fosse menor de idade, qual seria a finalidade do endosso feito por ele a Amadeus?

C) Pode a nota promissória circular ao portador?

GABARITO:

A) A contra-argumentação a ser adotada em relação à alegação suscitada nos embargos de Frederico é a não procedência da alegação, tendo em vista que a obrigação do avalista se mantém mesmo se a obrigação por ele garantida for nula por qualquer razão que não seja um vício de forma (art. 32 do Dec. n. 57.663/66 – princípio da autonomia).

B) O objetivo da cláusula "sem garantia" é não garantir o pagamento do título, de acordo com o art. 15 do Dec. n. 57.663/66 (LUG): o endossante, salvo cláusula em contrário, é garante tanto da aceitação como do pagamento da letra. O endossante pode proibir um novo endosso, e, neste caso, não garante o pagamento às pessoas a quem a letra for posteriormente endossado.

C) Sim, é possível a circulação do título endossado em branco (art. 12 – parte final – Dec. n. 57.663/66), observado apenas que a restrição do art. 75, alínea 5, da LUG é aplicada somente à emissão do título.

62. (VII Exame) Na cidade de Malta, uma nota promissória foi emitida por João em benefício de Maria. A beneficiária, Maria, transfere o título para Pedro, inserindo no endosso a cláusula proibitiva de novo endosso. Em função de acordos empresariais, Pedro realiza novo endosso para Henrique, e este um último endosso, sem garantia, para Júlia.

Com base no caso apresentado, responda aos questionamentos a seguir, indicando os fundamentos e dispositivos legais pertinentes.

A) Júlia poderia ajuizar ação cambial para receber o valor contido na nota promissória? Em caso positivo, quais seriam os legitimados passivos na ação cambial?

B) Caso Pedro pague o valor da nota promissória a Henrique e receba o título quitado deste, como e de quem Pedro poderá exigir o valor pago?

GABARITO:

A) Sim, porque a cláusula de proibição de novo endosso não impede a circulação posterior da nota promissória, sendo possível seu endosso a terceiros pelo endossatário, mas afasta a responsabilidade cambiária do endossante que a apos em relação aos portadores subsequentes ao seu endossatário (art. 15, alínea 2ª, do Decreto n. 57.663 – LUG). Dessa forma, os endossos realizados por Maria e Pedro são válidos: Júlia poderá cobrar dos demais devedores (João e Pedro) com base no art. 47, alínea 1ª, ou no art. 43, alínea 1º, da LUG, exceto de Maria, pois esta só responderá perante o seu endossatário, no caso Pedro. Júlia não poderá cobrar de Henrique, pois este realizou um endosso sem garantia (art. 15, alínea 1ª, da LUG).

B) Caso pague a Henrique, Pedro poderá ajuizar ação por falta de pagamento, regressivamente, contra Maria e João (art. 47, alínea 3ª, da LUG).

63. (XXXI Exame) Miranda, em 28 de fevereiro de 2018, subscreveu nota promissória à vista, no valor R$ 35.000,00, contendo cláusula "sem despesas" em favor de Ladário. Antes da apresentação a pagamento, o título foi avalizado em branco por Glória e endossado a Ribas. A apresentação a pagamento do título ao subscritor foi realizada no mesmo dia de sua emissão, não tendo sido adimplida a obrigação.

Proposta ação cambial pelo portador em face de Ladário no dia 1º de abril de 2019, este invocou carência do direito de ação do autor pela ausência do protesto por falta de pagamento e a ocorrência da prescrição.

Considerados os dados informados, responda aos itens a seguir.

A) Quem são os obrigados cambiários na nota promissória descrita no enunciado? Há solidariedade entre eles?

B) Procedem as alegações invocadas por Ladário na ação cambial?

GABARITO:

A) Os obrigados cambiários são o subscritor da nota promissória Miranda, sua avalista Glória (aval em branco é dado em favor do subscritor, com base no art. 77, última alínea, do Decreto n. 57.663/66 – LUG) e o endossante Ladário, que respondem solidariamente pelo pagamento perante o endossatário Ribas, com fundamento no art. 77 c/c o art. 47 do Decreto n. 57.663/66 – LUG.

B) Em relação à ocorrência da prescrição, o argumento do réu procede, pois o prazo de um ano é contado do dia da apresentação a pagamento que é o do vencimento no título à vista (28/02/2018), com fundamento no art. 77 c/c o art. 70, 2ª alínea, do Decreto n. 57.663/66 – LUG. Quanto à falta de protesto por falta de pagamento, o argumento é improcedente, pois a inserção da cláusula sem despesas dispensa o portador de promovê-lo para poder exercer os seus direitos de ação em face de quaisquer dos signatários, de acordo com o art. 77 c/c o art. 46 do Decreto n. 57.663/66 – LUG.

64. (XII Exame) Iracema foi intimada pelo tabelião de protesto de títulos para pagar nota promissória no valor de R$ 5.000,00 por ela emitida em favor de Cantá & Cia Ltda. A devedora, em sua resposta, comprova que o vencimento ocorreu no dia 11 de setembro de 2009, conforme indicado na cártula que foi apresentada a protesto no dia 30 de setembro de 2012 e a protocolização efetivada no dia seguinte. Iracema requer ao tabelião que o protesto não seja lavrado e registrado pela impossibilidade de cobrança da nota promissória, diante do lapso temporal entre o vencimento e a apresentação a protesto. Ademais, verifica-se a ausência de menção ao lugar de pagamento, requisito essencial à validade do título, segundo a devedora.

Com base nas informações contidas no texto, legislação cambial e sobre protesto de títulos, responda aos itens a seguir.

A) A ausência de menção ao lugar de pagamento invalida a nota promissória? Justifique com amparo legal.

B) Nas condições descritas no enunciado, é lícito ao tabelião acatar os argumentos de Iracema e suspender a lavratura e registro do protesto?

GABARITO:

A) Não invalida, pois de acordo com o art. 76, 3ª alínea, do Decreto n. 57.663/66 (Lei Uniforme de Genebra – LUG), na falta de indicação especial, o lugar onde o título foi passado considera-se como o lugar do pagamento e, ao mesmo tempo, o lugar do domicílio do subscritor. Portanto, a nota promissória é válida a despeito da omissão ao lugar de pagamento.

B) Não é lícito, uma vez que verificada a prescrição da ação cambial, tal fato não obstaculiza a cobrança da dívida por outros meios ou o protesto, não cabendo ao tabelião de protesto investigar a ocorrência de prescrição ou caducidade, nos termos do art. 9º da Lei n. 9.492/97 e que dispõe que "Todos os títulos e documentos de dívida protocolizados serão examinados em seus caracteres formais e terão curso se não apresentarem vícios, não cabendo ao Tabelião de Protesto investigar a ocorrência de prescrição ou caducidade". Por conseguinte, não cabe ao tabelião suspender o curso do procedimento de protesto pela alegação, ainda que comprovada, de prescrição.

65. (VIII Exame) Pedro emite nota promissória para o beneficiário João, com o aval de Bianca. Antes do vencimento, João endossa a respectiva nota promissória para Caio. Na data de vencimento, Caio cobra o título de Pedro, mas esse não realiza o pagamento, sob a alegação de que sua assinatura foi falsificada. Após realizar o protesto da nota promissória, Caio procura um advogado com as seguintes indagações.

A) Tendo em vista que a obrigação de Pedro é nula, o aval dado por Bianca é válido?

B) Contra qual(is) devedor(es) cambiário(s) Caio poderia cobrar sua nota promissória?

GABARITO:

A) Responde o avalista no caso da obrigação por ele avalizada ser nula (art. 32 c/c o art. 77, ambos do Decreto n. 57.663/66 – LUG), em razão do princípio da autonomia das obrigações cambiárias, que fundamenta a disposição contida no art. 32 da LUG.

B) Caio poderá cobrar de Bianca, como avalista, e de João como endossante, nos termos do art. 47 da LUG. Não poderá cobrar de Pedro porque sua obrigação é nula conforme informa o enunciado.

66. (XXII Exame) Uma nota promissória à ordem foi subscrita por A sem indicação da data de emissão e da época do pagamento. O beneficiário B transferiu o título para C mediante assinatura no verso e em branco, sem inserir os dados omitidos pelo subscritor.

Com base na hipótese apresentada, responda aos questionamentos a seguir.

A) Ao ser emitida, essa nota promissória reunia os requisitos formais para ser considerada um título de crédito?

B) Impede o preenchimento do título o fato de C tê-lo recebido de B sem que os dados omitidos pelo subscritor tenham sido inseridos?

GABARITO:

A) Não. Embora a época do vencimento possa ser suprida pela constatação que se trata de título à vista, a data de emissão é um requisito essencial, e, não será considerado nota promissória o título em que faltar algum requisito essencial, de acordo com os arts. 75 e 76 da LUG.

B) Não. É possível que o título incompleto no momento de sua emissão seja preenchido posteriormente pelo portador de boa-fé, mas esse deve fazê-lo até a cobrança ou o protesto. Fundamentos: art. 77 c/c o art. 10 da LUG e Súmula 387 do STF. Registre-se, de passagem, que este mesmo entendimento é extraído, também, das normas do Código Civil, de acordo com o que dispõe o seu art. 891.

II.3. CHEQUE

67. (III Exame) Em 20-4-2010, Boulevard Teixeira emitiu um cheque nominal, à ordem, em favor de Gol de Craque Esportes Ltda., no valor de R$ 7.500,00, decorrente da compra de diversos materiais esportivos. O título foi apresentado ao sacado na mesma praça em 29-5-2010, tendo este se recusado a promover o pagamento, justificando não haver fundos disponíveis na conta do sacador. O administrador da credora, então, foi orientado a, como forma de coagir o devedor ao pagamento do título ante o abalo do seu crédito, promover o protesto do cheque. A competente certidão foi expedida pelo cartório em 20-6-2010. Contudo, diante de contatos telefônicos feitos por prepostos do devedor, buscando obter parcelamento para realizar o pagamento extrajudicial, o credor se manteve inerte. Malograda a tentativa de perceber, amigavelmente, a importância devida, em 2-12-2010, resolveu o tomador ajuizar a competente ação executiva. Em embargos de devedor, aduziu o executado que o título estava prescrito e, portanto, deveria ser julgada extinta a pretensão executiva. Por outro lado, o advogado do exequente sustenta que a pretensão não estaria prescrita em razão do protesto realizado.

Diante da resistência apresentada e buscando uma posição mais abalizada, o credor procurou-o(a), como advogado(a), apresentando algumas dúvidas a serem por você dirimidas. Com base nesse cenário, responda aos itens a seguir, empregando os argumentos jurídicos apropriados e a fundamentação legal pertinente ao caso.

A) A prescrição foi realmente alcançada?

B) Qual(is) embasamento(s) legal(is) serviria(m) para sua tese?

C) De forma geral, é indispensável a realização do protesto de um cheque para o ajuizamento de ação de execução em face dos coobrigados?

GABARITO:

A) A prescrição ainda não foi alcançada na data da distribuição da execução.

B) O embasamento legal está disposto no art. 202, III, do Código Civil, que prevê a interrupção da prescrição, sendo superada a Súmula 153 do STF e que preconizava que o simples protesto cambiário não interrompia a prescrição.

C) Não é indispensável a realização do protesto, uma vez que é possível a sua substituição pela declaração do sacado, escrita e datada sobre o cheque, com indicação do dia de apresentação, ou, ainda, por declaração escrita e datada por câmara de compensação, conforme o disposto no inciso II do art. 47 da Lei n. 7.357/85, Lei dos Cheques.

68. (IX Exame) João da Silva sacou um cheque no valor de R$ 60.000,00, em 26 de março de 2012, para pagar a última parcela de um empréstimo feito por seu primo Benedito Souza, beneficiário da cártula. A praça de emissão é a cidade "X", Estado de Santa Catarina, e a praça de pagamento a cidade "Y", Estado do Rio Grande do Sul. O beneficiário endossou o cheque para Dilermando de Aguiar, no dia 15 de agosto de 2012, tendo lançado no endosso, além de sua assinatura, a data e a menção de que se tratava de pagamento *pro solvendo*, isto é, sem efeito novativo do negócio que motivou a transferência. No dia 25 de agosto de 2012 o cheque foi apresentado ao sacado, mas o pagamento não foi feito em razão do encerramento da conta do sacador em 20 de agosto de 2012.

Considerando os fatos e as informações acima, responda aos seguintes itens.

A) O endossatário pode promover a execução do cheque em face de João da Silva e de Benedito Souza? Justifique com amparo legal.

B) Diante da prova do não pagamento do cheque é possível ao endossatário promover ação fundada no negócio que motivou a transferência do cheque por Benedito Souza? Justifique com amparo legal.

GABARITO:

A) O endossatário pode promover a execução do cheque em face do sacador João da Silva, com fundamento no art. 47, I, da Lei n. 7.357/85 além da Súmula 600 do STF ("Cabe ação executiva contra o emitente e seus avalistas, ainda que não apresentado o cheque ao sacado no prazo legal, desde que não prescrita a ação cambiária"). O endossatário não pode promover a execução em face de Benedito Souza uma vez que o endosso para Dilermando de Aguiar ocorreu após o prazo de apresentação, visto que se verifica o decurso de mais de 60 dias entre a emissão (26-3-2012) e a apresentação (25-8-2012) e, como tal, tem efeito de cessão de crédito, com fundamento no art. 27 da Lei n. 7.357/85 ("O endosso posterior [...] à expiração do prazo de apresentação produz apenas os efeitos de cessão").

B) Sim, é possível ao endossatário promover ação fundada no negócio que motivou a transferência do cheque por Benedito Souza (ação causal, extracambial), uma vez que o endosso foi em caráter *pro solvendo*, ou seja, sem efeito novativo do negócio que motivou a transferência. Nos termos do art. 62 da Lei n. 7.357/85, "Salvo prova de novação, a emissão ou a transferência do cheque não exclui a ação fundada na relação causal, feita a prova do não pagamento".

69. (XVII Exame) Joaquim emitiu cheque cruzado em favor de Teotônio, no dia 15-1-2015. Na cártula, foi consignada a data de 25-5-2015 como de emissão. O beneficiário apresentou o cheque para compensação no dia 26-3-2015 e o banco sacado realizou o pagamento no mesmo dia. Joaquim consulta sua advogada para promover eventual ação de responsabilidade civil pelo pagamento antecipado do cheque, inclusive com fundos que não dispunha em conta corrente e que foram provenientes de contrato de abertura de crédito, dentro do limite concedido. O cliente deseja saber se

A) o sacado poderia ter realizado o pagamento antes da data de emissão indicada na cártula?

B) por ser o cheque cruzado, não deveria ter sido apresentado fisicamente ao emitente, ao invés de ter sido compensado pelo sacado?

C) o banco poderia ter utilizado a soma proveniente do contrato de abertura de crédito para realizar o pagamento do cheque?

GABARITO:

A) Sim, o sacado poderia ter realizado o pagamento do cheque antes da data de emissão indicada na cártula, porque o cheque é sempre pagável à vista, considerando-se como não escrita qualquer menção em sentido contrário, no caso a inserção de data futura ("pós-datado"). Se o cheque for apresentado ao sacado antes da data indicada como de emissão (25-5-2015), este deverá efetuar o pagamento na data de sua apresentação (26-3-2015), com fundamento no art. 32, parágrafo único, da Lei n. 7.357/85.

B) Não, tendo vista que o cheque é cruzado, não pode ser apresentado fisicamente ao sacado. O cheque cruzado somente pode ser pago pelo sacado mediante crédito em conta, portanto, foi correta sua apresentação à compensação, com fundamento no art. 45, *caput*, da Lei n. 7.357/85. Sendo assim, o sacado não pagar o cheque mediante crédito em conta porque é proibido o pagamento em espécie.

C) Sim, o banco poderia ter utilizado a soma proveniente do contrato de abertura de crédito que celebrou com Joaquim para realizar o pagamento do cheque. A soma proveniente do contrato de abertura de crédito celebrado entre o sacado e Joaquim é considerada "fundos disponíveis" em poder do sacado, possibilitando o pagamento do cheque, com fundamento no art. 4º, § 2º, c, da Lei n. 7.357/85.

70. (XVIII Exame) Carolina emitiu três cheques nominais, em favor de Móveis Nova Iorque Ltda. Os títulos foram endossados pelo tomador em favor de Bacuri Fomento Mercantil Ltda. Vinte dias após a emissão dos títulos, a faturizadora apresentou os cheques ao sacado e este informou que havia ordem de sustação promovida pela emitente dentro do prazo de apresentação, fato este que impossibilitava o pagamento. Tentando uma cobrança amigável da devedora, o advogado da faturizadora procurou-a para receber o pagamento ou obter o cancelamento da ordem de sustação. Carolina se recusou a efetuar o pagamento ou cancelar a sustação, argumentando que os cheques foram emitidos em razão da aquisição de móveis, mas como não ficou satisfeita com a qualidade do produto, resolveu sustar o pagamento, sendo tal justificativa eficaz tanto para o endossante quanto para o endossatário. O advogado da faturizadora, insatisfeito com os argumentos da emitente do cheque, prepara petição inicial de ação executiva por título extrajudicial e, nas razões jurídicas da peça, tecerá argumentos para sustentar a legalidade da pretensão de seu cliente com base na teoria e legislação sobre títulos de crédito.

Com base na hipótese apresentada, responda aos itens a seguir.

A) Considerando os princípios da cartularidade, literalidade, autonomia e abstração, presentes nos títulos de crédito, qual deles pode ser utilizado pelo advogado para refutar o argumento apresentado por Carolina para o não pagamento dos cheques? Justifique.

B) Caso os cheques tivessem sido emitidos por Carolina com cláusula "não à ordem" e transferidos à faturizadora pela forma aplicável aos títulos não à ordem, caberia a mesma resposta apresentada no item A? Justifique.

GABARITO:

A) Na transferência dos cheques por endosso, opera-se a abstração quanto à causa de emissão ou àquela que determinou a transferência anterior. Passando o título ao endossatário, os vícios ou questões relativas aos negócios entre as partes anteriores, inclusive o emitente, não podem ser opostos ao portador atual do título, exceto se estiver de má fé ou se tratar de vício de forma (art. 25 da Lei n. 7.357/85).

B) Não caberia a mesma resposta que no item A. De acordo com a Lei do cheque (Lei n. 7.357/85) a cláusula não à ordem importa na transmissão do cheque obrigatoriamente pela forma e efeito de cessão de crédito (art. 17, § 1º). Na cessão de crédito, regulada pelo Código Civil, são cabíveis exceções pessoais tanto em relação ao cedente quanto ao cessionário. Destarte, o argumento levantado por Carolina (não ficou satisfeita com a qualidade do produto) seria analisado de modo diverso caso a transferência dos cheques tivesse sido feita por cessão de crédito. Ela poderia opor ao cessionário (faturizador) as exceções que, no momento em que veio a ter conhecimento da cessão, tinha contra o cedente, Móveis Nova Iorque Ltda., amparada pelo art. 294 do Código Civil.

71. (XXIII Exame) Olímpio teve seu nome negativado pela emissão de cheque sem suficiente provisão de fundos, apresentado pelo portador ao sacado por duas vezes e em ambas devolvido.

O nome do devedor foi inscrito no Cadastro de Emitentes de Cheques sem Fundos (CCF), sem que tenha havido notificação prévia do devedor, acerca de sua inscrição no aludido cadastro, por parte do Banco do Brasil S/A, gestor do CCF.

Sentindo-se prejudicado pelos danos morais e materiais advindos da inscrição no CCF, Olímpio consulta seu advogado para que ele esclareça as questões a seguir.

A) Houve conduta ilícita por parte do Banco do Brasil S/A?

B) A devolução do cheque por duas vezes impede o credor de realizar a sua cobrança judicial?

GABARITO:

A) Não houve conduta ilícita por parte do Banco do Brasil S/A, porque a instituição não tem a responsabilidade de notificar previamente o devedor acerca da sua inscrição no Cadastro de Emitentes de Cheques sem Fundos, de acordo com o entendimento pacificado no STJ, contido na Súmula 572.

B) Não. A devolução do cheque por duas vezes não impede sua cobrança judicial, pois o emitente é responsável pelo pagamento perante o portador, de acordo com o art. 15 da Lei n. 7.357/85.

72. (XXVI Exame) Pedro emitiu quatro cheques em 27 de março de 2018, mas esqueceu de depositar um deles. Tendo um débito a honrar com Kennedy e sendo Pedro beneficiário desse quarto cheque, ele o endossou em preto, datando no verso "dia 19 de maio de 2018". Sabe-se que o quarto cheque foi emitido em Tibagi/PR para ser pago nessa praça, e que sua apresentação ao sacado ocorreu em 23 de maio de 2018, sendo devolvido por insuficiência de fundos.

Sobre a hipótese, responda aos itens a seguir.

A) Considerando-se as datas de emissão e endosso do 4º cheque, qual o efeito do endosso?

B) O portador poderá promover ação de execução em face de Pedro, no dia 11 de outubro de 2018, diante do não pagamento do cheque pelo sacado?

Obs.: o(a) examinando(a) deve fundamentar as respostas. A mera citação do dispositivo legal não confere pontuação.

GABARITO:

A) O endosso do cheque é considerado póstumo, por ter sido realizado após o decurso do prazo de apresentação, tendo efeito de cessão de crédito, de acordo com o art. 27 da Lei n. 7.357/85.

B) Sim. Mesmo que Pedro tenha endossado o cheque após o prazo de apresentação e o endosso tenha efeito de cessão de crédito, ele é emitente e responsável pelo pagamento, podendo ser promovida a execução em 11 de outubro de 2018, ainda que o cheque tenha sido apresentado após o prazo legal, de acordo com o art. 15 da Lei n. 7.357/85. Pode ser promovida a execução pelo portador em face de Pedro, ainda que o cheque tenha sido apresentado após o prazo legal, com fundamento no art. 47, I, da Lei n. 7.357/85, bem como na Súmula 600 do STF.

II.4. DUPLICATA

73. (XXV Exame) Antônio Carneiro sacou, em 2-12-2012, duplicata de prestação de serviço em face de Palmácia Cosméticos Ltda., no valor de R$ 3.500,00 (três mil e quinhentos reais), com vencimento em 2-2-2013 e pagamento no domicílio do sacado, cidade de Barro. A duplicata não foi aceita, nem o pagamento foi efetuado no vencimento. Em 7-5-2017, o título foi levado a protesto e o sacado, intimado de sua apresentação no dia seguinte. Em 9-5-2017, o sacado apresentou ao tabelião suas razões para impedir o protesto, limitando-se a invocar a prescrição da pretensão à execução da duplicata, tendo em vista as datas de vencimento e de apresentação a protesto. O protesto foi lavrado em 10-5-2017, e Palmácia Cosméticos Ltda., por meio de seu advogado, ajuizou ação de cancelamento do protesto sem prestar caução no valor do título. Com base nas informações acima, responda aos itens a seguir.

A) Deveria o tabelião ter acatado o argumento do sacado e não lavrar o protesto?

B) Com fundamento na prescrição da pretensão executória, é cabível o cancelamento do protesto?

GABARITO:

A) Não. O tabelião não deveria ter acatado o argumento da prescrição para não lavrar o protesto, pois ele não tem competência para conhecer e declarar a prescrição da ação executiva. Tal alegação do sacado, ainda que comprovada, não impede a lavratura do protesto, com base no art. 9º, *caput*, da Lei n. 9.492/97 e que afirma que "*Todos os títulos e documentos de dívida protocolizados serão examinados em seus caracteres formais e terão curso se não apresentarem vícios, não cabendo ao Tabelião de Protesto investigar a ocorrência de prescrição ou caducidade*".

B) Não é cabível. Mesmo que já tenha ocorrido a prescrição, pois entre o vencimento (2-2-2013) e a apresentação da duplicata a protesto (7-5-2017) decorreram mais de 3 anos, o protesto não deve ser cancelado porque o débito persiste, ainda que não possa ser cobrado por meio de ação executiva, com base no art. 18, I, da Lei n. 5.474/68.

74. (VI Exame) Indústria de Cosméticos Naturalmente Bela S.A., sociedade empresária que atua no ramo de produtos de higiene, vendeu, em 27 de março de 2010, 50 lotes de condicionadores e cremes para pentear ao Salão de Beleza Nova Mulher Ltda. Pela negociação realizada, foi extraída duplicata na mesma data, com vencimento em 30 de abril do mesmo ano, restando corporificado o crédito decorrente do contrato celebrado. Passadas duas semanas da emissão do título, a sociedade sacadora remeteu o título ao sacado para aceite. Contudo, embora tenham sido entregues as mercadorias ao funcionário do salão de beleza, ele não guardou o respectivo comprovante. A sociedade adquirente, apesar de ter dado o aceite, não honrou com o pagamento na data aprazada, o que fez com que a emitente o(a) procurasse na condição de advogado(a).

Em relação ao caso acima, responda aos itens a seguir, empregando os argumentos jurídicos apropriados e a fundamentação legal pertinente ao caso.

A) Pela via judicial, de que forma o emitente poderia proceder à cobrança do título?

B) Qual seria o prazo prescricional para adotar essa medida contra a sociedade adquirente?

GABARITO:

A) A cobrança da duplicata poderá ser realizada pelo ajuizamento de uma ação de execução, conforme prevê o inciso I do art. 15 da Lei n. 5.474/68 ou pelo CPC mediante os arts. 784, I, combinado com o art. 778 também do CPC. No caso de cobrança de duplicata aceita não é necessária a apresentação do comprovante de entrega dos bens.

B) O prazo prescricional para a ação de execução em face do obrigado principal será de três anos, a ser contado a partir do vencimento do título (30 de abril de 2014), consoante o disposto no art. 18, I, da Lei n. 5.474/68.

75. (XXVIII Exame) A Transportadora Jaramataia Ltda. sacou duplicata de prestação de serviço lastreada em fatura de prestação de serviços de transporte de carga em favor de Dois Riachos Panificação Ltda. (sacada). A duplicata, pagável em Penedo/AL, foi aceita, mas, até a data do vencimento, 22 de agosto de 2016, não houve pagamento.

Consideradas essas informações, responda aos itens a seguir.

A) A sacadora poderá promover a execução da duplicata desprovida de certidão de protesto por falta de pagamento e de qualquer documento que comprove a efetiva prestação dos serviços e o vínculo contratual que a autorizou?

B) A sacadora, no dia 20 de setembro de 2019, informa não ter ainda promovido a cobrança judicial da duplicata. Qual medida judicial você proporia para a realização do crédito?

GABARITO:

A) Sim. A duplicata de prestação de serviços aceita pode ser cobrada por meio de ação de execução de título extrajudicial, sem necessidade de protesto ou de comprovante da prestação de serviço, como autoriza o art. 20, § 3º, c/c o art. 15, I, ambos da Lei n. 5.474/68.

B) Poderá ser proposta ação monitória, em razão de já ter ocorrido a prescrição da pretensão executiva da duplicata em 22 de agosto de 2019 (3 anos da data do vencimento). A duplicata, nessa condição, configura prova escrita sem eficácia de título executivo, representativa de ordem de pagamento de quantia em dinheiro, nos termos do art. 18, I, da Lei n. 5.474/68 em conjunto com o art. 700, I, do CPC.

76. (XXIX Exame) Matheus Leme adquiriu, em 11/09/2018, produtos veterinários da Distribuidora de Medicamentos Olímpia S/A, emitindo cheque no valor de R$ 18.000,00 (dezoito mil reais) e acordando com o vendedor que a apresentação do cheque ao sacado se faria a partir de 22/12/2018. Houve extração de fatura de compra e venda pelo vendedor, mas não houve saque da correspondente duplicata.

Sobre o caso narrado, responda aos itens a seguir.

A) Há nulidade da emissão de cheque por Matheus Leme em razão da ausência de saque de duplicata pelo vendedor?

B) Em relação à apresentação ao sacado, qual o efeito da inserção de data futura em relação à de emissão do cheque?

GABARITO:

A) Não. O saque da duplicata da fatura pelo vendedor é facultativo, e a proibição de utilização de outro título de crédito vinculado à compra e venda é dirigida ao vendedor e não ao comprador; portanto, a emissão do cheque é válida, de acordo com o art. 2º, *caput*, da Lei n. 5.474/68.

B) Por ser o cheque uma ordem de pagamento em dinheiro à vista, o sacado deverá efetuar seu pagamento na data de apresentação, ainda que esta seja anterior à data indicada no título como de emissão, de acordo com o art. 32, parágrafo único, da Lei n. 7.357/85. É importante observar que a apresentação antecipada do cheque pré-datado enseja danos morais, de acordo com a Súmula 370, do STJ.

II.5. OUTROS TÍTULOS DE CRÉDITO

77. (XIX Exame) Polis Equipamentos para Veículos Ltda. celebrou contrato com a instituição financeira Gama em razão de operação de crédito rotativo em favor da primeira. Em decorrência da operação de crédito, foi emitida pela devedora, em três vias, Cédula de Crédito Bancário (CCB), com garantia fidejussória cedularmente constituída. Com base nessas informações e na legislação especial, responda aos itens a seguir.

A) Como se dará a negociação da CCB?

B) É possível a transferência da CCB por endosso-mandato, considerando-se ser essa uma modalidade de endosso impróprio?

GABARITO:

A) Em relação à negociação, a Cédula de Crédito Bancário poderá conter cláusula à ordem, mas somente a via do credor é negociável, caso em que será transferível mediante endosso em preto, com fundamento no art. 29, IV, §§ 1º e 3º, da Lei n. 10.931/2004 (Cédula de Crédito Bancário – CCB).

B) Sim, é possível a transferência em razão do art. 44 da Lei n. 10.931/2004 e no art. 18 da LUG (Decreto n. 57.663/66), aplicando-se às Cédulas de Crédito Bancário a legislação cambial e esta prevê expressamente a possibilidade de transferência do título por endosso com cláusula *em cobrança*, *por procuração* ou qualquer menção indicativa de um mandato ao endossatário.

III. CONTRATOS EMPRESARIAIS E ARBITRAGEM

78. (XXV Exame) Jorge Teixeira, advogado de Nova União S/A Administradora de Cartões de Crédito, deve elaborar a contestação aos pedidos formulados por Jamari Bueno, titular de cartão de crédito, em ação ajuizada em face da referida administradora. Na inicial, a autora pede a declaração de nulidade de várias cláusulas do contrato, a saber:

a) os juros cobrados nos financiamentos do saldo devedor, na hipótese de pagamento do valor mínimo da fatura, devem ser limitados a 12% ao ano, nos termos do Decreto n. 22.626/33 (Lei da Usura); e

b) que as administradoras de cartões de crédito não podem ultrapassar o referido limite por não serem instituições financeiras.

A) Que argumento Jorge Teixeira deve utilizar para refutar a alegação de que as administradoras de cartões de crédito, por não serem instituições financeiras, não podem ultrapassar o referido limite?

B) Que argumento Jorge Teixeira deve utilizar para refutar a alegação da limitação dos juros a 12% ao ano?

GABARITO:

A) Na hipótese de restar inadimplida a dívida do titular do cartão, total ou parcialmente, resultando em saldo devedor, busca a administradora junto ao mercado financeiro, como intermediária, os recursos do financiamento da compra do usuário para honrar os compromissos com os lojistas ou prestadores de serviços, ou fornecem ao mutuário/titular do cartão recursos próprios. Nessas circunstâncias, e, para impedir operações marginais à fiscalização do Banco Central, as administradoras de cartões de crédito se enquadram como instituições financeiras, em face do art. 17 da Lei n. 4.595/64, e do entendimento da Súmula 283 do STJ, 1ª parte: *"As empresas administradoras de cartão de crédito são instituições financeiras"*.

B) Por conseguinte, os juros remuneratórios cobrados pelas administradoras de cartão de crédito não estão sujeitos ao limite previsto no art. 1º do Decreto n. 22.626/33 (Lei da Usura), não havendo abusividade se cobrados acima desta taxa (12% ao ano). Compete ao Conselho Monetário Nacional, limitar, se necessário, as taxas de juros e outros encargos cobrados pelas instituições financeiras, com fundamento no art. 4º, IX, da Lei n. 4.595/64. De acordo com a jurisprudência sumulada do STF, Súmula 596 do STF, *"As disposições do Decreto 22.626/1933 não se aplicam às taxas de juros e aos outros encargos cobrados nas operações realizadas por instituições públicas ou privadas, que integram o Sistema Financeiro Nacional"*. [Opção a citação também da Súmula 283 do STJ, 2ª parte (*"os juros remuneratórios por elas cobrados não sofrem as limitações da Lei de Usura"*).]

79. (XXIV Exame) Leopoldo celebrou, com o Banco Nazário S.A., contrato de alienação fiduciária em garantia e ficou, na vigência do contrato, inadimplente no pagamento das prestações do financiamento, com atraso superior a quatro meses. Durante a negociação com Leopoldo, este propôs a purga da mora e a continuidade do contrato, uma vez que já pagara 65% (sessenta e cinco) por cento do financiamento, mas o pedido foi recusado. Sem conseguir uma solução amigável para o recebimento da dívida, Maria Rosa, responsável pela carteira de contratos de alienação fiduciária do Banco Nazário S.A., consulta você, como advogado(a), para que esclareça as dúvidas a seguir.

A) Comprovada a mora do fiduciante, que medida deve ser tomada para o credor reaver a posse do bem alienado fiduciariamente?

B) Considerado o pagamento de 65% do valor financiado, o fiduciário pode ser compelido, por decisão judicial, a aceitar a purga da mora, sendo sua intenção a extinção do contrato?

GABARITO:

A) Em relação à medida adequada para a retomada da posse do bem alienado fiduciariamente, fundamenta-se no art. 3º, *caput*, do Decreto-Lei n. 911/69, que autoriza o credor a requerer contra o devedor a busca e apreensão do bem, a qual será concedida liminarmente, inclusive em plantão judiciário, eis que já foi comprovada a mora.

B) Não, não é possível o fiduciante impor ao fiduciário a purga da mora e a manutenção do contrato (ou o juiz obrigar o credor a aceitar a purga da mora), diante da atual redação dos §§ 1º e 2º do art. 3º do Decreto-Lei n. 911/69, dada pela Lei n. 10.931/2004. Para que o bem seja restituído ao fiduciante, livre do ônus, é necessário que ele pague a integralidade da dívida pendente, no prazo de 5 (cinco) dias após executada a liminar na ação de busca e apreensão, segundo os valores apresentados pelo credor fiduciário na inicial. Caso isto não seja efetivado, estarão consolidadas a propriedade e a posse plena e exclusiva do bem no patrimônio do fiduciário.

80. (XIII Exame) Banco Colares S/A, com fundamento no inadimplemento de contrato de alienação fiduciária em garantia celebrado nos termos do art. 66-B da Lei n. 4.728/65, requereu a busca e apreensão do bem, com pedido de liminar. Previamente ao pedido, o fiduciário comprovou o não pagamento por Augusto Corrêa, fiduciante, das quatro últimas parcelas do financiamento. O pedido foi deferido e a liminar executada. O fiduciante não apresentou resposta no prazo legal, porém, dois dias após executada a liminar, pagou a integralidade da dívida pendente, em conformidade com os valores apresentados pelo fiduciário na inicial. Diante do pagamento comprovado nos autos, o juiz determinou a entrega do bem livre de ônus, mas este já havia sido alienado pelo fiduciário durante o prazo legal para o pagamento da dívida. O fiduciário justificou sua conduta pela ausência de resposta do fiduciante ao pedido de busca e apreensão. Com base nas informações do enunciado e nas disposições procedimentais referentes à alienação fiduciária, responda aos seguintes itens.

A) Poderá ser aplicada alguma penalidade ao fiduciário pela alienação do bem, ou este agiu em exercício regular do direito? Justifique.

B) Comprovado pelo fiduciante que a alienação do bem lhe causou danos emergentes e lucros cessantes, que medida poderá propor seu advogado em face do fiduciário?

GABARITO:

A) Trata-se de situação regida pelas disposições do Decreto-lei n. 911/69, aplicável aos contratos de alienação fiduciária em garantia no âmbito do mercado financeiro e de capitais celebrados com base no art.66-B da Lei n. 4.728/65 (art.8º-A do DL n. 911/69). Diante do caso, o credor antes de expirado o prazo legal alienou o bem sem ainda estar consolidada para si a propriedade e a posse plena e exclusiva, impedindo que o fiduciante recebesse o bem livre do ônus. Sendo assim, é possível a condenação do fiduciário ao pagamento de multa, em favor do fiduciante, equivalente a 50% do valor originalmente financiado, devidamente atualizado de acordo com o art. 3º, § 6º, do DL n. 911/69.

B) Comprovado pelo fiduciante que a alienação do bem lhe causou danos emergentes e lucros cessantes, seu advogado poderá pleitear em juízo o pagamento de indenização pelo fiduciário, diante da ilicitude de sua conduta, porque, independentemente da imposição de multa pelo juiz ao fiduciário pela alienação não autorizada do bem, pode o fiduciante em ação própria pleitear o pagamento de perdas e danos, fundamentado pelo art. 3º, § 7º, do Decreto-lei n. 911/69, nos termos do art. 8º-A do referido decreto-lei.

81. (XXX Exame) A sociedade Itá Seara Manutenção de Refrigeradores Ltda. pretende obter financiamento do Banco Maravilha S/A com garantia de alienação fiduciária. Antes de celebrar o contrato, o administrador da sociedade precisa de informações sobre as regras aplicáveis a esse contrato e à propriedade fiduciária.

A esse respeito, responda aos itens a seguir.

A) Sabendo que a sociedade a ser financiada tem duplicatas de serviço em sua carteira de recebíveis, é possível a constituição de propriedade fiduciária sobre estes créditos e de que forma?

B) Na alienação fiduciária celebrada no âmbito do mercado financeiro, a cláusula penal pode ser dispensada e ser substituída por uma garantia pessoal ou caução?

GABARITO:

A) Sim. É admitida a alienação fiduciária de títulos de crédito, que será feita mediante endosso impróprio (ou fiduciário), sendo a posse direta e indireta das duplicatas atribuída ao credor, na forma do que dispõe o art. 66-B, § 3º, da Lei n. 4.728/65.

B) Não. A cláusula penal é um requisito obrigatório do contrato de alienação fiduciária em garantia, como determina o art. 66-B, *caput*, da Lei n. 4.728/65.

82. (XV Exame) Luzilândia Exportação S/A celebrou, em 11 de setembro de 1995, contrato contendo cláusula compromissória com a sociedade Miguel Leão Comércio e Indústria de Tecidos Ltda. A vigência inicial foi de três anos, mas, após esse período, houve prorrogação tácita por tempo indeterminado. Na cláusula compromissória, as partes reportaram-se às regras do Tribunal Arbitral X para a instituição e o processamento da arbitragem. Em março de 2010, surgiu uma desavença entre as partes, não solucionada pelos meios de mediação previstos no contrato. Miguel Leão Comércio e Indústria de Tecidos Ltda. notificou a outra sociedade para a instituição da arbitragem, mas esta se opôs, sob a alegação de que não está obrigada a respeitar a cláusula compromissória pelos seguintes motivos:

a) o contrato foi celebrado antes de 1996, ano da atual Lei de Arbitragem;

b) a Lei de Arbitragem não pode ter efeito retroativo em observância ao art. 6º da Lei de Introdução às Normas do Direito Brasileiro e ao art. 43 da própria Lei de Arbitragem;

c) embora o contrato tenha sido prorrogado por tempo indeterminado em 1998, não houve a expressa manifestação de Luzilândia Exportação S/A sobre a manutenção da cláusula compromissória, portanto ela deixou de ter eficácia quando houve a prorrogação tácita.

Miguel Leão Comércio e Indústria de Tecidos Ltda. requereu a citação da outra parte para comparecer em juízo, a fim de lavrar-se o compromisso. Na petição, foi indicado, com precisão, o objeto da arbitragem e anexado o contrato contendo a cláusula compromissória. O juiz designou audiência específica para tentar, previamente, a conciliação acerca do litígio. As partes compareceram à audiência, mas não se obteve sucesso na celebração, de comum acordo, do compromisso arbitral. Com base nas informações do enunciado, na legislação apropriada e na jurisprudência pacificada dos Tribunais Superiores, responda às perguntas a seguir.

A) Deve ser julgado procedente o pedido de instituição da arbitragem formulado por Miguel Leão Comércio e Indústria de Tecidos Ltda.?

B) Pode ser aplicada a Lei de Arbitragem aos contratos celebrados antes de sua vigência?

GABARITO:

A) Pelas informações do enunciado, deve ser julgado procedente o pedido de instituição da arbitragem formulado por Miguel Leão Comércio e Indústria de Tecidos Ltda., por terem sido cumpridos os requisitos dos dispositivos legais da Lei n. 9.307/96, senão vejamos: "Art. 7º Existindo cláusula compromissória e havendo resistência quanto à instituição da arbitragem, poderá a parte interessada requerer a citação da outra parte para comparecer em juízo a fim de lavrar-se o compromisso, designando o juiz audiência especial para tal fim. § 1º O autor indicará, com precisão, o objeto da arbitragem, instruindo o pedido com o documento que contiver a cláusula compromissória". Também é compatível com a convenção arbitral do art. 4º, § 1º, eis que a cláusula compromissória foi estabelecida por escrito no próprio contrato. Além disso, como houve resistência quanto à instituição da arbitragem, a parte interessada requereu a citação da outra para comparecer em juízo, a fim de lavrar-se o compromisso, nos termos do art. 7º, *caput*, também da Lei n. 9.307/96, indicando com precisão o objeto da arbitragem e anexou o contrato.

B) Segundo a jurisprudência e a Súmula 485 do STJ ("A Lei de Arbitragem aplica-se aos contratos que contenham cláusula arbitral, ainda que celebrados antes da sua edição"), após a entrada em vigor da Lei de Arbitragem, tornou-se pacífico o entendimento no sentido de que as disposições da Lei n. 9.307/96 têm incidência imediata sobre os contratos celebrados, mesmo que anteriores à sua vigência, desde que neles esteja inserida a cláusula arbitral.

83. (XVI Exame) Érico celebrou contrato com a sociedade empresária Wagner & Cia. Ltda., com a obrigação de promover, à conta desta e mediante retribuição, a mediação para a venda de artigos de cozinha, em zona determinada (Estado da Bahia), podendo representar o proponente na conclusão dos contratos. Após dois anos de vigência do contrato, o agente assumiu o encargo de mediação para a venda dos mesmos produtos à conta de outros proponentes, também no estado da Bahia. Sem ter recebido qualquer comunicação sobre esse fato e sabendo que Érico estava a serviço de um dos seus maiores concorrentes, a sociedade empresária dispensou o agente por justa causa, alegando infração contratual e prejuízos pela diminuição comprovada do faturamento na mesma zona geográfica. Tomando ciência da extinção unilateral do contrato, Érico procura um advogado relatando que, antes da dispensa pelo proponente, ele intermediou com êxito várias propostas que resultaram em vendas para a Wagner & Cia. Ltda. Apresentou os documentos comprobatórios das referidas transações, correspondentes aos quatro últimos meses da vigência do contrato, informando que não recebeu nenhuma comissão por elas e indagando se tem direito a algum crédito em relação ao proponente.

Com base nas informações contidas no enunciado, responda aos seguintes itens.

A) A despedida do agente pelo proponente pode ser considerada por justa causa, sendo portanto legítima? Justifique.

B) Diante da narrativa apresentada por Érico ao advogado, qual a orientação a ser dada a ele?

GABARITO:

A) Trata-se de contrato de agência regulado pelo Código Civil (arts. 710 a 721) e, sendo assim, a despedida do agente pelo proponente é legítima porque o agente não poderia assumir o encargo de atuar na mesma zona do proponente, Estado da Bahia, com outros proponentes concorrentes em negócios do mesmo gênero, violando a proibição contida na segunda parte do art. 711 do Código Civil ("Art. 711. [...] nem pode o agente assumir o encargo de nela [na mesma zona] tratar de negócios do mesmo gênero, à conta de outros proponentes") porque estava a serviço de um dos maiores concorrentes da sociedade empresária Wagner & Cia. Ltda. (proponente), também no Estado da Bahia. Assim, é lícito ao proponente rescindir o contrato por justa causa e pleitear perdas e danos.

B) Ainda que possa ser dispensado por justa causa, o agente tem direito de ser remunerado pelos serviços úteis prestados ao proponente. Diante da situação, além dos documentos comprobatórios da transação, evidenciam que houve mediação útil ao proponente e que as comissões delas advindas não foram pagas, portanto, a orientação é que Érico pode exigir em juízo o pagamento desta remuneração, com fundamento no art. 717 do Código Civil.

84. (XVIII Exame) Mara Rosa, Jamil Safady Contadores & Associados é uma sociedade simples com contrato arquivado no Registro Civil de Pessoas Jurídicas da Comarca de Caldas Novas/GO. A atividade social é desenvolvida em imóvel alugado, sendo locatária a sociedade e locador Amaro Leite. O primeiro contrato de locação assinado pelas partes foi celebrado pelo prazo determinado de cinco anos. Dez meses antes do término do contrato em curso, Mara Rosa, representante legal da sociedade, procura sua advogada para saber se é possível ajuizar ação para a renovação da locação e por quanto tempo. A cliente informa que a atividade desenvolvida no imóvel sempre foi prestação de serviços de contabilidade.

Considerando-se as disposições legais pertinentes à locação não residencial e os termos da consulta, pergunta-se:

A) Tendo em vista a natureza da sociedade Mara Rosa, Jamil Safady Contadores & Associados, tem o locatário direito à renovação do contrato de locação?

B) Qual a ação cabível para a solução do caso? Há ainda tempo hábil para sua propositura?

GABARITO:

O examinando deve ser capaz de reconhecer os requisitos para a renovação da locação não residencial, as pessoas legitimadas a propor a ação renovatória, em conformidade com as disposições do art. 51 e seus parágrafos da Lei n. 8.245/91, e o prazo decadencial para a propositura da ação. O examinando deverá observar o item 3.5.6 do Edital, segundo o qual "Na redação das respostas às questões discursivas, o examinando deverá indicar, obrigatoriamente, a qual item do enunciado se refere cada parte de sua resposta ("A)", "B)", "C)" etc.), sob pena de receber nota zero".

A) Sim, o locatário tem direito à renovação do contrato de locação por igual prazo, mesmo que seja uma sociedade simples. De acordo com o art. 51, § 4º, da Lei n. 8.245/91, o direito à renovação do contrato "estende-se às locações celebradas por indústrias e sociedades civis com fim lucrativo e regularmente constituídas, desde que ocorrentes os pressupostos previstos neste artigo". A sociedade simples é uma sociedade não empresária e, portanto, pode ser considerada "sociedade civil com fim lucrativo", na expressão adotada pela Lei n. 8.245/91, que é anterior ao Código Civil de 2002. O contrato reúne os requisitos do art. 51, *caput*, da Lei n. 8.245/91, a saber: é escrito, por prazo determinado, tem duração de cinco anos e a atividade desenvolvida no imóvel sempre foi a mesma (prestação de serviços de contabilidade).

B) A ação cabível para a solução do caso é a ação renovatória, com fundamento no art. 71 da Lei n. 8.245/91. Mesmo que a consulta tenha sido feita dez meses antes do término do contrato, há ainda tempo hábil para a propositura da ação renovatória, porque ela deve ser proposta no prazo de um ano, no máximo, e seis meses, no mínimo, anteriores à data da finalização do prazo do contrato em vigor, de acordo com o art. 51, § 5º, da Lei n. 8.245/91.

85. (XXX Exame) Joanópolis Confecções Ltda. celebrou por prazo indeterminado contrato de locação de espaço em *shopping center*. A locatária ajuizou ação declaratória em face de Rancharia Empreendimentos Imobiliários S/A (locador), para ver proclamada a nulidade de cláusula de pagamento de duplo aluguel no mês de dezembro de cada ano, conhecida como "décimo terceiro aluguel", por ter sido estabelecida em contrato de adesão e ser excessivamente onerosa ao locatário. Na contestação, o locador alegou a validade da cláusula e que foi livremente pactuada entre as partes, bem como é padrão nesse tipo de contrato tal cobrança, uniforme a todos os lojistas do empreendimento.

Sobre a hipótese apresentada, responda aos itens a seguir.

A) Deve ser provido o pedido da locatária?

B) O contrato celebrado admite denúncia imotivada, também conhecida como "vazia"?

GABARITO:

A) Não. É lícita a cobrança do duplo aluguel, pois nas relações entre lojistas e empreendedores de *shopping center* prevalecerão as condições livremente pactuadas nos contratos de locação, de acordo com o art. 54, *caput*, da Lei n. 8.245/91.

B) Sim. O contrato de locação não residencial celebrado por prazo indeterminado pode ser denunciado imotivadamente pelo locador, desde que por escrito e com a concessão ao locatário de 30 (trinta) dias para a desocupação, de acordo com o art. 57 da Lei n. 8.245/91.

86. (XX Exame) Determinado órgão da administração pública indireta (autarquia municipal) consultou seu procurador sobre a possibilidade de utilizar-se da arbitragem para dirimir litígios relativos a direitos patrimoniais disponíveis com uma sociedade empresária estrangeira. Com base nas regras de aplicação da arbitragem pela Administração Pública, responda aos itens a seguir.

A) As partes que firmarem a convenção de arbitragem poderão escolher as regras de direito ou de equidade, inclusive mantendo o sigilo em todo o procedimento e das decisões dos árbitros, aspecto essencial do instituto da arbitragem?

B) A convenção de arbitragem pode indicar as regras internacionais de comércio e as regras corporativas que os árbitros adotarão como base para a arbitragem de direito?

C) A instituição da arbitragem poderá afetar o curso da prescrição quinquenal para o exercício de ação punitiva pela Administração Pública?

GABARITO:

A) Não poderão escolher as regras de forma livre, pois, segundo o § 3º do art. 2º da Lei n. 9.307/96, a arbitragem que envolva a administração pública será sempre de direito e respeitará o princípio da publicidade. Assim, a regra geral é que fica a critério das partes a opção pela arbitragem por meio de regras de direito ou de equidade (*caput* do art. 2º). No entanto, no caso da arbitragem que envolve a Administração Pública, somente poderão ser utilizadas regras de direito, jamais regras de equidade e deve ser observado o princípio da publicidade.

B) A resposta é positiva. As partes poderão escolher, livremente, as regras de direito que serão aplicadas na arbitragem, inclusive as regras internacionais de comércio e as regras corporativas, desde que não haja violação aos bons costumes e à ordem pública, com fundamento nos §§ 1º e 2º do art. 2º e inciso IV do art. 11, ambos da Lei n. 9.307/96.

C) Sim, pois, de acordo com o § 2º do art. 19 da Lei n. 9.307/96, a instituição da arbitragem interrompe a prescrição, retroagindo à data do requerimento de sua instauração, ainda que extinta a arbitragem por ausência de jurisdição. Assim, a instituição da arbitragem irá afetar o curso da prescrição.

87. **(XXI Exame)** Silva Jardim é sócio minoritário da Companhia Saquarema de Transportes de Carga, com sede em Volta Redonda/RJ. Em razão de dificuldades financeiras, a sociedade empresária recebeu empréstimo no valor de R$ 500.000,00 (quinhentos mil reais) de Silva Jardim, com pagamento integral após dois anos da data da transferência do crédito. A taxa de juros remuneratórios pactuada é de 12% ao ano.

Com escopo de garantia do pagamento do mútuo, a companhia transferiu ao credor dois caminhões de sua propriedade, sob condição resolutiva do adimplemento. Também foi estabelecido pacto comissório em favor de Silva Jardim, em caso de não pagamento da dívida no vencimento.

Ao tomar conhecimento da celebração do contrato, o sócio Cardoso suscita a nulidade do pacto comissório em assembleia geral ordinária da companhia.

Com base na hipótese narrada, responda aos itens a seguir.

A) Tem razão o sócio Cardoso em considerar nulo o pacto comissório?

B) O contrato que instituiu o gravame sobre os caminhões em favor do credor deve ser levado ao Registro de Títulos e Documentos do domicílio do devedor para sua validade?

GABARITO:

A) Sim. O pacto comissório consiste em cláusula que autoriza o credor a ficar com o bem (apreendê-lo para promover sua venda independentemente de qualquer ato judicial ou extrajudicial) se a dívida não for paga no vencimento. Tratando-se de propriedade fiduciária disciplinada pelo Código Civil, é nula tal cláusula, de acordo com o art. 1.365 do Código Civil. O fiduciário deverá vender, judicial ou extrajudicialmente, a coisa a terceiros, aplicar o preço no pagamento de seu crédito e das despesas de cobrança, e entregar o saldo, se houver, ao fiduciante, como determina o art. 1.364 do Código Civil.

B) Não. A inscrição do contrato que instituiu a propriedade fiduciária sobre os caminhões no Registro de Títulos e Documentos (RTD) não é requisito de validade do negócio jurídico, pois a eficácia *erga omnes* depende da anotação no certificado de registro do veículo perante a repartição competente para o licenciamento, com base no art. 1.361, § 1º, do Código Civil e na

Súmula 92 do STJ: "A terceiro de boa-fé não é oponível a alienação fiduciária não anotada no Certificado de Registro do veículo automotor."

88. (XXII Exame) Sociedade empresária do tipo limitada ajuizou ação declaratória de revisão de contrato em face de sociedade de Fomento Mercantil. A autora afirma que, em 26 de março de 2009, firmou com a ré contrato de fomento mercantil prevendo a compra total ou parcial de títulos de crédito, emitidos para pagamento a prazo, resultantes de venda ou de prestação de serviços realizados pela autora com o fito de obtenção de capital de giro para fomento de sua empresa. Ademais, ficou convencionado que a faturizadora se obrigaria a prestar, cumulativa e continuamente, serviços de assessoria creditícia, mercadológica, de gestão de crédito, seleção de riscos, acompanhamento da carteira de contas a receber e pagar. A autora ainda assevera que o contrato possui cláusulas abusivas, puramente potestativas, que violam o Código de Defesa do Consumidor.

Com base nessas informações, responda aos itens a seguir.

A) O contrato típico de faturização ou *factoring* encerra relação de consumo?

B) Tendo em vista o conceito legal, as sociedades de fomento mercantil são consideradas instituições financeiras?

GABARITO:

A) Não. O contrato de faturização típico, quando a faturizada pretende obter capital de giro com a cessão dos créditos ao faturizador, não encerra relação de consumo. A faturizada não se enquadra no conceito de consumidora, na medida em que a venda dos seus direitos creditórios ao faturizador tem por escopo fomentar a sua atividade comercial, não se pondo ademais em situação de vulnerabilidade.

B) As sociedades de fomento mercantil não são consideradas instituições financeiras, para os efeitos da legislação em vigor (art. 17 da Lei n. 4.595/64). As instituições financeiras têm por atividade principal ou acessória a coleta, intermediação ou aplicação de recursos financeiros próprios ou de terceiros, em moeda nacional ou estrangeira, e a custódia de valor de propriedade de terceiros. Já as sociedades de fomento mercantil não efetuam operações de mútuo ou captação de recursos de terceiros, pois sua atividade consiste em adquirir créditos das faturizadas, resultantes de suas vendas ou de prestação de serviços, realizadas a prazo, bem como prestar cumulativa e continuamente serviços de assessoria creditícia, mercadológica, gestão de crédito, seleção e riscos, administração de contas a pagar e a receber.

89. (XXVI Exame) Vidraçaria Concórdia do Pará S/A celebrou contrato de locação não residencial de imóvel urbano com Odivelas Locação, Venda e Incorporação de Imóveis S/A. Ficou pactuado entre as partes que o locador procederá à prévia aquisição de imóvel indicado pelo locatário e nele fará substancial reforma segundo as especificações deste, a fim de que seja a este locado por prazo determinado (locação *built-to-suit*).

No instrumento contratual ficou estipulado que:

"O locatário renuncia em caráter irrevogável e irretratável à revisão do valor dos aluguéis durante o prazo de vigência do contrato de locação." "Em caso de denúncia pelo locatário antes do encerramento do presente contrato, este se compromete a pagar a multa convencionada na cláusula 25ª, que corresponderá à soma dos valores dos aluguéis a receber até o encerramento do contrato, acrescida de 15% (quinze por cento)."

Sobre o caso apresentado, responda aos itens a seguir.

A) A primeira cláusula apresentada no enunciado é abusiva e nula de pleno direito?

B) A segunda cláusula apresentada no enunciado é válida e eficaz?

Obs.: o(a) examinando(a) deve fundamentar as respostas. A mera citação do dispositivo legal não confere pontuação.

GABARITO:

A) Não. A cláusula é válida e eficaz, porque poderá ser convencionada a renúncia ao direito de revisão do valor dos aluguéis durante o prazo de vigência do contrato de locação, com base no art. 54-A, § 1º, da Lei n. 8.245/91.

B) Não. A multa convencional não pode exceder à soma dos valores dos aluguéis a receber até o termo final da locação, portanto há ilegalidade no acréscimo de 15% (quinze por cento), com base no art. 54-A, § 2º, da Lei n. 8.245/91.

90. (XXVII Exame) A Importadora Morrinhos S/A contratou os serviços da Transportadora Jussara Ltda. para o transporte de veículos automotores. A carga deveria ter sido entregue no dia 12 de maio de 2018, mas, devido à interdição da rodovia pela Polícia Rodoviária Estadual, a chegada no destino ocorreu dois dias depois.

Americano do Brasil, empresário individual e um dos destinatários, verificou, ao receber a carga, que parte dela estava avariada. Todavia, o protesto por avaria foi realizado após a entrega ao transportador, no dia 14 de maio de 2018, que se recusou a reparar o dano, levando o destinatário a reclamar o prejuízo junto à Importadora Morrinhos S/A.

A seguradora da Importadora Morrinhos S/A indenizou Americano do Brasil de seu prejuízo e demandou a Transportadora Jussara Ltda. em ação de regresso, com base na Súmula 188 do STF ("O segurador tem ação regressiva contra o causador do dano, pelo que efetivamente pagou, até o limite previsto no contrato de seguro") e no art. 786 do Código Civil.

Na contestação ao pedido, a ré invocou a decadência do direito do destinatário à reparação civil pela reclamação intempestiva; no mérito, aduziu que há limitação de responsabilidade do transportador ao valor indicado no conhecimento de transporte rodoviário, não cabendo o pagamento do valor integral efetuado pela seguradora.

Com base nas informações acima, responda aos itens a seguir.

A) Houve decadência do direito à reparação civil pelos prejuízos sofridos pelo destinatário com a avaria parcial da carga?

B) Procede a alegação de mérito quanto à limitação da responsabilidade do transportador?

GABARITO:

A) Sim, porque o destinatário Americano do Brasil deveria conferir o estado da carga no ato da entrega e apresentar, nesse momento, as reclamações que tivesse, sob pena de decadência do direito, com base no art. 754, *caput*, do Código Civil. Como a reclamação ao transportador só foi feita após a entrega, houve decadência.

B) Sim, porque a responsabilidade do transportador de carga é limitada ao valor constante do conhecimento de transporte, com fundamento no art. 750 do Código Civil.

91. (XXVIII Exame) Brinquedos Candeias Ltda. (consignante) entregou 750 brinquedos à sociedade Campo Formoso Armarinho e Butique Ltda. (consignatária) para que esta os vendesse em Seabra/BA e pagasse àquela o preço ajustado, podendo a consignatária, ao final de seis meses, restituir-lhe os bens consignados.

Durante a vigência do contrato, a totalidade dos brinquedos pereceu em razão de enchente que atingiu o estabelecimento da consignatária, sendo impossível sua restituição à consignante. Sem embargo, durante o prazo da consignação e antes da notícia de seu perecimento, a consignante alienou a terceiro os mesmos brinquedos.

Sobre o caso apresentado, responda aos itens a seguir.

A) Diante da causa apontada para o perecimento dos brinquedos, fica a consignatária exonerada da obrigação de pagar o preço dos brinquedos à consignante?

B) Na hipótese do enunciado, a consignação dos brinquedos impediria sua alienação pela consignante?

GABARITO:

A) Não. Tratando-se de contrato estimatório, conhecido também como compra e venda em consignação, mesmo tendo ocorrido o perecimento dos brinquedos por fato não imputável à consignatária, esta não se exonera da obrigação de pagar o preço à consignante, de acordo com o art. 535 do Código Civil.

B) Sim. Realizada a consignação, não pode a consignante dispor dos brinquedos antes de lhes serem restituídos ou de lhe ser comunicada a restituição pela consignatária, nos termos do art. 537 do Código Civil.

92. (XXIX Exame) Alvorada do Norte Logística Ltda. celebrou contrato de corretagem com o Sr. Barbosa Ferraz para fins de futura aquisição de um imóvel, no qual será instalada uma das unidades produtivas empresariais. O contrato foi celebrado por escrito e contém cláusula de exclusividade. Em que pesem os esforços do corretor, o negócio mediado por ele não se aperfeiçoou em razão da desistência do vendedor, sem que esse fato seja imputável à desídia ou inércia do corretor.

A partir do caso apresentado, responda aos itens a seguir.

A) Na situação apresentada, o corretor fará jus à comissão?

B) Caso o negócio tivesse sido iniciado e concluído pela sociedade empresária diretamente com o vendedor, sem a mediação do corretor, faria este jus à comissão?

GABARITO:

A) Não. Diante da não obtenção do resultado previsto no contrato (aquisição de imóvel), em razão da desistência do vendedor, o corretor não fará jus à comissão, de acordo com o art. 725 do CC.

B) Sim. Por se tratar de corretagem com exclusividade, o corretor teria direito à remuneração integral, ainda que o negócio tivesse sido realizado sem a sua mediação, com fundamento no art. 726 do CC.

93. (XXX Exame) Luiz Alves é representante comercial autônomo inscrito no Conselho Regional dos Representantes Comerciais. No contrato de representação comercial, celebrado em 2015 com Tratores Irani Ltda., foi estabelecida cláusula de exclusividade em favor do representante pelos negócios por ele mediados na microrregião de Blumenau. No ano seguinte, diante do inadimplemento no pagamento de comissões, Luiz Alves ajuizou ação de execução por título extrajudicial (duplicata à vista de prestação de serviços) em face do representado no juízo do seu domicílio, Rodeio/SC.

A duplicata de prestação de serviços, sacada pelo representante em face do representado, foi protestada por falta de pagamento e está acompanhada do demonstrativo dos pagamentos com as respectivas notas fiscais.

O executado apresentou embargos alegando a nulidade da execução por falta de executividade do título apresentado. Por se tratar de contrato de representação comercial, alega o sacado que o representante não pode se utilizar de título de crédito, como a duplicata, para a cobrança de suas comissões.

Sobre a hipótese apresentada, responda aos itens a seguir.

A) A alegação do embargante é procedente quanto à nulidade da execução?

B) O inadimplemento no pagamento das comissões, na época devida, pelo representado, autoriza o pagamento de indenização ao representante?

GABARITO:

A) Não. É facultado ao representante comercial emitir títulos de crédito para cobrança de comissões, sendo possível o saque de duplicatas de prestação de serviço, com base no art. 32, § 3º, da Lei n. 4.886/65. A duplicata é título executivo extrajudicial e pode embasar a execução, com base no art. 784, I, do CPC.

B) Sim. O inadimplemento no pagamento das comissões na época devida é um motivo justo para rescisão do contrato de representação comercial, pelo representante, com base no art. 36, alínea *d*, da Lei n. 4.886/65. Neste caso, o representante fará jus a uma indenização devida pela rescisão do contrato, cujo montante não poderá ser inferior a 1/12 (um doze avos) do total da retribuição auferida durante o tempo em que exerceu a representação, nos termos do art. 27, *j*, da Lei n. 4.886/65.

IV. PROPRIEDADE INDUSTRIAL

94. (XX Exame – Reaplicação) Marcos, engenheiro agrônomo, foi contratado como empregado por uma sociedade empresária para realizar, em São Paulo, novas técnicas de conservação de sementes. No curso da execução do trabalho, foi desenvolvido por Marcos um modelo suscetível de aplicação industrial, envolvendo ato inventivo, que resulta em melhoria funcional para conservação de sementes. Com base na hipótese apresentada, sobre titularidade da patente, responda aos itens a seguir.

A) Diante do seu esforço pessoal e de sua dedicação ao projeto do método de conservação de sementes, a titularidade da patente ou ao menos parte dos direitos patrimoniais de sua exploração pertencerão a Marcos?

B) Após o encerramento do seu contrato de trabalho, caso Marcos desenvolva novo modelo de utilidade nos seis meses seguintes e requeira seu patenteamento, a patente pertencerá a ele?

GABARITO:

A) Não pertencerão a Marcos. A titularidade da patente é exclusiva do empregador (sociedade empresária), pois seu desenvolvimento decorre de contrato de trabalho executado no Brasil e o modelo de utilidade resulta da natureza dos serviços para os quais Marcos foi contratado, com base no art. 88, *caput*, da Lei n. 9.279/96.

B) Não pertencerá. A titularidade da patente pertencerá ao empregador, porque se considera desenvolvido na vigência do contrato de trabalho o modelo de utilidade cuja patente seja requerida pelo empregado até 1 (um) ano após a extinção do vínculo empregatício, com base no art. 88, § 2º, da Lei n. 9.279/96.

95. (XXIV Exame) Ponte da Saudade Empreendimentos Imobiliários Ltda. deseja registrar como marca de serviços de assessoria imobiliária a expressão "Imóvel é segurança". Tal expressão já é usada pela sociedade em seus materiais publicitários com extremo sucesso, de modo que seu sócio majoritário deseja associá-la aos serviços para ter maior visibilidade e garantir seu uso exclusivo em todo o território nacional. A expressão de propaganda "Imóvel é segurança" está sendo imitada por uma concorrente da sociedade, criando confusão entre os estabelecimentos, ocasionando perda de receitas atuais e futuras para Ponte da Saudade Empreendimentos Imobiliários Ltda. Sobre o fato narrado, responda aos itens a seguir.

A) A expressão "Imóvel é segurança" pode ser registrada como marca?

B) É possível adotar alguma providência para a sociedade ser ressarcida dos danos com a utilização indevida da expressão de propaganda por concorrente?

GABARITO:

A) Não é possível registrar como marca a expressão "Imóvel é segurança", pois se trata de expressão empregada apenas como meio de propaganda pela sociedade e em razão de óbice legal, contido no art. 124, VII, da Lei n. 9.279/96.

B) Sim, é possível. A imitação de expressão de propaganda empregada por terceiros, de modo a criar confusão entre os estabelecimentos, constitui ato de concorrência desleal contra Ponte da Saudade Empreendimentos Imobiliários Ltda. Por conseguinte, Ponte da Saudade Empreendimentos Imobiliários Ltda. poderá intentar as ações cíveis cabíveis e pleitear indenização por perdas e danos, inclusive lucros cessantes, com fundamento no art. 207 e no art. 210, ambos da Lei n. 9.279/96. [Outra opção era fundamentar no art. 209 e no art. 210, ambos da Lei n. 9.279/96.]

96. (VI Exame) Jaqueline trabalha desenvolvendo cadeiras de vários estilos, sendo titular de diversos registros de desenhos industriais. Recentemente, Jaqueline realizou um trabalho com o intuito de inovar, de criar uma cadeira com forma inusitada, o que culminou no desenvolvimento de um móvel vulgar, mas que poderia servir para a fabricação industrial.

De acordo com o enunciado acima e com a legislação pertinente, responda às questões abaixo, indicando o(s) respectivo(s) fundamento(s) legal(is):

A) Jaqueline pode registrar a cadeira, fruto de seu mais recente trabalho, como desenho industrial?

B) Na mesma oportunidade, Jaqueline faz a seguinte consulta: havia solicitado a prorrogação de registro de desenho industrial de uma outra cadeira por mais cinco anos, dez anos após tê-la registrado. Contudo, esqueceu-se de realizar o pagamento da retribuição devida. Passados três meses do prazo de pagamento, Jaqueline se lembrou, mas não sabe quais são as consequências de tal lapso. Qual(is) é(são) a(s) consequência(s) do atraso deste pagamento?

GABARITO:

A) Jaqueline não pode registrar a cadeira, pois a sua forma é vulgar, conforme previsão do art. 100, II, da Lei n. 9.279/96: "Art. 100. Não é registrável como desenho industrial: [...]; II – a forma necessária comum ou vulgar do objeto ou, ainda, aquela determinada essencialmente por considerações técnicas ou funcionais".

B) Apesar de os arts. 108, § 1º, ou 120, § 2º, da Lei n. 9.279/96 preverem que o pedido de prorrogação deve ser instruído com comprovante de pagamento da respectiva retribuição, Jaqueline ainda tem três meses para efetuar o pagamento, não se extinguindo o registro de imediato, visto que o pedido de prorrogação foi realizado até o termo da vigência do registro (art. 108, § 2º, da Lei n. 9.279/96). A consequência do atraso desse pagamento é que Jaqueline deve realizar o pagamento de uma retribuição adicional (art. 108, § 2º, ou art. 120, § 3º, da Lei n. 9.279/96).

97. (XVII Exame) Sumidouro Alimentos em Conserva Ltda. é titular da marca de produto Areal registrada, em 2004, no Instituto Nacional da Propriedade Industrial (INPI), nas classes 29 (cogumelos em conserva) e 31 (cogumelos frescos) da Classificação Internacional de Marcas de Nice. O registro da marca expirou em 30 de setembro de 2014, mas a sociedade empresária continuou empregando a marca nos produtos indicados nas classes acima, tendo solicitado a prorrogação ao INPI, em 28 de novembro de 2014, com pagamento de retribuição adicional.

Sobre a hipótese apresentada, responda aos itens a seguir.

A) Considerando-se que o pedido de prorrogação foi feito após a expiração do registro da marca, o titular da marca poderia ainda requerer a prorrogação do registro?

B) Como advogada de uma sociedade que recebeu por instrumento particular a cessão de registro da marca Areal, em 20 de outubro de 2014, como opinaria sobre a validade desse negócio jurídico?

GABARITO:

A) Sim, é possível o requerimento de prorrogação mesmo após a expiração do termo final da vigência do registro da marca (em 30-9-2014), porque foi feito nos seis meses subsequentes (em 28-11-2014) e mediante pagamento de retribuição adicional, nos termos do art. 133, § 2º, da Lei n. 9.279/96.

B) O negócio jurídico é válido porque é admissível a cessão do registro de marca, com base no art. 134 da Lei n. 9.279/96, e o cedente atendeu ao prazo legal de seis meses para a prorrogação do registro, considerando-se o término da vigência em 30-9-2014 e o pedido de prorrogação em 28-11-2014.

V. RECUPERAÇÃO JUDICIAL, EXTRAJUDICIAL E FALÊNCIA

V.1. RECUPERAÇÃO JUDICIAL E EXTRAJUDICIAL

98. (XXV Exame) Paulo de Frontin Malharia Ltda., preenchendo todos os requisitos do art. 48 da Lei n. 11.101/2005, negociou plano de recuperação extrajudicial com alguns de seus credores. O plano foi proposto exclusivamente aos credores quirografários, com garantia real e com privilégio especial. Ao término da negociação, todos os credores, exceto o Banco

Miracema S/A, assinaram o plano. Diante da recusa do Banco Miracema S/A, nas classes dos credores quirografários e com privilégio especial, o plano obteve adesão de 100% (cem por cento) e, na classe dos credores com garantia real, de 80% (oitenta por cento). Apresentado o pedido de homologação do plano de recuperação ao Juízo da Comarca de São João Marcos, lugar do principal estabelecimento, o Banco Miracema S/A foi o único credor a apresentar impugnação tempestiva, fundamentada na ausência de aprovação expressa ao plano por ele. Segundo o impugnante, o plano previu o pagamento de seu crédito garantido por hipoteca em 40 (quarenta) parcelas iguais e sucessivas, a partir da homologação em juízo, com remissão de 30% (trinta por cento) do principal e abatimento dos juros moratórios. Com sua recusa em aderir ao documento, o plano não pode mais conter seu crédito. Com base nas informações apresentadas e nas disposições da Lei n. 11.101/2005 sobre recuperação extrajudicial, responda aos itens a seguir.

A) É procedente o argumento apresentado pelo credor para a não homologação do plano?

B) Diante da recusa do credor em assiná-lo, caso o plano venha a ser homologado, o crédito do Banco Miracema S/A deve ser excluído dele?

GABARITO:

A) Não é procedente. O argumento do Banco Miracema S/A consiste na ausência de aprovação expressa ao plano. Segundo o impugnante, o plano previu o pagamento de seu crédito garantido por hipoteca em 40 (quarenta) parcelas iguais e sucessivas, a partir da homologação em juízo, com remissão de 30% (trinta por cento) do principal e abatimento dos juros moratórios. Essa justificativa não impede a homologação, pois a proposta do devedor não inclui supressão ou substituição da garantia, apenas alteração no prazo e remissão parcial, não se aplicando a necessidade de consentimento expresso do credor, prevista no art. 163, § 4º, da Lei n. 11.101/2005.

B) Não deve ser excluído. Caso o plano venha a ser homologado, o crédito com garantia real do Banco Miracema S/A deve ser mantido no plano, porque houve aprovação por mais da metade de todas as classes de credores por ele abrangidas, obrigando a todos os credores, mesmo dissidentes, com fundamento no art. 163, *caput*, da Lei n. 11.101/2005. [Opção de fundamentar pelo art. 163, § 1º, da Lei n. 11.101/2005.] **Resposta atualizada de acordo com a Lei n. 14.122/2020.**

99. (III Exame) Irmãos Castroman Importadora e Exportadora Ltda. cogita requerer a sua recuperação judicial. Antes de tomar qualquer medida, os sócios administradores da mencionada sociedade o(a) procuram, como advogado(a), para aferir se o mencionado requerimento é adequado ao seu caso, considerando, notadamente, a composição de seu endividamento. Em relação ao caso acima, responda aos itens a seguir, empregando os argumentos jurídicos apropriados e a fundamentação legal pertinente ao caso.

A) Os créditos quirografários, decorrentes de compra e venda pura de produtos, constituídos até a data do pedido a ser formulado, mas não vencidos, estão sujeitos à recuperação judicial?

B) O credor titular de importância entregue ao devedor em moeda corrente nacional decorrente de adiantamento a contrato de câmbio para exportação estará submetido aos efeitos da recuperação judicial?

C) As execuções de natureza fiscal ficam com seu curso suspenso durante o processo de recuperação judicial?

D) O plano de recuperação judicial poderá prever um prazo de três anos para o pagamento dos créditos derivados da legislação do trabalho vencidos até a data do pedido de recuperação judicial?

GABARITO:

A) Em regra, todos os créditos quirografários existentes na data do ajuizamento do pedido de recuperação, mesmo que não vencidos, estão sujeitos aos seus efeitos. As exceções são *numerus clausus*, decorrente de expressa previsão legal (*caput* e §§ 3º e 4º do art. 49 da Lei n. 11.101/2005).

B) Os créditos oriundos das operações de adiantamento a contrato de câmbio, a que se refere o inciso II do art. 86 da Lei n. 11.101/2005, estão expressamente excluídos da recuperação judicial, não se submetendo assim aos seus efeitos, consoante determinado pelo § 4º do art. 49 da Lei n. 11.101/2005.

C) As execuções fiscais não são suspensas pelo deferimento da recuperação judicial, tendo o juízo da recuperação judicial competência para determinar a substituição de atos de constrição que recaiam sobre os bens de capital essenciais à manutenção da atividade empresarial até o encerramento da recuperação judicial, nos termos do § 7º-B do art. 6º da Lei n. 11.101/2005. **Resposta atualizada de acordo com a Lei n. 14.122/2020.**

D) O plano de recuperação judicial não poderá prever prazo superior a um ano para pagamento dos créditos derivados da legislação do trabalho vencidos até a data do pedido de recuperação. O plano não poderá, ainda, prever prazo superior a 30 dias para o pagamento, até o limite de cinco salários mínimos por trabalhador, dos créditos de natureza estritamente salarial, vencidos nos três meses anteriores ao pedido de recuperação judicial (art. 54 da Lei n. 11.101/2005). O § 2º, inserido ao art. 54, admite a prorrogação do prazo de pagamento para os créditos derivados da legislação do trabalho para até o máximo de dois anos; jamais, em três anos. **Resposta atualizada de acordo com a Lei n. 14.122/2020.**

100. (VII Exame) Sociedade empresária teve sua recuperação judicial concedida em 10-11-2011 em decisão que homologou o plano de recuperação judicial aprovado em assembleia de credores. O plano previa basicamente: (a) repactuação dos créditos quirografários, com um deságio de 40% sobre o valor principal; (b) remissão dos juros e multas; e (c) pagamento em 240 parcelas mensais, iguais e sucessivas, vencendo a primeira delas 30 dias após a concessão da recuperação judicial. Em 15-5-2012, sob a alegação de que tinha cumprido regularmente as obrigações decorrentes do plano de recuperação judicial vencidas até então, a devedora requer ao Juízo da Recuperação que profira sentença de encerramento da recuperação judicial.

A respeito do processo de recuperação judicial, indaga-se:

A) Considerando-se as datas da concessão da recuperação e a do pedido de encerramento, pode o Juízo proferir sentença de encerramento?

B) Caso a devedora tenha descumprido alguma obrigação prevista no plano, qual o efeito do inadimplemento em relação à recuperação judicial e aos créditos incluídos no plano?

GABARITO:

A) O juiz somente poderá decretar o encerramento da recuperação judicial por sentença após o cumprimento de todas as obrigações previstas no plano que se vencerem até dois anos depois da concessão da recuperação (art. 61, *caput*, c/c o art. 63 da Lei n. 11.101/2005). No caso em tela, como o plano prevê o pagamento de obrigações em 240 parcelas, mensais e sucessivas, após a concessão da recuperação e que, ao tempo do pedido de encerramento da recuperação, passaram-se apenas seis meses da data de concessão, embora o devedor tenha cumprido todas as suas obrigações até a data do pedido. Contudo, restam ainda obrigações pendentes a vencer no interregno de dois anos entre a concessão e o encerramento legal.

B) Tendo em vista que não houve o decurso de dois anos da concessão da recuperação judicial, a recuperação judicial será convolada em falência (art. 61, § 1º, c/c o art. 73, IV, da Lei n. 11.101/2005). Com a decretação da falência, os credores terão reconstituídos seus direitos e garantias, nas condições originalmente contratadas, deduzidos os valores eventualmente pagos durante a recuperação judicial (art. 61, § 2º, da Lei n. 11.101/2005).

101. (XV Exame) Batalha Comércio de Alimentos Ltda. EPP em recuperação judicial teve seu plano de recuperação judicial submetido à assembleia de credores. Na assembleia estiveram representadas duas classes de credores – (i) com garantia real e (ii) quirografários. O valor total dos créditos presentes à assembleia é de R$ 4.000.000,00. O plano de recuperação, independentemente de classes, obteve o voto favorável de credores titulares de créditos no valor de R$ 2.500.000,00. Na classe dos credores quirografários o plano obteve aprovação de nove dos dez credores presentes, correspondendo a 90% dos créditos dessa classe. Na classe dos credores com garantia real, o plano foi aprovado por dois dos três credores presentes, correspondendo a 40% dos créditos dessa classe. Fronteira Distribuidora de Títulos e Valores Mobiliários S/A, titular de 60% dos créditos com garantia real, foi contrária à aprovação do plano por discordar do prazo para pagamento – 60 meses – oferecido a todos os credores dessa classe.

Com base nas disposições da Lei n. 11.101/2005, responda aos itens a seguir.

A) É obrigatória a aprovação do plano de recuperação judicial por todas as classes de credores presentes à assembleia?

B) Nas condições descritas no enunciado, é possível a concessão da recuperação judicial?

GABARITO:

A) Não é obrigatório, pois havendo somente duas classes com credores votantes, de acordo com a situação descrita no enunciado, é suficiente a aprovação de pelo menos uma delas, nos termos do art. 58, § 1º, II, da Lei n. 11.101/2005: "[...] § 1º O juiz poderá conceder a recuperação judicial com base em plano que não obteve aprovação na forma do art. 45 desta Lei, desde que, na mesma assembleia, tenha obtido, de forma cumulativa: [...]; II – a aprovação de 3 (três) classes de credores ou, caso haja somente 3 (três) classes com credores votantes, a aprovação de pelo menos 2 (duas) das classes ou, caso haja somente 2 (duas) classes com credores votantes, a aprovação de pelo menos 1 (uma) delas, sempre nos termos do art. 45 desta Lei". **Resposta atualizada de acordo com a Lei n. 14.122/2020.**

B) Sim, é possível a concessão da recuperação judicial, pois o juiz poderá conceder a recuperação judicial com base no art. 58, § 1º, da Lei n. 11.101/2005, porque: (i) o plano obteve o voto favorável de credores que representam mais da metade do valor de todos os créditos presentes à assembleia, independentemente de classes (R$ 2.500.000,00 de um total de R$ 4.000.000,00; (ii) houve somente duas classes de credores votantes, e o plano obteve a aprovação de pelo menos uma delas (classe III do art. 41); (iii) na classe dos credores com garantia real (classe II do art. 41), que o rejeitou, obteve o voto favorável de 2 dos 3 credores presentes, correspondendo a 40% dos créditos dessa classe, portanto mais de 1/3 dos créditos presentes computados na forma do art. 45, § 2º, da Lei n. 11.101/2005. Ademais, o plano não implicou tratamento diferenciado entre os credores da classe que o rejeitou, cumprindo a exigência do art. 58, § 2º, da Lei n. 11.101/2005: "§ 2º A recuperação judicial somente poderá ser concedida com base no § 1º deste artigo se o plano não implicar tratamento diferenciado entre os credores da classe que o houver rejeitado".

102. (Exame XVII) Usina de Asfalto Graccho Cardoso Ltda. EPP, requereu sua recuperação judicial e indicou, na petição inicial, que se utilizará do plano especial de recuperação judicial para Microempresas e Empresas de Pequeno Porte. No prazo legal, foi apresentado o referido plano, que previu, além do parcelamento dos débitos em 30 meses, com parcelas iguais e sucessivas, o abatimento de 15% no valor das dívidas e o trespasse do estabelecimento da sociedade situado na cidade de Ilha das Flores. Aberto prazo para objeções, um credor quirografário, titular de 23% dos créditos dessa classe, manifestou-se contra a aprovação do plano por discordar do abatimento proposto, aduzindo ser vedado o trespasse como meio de recuperação.

Com base na hipótese apresentada, responda aos itens a seguir.

A) Diante da objeção do credor quirografário, a proposta de abatimento apresentada pela sociedade deverá ser apreciada pela assembleia geral de credores? Procede tal objeção?

B) Em relação ao segundo argumento apontado pelo credor quirografário, é lícito à sociedade escolher o trespasse como meio de recuperação se esta medida for importante para o soerguimento de sua empresa?

GABARITO:

A) A proposta de abatimento apresentada pela sociedade não deverá ser apreciada pela assembleia geral de credores. Diante da objeção apresentada pelo credor quirografário, o juiz concederá a recuperação judicial, porque o pedido atende às exigências legais e as objeções provem de credor titular de menos da metade dos créditos de sua classe (o credor tem 23% dos créditos), segundo o art. 72, *caput* e parágrafo único, da Lei n. 11.101/2005. Quanto ao mérito, a objeção não procede, porque o devedor poderá incluir no plano especial de recuperação proposta de abatimento do valor das dívidas, nos termos do art. 71, II, da Lei n. 11.101/2005.

B) A sociedade não pode escolher o trespasse como meio de recuperação, ainda que esta medida seja importante para o soerguimento da empresa. No plano especial de recuperação, a proposta do devedor é restrita ("limitar-se á às seguintes condições") e não pode incluir outros meios de recuperação, mesmo previstos para o plano comum, como o trespasse do estabelecimento, de acordo com o art. 71, *caput*, da Lei n. 11.101/2005.

103. (XX Exame) No curso da recuperação judicial de uma sociedade empresária, duas semanas após o processamento do pedido, foram celebrados novos contratos de fornecimento de matéria-prima para seu desenvolvimento. Considerando-se o momento da celebração dos contratos e os efeitos da recuperação judicial, pergunta-se:

A) Os créditos decorrentes destes contratos podem ser incluídos no plano de recuperação?

B) Em caso de inadimplemento dos contratos, é possível o ajuizamento de ação de cobrança em face do devedor por meio do manejo de requerimento de falência?

GABARITO:

A) Não, pois segundo o art. 49 da Lei n. 11.101/2005, estão sujeitos à recuperação judicial todos os créditos existentes na data do pedido, ainda que não vencidos. Assim, *a contrario sensu*, os créditos decorrentes dos contratos celebrados duas semanas após o processamento do pedido não se sujeitam aos efeitos da recuperação e não podem ser incluídos no plano.

[A banca também aceitou como correta a fundamentação no art. 59 da Lei n. 11.101/2005, *a contrario sensu*, desde que o examinando esclareça que o efeito novativo relacionado ao plano de recuperação (após sua aprovação e concessão da recuperação) limita-se às obrigações anteriores ao pedido, não atingindo os contratos mencionados no enunciado].

B) Sim, é possível o ajuizamento de ação de cobrança em face do devedor em recuperação judicial, inclusive por meio do manejo de requerimento de falência. O processamento ou a concessão da recuperação judicial não impedem a decretação da falência por inadimplemento de obrigação não sujeita a seus efeitos com fundamento no parágrafo único do art. 73 da Lei n. 11.101/2005.

104. (XXI Exame) Na recuperação judicial da Companhia Mascote de Tubos e Conexões, foi convocada, pelo juiz, assembleia de credores após a homologação do quadro geral. Nesse quadro existem apenas credores trabalhistas (Classe I), com privilégio geral e quirografário (Classe III). O total de créditos em cada uma das classes mencionadas, respectivamente, é de R$ 500.000,00 e R$ 7.000.000,00. Na primeira convocação da assembleia, verifica-se a presença de 17 dos 40 credores da Classe I, titulares de créditos no valor de R$ 295.000,00, e de 30 dos 50 credores da Classe III, titulares de créditos no valor de R$ 4.000.000,00.

Victor Garcia, credor da Classe III, consulta seu advogado, presente na assembleia, a respeito dos itens a seguir.

A) A assembleia de credores poderá ser instalada já em primeira convocação?

B) Sendo certo que a assembleia terá por objeto deliberar sobre alienação de bens do ativo permanente, matéria não prevista no plano de recuperação, é necessária a aprovação da proposta por todas as classes de credores, em votação única e por quórum misto, isto é, pelo valor dos créditos e credores presentes?

GABARITO:

A) Sim. O quórum de instalação foi atingido já em primeira convocação, eis que se verifica a presença de credores na Classe I titulares de créditos no valor de R$ 295.000,00 (mais da metade do total de R$ 500.000,00). Na Classe III, o mesmo ocorre, pois estão presentes titulares de créditos no valor de R$ 4.000.000,00 (mais da metade do total de R$ 7.000.000,00), como dispõe o art. 37, § 2º, da Lei n. 11.101/2005.

B) Não. Nas deliberações que não versam sobre o plano de recuperação, não se aplicam o quórum e a forma de votação previstos no art. 45 da Lei n. 11.101/2005, e sim na forma do art. 42 da Lei n. 11.101/2005. Assim, a matéria será deliberada numa única votação, reunindo todas as classes de credores presentes, e a aprovação depende da maioria dos créditos presentes, independentemente de classes.

105. (XXII Exame) Na recuperação judicial de Têxtil Sonora S/A, o Banco Japurá S/A, titular de 58% dos créditos com garantia real, indicou ao juiz os representantes e suplentes de sua classe no Comitê de Credores.

Xinguara Participações S/A, credora da mesma classe, impugnou a referida indicação, alegando descumprimento do art. 35, inciso I, alínea *b*, da Lei n. 11.101/2005, porque a assembleia-geral de credores tem por atribuições deliberar sobre a constituição do Comitê de Credores, assim como escolher seus membros e sua substituição, não tendo havido deliberação nesse sentido. Ademais, aduz a impugnante que não houve manifestação do Comitê de Credores, já constituído apenas com representantes dos credores trabalhistas e quirografários, sobre a proposta do devedor de alienação de unidade produtiva isolada não prevista no plano de recuperação.

Ouvido o administrador judicial, este não se manifestou sobre a primeira impugnação e, em relação à segunda, opinou pela sua improcedência em razão de não constar do rol de atribuições legais do Comitê manifestar-se sobre a proposta do devedor.

Com base na hipótese apresentada, responda aos itens a seguir.

A) Deveria ter sido convocada assembleia de credores para eleição dos representantes da classe dos credores com garantia real, como sustenta a credora Xinguara Participações S/A?

B) Deve ser acatada a opinião do administrador judicial sobre a dispensa de oitiva do Comitê de Credores por falta de previsão legal?

GABARITO:

A) Não. O juiz determinará, mediante requerimento subscrito por credores que representem a maioria dos créditos de uma classe (no caso o Banco Japurá tem 58% do total dos créditos da classe II), independentemente da realização de assembleia, a nomeação do representante e dos suplentes da respectiva classe ainda não representada no Comitê. Consta do enunciado que o Comitê ainda não tem representante da classe dos credores com garantia real, portanto, não deve ser convocada assembleia de credores, com fundamento no art. 26, § 2º, I, da Lei n. 11.101/2005.

B) Não. De acordo com o art. 27, I, *f*, da Lei n. 11.101/2005, o Comitê de Credores terá a atribuição, na recuperação judicial, de se manifestar nas hipóteses previstas nesta lei. Uma dessas hipóteses está consignada no art. 66, que se refere exatamente à proposta de alienação de bens do ativo permanente pelo devedor, caso o bem não esteja previamente relacionado no plano de recuperação. Portanto, não deve ser acolhida a opinião do administrador judicial de dispensa de manifestação do Comitê por não constar do rol de suas atribuições.

106. (XXVI Exame) Anastácio, empresário individual, requereu recuperação judicial em Deodápolis/MS, local de seu principal estabelecimento. No curso do processo, o juiz determinou o afastamento do devedor a pedido do Ministério Público; ato contínuo, o juiz determinou a convocação de assembleia de credores para a escolha do gestor judicial. Na assembleia, instalada em primeira convocação, foi aprovada a indicação do Dr. Pedro Gomes, como gestor judicial, pelos credores das classes I e III do art. 41 da Lei n. 11.101/2005. O credor com privilégio especial, Paraíso das Águas Hotelaria Ltda., ausente na deliberação, apresenta impugnação à aprovação do gestor judicial, provando que Pedro Gomes é primo de Anastácio. Ademais, Orgânicos Santa Rita do Pardo Ltda., único credor com garantia real (classe II), não compareceu à assembleia. Em razão da ausência do credor com garantia real não foi atingido o quórum de instalação na classe II, embora a totalidade dos credores das classes I e III estivesse presente e tenha aprovado a indicação do gestor.

Pleiteia o impugnante a realização de nova assembleia e a sustação da nomeação do gestor.

Consideradas as informações acima, responda aos itens a seguir.

A) O fato de Pedro Gomes ser primo de Anastácio constitui impedimento para sua nomeação como gestor judicial?

B) Houve irregularidade quanto ao quórum de instalação da assembleia que aprovou a indicação do gestor?

Obs.: o(a) examinando(a) deve fundamentar as respostas. A mera citação do dispositivo legal não confere pontuação.

GABARITO:

A) O fato de Pedro Gomes ser primo de Anastácio não constitui impedimento para sua nomeação como gestor judicial. O gestor judicial tem os mesmos impedimentos do administrador judicial, conforme determinação contida na parte final do art. 65, *caput*, da Lei n. 11.101/2005. O examinando precisa então identificar o impedimento previsto no art. 30, § 1º, da Lei n. 11.101/2005 ("§ 1º Ficará também impedido de integrar o Comitê ou exercer a função de administrador judicial quem tiver relação de parentesco ou afinidade até o 3º (terceiro) grau com o devedor, seus administradores, controladores ou representantes legais ou deles for amigo, inimigo ou dependente."). Portanto, Pedro Gomes, como primo de Anastácio, poderá ser nomeado gestor judicial, pois o impedimento não atinge parente de 4º grau do devedor.

B) Sim. Houve irregularidade na instalação da assembleia em primeira convocação, pela ausência do credor Orgânicos Santa Rita do Pardo Ltda., da classe II. A assembleia de credores instalar-se-á, em 1ª convocação, com a presença de credores titulares de mais da metade dos créditos de cada classe, com base no art. 37, § 2º, da Lei n. 11.101/2005. Como esse requisito legal não foi cumprido, o credor impugnante Paraíso das Águas Hotelaria Ltda. tem razão.

107. (XXVII Exame) Caio Brito & Cia. Ltda. vendeu máquinas industriais para pagamento a prazo, em trinta parcelas fixas, para determinada sociedade empresária. As máquinas foram devidamente especificadas e são infungíveis. Do contrato, celebrado por escrito e registrado no domicílio do comprador, constou cláusula pela qual o vendedor reservou para si a propriedade até que o preço fosse integralmente pago.

Verificado o inadimplemento do comprador a partir da décima segunda parcela, o vendedor o constituiu em mora mediante protesto do contrato.

Durante a tramitação de ação de cobrança do preço devido, o comprador obteve o processamento de sua recuperação judicial.

Com base nas informações acima, responda aos itens a seguir.

A) Com o processamento da recuperação judicial, fica suspensa a ação anteriormente ajuizada pelo vendedor?

B) O crédito do vendedor pode ser submetido ao plano de recuperação judicial, considerando-se que se trata de crédito existente na data do pedido?

GABARITO:

A) Não. O processamento da recuperação judicial não suspende as ações ajuizadas anteriormente para cobrança de créditos excluídos de seus efeitos, como é o caso do vendedor com reserva de domínio, de acordo com o art. 52, III, da Lei n. 11.101/05.

B) Não. Por se tratar de proprietário em contrato de venda com reserva de domínio, seu crédito não se submete aos efeitos da recuperação judicial e prevalecem as condições contratuais, com fundamento no art. 49, § 3º, da Lei n. 11.101/05.

V.2. FALÊNCIA

108. (II Exame) A Empresa W firmou com a Empresa Z instrumento particular de transação em que ficou estabelecido o parcelamento de dívida oriunda do fornecimento de água por esta última. A dívida objeto do parcelamento foi constituída durante processo de recuperação judicial da Empresa W no qual a Empresa Z não figura como credora. Muito embora a Empresa W estivesse em processo de recuperação judicial, as parcelas do parcelamento vinham sendo regularmente pagas. Sobreveio, então, a decretação de falência da Empresa W, oportunidade em que esta comunicou à Empresa Z, via notificação com aviso de recebimento, que a continuidade de pagamento do parcelamento restava prejudicada (art. 172 da Lei n. 11.101/2005), indicando para a Empresa Z que habilitasse o seu crédito nos autos da falência. A sentença que decretou a falência da empresa W foi publicada em 24-8-2010 e dispôs que, para habilitação dos créditos, deverá ser aproveitado o quadro de credores da recuperação judicial e quem não estiver lá incluído deve observar o prazo de 15 dias para apresentar sua habilitação de crédito.

Você, como advogado da empresa Z, que procedimento legal deve tomar? Em que prazo, considerando que a empresa W notificou a empresa Z em 3-9-2010? Com que fundamento legal? Qual a categoria em que serão enquadrados os valores decorrentes do parcelamento para efeito de pagamento dos credores na falência? Em que ordem? Base legal.

GABARITO:

De acordo com o art. 67 da Lei n. 11.101/2005, os débitos decorrentes do parcelamento são extraconcursais e estão sujeitos ao concurso de credores. Os débitos em questão devem ser habilitados na falência. Para tanto, devem ser observados os requisitos elencados nos incisos do art. 9º da Lei n. 11.101/2005 e, ainda, respeitado o prazo para a sua habilitação. Muito embora a sentença não tenha especificado o *dies a quo* para contagem dos 15 dias para habilitação dos créditos, o início do prazo não deve levar em consideração a publicação da sentença ou o recebimento da notificação pela Empresa Z. O art. 7º, § 1º, c/c art. 99, parágrafo único, ambos da Lei n. 11.101/2005 preveem que o início do prazo de 15 dias para habilitação dos créditos inicia-se após a publicação do edital previsto no parágrafo único do art. 99 da Lei n. 11.101/2005.

109. (II Exame) Apurada no juízo falimentar a responsabilidade pessoal dos sócios de uma sociedade limitada, pergunta-se:

A) Existe a possibilidade de propositura de ação especifica para buscar o ressarcimento dos prejuízos causados? Se existente, qual? Fundamente com base legal.

B) Quem pode ser sujeito ativo? Há que se aguardar a realização do ativo?

GABARITO:

A) Existe sim a possibilidade de propositura de ação específica para buscar o ressarcimento dos prejuízos causados e é aquela ação de responsabilização prevista no *caput* do art. 82 da Lei n. 11.101/2005, cujo prazo de prescrição é de dois anos (art. 82, § 1º).

B) A iniciativa da ação cabe ao administrador judicial, na qualidade de administrador e representantes da massa falida (art. 75, V, do CPC). A jurisprudência reconhece que também tem legitimidade ativa o credor habilitado no processo falimentar na hipótese de omissão do administrador judicial. O seu interesse jurídico é incontroverso porque se reconhecida a responsabilidade pessoal de algum ou alguns sócios, os valores referentes aos respectivos patrimônios servirão para o pagamento dos credores habilitados. A ação em tela independe da realização do ativo e da prova da sua insuficiência para cobrir o passivo de acordo com o *caput* do art. 82 da Lei n. 11.101/2005.

110. (III Exame) Em 15-4-2010, a sociedade empresária denominada Fábrica de Móveis Dominó S.A. teve a sua falência decretada. Logo após a decretação da falência, um dos credores da aludida sociedade tomou conhecimento de que a devedora doou um imóvel de sua propriedade para a SUIPA – Sociedade União Internacional Protetora dos Animais no dia 18-6-2009. Esse mesmo credor, inconformado com a situação, procura-o(a), como advogado(a), e lhe apresenta algumas indagações.

Responda aos itens a seguir, empregando os argumentos jurídicos apropriados e a fundamentação legal pertinente ao caso.

A) Que medida e com base em que fundamento você recomendaria para recuperar em favor da massa falida o imóvel doado?

B) Qual seria o Juízo competente para apreciar e julgar a pretensão de seu cliente?

GABARITO:

A) A medida adequada para o caso proposto é a obtenção da ineficácia do negócio jurídico. Com efeito, é ineficaz em relação à massa falida, tenha ou não o contratante conhecimento de crise econômico-financeira do devedor, seja ou não a intenção deste fraudar credores, a prática de atos a título gratuito desde dois anos antes da data da decretação da falência (art. 129, IV, da Lei n. 11.101/2005). A ineficácia poderá ser pleiteada mediante ação própria ou incidentalmente no curso do processo de falência (parágrafo único do art. 129 da Lei n. 11.101/2005).

B) O juízo competente tanto para julgar o incidente no curso do processo quanto para julgar o caso se proposta a ação é o da falência (art. 134 da Lei n. 11.101/2005).

111. (V Exame) Paulo Cabral deixou, em consignação, o carro de sua propriedade na Concessionária de Veículos Veloz Ltda. para que essa sociedade pudesse intermediar a venda do automóvel a terceiro. Sete dias depois, ao retornar à concessionária para buscar o automóvel, Paulo Cabral foi surpreendido pelo fato de ter encontrado o estabelecimento lacrado, em decorrência da decretação da falência da mencionada concessionária. Inconformado, Paulo Cabral procura-o(a), como advogado(a), e lhe apresenta algumas indagações. Responda aos itens a seguir, empregando os argumentos jurídicos apropriados e a fundamentação legal pertinente ao caso.

A) Qual medida poderá ser por ele manejada para reaver o veículo de sua propriedade que se encontra em poder da devedora falida?

B) Caso o automóvel não venha a ser localizado, por ter sido vendido, como deverá proceder?

GABARITO:

A) A medida mais adequada a ser manejada por Paulo Cabral (enquanto proprietário de bem arrecadado no processo de falência ou que se encontra em poder do devedor na data da decretação da mesma) para reaver o seu veículo é a formulação de "pedido de restituição" (*caput* do art. 85 da Lei n. 11.101/2005).

B) Se o veículo não mais existir ao tempo do pedido de restituição, Paulo Cabral deverá requerer a restituição em dinheiro, hipótese em que o requerente receberá o valor da avaliação do bem, ou, no caso de ter ocorrido sua venda, o respectivo preço, em ambos as situações no valor atualizado (art. 86, I, da Lei n. 11.101/2005).

112. (VIII Exame) No âmbito do processo de falência de uma sociedade empresária, foi convocada assembleia geral de credores para deliberar sobre modalidade alternativa de realização do ativo. Northern Instruments LLC, sociedade constituída no estado de Delaware, nos Estados Unidos da América, que é titular de créditos quirografários da ordem de US$ 15.000.000,00 (quinze milhões de dólares norte-americanos) pleiteia, perante o juízo falimentar, que seu crédito seja convertido em moeda nacional pelo câmbio da véspera da assembleia geral de credores, para fins de votação na referida assembleia. A esse respeito, pergunta-se:

A) O pleito da Northern Instruments LLC é legítimo?

B) No âmbito da assembleia geral de credores, qual é o quórum de deliberação necessário para aprovar modalidade alternativa de realização do ativo?

GABARITO:

A) O pleito da Northern Instruments LLC não é legítimo, pois diferentemente do que ocorre na recuperação judicial (art. 38, parágrafo único, da Lei n. 11.101/2005), no âmbito da falência todos os créditos em moeda estrangeira deverão ser convertidos para moeda nacional pelo câmbio do dia da decisão judicial que decreta a falência, para todos os efeitos da Lei (art. 77 da Lei n. 11.101/2005).

B) O quórum de deliberação necessário para aprovar modalidade alternativa de realização do ativo é de credores titulares de créditos que representem 2/3 do valor total dos créditos presentes à assembleia, nos termos do art. 46 da Lei n. 11.101/2005.

113. (XI Exame) José, empresário individual que teve sua falência decretada em 20-10-2011, vendeu um sítio de sua propriedade para Antônio, em agosto de 2011. Antônio prenotou a escritura de compra e venda do sítio em 18-10-2011, mas o registro da transferência imobiliária só foi efetuado em 5-11-2011, 15 dias após a decretação da falência. Isto posto, responda aos itens a seguir.

A) É válida e eficaz a compra e venda acima referida?

B) A referida compra e venda poderia eventualmente vir a ser revogada?

GABARITO:

A) A compra e venda é válida e eficaz, uma vez que se insere na exceção ao ato ineficaz previsto no art. 129, VII, da Lei n. 11.101/2005, em razão de sua pré-notação ter ocorrido anteriormente à data da decretação da falência.

B) A compra e venda poderia ser revogada por meio de ação revocatória com base no art. 130 da Lei n. 11.101/2005, na hipótese de se tratar de ato com o intuito de prejudicar credores, mediante prova de eventual conluio fraudulento entre José e Antônio e do prejuízo sofrido pela massa.

114. (XXXI Exame) Feliciano, administrador da sociedade empresária Lago de Junco Telecomunicações Ltda., em conluio com seus dois primos, realizou empréstimos a eles em nome da sociedade, a fim de obter crédito para si, o que era vedado pelo contrato social. Essas práticas reiteradas descapitalizaram a sociedade porque a dívida não foi honrada.

Ao cabo de três anos, foi decretada a falência, com fundamento na impontualidade. No curso do processo falimentar, o administrador judicial verificou a prática, antes da falência, de outros atos pelo administrador em unidade de propósitos com seus primos – dentre eles, a transferência de bens do estabelecimento a terceiros, lastreados em pagamentos de dívidas fictícias.

De acordo com o enunciado e as disposições da Lei de Falência e Recuperação de Empresas, responda aos itens a seguir.

A) Qual a medida judicial cabível para recuperar os bens e valores que foram subtraídos do patrimônio da sociedade empresária, e quais são os seus fundamentos? Justifique.

B) Quem tem legitimidade ativa para a referida ação? Qual o prazo para sua propositura e qual a natureza desse prazo? Justifique.

GABARITO:

A) A medida judicial cabível é a ação revocatória, cuja finalidade é a obtenção da revogação dos atos praticados com a intenção de prejudicar credores. Seus fundamentos são (i) o conluio fraudulento entre o devedor e o terceiro que com ele contratar – no caso do administrador da sociedade com seus dois primos e (ii) o efetivo prejuízo sofrido pela massa falida, como os empréstimos não pagos e a transferência de bens do estabelecimento a terceiros lastreados em pagamentos de dívidas fictícias, com fundamento no art. 130 da Lei n. 11.101/2005.

B) A legitimidade ativa para a ação revocatória é concorrente da massa falida, representada pelo administrador judicial, de qualquer credor ou do representante do Ministério Público. O prazo é de três anos da data da decretação de falência, sendo de natureza decadencial, com fundamento no art. 132 da Lei n. 11.101/2005.

115. (XII Exame) Pedro Afonso é funcionário público na cidade de Peixe, Estado do Tocantins, e também atua, em nome individual, como empresário na cidade de Araguacema, situada no mesmo Estado, onde está localizado seu único estabelecimento. Pedro Afonso não tem registro de empresário na Junta Comercial do Estado de Tocantins. Bernardo é credor de Pedro Afonso pela quantia de R$ 66.000,00 consubstanciada em documento particular assinado pelo devedor e por duas testemunhas. Diante do não pagamento da obrigação, no vencimento, sem relevante razão de direito, o credor requereu a falência de Pedro Afonso, tendo instruído a petição com o título e o instrumento de protesto para fim falimentar. Em contestação e sem efetuar o depósito elisivo, Pedro Afonso requer a extinção do processo sem resolução de mérito por falta de legitimidade passiva no processo falimentar (art. 267, VI, do CPC).

Com base na hipótese apresentada, responda aos seguintes itens.

A) Procede a alegação de ilegitimidade passiva apresentada por Pedro Afonso?

B) O credor reúne as condições legais para o requerimento de falência? Justifique e dê amparo legal.

GABARITO:

A) Não procede a alegação de ilegitimidade passiva formulada por Pedro Afonso porque o empresário, ainda que irregular, pode ter sua falência requerida e decretada independentemente do registro na Junta Comercial, com fundamento no art. 1º da Lei n. 11.101/2005. O registro de empresário é declaratório e não constitutivo da qualidade de empresário e a pessoa impedida de ser empresário (funcionário público) responderá pelas obrigações contraídas, com fundamento no art. 973 do Código Civil.

B) O documento particular do credor é hábil ao requerimento de falência porque é título executivo extrajudicial, com base no art. 784, II, do CPC, o valor da obrigação excede a 40 salários mínimos e está protestado para fim falimentar, atendendo as exigências do art. 94, I e seu § 3º, da Lei n. 11.101/2005.

116. (XIV Exame) Massa Falida de Panificadora Xapuri Ltda. ME, representada por seu administrador judicial, ajuizou ação de repetição de indébito em face de Cruzeiro do Sul S/A – Arrendamento Mercantil, na qual pleiteou a restituição do VRG (valor residual garantido) pago antecipadamente durante a vigência do contrato e a declaração de nulidade da cláusula que obriga esse pagamento. Com a decretação de falência da arrendatária, o administrador judicial não usou da faculdade prevista no art. 117 da Lei n. 11.101/2005, acarretando a extinção do contrato com a consequente retomada da posse dos bens pela arrendadora. Esta, em contestação, pugnou pela validade da cláusula contratual que autoriza o pagamento antecipado do VRG e que não cabe repetição deste valor em razão da extinção do contrato se dar por culpa exclusiva da devedora, ora falida.

Com base nas informações do enunciado, na legislação sobre o contrato de arrendamento mercantil e na jurisprudência pacificada dos Tribunais Superiores, responda aos itens a seguir.

A) A extinção do contrato de arrendamento mercantil por inadimplemento da arrendatária justifica a retenção do VRG pela arrendadora?

B) A cobrança antecipada do valor residual garantido pela arrendadora descaracteriza o contrato de arrendamento mercantil, transformando-o em compra e venda a prestação?

GABARITO:

A) A extinção do arrendamento mercantil, não importa a causa, não se justifica a manutenção, com o arrendador, do valor residual garantido e pago por antecipação. Devem ser devolvidos ao arrendatário os valores recebidos pelo arrendador porque aquele não exercerá a faculdade de que trata a alínea "c" do art. 5º da Lei n. 6.099/74 ao termo final do contrato.

B) É válida a cláusula que prevê o pagamento antecipado do VRG, não havendo a descaracterização do contrato, com fundamento na Súmula 293 do STJ: "A cobrança antecipada do valor residual garantido (VRG) não descaracteriza o contrato de arrendamento mercantil."

117. (XX Exame) João Claudino Metais Ltda. é sócia de uma sociedade limitada e acionista de uma companhia fechada. As duas sociedades empresárias nas quais João Claudino Metais Ltda. tem participação tiveram suas falências decretadas num intervalo de seis meses, sendo a limitada em março de 2014 e a companhia em setembro de 2014. Antevendo a crise iminente que se anunciava, o sócio exerceu seu direito de retirada da sociedade limitada, em janeiro de 2014, dentro do prazo legal, por discordar de alteração contratual. A sociedade, na data da decretação da falência, ainda não havia lhe pago seus haveres, embora tivesse realizado a apuração.

Com base na hipótese formulada, responda aos itens a seguir.

A) João Claudino Metais Ltda. poderá exigir da massa falida da sociedade o recebimento do valor de suas quotas?

B) Caso seja realizada deliberação assemblear na companhia falida e seja aprovada matéria que enseje o direito de retirada, ficando vencido, João Claudino Metais Ltda. poderá pleitear o reembolso de suas ações?

GABARITO:

A) Não poderá exigir, pois a declaração da falência suspende o exercício do direito de retirada ou de recebimento do valor de suas quotas ou ações, por parte dos sócios da sociedade falida, segundo o inciso II do art. 116 da Lei n. 11.101/2005. Assim, com a decretação de falência da sociedade limitada, mesmo que o sócio tenha exercido seu direito de retirada anteriormente, fica suspenso o pagamento dos haveres por parte da sociedade falida.

B) A resposta é negativa. Embora seja direito essencial do acionista de retirar-se da sociedade nos casos previstos na Lei n. 6.404/76, a decretação de falência da companhia suspende o exercício do direito de retirada. Portanto, caso venha a ser aprovada matéria que autorize o pedido de reembolso, o acionista dissidente estará impedido de exercê-lo, com fundamento no inciso II do art. 116 da Lei n. 11.101/2005.

118. (XXI Exame) Em novembro de 2015, Comodoro Madeiras Nobres Ltda. contraiu empréstimo no valor de R$ 700.000,00 (setecentos mil reais) com fiança bancária. Antes do vencimento da dívida, em abril de 2016, diante da exoneração do fiador, a fiança foi substituída pelo penhor de máquinas de Comodoro Madeiras Nobres Ltda.

O mutuário teve sua falência decretada em novembro de 2016, sendo fixado o termo legal da data da decretação da falência até 90 (noventa) dias anteriores a 30 de setembro de 2014, data do primeiro protesto por falta de pagamento.

Peixoto de Azevedo, credor com privilégio especial, procura o administrador judicial para que este decrete a ineficácia objetiva, em relação à massa falida, do penhor constituído pelo devedor antes da falência.

Você, advogado(a) e no exercício da administração judicial da massa falida, deve analisar o caso e responder aos questionamentos a seguir.

A) Há ineficácia objetiva da garantia de penhor sobre as máquinas do devedor?

B) Você, como administrador(a) judicial e representante da massa falida, pode, de ofício ou mediante requerimento de credor, decretar a ineficácia do ato?

GABARITO:

A) Não. A dívida e a garantia real foram contraídas dentro do termo legal e este está compreendido da data da decretação da falência (novembro de 2016) a até 90 dias anteriores a 30-9-2014.

Assim, o credor Peixoto de Azevedo não tem razão em pleitear a ineficácia objetiva, porque a situação descrita no enunciado não se enquadra no art. 129, III, da Lei n. 11.101/2005.

B) Não. Ainda que se tratasse de ato objetivamente ineficaz, não seria possível ao administrador judicial decretar sua ineficácia de ofício ou a requerimento de credor. A ineficácia será sempre decretada pelo juiz, seja de ofício, seja em ação própria, seja incidentalmente no curso do processo de falência, nos termos do art. 129, parágrafo único, da Lei n. 11.101/2005.

119. (XXVIII Exame) Mendes Pimentel é credor de Alpercata Reflorestamento Ltda., por título extrajudicial com vencimento em 20 de março de 2020. Em 11 de setembro de 2018, foi decretada a falência da devedora pelo juízo da comarca de Andradas/MG.

Mendes Pimentel é proprietário de uma máquina industrial que se encontrava em poder de um dos administradores da sociedade falida na data da decretação da falência, mas não foi arrolada no auto de arrecadação elaborado pelo administrador judicial.

Sobre a hipótese narrada, responda aos itens a seguir.

A) Sabendo-se que o crédito de Mendes Pimentel não se encontra na relação publicada junto com a sentença de falência, ele deverá aguardar o vencimento da dívida para habilitar o crédito?

B) Diante da ausência de arrecadação da máquina industrial, Mendes Pimentel deverá ajuizar ação em face da massa falida para que o crédito, uma vez apurado, seja pago como quirografário?

GABARITO:

A) Não. A decretação da falência determina o vencimento antecipado das dívidas do devedor; portanto, o crédito de Mendes Pimentel já poderá ser habilitado na falência, com base no art. 77 da Lei n. 11.101/2005.

B) Não. Mendes Pimentel poderá requerer a restituição do bem que se encontrava em poder do devedor, com base no art. 85 da Lei n. 11.101/2005. Se a coisa não mais existir ao tempo do pedido, o proprietário receberá o valor da avaliação do bem, ou, no caso de ter ocorrido sua venda, o respectivo preço.

120. (XXIX Exame) Irmãos Botelhos & Cia. Ltda., em grave crise econômico-financeira e sem condições de atender aos requisitos para pleitear recuperação judicial, requereu sua falência no juízo de seu principal estabelecimento (Camaçari/BA), expondo as razões da impossibilidade de prosseguimento da atividade empresarial.

O pedido foi acompanhado dos documentos exigidos pela legislação e obteve deferimento em 11 de setembro de 2018. Após constatar que todos os títulos protestados por falta de pagamento tiveram o protesto cancelado, o juiz fixou, na sentença, o termo legal em sessenta dias anteriores ao pedido de falência, realizado em 13 de agosto de 2018.

Sobre o caso apresentado, responda aos itens a seguir.

A) Foi correta a fixação do termo legal da falência?

B) Considerando que, no dia 30 de junho de 2018, o administrador de Irmãos Botelhos & Cia. Ltda. pagou dívida vincenda desta através de acordo de compensação parcial, com desconhecimento pelo credor do estado econômico do devedor, tal pagamento é eficaz em relação à massa falida? Justifique.

GABARITO:

A) O juiz agiu corretamente ao fixar o termo legal em sessenta dias anteriores ao pedido de falência. Da leitura do art. 99, II, da Lei n. 11.101/2005, verifica-se que o prazo máximo, que o juiz poderá retrotrair o termo legal, é de 90 dias. A fixação do termo legal deverá observar um dentre três critérios: (i) data do pedido de recuperação judicial; (ii) data do primeiro protesto por falta de pagamento; ou (iii) data do pedido de falência. Como não houve pedido de recuperação judicial e os protestos existentes foram cancelados, portanto desconsiderados para a fixação do termo legal, restou ao juiz adotar o critério da data do requerimento de falência.

B) O pagamento mediante acordo de compensação parcial de dívida vincenda, celebrado em 30-6-2018, ou seja, dentro do termo legal, é ineficaz em relação à massa falida, mesmo com o desconhecimento da crise econômico-financeira pelo credor, com base no art. 129, I, da Lei n. 11.101/2005.

V.3. INTERVENÇÃO E LIQUIDAÇÃO EXTRAJUDICIAL DE INSTITUIÇÕES FINANCEIRAS

121. (XXV Exame – Reaplicação) Antônio Olinto, liquidante e representante legal do Banco Ventania S/A, que está em liquidação extrajudicial, propôs ação revocatória perante o juízo da Vara Única da Comarca de Corbélia, local do principal estabelecimento, com fundamento no art. 130 da Lei n. 11.101/2005. A ação foi ajuizada em face de dois ex-diretores da instituição financeira por gestão fraudulenta, apropriação indébita e outras condutas que acarretaram vultosos prejuízos ao Banco Ventania S/A e a seus credores. Foram também incluídos no polo passivo Godoy Moreira, Enéas Marques, Telêmaco Borba e Honório Serpa porque adquiriram, dolosamente, bens desviados do patrimônio da liquidanda, informação lastreada em documentação comprobatória que instruiu a petição inicial. Com base nas informações do enunciado, responda aos itens a seguir.

A) Sendo certo que a instituição financeira em liquidação extrajudicial não teve sua falência decretada, é lícito ao liquidante ajuizar ação revocatória?

B) Sabendo-se que Godoy Moreira, Enéas Marques, Telêmaco Borba e Honório Serpa não possuem qualquer vínculo societário com a instituição liquidanda, poderiam ser demandados na ação revocatória?

GABARITO:

A) Sim, é lícito. A ausência de decretação da falência da instituição liquidanda não é óbice à propositura da ação revocatória pelo liquidante, porque os atos indicados no art. 130 da Lei n. 11.101/2005, praticados pelos administradores da liquidanda, poderão ser revogados, com fundamento no art. 35 da Lei n. 6.024/74.

B) Sim. Mesmo sem vínculo societário com a instituição liquidanda, a ação revocatória pode ser promovida contra os terceiros adquirentes (Godoy Moreira, Enéas Marques, Telêmaco Borba e Honório Serpa), que dolosamente adquiriram bens desviados do patrimônio da liquidanda (art. 133, II, da Lei n. 11.101/2005). Portanto, tinham a princípio conhecimento, ao se criar o direito, da intenção dos ex-diretores de prejudicar os credores.

122. (XII Exame) Em 22 de agosto de 2012, o Presidente do Banco Central do Brasil decretou a liquidação extrajudicial do Banco Serra do Mel S.A., devido ao comprometimento patrimonial e financeiro da instituição, à incapacidade de honrar compromissos assumidos e à prática de graves irregularidades, configurando violação das normas legais e regulamentares que disciplinam a atividade bancária. A decretação da medida acarretou a indisponibilidade dos bens particulares dos atuais e ex-administradores da instituição financeira. Messias Targino, ex-diretor do Banco Serra do Mel S.A., cujo mandato encerrara-se em 25 de abril de 2011, verificou que seu nome encontrava-se na relação de administradores que tiveram seus bens indisponíveis, consoante informação prestada pelo liquidante ao Banco Central do Brasil.

Consultou sua advogada para saber da legalidade da medida e se poderia efetivamente ser atingido por ela. Com base na legislação aplicável à liquidação extrajudicial de instituição financeira, responda à consulta do cliente quanto ao ponto questionado.

GABARITO:

Os administradores (diretores e membros do Conselho de Administração) não poderão, por qualquer forma, direta ou indireta, alienar ou onerar seus bens particulares, até apuração e liquidação final de suas responsabilidades (art. 36 da Lei n. 6.024/74). Tal indisponibilidade é automática e decorre do ato que decretar a liquidação extrajudicial, atingindo a todos aqueles que tenham estado no exercício das funções nos doze meses anteriores ao mesmo ato (art. 36, § 1º). A indisponibilidade de bens, embora tenha previsão legal, não poderia ter atingido o ex-diretor Messias Targino, haja vista que seu mandato expirou em 25-4-2011 e a liquidação extrajudicial foi decretada em 22-8-2012, portanto, além dos 12 meses previstos no § 1º do art. 36 da Lei n. 6.024/74.

35. SÚMULAS SELECIONADAS

35.1. Súmulas do STF

35.1.1. Direito empresarial

Súmula 70. É inadmissível a interdição de estabelecimento como meio coercitivo para cobrança de tributo.

Súmula 260. O exame de livros comerciais, em ação judicial, fica limitado às transações entre os litigantes.

Súmula 439. Estão sujeitos à fiscalização tributária ou previdenciária quaisquer livros comerciais, limitado o exame aos pontos objeto da investigação.

Súmula 646. Ofende o princípio da livre concorrência lei municipal que impede a instalação de estabelecimentos comerciais do mesmo ramo em determinada área.

35.1.2. Direito societário

Súmula 8. Diretor de sociedade de economia mista pode ser destituído no curso do mandato.

Súmula 265. Na apuração de haveres não prevalece o balanço não aprovado pelo sócio falecido, excluído ou que se retirou.

35.1.3. Títulos de crédito

Súmula 28. O estabelecimento bancário é responsável pelo pagamento de cheque falso, ressalvadas as hipóteses de culpa exclusiva ou concorrente do correntista.

Súmula 189. Avais em branco e superpostos consideram-se simultâneos e não sucessivos.

Súmula 387. A cambial emitida ou aceita com omissões, ou em branco, pode ser completada pelo credor de boa-fé antes da cobrança ou do protesto.

Súmula 554. O pagamento de cheque emitido sem provisão de fundos, após o recebimento da denúncia, não obsta ao prosseguimento da ação penal.

Súmula 600. Cabe ação executiva contra o emitente e seus avalistas, ainda que não apresentado o cheque ao sacado no prazo legal, desde que não prescrita a ação cambiária.

35.1.4. Contratos empresariais

Súmula 49. A cláusula de inalienabilidade inclui a incomunicabilidade dos bens.

Súmula 121. É vedada a capitalização de juros, ainda que expressamente convencionada.

Súmula 158. Salvo estipulação contratual averbada no registro imobiliário, não responde o adquirente pelas benfeitorias do locatário.

Súmula 161. Em contrato de transporte, é inoperante a cláusula de não indenizar.

Súmula 165. A venda realizada diretamente pelo mandante ao mandatário não é atingida pela nulidade do art. 1.133, II, do Código Civil. [No Código Civil de 2002, a nulidade mencionada está prevista no art. 497, I.]

Súmula 173. Em caso de obstáculo judicial admite-se a purga da mora, pelo locatário, além do prazo legal.

Súmula 174. Para a retomada do imóvel alugado, não é necessária a comprovação dos requisitos legais na notificação prévia.

Súmula 177. O cessionário do promitente comprador, nas mesmas condições deste, pode retomar o imóvel locado.

Súmula 178. Não excederá de cinco anos a renovação judicial de contrato de locação, fundada no D. 24.150, de 20.4.34. [A renovação judicial do contrato de locação é atualmente fundada na Lei n. 8.245/91].

Súmula 187. A responsabilidade contratual do transportador, pelo acidente com o passageiro, não é elidida por culpa de terceiro, contra o qual tem ação regressiva.

Súmula 335. É válida a cláusula de eleição do foro para os processos oriundos do contrato.

Súmula 370. Julgada improcedente a ação renovatória da locação, terá o locatário, para desocupar o imóvel, o prazo de seis meses, acrescido de tantos meses quantos forem os anos da ocupação, até o limite total de dezoito meses.

Súmula 410. Se o locador, utilizando prédio próprio para residência ou atividade comercial, pede o imóvel locado para uso próprio, diverso do que tem o por ele ocupado, não está obrigado a provar a necessidade, que se presume.

Súmula 411. O locatário autorizado a ceder a locação pode sublocar o imóvel.

Súmula 412. No compromisso de compra e venda com cláusula de arrependimento, a devolução do sinal, por quem o deu, ou a sua restituição em dobro, por quem o recebeu, exclui indenização maior, a título de perdas e danos, salvo os juros moratórios e os encargos do processo.

Súmula 442. A inscrição do contrato de locação no Registro de Imóveis, para a validade da cláusula de vigência contra o adquirente do imóvel, ou perante terceiros, dispensa a transcrição no Registro de Títulos e Documentos.

Súmula 482. O locatário, que não for sucessor ou cessionário do que o precedeu na locação, não pode somar os prazos concedidos a este, para pedir a renovação do contrato, nos termos do Decreto n. 24.150. [A atual lei de locações (Lei n. 8.245/91) assegura aplicação desta súmula.]

Súmula 485. Nas locações regidas pelo Decreto n. 24.150, de 20 de abril de 1934, a presunção de sinceridade do retomante é relativa, podendo ser ilidida pelo locatário. [A atual lei de locações (Lei n. 8.245/91) assegura aplicação desta súmula].

Súmula 486. Admite-se a retomada para sociedade da qual o locador, ou seu cônjuge, seja sócio, com participação predominante no capital social.

Súmula 492. A empresa locadora de veículos responde, civil e solidariamente com o locatário, pelos danos por este causados a terceiro, no uso do carro locado.

Súmula 596. As disposições do Decreto n. 22.626/33 não se aplicam às taxas de juros e aos outros encargos cobrados nas operações realizadas por instituições públicas ou privadas, que integram o sistema financeiro nacional.

35.1.5. Falências

Súmula 147. A prescrição de crime falimentar começa a correr da data em que deveria estar encerrada a falência, ou do trânsito em julgado da sentença que a encerrar ou que julgar cumprida a concordata. [Compreende-se "concordata" por recuperação].

Súmula 192. Não se inclui no crédito habilitado em falência a multa fiscal com efeito de pena administrativa.

Súmula 193. Para a restituição prevista no art. 76, § 2º, da Lei de Falências, conta-se o prazo de quinze dias da entrega da coisa e não da sua remessa. [A restituição de mercadorias está atualmente prevista no art. 85, parágrafo único, da Lei n. 11.101/2005].

Súmula 417. Pode ser objeto de restituição, na falência, dinheiro em poder do falido, recebido em nome de outrem, ou do qual, por lei ou contrato, não tivesse ele a disponibilidade.

Súmula 495. A restituição em dinheiro da coisa vendida a crédito, entregue nos quinze dias anteriores ao pedido de falência ou de concordata, cabe, quando, ainda que consumida ou transformada, não faça o devedor prova de haver sido alienada a terceiro.

Súmula 563. O concurso de preferência a que se refere o parágrafo único do art. 187 do Código Tributário Nacional é compatível com o disposto no art. 9º, inciso I, da Constituição Federal. [A compatibilidade se dá atualmente com o art. 19, III, da CF/88.]

Súmula 565. A multa fiscal moratória constitui pena administrativa, não se incluindo no crédito habilitado em falência.

Súmula 592. Nos crimes falimentares, aplicam-se as causas interruptivas da prescrição, previstas no Código Penal.

35.1.6. Processual

Súmula 150. Prescreve a execução no mesmo prazo de prescrição da ação.

Súmula 151. Prescreve em um ano a ação do segurador sub-rogado para haver indenização por extravio ou perda de carga transportada por navio.

Súmula 231. O revel, em processo cível, pode produzir provas, desde que compareça em tempo oportuno.

Súmula 258. É admissível reconvenção em ação declaratória.

Súmula 259. Para produzir efeito em juízo não é necessária a inscrição, no registro público, de documentos de procedência estrangeira, autenticados por via consular.

Súmula 261. Para a ação de indenização, em caso de avaria, é dispensável que a vistoria se faça judicialmente.

Súmula 279. Para simples reexame de prova não cabe recurso extraordinário.

Súmula 280. Por ofensa a direito local não cabe recurso extraordinário.

Súmula 310. Quando a intimação tiver lugar na sexta-feira, ou a publicação com efeito de intimação for feita nesse dia, o prazo judicial terá início na segunda-feira imediata, salvo se não houver expediente, caso em que começará no primeiro dia útil que se seguir.

Súmula 317. São improcedentes os embargos declaratórios, quando não pedida a declaração do julgado anterior, em que se verificou a omissão.

Súmula 356. O ponto omisso da decisão, sobre o qual não foram opostos embargos declaratórios, não pode ser objeto de recurso extraordinário, por faltar o requisito do prequestionamento.

Súmula 363. A pessoa jurídica de direito privado pode ser demandada no domicílio da agência, ou estabelecimento, em que se praticou o ato.

Súmula 390. A exibição judicial de livros comerciais pode ser requerida como medida preventiva.

Súmula 400. Decisão que deu razoável interpretação à lei, ainda que não seja a melhor, não autoriza recurso extraordinário pela letra *a* do art. 101, III, da CF.

Súmula 454. Simples interpretação de cláusulas contratuais não dá lugar a recurso extraordinário.

Súmula 456. O Supremo Tribunal Federal, conhecendo do recurso extraordinário, julgará a causa, aplicando o direito à espécie.

Súmula 500. Não cabe a ação cominatória para compelir-se o réu a cumprir obrigação de dar.

Súmula 512. Não cabe condenação em honorários de advogado na ação de mandado de segurança.

Súmula 514. Admite-se ação rescisória contra sentença transitada em julgado, ainda que contra ela não se tenha esgotado todos os recursos.

Súmula 562. Na indenização de danos materiais decorrentes de ato ilícito cabe a atualização de seu valor, utilizando-se, para esse fim, dentre outros critérios, dos índices de correção monetária.

Súmula 616. É permitida a cumulação da multa contratual com os honorários de advogado, após o advento do Código de Processo Civil vigente. [O CPC vigente na época da súmula era o de 1973, mas continua valendo para o CPC/2015].

Súmula 621. Não enseja embargos de terceiro à penhora a promessa de compra e venda não inscrita no registro de imóveis.

Súmula 625. Controvérsia sobre matéria de direito não impede concessão de mandado de segurança.

Súmula 636. Não cabe recurso extraordinário por contrariedade ao princípio constitucional da legalidade, quando a sua verificação pressuponha rever a interpretação dada a normas infraconstitucionais pela decisão recorrida.

Súmula 638. A controvérsia sobre a incidência, ou não, de correção monetária em operações de crédito rural é de natureza infraconstitucional, não viabilizando recurso extraordinário.

Súmula 640. É cabível recurso extraordinário contra decisão proferida por juiz de primeiro grau nas causas de alçada, ou por turma recursal de juizado especial cível e criminal.

Súmula 735. Não cabe recurso extraordinário contra acórdão que defere medida liminar.

35.2. Súmulas do STJ

35.2.1. Direito empresarial

Súmula 451. É legítima a penhora da sede do estabelecimento comercial.

35.2.2. Direito societário

Súmula 227. A pessoa jurídica pode sofrer dano moral.

Súmula 389. A comprovação do pagamento do custo do serviço referente ao fornecimento de certidão de assentamentos constantes dos livros da companhia é requisito de procedibilidade da ação de exibição de documentos ajuizada em face da sociedade anônima.

Súmula 551. Nas demandas por complementação de ações de empresas de telefonia, admite-se a condenação ao pagamento de dividendos e juros sobre capital próprio independentemente de pedido expresso. No entanto, somente quando previstos no título executivo, poderão ser objeto de cumprimento de sentença.

35.2.3. Títulos de crédito

Súmula 16. A legislação ordinária sobre crédito rural não veda a incidência da correção monetária.

Súmula 26. O avalista do título de credito vinculado a contrato de mútuo também responde pelas obrigações pactuadas, quando no contrato figurar como devedor solidário.

Súmula 60. É nula a obrigação cambial assumida por procurador do mutuário vinculado ao mutuante, no exclusivo interesse deste.

Súmula 93. A legislação sobre cédulas de credito rural, comercial e industrial admite o pacto de capitalização de juros.

Súmula 258. A nota promissória vinculada a contrato de abertura de crédito não goza de autonomia em razão da iliquidez do título que a originou.

Súmula 298. O alongamento de dívida originada de crédito rural não constitui faculdade da instituição financeira, mas, direito do devedor nos termos da lei.

Súmula 332. A fiança prestada sem autorização de um dos cônjuges implica a ineficácia total da garantia. [Esta súmula deve ser aplicada, por analogia, ao aval.]

Súmula 370. Caracteriza dano moral a apresentação antecipada de cheque pré-datado.

Súmula 388. A simples devolução indevida de cheque caracteriza dano moral.

Súmula 475. Responde pelos danos decorrentes de protesto indevido o endossatário que recebe por endosso translativo título de crédito contendo vício formal extrínseco ou intrínseco, ficando ressalvado seu direito de regresso contra os endossantes e avalistas.

Súmula 476. O endossatário de título de crédito por endosso-mandato só responde por danos decorrentes de protesto indevido se extrapolar os poderes de mandatário.

35.2.4. Contratos empresariais

Súmula 28. O contrato de alienação fiduciária em garantia pode ter por objeto bem que já integrava o patrimônio do devedor.

Súmula 30. A comissão de permanência e a correção monetária são inacumuláveis.

Súmula 72. A comprovação da mora é imprescindível a busca e apreensão do bem alienado fiduciariamente.

Súmula 76. A falta de registro do compromisso de compra e venda de imóvel não dispensa a prévia interpelação para constituir em mora o devedor.

Súmula 92. A terceiro de boa-fé não e oponível a alienação fiduciária não anotada no certificado de registro do veículo automotor.

Súmula 109. O reconhecimento do direito a indenização, por falta de mercadoria transportada via marítima, independe de vistoria.

Súmula 130. A empresa responde, perante o cliente, pela reparação de dano ou furto de veículo ocorridos em seu estacionamento.

Súmula 132. A ausência de registro da transferência não implica a responsabilidade do antigo proprietário por dano resultante de acidente que envolva o veículo alienado.

Súmula 176. É nula a cláusula contratual que sujeita o devedor à taxa de juros divulgada pela ANBID/CETIP.

Súmula 214. O fiador na locação não responde por obrigações resultantes de aditamento ao qual não anuiu.

Súmula 239. O direito à adjudicação compulsória não se condiciona ao registro do compromisso de compra e venda no cartório de imóveis.

Súmula 245. A notificação destinada a comprovar a mora nas dívidas garantidas por alienação fiduciária dispensa a indicação do valor do débito.

Súmula 293. A cobrança antecipada do valor residual garantido (VRG) não descaracteriza o contrato de arrendamento mercantil.

Súmula 294. Não é potestativa a cláusula contratual que prevê a comissão de permanência, calculada pela taxa média de mercado apurada pelo Banco Central do Brasil, limitada à taxa do contrato.

Súmula 295. A Taxa Referencial (TR) é indexador válido para contratos posteriores à Lei n. 8.177/91, desde que pactuada.

Súmula 296. Os juros remuneratórios, não cumuláveis com a comissão de permanência, são devidos no período de inadimplência, à taxa média de mercado estipulada pelo Banco Central do Brasil, limitada ao percentual contratado.

Súmula 308. A hipoteca firmada entre a construtora e o agente financeiro, anterior ou posterior à celebração da promessa de compra e venda, não tem eficácia perante os adquirentes do imóvel.

Súmula 335. Nos contratos de locação, é válida a cláusula de renúncia à indenização das benfeitorias e ao direito de retenção.

Súmula 369. No contrato de arrendamento mercantil (*leasing*), ainda que haja cláusula resolutiva expressa, é necessária a notificação prévia do arrendatário para constituí-lo em mora.

Súmula 379. Nos contratos bancários não regidos por legislação específica, os juros moratórios poderão ser convencionados até o limite de 1% ao mês.

Súmula 380. A simples propositura da ação de revisão de contrato não inibe a caracterização da mora do autor.

Súmula 381. Nos contratos bancários, é vedado ao julgador conhecer, de ofício, da abusividade das cláusulas.

Súmula 382. A estipulação de juros remuneratórios superiores a 12% ao ano, por si só, não indica abusividade.

Súmula 384. Cabe ação monitória para haver saldo remanescente oriundo de venda extrajudicial de bem alienado fiduciariamente em garantia.

Súmula 422. O art. 6º, *e*, da Lei n. 4.380/64 não estabelece limitação aos juros remuneratórios nos contratos vinculados ao SFH.

Súmula 449. A vaga de garagem que possui matrícula própria no registro de imóveis não constitui bem de família para efeito de penhora.

Súmula 450. Nos contratos vinculados ao SFH, a atualização do saldo devedor antecede sua amortização pelo pagamento da prestação.

Súmula 454. Pactuada a correção monetária nos contratos do SFH pelo mesmo índice aplicável à caderneta de poupança, incide a taxa referencial (TR) a partir da vigência da Lei n. 8.177/91.

Súmula 472. A cobrança de comissão de permanência – cujo valor não pode ultrapassar a soma dos encargos remuneratórios e moratórios previstos no contrato – exclui a exigibilidade dos juros remuneratórios, moratórios e da multa contratual.

Súmula 473. O mutuário do SFH não pode ser compelido a contratar o seguro habitacional obrigatório com a instituição financeira mutuante ou com a seguradora por ela indicada.

Súmula 479. As instituições financeiras respondem objetivamente pelos danos gerados por fortuito interno relativo a fraudes e delitos praticados por terceiros no âmbito de operações bancárias.

Súmula 485. A Lei de Arbitragem aplica-se aos contratos que contenham cláusula arbitral, ainda que celebrados antes da sua edição.

Súmula 486. É impenhorável o único imóvel residencial do devedor que esteja locado a terceiros, desde que a renda obtida com a locação seja revertida para a subsistência ou a moradia da sua família.

Súmula 530. Nos contratos bancários, na impossibilidade de comprovar a taxa de juros efetivamente contratada – por ausência de pactuação ou pela falta de juntada do instrumento aos autos –, aplica-se a taxa média de mercado, divulgada pelo Bacen, praticada nas operações da mesma espécie, salvo se a taxa cobrada for mais vantajosa para o devedor.

Súmula 538. As administradoras de consórcio têm liberdade para estabelecer a respectiva taxa de administração, ainda que fixada em percentual superior a dez por cento.

Súmula 539. É permitida a capitalização de juros com periodicidade inferior à anual em contratos celebrados com instituições integrantes do Sistema Financeiro Nacional a partir de 31-3-2000 (MP n. 1.963-17/2000, reeditada como MP n. 2.170-36/2001), desde que expressamente pactuada.

Súmula 541. A previsão no contrato bancário de taxa de juros anual superior ao duodécuplo da mensal é suficiente para permitir a cobrança da taxa efetiva anual contratada.

Súmula 549. É válida a penhora de bem de família pertencente a fiador de contrato de locação.

Súmula 564. No caso de reintegração de posse em arrendamento mercantil financeiro, quando a soma da importância antecipada a título de valor residual garantido (VRG) com o valor da venda do bem ultrapassar o total do VRG previsto contratualmente, o arrendatário terá direito de receber a respectiva diferença, cabendo, porém, se estipulado no contrato, o prévio desconto de outras despesas ou encargos pactuados.

Súmula 565. A pactuação das tarifas de abertura de crédito (TAC) e de emissão de carnê (TEC), ou outra denominação para o mesmo fato gerador, é válida apenas nos contratos bancários anteriores ao início da vigência da Resolução-CMN n. 3.518/2007, em 30-4-2008.

Súmula 566. Nos contratos bancários posteriores ao início da vigência da Resolução-CMN n. 3.518/2007, em 30-4-2008, pode ser cobrada a tarifa de cadastro no início do relacionamento entre o consumidor e a instituição financeira.

35.2.5. Falências

Súmula 25. Nas ações da lei de falências o prazo para a interposição de recurso conta-se da intimação da parte.

Súmula 29. No pagamento em juízo para elidir falência, são devidos correção monetária, juros e honorários de advogado.

Súmula 36. A correção monetária integra o valor da restituição, em caso de adiantamento de câmbio, requerida em concordata ou falência. [Em lugar da extinta concordata, tal súmula pode ser aplicada à recuperação judicial.]

Súmula 219. Os créditos decorrentes de serviços prestados à massa falida, inclusive a remuneração do síndico, gozam dos privilégios próprios dos trabalhistas.

Súmula 248. Comprovada a prestação dos serviços, a duplicata não aceita, mas protestada, é título hábil para instruir pedido de falência.

Súmula 305. É descabida a prisão civil do depositário quando, decretada a falência da empresa, sobrevém a arrecadação do bem pelo síndico.

Súmula 307. A restituição de adiantamento de contrato de câmbio, na falência, deve ser atendida antes de qualquer crédito.

Súmula 361. A notificação do protesto, para requerimento de falência da empresa devedora, exige a identificação da pessoa que a recebeu.

35.2.6. Recuperação de empresas

Súmula 133. A restituição da importância adiantada, a conta de contrato de câmbio, independe de ter sido a antecipação efetuada nos quinze dias anteriores ao requerimento da concordata.

Esta súmula aplica-se atualmente à recuperação judicial.

Súmula 264. É irrecorrível o ato judicial que apenas manda processar a concordata preventiva.

Esta súmula aplica-se atualmente à recuperação judicial.

Súmula 480. O juízo da recuperação judicial não é competente para decidir sobre a constrição de bens não abrangidos pelo plano de recuperação da empresa.

Súmula 581. A recuperação judicial do devedor principal não impede o prosseguimento das ações e execuções ajuizadas contra terceiros devedores solidários ou coobrigados em geral, por garantia cambial, real ou fidejussória.

35.2.7. Processual

Súmula 3. Compete ao Tribunal Regional Federal dirimir conflito de competência verificado, na respectiva região, entre juiz federal e juiz estadual investido de jurisdição federal.

Súmula 5. A simples interpretação de cláusula contratual não enseja Recurso Especial.

Súmula 7. A pretensão de simples reexame de prova não enseja Recurso Especial.

Súmula 13. A divergência entre julgados do mesmo tribunal não enseja Recurso Especial.

Súmula 14. Arbitrados os honorários advocatícios em percentual sobre o valor da causa, a correção monetária incide a partir do respectivo ajuizamento.

Súmula 27. Pode a execução fundar-se em mais de um título extrajudicial relativos ao mesmo negócio.

Súmula 33. A incompetência relativa não pode ser declarada de ofício.

Súmula 37. São cumuláveis as indenizações por dano material e dano moral oriundos do mesmo fato.

Súmula 43. Incide correção monetária sobre dívida por ato ilícito a partir da data do efetivo prejuízo.

Súmula 46. Na execução por carta, os embargos do devedor serão decididos no juízo deprecante, salvo se versarem unicamente vícios ou defeitos da penhora, avaliação ou alienação dos bens.

Súmula 54. Os juros moratórios fluem a partir do evento danoso, em caso de responsabilidade extracontratual.

Súmula 55. Tribunal Regional Federal não é competente para julgar recurso de decisão proferida por juiz estadual não investido de jurisdição federal.

Súmula 59. Não há conflito de competência se já existe sentença com trânsito em julgado, proferida por um dos juízos conflitantes.

Súmula 83. Não se conhece do recurso especial pela divergência, quando a orientação do tribunal se firmou no mesmo sentido da decisão recorrida.

Súmula 84. É admissível a oposição de embargos de terceiro fundados em alegação de posse advinda do compromisso de compra e venda de imóvel, ainda que desprovido do registro.

Súmula 86. Cabe recurso especial contra acordão proferido no julgamento de agravo de instrumento.

Súmula 98. Embargos de declaração manifestados com notório propósito de prequestionamento não tem caráter protelatório.

Súmula 105. Na ação de mandado de segurança não se admite condenação em honorários advocatícios.

Súmula 106. Proposta a ação no prazo fixado para o seu exercício, a demora na citação, por motivos inerentes ao mecanismo da justiça, não justifica o acolhimento da arguição de prescrição ou decadência.

Súmula 115. Na instância especial é inexistente recurso interposto por advogado sem procuração nos autos.

Súmula 117. A inobservância do prazo de 48 horas, entre a publicação de pauta e o julgamento sem a presença das partes, acarreta nulidade.

Súmula 123. A decisão que admite, ou não, o recurso especial deve ser fundamentada, com o exame dos seus pressupostos gerais e constitucionais.

Súmula 126. É inadmissível recurso especial, quando o acordão recorrido assenta em fundamentos constitucional e infraconstitucional, qualquer deles suficiente, por si só, para mantê-lo, e a parte vencida não manifesta recurso extraordinário.

Súmula 134. Embora intimado da penhora em imóvel do casal, o cônjuge do executado pode opor embargos de terceiro para defesa de sua meação.

Súmula 143. Prescreve em cinco anos a ação de perdas e danos pelo uso de marca comercial.

Súmula 150. Compete à Justiça Federal decidir sobre a existência de interesse jurídico que justifique a presença, no processo, da União, suas autarquias ou empresas públicas.

Súmula 158. Não se presta a justificar embargos de divergência o dissidio com acordão de turma ou seção que não mais tenha competência para a matéria neles versada.

Súmula 179. O estabelecimento de crédito que recebe dinheiro, em deposito judicial, responde pelo pagamento da correção monetária relativa aos valores recolhidos.

Súmula 181. É admissível ação declaratória, visando a obter certeza quanto a exata interpretação de clausula contratual.

Súmula 187. É deserto o recurso interposto para o Superior Tribunal de Justiça, quando o recorrente não recolhe, na origem, a importância das despesas de remessa e retorno dos autos.

Súmula 195. Em embargos de terceiro não se anula ato jurídico, por fraude contra credores.

Súmula 196. Ao executado que, citado por edital ou por hora certa, permanecer revel, será nomeado curador especial, com legitimidade para apresentação de embargos.

Súmula 199. Na execução hipotecária de crédito vinculado ao sistema financeiro da habitação, nos termos da Lei n. 5.741/71, a petição inicial deve ser instruída com, pelo menos, dois avisos de cobrança.

Súmula 201. Os honorários advocatícios não podem ser fixados em salários-mínimos.

Súmula 203. Não cabe recurso especial contra decisão proferida por órgão de segundo grau dos Juizados Especiais.

Súmula 206. A existência de vara privativa, instituída por lei estadual, não altera a competência territorial resultante das leis de processo.

Súmula 211. Inadmissível recurso especial quanto à questão que, a despeito da oposição de embargos declaratórios, não foi apreciada pelo Tribunal *a quo*.

Súmula 216. A tempestividade de recurso interposto no Superior Tribunal de Justiça é aferida pelo registro no protocolo da secretaria e não pela data da entrega na agência do correio.

Súmula 221. São civilmente responsáveis pelo ressarcimento de dano, decorrente de publicação pela imprensa, tanto o autor do escrito quanto o proprietário do veículo de divulgação.

Súmula 223. A certidão de intimação do acórdão recorrido constitui peça obrigatória do instrumento de agravo.

Súmula 224. Excluído do feito o ente federal, cuja presença levara o Juiz Estadual a declinar da competência, deve o Juiz Federal restituir os autos e não suscitar conflito.

Súmula 233. O contrato de abertura de crédito, ainda que acompanhado de extrato da conta corrente, não é título executivo.

Súmula 235. A conexão não determina a reunião dos processos, se um deles já foi julgado.

Súmula 247. O contrato de abertura de crédito em conta corrente, acompanhado do demonstrativo de débito, constitui documento hábil para o ajuizamento da ação monitória.

Súmula 254. A decisão do Juízo Federal que exclui da relação processual ente federal não pode ser reexaminada no Juízo Estadual.

Súmula 259. A ação de prestação de contas pode ser proposta pelo titular de conta corrente bancária.

Súmula 273. Intimada a defesa da expedição da carta precatória, torna-se desnecessária intimação da data da audiência no juízo deprecado.

Súmula 282. Cabe a citação por edital em ação monitória.

Súmula 292. A reconvenção é cabível na ação monitória, após a conversão do procedimento em ordinário.

Súmula 299. É admissível a ação monitória fundada em cheque prescrito.

Súmula 300. O instrumento de confissão de dívida, ainda que originário de contrato de abertura de crédito, constitui título executivo extrajudicial.

Súmula 303. Em embargos de terceiro, quem deu causa à constrição indevida deve arcar com os honorários advocatícios.

Súmula 306. Os honorários advocatícios devem ser compensados quando houver sucumbência recíproca, assegurado o direito autônomo do advogado à execução do saldo sem excluir a legitimidade da própria parte.

Súmula 313. Em ação de indenização, procedente o pedido, é necessária a constituição de capital ou caução fidejussória para a garantia de pagamento da pensão, independentemente da situação financeira do demandado.

Súmula 315. Não cabem embargos de divergência no âmbito do agravo de instrumento que não admite recurso especial.

Súmula 316. Cabem embargos de divergência contra acórdão que, em agravo regimental, decide recurso especial.

Súmula 317. É definitiva a execução de título extrajudicial, ainda que pendente apelação contra sentença que julgue improcedentes os embargos.

Súmula 318. Formulado pedido certo e determinado, somente o autor tem interesse recursal em arguir o vício da sentença ilíquida.

Súmula 319. O encargo de depositário de bens penhorados pode ser expressamente recusado.

Súmula 320. A questão federal somente ventilada no voto vencido não atende ao requisito do prequestionamento.

Súmula 322. Para a repetição de indébito, nos contratos de abertura de crédito em conta corrente, não se exige a prova do erro.

Súmula 326. Na ação de indenização por dano moral, a condenação em montante inferior ao postulado na inicial não implica sucumbência recíproca.

Súmula 328. Na execução contra instituição financeira, é penhorável o numerário disponível, excluídas as reservas bancárias mantidas no Banco Central.

Súmula 331. A apelação interposta contra sentença que julga embargos à arrematação tem efeito meramente devolutivo.

Súmula 339. É cabível ação monitória contra a Fazenda Pública.

Súmula 344. A liquidação por forma diversa da estabelecida na sentença não ofende a coisa julgada.

Súmula 362. A correção monetária do valor da indenização do dano moral incide desde a data do arbitramento.

Súmula 363. Compete à Justiça estadual processar e julgar a ação de cobrança ajuizada por profissional liberal contra cliente.

Súmula 372. Na ação de exibição de documentos, não cabe a aplicação de multa cominatória.

Súmula 375. O reconhecimento da fraude à execução depende do registro da penhorado bem alienado ou da prova de má-fé do terceiro adquirente.

Súmula 401. O prazo decadencial da ação rescisória só se inicia quando não for cabível qualquer recurso do último pronunciamento judicial.

Súmula 403. Independe de prova do prejuízo a indenização pela publicação não autorizada de imagem de pessoa com fins econômicos ou comerciais.

Súmula 404. É dispensável o aviso de recebimento (AR) na carta de comunicação ao consumidor sobre a negativação de seu nome em bancos de dados e cadastros.

Súmula 410. A prévia intimação pessoal do devedor constitui condição necessária para a cobrança de multa pelo descumprimento de obrigação de fazer ou não fazer.

Súmula 417. Na execução civil, a penhora de dinheiro na ordem de nomeação de bens não tem caráter absoluto.

Súmula 419. Descabe a prisão civil do depositário judicial infiel.

Súmula 420. Incabível, em embargos de divergência, discutir o valor de indenização por danos morais.

Súmula 428. Compete ao Tribunal Regional Federal decidir os conflitos de competência entre juizado especial federal e juízo federal da mesma seção judiciária.

Súmula 429. A citação postal, quando autorizada por lei, exige o aviso de recebimento.

Súmula 453. Os honorários sucumbenciais, quando omitidos em decisão transitada em julgado, não podem ser cobrados em execução ou em ação própria.

Súmula 481. Faz jus ao benefício da justiça gratuita a pessoa jurídica com ousem fins lucrativos que demonstrar sua impossibilidade de arcar com os encargos processuais.

Súmula 484. Admite-se que o preparo seja efetuado no primeiro dia útil subsequente, quando a interposição do recurso ocorrer após o encerramento do expediente bancário.

Súmula 490. A dispensa de reexame necessário, quando o valor da condenação ou do direito controvertido for inferior a sessenta salários mínimos, não se aplica a sentenças ilíquidas.

Súmula 503. O prazo para ajuizamento de ação monitória em face do emitente de cheque sem força executiva é quinquenal, a contar do dia seguinte à data de emissão estampada na cártula.

Súmula 504. O prazo para ajuizamento de ação monitória em face do emitente denota promissória sem força executiva é quinquenal, a contar do dia seguinte ao vencimento do título.

Súmula 517. São devidos honorários advocatícios no cumprimento de sentença, haja ou não impugnação, depois de escoado o prazo para pagamento voluntário, que se inicia após a intimação do advogado da parte executada.

Súmula 518. Para fins do art. 105, III, *a*, da Constituição Federal, não é cabível recurso especial fundado em alegada violação de enunciado de súmula.

Súmula 519. Na hipótese de rejeição da impugnação ao cumprimento de sentença, não são cabíveis honorários advocatícios.

Súmula 531. Em ação monitória fundada em cheque prescrito ajuizada contra o emitente, é dispensável a menção ao negócio jurídico subjacente à emissão da cártula.

Súmula 568. O relator, monocraticamente e no Superior Tribunal de Justiça, poderá dar ou negar provimento ao recurso quando houver entendimento dominante acerca do tema.

Súmula 572. O Banco do Brasil, na condição de gestor do Cadastro de Emitentes de Cheques sem Fundos (CCF), não tem a responsabilidade de notificar previamente o devedor acerca da sua inscrição no aludido cadastro, tampouco legitimidade passiva para as ações de reparação de danos fundadas na ausência de prévia comunicação.

Súmula 579. Não é necessário ratificar o recurso especial interposto na pendência do julgamento dos embargos de declaração, quando inalterado o resultado anterior.

Referências

COELHO, Fábio Ulhoa. *Manual de direito comercial*: direito de empresa. 24. ed. São Paulo: Saraiva, 2012.

FAZZIO JUNIOR, Waldo. *Manual de direito comercial.* 13. ed. São Paulo: Atlas, 2012.

GONÇALVES, Marcus Vinicius Rios. *Novo curso de direito processual civil.* 9. ed. São Paulo: Saraiva, 2012. v. 1; 8. ed. São Paulo: Saraiva, 2012. v. 2; 5. ed. São Paulo: Saraiva, 2012. v. 3.

________. *Direito processual civil esquematizado.* 7. ed. São Paulo: Saraiva, 2016.

MAGALHÃES, Giovani. *Direito empresarial facilitado.* São Paulo: Método, 2020.

MAGALHÃES, Giovani; ROCHA, Marcelo Hugo da. *Passe na OAB 2ª Fase – empresarial – teorias e modelos.* São Paulo: Saraiva, 2013.

MAMEDE, Gladston. *Direito empresarial brasileiro*: falência e recuperação de empresas. São Paulo: Atlas, 2006. v. 4.

________. *Direito empresarial brasileiro*: títulos de crédito. 4. ed. São Paulo: Atlas, 2008. v. 3.

PEDRO, Paulo Roberto Bastos. *Curso de direito empresarial.* São Paulo: Revista dos Tribunais, 2011.

RAMOS, André Luiz Santa Cruz. *Direito empresarial esquematizado.* São Paulo: Método, 2011.

________. *Direito empresarial esquematizado.* 2. ed. São Paulo: Método, 2012.

REQUIÃO, Rubens. *Curso de direito comercial.* 29. ed. São Paulo: Saraiva, 2012. v. 2.

________. *Curso de direito comercial.* 31. ed. São Paulo: Saraiva, 2012. v. 1.

ROCHA, Marcelo Hugo da. *Passe na OAB 2ª Fase – empresarial – peças e questões comentadas.* 3. ed. São Paulo: Saraiva, 2012.

________. *Direito empresarial sintetizado.* São Paulo: Método, 2016.

TOMAZETTE, Marlon. *Curso de direito empresarial*: teoria geral e direito societário. 3. ed. São Paulo: Atlas, 2011. v. 1.

________. *Curso de direito empresarial*: títulos de crédito. 2. ed. São Paulo: Atlas, 2011. v. 2.

VIDO, Elisabete Teixeira dos Santos. *Direito empresarial.* 10. ed. São Paulo: Revista dos Tribunais, 2010.

________. *Prática empresarial.* 2. ed. São Paulo: Revista dos Tribunais, 2010.